BERLITZ-matkaoppaat

Maailman tärkeimmät matkailukohteet esittelevä opaskirjasarja. Kuvat ja kartat värillisinä. Taskuhintainen opas, jonka ansiosta loma onnistuu.

Alankomaat
Amsterdam

Espanja
Barcelona ja
  Costa Dorada
Costa Brava
Costa del Sol
  ja Andalusia
Ibiza ja Formentera
Kanarian saaret
Madrid
Mallorca ja Minorca

Irlanti

Iso-Britannia
Lontoo

Italia
Firenze
Italia (256 s.)
Italian Riviera
Rooma
Sisilia
Venetsia

Itävalta
Wien

Jugoslavia
Dubrovnik ja
  Etelä-Dalmatia
Istria ja Kroatian
  rannikko
Jugoslavia (256 s.)
Split ja Dalmatia

Kreikka
Ateena
Korfu
Kreeta
Kreikan saaret
Rhodos
Saloniki ja
  Pohjois-Kreikka

Kypros

Lähi-itä
Egypti
Jerusalem

Neuvostoliitto
Moskova ja
  Leningrad

Norja
Oslo ja Bergen

Pohjois-Afrikka
Marokko
Tunisia

Portugali
Algarve
Madeira

Ranska
Loiren
  jokilaakso
Pariisi
Ranskan Riviera

Ruotsi
Tukholma

Tanska
Kööpenhamina

Tšekkoslovakia
Praha

Turkki (192 s.)

Unkari
Budapest

Yhdysvallat
New York
Yhdysvallat (256 s.)

Berlitz Dictionaries

Dansk	Engelsk, Fransk, Italiensk, Spansk, Tysk
Deutsch	Dänisch, Englisch, Finnisch, Französisch, Italienisch, Niederländisch, Norwegisch, Portugiesisch, Schwedisch, Spanisch
English	Danish, Dutch, Finnish, French, German, Italian, Norwegian, Portuguese, Spanish, Swedish, Turkish
Español	Alemán, Danés, Finlandés, Francés, Holandés, Inglés, Noruego, Sueco
Français	Allemand, Anglais, Danois, Espagnol, Finnois, Italien, Néerlandais, Norvégien, Portugais, Suédois
Italiano	Danese, Finlandese, Francese, Inglese, Norvegese, Olandese, Svedese, Tedesco
Nederlands	Duits, Engels, Frans, Italiaans, Portugees, Spaans
Norsk	Engelsk, Fransk, Italiensk, Spansk, Tysk
Português	Alemão, Francês, Holandês, Inglês, Sueco
Suomi	Englanti, Espanja, Italia, Ranska, Ruotsi, Saksa
Svenska	Engelska, Finska, Franska, Italienska, Portugisiska, Spanska, Tyska
Türkçe	İngilizce

BERLITZ®

englanti-suomi
suomi-englanti
sanakirja

english-finnish
finnish-english
dictionary

By the Staff of Berlitz Guides

Revised edition 1981
Library of Congress Catalog Card Number: 78-78088

10th printing 1991
Printed in Switzerland

Sisällysluettelo

Contents

Alkusanat

Berlitzin toimittajien tähtäimessä on ollut ennen muuta matkailijan tarpeet heidän valitessaan hakusanoja ja vieraan kielen ilmauksia tähän kaksipuoliseen sanakirjaan. (Hakusanoja on kummassakin osassa 12 500.) Tämä teos on kätevän taskukokonsa ansiosta tarpeellinen turisteille ja liikemiehille. Ja siinä on perussanasto jokapäiväisiin tilanteisiin yhtä hyvin vasta-alkajille kuin opiskelijoillekin.

Berlitzin sanakirjan, jonka toimitustyössä on käytetty apuna tietopankkia, muita ansioita ovat:

● ääntämisohjeet, jotka noudattavat kansainvälistä foneettista kirjoitusjärjestelmää (IPA)

● ruokalistasanasto, jonka avulla on helppo lukea vieraan maan ruokalistaa

● käytännöntietoa monelta alalta: kellonajat, lukusanat, epäsäännölliset verbit, tavallisimmat lyhenteet ja joitakin avainlauseita.

Näin pieni sanakirja ei tietenkään voi olla täydellinen, mutta toivomme, että se on ulkomaan matkalla luottamuksenne arvoinen. Otamme mielihyvin vastaan huomautuksia, moitteita tai parannusehdotuksia. Ne ovat avuksi uusia painoksia valmistaessamme.

Preface

In selecting the 12.500 word-concepts in each language for this dictionary, the editors have had the traveller's needs foremost in mind. This book will prove invaluable to all the millions of travellers, tourists and business people who appreciate the reassurance a small and practical dictionary can provide. It offers them—as it does beginners and students—all the basic vocabulary they are going to encounter and to have to use, giving the key words and expressions to allow them to cope in everyday situations.

Like our successful phrase books and travel guides, these dictionaries—created with the help of a computer data bank—are designed to slip into pocket or purse, and thus have a role as handy companions at all times.

Besides just about everything you normally find in dictionaries, there are these Berlitz bonuses:

- imitated pronunciation next to each foreign-word entry, making it easy to read and enunciate words whose spelling may look forbidding

- a unique, practical glossary to simplify reading a foreign restaurant menu and to take the mystery out of complicated dishes and indecipherable names on bills of fare

- useful information on how to tell the time and how to count, on conjugating irregular verbs, commonly seen abbreviations and converting to the metric system, in addition to basic phrases.

While no dictionary of this size can pretend to completeness, we expect the user of this book will feel well armed to affront foreign travel with confidence. We should, however, be very pleased to receive comments, criticism and suggestions that you think may be of help in preparing future editions.

englanti-suomi

english-finnish

Johdanto

Sanakirja on laadittu vastaamaan käytännön tarpeita, ja tarpeettomia kielellisiä selityksiä on vältetty.

Kaikki hakusanat ovat aakkosjärjestyksessä huolimatta siitä, ovatko ne yksittäisiä sanoja, yhdyssanoja tai sanaliittoja. Ainoana poikkeuksena ovat kielelle ominaiset ilmaisut, jotka on pantu aakkosjärjestykseen pääsanansa mukaan. Hakusanojen johdannaiset, kuten sanontatavat ja ilmaisut, ovat myös aakkosjärjestyksessä.

Jokaiseen hakusanaan on merkitty äännekirjoitus (ks. Ääntämisohjeet) sekä sanaluokka silloin kun se on mahdollista. Jos hakusana kuuluu useampaan eri sanaluokkaan, kutakin sanaluokkaa vastaava käännös on annettu.

Substantiivien monikko on annettu erikseen silloin kun se on epäsäännöllinen tai muuten epäselvä ja silloin kun monikkomuoto on yleisesti käytössä.

Hakusanaa ei toisteta epäsäännöllisen monikon ja johdannaisten yhteydessä, vaan sen sijasta käytetään ~-merkkiä.

Yhdyssanan epäsäännöllinen monikko on merkitty kokonaisuudessaan, mutta sen vartalo on korvattu pikkuviivalla (–).

Tähti (*) verbin yhteydessä ilmaisee, että verbi on epäsäännöllinen (ks. epäsäännöllisten verbien luetteloa).

Sanakirja noudattaa englantilaista oikeinkirjoitusta, ja amerikkalaiset sanat ja sanontatavat on merkitty erikseen (ks. lyhennysluetteloa).

Lyhenteet

adj	adjektiivi	plAm	monikko
adv	adverbi		(amerikkalainen)
Am	amerikkalainen	postp	postpositio
art	artikkeli	pp	partisiipin perfekti
conj	konjunktio	pr	preesens
n	substantiivi	pref	etuliite
nAm	substantiivi	prep	prepositio
	(amerikkalainen)	pron	pronomini
num	lukusana	v	verbi
p	imperfekti	vAm	verbi
pl	monikko		(amerikkalainen)

Ääntämisohjeet

Sanakirjan tämän osan jokaiseen hakusanaan on merkitty ääntämisohjeet kansainvälisin foneettisin kirjaimin (IPA). Äännekirjoituksessa kutakin foneettista merkkiä vastaa määrätty äänne. Alla selitettyjä foneettisia merkkejä lukuun ottamatta muut äännekirjoituksessa esiintyvät kirjaimet ääntyvät suunnilleen samoin kuin suomen kielessä.

Konsonantit

ð   soinnillinen s, joka äännetään yläleuan etuhampaiden ja kielenkärjen välistä

ŋ   kuten ng sanassa kengän

r   äännetään suun etuosassa, mutta pehmeämpänä kuin suomalainen r

ʃ   kuten š sanassa šakki

θ   soinniton s, joka äännetään yläleuan etuhampaiden ja kielenkärjen välistä

w   lyhyt u, jota seuraa häipyvä vokaali

z   soinnillinen s, kuten saksan sanassa See

ʒ   soinnillinen suhuäänne, kuten j sanassa Jean

Vokaalit

ɑ: kuten a sanassa aamu

æ   kuten ä sanassa käsi

ʌ   suunnilleen kuten a sanassa talo

ɛ   kuten e sanassa keksi

ə   heikko katoava ö-äänne kuten saksan sanassa haben

ɔ   kuten o sanassa ovi, mutta kieli on lähempänä kitalakea

1) Kaksoispistettä [:] on käytetty silloin kun vokaali ääntyy pitkänä.

2) Ranskankielisissä lainasanoissa on vokaalin yläpuolelle merkitty pieni aaltoviiva (esim. [ɑ̃]), joka ilmaisee että vokaali on nasaalinen. Nenävokaali ääntyy samanaikaisesti suun ja nenän kautta.

Diftongit

Diftongi on kahden vokaalin pariääntiö, joka äännetään yhtenä äänteenä kuten esimerkiksi **ai** sanassa **ai**ta. Englannin kielen diftongeista jälkimmäinen vokaali on aina painoton. Joskus diftongi päättyy [ə]-äänteeseen, jolloin sitä edeltävä vokaali ääntyy vieläkin painottomampana.

Paino

Pääpaino on merkitty painollisen tavun alkuun [']-merkillä, sivupainollisen tavun alussa on merkkinä [ˌ].

Ääntäminen amerikkalaisittain

Äännekirjoituksemme noudattaa Oxfordin englantia. Vaikka Englannin eri seuduilla kieltä äännetään eri tavoin, Amerikan englanti poikkeaa ääntämiseltään vielä selvemmin Oxfordin englannista. Seuraavassa esitetään muutamia eroja:

1) **r** äännetään jopa konsonantin edellä ja vokaalin jäljessä (englantilaiset jättävät sen ääntämättä) esim. sanoissa bi**r**th ja bee**r**.

2) Usein [ɑ:]-äänne muuttuu [æ:]:ksi kuten sanoissa *ask, castle, laugh* jne.

3) [ɔ] äännetään usein [ɑ]:na, toisinaan myös [ɔ:]:na.

4) Sanoissa kuten *duty, tune, new* jne. [j]-äänne, joka edeltää [u:]:ta, jätetään usein ääntämättä.

5) Lisäksi monissa sanoissa paino on eri tavulla kuin Oxfordin englannissa.

A

abbey ['æbi] *n* luostarikirkko

abbreviation [əˌbriːviˈeiʃən] *n* lyhen-
nys

aberration [ˌæbəˈreiʃən] *n* poikkeami-
nen

ability [əˈbiləti] *n* taito; kyky

able ['eibəl] *adj* kykenevä; pystyvä;
*be ~ to kyetä; voida

abnormal [æbˈnɔːməl] *adj* epänor-
maali

aboard [əˈbɔːd] *adv* laivassa, laivaan

abolish [əˈbɔliʃ] *v* poistaa

abortion [əˈbɔːʃən] *n* keskenmeno

about [əˈbaut] *prep* -sta; koskien jtk;
ympärillä *postp; adv* suunnilleen,
noin; ympäri

above [əˈbʌv] *prep* yli *prep/postp;
adv* yläpuolella

abroad [əˈbrɔːd] *adv* ulkomaille, ul-
komailla

abscess ['æbses] *n* ajos

absence ['æbsəns] *n* poissaolo

absent ['æbsənt] *adj* poissaoleva

absolutely ['æbsəluːtli] *adv* ehdotto-
masti

abstain from [əbˈstein] pidättyä jstk

abstract ['æbstrækt] *adj* abstraktinen

absurd [əbˈsɔːd] *adj* järjetön

abundance [əˈbʌndəns] *n* runsaus

abundant [əˈbʌndənt] *adj* runsas

abuse [əˈbjuːs] *n* väärinkäyttö

abyss [əˈbis] *n* kuilu

academy [əˈkædəmi] *n* akatemia

accelerate [əkˈseləreit] *v* kiihdyttää

accelerator [əkˈseləreitə] *n* kaasupol-
jin

accent ['æksənt] *n* korostus

accept [əkˈsept] *v* alistua, hyväksyä

access ['ækses] *n* pääsy

accessary [əkˈsesəri] *n* rikostoveri

accessible [əkˈsesəbəl] *adj* helppopää-
syinen

accessories [əkˈsesəriz] *pl* asusteet *pl*,
lisätarvikkeet *pl*

accident ['æksidənt] *n* tapaturma

accidental [ˌæksiˈdentəl] *adj* satunnai-
nen

accommodate [əˈkɔmədeit] *v* majoit-
taa

accommodation [əˌkɔməˈdeiʃən] *n*
asunto, majoitus

accompany [əˈkʌmpəni] *v* saattaa;
säestää

accomplish [əˈkʌmpliʃ] *v* saattaa pää-
tökseen

in accordance with [in əˈkɔːdəns wið]
mukaisesti *postp*

according to [əˈkɔːdiŋ tuː] (jnkn) mu-
kaan

account [əˈkaunt] *n* tili; selonteko; ~
for tehdä tili; on ~ of johdosta

postp

accountable [ə'kauntəbəl] *adj* selitettävissä oleva

accurate ['ækjurət] *adj* tarkka

accuse [ə'kju:z] *v* syyttää

accused [ə'kju:zd] *n* syytetty

accustom [ə'kʌstəm] *v* totuttaa; **accustomed** tottunut, totunnainen

ache [eik] *v* särkeä; *n* särky

achieve [ə'tʃi:v] *v* saavuttaa; saada aikaan

achievement [ə'tʃi:vmənt] *n* saavutus

acid ['æsid] *n* happo

acknowledge [ək'nɒlidʒ] *v* myöntää; tunnustaa

acne ['ækni] *n* finni

acorn ['eikɔ:n] *n* tammenterho

acquaintance [ə'kweintəns] *n* tuttavuus, tuttava

acquire [ə'kwaiə] *v* hankkia

acquisition [,ækwi'ziʃən] *n* hankinta

acquittal [ə'kwitəl] *n* vapauttaminen syytteestä

across [ə'krɒs] *prep* poikki *postp;* toisella puolella; *adv* toisella puolella

act [ækt] *n* teko; näytös; numero; *v* toimia; käyttäytyä; näytellä

action ['ækʃən] *n* teko, toiminta

active ['æktiv] *adj* aktiivinen; vilkas

activity [æk'tivəti] *n* toiminta

actor ['æktə] *n* näyttelijä

actress ['æktris] *n* näyttelijätär

actual ['æktʃuəl] *adj* varsinainen, todellinen

actually ['æktʃuəli] *adv* itse asiassa

acute [ə'kju:t] *adj* äkillinen

adapt [ə'dæpt] *v* sovittaa; sopeutua

add [æd] *v* laskea yhteen; lisätä

adding-machine ['ædiŋməʃi:n] *n* laskukone

addition [ə'diʃən] *n* yhteenlasku; lisäys

additional [ə'diʃənəl] *adj* lisä-; sivu-

address [ə'dres] *n* osoite; *v* osoittaa; puhutella

addressee [,ædre'si:] *n* vastaanottaja

adequate ['ædikwət] *adj* riittävä, asianmukainen

adjective ['ædʒiktiv] *n* adjektiivi

adjourn [ə'dʒə:n] *v* lykätä

adjust [ə'dʒʌst] *v* tarkistaa; soveltaa

administer [əd'ministə] *v* antaa

administration [əd,mini'streiʃən] *n* hallinto

administrative [əd'ministrətiv] *adj* hallinnollinen; ~ **law** hallinto-oikeus

admiral ['ædmərəl] *n* amiraali

admiration [,ædmə'reiʃən] *n* ihailu

admire [əd'maiə] *v* ihailla

admission [əd'miʃən] *n* sisäänpääsy

admit [əd'mit] *v* päästää sisään; myöntää, tunnustaa

admittance [əd'mitəns] *n* pääsy; **no** ~ pääsy kielletty

adopt [ə'dɒpt] *v* adoptoida; omaksua

adorable [ə'dɔ:rəbəl] *adj* hurmaava

adult ['ædʌlt] *n* aikuinen; *adj* aikuinen

advance [əd'va:ns] *n* eteneminen; ennakko; *v* edistyä; maksaa ennakolta; **in** ~ etukäteen

advanced [əd'va:nst] *adj* edistynyt

advantage [əd'va:ntidʒ] *n* etu

advantageous [,ædvən'teidʒəs] *adj* edullinen

adventure [əd'ventʃə] *n* seikkailu

adverb ['ædvə:b] *n* adverbi

advertisement [əd'və:tismənt] *n* ilmoitus; mainos

advertising ['ædvətaiziŋ] *n* mainonta

advice [əd'vais] *n* neuvo

advise [əd'vaiz] *v* neuvoa

advocate ['ædvəkət] *n* asianajaja

aerial ['eəriəl] *n* antenni

aeroplane ['eərəplein] *n* lentokone

affair [ə'feə] *n* asia; rakkausjuttu; suhde

affect [ə'fekt] v vaikuttaa

affected [ə'fektid] adj teennäinen

affection [ə'fekʃən] n kiintymys; sairaus

affectionate [ə'fekʃənit] adj hellä, rakastava

affiliated [ə'filieitid] adj liittynyt

affirmative [ə'fə:mətiv] adj myöntävä

affliction [ə'flikʃən] n kärsimys

afford [ə'fɔ:d] v olla varaa

afraid [ə'freid] adj peloissaan, huolestunut; *be ~ pelätä

Africa ['æfrikə] Afrikka

African ['æfrikən] adj afrikkalainen

after ['ɑ:ftə] prep kuluttua postp; jälkeen postp; conj sen jälkeen kun

afternoon [,ɑ:ftə'nu:n] n iltapäivä; this ~ tänä iltapäivänä

afterwards ['ɑ:ftəwədz] adv perästäpäin; myöhemmin, jälkeenpäin

again [ə'gen] adv taas, jälleen; ~ and again yhä uudelleen

against [ə'genst] prep vastaan postp

age [eidʒ] n ikä; vanhuus; of ~ täysi-ikäinen; under ~ alaikäinen

aged ['eidʒid] adj iäkäs, vanha

agency ['eidʒənsi] n välitysliike; toimisto

agenda [ə'dʒendə] n päiväjärjestys

agent ['eidʒənt] n agentti, asiamies

aggressive [ə'gresiv] adj hyökkäävä

ago [ə'gou] adv sitten postp

agrarian [ə'greəriən] adj maatalous-, maanviljelys-

agree [ə'gri:] v olla samaa mieltä; suostua; sopia

agreeable [ə'gri:əbəl] adj miellyttävä

agreement [ə'gri:mənt] n sopimus; yhteisymmärrys

agriculture ['ægrikʌltʃə] n maanviljelys

ahead [ə'hed] adv edellä; ~ of edellä postp; *go ~ jatkaa; straight ~ suoraan eteenpäin

aid [eid] n apu; v auttaa, avustaa

ailment ['eilmənt] n kipu; sairaus

aim [eim] n tavoite; ~ at tähdätä, tarkoittaa, pyrkiä jhk

air [eə] n ilma; v tuulettaa

air-conditioning ['eəkən,diʃəniŋ] n ilmastointi; air-conditioned adj ilmastoitu

aircraft ['eəkrɑ:ft] n (pl ~) lentokone

airfield ['eəfi:ld] n lentokenttä

air-filter ['eə,filtə] n ilmanpuhdistin

airline ['eəlain] n lentoyhtiö

airmail ['eəmeil] n lentoposti

airplane ['eəplein] nAm lentokone

airport ['eəpɔ:t] n lentokenttä

air-sickness ['eə,siknəs] n lentopahoinvointi

airtight ['eətait] adj ilmanpitävä

airy ['eəri] adj ilmava

aisle [ail] n sivulaiva; käytävä

alarm [ə'lɑ:m] n hälytys; v hälyttää, pelästyttää

alarm-clock [ə'lɑ:mklɔk] n herätyskello

album ['ælbəm] n albumi

alcohol ['ælkəhɔl] n alkoholi

alcoholic [,ælkə'hɔlik] adj alkoholipitoinen

ale [eil] n olut

algebra ['ældʒibrə] n algebra

Algeria [æl'dʒiəriə] Algeria

Algerian [æl'dʒiəriən] adj algerialainen

alien ['eiliən] n muukalainen; vieras; adj ulkomainen

alike [ə'laik] adj samankaltainen; adv samalla tavalla

alimony ['æliməni] n elatusapu

alive [ə'laiv] adj elossa

all [ɔ:l] adj kaikki; ~ in kaiken kaikkiaan; ~ right! hyvä on!; at ~ ollenkaan

allergy ['ælədʒi] n yliherkkyys

alley ['æli] n kuja

alliance [ə'laiəns] *n* liitto

Allies ['ælaiz] *pl* liittoutuneet *pl*

allot [ə'lɔt] *v* osittaa; arpoa

allow [ə'lau] *v* sallia, suoda; ~ to an-
taa; •be allowed olla sallittua

allowance [ə'lauəns] *n* määräraha

all-round [ɔ:l'raund] *adj* monipuoli-
nen

almanac ['ɔ:lmənæk] *n* almanakka

almond ['ɑ:mənd] *n* manteli

almost ['ɔ:lmoust] *adv* melkein, lähes

alone [ə'loun] *adv* yksin

along [ə'lɔŋ] *prep* pitkin *prep/postp*

aloud [ə'laud] *adv* ääneen

alphabet ['ælfəbet] *n* aakkoset *pl*

already [ɔ:l'redi] *adv* jo

also ['ɔ:lsou] *adv* myös; sitäpaitsi

altar ['ɔ:ltə] *n* alttari

alter ['ɔ:ltə] *v* muuttaa

alteration [ɔ:ltə'reiʃən] *n* muutos

alternate [ɔ:l'tə:nət] *adj* vuorottainen

alternative [ɔ:l'tə:nətiv] *n* vaihtoehto

although [ɔ:l'ðou] *conj* vaikka

altitude ['æltitju:d] *n* korkeus

alto ['æltou] *n* (pl ~s) altto

altogether [ɔ:ltə'geðə] *adv* kokonaan;
kaiken kaikkiaan

always ['ɔ:lweiz] *adv* aina

am [æm] *v* (pr be)

amaze [ə'meiz] *v* hämmästyttää, äl-
listyttää

amazement [ə'meizmənt] *n* hämmäs-
tys

ambassador [æm'bæsədə] *n* suurlä-
hettiläs

amber ['æmbə] *n* meripihka

ambiguous [æm'bigjuəs] *adj* kaksise-
litteinen; kaksimielinen

ambitious [æm'biʃəs] *adj* kunnianhi-
moinen

ambulance ['æmbjuləns] *n* ambulans-
si, sairasauto

ambush ['æmbuʃ] *n* väijytys

America [ə'merikə] Amerikka

American [ə'merikən] *adj* amerikka-
lainen

amethyst ['æmiθist] *n* ametisti

amid [ə'mid] *prep* joukossa *postp*,
keskellä *prep/postp*

ammonia [ə'mouniə] *n* ammoniakki

amnesty ['æmnisti] *n* armahdus

among [ə'mʌŋ] *prep* joukossa *postp*;
parissa *postp*, kesken *postp*; ~
other things muun muassa

amount [ə'maunt] *n* määrä; summa;
~ to kohota

amuse [ə'mju:z] *v* hauskuttaa, huvit-
taa

amusement [ə'mju:zmənt] *n* huvitus,
huvi

amusing [ə'mju:ziŋ] *adj* huvittava

anaemia [ə'ni:miə] *n* anemia

anaesthesia [ænis'θi:ziə] *n* nukutus

anaesthetic [ænis'θetik] *n* nukutusai-
ne

analyse ['ænəlaiz] *v* eritellä, analysoi-
da

analysis [ə'næləsis] *n* (pl -ses) analyy-
si

analyst ['ænəlist] *n* analyytikko; psy-
koanalyytikko

anarchy ['ænəki] *n* anarkia

anatomy [ə'nætəmi] *n* anatomia

ancestor ['ænsestə] *n* esi-isä

anchor ['æŋkə] *n* ankkuri

ancient ['einʃənt] *adj* vanha, ikivan-
ha; vanhentunut, vanhanaikainen;
muinainen

and [ænd, ənd] *conj* ja

angel ['eindʒəl] *n* enkeli

anger ['æŋgə] *n* suuttumus, kiukku

angle ['æŋgəl] *v* onkia; *n* kulma

angry ['æŋgri] *adj* suuttunut, vihai-
nen

animal ['æniməl] *n* eläin

ankle ['æŋkəl] *n* nilkka

annex[1] ['æneks] *n* lisärakennus; liite

annex[2] [ə'neks] *v* ottaa haltuunsa;

liittää

anniversary [ˌæniˈvɜːsəri] n vuosipäivä

announce [əˈnauns] v ilmoittaa, kuuluttaa

announcement [əˈnaunsmənt] n tiedonanto, ilmoitus

annoy [əˈnɔi] v harmittaa, ärsyttää; vaivata

annoyance [əˈnɔiəns] n kiusa

annoying [əˈnɔiiŋ] adj harmillinen, ärsyttävä

annual [ˈænjuəl] adj vuotuinen; n vuosikirja

per annum [pər ˈænəm] vuosittain

anonymous [əˈnɔniməs] adj nimetön

another [əˈnʌðə] adj vielä yksi; toinen

answer [ˈɑːnsə] v vastata; n vastaus

ant [ænt] n muurahainen

anthology [ænˈθɔlədʒi] n antologia

antibiotic [ˌæntibaiˈɔtik] n antibiootti

anticipate [ænˈtisipeit] v ennakoida; aavistaa

antifreeze [ˈæntifriːz] n pakkasneste

antipathy [ænˈtipəθi] n vastenmielisyys

antique [ænˈtiːk] adj antiikkinen; n antiikkiesine; ~ **dealer** antiikkikauppias

antiquity [ænˈtikwəti] n vanha aika; **antiquities** pl muinaisesineet pl

antiseptic [ˌæntiˈseptik] n antiseptinen aine

antlers [ˈæntləz] pl hirvensarvet pl

anxiety [æŋˈzaiəti] n huoli

anxious [ˈæŋkʃəs] adj innokas; huolestunut

any [ˈeni] adj joku, jokin, mikään

anybody [ˈenibɔdi] pron kukaan; kuka tahansa

anyhow [ˈenihau] adv miten tahansa

anyone [ˈeniwʌn] pron kukaan; kuka tahansa

anything [ˈeniθiŋ] pron mikään; mikä

tahansa

anyway [ˈeniwei] adv joka tapauksessa

anywhere [ˈeniweə] adv missään; missä tahansa

apart [əˈpɑːt] adv erillään, hajallaan; ~ **from** lukuunottamatta

apartment [əˈpɑːtmənt] nAm huoneisto, ~ **house** Am vuokratalo; kerrostalo

aperitif [əˈperitiv] n aperitiivi

apologize [əˈpɔlədʒaiz] v pyytää anteeksi

apology [əˈpɔlədʒi] n anteeksipyyntö

apparatus [ˌæpəˈreitəs] n koje

apparent [əˈpærənt] adj näennäinen; ilmeinen

apparently [əˈpærəntli] adv ilmeisesti; nähtävästi

apparition [ˌæpəˈriʃən] n ilmestys

appeal [əˈpiːl] n vetoomus

appear [əˈpiə] v näyttää jltk, tuntua; ilmetä; ilmestyä; ilmaantua

appearance [əˈpiərəns] n ulkonäkö; ilmaantuminen

appendicitis [əˌpendiˈsaitis] n umpilisäkkeen tulehdus

appendix [əˈpendiks] n (pl -dices, -dixes) umpilisäke

appetite [ˈæpətait] n ruokahalu

appetizer [ˈæpətaizə] n cocktailpala

appetizing [ˈæpətaiziŋ] adj maukas

applause [əˈplɔːz] n suosionosoitus

apple [ˈæpəl] n omena

appliance [əˈplaiəns] n laite, koje

application [ˌæpliˈkeiʃən] n soveltaminen; anomus, hakemus

apply [əˈplai] v käyttää; soveltaa; hakea paikkaa; koskea jtk

appoint [əˈpɔint] v nimittää

appointment [əˈpɔintmənt] n tapaaminen; nimitys

appreciate [əˈpriːʃieit] v arvostaa

appreciation [əˌpriːʃiˈeiʃən] n arviointi;

arvostus

approach [ə'prout∫] v lähestyä; n menettelytapa; lähestyminen

appropriate [ə'proupriət] adj tarkoituksenmukainen, sopiva, oikea

approval [ə'pru:vəl] n hyväksyminen; on ~ nähtäväksi

approve [ə'pru:v] v hyväksyä; ~ of antaa hyväksyminen

approximate [ə'prɔksimət] adj likimääräinen

approximately [ə'prɔksimətli] adv likimäärin, noin

apricot ['eiprikɔt] n aprikoosi

April ['eiprəl] n huhtikuu

apron ['eiprən] n esiliina

Arab ['ærəb] adj arabialainen; n arabi

arbitrary ['ɑ:bitrəri] adj mielivaltainen

arcade [ɑ:'keid] n kaarikäytävä

arch [ɑ:t∫] n kaari; holvi

archaeologist [,ɑ:ki'ɔlədʒist] n arkeologi

archaeology [,ɑ:ki'ɔlədʒi] n arkeologia, muinaistiede

archbishop [,ɑ:t∫'bi∫əp] n arkkipiispa

arched [ɑ:t∫t] adj holvattu

architect ['ɑ:kitekt] n arkkitehti

architecture ['ɑ:kitekt∫ə] n rakennustaide, arkkitehtuuri

archives ['ɑ:kaivz] pl arkisto

are [ɑ:] v (pr be)

area ['ɛəriə] n pinta-ala; alue; ~ code suuntanumero

Argentina [,ɑ:dʒən'ti:nə] Argentiina

Argentinian [,ɑ:dʒən'tiniən] adj argentiinalainen

argue ['ɑ:gju:] v väitellä, keskustella; väittää

argument ['ɑ:gjumənt] n peruste; väittely

arid ['ærid] adj rutikuiva

*****arise** [ə'raiz] v saada alkunsa

arithmetic [ə'riθmətik] n laskento

arm [ɑ:m] n käsivarsi; ase; käsinoja; v aseistaa

armchair ['ɑ:mt∫ɛə] n nojatuoli

armed [ɑ:md] adj aseistettu; ~ forces sotavoimat pl

armour ['ɑ:mə] n haarniska

army ['ɑ:mi] n armeija

aroma [ə'roumə] n aromi

around [ə'raund] prep ympäri prep/postp, ympärillä postp; adv ympäri

arrange [ə'reindʒ] v järjestellä, järjestää; valmistella

arrangement [ə'reindʒmənt] n järjestely

arrest [ə'rest] v pidättää; n pidätys

arrival [ə'raivəl] n saapuminen, perilletulo

arrive [ə'raiv] v saapua

arrow ['ærou] n nuoli

art [ɑ:t] n taide; taito; ~ collection taidekokoelma; ~ exhibition taidenäyttely; ~ gallery taidegalleria; ~ history taidehistoria; arts and crafts taideteollisuus; ~ school taidekorkeakoulu

artery ['ɑ:təri] n valtimo

artichoke ['ɑ:tit∫ouk] n artisokka

article ['ɑ:tikəl] n tavara; artikkeli

artifice ['ɑ:tifis] n juoni

artificial [,ɑ:ti'fi∫əl] adj keinotekoinen

artist ['ɑ:tist] n taiteilija

artistic [ɑ:'tistik] adj taiteellinen

as [æz] conj niin kuin, kuten; yhtä paljon; kuin; koska, kun; ~ from lähtien postp; ~ if ikään kuin

asbestos [æz'bestɔs] n asbesti

ascend [ə'send] v kohota, nousta

ascent [ə'sent] n nousu

ascertain [,æsə'tein] v todeta; varmistua jstk

ash [æ∫] n tuhka

ashamed [ə'∫eimd] adj häpeissään;

•be ~ hävetä

ashore [ə'ʃɔ:] *adv* maihin, maissa

ashtray ['æʃtrei] *n* tuhkakuppi

Asia ['eiʃə] Aasia

Asian ['eiʃən] *adj* aasialainen

aside [ə'said] *adv* syrjään, sivuun

ask [ɑ:sk] *v* kysyä; pyytää; kutsua

asleep [ə'sli:p] *adj* unessa

asparagus [ə'spærəgəs] *n* parsa

aspect ['æspekt] *n* näkökohta

asphalt ['æsfælt] *n* asfaltti

aspire [ə'spaiə] *v* pyrkiä

aspirin ['æspərin] *n* aspiriini

ass [æs] *n* aasi

assassination [ə,sæsi'neiʃən] *n* murha

assault [ə'sɔ:lt] *v* hyökätä kimppuun; tehdä väkivaltaa

assemble [ə'sembəl] *v* kutsua koolle; koota

assembly [ə'sembli] *n* kokous

assignment [ə'sainmənt] *n* tehtävä

assign to [ə'sain] antaa toimeksi; lukea (jkn) tilille

assist [ə'sist] *v* avustaa, auttaa; ~ at olla läsnä

assistance [ə'sistəns] *n* apu; avustus

assistant [ə'sistənt] *n* avustaja

associate[1] [ə'souʃiət] *n* työtoveri, kumppani; liittolainen; jäsen

associate[2] [ə'souʃieit] *v* liittää; ~ with seurustella

association [ə,sousi'eiʃən] *n* yhdistys

assort [ə'sɔ:t] *v* lajitella

assortment [ə'sɔ:tmənt] *n* valikoima, lajitelma

assume [ə'sju:m] *v* otaksua, olettaa

assure [ə'ʃuə] *v* vakuuttaa

asthma ['æsmə] *n* astma

astonish [ə'stɔniʃ] *v* hämmästyttää

astonishing [ə'stɔniʃiŋ] *adj* hämmästyttävä

astonishment [ə'stɔniʃmənt] *n* hämmästys

astronomy [ə'strɔnəmi] *n* tähtitiede

asylum [ə'sailəm] *n* turvapaikka; turvakoti, hoitokoti

at [æt] *prep* luona *postp*, -ssa

ate [et] *v* (p eat)

atheist ['eiθiist] *n* jumalankieltäjä

athlete ['æθli:t] *n* urheilija

athletics [æθ'letiks] *pl* yleisurheilu

Atlantic [ət'læntik] Atlantti

atmosphere ['ætməsfiə] *n* ilmakehä; tunnelma

atom ['ætəm] *n* atomi

atomic [ə'tɔmik] *adj* ydin-; atomi-

atomizer ['ætəmaizə] *n* sumutin

attach [ə'tætʃ] *v* kiinnittää; liittää; attached to kiintynyt

attack [ə'tæk] *v* hyökätä; *n* hyökkäys

attain [ə'tein] *v* saavuttaa

attainable [ə'teinəbəl] *adj* saavutettavissa oleva; luoksepäästävä

attempt [ə'tempt] *v* yrittää, koettaa; *n* yritys

attend [ə'tend] *v* olla läsnä; ~ on palvella; ~ to huolehtia jstk; kiinnittää huomiota, tarkata

attendance [ə'tendəns] *n* osanotto

attendant [ə'tendənt] *n* valvoja

attention [ə'tenʃən] *n* tarkkaavaisuus; **•pay** ~ kiinnittää huomiota

attentive [ə'tentiv] *adj* tarkkaavainen

attic ['ætik] *n* ullakko

attitude ['ætitju:d] *n* asenne

attorney [ə'tə:ni] *n* asianajaja

attract [ə'trækt] *v* vetää puoleensa

attraction [ə'trækʃən] *n* houkutus; vetovoima, viehätys

attractive [ə'træktiv] *adj* puoleensavetävä

auburn ['ɔ:bən] *adj* kastanjanruskea

auction ['ɔ:kʃən] *n* huutokauppa

audible ['ɔ:dibəl] *adj* kuuluva

audience ['ɔ:diəns] *n* yleisö

auditor ['ɔ:ditə] *n* kuuntelija

auditorium [,ɔ:di'tɔ:riəm] *n* luentosali

August ['ɔ:gəst] elokuu

aunt [ɑ:nt] n täti
Australia [ɔ'streiliə] Australia
Australian [ɔ'streiliən] adj australia-
lainen
Austria ['ɔstriə] Itävalta
Austrian ['ɔstriən] adj itävaltalainen
authentic [ɔ:'θentik] adj aito
author ['ɔ:θə] n tekijä, kirjailija
authoritarian [ɔ:ˌθɔri'teəriən] adj au-
toritäärinen
authority [ɔ:'θɔrəti] n auktoriteetti;
valtuus; authorities pl viranomai-
set pl
authorization [ˌɔ:θərai'zeiʃən] n val-
tuutus; hyväksyminen
automatic [ˌɔ:tə'mætik] adj automaat-
tinen
automation [ˌɔ:tə'meiʃən] n automaa-
tio
automobile ['ɔ:təməbi:l] n auto; ~
club autoklubi
autonomous [ɔ:'tɔnəməs] adj autono-
minen, itsenäinen
autopsy ['ɔ:tɔpsi] n ruumiinavaus
autumn ['ɔ:təm] n syksy
available [ə'veiləbəl] adj saatavissa
oleva, käytettävissä oleva
avalanche ['ævəlɑ:nʃ] n lumivyöry
avaricious [ˌævə'riʃəs] adj saita
avenue ['ævənju:] n puistotie
average ['ævəridʒ] adj keskimääräi-
nen; n keskiarvo; on the ~ keski-
määrin
averse [ə'vɜ:s] adj vastahakoinen
aversion [ə'vɜ:ʃən] n vastenmielisyys
avert [ə'vɜ:t] v torjua
avoid [ə'vɔid] v välttää, välttyä
await [ə'weit] v odottaa
awake [ə'weik] adj hereillä
*awake [ə'weik] v herättää
award [ə'wɔ:d] n palkinto; v palkita
aware [ə'weə] adj tietoinen
away [ə'wei] adv poissa; *go ~ men-
nä pois

awful ['ɔ:fəl] adj hirveä, pelottava
awkward ['ɔ:kwəd] adj kiusallinen;
kömpelö
awning ['ɔ:niŋ] n aurinkokatos
axe [æks] n kirves
axle ['æksəl] n akseli

B

baby ['beibi] n vauva; ~ carriage
Am lastenvaunut pl
babysitter ['beibiˌsitə] n lapsenkaitsi-
ja
bachelor ['bætʃələ] n poikamies
back [bæk] n selkä; adv takaisin; *go
~ palata
backache ['bækeik] n selkäsärky
backbone ['bækboun] n selkäranka
background ['bækgraund] n tausta;
koulutus
backwards ['bækwədz] adv taakse-
päin
bacon ['beikən] n pekoni
bacterium [bæk'ti:riəm] n (pl -ria)
bakteeri
bad [bæd] adj huono; vakava, ilkeä;
paha
bag [bæg] n pussi; kassi, käsilaukku;
matkalaukku
baggage ['bægidʒ] n matkatavarat pl;
~ deposit office Am matkatava-
rasäilö; hand ~ Am käsimatkata-
vara
bail [beil] n takaus
bailiff ['beilif] n oikeudenpalvelija
bait [beit] n syötti
bake [beik] v leipoa
baker ['beikə] n leipuri
bakery ['beikəri] n leipomo
balance ['bæləns] n tasapaino; tase;
saldo
balcony ['bælkəni] n parveke

bald [bɔːld] *adj* kalju

ball [bɔːl] *n* pallo; tanssiaiset *pl*

ballet ['bælei] *n* baletti

balloon [bə'luːn] *n* ilmapallo

ballpoint-pen ['bɔːlpɔintpen] *n* kuulakärkikynä

ballroom ['bɔːlruːm] *n* tanssisali

bamboo [bæm'buː] *n* (pl ~s) bamburuoko

banana [bə'naːnə] *n* banaani

band [bænd] *n* yhtye; yhdysside

bandage ['bændidʒ] *n* side

bandit ['bændit] *n* rosvo

bangle ['bæŋgəl] *n* rannerengas

banisters ['bænistəz] *pl* kaidepuu

bank [bæŋk] *n* pankki; töyräs; *v* tallettaa pankkiin; ~ **account** pankkitili

banknote ['bæŋknout] *n* seteli

bank-rate ['bæŋkreit] *n* diskonttokorko

bankrupt ['bæŋkrʌpt] *adj* maksukyvytön, vararikkoinen

banner ['bænə] *n* lippu

banquet ['bæŋkwit] *n* juhla-ateria

banqueting-hall ['bæŋkwitiŋhɔːl] *n* juhlasali

baptism ['bæptizəm] *n* kaste

baptize [bæp'taiz] *v* kastaa

bar [baː] *n* baari; tanko

barber ['baːbə] *n* parturi

bare [beə] *adj* alaston, paljas

barely ['beəli] *adv* niukasti

bargain ['baːgin] *n* hyvä kauppa; *v* hieroa kauppaa

baritone ['bæritoun] *n* baritoni

bark [baːk] *n* kaarna; *v* haukkua

barley ['baːli] *n* ohra

barmaid ['baːmeid] *n* tarjoilijatar

barman ['baːmən] *n* (pl -men) baarimikko

barn [baːn] *n* lato

barometer [bə'rɔmitə] *n* ilmapuntari

baroque [bə'rɔk] *adj* -barokki

barracks ['bærəks] *pl* kasarmi

barrel ['bærəl] *n* tynnyri

barrier ['bæriə] *n* este; puomi

barrister ['bæristə] *n* asianajaja

bartender ['baːˌtendə] *n* baarimikko

base [beis] *n* tukikohta, perusta; jalusta; *v* perustaa

baseball ['beisbɔːl] *n* pesäpallo

basement ['beismənt] *n* kellarikerros

basic ['beisik] *adj* perus-

basilica [bə'zilikə] *n* basilika

basin ['beisən] *n* vati, allas

basis ['beisis] *n* (pl bases) perusta, peruste

basket ['baːskit] *n* kori

bass¹ [beis] *n* basso

bass² [bæs] *n* (pl ~) ahven

bastard ['baːstəd] *n* äpärä; heittiö

batch [bætʃ] *n* erä; kerta

bath [baːθ] *n* kylpy; ~ **salts** kylpysuola; ~ **towel** kylpypyyhe

bathe [beið] *v* kylvettää, kylpeä

bathing-cap ['beiðiŋkæp] *n* uimalakki

bathing-suit ['beiðiŋsuːt] *n* uimapuku

bathrobe ['baːθroub] *n* kylpytakki

bathroom ['baːθruːm] *n* kylpyhuone; käymälä

batter ['bætə] *n* taikina

battery ['bætəri] *n* paristo; akku

battle ['bætəl] *n* taistelu; kamppailu; *v* taistella

bay [bei] *n* lahti

*be [biː] *v* olla

beach [biːtʃ] *n* uimaranta; **nudist ~** nudistien uimaranta

bead [biːd] *n* helmi; **beads** *pl* helminauha; rukousnauha

beak [biːk] *n* nokka

beam [biːm] *n* säde; hirsi

bean [biːn] *n* papu

bear [beə] *n* karhu

*bear [beə] *v* kantaa; kärsiä; sietää

beard [biəd] *n* parta

bearer ['beərə] *n* kantaja

beast [bi:st] n elukka; ~ **of prey** pe-
toeläin
*__beat__ [bi:t] v lyödä; voittaa
beautiful ['bju:tifəl] adj kaunis
beauty ['bju:ti] n kauneus; ~ **parlour**
kauneussalonki; ~ **salon** kauneus-
salonki; ~ **treatment** kauneuden-
hoito
beaver ['bi:və] n majava
because [bi'kɔz] conj koska; ~ **of** ta-
kia postp, vuoksi postp
*__become__ [bi'kʌm] v tulla jksk; pukea
bed [bed] n vuode; ~ **and board** täy-
sihoito; ~ **and breakfast** huone ja
aamiainen
bedding ['bediŋ] n vuodevaatteet pl
bedroom ['bedru:m] n makuuhuone
bee [bi:] n mehiläinen
beech [bi:tʃ] n pyökki
beef [bi:f] n naudanliha
beehive ['bi:haiv] n mehiläispesä
been [bi:n] v (pp be)
beer [biə] n olut
beet [bi:t] n juurikas
beetle ['bi:təl] n kovakuoriainen
beetroot ['bi:tru:t] n punajuuri
before [bi'fɔ:] prep ennen; edessä
postp; conj ennen kuin; adv etukä-
teen; ennen, edellä
beg [beg] v kerjätä; anoa; pyytää
beggar ['begə] n kerjäläinen
*__begin__ [bi'gin] v alkaa, aloittaa
beginner [bi'ginə] n vasta-alkaja
beginning [bi'giniŋ] n alku
on behalf of [ɔn bi'ha:f ɔv] nimissä
postp, puolesta postp; eduksi postp
behave [bi'heiv] v käyttäytyä
behaviour [bi'heivjə] n käytös
behind [bi'haind] prep takana postp;
adv jäljessä
beige [beiʒ] adj beige
being ['bi:iŋ] n olento
Belgian ['beldʒən] adj belgialainen
Belgium ['beldʒəm] Belgia

belief [bi'li:f] n usko
believe [bi'li:v] v uskoa
bell [bel] n tornikello; soittokello
bellboy ['belbɔi] n hotellipoika
belly ['beli] n vatsa
belong [bi'lɔŋ] v kuulua
belongings [bi'lɔŋiŋz] pl omaisuus
beloved [bi'lʌvd] adj rakastettu
below [bi'lou] prep alla postp; adv al-
haalla
belt [belt] n vyö; **garter** ~ Am suk-
kanauhaliivit pl
bench [bentʃ] n penkki
bend [bend] n mutka; kaarre
*__bend__ [bend] v taivuttaa; ~ **down**
kumartua
beneath [bi'ni:θ] prep alla postp; adv
alapuolella
benefit ['benifit] n voitto; etu; v hyö-
tyä jstkn
bent [bent] adj (pp bend) käyrä
beret ['berei] n baskeri
berry ['beri] n marja
berth [bə:θ] n makuusija
beside [bi'said] prep vieressä postp
besides [bi'saidz] adv sitäpaitsi; prep
lisäksi postp
best [best] adj paras
bet [bet] n vedonlyönti
*__bet__ [bet] v lyödä vetoa
betray [bi'trei] v pettää
better ['betə] adj parempi
between [bi'twi:n] prep välissä postp
beverage ['bevəridʒ] n juoma
beware [bi'wɛə] v varoa, olla varuil-
laan
bewitch [bi'witʃ] v hurmata, lumota
beyond [bi'jɔnd] prep tuolla puolen;
yli prep/postp; adv tuolla puolen
bible ['baibəl] n raamattu
bicycle ['baisikəl] n polkupyörä
big [big] adj iso; suuri; tärkeä
bile [bail] n sappi
bilingual [bai'liŋgwəl] adj kaksikieli-

nen
bill [bil] *n* lasku; *v* laskuttaa
billiards ['biljədz] *pl* biljardi
*bind [baind] *v* sitoa
binding ['baindiŋ] *n* nidos
binoculars [bi'nɔkjələz] *pl* kiikari
biology [bai'blədʒi] *n* biologia
birch [bə:tʃ] *n* koivu
bird [bə:d] *n* lintu
Biro ['bairou] *n* kuulakärkikynä
birth [bə:θ] *n* syntymä, synty
birthday ['bə:θdei] *n* syntymäpäivä
biscuit ['biskit] *n* keksi
bishop ['biʃəp] *n* piispa
bit [bit] *n* palanen; hiven
bitch [bitʃ] *n* narttu
bite [bait] *n* suupala; purema
*bite [bait] *v* purra
bitter ['bitə] *adj* kitkerä
black [blæk] *adj* musta; ~ **market** musta pörssi
blackberry ['blækbəri] *n* karhunvatukka
blackbird ['blækbə:d] *n* mustarastas
blackboard ['blækbɔ:d] *n* luokan taulu
black-currant [ˌblæk'kʌrənt] *n* mustaherukka
blackmail ['blækmeil] *n* kiristys; *v* kiristää
blacksmith ['blæksmiθ] *n* seppä
bladder ['blædə] *n* rakko
blade [bleid] *n* terä; ~ **of grass** heinänkorsi
blame [bleim] *n* syy; moite; *v* moittia
blank [blæŋk] *adj* tyhjä
blanket ['blæŋkit] *n* huopa
blast [blɑ:st] *n* räjähdys
blazer ['bleizə] *n* urheilutakki
bleach [bli:tʃ] *v* valkaista
bleak [bli:k] *adj* paljas; kolea; iloton
*bleed [bli:d] *v* vuotaa verta; nylkeä
bless [bles] *v* siunata
blessing ['blesiŋ] *n* siunaus
blind [blaind] *n* sälekaihdin, kierre-

kaihdin; *adj* sokea; *v* sokaista
blister ['blistə] *n* rakkula
blizzard ['blizəd] *n* lumimyrsky
block [blɔk] *v* tukkia, estää; *n* möhkäle; ~ **of flats** kerrostalo
blonde [blɔnd] *n* vaaleaverikkö
blood [blʌd] *n* veri; ~ **pressure** verenpaine
blood-poisoning ['blʌdˌpoizəniŋ] *n* verenmyrkytys
blood-vessel ['blʌdˌvesəl] *n* verisuoni
blot [blɔt] *n* tahra; häpeäpilkku; **blotting paper** imupaperi
blouse [blauz] *n* pusero
blow [blou] *n* isku; tuulahdus
*blow [blou] *v* tuulla; puhaltaa
blow-out ['blouaut] *n* rengasrikko
blue [blu:] *adj* sininen; alakuloinen
blunt [blʌnt] *adj* tylsä; tylppä
blush [blʌʃ] *v* punastua
board [bɔ:d] *n* lauta; taulu; täysihoito; johtokunta; ~ **and lodging** täysihoito
boarder ['bɔ:də] *n* täysihoitolainen
boarding-house ['bɔ:diŋhaus] *n* täysihoitola
boarding-school ['bɔ:diŋsku:l] *n* sisäoppilaitos
boast [boust] *v* kerskata
boat [bout] *n* vene, laiva
body ['bɔdi] *n* keho, ruumis
bodyguard ['bɔdigɑ:d] *n* henkivartija
body-work ['bɔdiwə:k] *n* autonkori
bog [bɔg] *n* suo
boil [bɔil] *v* kiehua; *n* paise
bold [bould] *adj* rohkea; uskalias, röyhkeä
Bolivia [bə'liviə] Bolivia
Bolivian [bə'liviən] *adj* bolivialainen
bolt [boult] *n* salpa; pultti
bomb [bɔm] *n* pommi; *v* pommittaa
bond [bɔnd] *n* obligaatio; side
bone [boun] *n* luu; ruoto; *v* poistaa luut

bonnet ['bo..ıt] n konepelti

book [buk] n kirja; v tilata; viedä kirjoihin, varata, kirjata

booking ['bukiŋ] n varaus, tilaus

bookmake ['buk,meikə] n vedonlyönnin välittäjä

bookseller ['buk,selə] n kirjakauppias

bookstand ['bukstænd] n kirja- ja lehtikioski

bookstore ['buksto:] n kirjakauppa

boot [bu:t] n saapas; tavaratila

booth [bu:ð] n koju; koppi

border ['bo:də] n raja; laita

bore¹ [bo:] v ikävystyttää; porata; n ikävystyttävä ihminen

bore² [bo:] v (p bear)

bored [bo:d] adj ikävystynyt

boring ['bo:riŋ] adj ikävystyttävä

born [bo:n] adj synnynnäinen

borrow ['borou] v lainata

bosom ['buzəm] n povi; rinta

boss [bos] n pomo, päällikkö

botany ['botəni] n kasvitiede

both [bouθ] adj molemmat; both ... and sekä ... että

bother ['boðə] v häiritä, kiusata; vaivautua; n kiusa

bottle ['botəl] n pullo; ~ opener pullonavaaja; hot-water ~ kuumavesipullo

bottleneck ['botəlnek] n pullonkaula

bottom ['botəm] n pohja; alaosa; takamus; adj alin

bough [bau] n oksa

bought [bo:t] v (p, pp buy)

boulder ['bouldə] n lohkare

bound [baund] n raja; *be ~ to täytyä; ~ for matkalla jhkn

boundary ['baundəri] n raja

bouquet [bu'kei] n kimppu

bourgeois ['buɜʒwa:] adj poroporvarillinen

boutique [bu'ti:k] n putiikki

bow¹ [bau] v taivuttaa

bow² [bou] n jousi; ~ tie solmuke, rusetti

bowels [bauəlz] pl sisälmykset pl, suolisto

bowl [boul] n kulho

bowling ['bouliŋ] n keilailu; ~ alley keilarata

box¹ [boks] v nyrkkeillä; boxing match nyrkkeilyottelu

box² [boks] n laatikko

box-office ['boks,ofis] n lippumyymälä, lippuluukku

boy [boi] n poika; palvelija; ~ scout partiopoika

bra [bra:] n rintaliivit pl

bracelet ['breislit] n rannerengas

braces ['breisiz] pl olkaimet pl

brain [brein] n aivot pl; äly

brain-wave ['breinweiv] n neronleimaus

brake [breik] n jarru; ~ drum jarrurumpu; ~ lights jarruvalot pl

branch [bra:ntʃ] n oksa; haaraosasto

brand [brænd] n merkki; polttomerkki

brand-new [,brænd'nju:] adj upouusi

brass [bra:s] n messinki; ~ band torvisoittokunta

brassiere ['bræziə] n rintaliivit pl

brassware ['bra:sweə] n messinkiesineet pl

brave [breiv] adj kelpo, rohkea; urhoollinen

Brazil [brə'zil] Brasilia

Brazilian [brə'ziljən] adj brasilialainen

breach [bri:tʃ] n rikkominen; riita; aukko

bread [bred] n leipä; wholemeal ~ kokojyväleipä

breadth [bredθ] n leveys

break [breik] n murtuma; välitunti

*break [breik] v rikkoa, murtaa; ~ down mennä rikki

breakdown ['breikdaun] *n* konerikko, konevika

breakfast ['brekfəst] *n* aamupala

bream [bri:m] *n* (pl ~) lahna

breast [brest] *n* rinta

breaststroke ['breststrouk] *n* rinta-uinti

breath [breθ] *n* henkäys

breathe [bri:ð] *v* hengittää

breathing ['bri:ðiŋ] *n* hengitys

breed [bri:d] *n* rotu; laji

*breed** [bri:d] *v* kasvattaa

breeze [bri:z] *n* tuulenhenkäys

brew [bru:] *v* panna olutta

brewery ['bru:əri] *n* olutpanimo

bribe [braib] *v* lahjoa

bribery ['braibəri] *n* lahjominen

brick [brik] *n* tiili

bricklayer ['brikleiə] *n* muurari

bride [braid] *n* morsian

bridegroom ['braidgru:m] *n* sulhanen

bridge [bridʒ] *n* silta; bridge

brief [bri:f] *adj* lyhyt

briefcase ['bri:fkeis] *n* salkku

briefs [bri:fs] *pl* alushousut *pl*

bright [brait] *adj* valoisa; kirkas; valpas, älykäs

brill [bril] *n* silokampela

brilliant ['briljənt] *adj* loistava; lahjakas

brim [brim] *n* reuna

*bring** [briŋ] *v* tuoda; ~ **back** palauttaa; ~ **up** kasvattaa; ottaa puheeksi, esittää

brisk [brisk] *adj* reipas

Britain ['britən] Englanti

British ['britiʃ] *adj* brittiläinen; englantilainen

Briton ['britən] *n* britti; englantilainen

broad [brɔ:d] *adj* leveä; laaja

broadcast ['brɔ:dkɑ:st] *n* lähetys

*broadcast** ['brɔ:dkɑ:st] *v* lähettää

brochure ['brouʃuə] *n* esite

broke¹ [brouk] *v* (p break)

broke² [brouk] *adj* rahaton

broken ['broukən] *adj* (pp break) rikkinäinen, epäkuntoinen; rikki

broker ['broukə] *n* välittäjä

bronchitis [brɔŋ'kaitis] *n* keuhkoputken tulehdus

bronze [brɔnz] *n* pronssi; *adj* pronssinen

brooch [broutʃ] *n* rintaneula

brook [bruk] *n* puro

broom [bru:m] *n* luuta

brothel ['brɔθəl] *n* porttola

brother ['brʌðə] *n* veli

brother-in-law ['brʌðərinlɔ:] *n* (pl brothers-) lanko

brought [brɔ:t] *v* (p, pp bring)

brown [braun] *adj* ruskea

bruise [bru:z] *n* mustelma; *v* saada mustelma

brunette [bru:'net] *n* ruskeaverikkö

brush [brʌʃ] *n* harja; sivellin; *v* harjata

brutal ['bru:təl] *adj* raakamainen

bubble ['bʌbəl] *n* kupla

bucket ['bʌkit] *n* sanko

buckle ['bʌkəl] *n* solki

bud [bʌd] *n* nuppu

budget ['bʌdʒit] *n* budjetti, talousarvio

buffet ['bufei] *n* seisova pöytä

bug [bʌg] *n* lude; kovakuoriainen; *nAm* hyönteinen

*build** [bild] *v* rakentaa

building ['bildiŋ] *n* rakennus

bulb [bʌlb] *n* sipuli; kukkasipuli; **light** ~ hehkulamppu

Bulgaria [bʌl'geəriə] Bulgaria

Bulgarian [bʌl'geəriən] *adj* bulgarialainen

bulk [bʌlk] *n* tilavuus; massa; pääosa

bulky ['bʌlki] *adj* tilaavievä, paksu

bull [bul] *n* härkä

bullet ['bulit] *n* luoti

bullfight ['bulfait] n härkätaistelu
bullring ['bulriŋ] n härkätaisteluareena
bump [bʌmp] v törmätä; lyödä; n kolaus, törmäys
bumper ['bʌmpə] n puskuri
bumpy ['bʌmpi] adj kuoppainen
bun [bʌn] n sämpylä
bunch [bʌntʃ] n kimppu; ryhmä
bundle ['bʌndəl] n käärö; v niputtaa, sitoa yhteen
bunk [bʌŋk] n makuusija
buoy [bɔi] n poiju
burden ['bə:dən] n kuorma
bureau ['bjuərou] n (pl ~x, ~s) toimisto; kirjoituslipasto; nAm lipasto
bureaucracy [bjuə'rɔkrəsi] n virkavaltaisuus
burglar ['bə:glə] n murtovaras
burgle ['bə:gəl] v murtautua (jhk)
burial ['beriəl] n hautajaiset pl, hautaus
burn [bə:n] n palohaava
*burn [bə:n] v palaa; polttaa; palaa pohjaan
*burst [bə:st] v haljeta; puhjeta; syöksyä
bury ['beri] v haudata
bus [bʌs] n bussi
bush [buʃ] n pensas
business ['biznəs] n liikeasiat pl, kauppa; liikeyritys; toimi; asia; ~ hours aukioloaika, konttoriaika; ~ trip liikematka; on ~ liikeasioissa
business-like ['biznislaik] adj liikemiesmäinen
businessman ['biznəsmən] n (pl -men) liikemies
bust [bʌst] n rintakuva
bustle ['bʌsəl] n touhu
busy ['bizi] adj kiireinen; vilkasliikenteinen
but [bʌt] conj mutta; vaan; prep paitsi

butcher ['butʃə] n teurastaja
butter ['bʌtə] n voi
butterfly ['bʌtəflai] n perhonen; ~ stroke perhosuinti
buttock ['bʌtək] n pakara
button ['bʌtən] n nappi; v napittaa
buttonhole ['bʌtənhoul] n napinreikä
*buy [bai] v ostaa; hankkia
buyer ['baiə] n ostaja
by [bai] prep avulla postp, kera postp; lähellä prep/postp
by-pass ['baipa:s] n ohikulkutie; v kiertää

C

cab [kæb] n taksi
cabaret ['kæbərei] n kabaree
cabbage ['kæbidʒ] n kaali
cab-driver ['kæb,draivə] n taksinkuljettaja
cabin ['kæbin] n matkustamo; maja; pukeutumiskoppi; hytti
cabinet ['kæbinət] n kabinetti
cable ['keibəl] n kaapeli; sähkösanoma; v sähköttää
cadre ['ka:də] n kaaderi; kantajoukko
café ['kæfei] n kahvila
cafeteria [,kæfə'tiəriə] n itsepalvelukahvila
caffeine ['kæfi:n] n kofeiini
cage [keidʒ] n häkki
cake [keik] n kakku; leivos
calamity [kə'læməti] n onnettomuus
calcium ['kælsiəm] n kalsium
calculate ['kælkjuleit] v laskelmoida
calculation [,kælkju'leiʃən] n laskelma
calendar ['kæləndə] n kalenteri
calf [ka:f] n (pl calves) vasikka; pohje; ~ skin vasikannahka

call [kɔ:l] v huutaa; kutsua; soittaa puhelimella; n huuto; vieraskäynti; puhelinsoitto; •**be called** olla nimeltään; ~ **names** haukkua; ~ **on** vierailla; ~ **up** Am soittaa puhelimella

callus [ˈkæləs] n kovettuma

calm [kɑ:m] adj rauhallinen, tyyni; ~ **down** tyynnyttää; rauhoittua

calorie [ˈkæləri] n kalori

Calvinism [ˈkælvinizəm] n kalvinismi

came [keim] v (p come)

camel [ˈkæməl] n kameli

cameo [ˈkæmiou] n (pl ~s) kamee

camera [ˈkæmərə] n kamera; filmikamera; ~ **shop** valokuvausliike

camp [kæmp] n leiri; v leiriytyä

campaign [kæmˈpein] n kampanja

camp-bed [ˌkæmpˈbed] n telttasänky

camper [ˈkæmpə] n retkeilijä

camping [ˈkæmpiŋ] n telttailu; ~ **site** leirintäalue

camshaft [ˈkæmʃɑ:ft] n nokka-akseli

can [kæn] n tölkki; ~ **opener** purkinavaaja

•**can** [kæn] v voida

Canada [ˈkænədə] Kanada

Canadian [kəˈneidiən] adj kanadalainen

canal [kəˈnæl] n kanava

canary [kəˈneəri] n kanarialintu

cancel [ˈkænsəl] v peruuttaa

cancellation [ˌkænsəˈleiʃən] n peruutus

cancer [ˈkænsə] n syöpä

candelabrum [ˌkændəˈlɑːbrəm] n (pl -bra) haarakynttelikkö

candidate [ˈkændidət] n ehdokas

candle [ˈkændəl] n kynttilä

candy [ˈkændi] nAm makeinen makeiset; ~ **store** Am makeiskauppa

cane [kein] n ruoko; kävelykeppi

canister [ˈkænistə] n peltirasia

canoe [kəˈnu:] n kanootti

canteen [kænˈti:n] n kanttiini

canvas [ˈkænvəs] n purjekangas; öljyvärimaalaus

cap [kæp] n lakki, päähine

capable [ˈkeipəbəl] adj pystyvä, kykenevä

capacity [kəˈpæsəti] n kapasiteetti; teho; kyky

cape [keip] n niemi; hartiaviitta

capital [ˈkæpitəl] n pääkaupunki; pääoma; adj tärkeä, pääasiallinen; ~ **letter** iso kirjain

capitalism [ˈkæpitəlizəm] n kapitalismi

capitulation [kəˌpitjuˈleiʃən] n antautuminen

capsule [ˈkæpsju:l] n kapseli

captain [ˈkæptin] n kapteeni; lentokapteeni

capture [ˈkæptʃə] v vangita; vallata; n vangitseminen; valtaus

car [kɑ:] n auto; ~ **hire** autovuokraamo; ~ **park** pysäköimisalue; ~ **rental** Am autovuokraamo

carafe [kəˈræf] n karahvi

caramel [ˈkærəməl] n karamelli

carat [ˈkærət] n karaatti

caravan [ˈkærəvæn] n asuntovaunu

carburettor [ˌkɑ:bjuˈretə] n kaasutin

card [kɑ:d] n kortti; postikortti

cardboard [ˈkɑ:dbɔ:d] n pahvi; adj pahvinen

cardigan [ˈkɑ:digən] n villatakki

cardinal [ˈkɑ:dinəl] n kardinaali; adj pääasiallinen

care [keə] n huolenpito; huoli; ~ **about** huolehtia jstk; ~ **for** välittää jstk; •**take** ~ **of** huolehtia jstk

career [kəˈriə] n elämänura, virkaura

carefree [ˈkeəfri:] adj huoleton

careful [ˈkeəfəl] adj varovainen; huolellinen

careless [ˈkeələs] adj huolimaton, välinpitämätön

caretaker [ˈkɛəˌteikə] *n* talonvahti

cargo [ˈkɑːgou] *n* (pl ~es) lasti

carnival [ˈkɑːnivəl] *n* karnevaali

carp [kɑːp] *n* (pl ~) karppi

carpenter [ˈkɑːpintə] *n* puuseppä

carpet [ˈkɑːpit] *n* matto

carriage [ˈkæridʒ] *n* matkustajavaunu; vaunut *pl*, rattaat *pl*

carriageway [ˈkæridʒwei] *n* ajorata

carrot [ˈkærət] *n* porkkana

carry [ˈkæri] *v* kantaa; kuljettaa; ~ **on** jatkaa; ~ **out** toteuttaa

carry-cot [ˈkærikɔt] *n* vauvan kantokassi

cart [kɑːt] *n* rattaat *pl*

cartilage [ˈkɑːtilidʒ] *n* rusto

carton [ˈkɑːtən] *n* pahvilaatikko; kartonki

cartoon [kɑːˈtuːn] *n* piirretty filmi

cartridge [ˈkɑːtridʒ] *n* patruuna

carve [kɑːv] *v* vuolla, veistää

carving [ˈkɑːviŋ] *n* veistos

case [keis] *n* tapaus; oikeusjuttu; matkalaukku; kotelo; **attaché ~** asiakirjalaukku; **in ~** jos; **in ~ of** siinä tapauksessa että

cash [kæʃ] *n* käteinen raha; *v* periä rahoja, vaihtaa rahaksi, lunastaa

cashier [kæˈʃiə] *n* kassanhoitaja

cashmere [ˈkæʃmiə] *n* kašmirvilla

casino [kəˈsiːnou] *n* (pl ~s) kasino

cask [kɑːsk] *n* tynnyri

cast [kɑːst] *n* heitto

*****cast** [kɑːst] *v* heittää, luoda; **cast iron** valurauta

castle [ˈkɑːsəl] *n* linna

casual [ˈkæʒuəl] *adj* huoleton; satunnainen, pintapuolinen

casualty [ˈkæʒuəlti] *n* uhri; vahinko, onnettomuus

cat [kæt] *n* kissa

catacomb [ˈkætəkoum] *n* katakombi

catalogue [ˈkætəlɔg] *n* luettelo

catarrh [kəˈtɑː] *n* katarri

catastrophe [kəˈtæstrɔfi] *n* katastrofi

*****catch** [kætʃ] *v* ottaa kiinni; tavoittaa; yllättää, ehtiä

category [ˈkætigəri] *n* kategoria

cathedral [kəˈθiːdrəl] *n* katedraali, tuomiokirkko

catholic [ˈkæθəlik] *adj* katolinen

cattle [ˈkætəl] *pl* nautakarja

caught [kɔːt] *v* (p, pp catch)

cauliflower [ˈkɔliflauə] *n* kukkakaali

cause [kɔːz] *v* aiheuttaa; *n* syy; peruste, aihe; asia; ~ **to** saada tekemään jtn

causeway [ˈkɔːzwei] *n* maantie

caution [ˈkɔːʃən] *n* varovaisuus; *v* varoittaa

cautious [ˈkɔːʃəs] *adj* varovainen

cave [keiv] *n* luola; onkalo

cavern [ˈkævən] *n* luola

caviar [ˈkæviɑː] *n* kaviaari

cavity [ˈkævəti] *n* ontelo, kolo

cease [siːs] *v* lopettaa

ceiling [ˈsiːliŋ] *n* sisäkatto

celebrate [ˈselibreit] *v* juhlia

celebration [ˌseliˈbreiʃən] *n* juhla

celebrity [siˈlebrəti] *n* kuuluisuus

celery [ˈseləri] *n* selleri

celibacy [ˈselibəsi] *n* naimattomuus

cell [sel] *n* selli

cellar [ˈselə] *n* kellari

cellophane [ˈseləfein] *n* sellofaani

cement [siˈment] *n* sementti

cemetery [ˈsemitri] *n* hautausmaa

censorship [ˈsensəʃip] *n* sensuuri

centigrade [ˈsentigreid] *adj* celsius-

centimetre [ˈsentimiːtə] *n* senttimetri

central [ˈsentrəl] *adj* keski-; ~ **heating** keskuslämmitys; ~ **station** keskusasema

centralize [ˈsentrəlaiz] *v* keskittää

centre [ˈsentə] *n* keskusta; keskipiste

century [ˈsentʃəri] *n* vuosisata

ceramics [siˈræmiks] *pl* keramiikka

ceremony [ˈserəməni] *n* juhlamenot

pl

certain ['sə:tən] *adj* varma; tietty

certificate [sə'tifikət] *n* asiakirja; kirjallinen todistus, todistus, diplomi, asiapaperi

chain [tʃein] *n* ketju

chair [tʃeə] *n* tuoli

chairman ['tʃeəmən] *n* (pl -men) puheenjohtaja

chalet ['ʃælei] *n* alppimaja

chalk [tʃɔ:k] *n* liitu

challenge ['tʃæləndʒ] *v* haastaa; *n* haaste

chamber ['tʃeimbə] *n* huone

chambermaid ['tʃeimbəmeid] *n* siivooja

champagne [ʃæm'pein] *n* samppanja

champion ['tʃæmpjən] *n* mestari; esitaistelija

chance [tʃɑ:ns] *n* sattuma; mahdollisuus, tilaisuus; riski; **by** ~ sattumalta

change [tʃeindʒ] *v* muuttaa; vaihtaa; vaihtaa pukua; vaihtaa kulkuneuvoa; *n* muutos, vaihdos; pikkuraha, vaihtoraha

channel ['tʃænəl] *n* kanaali; **English Channel** Englannin kanaali

chaos ['keiɔs] *n* sekasorto

chaotic [kei'ɔtik] *adj* sekasortoinen

chap [tʃæp] *n* kaveri

chapel ['tʃæpəl] *n* kappeli, kirkko

chaplain ['tʃæplin] *n* kappalainen

character ['kærəktə] *n* luonne

characteristic [,kærəktə'ristik] *adj* ominainen, luonteenomainen; *n* tunnusmerkki; ominaispiirre

characterize ['kærəktəraiz] *v* luonnehtia

charcoal ['tʃɑ:koul] *n* puuhiili

charge [tʃɑ:dʒ] *v* vaatia maksua, veloittaa; syyttää; lastata; *n* maksu; lasti, rasite, kuorma; *n* syytös; ~ **plate** *Am* luottokortti; **free of** ~

maksuton; **in** ~ **of** vastuussa jstk; ***take** ~ **of** ottaa huolekseen

charity ['tʃærəti] *n* hyväntekeväisyys

charm [tʃɑ:m] *n* viehätys; amuletti

charming ['tʃɑ:miŋ] *adj* viehättävä

chart [tʃɑ:t] *n* taulukko; kaavio; merikortti; **conversion** ~ muuntotaulukko

chase [tʃeis] *v* ajaa takaa; karkottaa; *n* metsästys, takaa-ajo

chasm ['kæzəm] *n* kuilu

chassis ['ʃæsi] *n* (pl ~) autonrunko, alusta

chaste [tʃeist] *adj* siveä

chat [tʃæt] *v* jutella, rupatella; *n* juttelu, rupattelu, pakina

chatterbox ['tʃætəbɔks] *n* lörpöttelijä

chauffeur ['ʃoufə] *n* autonkuljettaja

cheap [tʃi:p] *adj* halpa; edullinen

cheat [tʃi:t] *v* petkuttaa

check [tʃek] *v* tarkistaa; *n* ruutu; *nAm* lasku; *nAm* šekki; **check!** šakki!; ~ **in** ilmoittautua saapuessa; ~ **out** ilmoittautua lähtiessä

check-book ['tʃekbuk] *nAm* šekkivihko

checkerboard ['tʃekəbɔ:d] *nAm* šakkilauta

checkers ['tʃekəz] *plAm* tammipeli

checkroom ['tʃekru:m] *nAm* vaatesäilö

check-up ['tʃekʌp] *n* tarkastus

cheek [tʃi:k] *n* poski

cheek-bone ['tʃi:kboun] *n* poskipää

cheer [tʃiə] *v* hurrata; ~ **up** reipastuttaa

cheerful ['tʃiəfəl] *adj* iloinen, ilahduttava

cheese [tʃi:z] *n* juusto

chef [ʃef] *n* keittiömestari

chemical ['kemikəl] *adj* kemiallinen

chemist ['kemist] *n* apteekkari; **chemist's** apteekki; rohdoskauppa

chemistry ['kemistri] *n* kemia

cheque [tʃek] n šekki
cheque-book ['tʃekbuk] n šekkivihko
chequered ['tʃekəd] adj ruudullinen
cherry ['tʃeri] n kirsikka
chess [tʃes] n šakkipeli
chest [tʃest] n rinta; rintakehä; laatikko; ~ of drawers lipasto
chestnut ['tʃesnʌt] n kastanja
chew [tʃu:] v pureskella
chewing-gum ['tʃu:iŋgʌm] n purukumi
chicken ['tʃikin] n kananpoika
chickenpox ['tʃikinpɔks] n vesirokko
chief [tʃi:f] n päällikkö; adj pää-, ylin
chieftain ['tʃi:ftən] n päällikkö
chilblain ['tʃilblein] n kylmänkyhmy
child [tʃaild] n (pl children) lapsi
childbirth ['tʃaildbə:θ] n synnytys
childhood ['tʃaildhud] n lapsuus
Chile ['tʃili] Chile
Chilean ['tʃiliən] adj chileläinen
chill [tʃil] n väristys
chilly ['tʃili] adj kolea
chimes [tʃaimz] pl kellonsoitto
chimney ['tʃimni] n savupiippu
chin [tʃin] n leuka
China ['tʃainə] Kiina
china ['tʃainə] n posliini
Chinese [tʃai'ni:z] adj kiinalainen
chink [tʃiŋk] n rako; kilinä
chip [tʃip] n lastu; pelimarkka; v lohkaista; chips ranskalaiset perunat
chiropodist [ki'rɔpədist] n jalkojenhoitaja
chisel ['tʃizəl] n taltta
chives [tʃaivz] pl ruoholaukka
chlorine ['klɔ:ri:n] n kloori
chock-full [tʃɔk'ful] adj täpötäysi
chocolate ['tʃɔklət] n suklaa; suklaajuoma
choice [tʃɔis] n valinta; valikoima
choir [kwaiə] n kuoro
choke [tʃouk] v tukehtua; kuristaa; n rikastin

*choose [tʃu:z] v valita
chop [tʃɔp] n kyljys; v hienontaa
Christ [kraist] Kristus
christen ['krisən] v kastaa
christening ['krisəniŋ] n kaste
Christian ['kristʃən] adj kristitty; ~ name ristimänimi
Christmas ['krisməs] joulu
chromium ['kroumiəm] n kromi
chronic ['krɔnik] adj krooninen
chronological [ˌkrɔnə'lɔdʒikəl] adj kronologinen
chuckle ['tʃʌkəl] v hihittää
chunk [tʃʌŋk] n kimpale
church [tʃə:tʃ] n kirkko
churchyard ['tʃə:tʃjɑ:d] n kirkkomaa
cigar [si'gɑ:] n sikari; ~ shop tupakkakauppa
cigarette [ˌsigə'ret] n savuke; ~ tobacco savuketupakka
cigarette-case [ˌsigə'retkeis] n savukekotelo
cigarette-holder [ˌsigə'retˌhouldə] n imuke
cigarette-lighter [ˌsigə'retˌlaitə] n savukkeensytytin
cinema ['sinəmə] n elokuvateatteri
cinnamon ['sinəmən] n kaneli
circle ['sə:kəl] n ympyrä; piiri; parvi; v ympäröidä, saartaa
circulation [ˌsə:kju'leiʃən] n verenkierto; liike
circumstance ['sə:kəmstæns] n asianhaara
circus ['sə:kəs] n sirkus
citizen ['sitizən] n kaupunkilainen
citizenship ['sitizənʃip] n kansalaisuus
city ['siti] n kaupunki
civic ['sivik] adj kansalais-
civil ['sivəl] adj kansalais-; kohtelias; ~ law siviilioikeus; ~ servant valtionvirkamies
civilian [si'viljən] adj siviili-; n siviilihenkilö

civilization [ˌsivəlaiˈzeiʃən] n sivistys

civilized [ˈsivəlaizd] adj sivistynyt

claim [kleim] v vaatia; väittää; n vaatimus

clamp [klæmp] n sinkilä; ruuvipuristin

clap [klæp] v taputtaa, osoittaa suosiota

clarify [ˈklærifai] v selvittää, selventää

class [klɑ:s] n luokka

classical [ˈklæsikəl] adj klassinen

classify [ˈklæsifai] v luokitella

class-mate [ˈklɑ:smeit] n luokkatoveri

classroom [ˈklɑ:sru:m] n luokkahuone

clause [klɔ:z] n ehto; sivulause

claw [klɔ:] n kynsi

clay [klei] n savi

clean [kli:n] adj puhdas, siisti; v puhdistaa, siivota

cleaning [ˈkli:niŋ] n siivous, puhdistus; ~ fluid puhdistusaine

clear [kliə] adj kirkas; selvä; v selvittää; puhdistaa

clearing [ˈkliəriŋ] n metsäaukeama

cleft [kleft] n kuilu, halkeama

clergyman [ˈklə:dʒimən] n (pl -men) pastori, pappi; kirkonmies

clerk [klɑ:k] n konttoristi; kanslisti; sihteeri

clever [ˈklevə] adj älykäs; kekseliäs, nokkela

client [ˈklaiənt] n asiakas

cliff [klif] n rantakallio, rantatörmä

climate [ˈklaimit] n ilmasto

climb [klaim] v kavuta; kiivetä; n kiipeäminen

clinic [ˈklinik] n klinikka

cloak [klouk] n mantteli

cloakroom [ˈkloukru:m] n vaatesäilö

clock [klɔk] n kello; at ... o'clock kello ...

cloister [ˈklɔistə] n luostari

close¹ [klouz] v sulkea; closed adj suljettu, umpinainen

close² [klous] adj läheinen

closet [ˈklɔzit] n komero; nAm vaatekaappi

cloth [klɔθ] n kangas; riepu

clothes [klouðz] pl vaatteet pl

clothes-brush [ˈklouðzbrʌʃ] n vaateharja

clothing [ˈklouðiŋ] n vaatetus

cloud [klaud] n pilvi

cloud-burst [ˈklaudbə:st] n kaatosade

cloudy [ˈklaudi] adj pilvinen

clover [ˈklouvə] n apila

clown [klaun] n ilveilijä

club [klʌb] n kerho, klubi; nuija, patukka

clumsy [ˈklʌmzi] adj kömpelö

clutch [klʌtʃ] n kytkin; tiukka ote

coach [koutʃ] n linja-auto; vaunu; vaunut pl; valmentaja

coagulate [kouˈægjuleit] v hyytyä

coal [koul] n kivihiili

coarse [kɔ:s] adj karkea; hienostumaton

coast [koust] n rannikko

coat [kout] n päällystakki, takki

coat-hanger [ˈkout,hæŋə] n vaateripustin

cobweb [ˈkɔbweb] n hämähäkinverkko

cocaine [kouˈkein] n kokaiini

cock [kɔk] n kukko

cocktail [ˈkɔkteil] n cocktail

coconut [ˈkoukənʌt] n kookospähkinä

cod [kɔd] n (pl ~) turska

code [koud] n salakieli, koodi; säännöt

coffee [ˈkɔfi] n kahvi

cognac [ˈkɔnjæk] n konjakki

coherence [kouˈhiərəns] n yhtenäisyys

coin [kɔin] n kolikko

coincide [ˌkouinˈsaid] v sattua samaan aikaan

cold [kould] *adj* kylmä; *n* kylmyys; vilustuminen; *catch a ~ vilustua

collapse [kə'læps] *v* lysähtää, romahtaa

collar ['kɔlə] *n* kaulahihna; kaulus; ~ stud kauluksennappi

collarbone ['kɔləboun] *n* solisluu

colleague ['kɔli:g] *n* virkaveli

collect [kə'lekt] *v* koota; noutaa; kerätä

collection [kə'lekʃən] *n* kokoelma; keräys

collective [kə'lektiv] *adj* yhteis-

collector [kə'lektə] *n* keräilijä; kerääjä

college ['kɔlidʒ] *n* korkeakoulu

collide [kə'laid] *v* törmätä yhteen

collision [kə'liʒən] *n* yhteentörmäys

Colombia [kə'lɔmbiə] Kolumbia

Colombian [kə'lɔmbiən] *adj* kolumbialainen

colonel ['kə:nəl] *n* eversti

colony ['kɔləni] *n* siirtokunta

colour ['kʌlə] *n* väri; *v* värittää; ~ film värifilmi

colourant ['kʌlərənt] *n* väriaine

colour-blind ['kʌləblaind] *adj* värisokea

coloured ['kʌləd] *adj* värillinen

colourful ['kʌləfəl] *adj* värikäs

column ['kɔləm] *n* pylväs, pilari; palsta; rivistö

coma ['koumə] *n* tajuttomuus

comb [koum] *v* kammata; *n* kampa

combat ['kɔmbæt] *n* kamppailu, taistelu; *v* taistella jtkn vastaan, kamppailla

combination [ˌkɔmbi'neiʃən] *n* yhdistelmä

combine [kəm'bain] *v* yhdistää

*come [kʌm] *v* tulla; ~ across kohdata; löytää

comedian [kə'mi:diən] *n* näyttelijä; koomikko

comedy ['kɔmədi] *n* huvinäytelmä; musical ~ musiikkinäytelmä

comfort ['kʌmfət] *n* mukavuus, hyvinvointi; lohdutus; *v* lohduttaa

comfortable ['kʌmfətəbəl] *adj* mukava

comic ['kɔmik] *adj* koominen

comics ['kɔmiks] *pl* sarjakuva

coming ['kʌmiŋ] *n* tulo

comma ['kɔmə] *n* pilkku

command [kə'ma:nd] *v* käskeä; *n* komento

commander [kə'ma:ndə] *n* päällikkö

commemoration [kəˌmemə'reiʃən] *n* muistojuhla

commence [kə'mens] *v* alkaa

comment ['kɔment] *n* huomautus; *v* huomauttaa

commerce ['kɔmə:s] *n* kauppa

commercial [kə'mə:ʃəl] *adj* kauppa-, kaupallinen; *n* mainos; ~ law kauppaoikeus

commission [kə'miʃən] *n* toimikunta

commit [kə'mit] *v* jättää, uskoa (jllk); tehdä

committee [kə'miti] *n* komitea, valiokunta

common ['kɔmən] *adj* tavallinen; yhteinen

commune ['kɔmju:n] *n* kunta

communicate [kə'mju:nikeit] *v* kommunikoida

communication [kəˌmju:ni'keiʃən] *n* viestintä; tiedotus

communiqué [kə'mju:nikei] *n* virallinen tiedonanto

communism ['kɔmjunizəm] *n* kommunismi

communist ['kɔmjunist] *n* kommunisti

community [kə'mju:nəti] *n* yhteisö, yhdyskunta

commuter [kə'mju:tə] *n* kausilipun haltija

compact ['kɔmpækt] *adj* kiinteä

companion [kəm'pænjən] *n* seuralainen

company ['kʌmpəni] *n* seura; yhtiö, toiminimi

comparative [kəm'pærətiv] *adj* suhteellinen

compare [kəm'peə] *v* verrata

comparison [kəm'pærisən] *n* vertaus

compartment [kəm'pɑ:tmənt] *n* vaununosasto

compass ['kʌmpəs] *n* kompassi

compel [kəm'pel] *v* pakottaa

compensate ['kɔmpənseit] *v* korvata

compensation [ˌkɔmpən'seiʃən] *n* hyvitys; vahingonkorvaus

compete [kəm'pi:t] *v* kilpailla

competition [ˌkɔmpə'tiʃən] *n* kilpailu

competitor [kəm'petitər] *n* kilpailija

compile [kəm'pail] *v* sommitella; laatia

complain [kəm'plein] *v* valittaa

complaint [kəm'pleint] *n* valitus; **complaints book** valituskirja

complete [kəm'pli:t] *adj* täydellinen, kokonainen; *v* suorittaa loppuun

completely [kəm'pli:tli] *adv* täydellisesti, kokonaan, täysin

complex ['kɔmpleks] *n* rakennuskompleksi; *adj* monimutkainen, sekava

complexion [kəm'plekʃən] *n* hipiä

complicated ['kɔmplikeitid] *adj* pulmallinen, monimutkainen

compliment ['kɔmplimənt] *n* kohteliaisuus; *v* kehua

compose [kəm'pouz] *v* koota; säveltää

composer [kəm'pouzə] *n* säveltäjä

composition [ˌkɔmpə'ziʃən] *n* sävellys; sommittelu

comprehensive [ˌkɔmpri'hensiv] *adj* laaja

comprise [kəm'praiz] *v* sisältää

compromise ['kɔmprəmaiz] *n* sovitte-luratkaisu

compulsory [kəm'pʌlsəri] *adj* pakollinen

comrade ['kɔmreid] *n* toveri

conceal [kən'si:l] *v* kätkeä

conceited [kən'si:tid] *adj* itserakas

conceive [kən'si:v] *v* käsittää, kuvitella; konsipioida

concentrate ['kɔnsəntreit] *v* keskittää; keskittyä

concentration [ˌkɔnsən'treiʃən] *n* keskitys

conception [kən'sepʃən] *n* käsitys; hedelmöittyminen

concern [kən'sə:n] *v* koskea, kuulua; *n* huoli; asia; yhtymä, liikeyritys

concerned [kən'sə:nd] *adj* huolestunut; osallinen

concerning [kən'sə:niŋ] *prep* nähden *postp*, suhteen *postp*

concert ['kɔnsət] *n* konsertti; ~ **hall** konserttisali

concession [kən'seʃən] *n* toimilupa; myönnytys

concierge [ˌkõsi'eəʒ] *n* portinvartija

concise [kən'sais] *adj* lyhytsanainen

conclusion [kən'klu:ʒən] *n* johtopäätös, lopputulos

concrete ['kɔŋkri:t] *adj* konkreettinen; *n* betoni

concurrence [kəŋ'kʌrəns] *n* yhteensattuma

concussion [kəŋ'kʌʃən] *n* aivotärähdys

condition [kən'diʃən] *n* ehto; kunto, tila; olosuhde

conditional [kən'diʃənəl] *adj* ehdonalainen

conduct[1] ['kɔndʌkt] *n* käytös

conduct[2] [kən'dʌkt] *v* johtaa; saattaa

conductor [kən'dʌktə] *n* rahastaja; orkesterinjohtaja

confectioner [kən'fekʃənə] *n* sokerileipuri

conference ['kɔnfərəns] *n* konferenssi

confess [kən'fes] *v* myöntää; ripittäytyä; tunnustaa

confession [kən'feʃən] *n* tunnustus; rippi

confidence ['kɔnfidəns] *n* luottamus

confident ['kɔnfidənt] *adj* luottavainen

confidential [ˌkɔnfi'denʃəl] *adj* luottamuksellinen

confirm [kən'fə:m] *v* vahvistaa

confirmation [ˌkɔnfə'meiʃən] *n* vahvistus

confiscate ['kɔnfiskeit] *v* julistaa menetetyksi, takavarikoida

conflict ['kɔnflikt] *n* ristiriita

confuse [kən'fju:z] *v* saattaa ymmälle; **confused** *adj* hämmentynyt

confusion [kən'fju:ʒən] *n* hämminki

congratulate [kən'grætʃuleit] *v* onnitella

congratulation [kənˌgrætʃu'leiʃən] *n* onnittelu, onnentoivotus

congregation [ˌkɔngri'geiʃən] *n* seurakunta

congress ['kɔŋgres] *n* kongressi

connect [kə'nekt] *v* yhdistää; kytkeä; liittää

connection [kə'nekʃən] *n* suhde; yhteys, jatkoyhteys

connoisseur [ˌkɔnə'sə:] *n* tuntija

connotation [ˌkɔnə'teiʃən] *n* sivumerkitys

conquer ['kɔŋkə] *v* valloittaa

conqueror ['kɔŋkərə] *n* valloittaja

conquest ['kɔŋkwest] *n* valloitus

conscience ['kɔnʃəns] *n* omatunto

conscious ['kɔnʃəs] *adj* tietoinen

consciousness ['kɔnʃəsnəs] *n* tietoisuus

conscript ['kɔnskript] *n* asevelvollinen

consent [kən'sent] *v* suostua; myöntyä; *n* suostumus

consequence ['kɔnsikwəns] *n* seuraus

consequently ['kɔnsikwəntli] *adv* siis

conservative [kən'sə:vətiv] *adj* konservatiivinen, vanhoillinen

consider [kən'sidə] *v* miettiä; harkita; pitää jnak, olla jtk mieltä

considerable [kən'sidərəbəl] *adj* huomattava, melkoinen

considerate [kən'sidərət] *adj* huomaavainen

consideration [kənˌsidə'reiʃən] *n* huomioonottaminen; harkinta; huomaavaisuus

considering [kən'sidəriŋ] *prep* huomioon ottaen

consignment [kən'sainmənt] *n* lähetys

consist of [kən'sist] koostua

conspire [kən'spaiə] *v* vehkeillä

constant ['kɔnstənt] *adj* alinomainen

constipated ['kɔnstipeitid] *adj* ummettunut

constipation [ˌkɔnsti'peiʃən] *n* ummetus, umpitauti

constituency [kən'stitʃuənsi] *n* vaalipiiri

constitution [ˌkɔnsti'tju:ʃən] *n* valtiosääntö

construct [kən'strʌkt] *v* rakentaa

construction [kən'strʌkʃən] *n* rakenne; rakentaminen, rakennus

consul ['kɔnsəl] *n* konsuli

consulate ['kɔnsjulət] *n* konsulaatti

consult [kən'sʌlt] *v* kysyä neuvoa

consultation [ˌkɔnsəl'teiʃən] *n* neuvottelu; ~ **hours** vastaanottoaika

consumer [kən'sju:mə] *n* kuluttaja

contact ['kɔntækt] *n* yhteys; kosketus; katkaisin; *v* ottaa yhteys; ~ **lenses** piilolasit *pl*

contagious [kən'teidʒəs] *adj* tarttuva

contain [kən'tein] *v* sisältää

container [kən'teinə] *n* säiliö; kontti

contemporary [kən'tempərəri] *adj* samanaikainen; nykyaikainen; *n* aikalainen contempt [kən'tempt] n ylenkatse, halveksiminen

content [kən'tent] adj tyytyväinen

contents ['kɔntents] pl sisällys

contest ['kɔntest] n kilpailu; taistelu; ottelu

continent ['kɔntinənt] n mannermaa, maanosa; manner

continental [ˌkɔnti'nentəl] adj mannermainen

continual [kən'tinjuəl] adj alituinen; continually adv alinomaa

continue [kən'tinju:] v jatkaa; jatkua

continuous [kən'tinjuəs] adj jatkuva, keskeytymätön

contour ['kɔntuə] n ääriviiva

contraceptive [ˌkɔntrə'septiv] n ehkäisyväline

contract¹ ['kɔntrækt] n sopimus

contract² [kən'trækt] v tehdä sopimus; sopia

contractor [kən'træktə] n urakoitsija

contradict [ˌkɔntrə'dikt] v vastustaa; väittää vastaan

contradictory [ˌkɔntrə'diktəri] adj ristiriitainen

contrary ['kɔntrəri] n vastakohta; adj päinvastainen; on the ~ päinvastoin

contrast ['kɔntrɑ:st] n vastakohta; ero

contribution [ˌkɔntri'bju:ʃən] n avustus

control [kən'troul] n valvonta; v valvoa, säännöstellä

controversial [ˌkɔntrə'və:ʃəl] adj kiistanalainen

convenience [kən'vi:njəns] n mukavuus

convenient [kən'vi:njənt] adj mukava; sopiva

convent ['kɔnvənt] n nunnaluostari

conversation [ˌkɔnvə'seiʃən] n keskustelu

convert [kən'və:t] v käännyttää;

muuntaa

convict¹ [kən'vikt] v tunnustaa syylliseksi

convict² ['kɔnvikt] n tuomittu

conviction [kən'vikʃən] n vakaumus; tuomitseminen

convince [kən'vins] v saada vakuuttuneeksi

convulsion [kən'vʌlʃən] n kouristus

cook [kuk] n kokki; v keittää; laittaa ruokaa, valmistaa ruokaa

cookbook ['kukbuk] nAm keittokirja

cooker ['kukə] n liesi; gas ~ kaasuliesi

cookery-book ['kukəribuk] n keittokirja

cookie ['kuki] nAm keksi

cool [ku:l] adj viileä; cooling system jäähdytysjärjestelmä

co-operation [kouˌɔpə'reiʃən] n yhteistyö; yhteistoiminta

co-operative [kou'ɔpərətiv] adj osuustoiminnallinen; valmis yhteistyöhön, yhteistoiminnallinen; n osuustoiminta

co-ordinate [kou'ɔ:dineit] v rinnastaa

co-ordination [kouˌɔ:di'neiʃən] n rinnastus

copper ['kɔpə] n kupari

copy ['kɔpi] n jäljennös; kappale; v jäljentää; jäljitellä; carbon ~ hiilipaperijäljennös

coral ['kɔrəl] n koralli

cord [kɔ:d] n köysi; nuora

cordial ['kɔ:diəl] adj sydämellinen

corduroy ['kɔ:dərɔi] n vakosametti

core [kɔ:] n sisus; siemenkota

cork [kɔ:k] n korkki

corkscrew ['kɔ:kskru:] n korkkiruuvi

corn [kɔ:n] n rae; vilja; liikavarvas; ~ on the cob maissintähkä

corner ['kɔ:nə] n kulma

cornfield ['kɔ:nfi:ld] n viljapelto

corpse [kɔ:ps] n ruumis

corpulent ['kɔːpjulənt] *adj* pyylevä; tukeva, lihava

correct [kə'rekt] *adj* moitteeton, oikea; *v* oikaista

correction [kə'rekʃən] *n* oikaisu; korjaus

correctness [kə'rektnəs] *n* täsmällisyys

correspond [ˌkɔri'spɔnd] *v* olla kirjeenvaihdossa; vastata

correspondence [ˌkɔri'spɔndəns] *n* kirjeenvaihto

correspondent [ˌkɔri'spɔndənt] *n* kirjeenvaihtaja

corridor ['kɔridɔː] *n* käytävä

corrupt [kə'rʌpt] *adj* turmeltunut; *v* lahjoa

corruption [kə'rʌpʃən] *n* lahjominen

corset ['kɔːsit] *n* korsetti

cosmetics [kɔz'metiks] *pl* kauneudenhoitoaineet *pl*

cost [kɔst] *n* kustannukset *pl;* hinta

*cost [kɔst] *v* maksaa

cosy ['kouzi] *adj* kodikas

cot [kɔt] *nAm* telttasänky

cottage ['kɔtidʒ] *n* mökki

cotton ['kɔtən] *n* puuvilla; puuvillainen

cotton-wool ['kɔtənwul] *n* vanu

couch [kautʃ] *n* leposohva

cough [kɔf] *n* yskä; *v* yskiä

could [kud] *v* (p can)

council ['kaunsəl] *n* neuvosto

councillor ['kaunsələ] *n* neuvosmies

counsel ['kaunsəl] *n* neuvonantaja; neuvottelu

counsellor ['kaunsələ] *n* neuvonantaja; lainopillinen avustaja

count [kaunt] *v* laskea; laskea mukaan; pitää jnak; *n* kreivi

counter ['kauntə] *n* myyntipöytä; tiski

counterfeit ['kauntəfiːt] *v* väärentää

counterfoil ['kauntəfɔil] *n* kanta

counterpane ['kauntəpein] *n* päiväpeite

countess ['kauntis] *n* kreivitär

country ['kʌntri] *n* maa; maaseutu; ~ house maatalo

countryman ['kʌntrimən] *n* (pl -men) maanmies

countryside ['kʌntrisaid] *n* maaseutu

county ['kaunti] *n* kreivikunta

couple ['kʌpəl] *n* pari

coupon ['kuːpɔn] *n* maksulippu, kuponki

courage ['kʌridʒ] *n* urheus, rohkeus

courageous [kə'reidʒəs] *adj* urhoollinen, rohkea

course [kɔːs] *n* suunta; ruokalaji; kulku; kurssi; intensive ~ pikakurssi; of ~ tietenkin, luonnollisesti

court [kɔːt] *n* tuomioistuin; hovi

courteous ['kɔːtiəs] *adj* kohtelias

cousin ['kʌzən] *n* serkku

cover ['kʌvə] *v* kattaa, peittää; *n* suoja; kansi; päällinen; ~ charge kattamismaksu

cow [kau] *n* lehmä

coward ['kauəd] *n* pelkuri

cowardly ['kauədli] *adj* raukkamainen

cow-hide ['kauhaid] *n* lehmänvuota

crab [kræb] *n* merirapu

crack [kræk] *n* räsähdys; halkeama; *v* räsähtää; särkeä, särkyä

cracker ['krækə] *nAm* keksi

cradle ['kreidəl] *n* kehto

cramp [kræmp] *n* suonenveto

crane [krein] *n* nostokurki

crankcase ['kræŋkkeis] *n* kampikammio

crankshaft ['kræŋkʃɑːft] *n* kampiakseli

crash [kræʃ] *n* yhteentörmäys; *v* törmätä yhteen; syöksyä maahan; ~ barrier suojakaide crate [kreit] n sälelaatikko

crater ['kreitə] n kraatteri

crawl [krɔ:l] v ryömiä; n krooli

craze [kreiz] n villitys

crazy ['kreizi] adj mieletön; hullu, hassu

creak [kri:k] v narista

cream [kri:m] n voide; kerma; adj kermanvärinen

creamy ['kri:mi] adj kermainen

crease [kri:s] v rypistää; n laskos; poimu

create [kri'eit] v luoda

creature ['kri:tʃə] n luontokappale; olento

credible ['kredibəl] adj uskottava

credit ['kredit] n luotto; v hyvittää; ~ card luottokortti

creditor ['kreditə] n velkoja

credulous ['kredjuləs] adj herkkäuskoinen

creek [kri:k] n lahdenpoukama

*creep [kri:p] v ryömiä

creepy ['kri:pi] adj kammottava

cremate [kri'meit] v polttaa ruumis

cremation [kri'meiʃən] n polttohautaus

crew [kru:] n miehistö

cricket ['krikit] n krikettipeli; sirkka

crime [kraim] n rikos

criminal ['kriminəl] n rikollinen, rikoksentekijä; adj rikollinen, rikos-; ~ law rikoslaki

criminality [ˌkrimi'næləti] n rikollisuus

crimson ['krimzən] adj karmiininpunainen

crippled ['kripəld] adj raajarikkoinen

crisis ['kraisis] n (pl crises) käännekohta; kriisi

crisp [krisp] adj rapea

critic ['kritik] n arvostelija

critical ['kritikəl] adj arvosteleva; arveluttava, vaaranalainen

criticism ['kritisizəm] n arvostelu

criticize ['kritisaiz] v arvostella

crochet ['krouʃei] v virkata

crockery ['krɔkəri] n savitavara, saviastiat pl

crocodile ['krɔkədail] n krokotiili

crooked ['krukid] adj käyrä, vääntynyt; kiero

crop [krɔp] n sato

cross [krɔs] v ylittää; adj äkäinen, vihainen; n risti

cross-eyed ['krɔsaid] adj kierosilmäinen

crossing ['krɔsiŋ] n merimatka; risteys; ylityspaikka; tasoristeys

crossroads ['krɔsroudz] n risteys

crosswalk ['krɔswɔ:k] nAm suojatie

crow [krou] n varis

crowbar ['krouba:] n sorkkarauta

crowd [kraud] n joukko, tungos

crowded ['kraudid] adj täpötäysi

crown [kraun] n kruunu; v kruunata

crucifix ['kru:sifiks] n krusifiksi

crucifixion [ˌkru:si'fikʃən] n ristiinnaulitseminen

crucify ['kru:sifai] v ristiinnaulita

cruel [kruəl] adj julma

cruise [kru:z] n risteily

crumb [krʌm] n muru

crusade [kru:'seid] n ristiretki

crust [krʌst] n kannikka; leivän kuori

crutch [krʌtʃ] n kainalosauva

cry [krai] v itkeä; huutaa; n huuto; huudahdus

crystal ['kristəl] n kristalli; adj kristalli-

Cuba ['kju:bə] Kuuba

Cuban ['kju:bən] adj kuubalainen

cube [kju:b] n kuutio

cuckoo ['kuku:] n käki

cucumber ['kju:kəmbə] n kurkku

cuddle ['kʌdəl] v syleillä

cudgel ['kʌdʒəl] n nuija

cuff [kʌf] n kalvosin

cuff-links ['kʌfliŋks] pl kalvosinnapit

pl

cul-de-sac ['kʌldəsæk] *n* umpikuja

cultivate ['kʌltiveit] *v* viljellä, kasvattaa

culture ['kʌltʃə] *n* sivistys; kulttuuri

cultured ['kʌltʃəd] *adj* sivistynyt

cunning ['kʌniŋ] *adj* ovela

cup [kʌp] *n* kuppi; pokaali

cupboard ['kʌbəd] *n* kaappi

curb [kə:b] *n* kadun reuna; *v* hillitä

cure [kjuə] *v* parantaa; *n* parannuskuuri; parantuminen

curio ['kjuəriou] *n* (pl ~s) harvinaisuus

curiosity [ˌkjuəri'ɔsəti] *n* uteliaisuus

curious ['kjuəriəs] *adj* tiedonhaluinen, utelias; omituinen

curl [kə:l] *v* kähertää; kihartaa; *n* kihara

curler ['kə:lə] *n* papiljotti

curling-tongs ['kə:liŋtɔŋz] *pl* käheryssakset *pl*

curly ['kə:li] *adj* kiharainen

currant ['kʌrənt] *n* korintti; herukka

currency ['kʌrənsi] *n* valuutta; **foreign** ~ ulkomaanvaluutta

current ['kʌrənt] *n* virta; *adj* nykyinen, käypä; **alternating** ~ vaihtovirta; **direct** ~ tasavirta

curry ['kʌri] *n* curry

curse [kə:s] *v* kiroilla; kirota; *n* kirous

curtain ['kə:tən] *n* verho; esirippu

curve [kə:v] *n* mutka; kaarre

curved [kə:vd] *adj* kaareva

cushion ['kuʃən] *n* tyyny

custodian [kʌ'stoudiən] *n* vartija

custody ['kʌstədi] *n* vankeus; huosta; holhous

custom ['kʌstəm] *n* tapa; tottumus

customary ['kʌstəməri] *adj* totunnainen, tavanomainen

customer ['kʌstəmə] *n* asiakas

Customs ['kʌstəmz] *pl* tulli; ~ **duty**

tulli; ~ **officer** tullivirkailija

cut [kʌt] *n* viilto; haava

***cut** [kʌt] *v* leikata; supistaa; ~ **off** katkaista

cutlery ['kʌtləri] *n* ruokailuvälineet *pl*

cutlet ['kʌtlət] *n* kyljys

cycle ['saikəl] *n* polkupyörä; kiertokulku, jakso

cyclist ['saiklist] *n* pyöräilijä

cylinder ['silində] *n* sylinteri; ~ **head** sylinterinkansi

cystitis [si'staitis] *n* rakkotulehdus

Czech [tʃek] *adj* tšekkoslovakialainen; *n* tšekki

Czechoslovakia [ˌtʃekəslə'vɑ:kiə] Tšekkoslovakia

D

dad [dæd] *n* isä

daddy ['dædi] *n* isä

daffodil ['dæfədil] *n* keltanarsissi

daily ['deili] *adj* päivittäinen; *n* päivälehti

dairy ['dɛəri] *n* meijeri

dam [dæm] *n* pato

damage ['dæmidʒ] *n* vaurio; *v* vaurioittaa

damp [dæmp] *adj* kostea; *n* kosteus; *v* kostuttaa

dance [dɑ:ns] *v* tanssia; *n* tanssi

dandelion ['dændilaiən] *n* voikukka

dandruff ['dændrəf] *n* hilse

Dane [dein] *n* tanskalainen

danger ['deindʒə] *n* vaara

dangerous ['deindʒərəs] *adj* vaarallinen

Danish ['deiniʃ] *adj* tanskalainen

dare [dɛə] *v* rohjeta, uskaltaa; haastaa

daring ['dɛəriŋ] *adj* uskalias

dark [dɑ:k] *adj* synkkä, pimeä; *n* pi-

meys
darling ['dɑ:liŋ] *n* rakas
darn [dɑ:n] *v* parsia
dash [dæʃ] *v* syöksyä; *n* ajatusviiva
dashboard ['dæʃbɔ:d] *n* kojelauta
data ['deitə] *pl* tosiseikka
date¹ [deit] *n* päivämäärä; kohtaus; *v* päivätä; **out of ~** vanhentunut
date² [deit] *n* taateli
daughter ['dɔ:tə] *n* tytär
dawn [dɔ:n] *n* aamunkoitto; sarastus
day [dei] *n* päivä; **by ~** päivällä; **~ trip** päivämatka; **per ~** päivittäin; **the ~ before yesterday** toissapäivänä
daybreak ['deibreik] *n* päivänkoitto
daylight ['deilait] *n* päivänvalo
dead [ded] *adj* kuollut
deaf [def] *adj* kuuro
deal [di:l] *n* liiketoimi, liikeneuvottelu
•deal [di:l] *v* jakaa (kortit); **~ with** käsitellä; asioida, käydä kauppaa
dealer ['di:lə] *n* kauppias
dear [diə] *adj* rakas; kallis
death [deθ] *n* kuolema; **~ penalty** kuolemanrangaistus
debate [di'beit] *n* keskustelu
debit ['debit] *n* debetpuoli
debt [det] *n* velka
decaffeinated [di:'kæfineitid] *adj* kofeiiniton
deceit [di'si:t] *n* petos
deceive [di'si:v] *v* pettää
December [di'sembə] joulukuu
decency ['di:sənsi] *n* säädyllisyys
decent ['di:sənt] *adj* säädyllinen
decide [di'said] *v* päättää, ratkaista
decision [di'siʒən] *n* päätös
deck [dek] *n* laivan kansi; **~ cabin** kansihytti; **~ chair** lepotuoli
declaration [,deklə'reiʃən] *n* julistus; tulli-ilmoitus
declare [di'kleə] *v* julistaa; ilmoittaa;

ilmoittaa tullattavaksi
decoration [,dekə'reiʃən] *n* koristelu
decrease [di:'kri:s] *v* vähentää; vähetä; *n* vähennys
dedicate ['dedikeit] *v* pyhittää
deduce [di'dju:s] *v* päätellä
deduct [di'dʌkt] *v* vähentää
deed [di:d] *n* teko
deep [di:p] *adj* syvä
deep-freeze [,di:p'fri:z] *n* pakastin
deer [diə] *n* (pl ~) saksanhirvi
defeat [di'fi:t] *v* voittaa; *n* tappio
defective [di'fektiv] *adj* puutteellinen, viallinen
defence [di'fens] *n* puolustus
defend [di'fend] *v* puolustaa
deficiency [di'fiʃənsi] *n* vika; puute, vajavuus
deficit ['defisit] *n* vajaus
define [di'fain] *v* määritellä
definite ['definit] *adj* määräinen; määrätty
definition [,defi'niʃən] *n* määritelmä, määritys
deformed [di'fɔ:md] *adj* epämuodostunut
degree [di'gri:] *n* aste; oppiarvo
delay [di'lei] *v* viivyttää; lykätä; *n* viivytys; lykkäys
delegate ['deligət] *n* valtuutettu
delegation [,deli'geiʃən] *n* valtuuskunta
deliberate¹ [di'libəreit] *v* harkita, neuvotella
deliberate² [di'libərət] *adj* harkittu
deliberation [di,libə'reiʃən] *n* harkinta, neuvottelu
delicacy ['delikəsi] *n* herkku
delicate ['delikət] *adj* hieno; arkaluonteinen
delicatessen [,delikə'tesən] *n* herkku; herkkuliike
delicious [di'liʃəs] *adj* ihastuttava, herkullinen

delight [di'lait] n ilo, nautinto; v ihastuttaa

delightful [di'laitfəl] adj ihastuttava, ihana

deliver [di'livə] v toimittaa, jättää jklle

delivery [di'livəri] n toimitus; jakelu; synnytys; ~ van tavara-auto

demand [di'mɑ:nd] v tarvita, vaatia; n vaatimus; kysyntä

democracy [di'mɔkrəsi] n demokratia

democratic [,demə'krætik] adj demokraattinen

demolish [di'mɔliʃ] v purkaa

demolition [,demə'liʃn] n purkaminen

demonstrate ['demənstreit] v näyttää toteen; osoittaa mieltään

demonstration [,demən'streiʃən] n mielenosoitus

den [den] n luola

Denmark ['denmɑ:k] Tanska

denomination [di,nɔmi'neiʃən] n nimitys

dense [dens] adj tiheä

dent [dent] n lommo

dentist ['dentist] n hammaslääkäri

denture ['dentʃə] n tekohampaat pl

deny [di'nai] v kieltää; kieltäytyä; evätä, kiistää

deodorant [di:'oudərənt] n deodorantti

depart [di'pɑ:t] v lähteä, poistua; kuolla

department [di'pɑ:tmənt] n osasto; ~ store tavaratalo

departure [di'pɑ:tʃə] n lähtö

dependant [di'pendənt] adj riippuvainen

depend on [di'pend] olla riippuvainen (jstk)

deposit [di'pɔzit] n talletus; pantti; kerrostuma; v tallettaa

depository [di'pɔzitəri] n säilytys-

paikka

depot ['depou] n varasto; varikko; nAm asema

depress [di'pres] v masentaa

depressed [di'prest] adj masentunut

depression [di'preʃən] n masennus; matalapaine; lamakausi

deprive of [di'praiv] v riistää jltk

depth [depθ] n syvyys

deputy ['depjuti] n valtiopäivämies; sijainen

descend [di'send] v laskeutua; polveutua

descendant [di'sendənt] n jälkeläinen

descent [di'sent] n laskeutuminen

describe [di'skraib] v kuvailla

description [di'skripʃən] n kuvaus; tuntomerkit pl

desert¹ ['dezət] n autiomaa; adj autio, asumaton

desert² [di'zə:t] v karata; hylätä

deserve [di'zə:v] v ansaita

design [di'zain] v hahmotella; n luonnos, suunnittelu; aie

designate ['dezigneit] v osoittaa; nimittää (virkaan)

desirable [di'zaiərəbəl] adj haluttava, tavoiteltava

desire [di'zaiə] n toivomus; halu, himo; v toivoa, haluta

desk [desk] n kirjoituspöytä; puhujakoroke; pulpetti

despair [di'speə] n toivottomuus; v olla epätoivoinen

despatch [di'spætʃ] v lähettää

desperate ['despərət] adj epätoivoinen

despise [di'spaiz] v halveksia

despite [di'spait] prep huolimatta prep/postp

dessert [di'zə:t] n jälkiruoka

destination [,desti'neiʃən] n määränpää

destine ['destin] v tarkoittaa

destiny ['destini] n sallimus, kohtalo

destroy [di'stroi] v hävittää, tuhota

destruction [di'strʌkʃən] n hävitys; tuho

detach [di'tætʃ] v irrottaa

detail ['di:teil] n yksityiskohta

detailed ['di:teild] adj yksityiskohtainen, seikkaperäinen

detect [di'tekt] v havaita

detective [di'tektiv] n etsivä; ~ story salapoliisiromaani

detergent [di'tə:dʒənt] n pesuaine

determine [di'tə:min] v päättää, määrätä

determined [di'tə:mind] adj päättäväinen

detour ['di:tuə] n kiertotie

devaluation [ˌdi:vælju'eiʃən] n devalvointi

devalue [ˌdi:'vælju:] v alentaa arvoa

develop [di'veləp] v kehittää

development [di'veləpmənt] n kehitys

deviate ['di:vieit] v poiketa

devil ['devəl] n paholainen

devise [di'vaiz] v keksiä

devote [di'vout] v omistaa

dew [dju:] n kaste

diabetes [ˌdaiə'bi:ti:z] n sokeritauti

diabetic [ˌdaiə'betik] n sokeritautinen

diagnose [ˌdaiəg'nouz] v tehdä diagnoosi; todeta

diagnosis [ˌdaiəg'nousis] n (pl -ses) diagnoosi

diagonal [dai'ægənəl] n lävistäjä; adj vinottainen

diagram ['daiəgræm] n kaavio; graafinen esitys, kaavakuva

dialect ['daiəlekt] n murre

diamond ['daiəmənd] n timantti

diaper ['daiəpə] nAm vauvanvaippa

diaphragm ['daiəfræm] n välikalvo

diarrhoea [daiə'riə] n ripuli

diary ['daiəri] n päiväkirja

dictaphone ['diktəfoun] n sanelukone

dictate [dik'teit] v sanella

dictation [dik'teiʃən] n sanelu

dictator [dik'teitə] n diktaattori

dictionary ['dikʃənəri] n sanakirja

did [did] v (p do)

die [dai] v kuolla

diesel ['di:zəl] n dieselmoottori

diet ['daiət] n ruokavalio

differ ['difə] v olla erilainen

difference ['difərəns] n ero; erotus

different ['difərənt] adj erilainen

difficult ['difikəlt] adj vaikea; hankala

difficulty ['difikəlti] n vaikeus

*dig [dig] v kaivaa

digest [di'dʒest] v sulattaa

digestible [di'dʒestəbəl] adj helposti sulava

digestion [di'dʒestʃən] n ruoansulatus

digit ['didʒit] n luku

dignified ['dignifaid] adj arvokas

dike [daik] n pato; valli

dilapidated [di'læpideitid] adj rappeutunut

diligence ['dilidʒəns] n uutteruus, ahkeruus

diligent ['dilidʒənt] adj uuttera, ahkera

dilute [dai'lju:t] v miedontaa, laimentaa

dim [dim] adj hämärä, himmeä; epäselvä

dine [dain] v syödä illallista

dinghy ['diŋgi] n jolla

dining-car ['daininka:] n ravintolavaunu

dining-room ['daininru:m] n ruokasali

dinner ['dinə] n päivällinen, illallinen

dinner-jacket ['dinə,dʒækit] n smokki

dinner-service ['dinə,sə:vis] n astiasto

diphtheria [dif'θiəriə] n kurkkumätä

diploma [di'ploumə] n diplomi

diplomat ['dipləmæt] n diplomaatti

direct [di'rekt] adj suora, välitön; v suunnata; ohjata; johtaa direction [di'rekʃən] n suunta; ohje; ohjaus; johtokunta, n johto; **directional signal** Am suuntavalo; **directions for use** käyttöohje

directive [di'rektiv] n toimintaohje

director [di'rektə] n johtaja; ohjaaja

dirt [də:t] n lika

dirty ['də:ti] adj likainen, kurainen

disabled [di'seibəld] adj vammainen

disadvantage [ˌdisəd'va:ntidʒ] n haitta

disagree [ˌdisə'gri:] v olla eri mieltä

disagreeable [ˌdisə'gri:əbəl] adj epämiellyttävä

disappear [ˌdisə'piə] v kadota

disappoint [ˌdisə'point] v pettää toiveet; ***be disappointing** olla pettynyt

disappointed [ˌdisə'pointid] adj pettynyt

disappointment [ˌdisə'pointmənt] n pettymys

disapprove [ˌdisə'pru:v] v paheksua

disaster [di'za:stə] n tuho; onnettomuus

disastrous [di'za:strəs] adj tuhoisa

disc [disk] n levy; äänilevy; **slipped ~** nikamainvälisen ruston tyrä

discard [di'ska:d] v heittää pois

discharge [dis'tʃa:dʒ] v purkaa; **~ of** vapauttaa

discipline ['disiplin] n kuri

discolour [di'skʌlə] v kauhtua

disconnect [ˌdiskə'nekt] v katkaista, katkaista virta

discontented [ˌdiskən'tentid] adj tyytymätön

discontinue [ˌdiskən'tinju:] v lopettaa, lakata

discount ['diskaunt] n alennus, vähennys

discover [di'skʌvə] v havaita

discovery [di'skʌvəri] n löytö

discuss [di'skʌs] v keskustella; väitellä

discussion [di'skʌʃən] n keskustelu, pohdinta, väittely

disease [di'zi:z] n tauti

disembark [ˌdisim'ba:k] v nousta maihin

disgrace [dis'greis] n häpeä

disguise [dis'gaiz] v naamioitua; n valepuku

disgusting [dis'gʌstiŋ] adj inhottava, vastenmielinen

dish [diʃ] n vati; kulho; ruokalaji

dishonest [di'sonist] adj epärehellinen

disinfect [ˌdisin'fekt] v desinfioida

disinfectant [ˌdisin'fektənt] n desinfioimisaine

dislike [di'slaik] v ei pitää, tuntea vastenmielisyyttä; n vastenmielisyys, inho, antipatia

dislocated ['disləkeitid] adj sijoiltaan mennyt

dismiss [dis'mis] v lähettää pois; erottaa virasta

disorder [di'so:də] n epäjärjestys

dispatch [di'spætʃ] v lähettää

display [di'splei] v näyttää; n näyttely

displease [di'spli:z] v ei miellyttää

disposable [di'spouzəbəl] adj kertakäyttöinen

disposal [di'spouzəl] n määräämisvalta

dispose of [di'spouz] määrätä jstk

dispute [di'spju:t] n riita, kiista; v kiistellä, kiistää

dissatisfied [di'sætisfaid] adj tyytymätön

dissolve [di'zolv] v liuottaa; hajottaa

dissuade from [di'sweid] saada luopumaan

distance ['distəns] n etäisyys; **~ in kilometres** kilometrimäärä

distant ['distənt] adj etäinen

distinct [di'stiŋkt] adj selvä; erilainen

distinction [di'stiŋkʃən] n ero, erotus

distinguish [di'stiŋgwiʃ] v tehdä ero, erottaa

distinguished [di'stiŋgwiʃt] adj huomattava

distress [di'stres] n hätä; ~ signal hätämerkki

distribute [di'stribju:t] v jakaa

distributor [di'stribjutə] n jakelija; virranjakaja

district ['distrikt] n piiri; alue; kaupunginosa

disturb [di'stə:b] v häiritä

disturbance [di'stə:bəns] n häiriö; levottomuus

ditch [ditʃ] n oja, kaivanto

dive [daiv] v sukeltaa

diversion [dai'və:ʃən] n kiertotie; ajanviete

divide [di'vaid] v jakaa; erottaa

divine [di'vain] adj jumalallinen

division [di'viʒən] n jako; osasto

divorce [di'vɔ:s] n avioero; v erota

dizziness ['dizinəs] n huimaus

dizzy ['dizi] adj huimausta tunteva; pyörryttävä

*do [du:] v tehdä; riittää

dock [dɔk] n telakka; satamalaituri; v telakoida

docker ['dɔkə] n satamatyöläinen

doctor ['dɔktə] n lääkäri; tohtori

document ['dɔkjumənt] n asiakirja

dog [dɔg] n koira

dogged ['dɔgid] adj itsepäinen

doll [dɔl] n nukke

dome [doum] n kupoli

domestic [də'mestik] adj koti-; kotimainen; n palvelija

domicile ['dɔmisail] n kotipaikka

domination [ˌdɔmi'neiʃən] n herruus

dominion [də'minjən] n yliherruus

donate [dou'neit] v lahjoittaa

donation [dou'neiʃən] n lahjoitus

done [dʌn] v (pp do)

donkey ['dɔŋki] n aasi

donor ['dounə] n lahjoittaja

door [dɔ:] n ovi; revolving ~ pyöröovi; sliding ~ liukuovi

doorbell ['dɔ:bel] n ovikello

door-keeper ['dɔ:ˌki:pə] n ovenvartija

doorman ['dɔ:mən] n (pl -men) ovimikko

dormitory ['dɔ:mitri] n makuusali

dose [dous] n annos

dot [dɔt] n piste

double ['dʌbəl] adj kaksinkertainen

doubt [daut] v epäillä; n epäilys; without ~ epäilemättä

doubtful ['dautfəl] adj epävarma; kyseenalainen

dough [dou] n taikina

down¹ [daun] adv alaspäin; alas, nurin; adj alakuloinen; prep alas, pitkin; ~ payment etumaksu

down² [daun] n untuva

downpour ['daunpɔ:] n kaatosade

downstairs [ˌdaun'steəz] adv alakertaan, alakerrassa

downstream [ˌdaun'stri:m] adv myötävirtaan

down-to-earth [ˌdauntu'ə:θ] adj asiallinen

downwards ['daunwədz] adv alas, alaspäin

dozen ['dʌzən] n (pl ~, ~s) tusina

draft [drɑ:ft] n vekseli

drag [dræg] v laahata

dragon ['drægən] n lohikäärme

drain [drein] v ojittaa; kuivattaa; n viemäri

drama ['drɑ:mə] n näytelmä; murhenäytelmä; näyttämötaide

dramatic [drə'mætik] adj dramaattinen

dramatist ['dræmətist] n näytelmäkirjailija

drank [dræŋk] v (p drink)

draper ['dreipə] n kangaskauppias

drapery ['dreipəri] n kangastavarat pl

draught [drɑ:ft] n veto; **draughts** tammipeli

draught-board ['drɑ:ftbɔ:d] n tammilauta

draw [drɔ:] n arvonta

*draw [drɔ:] v piirtää; vetää; nostaa rahaa; ~ up laatia

drawbridge ['drɔ:brɪdʒ] n nostosilta

drawer ['drɔ:ə] n pöytälaatikko; **drawers** alushousut pl

drawing ['drɔ:ɪŋ] n piirustus

drawing-pin ['drɔ:ɪŋpɪn] n nasta

drawing-room ['drɔ:ɪŋru:m] n sali

dread [dred] v pelätä; n pelko

dreadful ['dredfəl] adj kauhistava, hirveä

dream [dri:m] n uni

*dream [dri:m] v uneksia, nähdä unta

dress [dres] v pukeutua; sitoa haava; n leninki

dressing-gown ['dresɪŋgaun] n aamutakki

dressing-room ['dresɪŋru:m] n pukeutumishuone

dressing-table ['dresɪŋˌteɪbəl] n kampauspöytä

dressmaker ['dresˌmeɪkə] n ompelija

drill [drɪl] v porata; harjoituttaa; n pora

drink [drɪŋk] n juoma

*drink [drɪŋk] v juoda

drinking-water ['drɪŋkɪŋˌwɔ:tə] n juomavesi

drip-dry [ˌdrɪp'draɪ] adj itsesiliävä

drive [draɪv] n ajotie; ajelu

*drive [draɪv] v ajaa; kuljettaa

driver ['draɪvə] n ajaja

drizzle ['drɪzəl] n tihkusade

drop [drɔp] v pudottaa; n pisara

drought [draut] n kuivuus

drown [draun] v hukkua; hukuttaa; *be drowned hukkua

drug [drʌg] n huume; lääkeaine

drugstore ['drʌgstɔ:] nAm apteekki, nAm rohdoskauppa; nAm tavaratalo

drum [drʌm] n rumpu

drunk [drʌŋk] adj (pp drink) humalainen, päihtynyt

dry [draɪ] adj kuiva; v kuivua; kuivata

dry-clean [ˌdraɪ'kli:n] v pestä kemiallisesti

dry-cleaner's [ˌdraɪ'kli:nəz] n kemiallinen pesula

dryer ['draɪə] n kuivausrumpu

duchess [dʌtʃɪs] n herttuatar

duck [dʌk] n ankka

due [dju:] adj odotettavissa; maksettava; erääntyvä

dues [dju:z] pl saatavat pl

dug [dʌg] v (p, pp dig)

duke [dju:k] n herttua

dull [dʌl] adj ikävystyttävä, ikävä; eloton, himmeä; tylsä

dumb [dʌm] adj mykkä; tyhmä, typerä

dune [dju:n] n dyyni

dung [dʌŋ] n lanta

dunghill ['dʌŋhil] n tunkio

duration [dju'reɪʃən] n kestoaika

during ['djuərɪŋ] prep aikana postp

dusk [dʌsk] n hämärä

dust [dʌst] n pöly

dustbin ['dʌstbin] n rikkalaatikko

dusty ['dʌsti] adj pölyinen

Dutch [dʌtʃ] adj hollantilainen, alankomaalainen

Dutchman ['dʌtʃmən] n (pl -men) alankomaalainen, hollantilainen

dutiable ['dju:tiəbəl] adj tullinalainen

duty ['dju:ti] n velvollisuus; tuontitulli; **Customs ~** tullimaksu

duty-free [ˌdju:ti'fri:] adj tulliton

dwarf [dwɔ:f] n kääpiö

dye [daɪ] v värjätä; n värjäys

dynamo ['daɪnəmou] n (pl ~s) dynamo

dysentery ['disəntri] *n* punatauti

E

each [i:tʃ] *adj* kukin, jokainen; ~ **other** toinen toistaan

eager ['i:gə] *adj* kärkäs, kärsimätön, innokas

eagle ['i:gəl] *n* kotka

ear [iə] *n* korva

earache ['iəreik] *n* korvasärky

ear-drum ['iədrʌm] *n* tärykalvo

earl [ə:l] *n* kreivi

early ['ə:li] *adj* varhainen

earn [ə:n] *v* ansaita

earnest ['ə:nist] *n* vakavuus

earnings ['ə:niŋz] *pl* tulot *pl;* ansiot *pl*

earring ['iəriŋ] *n* korvakoru

earth [ə:θ] *n* multa; maaperä

earthenware ['ə:θənweə] *n* saviastiat *pl*

earthquake ['ə:θkweik] *n* maanjäristys

ease [i:z] *n* mukavuus, luontevuus

east [i:st] *n* itä

Easter ['i:stə] pääsiäinen

easterly ['i:stəli] *adj* itäinen

eastern ['i:stən] *adj* itäinen

easy ['i:zi] *adj* helppo; mukava; ~ **chair** nojatuoli

easy-going ['i:zi,gouiŋ] *adj* huoleton

*eat [i:t] *v* syödä

eavesdrop ['i:vzdrɔp] *v* kuunnella salaa

ebony ['ebəni] *n* eebenpuu

eccentric [ik'sentrik] *adj* eriskummallinen

echo ['ekou] *n* (pl ~es) kaiku

eclipse [i'klips] *n* pimennys

economic [,i:kə'nɔmik] *adj* taloustie-

teellinen

economical [,i:kə'nɔmikəl] *adj* taloudellinen, säästäväinen

economist [i'kɔnəmist] *n* taloustieteilijä

economize [i'kɔnəmaiz] *v* säästää

economy [i'kɔnəmi] *n* talous

ecstasy ['ekstəzi] *n* hurmio

Ecuador ['ekwədɔ:] Ecuador

Ecuadorian [,ekwə'dɔ:riən] *n* ecuadorilainen

eczema ['eksimə] *n* ihottuma

edge [edʒ] *n* terä, reuna

edible ['edibəl] *adj* syötävä

edition [i'diʃən] *n* painos; **morning** ~ aamupainos

editor ['editə] *n* toimittaja

educate ['edʒukeit] *v* kouluttaa

education [,edʒu'keiʃən] *n* koulutus; kasvatus

eel [i:l] *n* ankerias

effect [i'fekt] *n* vaikutus; *v* saada aikaan; **in** ~ itse asiassa

effective [i'fektiv] *adj* tehokas

efficient [i'fiʃənt] *adj* tehokas

effort ['efət] *n* ponnistus

egg [eg] *n* muna

egg-cup ['egkʌp] *n* munakuppi

eggplant ['egplɑ:nt] *n* munakoiso

egg-yolk ['egjouk] *n* munankeltuainen

egoistic [,egou'istik] *adj* itsekäs

Egypt ['i:dʒipt] Egypti

Egyptian [i'dʒipʃən] *adj* egyptiläinen

eiderdown ['aidədaun] *n* untuvapeite

eight [eit] *num* kahdeksan

eighteen [,ei'ti:n] *num* kahdeksantoista

eighteenth [,ei'ti:nθ] *num* kahdeksastoista

eighth [eitθ] *num* kahdeksas

eighty ['eiti] *num* kahdeksankymmentä

either ['aiðə] *pron* jompikumpi;

either ... or joko ... tai
elaborate [i'læbəreit] v valmistaa huolellisesti
elastic [i'læstik] adj kimmoisa; joustava; ~ **band** kuminauha
elasticity [‚elæ'stisəti] n joustavuus
elbow ['elbou] n kyynärpää
elder ['eldə] adj vanhempi
elderly ['eldəli] adj vanhahko
eldest ['eldist] adj vanhin
elect [i'lekt] v valita
election [i'lekʃən] n vaalit pl
electric [i'lektrik] adj sähköinen; ~ **cord** johto; ~ **razor** sähköparranajokone
electrician [‚ilek'triʃən] n sähköasentaja
electricity [‚ilek'trisəti] n sähkö
electronic [ilek'trɔnik] adj elektroninen
elegance ['eligəns] n tyylikkyys
elegant ['eligənt] adj elegantti
element ['elimənt] n perusaine
elephant ['elifənt] n elefantti
elevator ['eliveitə] nAm hissi
eleven [i'levən] num yksitoista
eleventh [i'levənθ] num yhdestoista
elf [elf] n (pl elves) keijukainen
eliminate [i'limineit] v poistaa
elm [elm] n jalava
else [els] adv muutoin
elsewhere [‚el'sweə] adv muualla
elucidate [i'lu:sideit] v valaista
emancipation [i‚mænsi'peiʃən] n vapauttaminen
embankment [im'bæŋkmənt] n pengerrys
embargo [em'bɑ:gou] n (pl ~es) kauppasulku
embark [im'bɑ:k] v astua laivaan; nousta laivaan
embarkation [‚embɑ:'keiʃən] n laivaus
embarrass [im'bærəs] v ujostuttaa; saattaa hämilleen; estää; **embar-**

rassed häkeltynyt, hämillinen; **embarrassing** kiusallinen
embassy ['embəsi] n suurlähetystö
emblem ['embləm] n tunnusmerkki
embrace [im'breis] v syleillä; n syleily
embroider [im'brɔidə] v kirjailla
embroidery [im'brɔidəri] n koruompelu
emerald ['emərəld] n smaragdi
emergency [i'mə:dʒənsi] n hätätapaus; hätätilanne; ~ **exit** varauloskäytävä
emigrant ['emigrənt] n siirtolainen
emigrate ['emigreit] v muuttaa maasta
emigration [‚emi'greiʃən] n maastamuutto
emotion [i'mouʃən] n mielenliikutus, tunne
emperor ['empərə] n keisari
emphasize ['emfəsaiz] v korostaa
empire ['empaiə] n maailmanvalta, keisarikunta
employ [im'plɔi] v ottaa palvelukseen; käyttää
employee [‚emplɔi'i:] n työntekijä
employer [im'plɔiə] n työnantaja
employment [im'plɔimənt] n toimi, työ; ~ **exchange** työnvälitystoimisto
empress ['empris] n keisarinna
empty ['empti] adj tyhjä; v tyhjentää
enable [i'neibəl] v tehdä mahdolliseksi
enamel [i'næməl] n emali
enamelled [i'næməld] adj emaloitu
enchanting [in'tʃɑ:ntiŋ] adj hurmaava
encircle [in'sə:kəl] v ympäröidä; saartaa
enclose [iŋ'klouz] v oheistaa
enclosure [iŋ'klouʒə] n liite
encounter [iŋ'kauntə] v kohdata; n kohtaaminen
encourage [iŋ'kʌridʒ] v rohkaista

encyclopaedia [en,saiklə'pi:diə] *n* tietosanakirja

end [end] *n* loppupää, loppu; *v* lopettaa; päättyä

ending ['endiŋ] *n* loppu

endless ['endləs] *adj* loputon

endorse [in'dɔ:s] *v* allekirjoittaa, hyväksyä

endure [in'djuə] *v* sietää

enemy ['enəmi] *n* vihollinen

energetic [,enə'dʒetik] *adj* tarmokas

energy ['enədʒi] *n* energia; voima

engage [iŋ'geidʒ] *v* palkata; varata; sitoutua; **engaged** kihloissa; varattu

engagement [iŋ'geidʒmənt] *n* kihlaus; sitoumus; ~ **ring** kihlasormus

engine ['endʒin] *n* kone, moottori; veturi

engineer [,endʒi'niə] *n* insinööri

England ['iŋglənd] Englanti

English ['iŋgliʃ] *adj* englantilainen

Englishman ['iŋgliʃmən] *n* (pl -men) englantilainen

engrave [iŋ'greiv] *v* kaivertaa

engraver [iŋ'greivə] *n* kaivertaja

engraving [iŋ'greiviŋ] *n* kaiverrus

enigma [i'nigmə] *n* arvoitus

enjoy [in'dʒɔi] *v* nauttia, iloita (jstk)

enjoyable [in'dʒɔiəbəl] *adj* nautittava; herkullinen

enjoyment [in'dʒɔimənt] *n* ilo; nautinto

enlarge [in'lɑ:dʒ] *v* suurentaa; laajentaa

enlargement [in'lɑ:dʒmənt] *n* suurennus

enormous [i'nɔ:məs] *adj* suunnaton, tavaton

enough [i'nʌf] *adv* kylliksi; *adj* riittävä

enquire [iŋ'kwaiə] *v* tiedustella; tutkia

enquiry [iŋ'kwaiəri] *n* tiedustelu; tutkimus

enter ['entə] *v* mennä sisään, astua sisään; merkitä

enterprise ['entəpraiz] *n* yritys

entertain [,entə'tein] *v* viihdyttää, huvittaa; kestitä

entertainer [,entə'teinə] *n* juontaja; viihdetaiteilija

entertaining [,entə'teiniŋ] *adj* huvittava, viihdyttävä

entertainment [,entə'teinmənt] *n* viihde, huvitus

enthusiasm [in'θju:ziæzəm] *n* innostus

enthusiastic [in,θju:zi'æstik] *adj* innostunut

entire [in'taiə] *adj* kokonainen

entirely [in'taiəli] *adv* täysin

entrance ['entrəns] *n* sisäänkäytävä; pääsy; sisääntulo

entrance-fee ['entrənsfi:] *n* pääsymaksu

entry ['entri] *n* sisäänkäytävä, sisäänkäynti; sisäänpääsy; merkintä; **no** ~ pääsy kielletty

envelope ['envəloup] *n* kirjekuori

envious ['enviəs] *adj* mustasukkainen, kateellinen

environment [in'vaiərənmənt] *n* ympäristö

envoy ['envɔi] *n* lähettiläs

envy ['envi] *n* kateus; *v* kadehtia

epic ['epik] *n* eepos; *adj* kertova

epidemic [,epi'demik] *n* epidemia

epilepsy ['epilepsi] *n* kaatumatauti

epilogue ['epilog] *n* loppusanat *pl*

episode ['episoud] *n* välikohtaus

equal ['i:kwəl] *adj* yhtäläinen; *v* olla jkn veroinen

equality [i'kwɔləti] *n* tasa-arvoisuus

equalize ['i:kwəlaiz] *v* tasoittaa

equally ['i:kwəli] *adv* yhtä

equator [i'kweitə] *n* päiväntasaaja

equip [i'kwip] *v* varustaa

equipment [i'kwipmənt] *n* varusteet

pl

equivalent [i'kwivələnt] *adj* vastaava, samanarvoinen
eraser [i'reizə] *n* pyyhekumi
erect [i'rekt] *v* pystyttää; *adj* pysty
err [əː] *v* erehtyä; eksyä
errand ['erənd] *n* tehtävä
error ['erə] *n* erehdys, virhe
escalator ['eskəleitə] *n* rullaportaat *pl*
escape [i'skeip] *v* päästä pakoon; paeta; välttää; *n* pako
escort¹ ['eskɔːt] *n* saattue
escort² [i'skɔːt] *v* saattaa
especially [i'speʃəli] *adv* varsinkin, erikoisesti
esplanade [,esplə'neid] *n* esplanadi
essay ['esei] *n* essee; aine, tutkielma
essence ['esəns] *n* perusolemus, ydin
essential [i'senʃəl] *adj* välttämätön; olennainen
essentially [i'senʃəli] *adv* ennen kaikkea
establish [i'stæbliʃ] *v* perustaa; vahvistaa
estate [i'steit] *n* maatila
esteem [i'stiːm] *n* arvonanto, kunnioitus; *v* arvostaa
estimate¹ ['estimeit] *v* arvioida
estimate² ['estimət] *n* arvio
estuary ['estjuəri] *n* suisto
etcetera [et'setərə] ja niin edelleen
etching ['etʃiŋ] *n* etsaus
eternal [i'təːnəl] *adj* ikuinen
eternity [i'təːnəti] *n* ikuisuus
ether ['iːθə] *n* eetteri
Ethiopia [θi'oupiə] Etiopia
Ethiopian [θi'oupiən] *adj* etiopialainen
Europe ['juərəp] Eurooppa
European [,juərə'piːən] *adj* eurooppalainen
evacuate [i'vækjueit] *v* evakuoida
evaluate [i'væljueit] *v* arvioida
evaporate [i'væpəreit] *v* haihtua

even ['iːvən] *adj* tasainen, samanlainen, sileä; vakaa; parillinen; *adv* jopa
evening ['iːvniŋ] *n* ilta; ~ **dress** iltapuku
event [i'vent] *n* tapahtuma
eventual [i'ventʃuəl] *adj* lopullinen; mahdollinen
ever ['evə] *adv* milloinkaan; yhä
every ['evri] *adj* jokainen
everybody ['evri,bɔdi] *pron* jokainen
everyday ['evridei] *adj* jokapäiväinen
everyone ['evriwʌn] *pron* jokainen
everything ['evriθiŋ] *pron* kaikki
everywhere ['evriweə] *adv* kaikkialla
evidence ['evidəns] *n* todiste
evident ['evidənt] *adj* selvä
evil ['iːvəl] *n* pahuus; *adj* ilkeä, paha
evolution [,iːvə'luːʃən] *n* kehitys
exact [ig'zækt] *adj* täsmällinen
exactly [ig'zæktli] *adv* täsmälleen
exaggerate [ig'zædʒəreit] *v* liioitella
examination [ig,zæmi'neiʃən] *n* tutkinto; kuulustelu
examine [ig'zæmin] *v* tutkia
example [ig'zaːmpəl] *n* esimerkki; **for** ~ esimerkiksi
excavation [,ekskə'veiʃən] *n* kaivaus
exceed [ik'siːd] *v* ylittää
excel [ik'sel] *v* kunnostautua
excellent ['eksələnt] *adj* mainio, erinomainen
except [ik'sept] *prep* lukuun ottamatta, paitsi
exception [ik'sepʃən] *n* poikkeus
exceptional [ik'sepʃənəl] *adj* poikkeuksellinen, ainutlaatuinen
excerpt ['eksəːpt] *n* poiminto
excess [ik'ses] *n* liiallisuus
excessive [ik'sesiv] *adj* liiallinen
exchange [iks'tʃeindʒ] *v* vaihtaa; *n* vaihto; pörssi; ~ **office** rahanvaihto; ~ **rate** vaihtokurssi
excite [ik'sait] *v* kiihottaa

excitement [ik'saitmənt] n mielenlii-
kutus, kiihtymys

exciting [ik'saitiŋ] adj jännittävä

exclaim [ik'skleim] v huudahtaa

exclamation [ˌeksklə'meiʃən] n huu-
dahdus

exclude [ik'sklu:d] v sulkea pois

exclusive [ik'sklu:siv] adj yksinomai-
nen

exclusively [ik'sklu:sivli] adv yksino-
maan

excursion [ik'skə:ʃən] n huvimatka,
retki

excuse[1] [ik'skju:s] n anteeksipyyntö

excuse[2] [ik'skju:z] v antaa anteeksi

execute ['eksikju:t] v suorittaa; teloit-
taa

execution [ˌeksi'kju:ʃən] n teloitus

executioner [ˌeksi'kju:ʃənə] n pyöveli

executive [ig'zekjutiv] adj toimeenpa-
neva; n toimeenpanovalta; johto-
henkilö

exempt [ig'zempt] v vapauttaa; adj
vapautettu jstk

exemption [ig'zempʃən] n vapautus

exercise ['eksəsaiz] n harjoitus; v
harjoitella; harjoittaa

exhale [eks'heil] v hengittää ulos

exhaust [ig'zɔ:st] n pakokaasu, pako-
putki; v uuvuttaa; ~ gases pako-
kaasu

exhausted [ig'zɔ:stid] adj uupunut

exhibit [ig'zibit] v asettaa näytteille;
osoittaa

exhibition [ˌeksi'biʃən] n näyttely,
näytteillepano

exile ['eksail] n maanpako; maanpa-
kolainen

exist [ig'zist] v olla olemassa

existence [ig'zistəns] n olemassaolo

exit ['eksit] n uloskäytävä; uloskäynti

exotic [ig'zɔtik] adj eksoottinen

expand [ik'spænd] v levittää; laajeta

expect [ik'spekt] v odottaa

expectation [ˌekspek'teiʃən] n odotus

expedition [ˌekspə'diʃən] n lähetys;
tutkimusretki

expel [ik'spel] v karkottaa

expenditure [ik'spenditʃə] n menot pl,
kulut pl

expense [ik'spens] n kulut pl; ex-
penses pl kustannukset pl

expensive [ik'spensiv] adj kallis

experience [ik'spiəriəns] n kokemus;
v kokea; experienced kokenut

experiment [ik'sperimənt] n koe, ko-
keilu; v kokeilla

expert ['ekspə:t] n ammattimies,
asiantuntija; adj asiantunteva

expire [ik'spaiə] v kulua umpeen,
päättyä; hengittää ulos; expired
vanhentunut

expiry [ik'spaiəri] n päättyminen,
erääntyminen

explain [ik'splein] v selittää

explanation [ˌeksplə'neiʃən] n selitys,
selvitys

explicit [ik'splisit] adj nimenomainen

explode [ik'sploud] v räjähtää

exploit [ik'splɔit] v riistää, käyttää
hyväksi

explore [ik'splɔ:] v tutkia

explosion [ik'splouʒən] n räjähdys

explosive [ik'splousiv] adj räjähtävä;
n räjähdysaine

export[1] [ik'spɔ:t] v viedä maasta

export[2] ['ekspɔ:t] n vienti

exportation [ˌekspɔ:'teiʃən] n vienti

exports ['ekspɔ:ts] pl vientitavarat pl

exposition [ˌekspə'ziʃən] n näyttely

exposure [ik'spouʒə] n alttiiksipano;
valotus; ~ meter valotusmittari

express [ik'spres] v lausua; ilmaista;
adj pika-; nimenomainen; ~ train
pikajuna

expression [ik'spreʃən] n ilmaus; il-
maisu

exquisite [ik'skwizit] adj verraton

extend [ik'stend] v pidentää; laajentaa; esittää

extension [ik'stenʃən] n pidennys; laajennus; alanumero; ~ cord jatkojohto

extensive [ik'stensiv] adj laaja; laajakantoinen, kauasulottuva

extent [ik'stent] n laajuus

exterior [ek'stiəriə] adj ulkoinen; n ulkopuoli

external [ek'stə:nəl] adj ulkopuolinen

extinguish [ik'stiŋgwiʃ] v sammuttaa

extort [ik'stɔ:t] v kiristää

extortion [ik'stɔ:ʃən] n kiristys

extra ['ekstrə] adj ylimääräinen

extract[1] [ik'strækt] v vetää ulos

extract[2] ['ekstrækt] n katkelma

extradite ['ekstrədait] v luovuttaa

extraordinary [ik'strɔ:dənri] adj epätavallinen

extravagant [ik'strævəgənt] adj liioitteleva, liioiteltu

extreme [ik'stri:m] adj äärimmäinen; n äärimmäisyys

exuberant [ig'zju:bərənt] adj ylenpalttinen

eye [ai] n silmä

eyebrow ['aibrau] n kulmakarva

eyelash ['ailæʃ] n silmäripsi

eyelid ['ailid] n silmäluomi

eye-pencil ['ai,pensəl] n kulmakynä

eye-shadow ['ai,ʃædou] n silmäehostus

eye-witness ['ai,witnəs] n silminnäkijä

F

fable ['feibəl] n eläinsatu

fabric ['fæbrik] n kangas; rakenne

façade [fə'sɑ:d] n julkisivu

face [feis] n kasvot pl; v uhmata; kohdata; ~ massage kasvojenhieronta; facing vastapäätä postp

face-cream ['feiskri:m] n kasvovoide

face-pack ['feispæk] n kasvonaamio

face-powder ['feis,paudə] n puuteri

facility [fə'siləti] n helppous

fact [fækt] n tosiasia; in ~ itse asiassa

factor ['fæktə] n tekijä

factory ['fæktəri] n tehdas

factual ['fæktʃuəl] adj tosiasiallinen

faculty ['fækəlti] n kyky; luonnonlahja; tiedekunta

fad [fæd] n muotihullutus

fade [feid] v haalistua

faience [fai'ɑ:s] n fajanssi

fail [feil] v epäonnistua; puuttua; laiminlyödä; reputtaa; without ~ ihan varmasti

failure ['feiljə] n epäonnistuminen

faint [feint] v pyörtyä; adj heikko, voimaton, hämärä

fair [feə] n markkinat pl; messut pl; adj oikeudenmukainen, rehellinen; vaaleatukkainen, vaalea; kaunis

fairly ['feəli] adv kohtalaisen, melko

fairy ['feəri] n haltijatar

fairytale ['feəriteil] n satu

faith [feiθ] n usko; luottamus

faithful ['feiθful] adj uskollinen

fake [feik] n väärennys

fall [fɔ:l] n putoaminen; nAm syksy

*fall [fɔ:l] v pudota

false [fɔ:ls] adj väärä; valheellinen, vilpillinen, epäaito; ~ teeth tekohampaat pl

falter ['fɔ:ltə] v horjua; änkyttää

fame [feim] n maine

familiar [fə'miljə] adj tuttu, tuttavallinen

family ['fæməli] n perhe; suku; ~ name sukunimi

famous ['feiməs] adj kuuluisa

fan [fæn] n tuuletin; viuhka; ihailija;

~ **belt** tuuletinhihna

fanatical [fə'nætikəl] *adj* kiihkomieli-
nen

fancy ['fænsi] *v* tehdä mieli, olla
mieltynyt; luulla, kuvitella; *n* pää-
hänpisto; mielikuvitus

fantastic [fæn'tæstik] *adj* mielikuvi-
tuksellinen

fantasy ['fæntəzi] *n* mielikuvitus

far [fɑ:] *adj* kaukainen; *adv* paljon;
by ~ kaikkein; **so ~** toistaiseksi

far-away ['fɑ:rəwei] *adj* kaukainen

farce [fɑ:s] *n* farssi, ilveily

fare [feə] *n* kuljetusmaksu; ruoka

farm [fɑ:m] *n* maatila

farmer ['fɑ:mə] *n* maanviljelijä;
farmer's wife talonpoikaisvaimo

farmhouse ['fɑ:mhaus] *n* maalaistalo

far-off ['fɑ:rɔf] *adj* etäinen

fascinate ['fæsineit] *v* kiehtoa

fascism ['fæʃizəm] *n* fasismi

fascist ['fæʃist] *adj* fasistinen; *n* fasis-
ti

fashion ['fæʃən] *n* muoti; tapa

fashionable ['fæʃənəbəl] *adj* muodikas

fast [fɑ:st] *adj* nopea; luja

fast-dyed [ˌfɑ:st'daid] *adj* värinpitävä,
pesunkestävä

fasten ['fɑ:sən] *v* kiinnittää; sulkea

fastener ['fɑ:sənə] *n* kiinnitin

fat [fæt] *adj* paksu, rasvainen; *n* ras-
va

fatal ['feitəl] *adj* kuolettava, kohtalo-
kas

fate [feit] *n* kohtalo, sallimus

father ['fɑ:ðə] *n* isä

father-in-law ['fɑ:ðərinlɔ:] *n* (pl fa-
thers-) appi

fatherland ['fɑ:ðələnd] *n* isänmaa

fatness ['fætnəs] *n* lihavuus

fatty ['fæti] *adj* rasvainen

faucet ['fɔ:sit] *n* Am hana

fault [fɔ:lt] *n* vika, virhe; vajavuus

faultless ['fɔ:ltləs] *adj* virheetön;
moitteeton

faulty ['fɔ:lti] *adj* virheellinen, puut-
teellinen

favour ['feivə] *n* palvelus; *v* suosia

favourable ['feivərəbəl] *adj* suotuisa

favourite ['feivərit] *n* suosikki; *adj*
lempi-

fawn [fɔ:n] *adj* kellanruskea; *n* kuu-
sipeuran vasa, kauriinvasa

fear [fiə] *n* pelko; *v* pelätä

feasible ['fi:zəbəl] *adj* mahdollinen

feast [fi:st] *n* juhla

feat [fi:t] *n* urotyö

feather ['feðə] *n* höyhen

feature ['fi:tʃə] *n* piirre; kasvonpiir-
teet *pl*

February ['februəri] helmikuu

federal ['fedərəl] *adj* liitto-

federation [ˌfedə'reiʃən] *n* liittovaltio

fee [fi:] *n* palkkio

feeble ['fi:bəl] *adj* heikko

*****feed** [fi:d] *v* ruokkia; **fed up with**
kyllästynyt

*****feel** [fi:l] *v* tuntea; tunnustella; **~**
like tehdä mieli

feeling ['fi:liŋ] *n* tunne

fell [fel] *v* (p fall)

fellow ['felou] *n* mies

felt¹ [felt] *n* huopa

felt² [felt] *v* (p, pp feel)

female ['fi:meil] *adj* naispuolinen

feminine ['feminin] *adj* naisellinen

fence [fens] *n* aita; aitaus; *v* miek-
kailla

fender ['fendə] *n* puskuri

ferment [fə'ment] *v* käydä

ferry-boat ['feribout] *n* lautta

fertile ['fə:tail] *adj* hedelmällinen

festival ['festivəl] *n* festivaali

festive ['festiv] *adj* juhlava

fetch [fetʃ] *v* noutaa

feudal ['fju:dəl] *adj* feodaalinen

fever ['fi:və] *n* kuume

feverish ['fi:vəriʃ] *adj* kuumeinen

few [fju:] *adj* harva
fiancé [fi'ɑ:sei] *n* sulhanen
fiancée [fi'ɑ:sei] *n* kihlattu
fibre ['faibə] *n* säie
fiction ['fikʃən] *n* tarina; kaunokirjallisuus
field [fi:ld] *n* pelto; alue; ~ glasses kenttäkiikari
fierce [fiəs] *adj* villi; raju
fifteen [ˌfif'ti:n] *num* viisitoista
fifteenth [ˌfif'ti:nθ] *num* viidestoista
fifth [fifθ] *num* viides
fifty ['fifti] *num* viisikymmentä
fig [fig] *n* viikuna
fight [fait] *n* tappelu, taistelu
*fight [fait] *v* taistella, tapella
figure ['figə] *n* hahmo; vartalo; numero
file [fail] *n* viila; asiakirjakansio; jono
Filipino [ˌfili'pi:nou] *n* filippiiniläinen
fill [fil] *v* täyttää; ~ in täyttää; filling station bensiiniasema; ~ out *Am* täyttää; ~ up täyttää
filling ['filiŋ] *n* hammaspaikka; täyte
film [film] *n* elokuva; filmi; *v* elokuvata
filter ['filtə] *n* suodatin
filthy ['filθi] *adj* siivoton, saastainen
final ['fainəl] *adj* lopullinen
finance [fai'næns] *v* rahoittaa
finances [fai'nænsiz] *pl* rahavarat *pl*
financial [fai'nænʃəl] *adj* finanssi-
finch [fintʃ] *n* peippo
*find [faind] *v* löytää
fine [fain] *n* sakko; *adj* hieno; kaunis; erinomainen, mainio; ~ arts taide
finger ['fiŋgə] *n* sormi; little ~ pikkusormi
fingerprint ['fiŋgəprint] *n* sormenjälki
finish ['finiʃ] *v* viimeistellä, lopettaa; loppua; *n* loppu; maaliviiva; finished valmis
Finland ['finlənd] Suomi
Finn [fin] *n* suomalainen

Finnish ['finiʃ] *adj* suomalainen
fire [faiə] *n* tuli; tulipalo; *v* ampua; erottaa
fire-alarm ['faiərəˌlɑ:m] *n* palohälytys
fire-brigade ['faiəbriˌgeid] *n* palokunta
fire-escape ['faiəriˌskeip] *n* paloportaat *pl*
fire-extinguisher ['faiərikˌstiŋgwiʃə] *n* sammutin
fireplace ['faiəpleis] *n* takka
fireproof ['faiəpru:f] *adj* tulenkestävä
firm [fə:m] *adj* luja; vankka; *n* toiminimi
first [fə:st] *num* ensimmäinen; at ~ ensiksi; alussa; ~ name etunimi
first-aid [ˌfə:st'eid] *n* ensiapu; ~ kit ensiapulaukku; ~ post ensiapuasema
first-class [ˌfə:st'klɑ:s] *adj* ensiluokkainen
first-rate [ˌfə:st'reit] *adj* ensiluokkainen
fir-tree ['fə:tri:] *n* havupuu, kuusi
fish[1] [fiʃ] *n* (pl ~, ~es) kala; ~ shop kalakauppa
fish[2] [fiʃ] *v* kalastaa; fishing gear kalastusvälineet *pl*; fishing hook ongenkoukku; fishing industry kalastus; fishing licence kalastuslupa; fishing line ongensiima; fishing net kalastusverkko; fishing rod onkivapa; fishing tackle kalastustarvikkeet *pl*
fishbone ['fiʃboun] *n* ruoto
fisherman ['fiʃəmən] *n* (pl -men) kalastaja
fist [fist] *n* nyrkki
fit [fit] *adj* sovelias; *n* kohtaus; *v* sopia; fitting room sovitushuone
five [faiv] *num* viisi
fix [fiks] *v* korjata; kiinnittää; sopia
fixed [fikst] *adj* pysyvä
fizz [fiz] *n* poreilu

fjord [fjɔːd] n vuono
flag [flæg] n lippu
flame [fleim] n liekki
flamingo [flə'miŋgou] n (pl ~s, ~es) flamingo
flannel ['flænəl] n flanelli
flash [flæʃ] n välähdys
flash-bulb ['flæʃbʌlb] n salamavalolamppu
flash-light ['flæʃlait] n taskulamppu
flask [flɑːsk] n pullo; **thermos ~** termospullo
flat [flæt] adj tasainen; n huoneisto; **~ tyre** rengasrikko
flavour ['fleivə] n maku; v maustaa
fleet [fliːt] n laivasto
flesh [fleʃ] n liha
flew [fluː] v (p fly)
flex [fleks] n johto
flexible ['fleksibəl] adj taipuisa; joustava
flight [flait] n lento; **charter ~** tilauslento
flint [flint] n piikivi
float [flout] v kellua
flock [flɔk] n lauma
flood [flʌd] n tulva; vuoksi
floor [flɔː] n lattia; kerros; **~ show** lavashow
florist ['flɔrist] n kukkakauppias
flour [flauə] n vehnäjauho, jauho
flow [flou] v juosta, virrata
flower [flauə] n kukka
flowerbed ['flauəbed] n kukkapenkki
flower-shop ['flauəʃɔp] n kukkakauppa
flown [floun] v (pp fly)
flu [fluː] n influenssa
fluent ['fluːənt] adj sujuva
fluid ['fluːid] adj nestemäinen; n neste
flute [fluːt] n huilu
fly [flai] n kärpänen; halkio
*fly [flai] v lentää

foam [foum] n vaahto; v vaahdota
foam-rubber ['foumˌrʌbə] n vaahtokumi
focus ['foukəs] n polttopiste
fog [fɔg] n sumu
foggy ['fɔgi] adj sumuinen
foglamp ['fɔglæmp] n sumuvalo
fold [fould] v taittaa; laskostaa; n taite
folk [fouk] n kansa; **~ song** kansanlaulu
folk-dance ['foukdɑːns] n kansantanssi
folklore ['fouklɔː] n kansanperinne
follow ['fɔlou] v seurata; **following** adj ensi, seuraava
*be fond of [biː fɔnd ɔv] pitää jstk
food [fuːd] n ruoka; ravinto; **~ poisoning** ruokamyrkytys
foodstuffs ['fuːdstʌfs] pl ravintoaineet pl
fool [fuːl] n hölmö, narri; v puijata
foolish ['fuːliʃ] adj hupsu, typerä
foot [fut] n (pl feet) jalka; **~ powder** jalkatalkki; **on ~** jalan
football ['futbɔːl] n jalkapallo; **~ match** jalkapallo-ottelu
foot-brake ['futbreik] n jalkajarru
footpath ['futpɑːθ] n kävelytie
footwear ['futweə] n jalkineet pl
for [fɔː, fə] prep -lla, -lle suff; ajaksi postp; kohden postp; vuoksi postp, -sta, varten postp; conj sillä
*forbid [fə'bid] v kieltää
force [fɔːs] v pakottaa; murtaa; n voima; väkivalta; **by ~** väkisin; **driving ~** käyttövoima
ford [fɔːd] n kahluupaikka
forecast ['fɔːkɑːst] n ennuste; v ennustaa
foreground ['fɔːgraund] n etuala
forehead ['fɔred] n otsa
foreign ['fɔrin] adj ulkomaalainen; vieras

foreigner ['fɔrinə] n ulkomaalainen

foreman ['fɔːmən] n (pl -men) työnjohtaja

foremost ['fɔːmoust] adj etummainen

foresail ['fɔːseil] n keulapurje

forest ['fɔrist] n metsä

forester ['fɔristə] n metsänvartija

forge [fɔːdʒ] v väärentää

*forget [fə'get] v unohtaa

forgetful [fə'getfəl] adj muistamaton

*forgive [fə'giv] v antaa anteeksi

fork [fɔːk] n haarukka; haarautuma; v haarautua

form [fɔːm] n muoto; lomake; luokka; v muodostaa

formal ['fɔːməl] adj muodollinen

formality [fɔː'mæləti] n muodollisuus

former ['fɔːmə] adj entinen; edellinen; formerly ennen, muinoin

formula ['fɔːmjulə] n (pl ∼e, ∼s) kaava

fort [fɔːt] n linnake

fortnight ['fɔːtnait] n kaksi viikkoa

fortress ['fɔːtris] n linnoitus

fortunate ['fɔːtʃənət] adj onnekas

fortune ['fɔːtʃuːn] n omaisuus; kohtalo, onni

forty ['fɔːti] num neljäkymmentä

forward ['fɔːwəd] adv esiin, eteenpäin; v lähettää edelleen

foster-parents ['fɔstə,peərənts] pl kasvatusvanhemmat pl

fought [fɔːt] v (p, pp fight)

foul [faul] adj siivoton; halpamainen

found¹ [faund] v (p, pp find)

found² [faund] v perustaa

foundation [faun'deiʃən] n perusta; säätiö; ∼ cream alusvoide

fountain ['fauntin] n suihkukaivo; lähde

fountain-pen ['fauntinpen] n täytekynä

four [fɔː] num neljä

fourteen [,fɔː'tiːn] num neljätoista

fourteenth [,fɔː'tiːnθ] num neljästoista

fourth [fɔːθ] num neljäs

fowl [faul] n (pl ∼s, ∼) siipikarja

fox [fɔks] n kettu

foyer ['fɔiei] n lämpiö

fraction ['frækʃən] n murto-osa

fracture ['fræktʃə] v taittaa; n murtuma

fragile ['frædʒail] adj hauras; helposti särkyvä

fragment ['frægmənt] n katkelma; palanen

frame [freim] n kehys; sangat pl

France [frɑːns] Ranska

franchise ['fræntʃaiz] n äänioikeus; erioikeus

fraternity [frə'təːnəti] n veljeys

fraud [frɔːd] n petos

fray [frei] v purkautua; hankautua

free [friː] adj vapaa; ilmainen; ∼ of charge ilmainen; ∼ ticket vapaalippu

freedom ['friːdəm] n vapaus

*freeze [friːz] v jäätyä; jäädyttää

freezing ['friːziŋ] adj jäätävä

freezing-point ['friːziŋpoint] n jäätymispiste

freight [freit] n rahti

freight-train ['freittrein] nAm tavarajuna

French [frentʃ] adj ranskalainen

Frenchman ['frentʃmən] n (pl -men) ranskalainen

frequency ['friːkwənsi] n taajuus; toistuminen

frequent ['friːkwənt] adj tavallinen, toistuva; frequently usein

fresh [freʃ] adj tuore; raikas; ∼ water makea vesi

friction ['frikʃən] n kitka

Friday ['fraidi] perjantai

fridge [fridʒ] n jääkaappi

friend [frend] n ystävä; ystävätär

friendly [ˈfrendli] *adj* ystävällinen

friendship [ˈfrendʃip] *n* ystävyys

right [frait] *n* pelko, pelästys

frighten [ˈfraitən] *v* pelästyttää

frightened [ˈfraitənd] *adj* pelästynyt;
•**be** ~ pelästyä

rightful [ˈfraitfəl] *adj* hirvittävä,
kauhea

fringe [frindʒ] *n* hapsu; reuna

rock [frɔk] *n* leninki

rog [frɔg] *n* sammakko

from [frɔm] *prep* -sta *suf;* -lta; alkaen
postp

ront [frʌnt] *n* etupuoli; **in** ~ **of** edes-
sä *postp*

rontier [ˈfrʌntiə] *n* raja

frost [frɔst] *n* routa; pakkanen

roth [frɔθ] *n* vaahto

frozen [ˈfrouzən] *adj* jäätynyt; ~
food pakasteet *pl*

fruit [fruːt] *n* hedelmä

fry [frai] *v* paistaa

frying-pan [ˈfraiiŋpæn] *n* paistinpan-
nu

fuel [ˈfjuːəl] *n* polttoaine; *n* bensiini;
~ **pump** *Am* bensiinipumppu

full [ful] *adj* täysinäinen; ~ **board**
täysihoito; ~ **stop** piste; ~ **up** tä-
pötäysi

fun [fʌn] *n* huvi; hauskuus

function [ˈfʌŋkʃən] *n* toiminta

fund [fʌnd] *n* rahasto

fundamental [ˌfʌndəˈmentəl] *adj* pe-
rustavaa laatua oleva

funeral [ˈfjuːnərəl] *n* hautajaiset *pl*

funnel [ˈfʌnəl] *n* suppilo; savupiippu

funny [ˈfʌni] *adj* hullunkurinen, lysti-
käs; omituinen

fur [fəː] *n* turkis; ~ **coat** turkki; **furs**
turkikset *pl*

furious [ˈfjuəriəs] *adj* raivoisa, hurja

furnace [ˈfəːnis] *n* sulatusuuni

furnish [ˈfəːniʃ] *v* toimittaa, varustaa;
kalustaa, sisustaa; ~ **with** varus-

taa jllk

furniture [ˈfəːnitʃə] *n* huonekalut *pl*

furrier [ˈfʌriə] *n* turkkuri

further [ˈfəːðə] *adj* etäisempi; lisä-

furthermore [ˈfəːðəmɔː] *adv* lisäksi

furthest [ˈfəːðist] *adj* etäisin

fuse [fjuːz] *n* sulake; sytytyslanka

fuss [fʌs] *n* hälinä; touhu

future [ˈfjuːtʃə] *n* tulevaisuus; *adj* tu-
leva

G

gable [ˈgeibəl] *n* päätykolmio

gadget [ˈgædʒit] *n* vekotin

gaiety [ˈgeiəti] *n* iloisuus, hilpeys

gain [gein] *v* voittaa; *n* ansio

gait [geit] *n* käynti

gale [geil] *n* myrsky

gall [gɔːl] *n* sappi; ~ **bladder** sappi-
rakko

gallery [ˈgæləri] *n* parvi; taidegalleria

gallop [ˈgæləp] *n* laukka

gallows [ˈgælouz] *pl* hirsipuu

gallstone [ˈgɔːlstoun] *n* sappikivi

game [geim] *n* peli; riista; ~ **reserve**
luonnonsuojelualue

gang [gæŋ] *n* sakki; porukka

gangway [ˈgæŋwei] *n* laskusilta

gaol [dʒeil] *n* vankila

gap [gæp] *n* aukko; kuilu

garage [ˈgæraːʒ] *n* autotalli; *v* ajaa
talliin

garbage [ˈgaːbidʒ] *n* jätteet *pl*

garden [ˈgaːdən] *n* puutarha; **public**
~ puisto; **zoological gardens**
eläintarha

gardener [ˈgaːdənə] *n* puutarhuri

gargle [ˈgaːgəl] *v* kurlata

garlic [ˈgaːlik] *n* valkosipuli

gas [gæs] *n* kaasu; *nAm* bensiini; ~
cooker kaasuliesi; ~ **pump** *Am*

bensiinipumppu; ~ **station** *Am* huoltoasema; ~ **stove** kaasu-uuni

gasoline ['gæsəli:n] *nAm* bensiini

gastric ulcer ['gæstrik ʌlse] *n* vatsa-haava

gate [geit] *n* portti; veräjä

gather ['gæðə] *v* kerätä; kokoontua

gauge [geidʒ] *n* vakiomitta; mittari

gauze [gɔ:z] *n* harsokangas

gave [geiv] *v* (p give)

gay [gei] *adj* iloinen; kirjava

gaze [geiz] *v* tuijottaa

gazetteer [ˌgæzə'tiə] *n* maantieteellinen hakemisto

gear [giə] *n* vaihde; kalusteet *pl;* tarvikkeet *pl;* **change** ~ kytkeä vaihde; ~ **lever** vaihdetanko

gear-box ['giəbɔks] *n* vaihdelaatikko

gem [dʒem] *n* jalokivi

gender ['dʒendə] *n* suku

general ['dʒenərəl] *adj* yleinen; *n* kenraali; ~ **practitioner** yleislääkäri; **in** ~ yleensä

generate ['dʒenəreit] *v* tuottaa

generation [ˌdʒenə'reiʃən] *n* sukupolvi

generator ['dʒenəreitər] *n* generaattori

generosity [ˌdʒenə'rɔsəti] *n* jalous; anteliaisuus

generous ['dʒenərəs] *adj* antelias

genital ['dʒenitəl] *adj* sukupuoli-

genius ['dʒi:niəs] *n* nero

gentle ['dʒentəl] *adj* lempeä; vieno, hellävarainen

gentleman ['dʒentəlmən] *n* (pl -men) herrasmies

genuine ['dʒenjuin] *adj* aito

geography [dʒi'ɔgrəfi] *n* maantiede

geology [dʒi'ɔlədʒi] *n* geologia

geometry [dʒi'ɔmətri] *n* geometria

germ [dʒə:m] *n* bakteeri; itu

German ['dʒə:mən] *adj* saksalainen

Germany ['dʒə:məni] Saksa

gesticulate [dʒi'stikjuleit] *v* elehtiä

*****get** [get] *v* päästä, saada; hankkia; tulla jksk; ~ **back** palata; ~ **off** poistua; ~ **on** nousta; edistyä; ~ **up** nousta pystyyn

ghost [goust] *n* aave; henki

giant ['dʒaiənt] *n* jättiläinen

giddiness ['gidinəs] *n* huimaus

giddy ['gidi] *adj* huimausta tunteva

gift [gift] *n* lahja; kyky

gifted ['giftid] *adj* lahjakas

gigantic [dʒai'gæntik] *adj* jättiläismäinen

giggle ['gigəl] *v* kikattaa

gill [gil] *n* kidukset *pl*

gilt [gilt] *adj* kullattu

ginger ['dʒindʒə] *n* inkivääri

gipsy ['dʒipsi] *n* mustalainen

girdle ['gə:dəl] *n* naisten liivit

girl [gə:l] *n* tyttö; ~ **guide** partiotyttö

*****give** [giv] *v* antaa; luovuttaa; ~ **away** ilmaista; ~ **in** antaa myöten; ~ **up** luopua

glacier ['glæsiə] *n* jäätikkö

glad [glæd] *adj* iloinen; **gladly** ilomielin, mielihyvin

gladness ['glædnəs] *n* ilo

glamorous ['glæmərəs] *adj* tenhoava, lumoava

glamour ['glæmə] *n* lumous

glance [glɑ:ns] *n* silmäys; *v* silmäillä

gland [glænd] *n* rauhanen

glare [gleə] *n* säihke; loiste

glaring ['gleəriŋ] *adj* häikäisevä

glass [glɑ:s] *n* lasi; lasinen; **glasses** silmälasit *pl;* **magnifying** ~ suurennuslasi

glaze [gleiz] *v* lasittaa

glen [glen] *n* rotko

glide [glaid] *v* liukua

glider ['glaidə] *n* purjelentokone

glimpse [glimps] *n* vilahdus; pilkahdus; *v* nähdä vilahdukselta

global ['gloubəl] *adj* maailmanlaajuinen

globe [gloub] *n* karttapallo, maapallo

gloom [glu:m] *n* synkkyys

gloomy ['glu:mi] *adj* synkkä

glorious ['glɔ:riəs] *adj* loistava

glory ['glɔ:ri] *n* kunnia

gloss [glɔs] *n* hohto

glossy ['glɔsi] *adj* kiiltävä

glove [glʌv] *n* hansikas

glow [glou] *v* hehkua; *n* hehku

glue [glu:] *n* liima

*•**go** [gou] *v* mennä; kävellä; tulla jksk; ~ **ahead** jatkaa; ~ **away** mennä pois; ~ **back** palata; ~ **home** mennä kotiin; ~ **in** mennä sisään; ~ **on** jatkaa; ~ **out** mennä ulos; ~ **through** kestää

goal [goul] *n* päämäärä, maali

goalkeeper ['goul,ki:pə] *n* maalivahti

goat [gout] *n* vuohipukki, vuohi

god [gɔd] *n* jumala

goddess ['gɔdis] *n* jumalatar

godfather ['gɔd,fa:ðə] *n* kummisetä

goggles ['gɔgəlz] *pl* suojalasit *pl*

gold [gould] *n* kulta; ~ **leaf** lehtikulta

golden ['gouldən] *adj* kullankeltainen

goldmine ['gouldmain] *n* kultakaivos

goldsmith ['gouldsmiθ] *n* kultaseppä

golf [gɔlf] *n* golf

golf-club ['gɔlfklʌb] *n* golfmaila

golf-course ['gɔlfkɔ:s] *n* golfkenttä

golf-links ['gɔlfliŋks] *n* golfkenttä

gondola ['gɔndələ] *n* gondoli

gone [gɔn] *adv* (pp go) poissa

good [gud] *adj* hyvä; kiltti

good-bye! [,gud'bai] näkemiin!

good-humoured [,gud'hju:məd] *adj* hyväntuulinen

good-looking [,gud'lukiŋ] *adj* hauskannäköinen

good-natured [,gud'neitʃəd] *adj* hyväntahtoinen

goods [gudz] *pl* tavarat *pl*; ~ **train** tavarajuna

good-tempered [,gud'tempəd] *adj* hyväntuulinen

goodwill [,gud'wil] *n* hyväntahtoisuus

goose [gu:s] *n* (pl geese) hanhi

gooseberry ['guzbəri] *n* karviaismarja

goose-flesh ['gu:sfleʃ] *n* kananliha

gorge [gɔ:dʒ] *n* kuilu

gorgeous ['gɔ:dʒəs] *adj* loistava; upea

gospel ['gɔspəl] *n* evankeliumi

gossip ['gɔsip] *n* juoru; *v* juoruta

got [gɔt] *v* (p, pp get)

gourmet ['guəmei] *n* herkkusuu

gout [gaut] *n* kihti

govern ['gʌvən] *v* hallita

governess ['gʌvənis] *n* kotiopettajatar

government ['gʌvənmənt] *n* hallitus

governor ['gʌvənə] *n* kuvernööri

gown [gaun] *n* (pitkä) puku

grace [greis] *n* sulo; armo, suosio

graceful ['greisfəl] *adj* viehkeä, suloinen

grade [greid] *n* aste; luokka; *v* luokitella

gradient ['greidiənt] *n* kaltevuus

gradual ['grædʒuəl] *adj* asteittainen; **gradually** *adv* vähitellen

graduate ['grædʒueit] *v* saada oppiarvo

grain [grein] *n* jyvänen, vilja, jyvä

gram [græm] *n* gramma

grammar ['græmə] *n* kielioppi

grammatical [grə'mætikəl] *adj* kieliopillinen

gramophone ['græməfoun] *n* levysoitin

grand [grænd] *adj* suurenmoinen

granddad ['grændæd] *n* isoisä

granddaughter ['græn,dɔ:tə] *n* tyttärentytär, pojantytär

grandfather ['græn,fa:ðə] *n* isoisä

grandmother ['græn,mʌðə] *n* isoäiti;

mummo

grandparents ['græn,peərənts] *pl* iso-
vanhemmat *pl*

grandson ['grænsʌn] *n* pojanpoika,
tyttärenpoika

granite ['grænit] *n* graniitti

grant [grɑ:nt] *v* myöntää, suoda; an-
taa; *n* apuraha, avustus

grapefruit ['greipfru:t] *n* greippi

grapes [greips] *pl* viinirypäleet *pl*

graph [græf] *n* graafinen esitys

graphic ['græfik] *adj* graafinen; ha-
vainnollinen

grasp [grɑ:sp] *v* tarttua; *n* ote

grass [grɑ:s] *n* ruoho

grasshopper ['grɑ:s,hɔpə] *n* heinäsirk-
ka

grate [greit] *n* arina; *v* raapia, raas-
taa

grateful ['greitfəl] *adj* kiitollinen

grater ['greitə] *n* raastinrauta

gratis ['grætis] *adj* ilmainen

gratitude ['grætitju:d] *n* kiitollisuus

gratuity [grə'tju:əti] *n* palkkio; juo-
maraha

grave [greiv] *n* hauta; *adj* vakava

gravel ['grævəl] *n* sora

gravestone ['greivstoun] *n* hautakivi

graveyard ['greivjɑ:d] *n* hautausmaa

gravity ['grævəti] *n* painovoima; va-
kavuus

gravy ['greivi] *n* paistinkastike

graze [greiz] *v* laiduntaa; *n* hankau-
ma

grease [gri:s] *n* rasva; *v* rasvata

greasy ['gri:si] *adj* rasvainen

great [greit] *adj* suuri; **Great Britain**
Iso-Britannia

Greece [gri:s] Kreikka

greed [gri:d] *n* ahneus

greedy ['gri:di] *adj* ahne

Greek [gri:k] *adj* kreikkalainen

green [gri:n] *adj* vihreä; ~ **card** au-
ton vakuutuskortti

greengrocer ['gri:n,grousə] *n* vihan-
neskauppias

greenhouse ['gri:nhaus] *n* kasvihuone

greens [gri:nz] *pl* vihannekset *pl*

greet [gri:t] *v* tervehtiä

greeting ['gri:tiŋ] *n* tervehdys

grey [grei] *adj* harmaa

greyhound ['greihaund] *n* vinttikoira

grief [gri:f] *n* suru, murhe

grieve [gri:v] *v* surra

grill [gril] *n* parila; *v* pariloida

grill-room ['grilru:m] *n* grilli

grin [grin] *v* virnistää; *n* virnistys

*grind** [graind] *v* jauhaa; hienontaa

grip [grip] *v* tarttua; *n* ote; *nAm* mat-
kalaukku

grit [grit] *n* sora

groan [groun] *v* voihkia

grocer ['grousə] *n* sekatavarakaup-
pias; **grocer's** ruokakauppa

groceries ['grousəriz] *pl* ruokatarvik-
keet *pl*

groin [grɔin] *n* nivustaive

groove [gru:v] *n* uurre

gross¹ [grous] *n* (pl ~) grossi

gross² [grous] *adj* karkea; kokonais-

grotto ['grɔtou] *n* (pl ~es, ~s) luola

ground¹ [graund] *n* maaperä, pohja;
~ **floor** pohjakerros; **grounds**
tontti

ground² [graund] *v* (p, pp grind)

group [gru:p] *n* ryhmä

grouse [graus] *n* (pl ~) metsäkana,
teeri

grove [grouv] *n* metsikkö

*grow** [grou] *v* kasvaa; kasvattaa;
tulla jksk

growl [graul] *v* murista

grown-up ['grounʌp] *adj* täysikasvui-
nen; *n* aikuinen

growth [grouθ] *n* kasvu; kasvain

grudge [grʌdʒ] *v* kadehtia

grumble ['grʌmbəl] *v* nurista

guarantee [,gærən'ti:] *n* takuu; va-

kuus; *v* taata
guarantor [ˌgærən'tɔ:] *n* takaaja
guard [gɑ:d] *n* vartio; *v* vartioida
guardian [ˈgɑ:diən] *n* holhooja
guess [ges] *v* arvata, luulla; *n* arvelu
guest [gest] *n* vieras
guest-house [ˈgesthaus] *n* täysihoitola
guest-room [ˈgestru:m] *n* vierashuone
guide [gaid] *n* opas; *v* opastaa
guidebook [ˈgaidbuk] *n* opaskirja
guide-dog [ˈgaiddɔg] *n* opaskoira
guilt [gilt] *n* syyllisyys
guilty [ˈgilti] *adj* syyllinen
guinea-pig [ˈginipig] *n* marsu
guitar [gi'tɑ:] *n* kitara
gulf [gʌlf] *n* merenlahti
gull [gʌl] *n* lokki
gum [gʌm] *n* ien; kumi; liima
gun [gʌn] *n* revolveri; kivääri; tykki
gunpowder [ˈgʌnˌpaudə] *n* ruuti
gust [gʌst] *n* tuulenpuuska
gusty [ˈgʌsti] *adj* tuulinen
gut [gʌt] *n* suoli; **guts** sisu
gutter [ˈgʌtə] *n* katuoja
guy [gai] *n* kaveri
gymnasium [dʒim'neiziəm] *n* (pl ~s, -sia) voimistelusali
gymnast [ˈdʒimnæst] *n* voimistelija
gymnastics [dʒim'næstiks] *pl* voimistelu
gynaecologist [ˌgainə'kɔlədʒist] *n* gynekologi, naistentautien lääkäri

H

haberdashery [ˈhæbədæʃəri] *n* lyhyttavaraliike
habit [ˈhæbit] *n* tottumus
habitable [ˈhæbitəbəl] *adj* asuttava
habitual [hə'bitʃuəl] *adj* tavanomainen

had [hæd] *v* (p, pp have)
haddock [ˈhædək] *n* (pl ~) kolja
haemorrhage [ˈheməridʒ] *n* verenvuoto
haemorrhoids [ˈhemərɔidz] *pl* peräpukamat *pl*
hail [heil] *n* rae
hair [hɛə] *n* tukka; ~ **cream** hiusvoide; ~ **piece** hiuslisäke; ~ **rollers** papiljotit *pl*; ~ **tonic** hiusvesi
hairbrush [ˈhɛəbrʌʃ] *n* hiusharja
haircut [ˈhɛəkʌt] *n* tukanleikkuu
hair-do [ˈhɛədu:] *n* kampaus
hairdresser [ˈhɛəˌdresə] *n* kampaaja
hair-dryer [ˈhɛədraiə] *n* hiustenkuivaaja
hair-grip [ˈhɛəgrip] *n* hiussolki
hair-net [ˈhɛənet] *n* hiusverkko
hair-oil [ˈhɛərɔil] *n* hiusöljy
hairpin [ˈhɛəpin] *n* hiusneula
hair-spray [ˈhɛəsprei] *n* hiuskiinne
hairy [ˈhɛəri] *adj* karvainen
half¹ [hɑ:f] *adj* puoli-; *adv* puoleksi
half² [hɑ:f] *n* (pl halves) puolikas
half-time [ˌhɑ:fˈtaim] *n* puoliaika
halfway [ˌhɑ:fˈwei] *adv* puolitiessä
halibut [ˈhælibət] *n* (pl ~) pallas
hall [hɔ:l] *n* eteishalli; juhlasali
halt [hɔ:lt] *v* pysähtyä
halve [hɑ:v] *v* puolittaa
ham [hæm] *n* kinkku
hamlet [ˈhæmlət] *n* pikkukylä
hammer [ˈhæmə] *n* vasara
hammock [ˈhæmək] *n* riippumatto
hamper [ˈhæmpə] *n* kori
hand [hænd] *n* käsi; *v* ojentaa; ~ **cream** käsivoide
handbag [ˈhændbæg] *n* käsilaukku
handbook [ˈhændbuk] *n* käsikirja
hand-brake [ˈhændbreik] *n* käsijarru
handcuffs [ˈhændkʌfs] *pl* käsiraudat *pl*
handful [ˈhændful] *n* kourallinen
handicraft [ˈhændikrɑ:ft] *n* käsityö

handkerchief ['hæŋkətʃif] n nenäliina

handle ['hændəl] n varsi, kahva; v käsitellä

hand-made [ˌhænd'meid] adj käsintehty

handshake ['hændʃeik] n kädenpuristus

handsome ['hænsəm] adj komea

handwork ['hændwə:k] n käsityö

handwriting ['hændˌraitiŋ] n käsiala

handy ['hændi] adj kätevä

*hang [hæŋ] v ripustaa; riippua

hanger ['hæŋə] n ripustin

hangover ['hæŋˌouvə] n krapula

happen ['hæpən] v tapahtua, sattua

happening ['hæpəniŋ] n tapahtuma

happiness ['hæpinəs] n onni

happy ['hæpi] adj onnellinen, iloinen

harbour ['hɑ:bə] n satama

hard [hɑ:d] adj kova; vaikea; hardly tuskin

hardware ['hɑ:dwɛə] n rautatavarat pl; ~ store rautakauppa

hare [hɛə] n jänis

harm [hɑ:m] n vahinko, harmi; v vahingoittaa

harmful ['hɑ:mfəl] adj vahingollinen

harmless ['hɑ:mləs] adj vaaraton

harmony ['hɑ:məni] n sopusointu

harp [hɑ:p] n harppu

harpsichord ['hɑ:psikɔ:d] n cembalo

harsh [hɑ:ʃ] adj karkea; ankara; julma

harvest ['hɑ:vist] n sato

has [hæz] v (pr have)

haste [heist] n kiire

hasten ['heisən] v kiirehtiä

hasty ['heisti] adj kiireinen

hat [hæt] n hattu; ~ rack naulakko

hatch [hætʃ] n luukku

hate [heit] v vihata; n viha

hatred ['heitrid] n viha

haughty ['hɔ:ti] adj ylimielinen, ylpeä

haul [hɔ:l] v raahata

*have [hæv] v olla jklla; saada; ~ to täytyä

haversack ['hævəsæk] n reppu

hawk [hɔ:k] n haukka

hay [hei] n heinä; ~ fever heinänuha

hazard ['hæzəd] n vaara

haze [heiz] n utu

hazelnut ['heizəlnʌt] n pähkinä

hazy ['heizi] adj usvainen, utuinen

he [hi:] pron hän (miehestä)

head [hed] n pää; v johtaa; ~ of state valtionpäämies; ~ teacher johtajaopettaja

headache ['hedeik] n päänsärky

heading ['hediŋ] n otsikko

headlamp ['hedlæmp] n etuvalo

headland ['hedlənd] n niemi

headlight ['hedlait] n etuvalo

headline ['hedlain] n otsikko

headmaster [ˌhed'mɑ:stə] n rehtori, johtajaopettaja

headquarters [ˌhed'kwɔ:təz] pl päämaja

head-strong ['hedstrɔŋ] adj uppiniskainen

head-waiter [ˌhed'weitə] n hovimestari

heal [hi:l] v parantaa

health [helθ] n terveys; ~ centre terveyskeskus; ~ certificate lääkärin todistus

healthy ['helθi] adj terve

heap [hi:p] n läjä, kasa

*hear [hiə] v kuulla

hearing ['hiəriŋ] n kuulo

heart [hɑ:t] n sydän; ydin; by ~ ulkoa; ~ attack sydänkohtaus

heartburn ['hɑ:tbə:n] n närästys

hearth [hɑ:θ] n tulisija

heartless ['hɑ:tləs] adj sydämetön

hearty ['hɑ:ti] adj sydämellinen

heat [hi:t] n kuumuus, lämpö; v lämmittää; **heating pad** lämpötyyny

heater ['hi:tə] n lämmityslaite; **immersion** ~ uppokuumennin

heath [hi:θ] n nummi

heathen ['hi:ðən] n pakana; adj pakanallinen

heather ['heðə] n kanerva

heating ['hi:tiŋ] n lämmitys

heaven ['hevən] n taivas

heavy ['hevi] adj raskas

Hebrew ['hi:bru:] n heprea

hedge [hedʒ] n pensasaita

hedgehog ['hedʒhɔg] n siili

heel [hi:l] n kantapää; korko

height [hait] n korkeus; huippukohta; kukkula

hell [hel] n helvetti

hello! [he'lou] terve!; päivää!

helm [helm] n peräsin

helmet ['helmit] n kypärä

helmsman ['helmzmən] n ruorimies

help [help] v auttaa; n apu

helper ['helpə] n auttaja

helpful ['helpfəl] adj avulias

helping ['helpiŋ] n ruoka-annos

hem [hem] n päärme

hemp [hemp] n hamppu

hen [hen] n kana

henceforth [,hens'fɔ:θ] adv tästä lähtien

her [hə:] pron hänet, hänelle; adj hänen

herb [hə:b] n yrtti

herd [hə:d] n lauma

here [hiə] adv täällä; ~ **you are** olkaa hyvä

hereditary [hi'reditəri] adj perinnöllinen

hernia ['hə:niə] n tyrä, kohju

hero ['hiərou] n (pl ~es) sankari

heron ['herən] n haikara

herring ['heriŋ] n (pl ~, ~s) silli

herself [hə:'self] pron itsensä; itse

hesitate ['heziteit] v epäröidä

heterosexual [,hetərə'sekʃuəl] adj heteroseksuaalinen

hiccup ['hikʌp] n hikka

hide [haid] n talja

***hide** [haid] v piilottaa; kätkeä

hideous ['hidiəs] adj inhottava

hierarchy ['haiəra:ki] n arvojärjestys

high [hai] adj korkea

highway ['haiwei] n maantie; nAm moottoritie

hijack ['haidʒæk] v kaapata

hijacker ['haidʒækə] n kaappaaja

hike [haik] v retkeillä

hill [hil] n mäki

hillock ['hilək] n kumpu

hillside ['hilsaid] n rinne

hilltop ['hiltɔp] n mäenharja

hilly ['hili] adj mäkinen

him [him] pron hänelle, hänet

himself [him'self] pron itsensä; itse

hinder ['hində] v estää

hinge [hindʒ] n sarana

hip [hip] n lantio

hire [haiə] v vuokrata; **for** ~ vuokrattavana

hire-purchase [,haiə'pə:tʃəs] n vähittäismaksujärjestelmä, osamaksukauppa

his [hiz] adj hänen

historian [hi'stɔ:riən] n historioitsija

historic [hi'stɔrik] adj historiallinen

historical [hi'stɔrikəl] adj historiallinen

history ['histəri] n historia

hit [hit] n iskelmä

***hit** [hit] v iskeä; osua

hitchhike ['hitʃhaik] v liftata

hitchhiker ['hitʃ,haikə] n peukalokyytiläinen

hoarse [hɔ:s] adj kähеä, karhea

hobby ['hɔbi] n harrastus

hobby-horse ['hɔbihɔ:s] n keppihevonen

hockey ['hɔki] n jääkiekkoilu

hoist [hɔist] *v* nostaa

hold [hould] *n* ote; lastiruuma

*hold [hould] *v* pidellä, pitää; ~ **on** tarrautua; ~ **up** tukea

hold-up [ˈhouldʌp] *n* aseellinen ryöstö

hole [houl] *n* kuoppa, reikä

holiday [ˈhɔlədi] *n* loma; pyhäpäivä; ~ **camp** lomaleiri; ~ **resort** lomanviettopaikka; **on** ~ lomalla

Holland [ˈhɔlənd] Hollanti

hollow [ˈhɔlou] *adj* ontto

holy [ˈhouli] *adj* pyhä

homage [ˈhɔmidʒ] *n* kunnianosoitus

home [houm] *n* koti; hoitokoti, asunto; *adv* kotiin päin, kotona; **at** ~ kotona

home-made [ˌhoumˈmeid] *adj* kotitekoinen

homesickness [ˈhoumˌsiknəs] *n* koti-ikävä

homosexual [ˌhouməˈsekʃuəl] *adj* homoseksuaalinen

honest [ˈɔnist] *adj* rehellinen; vilpitön

honesty [ˈɔnisti] *n* rehellisyys

honey [ˈhʌni] *n* hunaja

honeymoon [ˈhʌnimuːn] *n* kuherruskuukausi, häämatka

honk [hʌŋk] *vAm* antaa äänimerkki

honour [ˈɔnə] *n* kunnia; *v* kunnioittaa

honourable [ˈɔnərəbəl] *adj* kunniakas, kunnioitettava; kunniallinen

hood [hud] *n* huppu; *nAm* konepelti

hoof [huːf] *n* kavio

hook [huk] *n* koukku

hoot [huːt] *v* antaa äänimerkki

hooter [ˈhuːtə] *n* autontorvi

hoover [ˈhuːvə] *v* imuroida

hop¹ [hɔp] *v* hyppiä; *n* hyppäys

hop² [hɔp] *n* humalakasvi

hope [houp] *n* toivo; *v* toivoa

hopeful [ˈhoupfəl] *adj* toiveikas

hopeless [ˈhoupləs] *adj* toivoton

horizon [həˈraizən] *n* taivaanranta, näköpiiri

horizontal [ˌhɔriˈzɔntəl] *adj* vaakasuora

horn [hɔːn] *n* sarvi; torvi; äänitorvi

horrible [ˈhɔribəl] *adj* hirvittävä, hirveä, inhottava, pöyristyttävä

horror [ˈhɔrə] *n* kauhu, kammo

hors-d'œuvre [ɔːˈdəːvr] *n* alkuruoka, eturuoka

horse [hɔːs] *n* hevonen

horseman [ˈhɔːsmən] *n* (pl -men) ratsastaja

horsepower [ˈhɔːsˌpauə] *n* hevosvoima

horserace [ˈhɔːsreis] *n* ratsastuskilpailu

horseradish [ˈhɔːsˌrædiʃ] *n* piparjuuri

horseshoe [ˈhɔːsʃuː] *n* hevosenkenkä

horticulture [ˈhɔːtikʌltʃə] *n* puutarhanhoito

hosiery [ˈhouʒəri] *n* trikootavarat *pl*

hospitable [ˈhɔspitəbəl] *adj* vieraanvarainen

hospital [ˈhɔspitəl] *n* sairaala

hospitality [ˌhɔspiˈtæləti] *n* vieraanvaraisuus

host [houst] *n* isäntä

hostage [ˈhɔstidʒ] *n* panttivanki

hostel [ˈhɔstəl] *n* retkeilymaja

hostess [ˈhoustis] *n* emäntä

hostile [ˈhɔstail] *adj* vihamielinen

hot [hɔt] *adj* kuuma

hotel [houˈtel] *n* hotelli

hot-tempered [ˌhɔtˈtempəd] *adj* kiivasluonteinen

hour [auə] *n* tunti

hourly [ˈauəli] *adj* jokatuntinen

house [haus] *n* talo; asunto; rakennus; ~ **agent** kiinteistövälittäjä; ~ **block** *Am* kortteli; **public** ~ kapakka

houseboat [ˈhausbout] *n* asuntolaiva

household [ˈhaushould] *n* talous

housekeeper [ˈhausˌkiːpə] *n* taloudenhoitaja

housekeeping ['haus,ki:piŋ] *n* talou-
denhoito

housemaid ['hausmeid] *n* sisäkkö

housewife ['hauswaif] *n* kotirouva

housework ['hauswɔ:k] *n* kotityöt *pl*

how [hau] *adv* miten; ~ **many** kuin-
ka monta; ~ **much** kuinka paljon

however [hau'evə] *conj* kuitenkaan,
joka tapauksessa

hug [hʌg] *v* sulkea syliin; syleillä; *n*
syleily

huge [hju:dʒ] *adj* suunnaton, valtava

hum [hʌm] *v* hyräillä

human ['hju:mən] *adj* inhimillinen; ~
being ihminen

humanity [hju'mænəti] *n* ihmiskunta

humble ['hʌmbəl] *adj* nöyrä

humid ['hju:mid] *adj* kostea

humidity [hju'midəti] *n* kosteus

humorous ['hju:mərəs] *adj* leikillinen,
huvittava, humoristinen

humour ['hju:mə] *n* huumori

hundred ['hʌndrəd] *n* sata

Hungarian [hʌŋ'geəriən] *adj* unkari-
lainen

Hungary ['hʌŋgəri] Unkari

hunger ['hʌŋgə] *n* nälkä

hungry ['hʌŋgri] *adj* nälkäinen

hunt [hʌnt] *v* metsästää; *n* metsästys;
~ **for** etsiä

hunter ['hʌntə] *n* metsästäjä

hurricane ['hʌrikən] *n* pyörremyrsky;
~ **lamp** myrskylyhty

hurry ['hʌri] *v* rientää, kiirehtiä; *n*
kiire; **in a** ~ kiireessä

*****hurt** [hə:t] *v* loukata, haavoittaa

hurtful ['hə:tfəl] *adj* vahingollinen

husband ['hʌzbənd] *n* aviomies, puoli-
so

hut [hʌt] *n* mökki

hydrogen ['haidrədʒən] *n* vety

hygiene ['haidʒi:n] *n* hygienia

hygienic [hai'dʒi:nik] *adj* hygieeninen

hymn [him] *n* hymni, virsi

hyphen ['haifən] *n* yhdysviiva

hypocrisy [hi'pɔkrəsi] *n* tekopyhyys

hypocrite ['hipəkrit] *n* teeskentelijä

hypocritical [,hipə'kritikəl] *adj* tees-
kentelevä, tekopyhä, ulkokultainen

hysterical [hi'sterikəl] *adj* hysteerinen

I

I [ai] *pron* minä

ice [ais] *n* jää

ice-bag ['aisbæg] *n* jääpussi

ice-cream ['aiskri:m] *n* jäätelö

Iceland ['aislənd] Islanti

Icelander ['aisləndə] *n* islantilainen

Icelandic [ais'lændik] *adj* islantilainen

icon ['aikɔn] *n* ikoni

idea [ai'diə] *n* ajatus; aate, mielijoh-
de; käsite, käsitys

ideal [ai'diəl] *adj* ihanteellinen; *n*
ihanne

identical [ai'dentikəl] *adj* identtinen

identification [ai,dentifi'keiʃən] *n* tun-
nistaminen

identify [ai'dentifai] *v* tunnistaa

identity [ai'dentəti] *n* henkilöllisyys;
~ **card** henkilöllisyystodistus

idiom ['idiəm] *n* idiomi

idiomatic [,idiə'mætik] *adj* idiomaatti-
nen

idiot ['idiət] *n* idiootti

idiotic [,idi'ɔtik] *adj* tylsämielinen

idle ['aidəl] *adj* toimeton; joutilas;
hyödytön

idol ['aidəl] *n* epäjumala; ihanne

if [if] *conj* jos; mikäli

ignition [ig'niʃən] *n* sytytys; ~ **coil**
sytytyslaite

ignorant ['ignərənt] *adj* tietämätön

ignore [ig'nɔ:] *v* olla välittämättä

ill [il] *adj* sairas; paha

illegal [i'li:gəl] *adj* laiton
illegible [i'ledʒəbəl] *adj* epäselvä, lukukelvoton
illiterate [i'litərət] *n* lukutaidoton
illness ['ilnəs] *n* sairaus
illuminate [i'lu:mineit] *v* valaista
illumination [i,lu:mi'neiʃən] *n* valaistus
illusion [i'lu:ʒən] *n* harhakuva; toiveunelma
illustrate ['iləstreit] *v* kuvittaa
illustration [,ilə'streiʃən] *n* kuvitus
image ['imidʒ] *n* kuva
imaginary [i'mædʒinəri] *adj* kuviteltu
imagination [i,mædʒi'neiʃən] *n* mielikuvitus
imagine [i'mædʒin] *v* kuvitella; luulla
imitate ['imiteit] *v* jäljitellä, matkia
imitation [,imi'teiʃən] *n* jäljittely, jäljennös
immediate [i'mi:djət] *adj* välitön
immediately [i'mi:djətli] *adv* välittömästi, heti, viipymättä
immense [i'mens] *adj* valtava, ääretön, suunnaton
immigrant ['imigrənt] *n* maahanmuuttaja
immigrate ['imigreit] *v* muuttaa maahan
immigration [,imi'greiʃən] *n* maahanmuutto
immodest [i'mɔdist] *adj* kainostelematon
immunity [i'mju:nəti] *n* immuniteetti
immunize ['imjunaiz] *v* immunisoida
impartial [im'pɑ:ʃəl] *adj* puolueeton
impassable [im'pɑ:səbəl] *adj* läpipääsemätön
impatient [im'peiʃənt] *adj* kärsimätön
impede [im'pi:d] *v* estää
impediment [im'pedimənt] *n* este
imperfect [im'pə:fikt] *adj* epätäydellinen
imperial [im'piəriəl] *adj* keisarillinen; maailmanvallan-

impersonal [im'pə:sənəl] *adj* persoonaton
impertinence [im'pə:tinəns] *n* hävyttömyys
impertinent [im'pə:tinənt] *adj* hävytön, nenäkäs
implement[1] ['implimənt] *n* työväline, työkalu
implement[2] ['impliment] *v* toteuttaa
imply [im'plai] *v* vihjata; merkitä
impolite [,impə'lait] *adj* epäkohtelias
import[1] [im'pɔ:t] *v* tuoda maahan
import[2] ['impɔ:t] *n* tuonti, tuontitavarat *pl;* ~ duty tuontitulli
importance [im'pɔ:təns] *n* tärkeys
important [im'pɔ:tənt] *adj* merkityksellinen, tärkeä
importer [im'pɔ:tə] *n* maahantuoja
imposing [im'pouziŋ] *adj* vaikuttava
impossible [im'pɔsəbəl] *adj* mahdoton
impotence ['impətəns] *n* kykenemättömyys
impotent ['impətənt] *adj* kykenemätön
impound [im'paund] *v* takavarikoida
impress [im'pres] *v* tehdä vaikutus
impression [im'preʃən] *n* vaikutelma
impressive [im'presiv] *adj* vaikuttava
imprison [im'prizən] *v* vangita
imprisonment [im'prizənmənt] *n* vankeus
improbable [im'prɔbəbəl] *adj* epätodennäköinen
improper [im'prɔpə] *adj* sopimaton
improve [im'pru:v] *v* parantaa
improvement [im'pru:vmənt] *n* parannus
improvise ['imprəvaiz] *v* improvisoida
impudent ['impjudənt] *adj* julkea
impulse ['impʌls] *n* mielijohde; sysäys
impulsive [im'pʌlsiv] *adj* impulsiivinen
in [in] *prep* -ssa; -lla, -lle *suff; adv* sisään

inaccessible [iˌnæk'sesəbəl] *adj* luoksepääsemätön

inaccurate [i'nækjurət] *adj* epätarkka

inadequate [i'nædikwət] *adj* riittämätön

incapable [iŋ'keipəbəl] *adj* kykenemätön

incense ['insens] *n* suitsutus

incident ['insidənt] *n* tapahtuma

incidental [ˌinsi'dentəl] *adj* satunnainen

incite [in'sait] *v* kannustaa

inclination [ˌiŋkli'neiʃən] *n* taipumus

incline [iŋ'klain] *n* kaltevuus

inclined [iŋ'klaind] *adj* taipuvainen, halukas; *be ~ to olla taipuvainen

include [iŋ'klu:d] *v* käsittää, sisältää

income ['iŋkəm] *n* tulot *pl*

income-tax ['iŋkəmtæks] *n* tulovero

incompetent [iŋ'kompətənt] *adj* epäpätevä

incomplete [ˌinkəm'pli:t] *adj* vaillinainen, epätäydellinen

inconceivable [ˌiŋkən'si:vəbəl] *adj* uskomaton

inconspicuous [ˌiŋkən'spikjuəs] *adj* huomaamaton

inconvenience [ˌiŋkən'vi:njəns] *n* vaiva, haitta, epämukavuus

inconvenient [ˌiŋkən'vi:njənt] *adj* sopimaton; hankala

incorrect [ˌiŋkə'rekt] *adj* virheellinen, väärä

increase[1] [iŋ'kri:s] *v* lisätä; kasvaa, lisääntyä

increase[2] ['iŋkri:s] *n* lisääntyminen; lisäys

incredible [iŋ'kredəbəl] *adj* uskomaton

incurable [iŋ'kjuərəbəl] *adj* parantumaton

indecent [in'di:sənt] *adj* säädytön

indeed [in'di:d] *adv* todella

indefinite [in'definit] *adj* epämääräinen

indemnity [in'demnəti] *n* vahingonkorvaus

independence [ˌindi'pendəns] *n* riippumattomuus

independent [ˌindi'pendənt] *adj* riippumaton

index ['indeks] *n* hakemisto; ~ finger etusormi

India ['indiə] Intia

Indian ['indiən] *adj* intialainen; intiaani-; *n* intialainen; Red ~ intiaani

indicate ['indikeit] *v* osoittaa, ilmaista

indication [ˌindi'keiʃən] *n* osoitus, ilmoitus

indicator ['indikeitə] *n* vilkkuvalo; osoitin

indifferent [in'difərənt] *adj* välinpitämätön

indigestion [ˌindi'dʒestʃən] *n* ruoansulatushäiriö

indignation [ˌindig'neiʃən] *n* suuttumus

indirect [ˌindi'rekt] *adj* epäsuora

individual [ˌindi'vidʒuəl] *adj* yksilöllinen, yksityinen; *n* yksilö

Indonesia [ˌində'ni:ziə] Indonesia

Indonesian [ˌində'ni:ziən] *adj* indonesialainen

indoor ['indɔ:] *adj* sisä-

indoors [ˌin'dɔ:z] *adv* sisällä

indulge [in'dʌldʒ] *v* myöntyä, antaa myöten, antautua (jhk)

industrial [in'dʌstriəl] *adj* teollisuus-

industrious [in'dʌstriəs] *adj* ahkera

industry ['indəstri] *n* teollisuus

inedible [i'nedibəl] *adj* syötäväksi kelpaamaton

inefficient [ˌini'fiʃənt] *adj* tehoton

inevitable [i'nevitəbəl] *adj* väistämätön

inexpensive [ˌinik'spensiv] *adj* halpa

inexperienced [ˌinik'spiəriənst] *adj* ko-

kematon
infant [ˈinfənt] *n* pikkulapsi
infantry [ˈinfəntri] *n* jalkaväki
infect [inˈfekt] *v* tulehtua, tartuttaa
infection [inˈfekʃən] *n* tartunta
infectious [inˈfekʃəs] *adj* tarttuva
infer [inˈfəː] *v* tehdä johtopäätös
inferior [inˈfiəriə] *adj* alhaisempi, huonompi, alempiarvoinen; alempi
infinite [ˈinfinət] *adj* ääretön
infinitive [inˈfinitiv] *n* infinitiivi
infirmary [inˈfəːməri] *n* sairastupa
inflammable [inˈflæməbəl] *adj* tulenarka
inflammation [ˌinfləˈmeiʃən] *n* tulehdus
inflatable [inˈfleitəbəl] *adj* puhallettava
inflate [inˈfleit] *v* puhaltaa täyteen
inflation [inˈfleiʃən] *n* inflaatio
influence [ˈinfluəns] *n* vaikutus; *v* vaikuttaa
influential [ˌinfluˈenʃəl] *adj* vaikutusvaltainen
influenza [ˌinfluˈenzə] *n* influenssa
inform [inˈfɔːm] *v* tiedottaa; kertoa, ilmoittaa
informal [inˈfɔːməl] *adj* epävirallinen
information [ˌinfəˈmeiʃən] *n* tieto; ilmoitus, tiedotus; ~ **bureau** tiedonantotoimisto
infra-red [ˌinfrəˈred] *adj* infrapunainen
infrequent [inˈfriːkwənt] *adj* harvinainen
ingredient [inˈgriːdiənt] *n* aines, ainesosa
inhabit [inˈhæbit] *v* asua
inhabitable [inˈhæbitəbəl] *adj* asumiskelpoinen
inhabitant [inˈhæbitənt] *n* asukas
inhale [inˈheil] *v* hengittää sisään
inherit [inˈherit] *v* periä
inheritance [inˈheritəns] *n* perintö

initial [iˈniʃəl] *adj* alkuperäinen, alku-; *n* nimikirjain; *v* varustaa nimikirjaimilla
initiative [iˈniʃətiv] *n* aloite
inject [inˈdʒekt] *v* ruiskuttaa
injection [inˈdʒekʃən] *n* ruiske
injure [ˈindʒə] *v* loukata
injury [ˈindʒəri] *n* vamma
injustice [inˈdʒʌstis] *n* vääryys
ink [iŋk] *n* muste
inlet [ˈinlet] *n* lahti
inn [in] *n* majatalo
inner [ˈinə] *adj* sisäinen; ~ **tube** sisärengas
inn-keeper [ˈinˌkiːpə] *n* majatalon isäntä
innocence [ˈinəsəns] *n* viattomuus
innocent [ˈinəsənt] *adj* viaton
inoculate [iˈnɔkjuleit] *v* rokottaa
inoculation [iˌnɔkjuˈleiʃən] *n* rokotus
inquire [iŋˈkwaiə] *v* tiedustella
inquiry [iŋˈkwaiəri] *n* tiedustelu, kysely; tutkimus; ~ **office** tiedonantotoimisto
inquisitive [iŋˈkwizətiv] *adj* utelias
insane [inˈsein] *adj* mielisairas
inscription [inˈskripʃən] *n* kaiverrus; sisäänkirjoitus
insect [ˈinsekt] *n* hyönteinen; ~ **repellent** hyönteisvoide
insecticide [inˈsektisaid] *n* hyönteismyrkky
insensitive [inˈsensətiv] *adj* tunteeton
insert [inˈsəːt] *v* sisällyttää, liittää
inside [ˌinˈsaid] *n* sisäpuoli; *adj* sisä-; *adv* sisässä; sisällä; *prep* sisällä *postp*, sisään *postp;* ~ **out** nurinpäin; **insides** sisälmykset *pl*
insight [ˈinsait] *n* oivallus
insignificant [ˌinsigˈnifikənt] *adj* merkityksetön; mitäänsanomaton, mitätön
insist [inˈsist] *v* väittää; vaatimalla vaatia

insolence ['insələns] n röyhkeys

insolent ['insələnt] adj röyhkeä

insomnia [in'sɔmniə] n unettomuus

inspect [in'spekt] v tarkastaa

inspection [in'spekʃən] n tarkastus

inspector [in'spektə] n tarkastaja

inspire [in'spaiə] v innoittaa

install [in'stɔ:l] v asentaa

installation [ˌinstə'leiʃən] n asennus

instalment [in'stɔ:lmənt] n osamaksu-erä

instance ['instəns] n esimerkki; ta-paus; for ~ esimerkiksi

instant ['instənt] n hetki

instantly ['instəntli] adv välittömästi, heti

instead of [in'sted ɔv] sijasta postp

instinct ['instiŋkt] n vaisto

institute ['institju:t] n laitos; v perus-taa

institution [ˌinsti'tju:ʃən] n instituutio, laitos

instruct [in'strʌkt] v opettaa

instruction [in'strʌkʃən] n opetus

instructive [in'strʌktiv] adj opettavai-nen

instructor [in'strʌktə] n ohjaaja

instrument ['instrumənt] n työväline; musical ~ soitin

insufficient [ˌinsə'fiʃənt] adj riittämä-tön

insulate ['insjuleit] v eristää

insulation [ˌinsju'leiʃən] n eriste

insulator ['insjuleitə] n eristin

insult[1] [in'sʌlt] v loukata

insult[2] ['insʌlt] n loukkaus

insurance [in'ʃuərəns] n vakuutus; ~ policy vakuutuskirja

insure [in'ʃuə] v vakuuttaa

intact [in'tækt] adj koskematon

intellect ['intəlekt] n äly

intellectual [ˌintə'lektʃuəl] adj älylli-nen

intelligence [in'telidʒəns] n älykkyys

intelligent [in'telidʒənt] adj älykäs

intend [in'tend] v aikoa

intense [in'tens] adj intensiivinen; kiihkeä

intention [in'tenʃən] n aikomus

intentional [in'tenʃənəl] adj tahallinen

intercourse ['intəkɔ:s] n seurustelu, kanssakäyminen; yhdyntä

interest ['intrəst] n mielenkiinto, kiinnostus; etu; korko; v kiinnos-taa; interested etujaan valvova, kiinnostunut

interesting ['intrəstiŋ] adj mielen-kiintoinen

interfere [ˌintə'fiə] v puuttua asiaan; ~ with sekaantua

interference [ˌintə'fiərəns] n väliintu-lo

interim ['intərim] n väliaika

interior [in'tiəriə] n sisusta

interlude ['intəlu:d] n välikohtaus

intermediary [ˌintə'mi:djəri] n välittä-jä

intermission [ˌintə'miʃən] n väliaika

internal [in'tə:nəl] adj sisäinen

international [ˌintə'næʃənəl] adj kan-sainvälinen

interpret [in'tə:prit] v tulkita

interpreter [in'tə:pritə] n tulkki

interrogate [in'terəgeit] v kuulustella

interrogation [inˌterə'geiʃən] n kuu-lustelu

interrogative [ˌintə'rɔgətiv] adj kysy-vä

interrupt [ˌintə'rʌpt] v keskeyttää

interruption [ˌintə'rʌpʃən] n keskeytys

intersection [ˌintə'sekʃən] n risteys, leikkauspiste

interval ['intəvəl] n väliaika; interval-li

intervene [ˌintə'vi:n] v tulla väliin

interview ['intəvju:] n haastattelu

intestine [in'testin] n suoli; intestines suolisto

intimate ['intimət] adj läheinen

into ['intu] prep sisään postp

intolerable [in'tolərəbəl] adj sietämätön

intoxicated [in'toksikeitid] adj päihtynyt

intrigue [in'tri:g] n vehkeily

introduce [,intrə'dju:s] v esitellä

introduction [,intrə'dʌkʃən] n esittely; johdanto

invade [in'veid] v valloittaa

invalid¹ ['invəli:d] n invalidi; adj vammainen

invalid² [in'vælid] adj pätemätön

invasion [in'veiʒən] n maahanhyökkäys

invent [in'vent] v keksiä

invention [in'venʃən] n keksintö

inventive [in'ventiv] adj kekseliäs

inventor [in'ventə] n keksijä

inventory ['invəntri] n inventaario

invert [in'vɔ:t] v kääntää ylösalaisin

invest [in'vest] v investoida, sijoittaa

investigate [in'vestigeit] v tutkia

investigation [in,vesti'geiʃən] n tutkimus

investment [in'vestmənt] n rahansijoitus

investor [in'vestə] n sijoittaja

invisible [in'vizəbəl] adj näkymätön

invitation [,invi'teiʃən] n kutsu

invite [in'vait] v kutsua

invoice ['invɔis] n lasku

involve [in'vɔlv] v sekaantua

inwards ['inwədz] adv sisäänpäin

iodine ['aiədi:n] n jodi

Iran [i'rɑ:n] Iran

Iranian [i'reiniən] adj iranilainen

Iraq [i'rɑ:k] Irak

Iraqi [i'rɑ:ki] adj irakilainen

irascible [i'ræsibəl] adj äkkipikainen

Ireland ['aiələnd] Irlanti

Irish ['aiəriʃ] adj irlantilainen

Irishman ['aiəriʃmən] n (pl -men) irlantilainen

iron ['aiən] n rauta; silitysrauta; rautainen; v silittää

ironical [ai'rɔnikəl] adj ivallinen

ironworks ['aiənwɔ:ks] n rautatehdas

irony ['aiərəni] n iva

irregular [i'regjulə] adj epäsäännöllinen

irreparable [i'repərəbəl] adj mahdoton korjata

irrevocable [i'revəkəbəl] adj peruuttamaton

irritable ['iritəbəl] adj ärtyisä

irritate ['iriteit] v ärsyttää, hermostuttaa

is [iz] v (pr be)

island ['ailənd] n saari

isolate ['aisəleit] v eristää

isolation [,aisə'leiʃən] n eristyneisyys

Israel ['izreil] Israel

Israeli [iz'reili] adj israelilainen

issue ['iʃu:] v julkaista; n jakelu, painos; kiistakysymys, pulmakysymys; ulospääsy, lopputulos

isthmus ['ismməs] n kannas

it [it] pron se

Italian [i'tæljən] adj italialainen

italics [i'tæliks] pl kursiivi, vinokirjaimet pl

Italy ['itəli] Italia

itch [itʃ] n syyhy; kutina; v syyhytä

item ['aitəm] n artikkeli; kohta

itinerant [ai'tinərənt] adj kiertävä

itinerary [ai'tinərəri] n matkasuunnitelma, matkareitti

ivory ['aivəri] n norsunluu

ivy ['aivi] n muratti

J

jack [dʒæk] n mies, jätkä nostovipu

jacket ['dʒækit] n pikkutakki, nuttu;

päällys
jade [dʒeid] n jadekivi
jail [dʒeil] n vankila
jailer ['dʒeilə] n vanginvartija
jam [dʒæm] n hillo; ruuhka
janitor ['dʒænitə] n talonmies
January ['dʒænjuəri] tammikuu
Japan [dʒə'pæn] Japani
Japanese [ˌdʒæpə'niːz] adj japanilainen
jar [dʒɑː] n ruukku
jaundice ['dʒɔːndis] n keltatauti
jaw [dʒɔː] n leukapieli
jealous ['dʒeləs] adj mustasukkainen
jealousy ['dʒeləsi] n mustasukkaisuus
jeans [dʒiːnz] pl farmarihousut pl
jelly ['dʒeli] n hyytelö
jelly-fish ['dʒelifiʃ] n meduusa
jersey ['dʒəːzi] n jersey; villapaita
jet [dʒet] n suihku; suihkukone
jetty ['dʒeti] n aallonmurtaja
Jew [dʒuː] n juutalainen
jewel ['dʒuːəl] n koru
jeweller ['dʒuːələ] n jalokivikauppias
jewellery ['dʒuːəlri] n korut pl
Jewish ['dʒuːiʃ] adj juutalainen
job [dʒɔb] n työ; työpaikka, toimi
jockey ['dʒɔki] n kilparatsastaja
join [dʒɔin] v liittää yhteen; yhtyä, liittyä; yhdistää
joint [dʒɔint] n liitos; adj yhteinen, yhdistetty
jointly ['dʒɔintli] adv yhdessä
joke [dʒouk] n vitsi, pila
jolly ['dʒɔli] adj iloinen
Jordan ['dʒɔːdən] Jordania
Jordanian [dʒɔː'deiniən] adj jordanialainen
journal ['dʒəːnəl] n aikakausjulkaisu
journalism ['dʒəːnəlizəm] n sanomalehtiala
journalist ['dʒəːnəlist] n sanomalehtimies
journey ['dʒəːni] n matka

joy [dʒɔi] n ilo
joyful ['dʒɔifəl] adj iloinen, riemukas
jubilee ['dʒuːbiliː] n riemujuhla
judge [dʒʌdʒ] n tuomari; v tuomita; arvostella
judgment ['dʒʌdʒmənt] n tuomio; arvostelukyky
jug [dʒʌg] n kannu
Jugoslav [ˌjuːgə'slɑːv] adj jugoslavialainen; n jugoslaavi
Jugoslavia [ˌjuːgə'slɑːviə] Jugoslavia
juice [dʒuːs] n mehu
juicy ['dʒuːsi] adj mehukas
July [dʒu'lai] heinäkuu
jump [dʒʌmp] v hypätä; n hyppy
jumper ['dʒʌmpə] n neulepusero
junction ['dʒʌŋkʃən] n risteys
June [dʒuːn] kesäkuu
jungle ['dʒʌŋgəl] n sademetsä, viidakko
junior ['dʒuːnjə] adj nuorempi
junk [dʒʌŋk] n romu
jury ['dʒuəri] n tuomaristo
just [dʒʌst] adj oikeudenmukainen, oikeutettu; oikea; adv juuri; aivan
justice ['dʒʌstis] n oikeus; oikeudenmukaisuus
juvenile ['dʒuːvənail] adj nuorekas, nuoriso-

K

kangaroo [ˌkæŋgə'ruː] n kenguru
keel [kiːl] n köli
keen [kiːn] adj innokas; pureva; terävä
*****keep** [kiːp] v pidellä; säilyttää; pitää yllä; ~ away from pysyä poissa; ~ off olla kajoamatta; ~ on jatkaa; ~ quiet vaieta; ~ up ylläpitää; ~ up with pysyä tasalla
keg [keg] n pieni tynnyri

kennel ['kenəl] n koirankoppi; koira-
tarha
Kenya ['kenjə] Kenia
kerosene ['kerəsi:n] n paloöljy
kettle ['ketəl] n vesipannu
key [ki:] n avain
keyhole ['ki:houl] n avaimenreikä
khaki ['kɑ:ki] n khakikangas
kick [kik] v potkaista, potkia; n pot-
ku
kick-off [ˌki'kɔf] n avajaispotku
kid [kid] n lapsi; vuohennahka; v kiu-
soitella
kidney ['kidni] n munuainen
kill [kil] v tappaa, surmata
kilogram ['kiləgræm] n kilo
kilometre ['kiləˌmi:tə] n kilometri
kind [kaind] adj kiltti, ystävällinen;
hyväntahtoinen; n laji
kindergarten ['kindəˌgɑ:tən] n lasten-
tarha
king [kiŋ] n kuningas
kingdom ['kiŋdəm] n kuningaskunta;
valtakunta
kiosk ['ki:ɔsk] n kioski
kiss [kis] n suudelma; v suudella
kit [kit] n varusteet pl
kitchen ['kitʃin] n keittiö; ~ garden
kasvitarha
knapsack ['næpsæk] n selkäreppu
knave [neiv] n sotamies
knee [ni:] n polvi
kneecap ['ni:kæp] n polvilumpio
*kneel [ni:l] v polvistua
knew [nju:] v (p know)
knickers ['nikəz] pl alushousut pl
knife [naif] n (pl knives) veitsi
knight [nait] n ritari
*knit [nit] v neuloa
knob [nɔb] n nuppi
knock [nɔk] v kolkuttaa; n kolkutus;
~ against törmätä; ~ down iskeä
maahan
knot [nɔt] n solmu; v solmia

*know [nou] v tietää; osata, tuntea
knowledge ['nɔlidʒ] n tieto
knuckle ['nʌkəl] n rystynen

L

label ['leibəl] n nimilippu; v varustaa
nimilipulla
laboratory [ləˈbɔrətəri] n laboratorio
labour ['leibə] n työ; synnytyskivut; v
raataa, v ahertaa; labor permit
Am työlupa
labourer ['leibərə] n työläinen
labour-saving ['leibəˌseiviŋ] adj työtä-
säästävä
labyrinth ['læbərinθ] n sokkelo
lace [leis] n pitsi; kengännauha
lack [læk] n puute; v olla jtk vailla,
puuttua
lacquer ['lækə] n lakka
lad [læd] n poika, nuorukainen
ladder ['lædə] n tikapuut pl
lady ['leidi] n (hieno) nainen; ladies'
room naistenhuone
lagoon [ləˈgu:n] n laguuni
lake [leik] n järvi
lamb [læm] n karitsa; lampaanliha
lame [leim] adj rampa, ontuva
lamentable ['læməntəbəl] adj valitet-
tava
lamp [læmp] n lamppu
lamp-post ['læmppoust] n lyhtypylväs
lampshade ['læmpʃeid] n lampunvar-
jostin
land [lænd] n maa; v laskeutua, las-
kea maihin; nousta maihin
landlady ['lændˌleidi] n vuokraemäntä
landlord ['lændlɔ:d] n vuokraisäntä,
talonomistaja
landmark ['lændmɑ:k] n maamerkki
landscape ['lændskeip] n maisema
lane [lein] n pikkukatu, kuja; ajo-

kaista

language ['læŋgwidʒ] n kieli; ~ **lab- oratory** kielistudio

lantern ['læntən] n lyhty

lapel [lə'pel] n lieve, käänne

larder ['lɑːdə] n ruokakaappi

large [lɑːdʒ] adj suuri; tilava

lark [lɑːk] n leivonen

laryngitis [ˌlærin'dʒaitis] n kurkun- pään tulehdus

last [lɑːst] adj viimeinen; viime; v kestää; **at** ~ vihdoin, lopulta; **at long** ~ vihdoin viimein

lasting ['lɑːstiŋ] adj kestävä

latchkey ['lætʃkiː] n ulko-oven avain

late [leit] adj myöhäinen; myöhässä

lately ['leitli] adv viime aikoina

lather ['lɑːðə] n vaahto

Latin America ['lætin ə'merikə] Lati- nalainen Amerikka

Latin-American [ˌlætinə'merikən] adj latinalaisamerikkalainen

latitude ['lætitjuːd] n leveysaste

laugh [lɑːf] v nauraa; n nauru

laughter ['lɑːftə] n nauru

launch [lɔːntʃ] v panna alulle; laskea vesille; singahduttaa; n moottori- alus

launching ['lɔːntʃiŋ] n vesillelasku

launderette [ˌlɔːndə'ret] n itsepalvelu- pesula

laundry ['lɔːndri] n pesula; pyykki

lavatory ['lævətəri] n pesuhuone, WC

lavish ['læviʃ] adj tuhlaavainen

law [lɔː] n laki; lakitiede; ~ **court** tuomioistuin

lawful ['lɔːfəl] adj laillinen

lawn [lɔːn] n nurmikenttä

lawsuit ['lɔːsuːt] n oikeudenkäynti, oikeusjuttu

lawyer ['lɔːjə] n asianajaja, juristi

laxative ['læksətiv] n ulostuslääke

***lay** [lei] v sijoittaa, asettaa, panna; ~ **bricks** muurata

layer [leiə] n kerros

layman ['leimən] n maallikko

lazy ['leizi] adj laiska

***lead** [liːd] v johtaa

lead¹ [liːd] n etumatka; johto; talu- tushihna

lead² [led] n lyijy

leader ['liːdə] n johtaja

leadership ['liːdəʃip] n johtajuus

leading ['liːdiŋ] adj johtava

leaf [liːf] n (pl leaves) lehti

league [liːg] n liitto

leak [liːk] v vuotaa; n vuoto

leaky ['liːki] adj vuotava

lean [liːn] adj laiha

***lean** [liːn] v nojautua

leap [liːp] n hyppy

***leap** [liːp] v loikata

leap-year ['liːpjiə] n karkausvuosi

***learn** [ləːn] v oppia

learner ['ləːnə] n aloittelija, oppilas

lease [liːs] n vuokrasopimus; v antaa vuokralle; vuokrata

leash [liːʃ] n talutusnuora

least [liːst] adj vähin, vähäisin; pie- nin; **at** ~ ainakin, vähintään

leather ['leðə] n nahka; nahkainen

leave [liːv] n loma

***leave** [liːv] v jättää; ~ **alone** antaa olla; ~ **behind** jättää; ~ **out** jät- tää pois

Lebanese [ˌlebə'niːz] adj libanonilai- nen

Lebanon ['lebənən] Libanon

lecture ['lektʃə] n esitelmä, luento

left¹ [left] adj vasen; jäljellä

left² [left] v (p, pp leave)

left-hand ['lefthænd] adj vasen, va- semmanpuolinen

left-handed [ˌleft'hændid] adj vasen- kätinen

leg [leg] n sääri, jalka

legacy ['legəsi] n testamenttilahjoitus

legal ['liːgəl] adj laillinen, lakimääräinen; lainmukainen

legalization [ˌliːgəlaiˈzeiʃən] *n* laillistaminen

legation [liˈgeiʃən] *n* lähetystö

legible [ˈledʒibəl] *adj* luettavissa oleva

legitimate [liˈdʒitimət] *adj* laillinen

leisure [ˈleʒə] *n* vapaa-aika

lemon [ˈlemən] *n* sitruuna

lemonade [ˌleməˈneid] *n* limonaati

*****lend** [lend] *v* lainata, antaa lainaksi

length [leŋθ] *n* pituus

lengthen [ˈleŋθən] *v* pidentää

lengthways [ˈleŋθweiz] *adv* pitkittäin

lens [lenz] *n* linssi; **telephoto** ~ teleobjektiivi; **zoom** ~ liukuobjektiivi

leprosy [ˈleprəsi] *n* spitaalitauti

less [les] *adv* vähemmän

lessen [ˈlesən] *v* vähentää

lesson [ˈlesən] *n* oppitunti

*****let** [let] *v* sallia; vuokrata, antaa vuokralle; ~ **down** pettää

letter [ˈletə] *n* kirje; kirjain; ~ **of credit** luottokirje; ~ **of recommendation** suosituskirje

letter-box [ˈletəbɔks] *n* kirjelaatikko

lettuce [ˈletis] *n* lehtisalaatti

level [ˈlevəl] *adj* tasainen, vaakasuora; *n* taso; vaakituskoje; *v* tasoittaa, yhdenmukaistaa; ~ **crossing** tasoylikäytävä

lever [ˈliːvə] *n* vipu

liability [ˌlaiəˈbiləti] *n* vastuuvelvollisuus; taipumus

liable [ˈlaiəbəl] *adj* vastuullinen; ~ **to** altis jllk

liberal [ˈlibərəl] *adj* vapaamielinen; avokätinen, suurpiirteinen

liberation [ˌlibəˈreiʃən] *n* vapautus

Liberia [laiˈbiəriə] Liberia

Liberian [laiˈbiəriən] *adj* liberialainen

liberty [ˈlibəti] *n* vapaus

library [ˈlaibrəri] *n* kirjasto

licence [ˈlaisəns] *n* lisenssi; lupa;

driving ~ ajokortti; ~ **number** *Am* rekisterinumero; ~ **plate** *Am* rekisterikilpi

license [ˈlaisəns] *v* myöntää lupa

lick [lik] *v* nuolla

lid [lid] *n* kansi

lie [lai] *v* valehdella; *n* valhe

*****lie** [lai] *v* maata; ~ **down** käydä makuulle

life [laif] *n* (pl lives) elämä; ~ **insurance** henkivakuutus

lifebelt [ˈlaifbelt] *n* pelastusvyö

lifetime [ˈlaiftaim] *n* elinaika

lift [lift] *v* nostaa, kohottaa; *n* hissi

light [lait] *n* valo; *adj* kevyt; vaalea; ~ **bulb** hehkulamppu

*****light** [lait] *v* sytyttää

lighter [ˈlaitə] *n* sytytin

lighthouse [ˈlaithaus] *n* majakka

lighting [ˈlaitiŋ] *n* valaistus

lightning [ˈlaitniŋ] *n* salama

like [laik] *v* pitää jstk; *adj* kaltainen (jkn); *conj* kuten; *prep* niin kuin

likely [ˈlaikli] *adj* todennäköinen

like-minded [ˌlaikˈmaindid] *adj* samanmielinen

likewise [ˈlaikwaiz] *adv* samoin

lily [ˈlili] *n* lilja

limb [lim] *n* raaja

lime [laim] *n* kalkki; lehmus; limetti

limetree [ˈlaimtriː] *n* niinipuu

limit [ˈlimit] *n* raja; *v* rajoittaa

limp [limp] *v* ontua; *adj* veltto

line [lain] *n* rivi; viiva; naru; linja; **stand in** ~ *Am* jonottaa

linen [ˈlinin] *n* pellava; liinavaatteet *pl*

liner [ˈlainə] *n* vuorolaiva

lingerie [ˈlɔ̃ʒəriː] *n* naisten alusvaatteet

lining [ˈlainiŋ] *n* vuori

link [liŋk] *v* liittää yhteen; *n* rengas, lenkki; silmukka

lion [ˈlaiən] *n* leijona

lip [lip] n huuli
lipsalve ['lipsa:v] n huulivoide
lipstick ['lipstik] n huulipuna
liqueur [li'kjuə] n likööri
liquid ['likwid] adj nestemäinen; n neste
liquor ['likə] n viina
liquorice ['likəris] n lakritsi
list [list] n luettelo; v kirjata
listen ['lisən] v kuunnella, noudattaa neuvoa
listener ['lisnə] n kuuntelija
literary ['litrəri] adj kirjallinen
literature ['litrətʃə] n kirjallisuus
litre ['li:tə] n litra
litter ['litə] n roska
little ['litəl] adj pieni; vähän
live[1] [liv] v elää; asua
live[2] [laiv] adj elävä
livelihood ['laivlihud] n toimeentulo
lively ['laivli] adj eloisa
liver ['livə] n maksa
living-room ['liviŋru:m] n olohuone
load [loud] n kuorma; v lastata
loaf [louf] n (pl loaves) limppu, leipä
loan [loun] n laina
lobby ['lobi] n eteishalli; lämpiö
lobster ['lobstə] n hummeri
local ['loukəl] adj paikallinen, paikallis-; ~ call paikallispuhelu; ~ train paikallisjuna
locality [lou'kæləti] n paikkakunta
locate [lou'keit] v paikantaa
location [lou'keiʃən] n sijainti
lock [lok] v lukita; n lukko; sulku; ~ up lukita sisään
locomotive [,loukə'moutiv] n veturi
lodge [lodʒ] v majoittaa; n metsästysmaja
lodger ['lodʒə] n vuokralainen
lodgings ['lodʒiŋz] pl vuokrahuone
log [log] n halko
logic ['lodʒik] n logiikka
logical ['lodʒikəl] adj johdonmukai-

nen
lonely ['lounli] adj yksinäinen
long [loŋ] adj pitkä; ~ for ikävöidä; no longer ei enää
longing ['loŋiŋ] n kaipaus
longitude ['londʒitju:d] n pituusaste
look [luk] v katsoa; näyttää, näyttää jltk; n silmäys, katse; ulkonäkö; ~ after valvoa, huolehtia jstk, hoitaa; ~ at katsella, katsoa; ~ for etsiä; ~ out olla varuillaan; ~ up hakea (sanakirjasta)
looking-glass ['lukiŋgla:s] n peili
loop [lu:p] n silmukka
loose [lu:s] adj irtonainen
loosen ['lu:sən] v irrottaa
lord [lo:d] n lordi
lorry ['lori] n kuorma-auto
*lose [lu:z] v kadottaa, menettää
loss [los] n menetys, tappio
lost [lost] adj eksynyt; kadonnut; ~ and found löytötavarat pl; ~ property office löytötavaratoimisto
lot [lot] n kohtalo, arpa, osa; suuri määrä, joukko
lotion ['louʃən] n kasvovesi; after-shave ~ partavesi
lottery ['lotəri] n arpajaiset pl
loud [laud] adj äänekäs
loud-speaker [,laud'spi:kə] n kaiutin
lounge [laundʒ] n salonki
louse [laus] n (pl lice) täi
love [lʌv] v rakastaa; n rakkaus; in ~ rakastunut
lovely ['lʌvli] adj viehättävä, suloinen, ihana
lover ['lʌvə] n rakastaja
love-story ['lʌv,stɔ:ri] n rakkausjuttu
low [lou] adj matala; alakuloinen; ~ tide laskuvesi
lower ['louə] v alentaa; laskea; adj alempi, ala-
lowlands ['loulandz] pl alamaa

loyal [ˈlɔiəl] *adj* uskollinen
lubricate [ˈluːbrikeit] *v* voidella
lubrication [ˌluːbriˈkeiʃən] *n* voitelu; ~ oil voiteluöljy; ~ system voitelujärjestelmä
luck [lʌk] *n* menestys, onni; sattuma
lucky [ˈlʌki] *adj* onnekas; ~ charm amuletti
ludicrous [ˈluːdikrəs] *adj* hullunkurinen, naurettava
luggage [ˈlʌgidʒ] *n* matkatavarat *pl;* hand ~ käsimatkatavara; left ~ office matkatavarasäilö; ~ rack matkatavarahylly, matkatavaraverkko; ~ van tavaravaunu
lukewarm [ˈluːkwɔːm] *adj* haalea
lumbago [lʌmˈbeigou] *n* noidannuoli
luminous [ˈluːminəs] *adj* valoisa
lump [lʌmp] *n* pala, möhkäle; kuhmu; ~ of sugar sokeripala; ~ sum kokonaissumma
lumpy [ˈlʌmpi] *adj* kokkareinen
lunacy [ˈluːnəsi] *n* mielenvikaisuus
lunatic [ˈluːnətik] *adj* mielisairas; *n* mielenvikainen
lunch [lʌntʃ] *n* aamiainen, lounas
luncheon [ˈlʌntʃən] *n* lounas
lung [lʌŋ] *n* keuhko
lust [lʌst] *n* aistillisuus, himo
luxurious [lʌgˈʒuəriəs] *adj* ylellinen
luxury [ˈlʌkʃəri] *n* ylellisyys

M

machine [məˈʃiːn] *n* kone
machinery [məˈʃiːnəri] *n* koneisto
mackerel [ˈmækrəl] *n* (pl ~) makrilli
mackintosh [ˈmækintɔʃ] *n* sadetakki
mad [mæd] *adj* hullu, mieletön; raivostunut
madam [ˈmædəm] *n* rouva
madness [ˈmædnəs] *n* hulluus

magazine [ˌmægəˈziːn] *n* aikakauslehti
magic [ˈmædʒik] *n* taika, noituus; *adj* maaginen
magician [məˈdʒiʃən] *n* taikuri
magistrate [ˈmædʒistreit] *n* rauhantuomari
magnetic [mægˈnetik] *adj* magneettinen
magneto [mægˈniːtou] *n* (pl ~s) magneetti
magnificent [mægˈnifisənt] *adj* upea, suurenmoinen
magpie [ˈmægpai] *n* harakka
maid [meid] *n* kotiapulainen
maiden name [ˈmeidən neim] tyttönimi
mail [meil] *n* posti; *v* postittaa; ~ order *Am* postiosoitus
mailbox [ˈmeilbɔks] *nAm* postilaatikko
main [mein] *adj* pää-, pääasiallinen; suurin; ~ deck pääkansi; ~ line päärata; ~ road päätie; ~ street pääkatu
mainland [ˈmeinlənd] *n* mantere
mainly [ˈmeinli] *adv* pääasiallisesti
mains [meinz] *pl* pääjohto
maintain [meinˈtein] *v* ylläpitää
maintenance [ˈmeintənəns] *n* ylläpito
maize [meiz] *n* maissi
major [ˈmeidʒə] *adj* suuri; suurempi; *n* majuri
majority [məˈdʒɔrəti] *n* enemmistö
*make [meik] *v* tehdä; ansaita; ehtiä; ~ do with tulla toimeen; ~ good hyvittää; ~ up laatia
make-up [ˈmeikʌp] *n* ehostus
malaria [məˈleəriə] *n* malaria
Malay [məˈlei] *n* malesialainen
Malaysia [məˈleiziə] Malesia
Malaysian [məˈleiziən] *adj* malesialainen
male [meil] *adj* miespuolinen
malicious [məˈliʃəs] *adj* pahansuopa

malignant [mə'lignənt] adj pahanlaatuinen
mallet ['mælit] n nuija
malnutrition [ˌmælnju'triʃən] n aliravitsemus
mammal ['mæməl] n nisäkäs
mammoth ['mæməθ] n mammutti
man [mæn] n (pl men) mies; ihminen; men's room miestenhuone
manage ['mænidʒ] v onnistua; johtaa; selviytyä
manageable ['mænidʒəbəl] adj kätevä
management ['mænidʒmənt] n johto
manager ['mænidʒə] n johtaja
mandarin ['mændərin] n mandariini
mandate ['mændeit] n valtuus
manger ['meindʒə] n seimi
manicure ['mænikjuə] n käsienhoito; v hoitaa käsiä
mankind [mæn'kaind] n ihmiskunta
mannequin ['mænəkin] n mallinukke
manner ['mænə] n tapa; manners pl käytös
man-of-war [ˌmænəv'wɔː] n sotalaiva
manor-house ['mænəhaus] n herraskartano
mansion ['mænʃən] n kartano, herraskartano
manual ['mænjuəl] adj käsi-
manufacture [ˌmænju'fæktʃə] v valmistaa
manufacturer [ˌmænju'fæktʃərə] n valmistaja
manure [mə'njuə] n lanta
manuscript ['mænjuskript] n käsikirjoitus
many ['meni] adj monet
map [mæp] n kartta
maple ['meipəl] n vaahtera
marble ['maːbəl] n marmori; pelikuula
March [maːtʃ] maaliskuu
march [maːtʃ] v marssia; n marssi
mare [meə] n tamma

margarine [ˌmaːdʒə'riːn] n margariini
margin ['maːdʒin] n marginaali, reunus
maritime ['mæritaim] adj meri-
mark [maːk] v leimata; merkitä; olla jkn merkkinä; n merkki; arvosana; maalitaulu
market ['maːkit] n tori
market-place ['maːkitpleis] n tori
marmalade ['maːməleid] n marmeladi
marriage ['mæridʒ] n avioliitto
marrow ['mærou] n ydin
marry ['mæri] v mennä naimisiin, naida; married couple aviopari
marsh [maːʃ] n räme
marshy ['maːʃi] adj soinen
martyr ['maːtə] n marttyyri
marvel ['maːvəl] n ihme; v ihmetellä
marvellous ['maːvələs] adj ihmeellinen
mascara [mæ'skaːrə] n silmäripsiväri
masculine ['mæskjulin] adj miehekäs
mash [mæʃ] v muhentaa
mask [maːsk] n naamio
Mass [mæs] n messu
mass [mæs] n paljous; massa; ~ media pl tiedotusvälineet pl; ~ production massatuotanto
massage ['mæsaːʒ] n hieronta; v hieroa
masseur [mæ'səː] n hieroja
massive ['mæsiv] adj jykevä
mast [maːst] n masto
master ['maːstə] n mestari; isäntä; opettaja; v hallita
masterpiece ['maːstəpiːs] n mestariteos
mat [mæt] n ovimatto; adj himmeä, kiilloton
match [mætʃ] n tulitikku; ottelu; v sopia yhteen; vetää vertoja
match-box ['mætʃbɔks] n tulitikkulaatikko
material [mə'tiəriəl] n aine; kangas;

adj aineellinen
mathematical [ˌmæθəˈmætikəl] *adj* matemaattinen
mathematics [ˌmæθəˈmætiks] *n* matematiikka
matrimonial [ˌmætriˈmouniəl] *adj* aviollinen
matrimony [ˈmætriməni] *n* avioliitto
matter [ˈmætə] *n* aine, aihe; kysymys, asia; *v* olla tärkeää; **as a ~ of fact** itse asiassa, todellisuudessa
matter-of-fact [ˌmætərəvˈfækt] *adj* asiallinen
mattress [ˈmætrəs] *n* patja
mature [məˈtjuə] *adj* kypsä
maturity [məˈtjuərəti] *n* kypsyys
mausoleum [ˌmɔːsəˈliːəm] *n* hautakappeli
mauve [mouv] *adj* malvanvärinen
May [mei] toukokuu
*may [mei] *v* saattaa; saada
maybe [ˈmeibiː] *adv* kenties
mayor [meə] *n* pormestari
maze [meiz] *n* sokkelo
me [miː] *pron* minut; minulle
meadow [ˈmedou] *n* niitty
meal [miːl] *n* ateria
mean [miːn] *adj* halpamainen; *n* keskiverto
*mean [miːn] *v* merkitä; tarkoittaa; aikoa
meaning [ˈmiːniŋ] *n* merkitys
meaningless [ˈmiːniŋləs] *adj* merkityksetön
means [miːnz] *n* keino; **by no ~** ei suinkaan
in the meantime [in ðə ˈmiːntaim] sillä välin
meanwhile [ˈmiːnwail] *adv* sillä välin
measles [ˈmiːzəlz] *n* tuhkarokko
measure [ˈmeʒə] *v* mitata; *n* mitta; toimenpide
meat [miːt] *n* liha
mechanic [miˈkænik] *n* mekaanikko,

asentaja
mechanical [miˈkænikəl] *adj* mekaaninen
mechanism [ˈmekənizəm] *n* koneisto
medal [ˈmedəl] *n* mitali
mediaeval [ˌmediˈiːvəl] *adj* keskiaikainen
mediate [ˈmiːdieit] *v* välittää
mediator [ˈmiːdieitə] *n* välittäjä
medical [ˈmedikəl] *adj* lääketieteellinen, lääkärin-
medicine [ˈmedsin] *n* lääke; lääketiede
meditate [ˈmediteit] *v* mietiskellä
Mediterranean [ˌmeditəˈreiniən] Välimeri
medium [ˈmiːdiəm] *adj* keskimääräinen, keski-
*meet [miːt] *v* kohdata; tavata
meeting [ˈmiːtiŋ] *n* kokous; tapaaminen
meeting-place [ˈmiːtiŋpleis] *n* kohtaamispaikka
melancholy [ˈmeləŋkəli] *n* surumielisyys
mellow [ˈmelou] *adj* täyteläinen, kypsä
melodrama [ˈmeləˌdrɑːmə] *n* melodraama
melody [ˈmelədi] *n* sävel
melon [ˈmelən] *n* meloni
melt [melt] *v* sulaa
member [ˈmembə] *n* jäsen; **Member of Parliament** kansanedustaja
membership [ˈmembəʃip] *n* jäsenyys
memo [ˈmemou] *n* (pl ~s) muistio
memorable [ˈmemərəbəl] *adj* ikimuistettava
memorial [məˈmɔːriəl] *n* muistomerkki
memorize [ˈmeməraiz] *v* oppia ulkoa
memory [ˈmeməri] *n* muisti; muistikuva
mend [mend] *v* korjata

menstruation [ˌmenstruˈeiʃən] n kuu-
kautiset pl
mental [ˈmentəl] adj henkinen
mention [ˈmenʃən] v mainita; n mai-
ninta
menu [ˈmenju:] n ruokalista
merchandise [ˈmə:tʃəndaiz] n myynti-
tavarat pl, kauppatavara
merchant [ˈmə:tʃənt] n kauppias
merciful [ˈmə:sifəl] adj armelias
mercury [ˈmə:kjuri] n elohopea
mercy [ˈmə:si] n armo, armeliaisuus
mere [miə] adj pelkkä
merely [ˈmiəli] adv pelkästään
merger [ˈmə:dʒə] n yhtymä
merit [ˈmerit] v ansaita; n ansio
mermaid [ˈmə:meid] n merenneito
merry [ˈmeri] adj iloinen
merry-go-round [ˈmerigouˌraund] n
karuselli
mesh [meʃ] n verkonsilmä, verkko-
mess [mes] n sekasotku, siivotto-
muus; ~ up sotkea
message [ˈmesidʒ] n viesti, sanoma
messenger [ˈmesindʒə] n sanansaat-
taja
metal [ˈmetəl] n metalli; metallinen
meter [ˈmi:tə] n mittari
method [ˈmeθəd] n menetelmä, me-
nettelytapa
methodical [məˈθɔdikəl] adj järjestel-
mällinen
methylated spirits [ˈmeθəleitid ˈspirits]
talousprii
metre [ˈmi:tə] n metri
metric [ˈmetrik] adj metrinen
Mexican [ˈmeksikən] adj meksikolai-
nen
Mexico [ˈmeksikou] Meksiko
mezzanine [ˈmezəni:n] n välikerros
microphone [ˈmaikrəfoun] n mikrofo-
ni
midday [ˈmiddei] n keskipäivä
middle [ˈmidəl] n keskikohta; adj kes-

kimmäinen; Middle Ages keskiai-
ka; ~ class keskiluokka; middle-
class adj porvarillinen
midnight [ˈmidnait] n keskiyö
midst [midst] n keskusta
midsummer [ˈmidˌsʌmə] n keskikesä
midwife [ˈmidwaif] n (pl -wives) käti-
lö
might [mait] n valta
*might [mait] v saattaisi
mighty [ˈmaiti] adj mahtava
migraine [ˈmigrein] n migreeni
mild [maild] adj mieto; leuto
mildew [ˈmildju] n home
mile [mail] n maili
mileage [ˈmailidʒ] n mailimäärä
milepost [ˈmailpoust] n tienviitta
milestone [ˈmailstoun] n kilometripyl-
väs
milieu [ˈmi:ljə:] n elinympäristö
military [ˈmilitəri] adj sotilas; ~
force sotavoimat pl
milk [milk] n maito
milkman [ˈmilkmən] n (pl -men) mai-
tokauppias
milk-shake [ˈmilkʃeik] n pirtelö
milky [ˈmilki] adj maitomainen
mill [mil] n mylly; tehdas
miller [ˈmilə] n mylläri
milliner [ˈmilinə] n modisti
million [ˈmiljən] n miljoona
millionaire [ˌmiljəˈnɛə] n miljonääri
mince [mins] v hakata hienoksi
mind [maind] n mieli; v olla jtk
vastaan; huolehtia jstk; varoa
mine [main] n kaivos
miner [ˈmainə] n kaivosmies
mineral [ˈminərəl] n kivennäinen; ~
water kivennäisvesi
miniature [ˈminjətʃə] n pienoiskuva
minimum [ˈminiməm] n minimi
mining [ˈmainiŋ] n kaivostyö
minister [ˈministə] n ministeri; pappi;
Prime Minister pääministeri

ministry ['ministri] n ministeriö

mink [miŋk] n minkki

minor ['mainə] adj vähäinen, pieni; vähäpätöinen; n alaikäinen

minority [mai'nɔrəti] n vähemmistö

mint [mint] n minttu

minus ['mainəs] prep miinus

minute[1] ['minit] n minuutti; minutes pöytäkirja

minute[2] [mai'nju:t] adj pikkuruinen

miracle ['mirəkəl] n ihme

miraculous [mi'rækjuləs] adj ihmeellinen

mirror ['mirə] n peili

misbehave [ˌmisbi'heiv] v käyttäytyä huonosti

miscarriage [mis'kæridʒ] n keskenmeno

miscellaneous [ˌmisə'leiniəs] adj sekalainen

mischief ['mistʃif] n koirankuje, ilkikuri; vahinko; paha

mischievous ['mistʃivəs] adj vallaton

miserable ['mizərəbəl] adj kurja, onneton

misery ['mizəri] n kurjuus, surkeus; hätä

misfortune [mis'fɔ:tʃen] n epäonni, huono onni

*mislay [mis'lei] v hukata

misplaced [mis'pleist] adj sopimaton; harhaan osunut

mispronounce [ˌmisprə'nauns] v ääntää väärin

miss[1] [mis] neiti

miss[2] [mis] v kaivata

missing ['misiŋ] adj puuttuva; ~ person kadonnut henkilö

mist [mist] n sumu, usva

mistake [mis'teik] n väärinkäsitys, erehdys, virhe

*mistake [mis'teik] v erehtyä

mistaken [mis'teikən] adj erheellinen; *be ~ erehtyä

mister ['mistə] herra

mistress ['mistrəs] n emäntä; rakastajatar

mistrust [mis'trʌst] v epäillä

misty ['misti] adj usvainen

*misunderstand [ˌmisʌndə'stænd] v käsittää väärin

misunderstanding [ˌmisʌndə'stændiŋ] n väärinkäsitys

misuse[2] [mis'ju:s] n väärinkäyttö

mittens ['mitənz] pl lapaset pl

mix [miks] v sekoittaa; ~ with seurustella

mixed [mikst] adj kirjava, sekoitettu

mixer ['miksə] n vatkain

mixture ['mikstʃə] n seos

moan [moun] v vaikeroida

moat [mout] n vallihauta

mobile ['moubail] adj siirrettävä, liikkuva

mock [mɔk] v pilkata

mockery ['mɔkəri] n pilkka

model ['mɔdəl] n malli; mannekiini; v muovailla, muovata

moderate ['mɔdərət] adj maltillinen, kohtuullinen; keskinkertainen

modern ['mɔdən] adj nykyaikainen

modest ['mɔdist] adj vaatimaton

modesty ['mɔdisti] n vaatimattomuus

modify ['mɔdifai] v muuttaa

mohair ['mouheə] n mohair

moist [mɔist] adj kostea, märkä

moisten ['mɔisən] v kostuttaa

moisture ['mɔistʃə] n kosteus; moisturizing cream kosteusvoide

molar ['moulə] n poskihammas

moment ['moumənt] n hetki, tuokio

momentary ['mouməntəri] adj hetkellinen

monarch ['mɔnək] n hallitsija

monarchy ['mɔnəki] n monarkia

monastery ['mɔnəstri] n munkkiluostari

Monday ['mʌndi] maanantai

monetary ['mʌnitəri] adj raha-; ~ unit rahayksikkö

money ['mʌni] n raha; ~ exchange rahanvaihto; ~ order maksuosoitus

monk [mʌŋk] n munkki

monkey ['mʌŋki] n apina

monologue ['mɔnɔlɔg] n yksinpuhelu

monopoly [mə'nɔpəli] n yksinoikeus

monotonous [mə'nɔtənəs] adj yksitoikkoinen

month [mʌnθ] n kuukausi

monthly ['mʌnθli] adj kuukausittainen; ~ magazine kuukausijulkaisu

monument ['mɔnjumənt] n muistomerkki

mood [muːd] n tuuli, mieliala

moon [muːn] n kuu

moonlight ['muːnlait] n kuutamo

moor [muə] n nummi, kanervanummi

moose [muːs] n (pl ~, ~s) hirvi

moped ['mouped] n mopedi

moral ['mɔrəl] n opetus; adj moraalinen, siveellinen; morals moraali

morality [mə'ræləti] n siveysoppi

more [mɔː] adj useampi; once ~ kerran vielä

moreover [mɔː'rouvə] adv lisäksi, sitäpaitsi

morning ['mɔːniŋ] n aamu, aamupäivä; ~ paper aamulehti; this ~ tänä aamuna

Moroccan [mə'rɔkən] adj marokkolainen

Morocco [mə'rɔkou] Marokko

morphia ['mɔːfiə] n morfiini

morphine ['mɔːfiːn] n morfiini

morsel ['mɔːsəl] n palanen

mortal ['mɔːtəl] adj kuolettava; kuolevainen

mortgage ['mɔːgidʒ] n kiinnityslaina

mosaic [mə'zeiik] n mosaiikki

mosque [mɔsk] n moskeija

mosquito [mə'skiːtou] n (pl ~es) sääski; moskiitto

mosquito-net [mə'skiːtounet] n hyttysverkko

moss [mɔs] n sammal

most [moust] adj useimmat; at ~ enintään, korkeintaan; ~ of all kaikkein eniten

mostly ['moustli] adv enimmäkseen

motel [mou'tel] n motelli

moth [mɔθ] n koi

mother ['mʌðə] n äiti; ~ tongue äidinkieli

mother-in-law ['mʌðərinlɔː] n (pl mothers-) anoppi

mother-of-pearl [,mʌðərəv'pəːl] n helmiäinen

motion ['mouʃən] n liike; esitys

motive ['moutiv] n vaikutin

motor ['moutə] n moottori; ajaa autolla; body nAm autonkori; starter ~ käynnistysmoottori

motorbike ['moutəbaik] nAm mopedi

motor-boat ['moutəbout] n moottorivene

motor-car ['moutəkaː] n auto

motor-cycle ['moutə,saikəl] n moottoripyörä

motoring ['moutəriŋ] n autoilu

motorist ['moutərist] n autoilija

motorway ['moutəwei] n moottoritie

motto ['mɔtou] n (pl ~es, ~s) tunnuslause

mouldy ['mouldi] adj homeinen

mound [maund] n valli

mount [maunt] v kiivetä; n vuori

mountain ['mauntin] n vuori; ~ pass sola; ~ range vuorijono

mountaineering [,maunti'niəriŋ] n vuoristokiipeily

mountainous ['mauntinəs] adj vuorinen

mourning ['mɔːniŋ] n suruaika

mouse [maus] n (pl mice) hiiri

moustache [mə'stɑːʃ] n viikset pl

mouth [mauθ] n suu; kita

mouthwash ['mauθwɔʃ] n suuvesi

movable ['muːvəbəl] adj liikkuva

move [muːv] v siirtää; muuttaa; liikkua; liikuttaa; n siirto, liike

movement ['muːvmənt] n liike

movie ['muːvi] n elokuva; movies Am elokuvat pl; ~ theater Am elokuvat pl

much [mʌtʃ] adj paljon; adv paljon; as ~ yhtä paljon

muck [mʌk] n sonta; moska

mud [mʌd] n lieju

muddle ['mʌdəl] n sekamelska, sotku; v sekoittaa

muddy ['mʌdi] adj liejuinen

mud-guard ['mʌdgɑːd] n lokasuoja

muffler ['mʌflə] nAm äänenvaimennin

mug [mʌg] n muki

mulberry ['mʌlbəri] n silkkiäismarja

mule [mjuːl] n muuli

mullet ['mʌlit] n mullokala

multiplication [ˌmʌltipli'keiʃən] n kertolasku

multiply ['mʌltiplai] v kertoa

mumps [mʌmps] n sikotauti

municipal [mju'nisipəl] adj kunnallinen

municipality [mjuːˌnisi'pæləti] n kunta; kunnanhallitus

murder ['məːdə] n murha; v murhata

murderer ['məːdərə] n murhaaja

muscle ['mʌsəl] n lihas

muscular ['mʌskjulə] adj lihaksikas

museum [mjuː'ziːəm] n museo

mushroom ['mʌʃruːm] n sieni; herkkusieni

music ['mjuːzik] n musiikki; ~ academy musiikkikorkeakoulu

musical ['mjuːzikəl] adj musikaalinen; n musiikkinäytelmä

music-hall ['mjuːzikhɔːl] n revyyteatteri

musician [mjuː'ziʃən] n muusikko

muslin ['mʌzlin] n musliini

mussel ['mʌsəl] n simpukka

*must [mʌst] v täytyä

mustard ['mʌstəd] n sinappi

mute [mjuːt] adj mykkä

mutiny ['mjuːtini] n kapina

mutton ['mʌtən] n lampaanliha

mutual ['mjuːtʃuəl] adj keskinäinen, molemminpuolinen

my [mai] adj minun

myself [mai'self] pron itseni; itse

mysterious [mi'stiəriəs] adj arvoituksellinen, salaperäinen

mystery ['mistəri] n arvoitus, mysteerio

myth [miθ] n myytti

N

nail [neil] n kynsi; naula

nailbrush ['neilbrʌʃ] n kynsiharja

nail-file ['neilfail] n kynsiviila

nail-polish ['neilˌpoliʃ] n kynsilakka

nail-scissors ['neilˌsizəz] pl kynsisakset pl

naïve [nɑː'iːv] adj naiivi

naked ['neikid] adj alaston

name [neim] n nimi; v nimittää; in the ~ of nimissä postp

namely ['neimli] adv nimittäin

nap [næp] n nokkaunet pl

napkin ['næpkin] n lautasliina; terveysside; vaippa

nappy ['næpi] n kapalo

narcosis [nɑː'kousis] n (pl -ses) nukutus

narcotic [nɑː'kotik] n huume

narrow ['nærou] adj ahdas, kapea, suppea

narrow-minded [ˌnærouˈmaindid] adj ahdasmielinen

nasty [ˈnɑːsti] adj epämiellyttävä, inhottava; häijy

nation [ˈneiʃən] n kansakunta; kansa

national [ˈnæʃənəl] adj kansallinen; kansan-; valtiollinen; ~ anthem kansallislaulu; ~ dress kansallispuku; ~ park kansallispuisto

nationality [ˌnæʃəˈnæləti] n kansallisuus

nationalize [ˈnæʃənəlaiz] v kansallistaa

native [ˈneitiv] n alkuasukas; adj syntyperäinen; ~ country synnyinmaa, isänmaa; ~ language äidinkieli

natural [ˈnætʃərəl] adj luonnollinen; luontainen

naturally [ˈnætʃərəli] adv luonnollisesti, tietenkin

nature [ˈneitʃə] n luonto; luonteenlaatu

naughty [ˈnɔːti] adj tuhma

nausea [ˈnɔːsiə] n pahoinvointi

naval [ˈneivəl] adj laivasto-

navel [ˈneivəl] n napa

navigable [ˈnævigəbəl] adj purjehduskelpoinen

navigate [ˈnævigeit] v ohjata; purjehtia

navigation [ˌnæviˈgeiʃən] n merenkulku

navy [ˈneivi] n laivasto

near [niə] prep lähellä prep/postp; adj lähellä oleva, läheinen

nearby [ˈniəbai] adj lähellä oleva

nearly [ˈniəli] adv melkein, lähes

neat [niːt] adj soma, huoliteltu, siisti; laimentamaton

necessary [ˈnesəsəri] adj välttämätön

necessity [nəˈsesəti] n välttämättömyys

neck [nek] n niska; nape of the ~ niska

necklace [ˈnekləs] n kaulanauha

necktie [ˈnektai] n solmio

need [niːd] v tarvita, olla tarpeen; n tarve; ~ to pitää

needle [ˈniːdəl] n neula

needlework [ˈniːdəlwəːk] n käsityö

negative [ˈnegətiv] adj kielteinen, kieltävä; n negatiivi

neglect [niˈglekt] v laiminlyödä; n laiminlyönti

neglectful [niˈglektfəl] adj huolimaton

negligee [ˈneglizei] n kotiasu

negotiate [niˈgouʃieit] v neuvotella

negotiation [niˌgouʃiˈeiʃən] n neuvottelu

Negro [ˈniːgrou] n (pl ~es) neekeri

neighbour [ˈneibə] n lähimmäinen, naapuri

neighbourhood [ˈneibəhud] n lähiseutu

neighbouring [ˈneibəriŋ] adj naapurinen

neither [ˈnaiðə] pron ei kumpikaan; neither ... nor ei ... eikä

neon [ˈniːɔn] n mainosvalo

nephew [ˈnefjuː] n veljenpoika, sisarenpoika

nerve [nəːv] n hermo; röyhkeys

nervous [ˈnəːvəs] adj hermostunut

nest [nest] n pesä

net [net] n verkko; adj netto

the Netherlands [ˈneðələndz] Alankomaat pl

network [ˈnetwəːk] n verkosto; verkoryhmä

neuralgia [njuəˈrældʒə] n hermosärky

neurosis [njuəˈrousis] n neuroosi

neuter [ˈnjuːtə] adj neutrisukuinen

neutral [ˈnjuːtrəl] adj puolueeton

never [ˈnevə] adv ei koskaan

nevertheless [ˌnevəðəˈles] adv siitä huolimatta

new [njuː] adj uusi; New Year uusi

vuosi

news [nju:z] *n* uutislähetys, uutinen; uutiset *pl*

newsagent ['nju:ˌzeidʒənt] *n* lehden-myyjä

newspaper ['nju:zˌpeipə] *n* sanoma-lehti

newsreel ['nju:zri:l] *n* uutisfilmi

newsstand ['nju:zstænd] *n* sanoma-lehtikoju

New Zealand [nju: 'zi:lənd] Uusi Seelanti

next [nekst] *adj* ensi, seuraava; ~ to vieressä *postp*

next-door [ˌnekst'dɔ:] *adv* naapurissa

nice [nais] *adj* miellyttävä, herttainen, hauskannäköinen; hyvä; mukava

nickel ['nikəl] *n* nikkeli

nickname ['nikneim] *n* lisänimi

nicotine ['nikəti:n] *n* nikotiini

niece [ni:s] *n* sisarentytär, veljenty-tär

Nigeria [nai'dʒiəriə] Nigeria

Nigerian [nai'dʒiəriən] *adj* nigerialai-nen

night [nait] *n* yö; ilta; by ~ yöllä; ~ flight yölento; ~ rate yötaksa; ~ train yöjuna

nightclub ['naitklʌb] *n* yökerho

night-cream ['naitkri:m] *n* yövoide

nightdress ['naitdres] *n* yöpaita

nightingale ['naitiŋgeil] *n* satakieli

nightly ['naitli] *adj* öinen

nine [nain] *num* yhdeksän

nineteen [ˌnain'ti:n] *num* yhdeksän-toista

nineteenth [ˌnain'ti:nθ] *num* yhdeksästoista

ninety ['nainti] *num* yhdeksänkym-mentä

ninth [nainθ] *num* yhdeksäs

nitrogen ['naitrədʒən] *n* typpi

no [nou] ei; *adj* ei mikään; ~ one ei

kukaan

nobility [nou'biləti] *n* aatelisto

noble ['noubəl] *adj* aatelinen; jalo

nobody ['noubɔdi] *pron* ei kukaan

nod [nɔd] *n* nyökkäys; *v* nyökätä

noise [nɔiz] *n* meteli, hälinä; ääni, melu

noisy ['nɔizi] *adj* meluisa

nominal ['nɔminəl] *adj* nimellinen

nominate ['nɔmineit] *v* nimetä, nimit-tää

nomination [ˌnɔmi'neiʃən] *n* nimeämi-nen; nimitys

none [nʌn] *pron* ei kukaan

nonsense ['nɔnsəns] *n* hölynpöly

noon [nu:n] *n* keskipäivä

normal ['nɔ:məl] *adj* normaali, tavan-mukainen

north [nɔ:θ] *n* pohjoinen; *adj* pohjoi-nen; **North Pole** pohjoisnapa

north-east [ˌnɔ:θ'i:st] *n* koillinen

northerly ['nɔ:ðəli] *adj* pohjoinen

northern ['nɔ:ðən] *adj* pohjois-

north-west [ˌnɔ:θ'west] *n* luode

Norway ['nɔ:wei] Norja

Norwegian [nɔ:'wi:dʒən] *adj* norjalai-nen

nose [nouz] *n* nenä

nosebleed ['nouzbli:d] *n* verenvuoto nenästä

nostril ['nɔstril] *n* sierain

not [nɔt] *adv* ei

notary ['noutəri] *n* notaari

note [nout] *n* muistiinpano; huomautus; sävel; *v* merkitä muistiin; huomata, todeta

notebook ['noutbuk] *n* muistikirja

noted ['noutid] *adj* tunnettu

notepaper ['noutˌpeipə] *n* kirjepaperi, kirjoituspaperi

nothing ['nʌθiŋ] *n* ei mitään

notice ['noutis] *v* kiinnittää huomio-ta, huomata, panna merkille; havaita; *n* tiedonanto, kuulutus; huo-

mio
noticeable ['noutisəbəl] adj havaitta-
va; huomattava
notify ['noutifai] v tiedottaa; ilmoit-
taa
notion ['nouʃən] n käsitys, käsite
notorious [nou'tɔ:riəs] adj pahamai-
neinen
nougat ['nu:gɑ:] n pähkinämakeinen
nought [nɔ:t] n ei mikään; nolla
noun [naun] n substantiivi, nimisana
nourishing ['nʌriʃiŋ] adj ravitseva
novel ['nɔvəl] n romaani
novelist ['nɔvəlist] n romaanikirjailija
November [nou'vembə] marraskuu
now [nau] adv nyt; nykyään; ~ and
then silloin tällöin
nowadays ['nauədeiz] adv nykyään
nowhere ['nouwεə] adv ei missään
nozzle ['nɔzəl] n suukappale
nuance [nju:'ɑ̃:s] n sävy
nuclear ['nju:kliə] adj ydin-; ~ en-
ergy ydinvoima
nucleus ['nju:kliəs] n ydin
nude [nju:d] adj alaston; n alaston-
kuva
nuisance ['nju:səns] n vaiva
numb [nʌm] adj turta; kohmettunut
number ['nʌmbə] n numero; luku, lu-
kumäärä
numeral ['nju:mərəl] n lukusana
numerous ['nju:mərəs] adj lukuisa
nun [nʌn] n nunna
nunnery ['nʌnəri] n nunnaluostari
nurse [nə:s] n sairaanhoitaja; lasten-
hoitaja; v hoitaa; imettää
nursery ['nə:səri] n lastenhuone; las-
tentarha; taimisto
nut [nʌt] n pähkinä; mutteri
nutcrackers ['nʌt,krækəz] pl pähki-
nänsärkijä
nutmeg ['nʌtmeg] n muskottipähkinä
nutritious [nju:'triʃəs] adj ravitseva
nutshell ['nʌtʃel] n pähkinänkuori

nylon ['nailən] n nailon

O

oak [ouk] n tammi
oar [ɔ:] n airo
oasis [ou'eisis] n (pl oases) keidas
oath [ouθ] n vala
oats [outs] pl kaura
obedience [ə'bi:diəns] n tottelevai-
suus
obedient [ə'bi:diənt] adj tottelevainen
obey [ə'bei] v totella
object[1] ['ɔbdʒikt] n esine; kohde
object[2] [əb'dʒekt] v vastustaa; ~ to
väittää vastaan
objection [əb'dʒekʃən] n vastalause,
vastaväite
objective [əb'dʒektiv] adj objektiivi-
nen; n tavoite
obligatory [ə'bligətəri] adj pakollinen
oblige [ə'blaidʒ] v velvoittaa; *be ob-
liged to olla pakko; täytyä
obliging [ə'blaidʒiŋ] adj avulias
oblong ['ɔblɔŋ] adj pitkulainen; n
suorakaide
obscene [əb'si:n] adj ruokoton
obscure [əb'skjuə] adj synkkä; hämä-
rä, pimeä, hämäräperäinen
observation [,ɔbzə'veiʃən] n havainto;
huomautus
observatory [əb'zɔ:vətri] n tähtitorni
observe [əb'zɔ:v] v huomata; huo-
mauttaa, havainnoida
obsession [əb'seʃən] n pakkomielle
obstacle ['ɔbstəkəl] n este
obstinate ['ɔbstinət] adj itsepäinen;
uppiniskainen
obtain [əb'tein] v hankkia, saavuttaa
obtainable [əb'teinəbəl] adj saatavissa
oleva
obvious ['ɔbviəs] adj ilmeinen

occasion [ə'keiʒən] *n* tilaisuus, tilanne; aihe

occasionally [ə'keiʒənəli] *adv* aika ajoin, silloin tällöin

occupant ['ɔkjupənt] *n* haltija

occupation [,ɔkju'peiʃən] *n* toimi, ammatti; miehitys

occupy ['ɔkjupai] *v* pitää hallussaan; miehittää; vallata; **occupied** *adj* varattu

occur [ə'kə:] *v* tapahtua, esiintyä, sattua

occurrence [ə'kʌrəns] *n* tapahtuma

ocean ['ouʃən] *n* valtameri

October [ɔk'toubə] lokakuu

octopus ['ɔktəpəs] *n* mustekala

oculist ['ɔkjulist] *n* silmälääkäri

odd [ɔd] *adj* outo, kummallinen; pariton

odour ['oudə] *n* haju

of [ɔv, əv] *prep* -sta

off [ɔf] *adv* pois; *prep* -sta

offence [ə'fens] *n* rikkomus; loukkaus

offend [ə'fend] *v* pahastuttaa; rikkoa jtkn vastaan

offensive [ə'fensiv] *adj* vastenmielinen; loukkaava; *n* hyökkäys

offer ['ɔfə] *v* tarjota; tarjoutua; *n* tarjous

office ['ɔfis] *n* toimisto, virasto; virka; ~ **hours** toimistoaika

officer ['ɔfisə] *n* upseeri; virkailija

official [ə'fiʃəl] *adj* virallinen

off-licence ['ɔf,laisəns] *n* alkoholiliike

often ['ɔfən] *adv* usein

oil [ɔil] *n* öljy; **fuel** ~ polttoöljy; ~ **filter** öljynsuodatin

oil-painting [,ɔil'peintiŋ] *n* öljymaalaus

oil-refinery ['ɔilri,fainəri] *n* öljynpuhdistamo

oil-well ['ɔilwel] *n* öljylähde

oily ['ɔili] *adj* öljyinen

ointment ['ɔintmənt] *n* voide

okay! [,ou'kei] sovittu!

old [ould] *adj* vanha; ~ **age** vanhuus

old-fashioned [,ould'fæʃənd] *adj* vanhanaikainen

olive ['ɔliv] *n* oliivi; ~ **oil** oliiviöljy

omelette ['ɔmlət] *n* munakas

ominous ['ɔminəs] *adj* pahaenteinen

omit [ə'mit] *v* jättää pois

omnipotent [ɔm'nipətənt] *adj* kaikkivaltias

on [ɔn] *prep* -lla, -lle *suf;* varrella *postp*

once [wʌns] *adv* kerran; **at** ~ heti, samalla; ~ **more** kerran vielä

oncoming ['ɔn,kʌmiŋ] *adj* lähestyvä, vastaan tuleva

one [wʌn] *num* yksi; *pron* joku

oneself [wʌn'self] *pron* itse

onion ['ʌnjən] *n* sipuli

only ['ounli] *adj* ainoa; *adv* ainoastaan, vain; *conj* mutta

onwards ['ɔnwədz] *adv* eteenpäin

onyx ['ɔniks] *n* onyksi

opal ['oupəl] *n* opaali

open ['oupən] *v* avata; *adj* avoin; avomielinen

opening ['oupəniŋ] *n* aukko

opera ['ɔpərə] *n* ooppera; ~ **house** oopperatalo

operate ['ɔpəreit] *v* toimia; käyttää; suorittaa leikkaus

operation [,ɔpə'reiʃən] *n* toiminta; leikkaus

operator ['ɔpəreitə] *n* puhelunvälittäjä

operetta [,ɔpə'retə] *n* operetti

opinion [ə'pinjən] *n* mielipide

opponent [ə'pounənt] *n* vastustaja

opportunity [,ɔpə'tju:nəti] *n* tilaisuus

oppose [ə'pouz] *v* vastustaa

opposite ['ɔpəzit] *prep* vastapäätä *postp; adj* vastapäinen, päinvastainen opposition [ˌɔpəˈziʃən] n oppositio

oppress [əˈpres] v sortaa, ahdistaa

optician [ɔpˈtiʃən] n optikko

optimism [ˈɔptimizəm] n optimismi

optimist [ˈɔptimist] n optimisti

optimistic [ˌɔptiˈmistik] adj optimistinen

optional [ˈɔpʃənəl] adj valinnainen

or [ɔ:] conj tai

oral [ˈɔ:rəl] adj suullinen

orange [ˈɔrindʒ] n appelsiini; adj oranssinvärinen

orchard [ˈɔ:tʃəd] n hedelmätarha

orchestra [ˈɔ:kistrə] n orkesteri; ~ seat Am permantopaikka

order [ˈɔ:də] v käskeä; tilata; n järjestys, kunto; käsky, määräys; tilaus; in ~ kunnossa; in ~ to jotta; made to ~ tilauksesta valmistettu; out of ~ epäkuntoinen; postal ~ postiosoitus

order-form [ˈɔ:dəfɔ:m] n tilauslomake

ordinary [ˈɔ:dənri] adj tavallinen, arkipäiväinen

ore [ɔ:] n malmi

organ [ˈɔ:gən] n elin; urut pl

organic [ɔ:ˈgænik] adj elimellinen

organization [ˌɔ:gənaiˈzeiʃən] n järjestö

organize [ˈɔ:gənaiz] v organisoida

Orient [ˈɔ:riənt] n itämaat pl

oriental [ˌɔ:riˈentəl] adj itämainen

orientate [ˈɔ:riənteit] v suunnistautua; perehtyä tilanteeseen

origin [ˈɔridʒin] n alkulähde, alkuperä; syntyperä

original [əˈridʒinəl] adj omintakeinen; alkuperäinen

originally [əˈridʒinəli] adv alunperin

ornament [ˈɔ:nəmənt] n koristekuvio

ornamental [ˌɔ:nəˈmentəl] adj koristeellinen

orphan [ˈɔ:fən] n orpo

orthodox [ˈɔ:θədɔks] adj oikeaoppi-

nen; ortodoksi

ostrich [ˈɔstritʃ] n strutsi

other [ˈʌðə] adj toinen

otherwise [ˈʌðəwaiz] conj muutoin; adv toisin

*ought to [ɔ:t] pitäisi

our [auə] adj meidän

ourselves [auəˈselvz] pron itsemme; itse

out [aut] adv ulkona, ulos; ~ of poissa, ulos jstk

outbreak [ˈautbreik] n syttyminen

outcome [ˈautkʌm] n tulos

*outdo [ˌautˈdu:] v ylittää

outdoors [ˌautˈdɔ:z] adv ulkona

outer [ˈautə] adj ulompi

outfit [ˈautfit] n varusteet pl

outline [ˈautlain] n ääriviiva; v hahmotella

outlook [ˈautluk] n näkymä; katsantokanta

output [ˈautput] n tuotanto

outrage [ˈautreidʒ] n ilkityö; törkeä loukkaus

outside [ˌautˈsaid] adv ulkona; prep ulkopuolella postp; n ulkopuoli

outsize [ˈautsaiz] n erikoissuuri koko

outskirts [ˈautskɔ:ts] pl laitaosa

outstanding [ˌautˈstændiŋ] adj huomattava

outward [ˈautwəd] adj ulkoinen

outwards [ˈautwədz] adv ulospäin

oval [ˈouvəl] adj soikea

oven [ˈʌvən] n uuni

over [ˈouvə] prep yläpuolella postp, päällä postp; yli prep/postp; adv yli prep/postp; kumoon; adj ohi; ~ there tuolla

overall [ˈouvərɔ:l] adj kokonais-

overalls [ˈouvərɔ:lz] pl suojapuku

overcast [ˈouvəkɑ:st] adj pilvinen

overcoat [ˈouvəkout] n päällystakki

*overcome [ˌouvəˈkʌm] v voittaa

overdue [ˌouvəˈdju:] adj myöhästynyt; erääntynyt

overgrown [ˌouvəˈgroun] *adj* umpeenkasvanut

overhaul [ˌouvəˈhɔːl] *v* tarkastaa

overhead [ˌouvəˈhed] *adv* yläpuolella

overlook [ˌouvəˈluk] *v* jättää huomioonottamatta

overnight [ˌouvəˈnait] *adv* yli yön

overseas [ˌouvəˈsiːz] *adj* merentakainen

oversight [ˈouvəsait] *n* erehdys, epähuomio

***oversleep** [ˌouvəˈsliːp] *v* nukkua liikaa

overstrung [ˌouvəˈstrʌŋ] *adj* ylirasittunut

***overtake** [ˌouvəˈteik] *v* ohittaa; **no overtaking** ohitus kielletty

over-tired [ˌouvəˈtaiəd] *adj* liikarasittunut

overture [ˈouvətʃə] *n* alkusoitto

overweight [ˈouvəweit] *n* ylipaino

overwhelm [ˌouvəˈwelm] *v* vallata kokonaan, tehdä valtava vaikutus

overwork [ˌouvəˈwəːk] *v* ylirasittua

owe [ou] *v* olla velkaa; olla kiitollisuuden velassa; **owing to** johdosta *postp*, vuoksi *postp*

owl [aul] *n* pöllö

own [oun] *v* omistaa; *adj* oma

owner [ˈounə] *n* omistaja, haltija

ox [ɔks] *n* (pl oxen) härkä

oxygen [ˈɔksidʒən] *n* happi

oyster [ˈɔistə] *n* osteri

P

pace [peis] *n* käynti; askel, kävelytapa; tahti

Pacific Ocean [pəˈsifik ˈouʃən] Tyynimeri

pacifism [ˈpæsifizəm] *n* rauhanaate

pacifist [ˈpæsifist] *n* pasifisti; pasifistinen

pack [pæk] *v* pakata; ~ **up** pakata

package [ˈpækidʒ] *n* paketti

packet [ˈpækit] *n* pikkupaketti

packing [ˈpækiŋ] *n* pakkaus

pad [pæd] *n* tyyny; muistilehtiö

paddle [ˈpædəl] *n* mela

padlock [ˈpædlɔk] *n* riippulukko

pagan [ˈpeigən] *adj* pakanallinen; *n* pakana

page [peidʒ] *n* sivu

page-boy [ˈpeidʒbɔi] *n* hotellipoika

pail [peil] *n* sanko

pain [pein] *n* tuska; **pains** vaivannäkö

painful [ˈpeinfəl] *adj* tuskallinen

painless [ˈpeinləs] *adj* tuskaton

paint [peint] *n* maali; *v* maalata

paint-box [ˈpeintbɔks] *n* maalilaatikko

paint-brush [ˈpeintbrʌʃ] *n* sivellin

painter [ˈpeintə] *n* maalari

painting [ˈpeintiŋ] *n* maalaus

pair [peə] *n* pari

Pakistan [ˌpɑːkiˈstɑːn] Pakistan

Pakistani [ˌpɑːkiˈstɑːni] *adj* pakistanilainen

palace [ˈpæləs] *n* palatsi

pale [peil] *adj* kalpea; vaalea

palm [pɑːm] *n* palmu; kämmen

palpable [ˈpælpəbəl] *adj* kouriintuntuva

palpitation [ˌpælpiˈteiʃən] *n* sydämentykytys

pan [pæn] *n* pannu

pane [pein] *n* ruutu

panel [ˈpænəl] *n* paneeli

panelling [ˈpænəliŋ] *n* laudoitus

panic [ˈpænik] *n* pakokauhu

pant [pænt] *v* huohottaa

panties [ˈpæntiz] *pl* alushousut *pl*

pants [pænts] *pl* alushousut *pl; plAm* housut *pl*

pant-suit [ˈpæntsuːt] *n* housupuku

panty-hose ['pæntihouz] *n* sukkahousut *pl*

paper ['peipə] *n* paperi; sanomalehti; paperinen; **carbon** ~ hiilipaperi; ~ **bag** paperipussi; ~ **napkin** paperilautasliina; **typing** ~ konekirjoituspaperi; **wrapping** ~ käärepaperi

paperback ['peipəbæk] *n* taskukirja

paper-knife ['peipənaif] *n* paperiveitsi

parade [pə'reid] *n* paraati

paraffin ['pærəfin] *n* parafiini

paragraph ['pærəgra:f] *n* pykälä; kappale

parakeet ['pærəki:t] *n* papukaija

parallel ['pærəlel] *adj* rinnakkainen, yhdensuuntainen; *n* vertailukohta

paralyse ['pærəlaiz] *v* halvaannuttaa

parcel ['pa:səl] *n* paketti

pardon ['pa:dən] *n* anteeksianto; armahdus

parents ['peərənts] *pl* vanhemmat *pl*

parents-in-law ['peərəntsinlɔ:] *pl* appivanhemmat *pl*

parish ['pæriʃ] *n* seurakunta

park [pa:k] *n* puisto; *v* pysäköidä

parking ['pa:kiŋ] *n* pysäköinti; **no** ~ pysäköinti kielletty; ~ **fee** pysäköintimaksu; ~ **light** seisontavalo; ~ **lot** *Am* pysäköimisalue; ~ **meter** pysäköintimittari; ~ **zone** pysäköimisalue

parliament ['pa:ləmənt] *n* parlamentti

parliamentary [,pa:lə'mentəri] *adj* parlamentaarinen

parrot ['pærət] *n* papukaija

parsley ['pa:sli] *n* persilja

parson ['pa:sən] *n* pastori

parsonage ['pa:sənidʒ] *n* pappila

part [pa:t] *n* osa; osuus; *v* erottaa; **spare** ~ varaosa

partial ['pa:ʃəl] *adj* osittainen; puolueellinen

participant [pa:'tisipənt] *n* osanottaja

participate [pa:'tisipeit] *v* osallistua

particular [pə'tikjulə] *adj* erityinen, erikoinen; nirso; **in** ~ etenkin

parting ['pa:tiŋ] *n* jäähyväiset *pl*; jakaus

partition [pa:'tiʃən] *n* väliseinä

partly ['pa:tli] *adv* osaksi, osittain

partner ['pa:tnə] *n* kumppani; osakas

partridge ['pa:tridʒ] *n* peltopyy

party ['pa:ti] *n* puolue; kutsut *pl*; seurue

pass [pa:s] *v* kulua, sivuuttaa, ohittaa; ojentaa; tulla hyväksytyksi; ~ **away** loppua; ~ **by** kulkea, mennä, mennä ohitse; ~ **out** pyörtyä, menettää tajuntansa; "sammua"; ~ **through** kulkea läpi

passage ['pæsidʒ] *n* väylä; merimatka; kappale; kauttakulku

passenger ['pæsəndʒə] *n* matkustaja; ~ **car** *Am* matkustajavaunu; ~ **train** henkilöjuna

passer-by [,pa:sə'bai] *n* ohikulkija

passion ['pæʃən] *n* intohimo; vimma

passionate ['pæʃənət] *adj* intohimoinen

passive ['pæsiv] *adj* passiivinen

passport ['pa:spɔ:t] *n* passi; ~ **control** passitarkastus; ~ **photograph** passikuva

password ['pa:swɔ:d] *n* tunnussana

past [pa:st] *n* menneisyys; *adj* viime, mennyt; *prep* ohi *postp*

paste [peist] *n* tahna; *v* liisteröidä

pastry ['peistri] *n* leivonnaiset *pl*; ~ **shop** sokerileipomo

pasture ['pa:stʃə] *n* laidun

patch [pætʃ] *v* paikata

patent ['peitənt] *n* patentti

path [pa:θ] *n* polku

patience ['peiʃəns] *n* kärsivällisyys

patient ['peiʃənt] *adj* kärsivällinen; *n* potilas

patriot ['peitriət] *n* isänmaanystävä

patrol [pə'troul] *n* partio; *v* partioida; olla vartiossa

pattern ['pætən] *n* malli; kaava; kuvio

pause [pɔːz] *n* tauko; *v* pitää tauko

pave [peiv] *v* päällystää, kivetä

pavement ['peivmənt] *n* jalkakäytävä; katukiveys

pavilion [pə'viljən] *n* paviljonki

paw [pɔː] *n* käpälä

pawn [pɔːn] *v* pantata; *n* šakkinappula

pawnbroker ['pɔːnˌbroukə] *n* panttilainaaja

pay [pei] *n* tili, palkka

*pay [pei] *v* maksaa; kannattaa; ~ **attention to** kiinnittää huomiota; **paying** kannattava; ~ **off** maksaa loppuun; ~ **on account** maksaa vähittäismaksulla

pay-desk ['peidesk] *n* kassa

payee [pei'iː] *n* maksunsaaja

payment ['peimənt] *n* maksu

pea [piː] *n* herne

peace [piːs] *n* rauha

peaceful ['piːsfəl] *adj* rauhallinen

peach [piːtʃ] *n* persikka

peacock ['piːkɔk] *n* riikinkukko

peak [piːk] *n* huippu; ~ **hour** ruuhka-aika; ~ **season** huippukausi

peanut ['piːnʌt] *n* maapähkinä

pear [peə] *n* päärynä

pearl [pɜːl] *n* helmi

peasant ['pezənt] *n* talonpoika

pebble ['pebəl] *n* pikkukivi

peculiar [pi'kjuːljə] *adj* omituinen; erikoinen, omalaatuinen

peculiarity [piˌkjuːli'ærəti] *n* omalaatuisuus

pedal ['pedəl] *n* poljin

pedestrian [pi'destriən] *n* jalankulkija; **no pedestrians** jalankulku kielletty; ~ **crossing** suojatie

pedicure ['pedikjuə] *n* jalkojenhoito

peel [piːl] *v* kuoria; *n* kuori

peep [piːp] *v* kurkistaa

peg [peg] *n* tappi, pultti, vaarna

pelican ['pelikən] *n* pelikaani

pelvis ['pelvis] *n* lantio

pen [pen] *n* kynä

penalty ['penəlti] *n* sakko; rangaistus; ~ **kick** rangaistuspotku

pencil ['pensəl] *n* lyijykynä

pencil-sharpener ['pensəlˌʃɑːpnə] *n* teroitin

pendant ['pendənt] *n* riipus

penetrate ['penitreit] *v* tunkeutua läpi

penguin ['peŋgwin] *n* pingviini

penicillin [ˌpeni'silin] *n* penisilliini

peninsula [pə'ninsjulə] *n* niemimaa

penknife ['pennaif] *n* (pl -knives) taskuveitsi

pension[1] ['pɑːsiɔ̃] *n* täysihoitola

pension[2] ['penʃən] *n* eläke

people ['piːpəl] *pl* ihmiset *pl*; *n* kansa

pepper ['pepə] *n* pippuri

peppermint ['pepəmint] *n* piparminttu

perceive [pə'siːv] *v* tajuta, havaita

percent [pə'sent] *n* prosentti

percentage [pə'sentidʒ] *n* prosenttimäärä

perceptible [pə'septibəl] *adj* havaittava

perception [pə'sepʃən] *n* havaitseminen; aavistus

perch [pɜːtʃ] (pl ~) ahven

percolator ['pɜːkəleitə] *n* aromikeitin

perfect ['pɜːfikt] *adj* täydellinen

perfection [pə'fekʃən] *n* täydellisyys

perform [pə'fɔːm] *v* suorittaa

performance [pə'fɔːməns] *n* esitys

perfume ['pɜːfjuːm] *n* hajuvesi

perhaps [pə'hæps] *adv* ehkä, kenties

peril ['peril] *n* vaara

perilous ['periləs] *adj* vaarallinen

period ['piəriəd] *n* ajanjakso, kausi;

piste
periodical [,piəri'ɔdikəl] *n* aikakaus-
lehti; *adj* ajoittainen
perish ['perif] *v* menehtyä
perishable ['perifəbəl] *adj* pilaantuva
perjury ['pə:dʒəri] *n* väärä vala
permanent ['pə:mənənt] *adj* vakitui-
nen, pysyvä; ~ **wave** permanentti
permission [pə'mifən] *n* lupa
permit¹ [pə'mit] *v* suoda, sallia
permit² ['pə:mit] *n* lupa
peroxide [pə'rɔksaid] *n* superoksidi
perpendicular [,pə:pən'dikjulə] *adj*
kohtisuora
Persia ['pə:ʃə] Persia
Persian ['pə:ʃən] *adj* persialainen
person ['pə:sən] *n* henkilö; **per** ~
henkeä kohti
personal ['pə:sənəl] *adj* henkilökoh-
tainen
personality [,pə:sə'næləti] *n* persoo-
nallisuus
personnel [,pə:sə'nel] *n* henkilökunta
perspective [pə'spektiv] *n* perspektiivi
perspiration [,pə:spə'reifən] *n* hiki, hi-
koilu
perspire [pə'spaiə] *v* hikoilla
persuade [pə'sweid] *v* suostutella; va-
kuuttaa
persuasion [pə'sweiʒən] *n* vakaumus;
suostuttelu
pessimism ['pesimizəm] *n* pessimismi
pessimist ['pesimist] *n* pessimisti
pessimistic [,pesi'mistik] *adj* pessimis-
tinen
pet [pet] *n* lemmikkieläin; lemmikki;
suosikki-
petal ['petəl] *n* terälehti
petition [pi'tifən] *n* anomus
petrol ['petrəl] *n* bensiini; ~ **pump**
bensiinipumppu; ~ **station** bensii-
niasema; ~ **tank** bensiinisäiliö
petroleum [pi'trouliəm] *n* maaöljy,
raakaöljy

petty ['peti] *adj* vähäpätöinen, pieni;
~ **cash** pikkuraha
pewit ['pi:wit] *n* töyhtöhyyppä
pewter ['pju:tə] *n* tina
phantom ['fæntəm] *n* aave
pharmacology [,fɑ:mə'kɔlədʒi] *n* lää-
keaineoppi
pharmacy ['fɑ:məsi] *n* apteekki
phase [feiz] *n* vaihe
pheasant ['fezənt] *n* fasaani
Philippine ['filipain] *adj* filippiiniläi-
nen
Philippines ['filipi:nz] *pl* Filippiinit *pl*
philosopher [fi'lɔsəfə] *n* mietiskelijä,
filosofi
philosophy [fi'lɔsəfi] *n* elämänviisaus,
filosofia
phone [foun] *n* puhelin; *v* soittaa pu-
helimella
phonetic [fə'netik] *adj* foneettinen
photo ['foutou] *n* (pl ~s) valokuva
photograph ['foutəgrɑ:f] *n* valokuva;
v valokuvata
photographer [fə'tɔgrəfə] *n* valoku-
vaaja
photography [fə'tɔgrəfi] *n* valokuvaus
photostat ['foutəstæt] *n* valokopio
phrase [freiz] *n* sanonta
phrase-book ['freizbuk] *n* tulkkisana-
kirja
physical ['fizikəl] *adj* fyysinen
physician [fi'zifən] *n* lääkäri
physicist ['fizisist] *n* fyysikko
physics ['fiziks] *n* fysiikka
physiology [,fizi'ɔlədʒi] *n* elintoimin-
taoppi, fysiologia
pianist ['pi:ənist] *n* pianisti
piano [pi'ænou] *n* piano; **grand** ~
flyygeli
pick [pik] *v* poimia; valikoida; *n* va-
linta; ~ **up** noutaa; **pick-up van**
pakettiauto
pick-axe ['pikæks] *n* hakku
pickles ['pikəlz] *pl* pikkelssi

picnic ['piknik] n huviretki; v tehdä huviretki

picture ['piktʃə] n maalaus; taulu, piirros; kuva; ~ postcard kuvapostikortti, maisemakortti; pictures elokuvat pl

picturesque [ˌpiktʃə'resk] adj maalauksellinen

piece [pi:s] n pala, kappale

pier [piə] n laituri

pierce [piəs] v lävistää

pig [pig] n porsas

pigeon ['pidʒən] n kyyhkynen

pig-headed [ˌpig'hedid] adj härkäpäinen

piglet ['piglət] n possu

pigskin ['pigskin] n siannahka

pike [paik] (pl ~) hauki

pile [pail] n pino; v pinota; piles pl peräpukamat pl

pilgrim ['pilgrim] n pyhiinvaeltaja

pilgrimage ['pilgrimidʒ] n pyhiinvaeluslusmatka

pill [pil] n pilleri

pillar ['pilə] n pilari, pylväs

pillar-box ['piləbɒks] n postilaatikko

pillow ['pilou] n pielus, tyyny

pillow-case ['piloukeis] n tyynyliina

pilot ['pailət] n lentäjä; luotsi

pimple ['pimpəl] n näppylä

pin [pin] n nuppineula; v kiinnittää neulalla; bobby ~ Am hiusneula

pincers ['pinsəz] pl hohtimet pl; pihdit pl

pinch [pintʃ] v nipistää; näpistää

pine [pain] n mänty

pineapple ['pai,næpəl] n ananas

ping-pong ['piŋpɒŋ] n pöytätennis

pink [piŋk] adj vaaleanpunainen

pioneer [ˌpaiə'niə] n uudisraivaaja

pious ['paiəs] adj hurskas

pip [pip] n siemen; piippaus

pipe [paip] n piippu; putki; ~ cleaner piipunpuhdistaja; ~ tobacco

piipputupakka

pirate ['paiərət] n merirosvo

pistol ['pistəl] n pistooli

piston ['pistən] n mäntä; ~ ring männänrengas

piston-rod ['pistənrɒd] n männänvarsi

pit [pit] n kuoppa; kaivos

pitcher ['pitʃə] n kannu

pity ['piti] n sääli; v surkutella, säälliä; what a pity! mikä vahinko!

placard ['plæka:d] n juliste

place [pleis] n paikka; v sijoittaa, asettaa; ~ of birth syntymäpaikka; *take ~ tapahtua

plague [pleig] n vitsaus

plaice [pleis] (pl ~) punakampela

plain [plein] adj selvä; tavallinen, yksinkertainen; n tasanko

plan [plæn] n suunnitelma; kartta, asemakaava; v suunnitella

plane [plein] adj tasainen; n lentokone; ~ crash lento-onnettomuus

planet ['plænit] n planeetta

planetarium [ˌplæni'teəriəm] n planetaario

plank [plæŋk] n lankku

plant [pla:nt] n kasvi; tehdas; v istuttaa

plantation [plæn'teiʃən] n viljelys

plaster ['pla:stə] n rappaus, kipsi; pikaside, laastari

plastic ['plæstik] adj muovinen; n muovi

plate [pleit] n lautanen; levy

plateau ['plætou] n (pl ~x, ~s) ylätasanko

platform ['plætfɔ:m] n asemalaituri; ~ ticket asemalaiturilippu

platinum ['plætinəm] n platina

play [plei] v leikkiä; soittaa; näytellä; n leikki; näytelmä; one-act ~ yksinäytöksinen näytelmä; ~ truant pinnata

player [pleiə] n pelaaja

playground ['pleigraund] *n* leikkikenttä

playing-card ['pleiiŋka:d] *n* pelikortti

playwright ['pleirait] *n* näytelmäkirjailija

plea [pli:] *n* puolustuspuhe

plead [pli:d] *v* puhua puolesta

pleasant ['plezənt] *adj* miellyttävä, hauska

please [pli:z] olkaa hyvä; *v* miellyttää; **pleased** tyytyväinen; **pleasing** miellyttävä

pleasure ['pleʒə] *n* huvi, mielihyvä, nautinto

plentiful ['plentifəl] *adj* runsas

plenty ['plenti] *n* runsaus; ~ **of** paljon

pliers [plaiəz] *pl* pihdit *pl*

plimsolls ['plimsəlz] *pl* kumitossut *pl*

plot [plɔt] *n* juoni; salaliitto, salahanke; maatilkku

plough [plau] *n* aura; *v* kyntää

plucky ['plʌki] *adj* sisukas

plug [plʌg] *n* tulppa; pistoke; ~ **in** kytkeä

plum [plʌm] *n* luumu

plumber ['plʌmə] *n* putkimies

plump [plʌmp] *adj* pullea

plural ['pluərəl] *n* monikko

plus [plʌs] *prep* ynnä

pneumatic [nju:'mætik] *adj* ilma-

pneumonia [nju:'mouniə] *n* keuhkokuume

poach [poutʃ] *v* harjoittaa salametsästystä

pocket ['pɔkit] *n* tasku

pocket-book ['pɔkitbuk] *n* lompakko

pocket-comb ['pɔkitkoum] *n* taskukampa

pocket-knife ['pɔkitnaif] *n* (pl -knives) taskuveitsi

pocket-watch ['pɔkitwɔtʃ] *n* taskukello

poem ['pouim] *n* runo

poet ['pouit] *n* runoilija

poetry ['pouitri] *n* runous

point [pɔint] *n* kohta; kärki; *v* viitata; ~ **of view** näkökanta; ~ **out** osoittaa

pointed ['pɔintid] *adj* suippo

poison ['pɔizən] *n* myrkky; *v* myrkyttää

poisonous ['pɔizənəs] *adj* myrkyllinen

Poland ['poulənd] Puola

Pole [poul] *n* puolalainen

pole [poul] *n* seiväs

police [pə'li:s] *pl* poliisi

policeman [pə'li:smən] *n* (pl -men) poliisi

police-station [pə'li:s‚steiʃən] *n* poliisiasema

policy ['pɔlisi] *n* politiikka; vakuutuskirja

polio ['pouliou] *n* lapsihalvaus

Polish ['pouliʃ] *adj* puolalainen

polish ['pɔliʃ] *v* kiillottaa

polite [pə'lait] *adj* kohtelias

political [pə'litikəl] *adj* poliittinen

politician [‚pɔli'tiʃən] *n* poliitikko

politics ['pɔlitiks] *n* politiikka

pollution [pə'lu:ʃən] *n* saastuttaminen, saaste

pond [pɔnd] *n* lampi

pony ['pouni] *n* poni

poor [puə] *adj* köyhä; huono; parka

pope [poup] *n* paavi

poplin ['pɔplin] *n* popliini

pop music [pɔp 'mju:zik] popmusiikki

poppy ['pɔpi] *n* unikko

popular ['pɔpjulə] *adj* suosittu; kansanomainen

population [‚pɔpju'leiʃən] *n* väestö

populous ['pɔpjuləs] *adj* väkirikas

porcelain ['pɔ:səlin] *n* posliini

porcupine ['pɔ:kjupain] *n* piikkisika

pork [pɔ:k] *n* sianliha

port [pɔ:t] *n* satama; portviini

portable ['pɔːtəbəl] adj kannettava
porter ['pɔːtə] n kantaja; ovenvartija
porthole ['pɔːthoul] n hytin ikkuna
portion ['pɔːʃən] n annos
portrait ['pɔːtrit] n muotokuva
Portugal ['pɔːtjugəl] Portugali
Portuguese [ˌpɔːtjuˈgiːz] adj portuga-
lilainen
position [pəˈziʃən] n asema; tilanne;
asento
positive ['pɔzətiv] adj myönteinen; n
positiivi
possess [pəˈzes] v omistaa; pos-
sessed adj riivattu
possession [pəˈzeʃən] n omistus; pos-
sessions omaisuus
possibility [ˌpɔsəˈbiləti] n mahdolli-
suus
possible ['pɔsəbəl] adj mahdollinen
post [poust] n posti; työpaikka; tolp-
pa; v postittaa; post-office posti-
toimisto
postage ['poustidʒ] n postimaksu; ~
paid postimaksuton; ~ stamp pos-
timerkki
postcard ['poustkɑːd] n postikortti
poster ['poustə] n juliste
poste restante [poust reˈstãːt] poste
restante
postman ['poustmən] n (pl -men) pos-
tinkantaja
post-paid [ˌpoustˈpeid] adj postimak-
suton
postpone [pəˈspoun] v lykätä
pot [pɔt] n pata
potato [pəˈteitou] n (pl ~es) peruna
pottery ['pɔtəri] n keramiikka; savi-
astiat pl
pouch [pautʃ] n pussi
poulterer ['poultərə] n lintukauppias
poultry ['poultri] n siipikarja
pound [paund] n naula
pour [pɔː] v kaataa
poverty ['pɔvəti] n köyhyys

powder ['paudə] n jauhe; puuteri;
ruuti; ~ compact puuterirasia;
talc ~ talkki
powder-puff ['paudəpʌf] n puuteri-
huisku
powder-room ['paudəruːm] n naisten-
huone
power [pauə] n voima, voimakkuus;
valta
powerful ['pauəfəl] adj voimakas,
mahtava; väkevä
powerless ['pauələs] adj voimaton
power-station ['pauəˌsteiʃən] n voi-
malaitos
practical ['præktikəl] adj käytännölli-
nen
practically ['præktikli] adv melkein
practice ['præktis] n harjoittelu
practise ['præktis] v harjoittaa; har-
joitella
praise [preiz] v ylistää; n ylistys
pram [præm] n lastenvaunut pl
prawn [prɔːn] n katkarapu
pray [prei] v rukoilla
prayer [preə] n rukous
preach [priːtʃ] v saarnata
precarious [priˈkɛəriəs] adj epävarma
precaution [priˈkɔːʃən] n varovaisuus;
varokeino
precede [priˈsiːd] v edeltää
preceding [priˈsiːdiŋ] adj edellinen
precious ['preʃəs] adj kallisarvoinen
precipice ['presipis] n jyrkänne
precipitation [priˌsipiˈteiʃən] n sade-
määrä; hätäisyys
precise [priˈsais] adj täsmällinen,
tarkka
predecessor ['priːdisesə] n edeltäjä
predict [priˈdikt] v ennustaa
prefer [priˈfəː] v pitää parempana,
haluta mieluummin
preferable ['prefərəbəl] adj parempi,
mieluisampi
preference ['prefərəns] n mieltymys

prefix ['pri:fiks] n etuliite

pregnant ['pregnənt] adj raskaana oleva

prejudice ['predʒədis] n ennakkoluulo

preliminary [pri'liminəri] adj valmistava; alustava

premature ['premətʃuə] adj ennenaikainen

premier ['premiə] n pääministeri

premises ['premisiz] pl kiinteistö

premium ['pri:miəm] n vakuutusmaksu

prepaid [,pri:'peid] adj ennakolta maksettu

preparation [,prepə'reiʃən] n valmistaminen

prepare [pri'peə] v valmistaa

prepared [pri'pɛəd] adj valmis

preposition [,prepə'ziʃən] n prepositio

prescribe [pri'skraib] v määrätä (lääkettä)

prescription [pri'skripʃən] n lääkemääräys

presence ['prezəns] n läsnäolo; mukanaolo

present[1] ['prezənt] n lahja; nykyaika; adj nykyinen; läsnäoleva

present[2] [pri'zent] v esitellä; esittää

presently ['prezəntli] adv heti, pian

preservation [,prezə'veiʃən] n säilyttäminen

preserve [pri'zə:v] v säilyttää; säilöä

president ['prezidənt] n presidentti; puheenjohtaja

press [pres] n sanomalehdistö; v painaa, pusertaa; silittää; ~ conference lehdistötilaisuus

pressing ['presiŋ] adj kiireellinen

pressure ['preʃə] n paine; painostus; atmospheric ~ ilmanpaine

pressure-cooker ['preʃə,kukə] n painekeitin

prestige [pre'sti:3] n vaikutusvalta

presumable [pri'zju:məbəl] adj otak-

suttava

presumptuous [pri'zʌmpʃəs] adj kopea; omahyväinen

pretence [pri'tens] n veruke

pretend [pri'tend] v teeskennellä; väittää

pretext ['pri:tekst] n tekosyy

pretty ['priti] adj sievä; adv melkoisen

prevent [pri'vent] v estää, ehkäistä

preventive [pri'ventiv] adj ehkäisevä

previous ['pri:viəs] adj aikaisempi, edeltävä, edellinen

pre-war [,pri:'wɔ:] adj sotaa edeltävä

price [prais] n hinta; v hinnoittaa

priceless ['praisləs] adj verraton

price-list ['prais,list] n hinnasto

prick [prik] v pistää

pride [praid] n ylpeys

priest [pri:st] n pappi

primary ['praiməri] adj alkuperäinen; ensisijainen, ensimmäinen; alkeis-

prince [prins] n prinssi

princess [prin'ses] n prinsessa

principal ['prinsəpəl] adj pääasiallinen; n rehtori

principle ['prinsəpəl] n periaate, perusajatus

print [print] v painaa; n vedos; kaiverrus; printed matter painotuote

prior [praiə] adj varhaisempi

priority [prai'brəti] n etuoikeus

prison ['prizən] n vankila

prisoner ['prizənə] n vanki; ~ of war sotavanki

privacy ['praivəsi] n yksityiselämä

private ['praivit] adj yksityinen; henkilökohtainen

privilege ['privilidʒ] n erioikeus

prize [praiz] n palkinto; palkkio

probable ['prɔbəbəl] adj luultava, todennäköinen

probably ['prɔbəbli] adv todennäköisesti

problem ['prɔbləm] n ongelma; pulma

procedure [prə'si:dʒə] n menettelytapa

proceed [prə'si:d] v jatkaa; menetellä

process ['prouses] n kehityskulku, menettelytapa; oikeudenkäynti

procession [prə'seʃən] n kulkue

proclaim [prə'kleim] v julistaa

produce[1] [prə'dju:s] v tuottaa

produce[2] ['prɔdju:s] n tuote

producer [prə'dju:sə] n tuottaja

product ['prɔdʌkt] n tuote

production [prə'dʌkʃən] n tuotanto

profession [prə'feʃən] n ammatti

professional [prə'feʃənəl] adj ammattimainen

professor [prə'fesə] n professori

profit ['prɔfit] n voitto, etu; hyöty; v hyötyä jstkn

profitable ['prɔfitəbəl] adj tuottoisa

profound [prə'faund] adj syvämielinen

programme ['prougræm] n ohjelma

progress[1] ['prougres] n edistys

progress[2] [prə'gres] v edistyä

progressive [prə'gresiv] adj edistyksellinen, edistysmielinen; karttuva

prohibit [prə'hibit] v kieltää

prohibition [,proui'biʃən] n kielto

prohibitive [prə'hibitiv] adj ostamista ehkäisevä, suojelu-

project ['prɔdʒekt] n hanke, suunnitelma

promenade [,promə'na:d] n kävelytie

promise ['prɔmis] n lupaus; v luvata

promote [prə'mout] v ylentää, edistää

promotion [prə'mouʃən] n ylennys

prompt [prɔmpt] adj pikainen, ripeä

pronoun ['prounaun] n pronomini

pronounce [prə'nauns] v ääntää

pronunciation [,prənʌnsi'eiʃən] n ääntäminen

proof [pru:f] n todistus

propaganda [,prɔpə'gændə] n propaganda

propel [prə'pel] v ajaa eteenpäin

propeller [prə'pelə] n potkuri

proper ['prɔpə] adj asianmukainen, kunnollinen; säädyllinen, sovelias

property ['prɔpəti] n omaisuus; ominaisuus

prophet ['prɔfit] n profeetta

proportion [prə'pɔ:ʃən] n suhde

proportional [prə'pɔ:ʃənəl] adj suhteellinen

proposal [prə'pouzəl] n ehdotus

propose [prə'pouz] v ehdottaa

proposition [,prɔpə'ziʃən] n ehdotus

proprietor [prə'praiətə] n omistaja

prospect ['prɔspekt] n tulevaisuudennäkymä

prospectus [prə'spektəs] n esite

prosperity [prə'sperəti] n menestys, vauraus

prosperous ['prɔspərəs] adj menestyksellinen, varakas

prostitute ['prɔstitju:t] n portto

protect [prə'tekt] v suojella

protection [prə'tekʃən] n suojelus

protein ['prouti:n] n valkuaisaine

protest[1] ['proutest] n vastalause

protest[2] [prə'test] v esittää vastalause

Protestant ['prɔtistənt] adj protestanttinen

proud [praud] adj ylpeä; kopea

prove [pru:v] v todistaa; osoittautua

proverb ['prɔvə:b] n sananlasku

provide [prə'vaid] v hankkia; provided that edellyttäen

province ['prɔvins] n lääni; maakunta

provincial [prə'vinʃəl] adj maalainen

provisional [prə'viʒənəl] adj väliaikainen

provisions [prə'viʒənz] pl ruokatarvikkeet pl

prune [pru:n] n kuivattu luumu

psychiatrist [sai'kaiətrist] n psykiatri

psychoanalyst [ˌsaikou'ænəlist] n psykoanalyytikko

psychological [ˌsaikə'lɔdʒikəl] adj psykologinen

psychologist [sai'kɔlədʒist] n psykologi

psychology [sai'kɔlədʒi] n psykologia

pub [pʌb] n krouvi; kapakka

public ['pʌblik] adj julkinen; yleinen; n yleisö; ~ garden yleinen puisto; ~ house oluttupa

publication [ˌpʌbli'keiʃən] n julkaiseminen

publicity [pʌ'blisəti] n julkisuus

publish ['pʌbliʃ] v julkaista

publisher ['pʌbliʃə] n kustantaja

puddle ['pʌdəl] n lätäkkö

pull [pul] v vetää; ~ out lähteä liikkeelle; ~ up pysähtyä

pulley ['puli] n (pl ~s) väkipyörä

Pullman ['pulmən] n makuuvaunu

pullover ['puˌlouvə] n villapusero

pulpit ['pulpit] n saarnatuoli

pulse [pʌls] n valtimo

pump [pʌmp] n pumppu; v pumpata

punch [pʌntʃ] n lävistin; nyrkinisku

punctual ['pʌŋktʃuəl] adj täsmällinen

puncture ['pʌŋktʃə] n puhkeaminen, rengasrikko

punctured ['pʌŋktʃəd] adj puhjennut

punish ['pʌniʃ] v rangaista

punishment ['pʌniʃmənt] n rangaistus

pupil ['pju:pəl] n oppilas

puppet-show ['pʌpitʃou] n nukketeatteri

purchase ['pə:tʃəs] v ostaa; n osto, hankinta; ~ price ostohinta; ~ tax liikevaihtovero

purchaser ['pə:tʃəsə] n ostaja

pure [pjuə] adj puhdas

purple ['pə:pəl] adj purppuranpunainen

purpose ['pə:pəs] n tarkoitus; on ~ tahallaan

purse [pə:s] n kukkaro

pursue [pə'sju:] v ajaa takaa; harjoittaa

pus [pʌs] n märkä

push [puʃ] n töytäys, sysäys; v työntää; sysätä; tunkea

push-button ['puʃˌbʌtən] n painonappi

*put [put] v asettaa, panna, sijoittaa; esittää; ~ away panna paikoilleen; ~ off lykätä; ~ on pukea ylleen; ~ out sammuttaa

puzzle ['pʌzəl] n palapeli; arvoitus; v saattaa ymmälle; jigsaw ~ palapeli

puzzling ['pʌzliŋ] adj käsittämätön

pyjamas [pə'dʒɑ:məz] pl yöpuku

Q

quack [kwæk] n huijari, puoskari

quail [kweil] n (pl ~, ~s) viiriäinen

quaint [kweint] adj omalaatuinen; vanhanaikainen

qualification [ˌkwɔlifi'keiʃən] n pätevyys; rajoitus

qualified ['kwɔlifaid] adj pätevä

qualify ['kwɔlifai] v hankkia pätevyys

quality ['kwɔləti] n laatu; ominaisuus

quantity ['kwɔntəti] n määrä

quarantine ['kwɔrənti:n] n karanteeni

quarrel ['kwɔrəl] v riidellä, kiistellä; n kiista, riita

quarry ['kwɔri] n louhos

quarter ['kwɔ:tə] n neljännes; neljännesvuosi; kaupunginosa; ~ of an hour neljännestunti

quarterly ['kwɔ:təli] adj neljännesvuosittainen

quay [ki:] n satamalaituri

queen [kwi:n] n kuningatar

queer [kwiə] adj omituinen; kummallinen

query ['kwiəri] n tiedustelu; v kysellä

question ['kwestʃən] n kysymys, pulma; v kysellä; kuulustella; epäillä

queue [kju:] n jono; v jonottaa

quick [kwik] adj pika-, nopea

quick-tempered [‚kwik'tempəd] adj äkkipikainen

quiet ['kwaiət] adj hiljainen, vaitelias, rauhallinen, tyyni; n hiljaisuus, rauha

quilt [kwilt] n täkki

quinine [kwi'ni:n] n kiniini

quit [kwit] v luopua, lakata jstk

quite [kwait] adv aivan, melko; hyvin, oikein

quiz [kwiz] n (pl ~zes) tietokilpailu

quota ['kwoutə] n kiintiö

quotation [kwou'teiʃən] n lainaus; ~ **marks** lainausmerkit pl

quote [kwout] v siteerata

R

rabbit ['ræbit] n kaniini

rabies ['reibiz] n vesikauhu

race [reis] n kilpajuoksu, kilpa-ajo; rotu

race-course ['reiskɔ:s] n kilpa-ajorata, kilparata

race-horse ['reishɔ:s] n kilpahevonen

race-track ['reistræk] n kilparata

racial ['reiʃəl] adj rotu-

racket ['rækit] n meteli; maila

racquet ['rækit] n maila

radiator ['reidieitə] n lämpöpatteri

radical ['rædikəl] adj radikaali

radio ['reidiou] n radio

radish ['rædiʃ] n retiisi

radius ['reidiəs] n (pl radii) säde

raft [rɑ:ft] n lautta

rag [ræg] n riepu

rage [reidʒ] n raivo; v raivota

raid [reid] n hyökkäys

rail [reil] n kaide; kisko, raide

railing ['reiliŋ] n kaide

railroad ['reilroud] nAm rautatie

railway ['reilwei] n rautatie; ~ **carriage** rautatievaunu

rain [rein] n sade; v sataa

rainbow ['reinbou] n sateenkaari

raincoat ['reinkout] n sadetakki

rainproof ['reinpru:f] adj sateenpitävä

rainy ['reini] adj sateinen

raise [reiz] v korottaa; viljellä, kasvattaa; nAm palkankorotus, nousu

raisin ['reizən] n rusina

rake [reik] n harava

rally ['ræli] n kokoontuminen; ralli

ramp [ræmp] n ramppi

ramshackle ['ræm‚ʃækəl] adj ränsistynyt

rancid ['rænsid] adj eltaantunut

rang [ræŋ] v (p ring)

range [reindʒ] n etäisyys; piiri; ulottuvuus; jono

range-finder ['reindʒ‚faində] n etäisyysmittari

rank [ræŋk] n arvoaste

ransom ['rænsəm] n lunnaat pl

rape [reip] v raiskata

rapid ['ræpid] adj nopea, pikainen

rapids ['ræpidz] pl koski

rare [reə] adj harvinainen

rarely ['reəli] adv harvoin

rascal ['rɑ:skəl] n vintiö, lurjus

rash [ræʃ] n ihottuma; adj harkitsematon

raspberry ['rɑ:zbəri] n vadelma

rat [ræt] n rotta

rate [reit] n tariffi, määrä; vauhti; **at any** ~ joka tapauksessa; ~ **of exchange** vaihtokurssi

rather ['rɑ:ðə] adv melko, jonkinverran; mieluummin

ration ['ræʃən] n annos

rattan [ræ'tæn] n rottinki

raven ['reivən] n korppi

raw [rɔ:] adj raaka; ~ **material** raaka-aine

ray [rei] n säde

rayon ['reiɔn] n keinosilkki

razor ['reizə] n parranajokone

razor-blade ['reizəbleid] n partaterä

reach [ri:tʃ] v saavuttaa; n kantama

reaction [ri'ækʃən] n vastavaikutus, reaktio

*read [ri:d] v lukea

reading ['ri:diŋ] n lukeminen

reading-lamp ['ri:diŋlæmp] n lukulamppu

reading-room ['ri:diŋru:m] n lukusali

ready ['redi] adj valmis, aulis

ready-made [,redi'meid] adj valmis-

real [riəl] adj todellinen

reality [ri'æləti] n todellisuus

realizable ['riəlaizəbəl] adj mahdollinen

realize ['riəlaiz] v oivaltaa; toteuttaa

really ['riəli] adv todella, tosiasiallisesti

rear [riə] n takaosa; v kasvattaa

rear-light [riə'lait] n takavalo

reason ['ri:zən] n syy, aihe; järki, ymmärrys; v järkeillä

reasonable ['ri:zənəbəl] adj järkevä; kohtuullinen

reassure [,ri:ə'ʃuə] v tyynnyttää

rebate ['ri:beit] n vähennys, alennus

rebellion [ri'beljən] n kapina

recall [ri'kɔ:l] v muistaa; kutsua takaisin; peruuttaa

receipt [ri'si:t] n kuitti; vastaanottaminen

receive [ri'si:v] v saada, vastaanottaa

receiver [ri'si:və] n kuuloke

recent ['ri:sənt] adj äskeinen

recently ['ri:səntli] adv äskettäin, hil-

jattain

reception [ri'sepʃən] n vastaanotto; ~ **office** vastaanottohuone

receptionist [ri'sepʃənist] n vastaanottoapulainen; portieeri

recession [ri'seʃən] n taantuma; vetäytyminen

recipe ['resipi] n valmistusohje

recital [ri'saitəl] n konsertti

reckon ['rekən] v laskea; arvella

recognition [,rekəg'niʃən] n tunteminen; tunnustus

recognize ['rekəgnaiz] v tunnistaa; myöntää

recollect [,rekə'lekt] v muistella

recommence [,ri:kə'mens] v aloittaa uudestaan

recommend [,rekə'mend] v puoltaa, suositella

recommendation [,rekəmen'deiʃən] n suositus

reconciliation [,rekənsili'eiʃən] n sovinto

record[1] ['rekɔ:d] n äänilevy; ennätys; pöytäkirja; **long-playing** ~ LP-levy

record[2] [ri'kɔ:d] v merkitä muistiin

recorder [ri'kɔ:də] n nauhuri

recording [ri'kɔ:diŋ] n äänitys

record-player ['rekɔ:d,pleiə] n levysoitin

recover [ri'kʌvə] v saada takaisin; tointua, toipua

recovery [ri'kʌvəri] n parantuminen, toipuminen

recreation [,rekri'eiʃən] n virkistys; ~ **centre** virkistyskeskus; ~ **ground** leikkikenttä

recruit [ri'kru:t] n alokas

rectangle ['rektæŋgəl] n suorakulmio

rectangular [rek'tæŋgjulə] adj suorakulmainen

rector ['rektə] n kirkkoherra

rectory ['rektəri] n pappila

rectum ['rektəm] n peräsuoli
red [red] adj punainen
redeem [ri'di:m] v lunastaa
reduce [ri'dju:s] v alentaa, vähentää, pienentää
reduction [ri'dʌkʃən] n alennus, hinnanalennus
redundant [ri'dʌndənt] adj liiallinen
reed [ri:d] n kaisla, ruoko
reef [ri:f] n riutta
reference ['refrəns] n suosittelija, viite; with ~ to viitaten
refer to [ri'fə:] viitata jhk
refill ['ri:fil] n varasäiliö
refinery [ri'fainəri] n puhdistamo
reflect [ri'flekt] v heijastaa
reflection [ri'flekʃən] n heijastus; peilikuva
reflector [ri'flektə] n heijastin
reformation [,refə'meiʃən] n parannus; uudelleen järjestely
refresh [ri'freʃ] v virkistää
refreshment [ri'freʃmənt] n virvoke
refrigerator [ri'fridʒəreitə] n jääkaappi
refund[1] [ri'fʌnd] v maksaa takaisin
refund[2] ['ri:fʌnd] n takaisinmaksu
refusal [ri'fju:zəl] n kieltäytyminen
refuse[1] [ri'fju:z] v kieltäytyä
refuse[2] ['refju:s] n jätteet pl
regard [ri'ga:d] v katsella; pitää jnak; n kunnioitus; as regards mitä jhkn tulee
regarding [ri'ga:diŋ] prep mitä jhkn tulee; koskien (jtk)
regatta [ri'gætə] n purjehduskilpailu
régime [rei'ʒi:m] n hallitusjärjestelmä
region ['ri:dʒən] n alue; seutu
regional ['ri:dʒənəl] adj alueellinen
register ['redʒistə] v kirjoittautua; kirjata; registered letter kirjattu kirje
registration [,redʒi'streiʃən] n ilmoit-

tautuminen; ~ form ilmoittautumislomake; ~ number rekisterinumero; ~ plate rekisterikilpi
regret [ri'gret] v pahoitella; n pahoittelu
regular ['regjulə] adj säännöllinen; säännönmukainen, tavallinen
regulate ['regjuleit] v säätää; ohjata
regulation [,regju'leiʃən] n säännös, ohjesääntö; säätö
rehabilitation [,ri:hə,bili'teiʃən] n kuntouttaminen
rehearsal [ri'hə:səl] n harjoitus
rehearse [ri'hə:s] v harjoitella
reign [rein] n hallitusaika; v hallita
reimburse [,ri:im'bə:s] v maksaa takaisin
reindeer ['reindiə] n (pl ~) poro
reject [ri'dʒekt] v hylätä; torjua
relate [ri'leit] v kertoa
related [ri'leitid] adj sukua oleva
relation [ri'leiʃən] n suhde, yhteys; sukulainen
relative ['relətiv] n sukulainen; adj suhteellinen
relax [ri'læks] v rentoutua
relaxation [,rilæk'seiʃən] n rentoutuminen
reliable [ri'laiəbəl] adj luotettava
relic ['relik] n pyhäinjäännös
relief [ri'li:f] n helpotus, huojennus; apu; korkokuva
relieve [ri'li:v] v helpottaa; vapauttaa
religion [ri'lidʒən] n uskonto
religious [ri'lidʒəs] adj uskonnollinen
rely on [ri'lai] luottaa
remain [ri'mein] v jäädä; jäädä jäljelle
remainder [ri'meində] n loput pl, jäännös, ylijäämä
remaining [ri'meiniŋ] adj muu, jäljellä oleva
remark [ri'ma:k] n huomautus; v huomauttaa

remarkable [ri'ma:kəbəl] adj merkittävä

remedy ['remədi] n parannuskeino; lääke

remember [ri'membə] v muistaa

remembrance [ri'membrəns] n muisto

remind [ri'maind] v muistuttaa

remit [ri'mit] v lähettää (rahaa)

remittance [ri'mitəns] n rahalähetys

remnant ['remnənt] n jäänne, jäännös

remote [ri'mout] adj kaukainen, syrjäinen

removal [ri'mu:vəl] n poisto; muutto

remove [ri'mu:v] v poistaa; muuttaa

remunerate [ri'mju:nəreit] v korvata

remuneration [ri,mju:nə'reiʃən] n korvaus

renew [ri'nju:] v uudistaa; pidentää

rent [rent] v vuokrata; n vuokra

repair [ri'pɛə] v korjata, kunnostaa; n korjaus

reparation [,repə'reiʃən] n korjaus

*repay [ri'pei] v maksaa takaisin

repayment [ri'peimənt] n takaisinmaksu

repeat [ri'pi:t] v toistaa

repellent [ri'pelənt] adj vastenmielinen

repentance [ri'pentəns] n katumus

repertory ['repətəri] n ohjelmisto

repetition [,repə'tiʃən] n toistaminen

replace [ri'pleis] v korvata

reply [ri'plai] v vastata; n vastaus; in ~ vastaukseksi

report [ri'pɔ:t] v tiedottaa; ilmoittaa; ilmoittautua; n selonteko, selostus

reporter [ri'pɔ:tə] n uutistoimittaja

represent [,repri'zent] v edustaa; esittää

representation [,reprizen'teiʃən] n edustus

representative [,repri'zentətiv] adj edustava

reprimand ['reprima:nd] v nuhdella

reproach [ri'proutʃ] n moite; v moittia

reproduce [,ri:prə'dju:s] v jäljentää

reproduction [,ri:prə'dʌkʃən] n jäljennös

reptile ['reptail] n matelija

republic [ri'pʌblik] n tasavalta

republican [ri'pʌblikən] adj tasavaltalainen

repulsive [ri'pʌlsiv] adj vastenmielinen

reputation [,repju'teiʃən] n maine

request [ri'kwest] n pyyntö; v pyytää

require [ri'kwaiə] v vaatia

requirement [ri'kwaiəmənt] n vaatimus

requisite ['rekwizit] adj tarpeellinen

rescue ['reskju:] v pelastaa; n pelastaminen

research [ri'sə:tʃ] n tutkimus

resemblance [ri'zembləns] n yhdennäköisyys

resemble [ri'zembəl] v muistuttaa

resent [ri'zent] v panna pahakseen

reservation [,rezə'veiʃən] n varaus

reserve [ri'zə:v] v varata; n vara, reservi

reserved [ri'zə:vd] adj varattu

reservoir ['rezəvwa:] n säiliö

reside [ri'zaid] v asua

residence ['rezidəns] n asuinpaikka; ~ permit oleskelulupa

resident ['rezidənt] n vakinainen asukas; adj vakinaisesti asuva

resign [ri'zain] v erota

resignation [,rezig'neiʃən] n eron pyyntö

resin ['rezin] n pihka

resist [ri'zist] v vastustaa

resistance [ri'zistəns] n vastustus, vastarintaliike

resolute ['rezəlu:t] adj päättäväinen

respect [ri'spekt] n kunnioitus, arvonanto; v kunnioittaa

respectable [ri'spektəbəl] adj kunni-

oitettava, kunniallinen
respectful [ri'spektfəl] *adj* kunnioitta-va
respective [ri'spektiv] *adj* asianomai-nen
respiration [,respə'reiʃən] *n* hengitys
respite ['respait] *n* lykkäys
responsibility [ri,sponsə'biləti] *n* vas-tuu
responsible [ri'sponsəbəl] *adj* vastuul-linen
rest [rest] *n* lepo; jäännös; *v* levätä
restaurant ['restərɔ̃:] *n* ravintola
restful ['restfəl] *adj* rauhoittava
rest-home ['resthoum] *n* lepokoti
restless ['restləs] *adj* levoton, rauha-ton
restrain [ri'strein] *v* pidättää, hillitä
restriction [ri'strikʃən] *n* rajoitus
result [ri'zʌlt] *n* seuraus; tulos; *v* olla seurauksena
resume [ri'zju:m] *v* ryhtyä uudelleen
résumé ['rezjumei] *n* tiivistelmä
retail ['ri:teil] *v* myydä vähittäin; ~ **trade** vähittäiskauppa
retailer ['ri:teilə] *n* vähittäiskauppias; jälleenmyyjä
retina ['retinə] *n* verkkokalvo
retired [ri'taiəd] *adj* eläkkeellä oleva
return [ri'tə:n] *v* palata; *n* paluu; ~ **flight** paluulento; ~ **journey** pa-luumatka; ~ **ticket** edestakainen lippu
reunite [,ri:ju:'nait] *v* yhdistää jälleen
reveal [ri'vi:l] *v* ilmaista, paljastaa
revelation [,revə'leiʃən] *n* paljastus
revenge [ri'vendʒ] *n* kosto
revenue ['revənju:] *n* tulot *pl*
reverse [ri'və:s] *n* vastakohta; kään-töpuoli; peruutusvaihde; vastoin-käyminen, täyskäännös; *adj* päin-vastainen; *v* peruuttaa
review [ri'vju:] *n* arvostelu; aikakaus-kirja

revise [ri'vaiz] *v* tarkistaa
revision [ri'viʒən] *n* tarkastus
revival [ri'vaivəl] *n* elpyminen
revolt [ri'voult] *v* kapinoida; *n* kapi-na, mellakka
revolting [ri'voultiŋ] *adj* inhottava, kuvottava, kuohuttava
revolution [,revə'lu:ʃən] *n* vallanku-mous; kiertoliike
revolutionary [,revə'lu:ʃənəri] *adj* val-lankumouksellinen
revolver [ri'vɔlvə] *n* revolveri
revue [ri'vju:] *n* revyy
reward [ri'wɔ:d] *n* palkkio; *v* palkita
rheumatism ['ru:mətizəm] *n* reuma-tismi
rhinoceros [rai'nɔsərəs] *n* (pl ~, ~es) sarvikuono
rhubarb ['ru:bɑ:b] *n* raparperi
rhyme [raim] *n* loppusointu
rhythm ['riðəm] *n* rytmi
rib [rib] *n* kylkiluu
ribbon ['ribən] *n* nauha
rice [rais] *n* riisi
rich [ritʃ] *adj* rikas
riches ['ritʃiz] *pl* rikkaus
riddle ['ridəl] *n* arvoitus
ride [raid] *n* ajelu
*ride [raid] *v* ajaa; ratsastaa
rider ['raidə] *n* ratsastaja
ridge [ridʒ] *n* vuorenharjanne
ridicule ['ridikju:l] *v* tehdä nauretta-vaksi
ridiculous [ri'dikjuləs] *adj* naurettava
riding ['raidiŋ] *n* ratsastus
riding-school ['raidiŋsku:l] *n* ratsas-tuskoulu
rifle ['raifəl] *v* kivääri
right [rait] *n* oikeus; *adj* oikea; suora, oikeanpuoleinen; oikeudenmukai-nen; **all right!** hyvä on!; * **be** ~ **ol-**la oikeassa; ~ **of way** etuajo-oi-keus
righteous ['raitʃəs] *adj* oikeamielinen

right-hand ['raithænd] adj oikeanpuoleinen

rightly ['raitli] adv oikeutetusti

rim [rim] n vanne; reuna

ring [riŋ] n sormus; rengas, kehä

*ring [riŋ] v soittaa; ~ up soittaa puhelimella

rinse [rins] v huuhtoa; n huuhtelu

riot ['raiət] n mellakka

rip [rip] v repiä

ripe [raip] adj kypsä

rise [raiz] n korotus, palkankorotus; mäki; nousu; synty

*rise [raiz] v nousta; kohota

rising ['raiziŋ] n kansannousu

risk [risk] n vaara; uhka; v vaarantaa

risky ['riski] adj vaarallinen, uskallettu

rival ['raivəl] n kilpailija; v kilpailla

rivalry ['raivəlri] n kilpailu

river ['rivə] n joki; ~ bank jokipenger

riverside ['rivəsaid] n joenvarsi

roach [routʃ] n (pl ~) särki

road [roud] n katu, tie; ~ fork tienristeys; ~ map tiekartta; ~ system tieverkko; ~ up tietyö

roadhouse ['roudhaus] n majatalo

roadside ['roudsaid] n tienvieri; ~ restaurant majatalo

roadway ['roudwei] nAm ajorata

roam [roum] v kuljeskella

roar [rɔː] v karjua, kohista; n pauhu, karjunta

roast [roust] v paistaa, paahtaa

rob [rɔb] v ryöstää

robber ['rɔbə] n rosvo

robbery ['rɔbəri] n ryöstö, varkaus

robe [roub] n leninki; viitta

robin ['rɔbin] n punarinta

robust [rou'bʌst] adj vankka

rock [rɔk] n kallio; v keinua

rocket ['rɔkit] n ohjus; raketti

rocky ['rɔki] adj kallioinen

rod [rɔd] n vapa, keppi

roe [rou] n mäti; kauris

roll [roul] v kierittää; n rulla; sämpylä

roller-skating ['roulə,skeitiŋ] n rullaluistelu

Roman Catholic ['roumən 'kæθəlik] roomalaiskatolinen

romance [rə'mæns] n romanssi

romantic [rə'mæntik] adj romanttinen

roof [ruːf] n katto; thatched ~ olkikatto

room [ruːm] n huone; sija, tila; ~ and board täysihoito; ~ service huonepalvelu; ~ temperature huonelämpötila

roomy ['ruːmi] adj tilava

root [ruːt] n juuri

rope [roup] n köysi

rosary ['rouzəri] n rukousnauha

rose [rouz] n ruusu; adj ruusunpunainen

rotten ['rɔtən] adj mätä

rouge [ruːʒ] n poskipuna

rough [rʌf] adj epätasainen, karkea

roulette [ruː'let] n rulettipeli

round [raund] adj pyöreä; prep ympäri; n kierros; ~ trip Am edestakainen matka

roundabout ['raundəbaut] n liikenneympyrä

rounded ['raundid] adj pyöristetty

route [ruːt] n reitti

routine [ruː'tiːn] n rutiini

row¹ [rou] n rivi; v soutaa

row² [rau] n riita

rowdy ['raudi] adj räyhäävä

rowing-boat ['rouiŋbout] n soutuvene

royal ['rɔiəl] adj kuninkaallinen

rub [rʌb] v hieroa

rubber ['rʌbə] n kumi; pyyhekumi; ~ band kuminauha

rubbish ['rʌbiʃ] n roskat pl; pöty; talk ~ jaaritella

rubbish-bin [ˈrʌbiʃbin] *n* roskasanko
ruby [ˈruːbi] *n* rubiini
rucksack [ˈrʌksæk] *n* selkäreppu
rudder [ˈrʌdə] *n* peräsin
rude [ruːd] *adj* karkea
rug [rʌg] *n* matto
ruin [ˈruːin] *v* tuhota; *n* turmio; **ruins** rauniot *pl*
ruination [ˌruːiˈneiʃən] *n* hävitys
rule [ruːl] *n* sääntö; hallitus, valta; *v* hallita, vallita; **as a** ~ yleensä, tavallisesti
ruler [ˈruːlə] *n* hallitsija, valtias; viivoitin
Rumania [ruːˈmeiniə] Romania
Rumanian [ruːˈmeiniən] *adj* romanialainen
rumour [ˈruːmə] *n* huhu
***run** [rʌn] *v* juosta; ~ **into** kohdata sattumalta
runaway [ˈrʌnəwei] *n* karkuri
rung [rʌn] *v* (pp ring)
runway [ˈrʌnwei] *n* kiitorata
rural [ˈruərəl] *adj* maalainen
ruse [ruːz] *n* juoni
rush [rʌʃ] *v* rynnätä; *n* kaisla
rush-hour [ˈrʌʃauə] *n* ruuhka-aika
Russia [ˈrʌʃə] Venäjä
Russian [ˈrʌʃən] *adj* venäläinen
rust [rʌst] *n* ruoste
rustic [ˈrʌstik] *adj* maalaisrusty** [ˈrʌsti] *adj* ruosteinen

S

saccharin [ˈsækərin] *n* sakariini
sack [sæk] *n* säkki
sacred [ˈseikrid] *adj* pyhä
sacrifice [ˈsækrifais] *n* uhraus; *v* uhrata
sacrilege [ˈsækrilidʒ] *n* pyhäinhäväistys

sad [sæd] *adj* surullinen, murheellinen; alakuloinen
saddle [ˈsædəl] *n* satula
sadness [ˈsædnəs] *n* apeus
safe [seif] *adj* turvallinen; *n* kassakaappi, tallelokero
safety [ˈseifti] *n* turvallisuus
safety-belt [ˈseiftibelt] *n* turvavyö
safety-pin [ˈseiftipin] *n* hakaneula
safety-razor [ˈseiftiˌreizə] *n* parranajokone
sail [seil] *v* purjehtia, matkustaa laivalla; *n* purje
sailing-boat [ˈseilinbout] *n* purjevene
sailor [ˈseilə] *n* merimies
saint [seint] *n* pyhimys
salad [ˈsæləd] *n* salaatti
salad-oil [ˈsælədoil] *n* ruokaöljy
salary [ˈsæləri] *n* palkka
sale [seil] *n* myynti; **clearance** ~ alennusmyynti; **for** ~ myytävänä; **sales** myynti, alennusmyynti; **sales tax** liikevaihtovero
saleable [ˈseiləbəl] *adj* kaupaksi menevä
salesgirl [ˈseilzgəːl] *n* myyjätär
salesman [ˈseilzmən] *n* (pl -men) myyjä
salmon [ˈsæmən] *n* (pl ~) lohi
salon [ˈsælɔː] *n* salonki
saloon [səˈluːn] *n* baari, kapakka
salt [sɔːlt] *n* suola
salt-cellar [ˈsɔːltˌselə] *n* suola-astia
salty [ˈsɔːlti] *adj* suolainen
salute [səˈluːt] *v* tervehtiä
salve [sɑːv] *n* salva
same [seim] *adj* sama
sample [ˈsɑːmpəl] *n* näyte
sanatorium [ˌsænəˈtɔːriəm] *n* (pl ~s, -ria) parantola
sand [sænd] *n* hiekka
sandal [ˈsændəl] *n* sandaali
sandpaper [ˈsændˌpeipə] *n* hiekkapaperi

sandwich ['sænwidʒ] n voileipä

sandy ['sændi] adj hiekkainen

sanitary ['sænitəri] adj terveydenhoi-
dollinen; ~ towel terveysside

sapphire ['sæfaiə] n safiiri

sardine [sɑ:'di:n] n sardiini

satchel ['sætʃəl] n koululaukku

satellite ['sætəlait] n satelliitti

satin ['sætin] n satiini

satisfaction [ˌsætisˈfækʃən] n tyydytys,
tyytyväisyys

satisfy ['sætisfai] v tyydyttää; satis-
fied tyytyväinen

Saturday ['sætədi] lauantai

sauce [sɔ:s] n kastike

saucepan ['sɔ:spən] n kasari

saucer ['sɔ:sə] n teevati

Saudi Arabia [ˌsaudiəˈreibiə] Saudi-
Arabia

Saudi Arabian [ˌsaudiəˈreibiən] adj
saudiarabialainen

sauna ['sɔ:nə] n sauna

sausage ['sɔsidʒ] n makkara

savage ['sævidʒ] adj villi

save [seiv] v pelastaa; säästää

savings ['seiviŋz] pl säästörahat pl;
~ bank säästöpankki

saviour ['seivjə] n pelastaja

savoury ['seivəri] adj maukas; kirpeä

*saw [sɔ:] v sahata

saw¹ [sɔ:] v (p see)

saw² [sɔ:] n saha

sawdust ['sɔ:dʌst] n sahajauho

saw-mill ['sɔ:mil] n sahalaitos

*say [sei] v sanoa

scaffolding ['skæfəldiŋ] n rakennuste-
lineet pl

scale [skeil] n mittakaava; asteikko;
suomus; scales pl vaaka

scandal ['skændəl] n häväistysjuttu

Scandinavia [ˌskændiˈneiviə] Skandi-
navia

Scandinavian [ˌskændiˈneiviən] adj
skandinaavinen; n skandinaavi

scapegoat ['skeipgout] n syntipukki

scar [skɑ:] n arpi

scarce [skeəs] adj niukka

scarcely ['skeəsli] adv tuskin

scarcity ['skeəsəti] n niukkuus

scare [skeə] v pelästyttää; n pelko

scarf [skɑ:f] n (pl ~s, scarves) huivi,
kaulaliina

scarlet ['skɑ:lət] adj helakanpunai-
nen

scary ['skeəri] adj huolestuttava, pe-
lottava

scatter ['skætə] v sirotella

scene [si:n] n kohtaus (näytelmässä)

scenery ['si:nəri] n maisema

scenic ['si:nik] adj luonnonkaunis

scent [sent] n tuoksu

schedule ['ʃedju:l] n aikataulu

scheme [ski:m] n kaava

scholar ['skɔlə] n oppinut; oppilas

scholarship ['skɔləʃip] n apuraha

school [sku:l] n koulu

schoolboy ['sku:lbɔi] n koulupoika

schoolgirl ['sku:lgə:l] n koulutyttö

schoolmaster ['sku:lˌmɑ:stə] n opetta-
ja

schoolteacher ['sku:lˌti:tʃə] n opettaja

science ['saiəns] n tiede, luonnontie-
de

scientific [ˌsaiənˈtifik] adj tieteellinen

scientist ['saiəntist] n tiedemies

scissors ['sizəz] pl sakset pl

scold [skould] v torua; sättiä

scooter ['sku:tə] n skootteri; potku-
lauta

score [skɔ:] n pistemäärä; v saada
pisteitä

scorn [skɔ:n] n pilkka, ylenkatse; v
halveksia

Scot [skɔt] n skotlantilainen

Scotch [skɔtʃ] adj skotlantilainen

Scotland ['skɔtlənd] Skotlanti

Scottish ['skɔtiʃ] adj skotlantilainen

scout [skaut] n partiolainen

scrap [skræp] n pala; romu

scrap-book ['skræpbuk] n leikekirja

scrape [skreip] v raapia

scrap-iron ['skræpaiən] n rautaromu

scratch [skrætʃ] v naarmuttaa, raapia; n naarmu

scream [skri:m] v kirkua, huutaa; n kirkaisu

screen [skri:n] n suojus; kuvaruutu, valkokangas

screw [skru:] n ruuvi; v ruuvata

screw-driver ['skru:ˌdraivə] n ruuvitaltta

scrub [skrʌb] v hangata; n pensaikko

sculptor ['skʌlptə] n kuvanveistäjä

sculpture ['skʌlptʃə] n veistos

sea [si:] n meri

sea-bird ['si:bə:d] n merilintu

sea-coast ['si:koust] n merenranta

seagull ['si:ɡʌl] n kalalokki, lokki

seal [si:l] n sinetti; hylje

seam [si:m] n sauma

seaman ['si:mən] n (pl -men) merimies

seamless ['si:mləs] adj saumaton

seaport ['si:po:t] n satama

search [sə:tʃ] v etsiä; tarkastaa, etsiä tarkoin; n tarkastus

searchlight ['sə:tʃlait] n valonheitin

seascape ['si:skeip] n merimaisema

sea-shell ['si:ʃel] n näkinkenkä

seashore ['si:ʃo:] n merenranta

seasick ['si:sik] adj merisairas

seasickness ['si:ˌsiknəs] n merisairaus

seaside ['si:said] n merenrannikko; ~ resort merikylpylä

season ['si:zən] n kausi, vuodenaika; high ~ matkailukausi; low ~ hiljainen kausi; off ~ hiljainen kausi

season-ticket ['si:zənˌtikit] n kausilippu

seat [si:t] n istuin; istumapaikka

seat-belt ['si:tbelt] n turvavyö

sea-urchin ['si:ˌə:tʃin] n merisiili

sea-water ['si:ˌwo:tə] n merivesi

second ['sekənd] num toinen; n sekunti; silmänräpäys

secondary ['sekəndəri] adj toisarvoinen; ~ school oppikoulu

second-hand [ˌsekənd'hænd] adj käytetty

secret ['si:krət] n salaisuus; adj salainen

secretary ['sekrətri] n sihteeri

section ['sekʃən] n osasto; lokero; jaosto

secure [si'kjuə] adj varma; v varmistua

security [si'kjuərəti] n turvallisuus; takuu

sedate [si'deit] adj tyyni

sedative ['sedətiv] n rauhoittava lääke

seduce [si'dju:s] v vietellä

*see [si:] v nähdä; tajuta, käsittää; ~ to huolehtia jstk

seed [si:d] n siemen

*seek [si:k] v etsiä

seem [si:m] v tuntua, näyttää jltk

seen [si:n] v (pp see)

seesaw ['si:so:] n keinulauta

seize [si:z] v tarttua

seldom ['seldəm] adv harvoin

select [si'lekt] v valita, valikoida; adj hieno, valikoitu

selection [si'lekʃən] n valikoima

self-centred [ˌself'sentəd] adj itsekeskeinen

self-employed [ˌselfim'ploid] adj itsellinen, yksityisyrittäjä

self-evident [ˌsel'fevidənt] adj itsestään selvä

self-government [ˌself'ɡʌvəmənt] n itsehallinto

selfish ['selfiʃ] adj itsekäs

selfishness ['selfiʃnəs] n itsekkyys

self-service [ˌself'sə:vis] n itsepalvelu; ~ restaurant itsepalveluravintola

sell [sel] v myydä

semblance ['sembləns] n ulkomuoto

semi- ['semi] puoli-

semicircle ['semi,sə:kəl] n puoliympyrä

semi-colon [,semi'koulən] n puolipiste

senate ['senət] n senaatti

senator ['senətə] n senaattori

send [send] v lähettää; ~ **back** palauttaa; ~ **for** lähettää noutamaan; ~ **off** lähettää pois

senile ['si:nail] adj vanhuudenheikko

sensation [sen'seiʃən] n sensaatio; aistimus, tunne

sensational [sen'seiʃənəl] adj huomiota herättävä

sense [sens] n aisti; järki; merkitys; taju, merkitys; v aavistaa; ~ **of honour** kunniantunto

senseless ['sensləs] adj järjetön

sensible ['sensəbəl] adj järkevä

sensitive ['sensitiv] adj herkkä

sentence ['sentəns] n lause; tuomio; v tuomita

sentimental [,senti'mentəl] adj tunteellinen

separate[1] ['sepəreit] v erottaa

separate[2] ['sepərət] adj erillinen

separately ['sepərətli] adv erikseen

September [sep'tembə] syyskuu

septic ['septik] adj septinen; ***become** ~ tulehtua

sequel ['si:kwəl] n jatko

sequence ['si:kwəns] n järjestys; peräkkäisyys; sarja

serene [sə'ri:n] adj tyyni; seesteinen

serial ['siəriəl] n jatkokertomus

series ['siəri:z] n (pl ~) sarja, jakso

serious ['siəriəs] adj vakava

seriousness ['siəriəsnəs] n vakavuus

sermon ['sə:mən] n saarna

serum ['siərəm] n seerumi

servant ['sə:vənt] n palvelija

serve [sə:v] v tarjoilla

service ['sə:vis] n palvelus; palvelu; ~ **charge** palvelumaksu; ~ **station** huoltoasema

serviette [,sə:vi'et] n lautasliina

session ['seʃən] n istunto

set [set] n sarja

set [set] v asettaa; ~ **menu** kiinteä ruokalista; ~ **out** lähteä

setting ['setiŋ] n puitteet pl; ~ **lotion** kampausneste

settle ['setəl] v järjestää, selvittää; ~ **down** asettua asumaan

settlement ['setəlmənt] n järjestely, sopimus; siirtokunta

seven ['sevən] num seitsemän

seventeen [,sevən'ti:n] num seitsemäntoista

seventeenth [,sevən'ti:nθ] num seitsemästoista

seventh ['sevənθ] num seitsemäs

seventy ['sevənti] num seitsemänkymmentä

several ['sevərəl] adj useat, eri

severe [si'viə] adj kova, ankara

sew [sou] v ommella; ~ **up** ommella haava

sewer ['su:ə] n viemäri

sewing-machine ['souiŋmə,ʃi:n] n ompelukone

sex [seks] n sukupuoli; sukupuolielämä

sexton ['sekstən] n suntio

sexual ['sekʃuəl] adj sukupuoli-

sexuality [,sekʃu'æləti] n sukupuolisuus

shade [ʃeid] n varjo; vivahdus

shadow ['ʃædou] n varjo

shady ['ʃeidi] adj varjoisa

shake [ʃeik] v ravistaa

shaky ['ʃeiki] adj heikko, vapiseva

shall [ʃæl] v pitää, tulee (tekemään)

shallow ['ʃælou] adj matala

shame [ʃeim] n häpeä; **shame!** hyi!

shampoo [ʃæm'pu:] n tukanpesuaine

shamrock ['ʃæmrɔk] n apilanlehti

shape [ʃeip] n muoto; v muovata

share [ʃɛə] v jakaa; n osuus; osake

shark [ʃɑːk] n hai

sharp [ʃɑːp] adj terävä

sharpen [ʃɑːpən] v teroittaa

shave [ʃeiv] v ajaa parta

shaver ['ʃeivə] n sähköparranajokone

shaving-brush ['ʃeiviŋbraʃ] n partasuti

shaving-cream ['ʃeiviŋkriːm] n partavaahdoke

shaving-soap ['ʃeiviŋsoup] n parranajosaippua

shawl [ʃɔːl] n hartiahuivi

she [ʃiː] pron hän (naisesta)

shed [ʃed] n vaja

*shed [ʃed] v vuodattaa, valaa

sheep [ʃiːp] n (pl ~) lammas

sheer [ʃiə] adj pelkkä, silkka; ohut, läpinäkyvä

sheet [ʃiːt] n lakana; paperiarkki; levy

shelf [ʃelf] n (pl shelves) hylly

shell [ʃel] n kotilo

shellfish ['ʃelfiʃ] n äyriäinen

shelter [ʃeltə] n suoja; v suojata

shepherd ['ʃepəd] n paimen

shift [ʃift] n vaihto; työvuoro

*shine [ʃain] v kiiltää, loistaa

ship [ʃip] n laiva; v laivata; shipping line laivayhtiö

shipowner ['ʃiˌpounə] n laivanvarustaja

shipyard ['ʃipjɑːd] n laivaveistämö

shirt [ʃɔːt] n paita

shiver ['ʃivə] v vapista, väristä; n väristys

shivery ['ʃivəri] adj värisevä

shock [ʃɔk] n järkytys; v järkyttää; ~ absorber iskunvaimentaja

shocking ['ʃɔkiŋ] adj järkyttävä

shoe [ʃuː] n kenkä; gym shoes voimistelutossut pl; ~ polish kengän-

kiilloke

shoe-lace ['ʃuːleis] n kengännauha

shoemaker ['ʃuːˌmeikə] n suutari

shoe-shop ['ʃuːʃɔp] n kenkäkauppa

shook [ʃuk] v (p shake)

*shoot [ʃuːt] v ampua

shop [ʃɔp] n puoti; v käydä ostoksilla; ~ assistant myymäläapulainen; shopping bag ostoslaukku; shopping centre ostoskeskus

shopkeeper ['ʃɔpˌkiːpə] n kauppias

shop-window [ʃɔp'windou] n näyteikkuna

shore [ʃɔː] n ranta

short [ʃɔːt] adj lyhyt; ~ circuit oikosulku

shortage ['ʃɔːtidʒ] n pula

shortcoming ['ʃɔːtˌkʌmiŋ] n vajavaisuus

shorten ['ʃɔːtən] v lyhentää

shorthand ['ʃɔːthænd] n pikakirjoitus

shortly ['ʃɔːtli] adv pian

shorts [ʃɔːts] pl shortsit pl; plAm alushousut pl

short-sighted [ˌʃɔːt'saitid] adj likinäköinen

shot [ʃɔt] n laukaus; ruiske; otos

*should [ʃud] v täytyisi, pitäisi

shoulder ['ʃouldə] n hartia

shout [ʃaut] v kirkua, huutaa; n huuto

shovel ['ʃʌvəl] n lapio

show [ʃou] n esitys; näyttely

*show [ʃou] v näyttää; osoittaa

show-case ['ʃoukeis] n lasikaappi

shower [ʃauə] n suihku; sadekuuro

showroom ['ʃouruːm] n näyttely huone

shriek [ʃriːk] v kirkua; n kirkaisu

shrimp [ʃrimp] n katkarapu

shrine [ʃrain] n pyhäinjäännöslipas, pyhäkkö

*shrink [ʃriŋk] v kutistua

shrinkproof ['ʃriŋkpruːf] adj kutistumaton

shrub [ʃrʌb] n pensas

shudder [ˈʃʌdə] n väristys

shuffle [ˈʃʌfəl] v sekoittaa kortit

*shut [ʃʌt] v sulkea; shut suljettu; ~ in teljetä

shutter [ˈʃʌtə] n ikkunaluukku, luukku

shy [ʃai] adj ujo, arka

shyness [ˈʃainəs] n hämillisyys, ujous

Siam [saiˈæm] Siam

Siamese [ˌsaiəˈmiːz] adj siamilainen

sick [sik] adj sairas; pahoinvoipa

sickness [ˈsiknəs] n sairaus; pahoinvointi

side [said] n reuna, sivu; puoli; one-sided adj yksipuolinen

sideburns [ˈsaidbəːnz] pl poskiparta

sidelight [ˈsaidlait] n sivuvalo

side-street [ˈsaidstriːt] n sivukatu

sidewalk [ˈsaidwɔːk] nAm jalkakäytävä

sideways [ˈsaidweiz] adv sivulle, sivuttain

siege [siːdʒ] n piiritys

sieve [siv] n seula; v seuloa

sift [sift] v seuloa

sight [sait] n näky; nähtävyys

sign [sain] n tunnus, merkki; kyltti; viittaus, ele; v allekirjoittaa

signal [ˈsignəl] n merkinanto; opaste; v antaa merkki

signature [ˈsignətʃə] n nimikirjoitus

significant [sigˈnifikənt] adj merkittävä

signpost [ˈsainpoust] n tienviitta

silence [ˈsailəns] n hiljaisuus; v vaientaa

silencer [ˈsailənsə] n äänenvaimennin

silent [ˈsailənt] adj vaitelias, äänetön; *be ~ vaieta

silk [silk] n silkki

silken [ˈsilkən] adj silkkinen

silly [ˈsili] adj typerä

silver [ˈsilvə] n hopea; hopeinen

silversmith [ˈsilvəsmiθ] n hopeaseppä

silverware [ˈsilvəweə] n hopeatavara

similar [ˈsimilə] adj samanlainen

similarity [ˌsimiˈlærəti] n samanlaisuus

simple [ˈsimpəl] adj vaatimaton, yksinkertainen

simply [ˈsimpli] adv vaatimattomasti, yksinkertaisesti

simulate [ˈsimjuleit] v tekeytyä jksk, jäljitellä

simultaneous [ˌsiməlˈteiniəs] adj samanaikainen

sin [sin] n synti

since [sins] prep alkaen postp; adv siitä lähtien; conj sen jälkeen kun; koska

sincere [sinˈsiə] adj vilpitön

sinew [ˈsinjuː] n jänne

*sing [siŋ] v laulaa

singer [ˈsiŋə] n laulaja; laulajatar

single [ˈsiŋgəl] adj ainoa; naimaton; ~ room yhden hengen huone

singular [ˈsiŋgjulə] n yksikkö; adj epätavallinen

sinister [ˈsinistə] adj pahaenteinen

sink [siŋk] n pesuallas

*sink [siŋk] v vajota

sip [sip] n siemaus

siphon [ˈsaifən] n sifoni; lappo

sir [səː] herra

siren [ˈsaiərən] n sireeni

sister [ˈsistə] n sisar

sister-in-law [ˈsistərinlɔː] n (pl sisters-) käly

*sit [sit] v istua; ~ down istuutua

site [sait] n tontti; sijainti

sitting-room [ˈsitiŋruːm] n olohuone

situated [ˈsitʃueitid] adj sijaitseva

situation [ˌsitʃuˈeiʃən] n tilanne; sijainti, asema

six [siks] num kuusi

sixteen [ˌsiksˈtiːn] num kuusitoista

sixteenth [ˌsiksˈtiːnθ] *num* kuudestoista

sixth [siksθ] *num* kuudes

sixty [ˈsiksti] *num* kuusikymmentä

size [saiz] *n* koko; suuruus

skate [skeit] *v* luistella; *n* luistin

skating [ˈskeitiŋ] *n* luistelu

skating-rink [ˈskeitiŋriŋk] *n* luistinrata

skeleton [ˈskelitən] *n* luuranko

sketch [sketʃ] *n* luonnos, piirustus; *v* piirtää, luonnostella

sketch-book [ˈsketʃbuk] *n* luonnoskirja

ski[1] [skiː] *v* hiihtää

ski[2] [skiː] *n* (pl ~, ~s) suksi; ~ boots hiihtokengät *pl;* ~ pants hiihtohousut *pl;* ~ poles *Am* suksisauvat *pl;* ~ sticks suksisauvat *pl*

skid [skid] *v* luisua

skier [ˈskiːə] *n* hiihtäjä

skiing [ˈskiːiŋ] *n* hiihto

ski-jump [ˈskiːdʒʌmp] *n* mäkihyppy

skilful [ˈskilfəl] *adj* taitava, näppärä, etevä

ski-lift [ˈskiːlift] *n* hiihtohissi

skill [skil] *n* taito

skilled [skild] *adj* taitava; ammattitaitoinen

skin [skin] *n* iho, nahka; kuori; ~ cream ihovoide

skip [skip] *v* hyppiä; hypätä yli

skirt [skəːt] *n* hame

skull [skʌl] *n* kallo

sky [skai] *n* taivas

skyscraper [ˈskaiˌskreipə] *n* pilvenpiirtäjä

slack [slæk] *adj* hidas

slacks [slæks] *pl* pitkät housut

slam [slæm] *v* paukauttaa kiinni

slander [ˈslɑːndə] *n* panettelu

slant [slɑːnt] *v* kallistua

slanting [ˈslɑːntiŋ] *adj* vino, kalteva

slap [slæp] *v* läimäyttää; *n* läimäys

slate [sleit] *n* liuskakivi

slave [sleiv] *n* orja

sledge [sledʒ] *n* reki, kelkka

sleep [sliːp] *n* uni

*sleep [sliːp] *v* nukkua

sleeping-bag [ˈsliːpiŋbæg] *n* makuupussi

sleeping-car [ˈsliːpiŋkɑː] *n* makuuvaunu

sleeping-pill [ˈsliːpiŋpil] *n* unipilleri

sleepless [ˈsliːpləs] *adj* uneton

sleepy [ˈsliːpi] *adj* uninen

sleeve [sliːv] *n* hiha; kotelo

sleigh [slei] *n* kelkka, reki

slender [ˈslendə] *adj* hoikka

slice [slais] *n* viipale

slide [slaid] *n* liukuminen; liukurata; kuultokuva, diakuva

*slide [slaid] *v* liukua

slight [slait] *adj* vähäinen; lievä

slim [slim] *adj* solakka; *v* laihduttaa

slip [slip] *v* liukastua; livahtaa; *n* horjahdus; alushame

slipper [ˈslipə] *n* tohveli

slippery [ˈslipəri] *adj* liukas

slogan [ˈslougən] *n* iskusana, iskulause

slope [sloup] *n* rinne; *v* viettää

sloping [ˈsloupiŋ] *adj* viettävä

sloppy [ˈslopi] *adj* epäsiisti

slot [slɔt] *n* lovi

slot-machine [ˈslɔtˌməʃiːn] *n* automaatti

slovenly [ˈslʌvənli] *adj* huolimaton

slow [slou] *adj* hidas; ~ down hiljentää vauhtia; hidastaa

sluice [sluːs] *n* sulkuportti

slum [slʌm] *n* slummi

slump [slʌmp] *n* laskukausi

slush [slʌʃ] *n* lumisohjo

sly [slai] *adj* ovela

smack [smæk] *v* läimäyttää; *n* läimäys

small [smɔːl] *adj* pieni; vähäinen

smallpox [ˈsmɔːlpɒks] *n* isorokko

smart [smɑːt] *adj* tyylikäs; älykäs, taitava

smell [smel] *n* haju

•**smell** [smel] *v* haista

smelly [ˈsmeli] *adj* pahanhajuinen

smile [smail] *v* hymyillä; *n* hymy

smith [smiθ] *n* seppä

smoke [smouk] *v* tupakoida; *n* savu; **no smoking** tupakointi kielletty

smoker [ˈsmoukə] *n* tupakoitsija; tupakkaosasto

smoking-compartment [ˈsmoukiŋkəmˌpaːtmənt] *n* tupakkaosasto

smoking-room [ˈsmoukiŋruːm] *n* tupakkahuone

smooth [smuːð] *adj* sileä, tyven; joustava

smuggle [ˈsmʌgəl] *v* salakuljettaa

snack [snæk] *n* välipala

snack-bar [ˈsnækbaː] *n* pikabaari

snail [sneil] *n* etana

snake [sneik] *n* käärme

snapshot [ˈsnæpʃɒt] *n* pikakuva, valokuva

sneakers [ˈsniːkəz] *plAm* kumitossut *pl*

sneeze [sniːz] *v* aivastaa

sniper [ˈsnaipə] *n* sala-ampuja

snooty [ˈsnuːti] *adj* koppava

snore [snɔː] *v* kuorsata

snorkel [ˈsnɔːkəl] *n* hengitysputki

snout [snaut] *n* kuono

snow [snou] *n* lumi; *v* sataa lunta

snowstorm [ˈsnoustɔːm] *n* lumimyrsky

snowy [ˈsnoui] *adj* luminen

so [sou] *conj* niin; *adv* siten; niin, siinä määrin; **and ~ on** ja niin edespäin; **~ far** tähän asti; **~ that** joten, jotta

soak [souk] *v* liottaa, kastella läpimäräksi

soap [soup] *n* saippua; **~ powder** pesupulveri

sober [ˈsoubə] *adj* raitis; maltillinen

so-called [ˌsouˈkɔːld] *adj* niin sanottu

soccer [ˈsɒkə] *n* jalkapallopeli; **~ team** joukkue

social [ˈsouʃəl] *adj* yhteiskunta-, yhteiskunnallinen

socialism [ˈsouʃəlizəm] *n* sosialismi

socialist [ˈsouʃəlist] *adj* sosialistinen; *n* sosialisti

society [səˈsaiəti] *n* yhteiskunta; seurapiiri; yhdistys

sock [sɒk] *n* puolisukka

socket [ˈsɒkit] *n* pistorasia; holkki

soda-water [ˈsoudəˌwɔːtə] *n* kivennäisvesi

sofa [ˈsoufə] *n* sohva

soft [sɒft] *adj* pehmeä; **~ drink** alkoholiton juoma

soften [ˈsɒfən] *v* pehmittää

soil [sɔil] *n* maa, maaperä

soiled [sɔild] *adj* likainen

sold [sould] *v* (p, pp sell) ; **~ out** loppuunmyyty

solder [ˈsɒldə] *v* juottaa

soldering-iron [ˈsɒldəriŋaiən] *n* juotoskolvi

soldier [ˈsouldʒə] *n* sotilas

sole[1] [soul] *adj* ainoa

sole[2] [soul] *n* kengänpohja; meriantura

solely [ˈsoulli] *adv* yksinomaan

solemn [ˈsɒləm] *adj* juhlallinen

solicitor [səˈlisitə] *n* asianajaja

solid [ˈsɒlid] *adj* kiinteä; jykevä; *n* kiinteä aine

soluble [ˈsɒljubəl] *adj* liukeneva

solution [səˈluːʃən] *n* ratkaisu; liuos

solve [sɒlv] *v* ratkaista

sombre [ˈsɒmbə] *adj* synkkä

some [sʌm] *adj* jotkut, muutama; *pron* jotkut, muutama; vähän; **~ day** joskus; **~ more** vähän lisää;

~ **time** joskus
somebody ['sʌmbədi] *pron* joku
somehow ['sʌmhau] *adv* jollakin tapaa
someone ['sʌmwʌn] *pron* joku
something ['sʌmθiŋ] *pron* jotakin
sometimes ['sʌmtaimz] *adv* toisinaan, joskus
somewhat ['sʌmwɔt] *adv* hiukan
somewhere ['sʌmweə] *adv* jossain
son [sʌn] *n* poika
song [sɔŋ] *n* laulu
son-in-law ['sʌninlɔː] *n* (pl sons-) vävy
soon [suːn] *adv* tuotapikaa, pian; **as ~ as** niin pian kuin
sooner ['suːnə] *adv* mieluummin
sore [sɔː] *adj* kipeä; *n* kipeä kohta; märkähaava; ~ **throat** kurkkukipu
sorrow ['sɔrou] *n* suru, murhe
sorry ['sɔri] *adj* pahoillaan; **sorry!** anteeksi!
sort [sɔːt] *v* järjestää, lajitella; *n* laji; **all sorts of** kaikenlaisia
soul [soul] *n* sielu; henki
sound [saund] *n* sointu, ääni; *v* kuulostaa; *adj* terve, järkevä
soundproof ['saundpruːf] *adj* äänieristetty
soup [suːp] *n* keitto
soup-plate ['suːppleit] *n* syvä lautanen
soup-spoon ['suːpspuːn] *n* liemilusikka
sour [sauə] *adj* hapan
source [sɔːs] *n* lähde
south [sauθ] *n* etelä; **South Pole** etelänapa
South Africa [sauθ 'æfrikə] Etelä-Afrikka
south-east [ˌsauθ'iːst] *n* kaakko
southerly ['sʌðəli] *adj* eteläinen
southern ['sʌðən] *adj* eteläinen

south-west [ˌsauθ'west] *n* lounas
souvenir ['suːvəniə] *n* muistoesine
sovereign ['sɔvrin] *n* hallitsija
Soviet ['souviət] *adj* neuvostoliittolainen; ~ **Union** Neuvostoliitto
*****sow** [sou] *v* kylvää
spa [spaː] *n* terveyskylpylä
space [speis] *n* tila; avaruus; välimatka, väli; *v* harventaa
spacious ['speiʃəs] *adj* tilava
spade [speid] *n* lapio
Spain [spein] Espanja
Spaniard ['spænjəd] *n* espanjalainen
Spanish ['spæniʃ] *adj* espanjalainen
spanking ['spæŋkiŋ] *n* selkäsauna
spanner ['spænə] *n* jakoavain, mutterinavain
spare [speə] *adj* ylimääräinen; *v* säästää; ~ **part** varaosa; ~ **room** vierashuone; ~ **time** vapaa-aika; ~ **tyre** vararengas; ~ **wheel** varapyörä
spark [spaːk] *n* kipinä
sparking-plug ['spaːkiŋplʌg] *n* sytytystulppa
sparkling ['spaːkliŋ] *adj* kipinöivä; helmeilevä
sparrow ['spærou] *n* varpunen
*****speak** [spiːk] *v* puhua
spear [spiə] *n* keihäs
special ['speʃəl] *adj* erityinen, erikoinen; ~ **delivery** pikaposti
specialist ['speʃəlist] *n* asiantuntija
speciality [ˌspeʃi'æləti] *n* erikoisuus
specialize ['speʃəlaiz] *v* erikoistua
specially ['speʃəli] *adv* etenkin
species ['spiːʃiːz] *n* (pl ~) laji
specific [spə'sifik] *adj* nimenomainen; ominainen
specimen ['spesimən] *n* näyte, näytekappale
speck [spek] *n* täplä
spectacle ['spektəkəl] *n* näytelmä; **spectacles** silmälasit *pl*

spectator [spek'teitə] n katselija

speculate ['spekjuleit] v keinotella; mietiskellä

speech [spi:tʃ] n puhekyky; puhe

speechless ['spi:tʃləs] adj sanaton

speed [spi:d] n nopeus; vauhti; cruising ~ kulkunopeus; ~ limit nopeusrajoitus

*speed [spi:d] v ajaa nopeasti; ylittää sallittu ajonopeus

speeding ['spi:diŋ] n ylinopeus

speedometer [spi:'dɔmitə] n nopeusmittari

spell [spel] n lumous

*spell [spel] v tavata

spelling ['speliŋ] n oikeinkirjoitus

*spend [spend] v käyttää, kuluttaa; viettää

sphere [sfiə] n pallo; piiri

spice [spais] n mauste

spiced [spaist] adj maustettu

spicy ['spaisi] adj maustettu

spider ['spaidə] n hämähäkki; spider's web hämähäkinverkko

*spill [spil] v läikyttää

*spin [spin] v kehrätä; pyörittää

spinach ['spinidʒ] n pinaatti

spine [spain] n selkäranka

spinster ['spinstə] n ikäneito

spire [spaiə] n huippu

spirit ['spirit] n sielu; aave; mieliala; spirits väkijuomat pl; ~ stove spriikeitin

spiritual ['spiritʃuəl] adj hengellinen

spit [spit] n sylki; varras

*spit [spit] v sylkeä

in spite of [in spait ɔv] huolimatta prep/postp

spiteful ['spaitfəl] adj pahansuopa

splash [splæʃ] v räiskyttää

splendid ['splendid] adj loistava, suurenmoinen

splendour ['splendə] n loisto

splint [splint] n lasta

splinter ['splintə] n sirpale

*split [split] v halkaista

*spoil [spoil] v turmella; hemmotella

spoke¹ [spouk] v (p speak)

spoke² [spouk] n pinna

sponge [spʌndʒ] n pesusieni

spook [spu:k] n aave, kummitus

spool [spu:l] n puola

spoon [spu:n] n lusikka

spoonful ['spu:nful] n lusikallinen

sport [spɔ:t] n urheilu

sports-car ['spɔ:tska:] n urheiluauto

sports-jacket ['spɔ:ts‚dʒækit] n urheilutakki

sportsman ['spɔ:tsmən] n (pl -men) urheilija

sportswear ['spɔ:tsweə] n urheiluasusteet pl

spot [spɔt] n tahra, täplä; paikka

spotless ['spɔtləs] adj tahraton

spotlight ['spɔtlait] n valonheitin

spotted ['spɔtid] adj täplikäs

spout [spaut] n ruisku; kouru, nokka

sprain [sprein] v nyrjäyttää; n nyrjähdys

*spread [spred] v levittää

spring [spriŋ] n kevät; jousi; lähde

springtime ['spriŋtaim] n kevätaika

sprouts [sprauts] pl ruusukaali

spy [spai] n vakoilija

squadron ['skwɔdrən] n laivue; eskadroona

square [skweə] adj neliönmuotoinen; n neliö; aukio

squash [skwɔʃ] n hedelmämehu

squirrel ['skwirəl] n orava

squirt [skwə:t] n suihku

stable ['steibəl] adj vakaa; n talli

stack [stæk] n pino

stadium ['steidiəm] n stadion

staff [stɑ:f] n henkilökunta

stage [steidʒ] n näyttämö; vaihe, aste; etappi

stain [stein] v tahrata; n tahra;

stained glass lasimaalaus; ~ remover tahranpoistoaine

stainless ['steinləs] adj tahraton; ~ steel ruostumaton teräs

staircase ['steəkeis] n portaat pl

stairs [steəz] pl portaat pl

stale [steil] adj väljähtynyt

stall [stɔ:l] n kauppakoju; permantopaikka

stamina ['stæminə] n kestokyky

stamp [stæmp] n postimerkki; leima; v varustaa postimerkillä; tallata; ~ machine postimerkkiautomaatti

stand [stænd] n myyntikoju; katsojaparveke

*stand [stænd] v seisoa

standard ['stændəd] n vakio, normi; vakio-; ~ of living elintaso

stanza ['stænzə] n säkeistö

staple ['steipəl] n sinkilä

star [stɑ:] n tähti

starboard ['stɑ:bəd] n tyyrpuuri

starch [stɑ:tʃ] n tärkki, tärkkelys; v tärkätä

stare [steə] v tuijottaa

starling ['stɑ:liŋ] n kottarainen

start [stɑ:t] v aloittaa; n alku; starter motor käynnistysmoottori

starting-point ['stɑ:tiŋpɔint] n lähtökohta

state [steit] n valtio; tila; v ilmoittaa

the States [ðə steits] Yhdysvallat

statement ['steitmənt] n lausunto

statesman ['steitsmən] n (pl -men) valtiomies

station ['steiʃən] n rautatieasema; asemapaikka

stationary ['steiʃənəri] adj paikallaan pysyvä

stationer's ['steiʃənəz] n paperikauppa

stationery ['steiʃənəri] n paperitavarat pl

station-master ['steiʃən,mɑ:stə] n asemapäällikkö

statistics [stə'tistiks] pl tilasto

statue ['stætʃu:] n kuvapatsas

stay [stei] v jäädä, pysyä; oleskella; n oleskelu

steadfast ['stedfɑ:st] adj järkkymätön

steady ['stedi] adj luja, vakaa

steak [steik] n pihvi

*steal [sti:l] v varastaa

steam [sti:m] n höyry

steamer ['sti:mə] n höyrylaiva

steel [sti:l] n teräs

steep [sti:p] adj jyrkkä

steeple ['sti:pəl] n kirkontorni

steering-column ['stiəriŋ,kɔləm] n ohjaustanko

steering-wheel ['stiəriŋwi:l] n ohjauspyörä

steersman ['stiəzmən] n (pl -men) perämies

stem [stem] n varsi

stenographer [ste'nɔgrəfə] n pikakirjoittaja

step [step] n askel; porras; v astua

stepchild ['steptʃaild] n (pl -children) lapsipuoli

stepfather ['step,fɑ:ðə] n isäpuoli

stepmother ['step,mʌðə] n äitipuoli

sterile ['sterail] adj sterili

sterilize ['sterilaiz] v sterilisoida

steward ['stju:əd] n stuertti, tarjoilija

stewardess ['stju:ədes] n lentoemäntä

stick [stik] n keppi

*stick [stik] v tarttua, pitää kiinni; liimata

sticky ['stiki] adj tahmea

stiff [stif] adj kankea

still [stil] adv vielä; sittenkin; adj hiljainen

stillness ['stilnəs] n hiljaisuus

stimulant ['stimjulənt] n piristysaine

stimulate ['stimjuleit] v piristää

sting [stiŋ] n pistos

*sting [stiŋ] v pistää

stingy ['stindʒi] adj saita

*stink [stiŋk] v löyhkätä

stipulate ['stipjuleit] v määrätä

stipulation [ˌstipjuˈleiʃən] n määräys

stir [stəː] v liikuttaa; hämmentää

stirrup ['stirəp] n jalustin

stitch [stitʃ] n ommel, pistos; tikki

stock [stɔk] n varasto; v varastoida; ~ **exchange** arvopaperipörssi; ~ **market** arvopaperipörssi; **stocks and shares** osakkeet pl

stocking ['stɔkiŋ] n sukka

stole[1] [stoul] v (p steal)

stole[2] [stoul] n stoola

stomach ['stʌmək] n vatsa

stomach-ache ['stʌməkeik] n vatsakipu

stone [stoun] n kivi; jalokivi; kivinen; **pumice** ~ hohkakivi

stood [stud] v (p, pp stand)

stop [stɔp] v lopettaa; pysähdyttää; n pysäkki; **stop!** seis!

stopper ['stɔpə] n tulppa

storage ['stɔːridʒ] n varastointi

store [stɔː] n varasto; myymälä; v varastoida

store-house ['stɔːhaus] n varasto

storey ['stɔːri] n kerros

stork [stɔːk] n haikara

storm [stɔːm] n myrsky

stormy ['stɔːmi] adj myrskyinen

story ['stɔːri] n kertomus

stout [staut] adj tukeva

stove [stouv] n uuni; liesi

straight [streit] adj suora; rehellinen; adv suoraan; ~ **away** heti paikalla, suoraa päätä; ~ **on** suoraan eteenpäin

strain [strein] n rasitus; jännitys; v rasittaa; siivilöidä

strainer ['streinə] n siivilä, suodatin

strange [streindʒ] adj outo; kummallinen

stranger ['streindʒə] n muukalainen; tuntematon

strangle ['stræŋgəl] v kuristaa

strap [stræp] n hihna

straw [strɔː] n olki

strawberry ['strɔːbəri] n mansikka

stream [striːm] n puro; virta; v virrata

street [striːt] n katu

streetcar ['striːtkɑː] nAm raitiovaunu

street-organ ['striːˌtɔːgən] n posetiivi

strength [streŋθ] n voima, vahvuus

stress [stres] n rasitus; korostus; v painottaa

stretch [stretʃ] v venyttää; n matka

strict [strikt] adj ankara

strife [straif] n taistelu

strike [straik] n lakko

*strike [straik] v lyödä; tuntua (jltkn); lakkoilla

striking ['straikiŋ] adj silmäänpistävä, hämmästyttävä, huomiota herättävä

string [striŋ] n nyöri; kieli; jänne

strip [strip] n kaistale; v riisua

stripe [straip] n raita

striped [straipt] adj raidallinen

stroke [strouk] n halvaus

stroll [stroul] v kuljeskella; n kävely

strong [strɔŋ] adj vahva, voimakas

stronghold ['strɔŋhould] n linnoitus

structure ['strʌktʃə] n rakenne

struggle ['strʌgəl] n ponnistus, kamppailu; v tapella, kamppailla

stub [stʌb] n kanta

stubborn ['stʌbən] adj itsepäinen

student ['stjuːdənt] n opiskelija; ylioppilas

study ['stʌdi] v opiskella; n opinnot pl; työhuone

stuff [stʌf] n aine; tavara

stuffed [stʌft] adj täytetty

stuffing ['stʌfiŋ] n täyte

stuffy ['stʌfi] adj ummehtunut

stumble ['stʌmbəl] v kompastua

stung [stʌŋ] v (p, pp sting)

stupid ['stju:pid] adj tyhmä

style [stail] n tyyli

subject[1] ['sʌbdʒikt] n aihe; alamainen; ~ to altis jllk

subject[2] [səb'dʒekt] v alistaa

submit [səb'mit] v alistaa

subordinate [sə'bɔ:dinət] adj alainen; toisarvoinen

subscriber [səb'skraibə] n tilaaja

subscription [səb'skripʃən] n tilaus

subsequent ['sʌbsikwənt] adj myöhempi

subsidy ['sʌbsidi] n apuraha

substance ['sʌbstəns] n aine

substantial [səb'stænʃəl] adj aineellinen; tukeva; melkoinen

substitute ['sʌbstitju:t] v korvata; n korvike; sijainen

subtitle ['sʌb,taitəl] n alaotsikko

subtle ['sʌtəl] adj hiuksenhieno

subtract [səb'trækt] v vähentää

suburb ['sʌbə:b] n esikaupunki

suburban [sə'bə:bən] adj esikaupunkilainen

subway ['sʌbwei] nAm maanalainen

succeed [sək'si:d] v onnistua; seurata

success [sək'ses] n menestys

successful [sək'sesfəl] adj menestyksellinen

succumb [sə'kʌm] v antaa myöten

such [sʌtʃ] adj sellainen; adv niin; ~ as kuten

suck [sʌk] v imeä

sudden ['sʌdən] adj äkillinen

suddenly ['sʌdənli] adv äkkiä

suede [sweid] n mokkanahka

suffer ['sʌfə] v kärsiä

suffering ['sʌfəriŋ] n kärsimys

suffice [sə'fais] v riittää

sufficient [sə'fiʃənt] adj kyllin, riittä-

vä

suffrage ['sʌfridʒ] n äänioikeus

sugar ['ʃugə] n sokeri

suggest [sə'dʒest] v ehdottaa

suggestion [sə'dʒestʃən] n ehdotus

suicide ['su:isaid] n itsemurha

suit [su:t] v sopia; sovittaa; n puku

suitable ['su:təbəl] adj sopiva

suitcase ['su:tkeis] n matkalaukku

suite [swi:t] n huoneisto

sum [sʌm] n summa

summary ['sʌməri] n tiivistelmä, yhteenveto

summer ['sʌmə] n kesä; ~ time kesäaika

summit ['sʌmit] n huippu

summons ['sʌmənz] n (pl ~es) haaste

sun [sʌn] n aurinko

sunbathe ['sʌnbeið] v ottaa aurinkoa

sunburn ['sʌnbə:n] n päivetys

Sunday ['sʌndi] sunnuntai

sun-glasses ['sʌn,glɑ:siz] pl aurinkolasit pl

sunlight ['sʌnlait] n päivänvalo

sunny ['sʌni] adj aurinkoinen

sunrise ['sʌnraiz] n auringonnousu

sunset ['sʌnset] n auringonlasku

sunshade ['sʌnʃeid] n aurinkovarjo

sunshine ['sʌnʃain] n auringonpaiste

sunstroke ['sʌnstrouk] n auringonpisto

suntan oil ['sʌntænɔil] aurinkoöljy

superb [su'pə:b] adj suurenmoinen, erinomainen

superficial [,su:pə'fiʃəl] adj pinnallinen

superfluous [su'pə:fluəs] adj liiallinen

superior [su'piəriə] adj ylempi, ylivoimainen, parempi, suurempi

superlative [su'pə:lətiv] adj verraton; n superlatiivi

supermarket ['su:pə,ma:kit] n valintamyymälä

supersonic [ˌsu:pəˈsɒnik] adj ääntä nopeampi

superstition [ˌsu:pəˈstiʃən] n taikausko

supervise [ˈsu:pəvaiz] v valvoa

supervision [ˌsu:pəˈviʒən] n valvonta

supervisor [ˈsu:pəvaizə] n valvoja

supper [ˈsʌpə] n illallinen

supple [ˈsʌpəl] adj taipuisa, notkea

supplement [ˈsʌplimənt] n liite

supply [səˈplai] n hankinta; varasto; tarjonta; v hankkia

support [səˈpɔ:t] v tukea, avustaa; n tuki; ~ hose tukisukka

supporter [səˈpɔ:tə] n kannattaja

suppose [səˈpouz] v olettaa; supposing that edellyttäen

suppository [səˈpɒzitəri] n peräpuikko

suppress [səˈpres] v tukahduttaa

surcharge [ˈsɜ:tʃɑ:dʒ] n lisämaksu

sure [ʃuə] adj varma

surely [ˈʃuəli] adv varmasti

surface [ˈsɜ:fis] n pinta

surf-board [ˈsɜ:fbɔ:d] n lainelauta

surgeon [ˈsɜ:dʒən] n kirurgi; veterinary ~ eläinlääkäri

surgery [ˈsɜ:dʒəri] n leikkaus; vastaanottohuone

surname [ˈsɜ:neim] n sukunimi

surplus [ˈsɜ:pləs] n ylijäämä

surprise [səˈpraiz] n yllätys; hämmästys; v yllättää; hämmästyttää

surrender [səˈrendə] v antautua; n antautuminen

surround [səˈraund] v ympäröidä

surrounding [səˈraundiŋ] adj ympäröivä

surroundings [səˈraundiŋz] pl ympäristö

survey [ˈsɜ:vei] n yleiskatsaus

survival [səˈvaivəl] n eloonjääminen

survive [səˈvaiv] v jäädä eloon

suspect¹ [səˈspekt] v epäillä; arvella

suspect² [ˈsʌspekt] n epäilyksenalainen henkilö

suspend [səˈspend] v ripustaa; erottaa

suspenders [səˈspendəz] plAm housunkannattimet pl; suspender belt sukkanauhaliivit pl

suspension [səˈspenʃən] n autonjousitus, kiinnitys; ~ bridge riippusilta

suspicion [səˈspiʃən] n epäilys; epäluulo

suspicious [səˈspiʃəs] adj epäilyttävä; epäilevä, epäluuloinen

sustain [səˈstein] v kannattaa; kestää

Swahili [swɑˈhi:li] n suahili

swallow [ˈswɒlou] v niellä; n pääskynen

swam [swæm] v (p swim)

swamp [swɒmp] n suo

swan [swɒn] n joutsen

swap [swɒp] v tehdä vaihtokauppa

*swear [sweə] v vannoa; kiroilla

sweat [swet] n hiki; v hikoilla

sweater [ˈswetə] n neulepusero

Swede [swi:d] n ruotsalainen

Sweden [ˈswi:dən] Ruotsi

Swedish [ˈswi:diʃ] adj ruotsalainen

*sweep [swi:p] v lakaista

sweet [swi:t] adj makea; herttainen; n makeinen; jälkiruoka

sweeten [ˈswi:tən] v makeuttaa

sweetheart [ˈswi:thɑ:t] n mielitietty

sweetshop [ˈswi:tʃɒp] n makeiskauppa

swell [swel] adj mainio

*swell [swel] v paisua

swelling [ˈsweliŋ] n turvotus

swift [swift] adj nopea

*swim [swim] v uida

swimmer [ˈswimə] n uimari

swimming [ˈswimiŋ] n uinti; ~ pool uima-allas

swimming-trunks [ˈswimiŋtrʌŋks] pl uimahousut pl

swim-suit [ˈswimsu:t] n uimapuku

swindle [ˈswindəl] v petkuttaa; n huijaus

swindler ['swindlə] n huijari

swing [swiŋ] n keinu

*swing [swiŋ] v keinuttaa; keinua

Swiss [swis] adj sveitsiläinen

switch [switʃ] n katkaisin; v vaihtaa; ~ off sammuttaa; ~ on kytkeä

switchboard ['switʃbɔːd] n vaihdepöytä

Switzerland ['switsələnd] Sveitsi

sword [sɔːd] n miekka

swum [swʌm] v (pp swim)

syllable ['siləbl] n tavu

symbol ['simbəl] n tunnuskuva

sympathetic [ˌsimpəˈθetik] adj osaaottavainen, myötätuntoinen

sympathy ['simpəθi] n myötämielisyys; myötätunto

symphony ['simfəni] n sinfonia

symptom ['simtəm] n oire

synagogue ['sinəgɔg] n synagoga

synonym ['sinənim] n synonyymi

synthetic [sinˈθetik] adj synteettinen

syphon ['saifən] n sifoni

Syria ['siriə] Syyria

Syrian ['siriən] adj syyrialainen

syringe [siˈrindʒ] n ruisku

syrup ['sirəp] n siirappi, mehu

system ['sistəm] n järjestelmä; decimal ~ kymmenjärjestelmä

systematic [ˌsistəˈmætik] adj järjestelmällinen

T

table ['teibəl] n pöytä; taulukko; ~ of contents sisällysluettelo; ~ tennis pöytätennis

table-cloth ['teibəlklɔθ] n pöytäliina

tablespoon ['teibəlspuːn] n ruokalusikka

tablet ['tæblit] n tabletti

taboo [təˈbuː] n tabu

tactics ['tæktiks] pl taktiikka

tag [tæg] n nimilipuke

tail [teil] n häntä

tail-light ['teillait] n takavalo

tailor ['teilə] n räätäli

tailor-made ['teiləmeid] adj räätälintekemä

*take [teik] v ottaa; viedä; saattaa; tajuta, ymmärtää; ~ away viedä; poistaa; ~ off nousta ilmaan; ~ out ottaa pois; ~ over ottaa tehtäväkseen; ~ place tapahtua; ~ up ottaa haltuunsa

take-off ['teikɔf] n lähtö, nousu

tale [teil] n kertomus, tarina

talent ['tælənt] n luonnonlahja

talented ['tæləntid] adj lahjakas

talk [tɔːk] v keskustella, puhua; n keskustelu

talkative ['tɔːkətiv] adj puhelias

tall [tɔːl] adj korkea; kookas

tame [teim] adj kesy, säyseä; v kesyttää

tampon ['tæmpən] n tamponi

tangerine [ˌtændʒəˈriːn] n mandariini

tangible ['tændʒibəl] adj käsin kosketeltava

tank [tæŋk] n säiliö

tanker ['tæŋkə] n säiliöalus

tanned [tænd] adj ruskettunut

tap [tæp] n hana; koputus; v koputtaa

tape [teip] n nauha; adhesive ~ teippi, liimanauha; kiinnelaastari

tape-measure ['teipˌmeʒə] n mittanauha

tape-recorder ['teipriˌkɔːdə] n nauhuri

tapestry ['tæpistri] n seinävaate, gobeliini

tar [taː] n terva

target ['taːgit] n maalitaulu, kohde

tariff ['tærif] n tariffi

tarpaulin [taːˈpɔːlin] n suojakangas

task [tɑ:sk] n tehtävä

taste [teist] n maku, makuaisti; v maistua; maistaa

tasteless ['teistləs] adj mauton

tasty ['teisti] adj maittava, maukas

taught [tɔ:t] v (p, pp teach)

tavern ['tævən] n oluttupa

tax [tæks] n vero; v verottaa

taxation [tæk'seiʃən] n verotus

tax-free ['tæksfri:] adj veroton

taxi ['tæksi] n taksi; ~ rank taksiasema; ~ stand Am taksiasema

taxi-driver ['tæksi,draivə] n vuokraautoilija

taxi-meter ['tæksi,mi:tə] n taksamittari

tea [ti:] n tee

*teach [ti:tʃ] v opettaa

teacher ['ti:tʃə] n opettaja

teachings ['ti:tʃiŋz] pl opetus

teacup ['ti:kʌp] n teekuppi

team [ti:m] n työryhmä

teapot ['ti:pɔt] n teekannu

*tear [teə] v repiä

tear[1] [tiə] n kyynel

tear[2] [teə] n repeämä

tear-jerker ['tiə,dʒə:kə] n tunteileva

tease [ti:z] v kiusoitella

tea-set ['ti:set] n teeastiasto

tea-shop ['ti:ʃɔp] n teehuone

teaspoon ['ti:spu:n] n teelusikka

teaspoonful ['ti:spu:n,ful] n teelusikallinen

technical ['teknikəl] adj tekninen

technician [tek'niʃən] n teknikko

technique [tek'ni:k] n tekniikka

technology [tek'nɔlədʒi] n teknologia

teenager ['ti:,neidʒə] n teini-ikäinen

teetotaller [ti:'toutələ] n täysin raitis

telegram ['teligræm] n sähke

telegraph ['teligrɑ:f] v sähköttää

telepathy [ti'lepəθi] n telepatia

telephone ['telifoun] n puhelin; ~ book Am puhelinluettelo, Am pu-

helinrekisteri; ~ booth puhelinkoppi; ~ call puhelu; ~ directory puhelinluettelo; ~ exchange puhelinkeskus; ~ operator puhelunvälittäjä

telephonist [ti'lefənist] n puhelinneiti

television ['teliviʒən] n televisio; ~ set televisiovastaanotin

telex ['teleks] n kaukokirjoitin

*tell [tel] v kertoa

temper ['tempə] n mieliala, tuuli; kiivaus

temperature ['temprətʃə] n lämpötila

tempest ['tempist] n raijuilma

temple ['templ] n temppeli; ohimo

temporary ['tempərəri] adj väliaikainen, tilapäinen

tempt [tempt] v houkutella

temptation [temp'teiʃən] n kiusaus

ten [ten] num kymmenen

tenant ['tenənt] n vuokralainen

tend [tend] v pyrkiä; hoitaa; ~ to olla taipuvainen jhk

tendency ['tendənsi] n taipumus

tender ['tendə] adj hellä, herkkä; murea

tendon ['tendən] n jänne

tennis ['tenis] n tennis; ~ shoes tenniskengät pl

tennis-court ['teniskɔ:t] n tenniskenttä

tense [tens] adj jännittynyt

tension ['tenʃən] n jännitys

tent [tent] n teltta

tenth [tenθ] num kymmenes

tepid ['tepid] adj haalea

term [tə:m] n ilmaisu; lukukausi, määräaika; ehto

terminal ['tə:minəl] n pääteasema

terrace ['terəs] n terassi

terrain [te'rein] n maasto

terrible ['teribəl] adj kauhea, hirveä, kauhistava

terrific [tə'rifik] adj verraton

terrify ['terifai] v kauhistuttaa; ter-
rifying pelottava
territory ['teritəri] n alue
terror ['terə] n kauhu
terrorism ['terərizəm] n terrorismi
terylene ['terəli:n] n terylene
test [test] n kokeilu, koe; v kokeilla
testify ['testifai] v todistaa
text [tekst] n teksti
textbook ['teksbuk] n oppikirja
textile ['tekstail] n tekstiili
texture ['tekstʃə] n koostumus
Thai [tai] adj thaimaalainen
Thailand ['tailænd] Thaimaa
than [ðæn] conj kuin
thank [θæŋk] v kiittää; ~ you kiitos
thankful ['θæŋkfəl] adj kiitollinen
that [ðæt] adj tuo; pron tuo; joka;
conj että
thaw [θɔ:] v lauhtua, sulaa; n suoja-
sää
the ... the mitä ... sitä
theatre [θiətə] n teatteri
theft [θeft] n varkaus
their [ðeə] adj heidän
them [ðem] pron heidät; heille
theme [θi:m] n aihe, teema
themselves [ðəm'selvz] pron itsensä;
itse
then [ðen] adv silloin; sitten, sen jäl-
keen
theology [θi'blədʒi] n jumaluusoppi
theoretical [θiə'retikəl] adj teoreetti-
nen
theory [θiəri] n teoria
therapy [θerəpi] n hoito
there [ðeə] adv siellä; sinne
therefore ['ðeəfɔ:] conj siksi
thermometer [θə'mɔmitə] n lämpö-
mittari
thermostat ['θə:məstæt] n termos-
taatti
these [ði:z] adj nämä
thesis [θi:sis] n (pl theses) väite

they [ðei] pron he
thick [θik] adj paksu; sakea
thicken [θikən] v saostaa
thickness [θiknəs] n paksuus
thief [θi:f] n (pl thieves) varas
thigh [θai] n reisi
thimble [θimbəl] n sormustin
thin [θin] adj ohut; laiha
thing [θiŋ] n esine, asia
*think [θiŋk] v ajatella; arvella; ~
over miettiä
thinker [θiŋkə] n ajattelija
third [θə:d] num kolmas
thirst [θə:st] n jano
thirsty [θə:sti] adj janoinen
thirteen [θə:'ti:n] num kolmetoista
thirteenth [θə:'ti:nθ] num kolmas-
toista
thirtieth [θə:tiəθ] num kolmaskym-
menes
thirty [θə:ti] num kolmekymmentä
this [ðis] adj tämä; pron tämä
thistle [θisəl] n ohdake
thorn [θɔ:n] n piikki
thorough [θʌrə] adj perinpohjainen,
perusteellinen
thoroughbred [θʌrəbred] adj täysive-
rinen
thoroughfare [θʌrəfeə] n pääliiken-
neväylä, valtatie
those [ðouz] adj nuo; pron nuo
though [ðou] conj vaikka; adv kuiten-
kin
thought¹ [θɔ:t] v (p, pp think)
thought² [θɔ:t] n ajatus
thoughtful [θɔ:tfəl] adj miettiväinen;
huomaavainen
thousand [θauzənd] num tuhat
thread [θred] n lanka; rihma; v pu-
jottaa
threadbare [θredbeə] adj nukkavieru
threat [θret] n uhkaus, uhka
threaten [θretən] v uhata
three [θri:] num kolme

three-quarter [θriːˈkwɔːtə] *adj* kolme nejännestä

threshold [ˈθreʃould] *n* kynnys

threw [θruː] *v* (p throw)

thrifty [ˈθrifti] *adj* säästäväinen

throat [θrout] *n* kurkku; kaula

throne [θroun] *n* valtaistuin

through [θruː] *prep* läpi *prep/postp*

throughout [θruːˈaut] *adv* kauttaaltaan

throw [θrou] *n* heitto

*****throw** [θrou] *v* paiskata, heittää

thrush [θrʌʃ] *n* rastas

thumb [θʌm] *n* peukalo

thumbtack [ˈθʌmtæk] *nAm* nasta

thump [θʌmp] *v* jyskyttää

thunder [ˈθʌndə] *n* ukkonen; *v* jyristä

thunderstorm [ˈθʌndəstɔːm] *n* ukonilma

thundery [ˈθʌndəri] *adj* ukkosta ennustava

Thursday [ˈθəːzdi] torstai

thus [ðʌs] *adv* täten

thyme [taim] *n* timjami

tick [tik] *n* merkki, rasti; ~ **off** rastia

ticket [ˈtikit] *n* lippu; sakkolappu; ~ **collector** rahastaja; ~ **machine** lippuautomaatti

tickle [ˈtikəl] *v* kutittaa

tide [taid] *n* vuorovesi; **high** ~ nousuvesi; **low** ~ laskuvesi

tidings [ˈtaidiŋz] *pl* sanoma

tidy [ˈtaidi] *adj* siisti; ~ **up** siivota

tie [tai] *v* sitoa, solmia; *n* solmio

tiger [ˈtaigə] *n* tiikeri

tight [tait] *adj* tiukka; tiivis; *adv* tiukasti

tighten [ˈtaitən] *v* kiristää, tiivistää; pingottua

tights [taits] *pl* sukkahousut *pl*

tile [tail] *n* kaakeli; tiili

till [til] *prep* saakka *postp*, asti *postp*; *conj* kunnes

timber [ˈtimbə] *n* puutavara; rakennuspuut

time [taim] *n* aika; kerta; **all the** ~ kaiken aikaa; **in** ~ ajoissa; ~ **of arrival** saapumisaika; ~ **of departure** lähtöaika

time-saving [ˈtaimˌseiviŋ] *adj* aikaa säästävä

timetable [ˈtaimˌteibəl] *n* aikataulu

timid [ˈtimid] *adj* ujo

timidity [tiˈmidəti] *n* ujous

tin [tin] *n* tina; säilykepurkki, säilykerasia; **tinned food** säilykeruoka

tinfoil [ˈtinfɔil] *n* tinapaperi

tin-opener [ˈtinˌoupənə] *n* säilykerasian avaaja

tiny [ˈtaini] *adj* pikkuruinen

tip [tip] *n* kärki; juomaraha

tire[1] [taiə] *n* rengas

tire[2] [taiə] *v* väsyttää

tired [taiəd] *adj* uupunut, väsynyt; ~ **of** kyllästynyt

tiring [ˈtaiəriŋ] *adj* väsyttävä

tissue [ˈtiʃuː] *n* kangas; paperinenäliina

title [ˈtaitəl] *n* arvonimi; otsikko

to [tuː] *prep* luo *postp*; -lla, -lle *suff*, luokse *postp*, kohti *postp*, vailla *postp*; jotta

toad [toud] *n* rupisammakko

toadstool [ˈtoudstuːl] *n* sieni

toast [toust] *n* paahtoleipä; malja

tobacco [təˈbækou] *n* (pl ~s) tupakka; ~ **pouch** tupakkakukkaro

tobacconist [təˈbækənist] *n* tupakkakauppias; **tobacconist's** tupakkakauppa

today [təˈdei] *adv* tänään

toddler [ˈtɔdlə] *n* taapertaja

toe [tou] *n* varvas

toffee [ˈtɔfi] *n* toffeekaramelli

together [təˈgeðə] *adv* yhdessä

toilet [ˈtɔilət] *n* käymälä; ~ **case** toalettilaukku

toilet-paper ['tɔilət,peipə] *n* toalettipaperi

toiletry ['tɔilətri] *n* toalettitarvikkeet *pl*

token ['toukən] *n* merkki; osoitus; rahake

told [tould] *v* (p, pp tell)

tolerable ['tɔlərəbəl] *adj* siedettävä

toll [toul] *n* tiemaksu

tomato [tə'mɑ:tou] *n* (pl ~es) tomaatti

tomb [tu:m] *n* hauta

tombstone ['tu:mstoun] *n* hautakivi

tomorrow [tə'mɔrou] *adv* huomenna

ton [tʌn] *n* tonni

tone [toun] *n* äänensävy; sointi

tongs [tɔŋz] *pl* pihdit *pl*

tongue [tʌŋ] *n* kieli

tonic ['tɔnik] *n* piristyslääke

tonight [tə'nait] *adv* tänä iltana, tänä yönä

tonsilitis [,tɔnsə'laitis] *n* nielurisojen tulehdus

tonsils ['tɔnsəlz] *pl* nielurisat *pl*

too [tu:] *adv* liian; myös

took [tuk] *v* (p take)

tool [tu:l] *n* työkalu, väline; ~ **kit** työkalulaatikko

toot [tu:t] *vAm* antaa äänimerkki

tooth [tu:θ] *n* (pl teeth) hammas

toothache ['tu:θeik] *n* hammassärky

toothbrush ['tu:θbrʌʃ] *n* hammasharja

toothpaste ['tu:θpeist] *n* hammastahna

toothpick ['tu:θpik] *n* hammastikku

toothpowder ['tu:θ,paudə] *n* hammasjauhe

top [tɔp] *n* huippu; yläosa; kansi; ylin; **on** ~ **of** päällä *postp;* ~ **side** yläpuoli

topcoat ['tɔpkout] *n* päällystakki

topic ['tɔpik] *n* aihe

topical ['tɔpikəl] *adj* ajankohtainen

torch [tɔ:tʃ] *n* soihtu; taskulamppu

torment[1] [tɔ:'ment] *v* kiusata

torment[2] ['tɔ:ment] *n* kärsimys

torture ['tɔ:tʃə] *n* kidutus; *v* kiduttaa

toss [tɔs] *v* heittää

tot [tɔt] *n* pallero

total ['toutəl] *adj* koko; täydellinen, yleinen; *n* loppusumma

totalitarian [,toutæli'tɛəriən] *adj* totalitaarinen

totalizator ['toutəlaizeitə] *n* totalisaattori

touch [tʌtʃ] *v* koskettaa, koskea; *n* kosketus; tunto; yhteys

touching ['tʌtʃiŋ] *adj* liikuttava

tough [tʌf] *adj* sitkeä; kova, luja

tour [tuə] *n* kiertomatka

tourism ['tuərizəm] *n* matkailu

tourist ['tuərist] *n* matkailija; ~ **class** turistiluokka; ~ **office** matkailutoimisto

tournament ['tuənəmənt] *n* turnaus

tow [tou] *v* hinata

towards [tə'wɔ:dz] *prep* kohti *postp;* kohtaan *postp*

towel [tauəl] *n* pyyheliina

towelling ['tauəliŋ] *n* froteekangas

tower [tauə] *n* torni

town [taun] *n* kaupunki; ~ **centre** kaupungin keskusta; ~ **hall** kaupungintalo

townspeople ['taunz,pi:pəl] *pl* kaupunkilaiset *pl*

toxic ['tɔksik] *adj* myrkyllinen

toy [tɔi] *n* leikkikalu

toyshop ['tɔiʃɔp] *n* lelukauppa

trace [treis] *n* jälki; *v* päästä jäljille, jäljittää

track [træk] *n* raide; rata; jälki

tractor ['træktə] *n* traktori

trade [treid] *n* elinkeino; kaupankäynti; ammatti; *v* käydä kauppaa

trademark ['treidmɑ:k] *n* tavaramerkki

trader ['treidə] n elinkeinonharjoittaja

tradesman ['treidzmən] n (pl -men) liikkeenharjoittaja

trade-union [ˌtreid'juːnjən] n ammattiyhdistys

tradition [trə'diʃən] n perinne

traditional [trə'diʃənəl] adj perinteinen

traffic ['træfik] n liikenne; ~ jam liikenneruuhka; ~ light liikennevalo

trafficator ['træfikeitə] n suuntavilkku

tragedy ['trædʒədi] n murhenäytelmä

tragic ['trædʒik] adj traaginen

trail [treil] n polku, jälki

trailer ['treilə] n perävaunu; nAm asuntovaunu

train [trein] n juna; v kouluttaa, valmentaa; stopping ~ paikallisjuna; through ~ pikajuna; ~ ferry junalautta

training ['treiniŋ] n valmennus, koulutus

trait [treit] n piirre

traitor ['treitə] n petturi

tram [træm] n raitiovaunu

tramp [træmp] n maankiertäjä, kulkuri; v vaeltaa

tranquil ['træŋkwil] adj tyyni

tranquillizer ['træŋkwilaizə] n rauhoittava lääke

transaction [træn'zækʃən] n liiketoimi

transatlantic [ˌtrænzət'læntik] adj Atlantin ylittävä

transfer [træns'fəː] v siirtää

transform [træns'fɔːm] v muuttaa

transformer [træns'fɔːmə] n muuntaja

transition [træn'siʃən] n siirtyminen

translate [træns'leit] v kääntää

translation [træns'leiʃən] n käännös

translator [træns'leitə] n kielenkääntäjä

transmission [trænz'miʃən] n lähetys

transmit [trænz'mit] v lähettää

transmitter [trænz'mitə] n lähetin

transparent [træn'speərənt] adj läpikuultava

transport¹ ['trænspɔːt] n siirto, kuljetus

transport² [træn'spɔːt] v kuljettaa

transportation [ˌtrænspɔː'teiʃən] n kuljetus

trap [træp] n ansa

trash [træʃ] n roju; ~ can Am rikkalaatikko

travel ['trævəl] v matkustaa; ~ agency matkatoimisto; ~ agent matkatoimisto; ~ insurance matkavakuutus; travelling expenses matkakulut pl

traveller ['trævələ] n matkailija; traveller's cheque matkašekki

tray [trei] n tarjotin

treason ['triːzən] n kavallus

treasure ['treʒə] n aarre

treasurer ['treʒərə] n rahastonhoitaja

treasury ['treʒəri] n aarreaitta

treat [triːt] v kohdella; hoitaa

treatment ['triːtmənt] n hoito; kohtelu

treaty ['triːti] n sopimus

tree [triː] n puu

tremble ['trembəl] v vapista, väristä

tremendous [tri'mendəs] adj valtava

trespass ['trespəs] v tunkeutua

trespasser ['trespəsə] n tungettelija

trial [traiəl] n oikeudenkäynti

triangle ['traiæŋgəl] n kolmio

triangular [trai'æŋgjulə] adj kolmikulmainen

tribe [traib] n heimo

tributary ['tribjutəri] n sivujoki

tribute ['tribjuːt] n kunnioituksenosoitus

trick [trik] n kepponen, temppu

trigger ['trigə] n liipasin

trim [trim] v leikata siistiksi

[trip] n matka, retki

riumph ['traiəmf] n riemuvoitto; v viettää riemuvoittoa

triumphant [trai'ʌmfənt] adj voittoisa

trolley-bus ['trɔlibʌs] n johdinbussi

troops [tru:ps] pl joukot pl

tropical ['trɔpikəl] adj trooppinen

tropics ['trɔpiks] pl tropiikki

trouble ['trʌbəl] n huoli, vaiva; v vaivata

troublesome ['trʌbəlsəm] adj vaivalloinen

trousers ['trauzəz] pl housut pl

trout [traut] n (pl ~) taimen

truck [trʌk] nAm kuorma-auto

true [tru:] adj tosi; aito, todellinen; uskollinen

trumpet ['trʌmpit] n torvi

trunk [trʌŋk] n matka-arkku; puunrunko; nAm tavaratila; **trunks** pl urheiluhousut

trunk-call ['trʌŋkkɔ:l] n kaukopuhelu

trust [trʌst] v luottaa; n luottamus

trustworthy ['trʌst,wə:ði] adj luotettava

truth [tru:θ] n totuus

truthful ['tru:θfəl] adj totuudenmukainen

try [trai] v yrittää; kokeilla; n yritys; ~ **on** sovittaa

tube [tju:b] n putki; putkilo

tuberculosis [tju:,bə:kju'lousis] n tuberkuloosi

Tuesday ['tju:zdi] tiistai

tug [tʌg] v hinata; n hinaaja; nykäisy

tuition [tju:'iʃən] n opetus

tulip ['tju:lip] n tulppaani

tumbler ['tʌmblə] n tuoppi

tumour ['tju:mə] n kasvain

tuna ['tju:nə] n (pl ~, ~s) tonnikala

tune [tju:n] n laulelma, sävelmä; ~ **in** virittää

tuneful ['tju:nfəl] adj sointuva

tunic ['tju:nik] n tunika

Tunisia [tju:'niziə] Tunisia

Tunisian [tju:'niziən] adj tunisialainen

tunnel ['tʌnəl] n tunneli

turbine ['tə:bain] n turbiini

turbojet [,tə:bou'dʒet] n suihkuturbiini

Turk [tə:k] n turkkilainen

Turkey ['tə:ki] Turkki

turkey ['tə:ki] n kalkkuna

Turkish ['tə:kiʃ] adj turkkilainen; ~ **bath** turkkilainen sauna

turn [tə:n] v kääntää, kiertää; n kierros, käänne; käännös; vuoro; ~ **back** kääntyä takaisin; ~ **down** hylätä; ~ **into** muuttua; ~ **off** sulkea; ~ **on** sytyttää, avata; ~ **over** kääntää ympäri; ~ **round** kääntää; kääntyä ympäri

turning ['tə:niŋ] n kaarre

turning-point ['tə:niŋpɔint] n käännekohta

turnover ['tə:,nouvə] n liikevaihto; ~ **tax** liikevaihtovero

turnpike ['tə:npaik] nAm maksullinen moottoritie

turpentine ['tə:pəntain] n tärpätti

turtle ['tə:təl] n kilpikonna

tutor ['tju:tə] n yksityisopettaja; holhooja

tuxedo [tʌk'si:dou] nAm (pl ~s, ~es) smokki

tweed [twi:d] n tweedkangas

tweezers ['twi:zəz] pl pinsetit pl

twelfth [twelfθ] num kahdestoista

twelve [twelv] num kaksitoista

twentieth ['twentiiθ] num kahdeskymmenes

twenty ['twenti] num kaksikymmentä

twice [twais] adv kahdesti

twig [twig] n varpu

twilight ['twailait] n iltahämärä

twine [twain] n nyöri; v kiertyä

twins [twinz] pl kaksoset pl; **twin**

beds kaksoisvuode
twist [twist] v vääntää; n vääntö
two [tu:] num kaksi
two-piece [ˌtu:ˈpi:s] adj kaksiosainen
type [taip] v konekirjoittaa; n tyyppi
typewriter [ˈtaipraitə] n kirjoituskone
typewritten [ˈtaipritən] konekirjoitettu
typhoid [ˈtaifɔid] n lavantauti
typical [ˈtipikəl] adj tyypillinen, luonteenomainen
typist [ˈtaipist] n konekirjoittaja
tyrant [ˈtaiərənt] n tyranni
tyre [taiə] n rengas; ~ **pressure** rengaspaine

U

ugly [ˈʌgli] adj ruma
ulcer [ˈʌlsə] n märkähaava; vatsahaava
ultimate [ˈʌltimət] adj viimeinen
ultraviolet [ˌʌltrəˈvaiələt] adj ultravioletti
umbrella [ʌmˈbrelə] n sateensuoja
umpire [ˈʌmpaiə] n erotuomari
unable [ʌˈneibəl] adj kykenemätön
unacceptable [ˌʌnəkˈseptəbəl] adj mahdoton hyväksyä
unaccountable [ˌʌnəˈkauntəbəl] adj selittämätön
unaccustomed [ˌʌnəˈkʌstəmd] adj tottumaton
unanimous [juːˈnæniməs] adj yksimielinen
unanswered [ʌˈnɑːnsəd] adj ilman vastausta
unauthorized [ʌˈnɔːθəraizd] adj luvaton
unavoidable [ˌʌnəˈvɔidəbəl] adj väistämätön
unaware [ˌʌnəˈweə] adj tietämätön

unbearable [ʌnˈbeərəbəl] adj sietämätön
unbreakable [ʌnˈbreikəbəl] adj särkymätön
unbroken [ʌnˈbroukən] adj eheä
unbutton [ʌnˈbʌtən] v aukaista napit
uncertain [ʌnˈsəːtən] adj epävarma
uncle [ˈʌŋkəl] n setä, eno
unclean [ʌnˈkliːn] adj epäpuhdas
uncomfortable [ʌnˈkʌmfətəbəl] adj epämukava
uncommon [ʌnˈkɔmən] adj epätavallinen, harvinainen
unconditional [ˌʌnkənˈdiʃənəl] adj ehdoton
unconscious [ʌnˈkɔnʃəs] adj tajuton
uncork [ʌnˈkɔːk] v poistaa korkki
uncover [ʌnˈkʌvə] v paljastaa
uncultivated [ʌnˈkʌltiveitid] adj viljelemätön
under [ˈʌndə] prep alla postp, alapuolella
undercurrent [ˈʌndəˌkʌrənt] n pohjavirta
underestimate [ˌʌndəˈrestimeit] v aliarvioida
underground [ˈʌndəgraund] adj maanalainen; n metro
underline [ˌʌndəˈlain] v alleviivata
underneath [ˌʌndəˈniːθ] adv alla
underpants [ˈʌndəpænts] plAm alushousut pl
undershirt [ˈʌndəʃəːt] n aluspaita
undersigned [ˈʌndəsaind] n allekirjoittanut
***understand** [ˌʌndəˈstænd] v ymmärtää
understanding [ˌʌndəˈstændiŋ] n ymmärrys
***undertake** [ˌʌndəˈteik] v ryhtyä jhk
undertaking [ˌʌndəˈteikiŋ] n yritys
underwater [ˈʌndəˌwɔːtə] adj vedenalainen
underwear [ˈʌndəweə] n alusvaatteet

pl

undesirable [ˌʌndi'zaiərəbəl] *adj* epämieluinen

***undo** [ˌʌn'du:] *v* avata; tehdä tyhjäksi

undoubtedly [ʌn'dautidli] *adv* epäilemättä

undress [ˌʌn'dres] *v* riisuutua

undulating ['ʌndjuleitiŋ] *adj* aaltoileva

unearned [ˌʌ'nɔ:nd] *adj* ansaitsematon

uneasy [ʌ'ni:zi] *adj* levoton

uneducated [ˌʌ'nedjukeitid] *adj* oppimaton

unemployed [ˌʌnim'plɔid] *adj* työtön

unemployment [ˌʌnim'plɔimənt] *n* työttömyys

unequal [ˌʌ'ni:kwəl] *adj* erilainen

uneven [ˌʌ'ni:vən] *adj* epätasainen

unexpected [ˌʌnik'spektid] *adj* aavistamaton, odottamaton

unfair [ˌʌn'feə] *adj* kohtuuton, epäoikeudenmukainen

unfaithful [ˌʌn'feiθfəl] *adj* uskoton

unfamiliar [ˌʌnfə'miljə] *adj* outo, tuntematon

unfasten [ˌʌn'fɑ:sən] *v* irrottaa

unfavourable [ˌʌn'feivərəbəl] *adj* epäsuotuisa

unfit [ˌʌn'fit] *adj* sopimaton

unfold [ʌn'fould] *v* kääriä auki

unfortunate [ʌn'fɔ:tʃənət] *adj* kovaonninen

unfortunately [ʌn'fɔ:tʃənətli] *adv* valitettavasti

unfriendly [ˌʌn'frendli] *adj* epäystävällinen

unfurnished [ˌʌn'fɔ:niʃt] *adj* kalustamaton

ungrateful [ʌn'greitfəl] *adj* kiittämätön

unhappy [ʌn'hæpi] *adj* onneton

unhealthy [ʌn'helθi] *adj* epäterveelli-

nen

unhurt [ˌʌn'hə:t] *adj* vahingoittumaton

uniform ['ju:nifɔ:m] *n* virkapuku; *adj* yhdenmukainen

unimportant [ˌʌnim'pɔ:tənt] *adj* mitätön

uninhabitable [ˌʌnin'hæbitəbəl] *adj* asunnoksi kelpaamaton

uninhabited [ˌʌnin'hæbitid] *adj* asumaton

unintentional [ˌʌnin'tenʃənəl] *adj* tahaton

union ['ju:njən] *n* yhdistys

unique [ju:'ni:k] *adj* ainutlaatuinen

unit ['ju:nit] *n* yksikkö

unite [ju:'nait] *v* yhdistää

United States [ju:'naitid steits] Yhdysvallat

unity ['ju:nəti] *n* ykseys, yhtenäisyys

universal [ˌju:ni'və:səl] *adj* yleismaailmallinen, yleinen

universe ['ju:nivə:s] *n* maailmankaikkeus

university [ˌju:ni'və:səti] *n* yliopisto

unjust [ˌʌn'dʒʌst] *adj* epäoikeudenmukainen

unkind [ʌn'kaind] *adj* epäsuopea, epäystävällinen

unknown [ˌʌn'noun] *adj* tuntematon

unlawful [ˌʌn'lɔ:fəl] *adj* lainvastainen

unlearn [ˌʌn'lə:n] *v* unohtaa

unless [ən'les] *conj* ellei

unlike [ˌʌn'laik] *adj* erilainen; *prep* toisin kuin

unlikely [ʌn'laikli] *adj* epätodennäköinen

unlimited [ʌn'limitid] *adj* rajaton, rajoittamaton

unload [ˌʌn'loud] *v* keventää (kuormaa), purkaa lasti

unlock [ˌʌn'lɔk] *v* avata lukko

unlucky [ʌn'lʌki] *adj* kovaonninen

unnecessary [ʌn'nesəsəri] *adj* tarpeeton

unoccupied [ʌnˈnɔkjupaid] *adj* vapaa

unofficial [ʌnəˈfiʃəl] *adj* epävirallinen

unpack [ʌnˈpæk] *v* purkaa

unpleasant [ʌnˈplezənt] *adj* ikävä, epämiellyttävä

unpopular [ʌnˈpɔpjulə] *adj* epämieluinen, epäsuosiossa oleva

unprotected [ʌnprəˈtektid] *adj* turvaton

unqualified [ʌnˈkwɔlifaid] *adj* epäpätevä

unreal [ʌnˈriəl] *adj* epätodellinen

unreasonable [ʌnˈriːzənəbəl] *adj* kohtuuton

unreliable [ʌnriˈlaiəbəl] *adj* epäluotettava

unrest [ʌnˈrest] *n* levottomuus

unsafe [ʌnˈseif] *adj* epävarma, vaarallinen

unsatisfactory [ʌnsætisˈfæktəri] *adj* epätyydyttävä

unscrew [ʌnˈskruː] *v* kiertää auki

unselfish [ʌnˈselfiʃ] *adj* epäitsekäs

unskilled [ʌnˈskild] *adj* ammattitaidoton

unsound [ʌnˈsaund] *adj* epäterve

unstable [ʌnˈsteibəl] *adj* epävakainen

unsteady [ʌnˈstedi] *adj* horjuva, häilyväinen

unsuccessful [ʌnsəkˈsesfəl] *adj* epäonnistunut

unsuitable [ʌnˈsuːtəbəl] *adj* sopimaton

unsurpassed [ʌnsəˈpɑːst] *adj* voittamaton

untidy [ʌnˈtaidi] *adj* epäsiisti

untie [ʌnˈtai] *v* aukaista

until [ənˈtil] *prep* asti *postp*, saakka *postp*

untrue [ʌnˈtruː] *adj* valheellinen

untrustworthy [ʌnˈtrʌstˌwəːði] *adj* epäluotettava

unusual [ʌnˈjuːʒəl] *adj* harvinainen,

epätavallinen

unwell [ʌnˈwel] *adj* huonovointinen

unwilling [ʌnˈwiliŋ] *adj* vastahakoinen

unwise [ʌnˈwaiz] *adj* epäviisas

unwrap [ʌnˈræp] *v* kääriä auki

up [ʌp] *adv* ylös, ylöspäin

upholster [ʌpˈhoulstə] *v* verhoilla, pehmustaa

upkeep [ˈʌpkiːp] *n* kunnossapito

uplands [ˈʌpləndz] *pl* ylänkö

upon [əˈpɔn] *prep* päällä *postp*

upper [ˈʌpə] *adj* ylempi, ylä-

upright [ˈʌprait] *adj* pysty; *adv* pystyssä

*upset [ʌpˈset] *v* tehdä tyhjäksi; saattaa tolaltaan; *adj* järkyttynyt

upside-down [ʌpsaidˈdaun] *adv* ylösalaisin

upstairs [ʌpˈsteəz] *adv* yläkerta; yläkertaan

upstream [ʌpˈstriːm] *adv* vastavirtaan

upwards [ˈʌpwədz] *adv* ylöspäin

urban [ˈəːbən] *adj* kaupunki-

urge [əːdʒ] *v* suostutella; *n* kiihkeä halu

urgency [ˈəːdʒənsi] *n* kiireellisyys

urgent [ˈəːdʒənt] *adj* kiireellinen

urine [ˈjuərin] *n* virtsa

Uruguay [ˈjuərəgwai] Uruguay

Uruguayan [juərəˈgwaiən] *adj* uruguaylainen

us [ʌs] *pron* meille

usable [ˈjuːzəbəl] *adj* käyttökelpoinen

usage [ˈjuːzidʒ] *n* käytäntö

use¹ [juːz] *v* käyttää; ***be used to** olla tottunut; **~ up** kuluttaa loppuun

use² [juːs] *n* käyttö; hyöty; ***be of ~** hyödyttää

useful [ˈjuːsfəl] *adj* hyödyllinen

useless [ˈjuːsləs] *adj* hyödytön

user [ˈjuːzə] *n* käyttäjä

usher ['ʌʃə] n paikannäyttäjä
usherette [,ʌʃə'ret] n paikannäyttäjä
usual ['ju:ʒuəl] adj tavallinen
usually ['ju:ʒuəli] adv tavallisesti
utensil [ju:'tensəl] n käyttöesine, työkalu
utility [ju:'tiləti] n hyödyllisyys
utilize ['ju:tilaiz] v käyttää hyödykseen
utmost ['ʌtmoust] adj äärimmäinen
utter ['ʌtə] adj täydellinen, ehdoton; v lausua

V

vacancy ['veikənsi] n vakanssi, avoin virka
vacant ['veikənt] adj vapaa
vacate [və'keit] v tyhjentää
vacation [və'keiʃən] n loma
vaccinate ['væksineit] v rokottaa
vaccination [,væksi'neiʃən] n rokotus
vacuum ['vækjuəm] n tyhjiö; vAm imuroida; ~ cleaner pölynimuri; ~ flask termospullo
vagrancy ['veigrənsi] n kulkurielämä
vague [veig] adj epämääräinen
vain [vein] adj turhamainen; turha; in ~ turhaan
valet ['vælit] n miespalvelija, kamaripalvelija
valid ['vælid] adj lainmukainen, voimassa oleva
valley ['væli] n laakso
valuable ['væljubəl] adj arvokas; valuables pl arvoesineet pl
value ['vælju:] n arvo; v arvioida
valve [vælv] n venttiili, läppä
van [væn] n pakettiauto
vanilla [və'nilə] n vanilja
vanish ['væniʃ] v häipyä
vapour ['veipə] n höyry; utu

variable ['veəriəbəl] adj muuttuva
variation [,veəri'eiʃən] n muunnos; vaihtelu
varied ['veərid] adj moninainen
variety [və'raiəti] n valikoima; ~ show varietee-esitys; ~ theatre varieteeteatteri
various ['veəriəs] adj monenlaisia, eri
varnish ['vɑ:niʃ] n vernissa, lakka; v lakata
vary ['veəri] v vaihdella
vase [vɑ:z] n maljakko
vast [vɑ:st] adj valtava
vault [vɔ:lt] n holvikaari; kassaholvi
veal [vi:l] n vasikanliha
vegetable ['vedʒətəbəl] n vihannes; ~ merchant vihanneskauppias
vegetarian [,vedʒi'teəriən] n kasvissyöjä
vegetation [,vedʒi'teiʃən] n kasvillisuus
vehicle ['vi:əkəl] n ajoneuvo
veil [veil] n harso
vein [vein] n laskimo; varicose ~ suonikohju
velvet ['velvit] n sametti
velveteen [,velvi'ti:n] n puuvillasametti
venerable ['venərəbəl] adj kunnianarvoisa
venereal disease [vi'niəriəl di'zi:z] sukupuolitauti
Venezuela [,veni'zweilə] Venezuela
Venezuelan [,veni'zweilən] adj venezuelalainen
ventilate ['ventileit] v tuulettaa
ventilation [,venti'leiʃən] n tuuletus; ilmanvaihto
ventilator ['ventileitə] n tuuletin
venture ['ventʃə] v uskaltaa
veranda [və'rændə] n kuisti
verb [və:b] n verbi
verbal ['və:bəl] adj suullinen
verdict ['və:dikt] n oikeudenpäätös

verge [və:dʒ] *n* reuna; piennar

verify [ˈverifai] *v* todentaa

verse [və:s] *n* säe

version [ˈvə:ʃən] *n* käännös

versus [ˈvə:səs] *prep* vastaan *postp*

vertical [ˈvə:tikəl] *adj* pystysuora

vertigo [ˈvə:tigou] *n* huimaus

very [ˈveri] *adv* hyvin, erittäin; kaikkein; *adj* tosi, juuri se; ~ **well!** hyvä on!

vessel [ˈvesəl] *n* alus; astia

vest [vest] *n* ihopaita; *nAm* liivit *pl*

veterinary surgeon [ˈvetrinəri ˈsə:-dʒən] *n* eläinlääkäri

via [vaiə] *prep* kautta *postp*

viaduct [ˈvaiədʌkt] *n* maasilta

vibrate [vaiˈbreit] *v* värähdellä

vibration [vaiˈbreiʃən] *n* värähtely

vicar [ˈvikə] *n* kirkkoherra

vicarage [ˈvikəridʒ] *n* pappila

vice-president [ˌvaisˈprezidənt] *n* varapresidentti

vicinity [viˈsinəti] *n* läheisyys

vicious [ˈviʃəs] *adj* paheellinen

victim [ˈviktim] *n* uhri

victory [ˈviktəri] *n* voitto

view [vju:] *n* näköala; mielipide, näkemys; *v* katsella

view-finder [ˈvju:ˌfaində] *n* etsin, tähtäin

vigilant [ˈvidʒilənt] *adj* valpas

villa [ˈvilə] *n* huvila

village [ˈvilidʒ] *n* kylä

villain [ˈvilən] *n* konna

vine [vain] *n* viiniköynnös

vinegar [ˈvinigə] *n* etikka

vineyard [ˈvinjəd] *n* viinitarha

vintage [ˈvintidʒ] *n* viinisato, korjuu

violation [vaiəˈleiʃən] *n* loukkaaminen

violence [ˈvaiələns] *n* väkivalta

violent [ˈvaiələnt] *adj* väkivaltainen, raju

violet [ˈvaiələt] *n* orvokki; *adj* sinipunainen

violin [vaiəˈlin] *n* viulu

virgin [ˈvə:dʒin] *n* neitsyt

virtue [ˈvə:tʃu:] *n* hyve

visa [ˈvi:zə] *n* viisumi

visibility [ˌvizəˈbiləti] *n* näkyvyys

visible [ˈvizəbəl] *adj* näkyvä

vision [ˈviʒən] *n* tarkkanäköisyys; näkemys, visio

visit [ˈvizit] *v* vierailla; *n* vierailu; **visiting hours** vierailuaika

visiting-card [ˈvizitiŋka:d] *n* käyntikortti

visitor [ˈvizitə] *n* vierailija

vital [ˈvaitəl] *adj* elintärkeä

vitamin [ˈvitəmin] *n* vitamiini

vivid [ˈvivid] *adj* eloisa

vocabulary [vəˈkæbjuləri] *n* sanavarasto; sanasto

vocal [ˈvoukəl] *adj* laulu-

vocalist [ˈvoukəlist] *n* laulaja

voice [vɔis] *n* ääni

void [vɔid] *adj* pätemätön

volcano [vɔlˈkeinou] *n* (pl ~es, ~s) tulivuori

volt [voult] *n* voltti

voltage [ˈvoultidʒ] *n* jännite

volume [ˈvɔljum] *n* paljous; tilavuus; nide

voluntary [ˈvɔləntəri] *adj* vapaaehtoinen

volunteer [ˌvɔlənˈtiə] *n* vapaaehtoinen

vomit [ˈvɔmit] *v* oksentaa

vote [vout] *v* äänestää; *n* ääni; äänestys

voucher [ˈvautʃə] *n* kuponki, maksutodiste

vow [vau] *n* lupaus, vala; *v* vannoa

vowel [vauəl] *n* vokaali

voyage [ˈvɔiidʒ] *n* matka

vulgar [ˈvʌlgə] *adj* rahvaanomainen; sivistymätön

vulnerable [ˈvʌlnərəbəl] *adj* haavoittuva

vulture [ˈvʌltʃə] *n* korppikotka

W

wade [weid] v kahlata
wafer ['weifə] n vohveli
waffle ['wɔfəl] n vohveli
wages ['weidʒiz] pl palkka
waggon ['wægən] n vaunu
waist [weist] n vyötärö
waistcoat ['weiskout] n liivit pl
wait [weit] v odottaa; ~ on palvella
waiter ['weitə] n tarjoilija, hovimestari
waiting ['weitiŋ] n odotus
waiting-list ['weitiŋlist] n odotuslista
waiting-room ['weitiŋru:m] n odotushuone
waitress ['weitris] n tarjoilijatar
*wake [weik] v herättää; ~ up herättä
walk [wɔ:k] v kävellä; vaeltaa; n kävelyretki; kävely; walking jalan
walker ['wɔ:kə] n kävelijä
walking-stick ['wɔ:kiŋstik] n kävelykeppi
wall [wɔ:l] n muuri; seinä
wallet ['wɔlit] n lompakko
wallpaper ['wɔ:l,peipə] n seinäpaperi
walnut ['wɔ:lnʌt] n saksanpähkinä
waltz [wɔ:ls] n valssi
wander ['wɔndə] v harhailla, vaeltaa
want [wɔnt] v haluta; n tarve; puute
war [wɔ:] n sota
warden ['wɔ:dən] n vartija
wardrobe ['wɔ:droub] n vaatekaappi, vaatevarasto
warehouse ['weəhaus] n varasto, makasiini
wares [weəz] pl myyntitavarat pl
warm [wɔ:m] adj lämmin; v lämmittää
warmth [wɔ:mθ] n lämpö
warn [wɔ:n] v varoittaa
warning ['wɔ:niŋ] n varoitus

wary ['weəri] adj varovainen
was [wɔz] v (p be)
wash [wɔʃ] v pestä; ~ and wear itse siliävä; ~ up pestä astiat
washable ['wɔʃəbəl] adj pesunkestävä
wash-basin ['wɔʃ,beisən] n pesuallas
washing ['wɔʃiŋ] n pesu; pyykki
washing-machine ['wɔʃiŋmə,ʃi:n] n pesukone
washing-powder ['wɔʃiŋ,paudə] n pesujauhe
washroom ['wɔʃru:m] nAm käymälä
wash-stand ['wɔʃstænd] n pesuallas
wasp [wɔsp] n ampiainen
waste [weist] v tuhlata; n tuhlaus; adj autio
wasteful ['weistfəl] adj tuhlaavainen
wastepaper-basket [weist'peipə,ba:-skit] n paperikori
watch [wɔtʃ] v katsella; vartioida; n kello; ~ for tarkata; ~ out olla varuillaan
watch-maker ['wɔtʃ,meikə] n kelloseppä
watch-strap ['wɔtʃstræp] n kellonremmi
water ['wɔ:tə] n vesi; iced ~ jäävesi; running ~ juokseva vesi; ~ pump vesipumppu; ~ ski vesisuksi
water-colour ['wɔ:tə,kʌlə] n vesiväri; vesivärimaalaus
watercress ['wɔ:təkres] n krassi
waterfall ['wɔ:təfɔ:l] n vesiputous
watermelon ['wɔ:tə,melən] n vesimeloni
waterproof ['wɔ:təpru:f] adj vedenpitävä
water-softener [,wɔ:tə,sɔfnə] n pehmennysaine
waterway ['wɔ:təwei] n laivaväylä
watt [wɔt] n watti
wave [weiv] n aalto; v heiluttaa
wave-length ['weivleŋθ] n aallonpituus

wavy ['weivi] *adj* aaltoileva

wax [wæks] *n* vaha

waxworks ['wækswə:ks] *pl* vahakabinetti

way [wei] *n* tapa; tie; suunta, taho; etäisyys; **any** ~ kuinka tahansa; **by the** ~ sivumennen sanoen; **one-way traffic** yksisuuntainen liikenne; **out of the** ~ syrjäinen; **the other** ~ **round** päinvastoin; ~ **back** paluutie; ~ **in** sisäänkäynti; ~ **out** uloskäynti

wayside ['weisaid] *n* tienvieri

we [wi:] *pron* me

weak [wi:k] *adj* heikko; mieto

weakness ['wi:knəs] *n* heikkous

wealth [welθ] *n* varallisuus

wealthy ['welθi] *adj* varakas

weapon ['wepən] *n* ase

*wear** [weə] *v* käyttää, olla yllä; ~ **out** kuluttaa loppuun

weary ['wiəri] *adj* uupunut, väsynyt; väsyttävä

weather ['weðə] *n* sää; ~ **forecast** säätiedotus

*weave** [wi:v] *v* kutoa

weaver ['wi:və] *n* kutoja

wedding ['wediŋ] *n* häät *pl*

wedding-ring ['wediŋriŋ] *n* vihkisormus

wedge [wedʒ] *n* kiila

Wednesday ['wenzdi] keskiviikko

weed [wi:d] *n* rikkaruoho

week [wi:k] *n* viikko

weekday ['wi:kdei] *n* arkipäivä

weekend ['wi:kend] *n* viikonloppu

weekly ['wi:kli] *adj* viikottainen

*weep** [wi:p] *v* itkeä

weigh [wei] *v* punnita; painaa

weighing-machine ['weiiŋmə,ʃi:n] *n* vaaka

weight [weit] *n* paino

welcome ['welkəm] *adj* tervetullut; *n* tervetulotoivotus; *v* toivottaa terve-

tulleeksi

weld [weld] *v* hitsata

welfare ['welfeə] *n* hyvinvointi

well¹ [wel] *adv* hyvin; *adj* terve; **as** ~ **samoin; as** ~ **as sekä . . . että; well!** no niin!

well² [wel] *n* kaivo

well-founded [,wel'faundid] *adj* hyvin perusteltu

well-known ['welnoun] *adj* tunnettu

well-to-do [,weltə'du:] *adj* varakas

went [went] *v* (p go)

were [wə:] *v* (p be)

west [west] *n* länsi

westerly ['westəli] *adj* läntinen

western ['westən] *adj* läntinen

wet [wet] *adj* märkä; kostea

whale [weil] *n* valas

wharf [wɔ:f] *n* (pl ~s, wharves) satamalaituri

what [wɔt] *pron* mikä; mitä; ~ **for** miksi

whatever [wɔ'tevə] *pron* mitä hyvänsä

wheat [wi:t] *n* vehnä

wheel [wi:l] *n* pyörä

wheelbarrow ['wi:l,bærou] *n* työntökärryt *pl*

wheelchair ['wi:ltʃeə] *n* rullatuoli

when [wen] *adv* milloin; *conj* jolloin, silloin kun, kun

whenever [we'nevə] *conj* milloin hyvänsä

where [weə] *adv* missä; *conj* missä

wherever [weə'revə] *conj* missä hyvänsä

whether ['weðə] *conj* -ko *suf;* **whether ... or** -ko . . . vai

which [witʃ] *pron* mikä; joka

whichever [wi'tʃevə] *adj* kumpi tahansa

while [wail] *conj* sillä aikaa kun; kun taas; *n* tuokio

whilst [wailst] *conj* samalla kun

whim [wim] n päähänpisto, oikku

whip [wip] n ruoska; v vatkata

whiskers ['wiskəz] pl pulisongit pl

whisper ['wispə] v kuiskata; n kuiskaus

whistle ['wisəl] v viheltää; n vihellyspilli

white [wait] adj valkoinen

whitebait ['waitbeit] n pikkukala

whiting ['waitiŋ] n (pl ~) valkoturska

Whitsun ['witsən] helluntai

who [hu:] pron kuka; joka

whoever [hu:'evə] pron kuka tahansa

whole [houl] adj kokonainen, koko; eheä; n kokonaisuus

wholesale ['houlseil] n tukkukauppa; ~ dealer tukkukauppias

wholesome ['houlsəm] adj terveellinen

wholly ['houlli] adv kokonaan

whom [hu:m] pron jolle, jota

whore [hɔ:] n huora

whose [hu:z] pron jonka; kenen

why [wai] adv miksi

wicked ['wikid] adj ilkeä

wide [waid] adj leveä, laaja

widen ['waidən] v laajentaa

widow ['widou] n leskirouva

widower ['widouə] n leskimies

width [widθ] n leveys

wife [waif] n (pl wives) vaimo

wig [wig] n peruukki

wild [waild] adj villi; hurja

will [wil] n tahto; testamentti

*will [wil] v tahtoa; tulee (tekemään)

willing ['wiliŋ] adj halukas

willingly ['wiliŋli] adv auliisti

will-power ['wilpauə] n tahdonvoima

*win [win] v voittaa

wind [wind] n tuuli

*wind [waind] v mutkitella; vetää, kiertää

winding ['waindiŋ] adj kiemurteleva

windmill ['windmil] n tuulimylly

window ['windou] n ikkuna

window-sill ['windousil] n ikkunalauta

windscreen ['windskri:n] n tuulilasi; ~ wiper tuulilasinpyyhkijä

windshield ['windʃi:ld] nAm tuulilasi; ~ wiper Am tuulilasinpyyhkijä

windy ['windi] adj tuulinen

wine [wain] n viini

wine-cellar ['wain,selə] n viinikellari

wine-list ['wainlist] n viinilista

wine-merchant ['wain,mə:tʃənt] n viinikauppias

wine-waiter ['wain,weitə] n viinuri

wing [wiŋ] n siipi

winkle ['wiŋkəl] n rantakotilo

winner ['winə] n voittaja

winning ['winiŋ] adj voitollinen; winnings pl voittosumma

winter ['wintə] n talvi; ~ sports talviurheilu

wipe [waip] v pyyhkiä, kuivata

wire [waiə] n rautalanka, metallilanka

wireless ['waiələs] n radio

wisdom ['wizdəm] n viisaus

wise [waiz] adj viisas

wish [wiʃ] v haluta, toivoa; n toivomus, pyyntö

witch [witʃ] n noita

with [wið] prep kanssa postp; mukana postp; -sta

*withdraw [wið'drɔ:] v vetäytyä

within [wi'ðin] prep sisäpuolella postp; adv sisällä

without [wi'ðaut] prep ilman

witness ['witnəs] n todistaja

wits [wits] pl äly

witty ['witi] adj sukkela

wolf [wulf] n (pl wolves) susi

woman ['wumən] n (pl women) nainen

womb [wu:m] *n* kohtu

von [wʌn] *v* (p, pp win)

wonder ['wʌndə] *n* ihme; ihmettely; *v* ihmetellä

wonderful ['wʌndəfəl] *adj* ihana, ihmeellinen

wood [wud] *n* puu; metsikkö

wood-carving ['wud͵ka:viŋ] *n* puuleikkaus

wooded ['wudid] *adj* metsäinen

wooden ['wudən] *adj* puinen; ~ shoe puukenkä

woodland ['wudlənd] *n* metsämaa

wool [wul] *n* villa; darning ~ parsinlanka

woollen ['wulən] *adj* villainen

word [wə:d] *n* sana

wore [wɔ:] *v* (p wear)

work [wə:k] *n* työ; työskennellä; toimia; working day työpäivä; ~ of art taideteos; ~ permit työlupa

worker ['wə:kə] *n* työläinen

working ['wə:kiŋ] *n* toiminta

workman ['wə:kmən] *n* (pl -men) työmies

works [wə:ks] *pl* tehdas

workshop ['wə:kʃɔp] *n* työpaja

world [wə:ld] *n* maailma; ~ war maailmansota

world-famous [͵wə:ld'feiməs] *adj* maailmankuulu

world-wide ['wə:ldwaid] *adj* maailmanlaajuinen

worm [wə:m] *n* mato

worn [wɔ:n] *adj* (pp wear) kulunut

worn-out [͵wɔ:n'aut] *adj* loppuun kulunut

worried ['wʌrid] *adj* huolestunut

worry ['wʌri] *v* olla huolissaan; *n* huoli

worse [wə:s] *adj* pahempi; *adv* pahemmin

worship ['wə:ʃip] *v* palvoa; *n* jumalanpalvelus

worst [wə:st] *adj* pahin; *adv* pahimmin

worsted ['wustid] *n* kampalanka

worth [wə:θ] *n* arvo; *be ~ olla jnkn arvoinen; *be worth-while kannattaa

worthless ['wə:θləs] *adj* arvoton

worthy of ['wə:ði əv] arvoinen

would [wud] *v* (p will)

wound¹ [wu:nd] *n* haava; *v* haavoittaa

wound² [waund] *v* (p, pp wind)

wrap [ræp] *v* kääriä

wreck [rek] *n* hylky; *v* tuhota

wrench [rentʃ] *n* jakoavain; riuhtaisu; *v* vääntää; kiskaista

wrinkle ['riŋkəl] *n* ryppy

wrist [rist] *n* ranne

wrist-watch ['ristwɔtʃ] *n* rannekello

*write [rait] *v* kirjoittaa; in writing kirjallisesti; ~ down kirjoittaa muistiin

writer ['raitə] *n* kirjailija

writing-pad ['raitiŋpæd] *n* kirjoituslehtiö, muistikirja

writing-paper ['raitiŋ͵peipə] *n* kirjoituspaperi

written ['ritən] *adj* (pp write) kirjallinen

wrong [rɔŋ] *adj* väärä, virheellinen; *n* vääryys; *v* tehdä vääryyttä; *be ~ olla väärässä

wrote [rout] *v* (p write)

X

Xmas ['krisməs] *n* joulu

X-ray ['eksrei] *n* röntgenkuva; *v* ottaa röntgenkuva

Y

yacht [jɔt] n huvipursi
yacht-club [ˈjɔtklʌb] n purjehdusseura
yachting [ˈjɔtiŋ] n purjehtiminen
yard [jɑːd] n piha
yarn [jɑːn] n lanka
yawn [jɔːn] v haukotella
year [jiə] n vuosi
yearly [ˈjiəli] adj vuotuinen
yeast [jiːst] n hiiva
yell [jel] v kiljua; n kiljaisu
yellow [ˈjelou] adj keltainen
yes [jes] kyllä
yesterday [ˈjestədi] adv eilen
yet [jet] adv vielä; conj kuitenkin
yield [jiːld] v tuottaa; antaa myöten
yoke [jouk] n ies
yolk [jouk] n keltuainen
you [juː] pron sinä; sinut; sinulle; Te; te pl; teidät; teille
young [jʌŋ] adj nuori
your [jɔː] adj sinun; teidän
yourself [jɔːˈself] pron itsesi; itse
yourselves [jɔːˈselvz] pron itsenne; itse
youth [juːθ] n nuoriso; ~ **hostel** nuorisomaja
Yugoslav [ˌjuːgəˈslɑːv] n jugoslaavi
Yugoslavia [ˌjuːgəˈslɑːviə] Jugoslavia

Z

zeal [ziːl] n into
zealous [ˈzeləs] adj innokas
zebra [ˈziːbrə] n seepra
zenith [ˈzeniθ] n lakipiste; huippukohta
zero [ˈziərou] n (pl ~s) nolla
zest [zest] n into, antaumus
zinc [ziŋk] n sinkki
zip [zip] n vetoketju; ~ **code** Am postinumero
zipper [ˈzipə] n vetoketju
zodiac [ˈzoudiæk] n eläinrata
zone [zoun] n vyöhyke; alue
zoo [zuː] n (pl ~s) eläintarha
zoology [zouˈɔlədʒi] n eläintiede

Ruokalistasanasto

Ruoat

almond manteli
anchovy sardelli
angel food cake marenkikakku tai
 -leivos
angels on horseback grillattuja
 ostereita pekonin ja paahtolei-
 vän kera
appetizer alkupala
apple omena
 ~ charlotte omenasta ja leipä-
 viipaleista valmistettu kakku
 ~ dumpling taikinalla kuorru-
 tettu paistettu omena
 ~ sauce omenasose
apricot aprikoosi
Arbroath smoky savustettu kolja
artichoke artisokka
asparagus parsa
 ~ tip parsannuppu
aspic hyytelö (lihan tai kalan)
assorted valikoima
aubergine munakoiso
avocado (pear) avokaado
bacon pekoni
 ~ and eggs munia ja pekonia
bagel rinkelinmuotoinen sämpylä
baked uunissa paistettu
 ~ Alaska jäätelöjälkiruoka,
 joka päällystetään vatkatuilla
 valkuaisilla, ruskistetaan no-
 peasti uunissa ja liekitetään
 ~ beans valkopapumuhennos

tomaattikastikkeessa
 ~ potato uuniperuna
Bakewell tart manteli- ja hillo-
 kakku
baloney eräs makkaralaji
banana banaani
 ~ split jäätelöannos, jossa
 banaania, pähkinöitä ja sakeaa
 hedelmämehua tai suklaakasti-
 ketta
barbecue 1) tomaattikastikkeella
 maustettu hampurilainen
 2) ulkoilmajuhla, jossa grilla-
 taan lihaa
 ~ sauce hyvin maustettu to-
 maattikastike
barbecued hiillostettu, pariloitu
basil basilika
bass meriahven
bean papu
beef naudanliha
 ~ olive täytetty naudanliha-
 kääryle
beefburger häränlihasta valmis-
 tettu hampurilainen
beet, beetroot punajuuri
bilberry mustikka
bill lasku
 ~ of fare ruokalista
biscuit keksi, pikkuleipä
black pudding verimakkara
blackberry karhunvatukka

blackcurrant musta viinimarja
bloater savustettu suolasilli
blood sausage verimakkara
blueberry mustikka
boiled keitetty
Bologna (sausage) eräs makkara-
laji
bone luu
boned luuton
Boston baked beans valkopapuja
tomaattikastikkeessa pekonin
kera
Boston cream pie kermatäytteinen
suklaaleivos
brains aivot
braised haudutettu
bramble pudding karhunvatukka-
vanukas, jossa usein myös
omenaa
braunschweiger savustettu mak-
samakkara
bread leipä
breaded korppujauhotettu
breakfast varhaisaamiainen
breast rinta (linnun)
brisket härän- ja vasikanrinta
broad bean suuri papu
broccoli parsakaali
broth lihaliemi
brown Betty korppujauholla
päällystetty, maustettu omena-
kakku
brunch lounas-aamiainen
brussels sprout ruusukaali
bubble and squeak eräänlainen
pyttipannu; perunasta ja hie-
nonnetusta kaalista valmistettu
ohukainen, jossa joskus lisänä
naudanlihapalasia
bun 1) pulla, jossa rusinoita tai
marmelaatitäyte (GB) 2) säm-
pylä (US)
butter voi
buttered voideltu

cabbage kaali
Caesar salad valkosipulilla
maustettu salaatti, jossa leipä-
kuutioita
cake kakku, leivos
cakes leivokset, keksit
calf vasikanliha
Canadian bacon savustettu por-
saanfilee
canapé pieni, päällystetty voileipä
cantaloupe hunajameloni
caper kapris
capercaillie, capercailzie metso
caramel karamelli, kuumennettu
sokeri
carp karppi
carrot porkkana
cashew acajoupähkinä
casserole laatikko, pata
catfish merikissa (kala)
catsup ketsuppi, tomaattisose
cauliflower kukkakaali
celery selleri
cereal murot
  hot ~ puuro
chateaubriand paksu härän sisäfi-
leestä valmistettu pihvi
check lasku
Cheddar (cheese) cheddarjuusto,
kova, mieto juusto
cheese juusto
  ~ **board** juustotarjotin
  ~ **cake** rahkasta valmistettu
kakku
cheeseburger juustohampurilai-
nen
chef's salad salaatti, jossa kink-
kua, kanaa, kovaksi keitettyä
munaa, tomaattia, lehtisalaat-
tia ja juustoa
cherry kirsikka
chestnut kastanja
chicken kananpoika
chicory 1) endiivi (GB) 2) sikuri-

salaatti (US)

chili con carne jauhelihaa punaisen paprikan ja voimakkaan chilipippurin kera

chips 1) ranskalaiset perunat (GB) 2) perunalastut (US)

chit(ter)lings sian sisälmykset

chive ruohosipuli

chocolate suklaa; kaakao
~ **pudding** 1) suklaavanukas (GB) 2) suklaavaahto (US)

choice valikoima

chop kyljys
~ **suey** ruoka, jossa suikaloitua sianlihaa tai kanaa, riisiä ja vihanneksia

chopped hienoksi hakattu, silputtu

chowder sakea kala- ja äyriäiskeitto

Christmas pudding jouluvanukas, joka tarjotaan joskus liekitettynä

chutney intialainen säilötyistä hedelmistä valmistettu voimakas mauste

cinnamon kaneli

clam simpukka

club sandwich kerrosvoileipä, jonka välissä kanaa, pekonia, salaattia, tomaattia ja majoneesia

cobbler taikinakuoressa paistettu hedelmähilloke

cock-a-leekie soup keitto, jossa kanaa ja purjoa

coconut kookospähkinä

cod turska

Colchester oyster tunnettu englantilainen osterilaji

cold cuts/meat leikkeleet

coleslaw kaalisalaatti

compote hilloke

condiment mauste

consommé lihaliemi

cooked keitetty

cookie keksi, pikkuleipä

corn 1) vehnä (GB) 2) maissi (US)
~ **on the cob** maissintähkä

cornflakes maissihiutaleet

corned beef naudanlihasäilyke

cottage cheese raejuusto, tuorejuusto

cottage pie perunasoseella peitetty jauhelihapaistos, jossa sipulia ja juustoa

course ruokalaji

cover charge katemaksu

crab taskurapu

cracker suolakeksi

cranberry karpalo
~ **sauce** karpalohillo

crawfish 1) langusti (GB) 2) keisarihummeri (US)

crayfish rapu

cream 1) kerma 2) kermainen keitto 3) jälkiruoka
~ **cheese** kermajuusto
~ **puff** kermaleivos

creamed potatoes perunakuutiot valkokastikkeessa

creole kreolilaiseen tapaan: vahvasti maustettu tomaatti-, paprika- ja sipulikastike, tarjotaan riisin kera

cress krassi

crisps perunalastut

croquette kuorukka

crumpet lämpimänä voin kera tarjottava teeleipä

cucumber kurkku

Cumberland ham erinomainen savustettu kinkku

Cumberland sauce karviaismarjahyytelö, jossa viiniä, appelsiinimehua ja mausteita

cupcake pieni muffinssi

cured palvattu; suolattu,

savustettu ja kuivattu (liha tai kala)
currant viinimarja
curried currylla maustettu
custard vaniljakastikkeen tapainen englantilainen kiisseli
cutlet leike, ohut lihaviipale
dab hietakampela
Danish pastry wienerleipä
date taateli
Derby cheese voimakkaanmakuinen juusto
dessert jälkiruoka
devilled paholaisen tapaan; erittäin voimakkaasti maustettu
devil's food cake täyttävä suklaaleivos
devils on horseback paahtoleivällä tarjottavat pekoniin kääriyt kuivatut luumut, jotka on täytetty manteleilla ja sardelleilla ja keitetty punaviinissä
Devonshire cream paksu kerma
diced kuutioitu
diet food dieettiruoka
dill tilli
dinner päivällinen
dish ruokalaji, tarjoiluvati
donut munkki
double cream täysrasvainen kerma
doughnut munkki
Dover sole kuuluisa Doverin meriantura
dressing 1) salaatinkastike 2) kalkkunantäyte (US)
Dublin Bay prawn keisarihummeri
duck ankka
duckling ankanpoika
dumpling 1) nokare, taikinapyörykkä 2) omenamunkki
Dutch apple pie omenapiiras, jonka päällä voita ja fariinisokeria

éclair suklaa- ja kermaleivos
eel ankerias
egg muna
  boiled ~ keitetty
  fried ~ paistettu
  hard-boiled ~ kovaksi keitetty
  poached ~ uppomuna (ilman kuorta keitetty)
  scrambled ~ munakokkeli
  soft-boiled ~ pehmeäksi keitetty
eggplant munakoiso
endive 1) sikurisalaatti (GB) 2) endiivi (US)
entrecôte välikyljys
entrée 1) alkupala 2) eturuoka
fennel fenkoli
fig viikuna
fillet filee
finnan haddock savustettu kolja
fish kala
  ~ **and chips** kalaa ja ranskalaisia perunoita
  ~ **cake** kalapulla
flan hedelmätorttu
flapjack suuri pannukakku
flounder kampela
fool hedelmävaahto
forcemeat maustettu jauhelihatäyte
fowl lintu, siipikarja
frankfurter nakki
French bean vihreä papu
French bread patonki
French dressing 1) viinietikkakastike (GB) 2) kermamainen salaatinkastike, jossa tomaattisosetta (US)
french fries ranskalaiset perunat
French toast köyhät ritarit
fresh tuore
fricassée viilokki
fried pannussa/voissa paistettu
fritter frityyritaikinaan kastettu

ruoka-aine, joka keitetään öljyssä
frogs' legs sammakonreidet
frosting sokerikuorrutus
fruit hedelmä
fry öljyssä keitetty
galantine kylmä lihahyytelö
game riista
gammon savustettu kinkku
garfish nokkakala
garlic valkosipuli
garnish lisäruokalaji; tavallisesti vihanneksia, makaronia, perunoita, riisiä tai salaattia
gherkin etikkakurkku
giblets kanan sisälmykset
ginger inkivääri
goose hanhi
  ~ **berry** karviaismarja
grape viinirypäle
  ~ **fruit** greippi
grated raastettu
gravy (ruskea) kastike, paistinliemi
grayling harjus (kala)
green bean vihreä papu
green pepper vihreä paprika
green salad vihreä salaatti
greens vihervihannekset
grilled grillattu, pariloitu, halstrattu
grilse nuori lohi
gumbo sakea kreolilaisruoka, jossa okranpalkoja, lihaa tai kalaa
haddock kolja
haggis lampaan- tai vasikan sisälmyksistä valmistettu muhennos, johon lisätty kaurasuurimoita ja sipulia
hake kummeli
half puoli-, puolikas
halibut ruijanpallas
ham kinkku
  ~ **and eggs** munia ja kinkkua

hamburger hampurilainen, jauhelihapihvi
hare jänis
haricot bean vihreä- tai voipapu
hash lihahakkelus
hazelnut hasselpähkinä
heart sydän
herbs mausteyrtit
herring silli
home-made kotitekoinen
hominy grits maissivanukas
honey hunaja
honeydew melon hunajameloni
hors-d'œuvre alkupala
horse-radish piparjuuri
hot 1) kuuma 2) maustettu
  ~ **dog** kuuma makkara halkaistun sämpylän välissä
huckleberry mustikka
hush puppy maissijauhoista valmistettu sipulilla maustettu munkki
ice-cream jäätelö
iced jäädytetty; sokerikuorrutettu
icing sokerikuorrutus
Idaho baked potato uunissa kuorineen kypsennetty bataatti
Irish stew lampaanmuhennos, jossa sipulia ja perunoita
Italian dressing viinietikkakastike
jam hillo
jellied hyytelöity
Jell-O hyytelöity jälkiruoka
jelly hyytelö
Jerusalem artichoke maa-artisokka
John Dory Pyhän Pietarin kala
jugged hare jänismuhennos
juniper berry katajanmarja
junket viili sokerin ja kerman kera
kale vihreä kaali
kedgeree kalapalasia riisin, munan ja voin kera

ketchup ketsuppi, tomaattisose
kidney munuainen
kipper savustettu silli
lamb karitsanliha
Lancashire hot pot muhennos,
  jossa lampaankyljyksiä, -mu-
  nuaisia, perunoita ja sipulia
larded silavassa paistettu
lean rasvaton (liha)
leek purjo
leg potka, reisi, kanankoipi
lemon sitruuna
  ~ **sole** hietakampelan sukuinen
  kala
lentil linssi
lettuce lehtisalaatti
lima bean eräs papulaji
lime limetti, vihreä sitruuna
liver maksa
loaf (kokonainen) leipä
lobster hummeri
loin selkäpaisti
Long Island duck kuuluisa pieni
  Long Islandin ankka
low calorie vähäkalorinen
lox savustettu lohi
lunch lounas
macaroni makaroni
macaroon sokeri- ja mantelipik-
  kuleipä
mackerel makrilli
maize maissi
mandarin mandariini
maple syrup vaahterasiirappi
marinated marinoitu
marjoram meirami
marmalade marmelaati
marrow luuydin
  ~ **bone** ydinluu
marshmallow kuohkea makeinen
marzipan marsipaani
mashed potatoes perunamuhen-
  nos
mayonnaise majoneesi

meal ateria
meat liha
  ~ **ball** lihapyörykkä
  ~ **loaf** lihamureke
  ~ **pâté** lihapasteija, -tahna
medium (done) puolikypsä (liha)
melon meloni
melted sulatettu
Melton Mowbray pie taikinakuo-
  reen valmistettu lihapiirakka
menu ruokalista, menu
meringue marenki
mince 1) jauheliha 2) hienoksi
  hakattu
  ~ **pie** englantilainen maustettu
  joululeivonnainen, jonka val-
  mistukseen on käytetty säilöt-
  tyjä sekahedelmiä, manteleita
  ja omenaa
minced jauhettu
  ~ **meat** jauheliha
mint minttu
minute steak nopeasti paistettu
  ohut pihvi, lehtipihvi
mixed sekoitettu, valikoima
  ~ **grill** lihavarras
molasses siirappi
morel korvasieni
mousse 1) kuohkea lintu-, kink-
  ku- tai kalamureke 2) vispiker-
  masta, munanvalkuaisesta ja
  makeutusaineesta valmistettu
  jälkiruoka
mulberry silkkiäismarja
mullet mullo (kala)
mulligatawny soup voimakkaan-
  makuinen currylla maustettu
  kanakeitto
mushroom sieni
muskmelon eräs melonilaji
mussel simpukka
mustard sinappi
mutton lampaanliha
noodle nauhamakaroni, nuudeli

141

nut pähkinä
oatmeal kaurapuuro
oil ruokaöljy
okra okranpalko
olive oliivi
omelet munakas
onion sipuli
orange appelsiini
ox tongue häränkieli
oxtail häränhäntä
oyster osteri
pancake pannukakku
Parmesan (cheese) parmesaani (juusto)
parsley persilja
parsnip palsternakka
partridge peltopyy
pastry leivos
pasty piiras, pasteija
pea herne
peach persikka
peanut maapähkinä
 ~ **butter** maapähkinätahna
pear päärynä
pearl barley helmiryyni
pepper pippuri
 ~ **mint** piparminttu
perch ahven
persimmon kakiluumu
pheasant fasaani
pickerel nuori hauki
pickled etikkaliemeen säilötty, suolattu, marinoitu
pickles etikkaliemeen säilöttyjä vihanneksia tai hedelmiä
pie piirakka
pigeon kyyhkynen
pigs' feet/trotters siansorkat
pike hauki
pineapple ananas
plaice punakampela
plain sellaisenaan, ilman mausteita tai kastiketta
plate lautanen

plum luumu
 ~ **pudding** jouluna tarjottava vanukas, joka joskus liekitetään
poached vedessä keitetty
popover tuulihattu, muffinssi
pork sianliha
porridge puuro
porterhouse steak häränleike
pot roast patapaisti
potato peruna
 ~ **chips** 1) ranskalaiset perunat (GB) 2) perunalastut (US)
 ~ **in its jacket** kuoriperuna
potted shrimps katkarapupasteija, joka tarjotaan savivuoassa kylmän sulatetun aromivoin kera
poultry siipikarja
prawn suuri katkarapu
prune kuivattu luumu
ptarmigan riekko
pudding vanukas; jauhoista sekä lihasta, kalasta, vihanneksista tai hedelmistä valmistettu uunissa paistettu seos
pumpernickel tumma raskas kokojyväleipä
pumpkin kurpitsa
quail viiriäinen
quince kvitteni
rabbit kaniini
radish retiisi
rainbow trout sateenkaaritaimen
raisin rusina
rare vähän paistettu (liha)
raspberry vadelma
raw raaka
red mullet punamullo
red (sweet) pepper punainen paprika
redcurrant punainen viinimarja
relish hienonnetuista vihanneksista ja etikasta valmistettu höystö

rhubarb raparperi
rib (of beef) häränkyljys
rib-eye steak välikyljys
rice riisi
rissole kuorukka
river trout purotaimen
roast paisti
~ beef paahtopaisti
Rock Cornish hen syöttökana
roe mäti
roll sämpylä
rollmop herring sillirulla; pienen
etikkakurkun ympärille kiedot-
tu valkoviinissä marinoitu sil-
lifilee
round steak naudan reisipala
Rubens sandwich paahtoleipävii-
pale, jolla naudanlihasäilyket-
tä, hapankaalia, emmental-
juustoa ja salaatinkastiketta,
tarjotaan kuumana
rumpsteak takapaisti
rusk korppu
rye bread ruisleipä
saddle satula
saffron saframi
sage salvia
salad salaatti
~ bar salaattivalikoima
~ cream kermapohjainen ma-
keahko salaatinkastike
~ dressing salaatinkastike
salami meetvursti
salmon lohi
~ trout kirjolohi
salt suola
salted suolattu
sandwich voileipä
sardine sardiini
sauce kastike
sauerkraut hapankaali
sausage makkara
sautéed ruskistettu
scallop kampasimpukka

scampi keisarihummerin pyrstöis-
tä valmistettu ruoka
scone kaura- tai ohrajauhoista
valmistettu teeleipä
Scotch broth keitto, jossa lam-
paan- tai naudanlihaa ja vihan-
neksia
Scotch egg rasvassa paistettu lei-
vitetyllä makkaratäytteellä
päällystetty kova kananmuna,
tarjotaan kylmänä
Scotch woodcock pieni cocktail-
leipä, jonka päällä muna-anjo-
vistahnaa
sea bass meriahven
sea bream kultalahna
sea kale merikaali (versot syötä-
viä)
seafood äyriäiset ja kalat
(in) season vuodenajan mukaan
seasoning mauste
service charge tarjoilupalkkio
~ included sisältyy hintaan
~ not included ei sisälly hin-
taan
set menu päivän ateria
shad pilkkusilli
shallot salottisipuli
shellfish äyriäinen
sherbet jäädyke, sorbetti
shoulder lapa
shredded raastettu, suikaloitu
~ wheat vehnähiutalekuoruk-
ka (aamiaisruoka)
shrimp katkarapu
silverside (of beef) paras osa nau-
dan reisipaistia
sirloin steak välikyljys
skewer paistinvarras
slice viipale
sliced viipaloitu
sloppy Joe jauhelihasämpylä
tomaattikastikkeen kera
smelt kuore

moked savustettu

nack kevyt ateria, välipala

ole meriantura

oup keitto

our hapan

oused herring etikka-mausteliemeen säilötty silli

pare rib porsaankylkiluut

pice mauste

pinach pinaatti

piny lobster langusti

on a) spit varras (vartaassa)

ponge cake sokerikakku

prat kilohaili

quash kurpitsa

tarter alkupala, eturuoka

teak-and-kidney pie naudanlihaja munuaispiiras

teamed höyryssä kypsennetty

tew muhennos, pata

tilton (cheese) tunnettu englantilainen valko- tai homejuusto

trawberry mansikka

tring bean vihreä papu

tuffed täytetty

tuffing täyte

uck(l)ing pig juottoporsas

ugar sokeri

ugarless sokeriton

undae jäätelöannos, jossa lisänä hedelmiä, pähkinöitä, kermavaahtoa ja joskus hedelmämehua

upper illallinen

wede lanttu

weet 1) makea 2) jälkiruoka

~ corn eräs maissilaji

~ potato bataatti

weetbread (vasikan) kateenkorva

Swiss cheese sveitsinjuusto; emmental

Swiss roll voi- ja hillotäytteinen kääretorttu

Swiss steak vihannesten ja maus-

teiden kera haudutettu naudanlihaviipale

T-bone steak T-luupihvi

table d'hôte kiinteä, valmiiksi sommiteltu ruokalista

tangerine eräs mandariinilajike

tarragon rakuuna

tart hedelmätorttu

tenderloin filee (liha)

Thousand Island dressing voimakkaasti maustettu salaatinkastike, jossa majoneesia ja paprikaa

thyme timjami

toad-in-the-hole taikinakuoressa paistettua naudanlihaa tai makkaraa

toast paahtoleipä

toasted paahdettu

~ cheese paahtoleivän viipale, jonka päällä sulatettua juustoa

~ (cheese) sandwich juustolla ja kinkulla täytetyt paahtoleipäviipaleet

tomato tomaatti

tongue kieli

tournedos häränfileepihvi

treacle siirappi

trifle sherryllä, konjakilla tai rommilla kostutettu sokerikakku manteleiden, hillon ja kermavaahdon tai vaniljakastikkeen kera

tripe pötsi, sisälmykset

trout forelli

truffle multasieni

tuna, tunny tonnikala

turbot piikkikampela

turkey kalkkuna

turnip nauris

turnover hillolla täytetty torttu

turtle soup kilpikonnakeitto

underdone vähän paistettu (liha)

vanilla vanilja

veal vasikanliha
~ **bird** täytetty vasikanlihakää-
ryle
~ **cutlet** vasikanleike
vegetable vihannes
~ **marrow** kesäkurpitsa
venison (metsä)kauriinliha
vichyssoise kylmä purjo- ja peru-
nakeitto
vinegar etikka
Virginia baked ham neilikoilla,
ananasviipaleilla, kirsikoilla
koristettu ja hedelmämehuhyy-
telöllä kuorrutettu kinkku
wafer pieni rapea ja makea vohveli
waffle vohveli
walnut saksanpähkinä
water ice jäädyke, sorbetti
watercress vesikrassi
watermelon vesimeloni
well done hyvin paistettu (liha)

Welsh rabbit/rarebit kuuma
juustovoileipä
whelk eräs simpukkalaji
whipped cream kermavaahto
whitebait eräs pikkukala
wiener schnitzel wieninleike
wine list viinilista
woodcock lehtokurppa
Worcestershire sauce mausteena
käytetty voimakas kastike, jossa
etikkaa ja soijaa
yoghurt jugurtti
York ham englantilainen savu-
kinkku
Yorkshire pudding eräänlainen
pannukakkutaikinasta uunissa
paistamalla valmistettu piiras,
joka tarjotaan yleensä paahto-
paistin kera
zucchini kesäkurpitsa
zwieback korppu

Juomat

ale voimakas, hieman sokeroitu
olut
bitter ~ kitkerähkö, täyteläi-
nen olut
brown ~ tumma, hieman soke-
roitu, valmiiksi pullotettu olut
light ~ vaalea, valmiiksi pullo-
tettu olut
mild ~ tumma, täyteläinen
tynnyriolut
pale ~ vaalea, valmiiksi pullo-
tettu olut
angostura eräs katkerolikööri

applejack amerikkalainen omena-
viina
Athol Brose skottilainen juoma,
jossa viskiä, hunajaa ja kaura-
hiutaleita
Bacardi cocktail rommicocktail,
jossa giniä ja limesitruuname-
hua
barley water virkistävä, hedel-
mänmakuinen, ohrasta valmis-
tettu juoma
barley wine vahvasti alkoholipi-
toinen, tumma olut

beer olut
    bottled ~ pullotettu olut
    draft, draught ~ tynnyriolut
bitters aperitiivit ja ruoansulatus-
  ta edistävät alkoholijuomat
black velvet samppanjaa, johon
  on lisätty *stoutia* (juodaan
  usein ostereiden kera)
bloody Mary cocktail, jossa vod-
  kaa ja tomaattimehua
bourbon amerikkalainen, maissis-
  ta valmistettu viski
brandy 1) viinirypäleistä tai muis-
  ta hedelmistä valmistettu viina
  2) konjakki
    ~ **Alexander** sekoitus, jossa
  viinaa, kaakaolikööriä ja ker-
  maa
British wines englantilaiset viinit,
  valmistetaan tuontirypäleistä
  tai -rypälemehusta
cherry brandy kirsikkaliköőri
chocolate kaakao
cider siideri
    ~ **cup** sekoitus, jossa mausteita,
  sokeria ja jäätelöä
claret punainen bordeauxviini
cobbler viinistä valmistettu juo-
  ma, johon on lisätty hedelmiä
coffee kahvi
    ~ **with cream** kerman kera
    black ~ musta
    caffeine-free ~ kofeiiniton
    white ~ maitokahvi
Coke coca-cola
cordial ruokahalua kiihottava ja
  ruoansulatusta edistävä likööri
cream kerma
cup 1) kuppi 2) virkistävä juoma,
  jossa kylmää viiniä, soodaa,
  likööriä tai muuta alkoholia;
  koristellaan appelsiini-, sitruu-
  na- tai kurkkuviipaleilla
daiquiri cocktail, jossa sokeria,

vihreän sitruunan mehua ja
  rommia
double kaksinkertainen, tupla
Drambuie viskipohjainen, huna-
  jalla maustettu likööri
dry kuiva
    ~ **martini** 1) kuiva vermutti
  (GB) 2) cocktail, jossa giniä ja
  kuivaa vermuttia (US)
egg-nog kuuma juoma, jossa
  rommia tai viinaa, vatkattuja
  munankeltuaisia ja sokeria
gin and it giniä ja italialaista ver-
  muttia
gin-fizz giniä, sitruunamehua,
  sokeria ja soodavettä
ginger ale alkoholiton, inkivääril-
  lä maustettu virvoitusjuoma
ginger beer alkoholipitoinen juo-
  ma, jossa sokeria ja inkivääriä
grasshopper cocktail, jossa ker-
  maa, minttu- ja kaakaolikööriä
Guinness (stout) hieman sokeria
  ja runsaasti humaloita sekä
  maltaita sisältävä tumma olut
half pint tilavuusmitta, noin 3 dl
highball sisältää viskiä tai muuta
  alkoholia, soodavettä tai *ginger
  alea*
iced kylmä
Irish coffee juoma, jossa kahvia,
  sokeria, irlantilaista viskiä ja
  kermavaahtoa
Irish Mist irlantilainen, viskipoh-
  jainen hunajalla maustettu
  likööri
Irish whiskey irlantilainen viski,
  kuivempaa kuin skottilainen,
  valmistukseen käytetään ohraa,
  ruista, vehnää ja kauraa
juice tuoremehu
lager mieto, vaalea olut, tarjotaan
  kylmänä
lemon squash puristettu sitruuna-

mehu
lemonade sitruunalimonaati
lime juice limettimehu
liqueur likööri
liquor viina, väkijuoma
long drink veteen tai tonic-veteen
sekoitettu alkoholijuoma jäi-
den kera
malt whisky maltaista valmistettu
viski
Manhattan cocktail, jossa ame-
rikkalaista viskiä, vermuttia,
angostuuraa ja säilötty kirsikka
milk maito
~ **shake** pirtelö
mineral water kivennäisvesi
mulled wine kuuma, maustettu
viini
neat sellaisenaan, juoma ilman
jäitä tai vettä
old-fashioned cocktail, jossa vis-
kiä, angosturaa, sokeria ja säi-
lötty kirsikka
Ovaltine kylmä, valmis kaakao-
juoma
Pimm's cup(s) eräs alkoholijuo-
ma, jossa hedelmämehua tai
soodavettä
~ **No. 1** ginipohjainen
~ **No. 2** viskipohjainen
~ **No. 3** rommipohjainen
~ **No. 4** brandypohjainen
pink champagne rosésamppanja
pink lady cocktail, jossa munan-
valkuainen, Calvadosia, sitruu-
namehua, granaattiomename-
hua ja giniä
pint olutmitta, noin 6 dl
port (wine) portviini
porter tumma olut
quart noin 1,14 l (US 0,95 l)
root beer makea, kuohuva juoma,
maustettu yrteillä ja juurilla
rum rommi

rye (whiskey) ruisviski, ras-
kaampi ja kuivempi kuin
bourbon
scotch (whisky) skottilainen
viski
screwdriver cocktail, jossa vodkaa
ja appelsiinimehua
shandy oluen *(bitter ale)* ja limo-
naatin tai oluen ja inkivääri-
oluen sekoitus
short drink laimentamaton alko-
holijuoma
shot reunaan asti täytetty lasilli-
nen
sloe gin-fizz oratuomenmarjoista,
soodavedestä ja sitruunasta
valmistettu likööri
soda water soodavesi
soft drink alkoholiton juoma
sour 1) hapan 2) juomasta johon
on lisätty sitruunaa
spirits väkijuomat
stinger cocktail, jossa konjakkia
ja minttulikööriä
stout tumma olut, jonka valmis-
tukseen on käytetty runsaasti
humaloita
straight kuivana nautittu alkoholi
sweet makea
tea tee
toddy toti
Tom Collins cocktail, jossa giniä,
sokeria, sitruunamehua ja soo-
davettä
tonic (water) tonic-vesi, hiilihap-
poinen; sisältää kiniiniä
water vesi
whisky sour viskiä, sitruuname-
hua, sokeria ja säilötty kirsikka
wine viini
dessert ~ jälkiruokaviini
red ~ punaviini
sparkling ~ kuohuviini
white ~ valkoviini

Englannin kielen epäsäännölliset verbit

Oheisena seuraavat englannin kielen epäsäännölliset verbit. Yhdistetyt *(overdrive)* ja esiliitteelliset *(mistake)* verbimuodot taipuvat kuten pääverbi *(drive, take)*.

Infinitiivi	Imperfekti	Partisiipin perfekti	
arise	arose	arisen	*nousta*
awake	awoke	awoken/awaked	*herätä*
be	was	been	*olla*
bear	bore	borne	*kantaa*
beat	beat	beaten	*lyödä*
become	became	become	*tulla jksk*
begin	began	begun	*alkaa*
bend	bent	bent	*taipua*
bet	bet	bet	*lyödä vetoa*
bid	bade/bid	bidden/bid	*käskeä*
bind	bound	bound	*sitoa*
bite	bit	bitten	*purra*
bleed	bled	bled	*vuotaa verta*
blow	blew	blown	*puhaltaa*
break	broke	broken	*särkeä*
breed	bred	bred	*kasvattaa (karjaa)*
bring	brought	brought	*tuoda*
build	built	built	*rakentaa*
burn	burnt/burned	burnt/burned	*polttaa*
burst	burst	burst	*puhjeta*
buy	bought	bought	*ostaa*
can*	could	–	*osata, voida*
cast	cast	cast	*heittää, valaa*
catch	caught	caught	*pyydystää*
choose	chose	chosen	*valita*
cling	clung	clung	*takertua*
clothe	clothed/clad	clothed/clad	*pukea*
come	came	come	*tulla*
cost	cost	cost	*maksaa*
creep	crept	crept	*ryömiä*
cut	cut	cut	*leikata*
deal	dealt	dealt	*jakaa*
dig	dug	dug	*kaivaa*
do (he does*)	did	done	*tehdä*
draw	drew	drawn	*vetää*
dream	dreamt/dreamed	dreamt/dreamed	*uneksia*
drink	drank	drunk	*juoda*
drive	drove	driven	*ajaa*
dwell	dwelt	dwelt	*asua*
eat	ate	eaten	*syödä*
fall	fell	fallen	*pudota*

* indikatiivin preesens

148

feed	fed	fed	*ruokkia*
feel	felt	felt	*tuntea*
fight	fought	fought	*taistella*
find	found	found	*löytää*
flee	fled	fled	*paeta*
fling	flung	flung	*heittää*
fly	flew	flown	*lentää*
forsake	forsook	forsaken	*hylätä*
freeze	froze	frozen	*jäätyä*
get	got	got	*saada*
give	gave	given	*antaa*
go (he goes*)	went	gone	*mennä*
grind	ground	ground	*jauhaa*
grow	grew	grown	*kasvaa*
hang	hung	hung	*ripustaa*
have (he has*)	had	had	*olla, omistaa*
hear	heard	heard	*kuulla*
hew	hewed	hewed/hewn	*hakata*
hide	hid	hidden	*kätkeä*
hit	hit	hit	*lyödä*
hold	held	held	*pitää kiinni*
hurt	hurt	hurt	*loukata*
keep	kept	kept	*pitää*
kneel	knelt	knelt	*polvistua*
knit	knitted/knit	knitted/knit	*neuloa, panna*
know	knew	known	*tietää*
lay	laid	laid	*asettaa*
lead	led	led	*johtaa*
lean	leant/leaned	leant/leaned	*nojata*
leap	leapt/leaped	leapt/leaped	*hypätä*
learn	learnt/learned	learnt/learned	*oppia*
leave	left	left	*jättää*
lend	lent	lent	*lainata*
let	let	let	*sallia*
lie	lay	lain	*maata*
light	lit/lighted	lit/lighted	*sytyttää*
lose	lost	lost	*kadottaa*
make	made	made	*tehdä*
may*	might	–	*saattaa, voida*
mean	meant	meant	*tarkoittaa*
meet	met	met	*tavata*
mow	mowed	mowed/mown	*niittää*
must*	must	–	*täytyä*
ought* (to)	ought	–	*pitäisi*
pay	paid	paid	*maksaa*
put	put	put	*panna*
read	read	read	*lukea*
rid	rid	rid	*vapauttaa*
ride	rode	ridden	*ratsastaa*

* indikatiivin preesens

ring	rang	rung	soittaa
rise	rose	risen	nousta
run	ran	run	juosta
saw	sawed	sawn	sahata
say	said	said	sanoa
see	saw	seen	nähdä
seek	sought	sought	etsiä
sell	sold	sold	myydä
send	sent	sent	lähettää
set	set	set	asettaa
sew	sewed	sewed/sewn	ommella
shake	shook	shaken	ravistaa
shall*	should	–	pitää
shed	shed	shed	vuodattaa
shine	shone	shone	loistaa
shoot	shot	shot	ampua
show	showed	shown	näyttää
shrink	shrank	shrunk	kutistua
shut	shut	shut	sulkea
sing	sang	sung	laulaa
sink	sank	sunk	vajota
sit	sat	sat	istua
sleep	slept	slept	nukkua
slide	slid	slid	liukua
sling	slung	slung	heittää
slink	slunk	slunk	livahtaa
slit	slit	slit	viiltää
smell	smelled/smelt	smelled/smelt	haistaa
sow	sowed	sown/sowed	kylvää
speak	spoke	spoken	puhua
speed	sped/speeded	sped/speeded	kiirehtiä
spell	spelt/spelled	spelt/spelled	tavata
spend	spent	spent	kuluttaa, viettää
spill	spilt/spilled	spilt/spilled	valua yli
spin	spun	spun	kehrätä
spit	spat	spat	sylkeä
split	split	split	halkaista
spoil	spoilt/spoiled	spoilt/spoiled	pilata
spread	spread	spread	levittää
spring	sprang	sprung	ponnahtaa
stand	stood	stood	seisoa
steal	stole	stolen	varastaa
stick	stuck	stuck	pistää
sting	stung	stung	pistää
stink	stank/stunk	stunk	haista pahalta
strew	strewed	strewed/strewn	sirotella
stride	strode	stridden	harppoa
strike	struck	struck/stricken	iskeä
string	strung	strung	varustaa nyörillä

* indikatiivin preesens

strive	strove	striven	*pyrkiä*
swear	swore	sworn	*vannoa*
sweep	swept	swept	*lakaista*
swell	swelled	swollen/swelled	*turvota, paisua*
swim	swam	swum	*uida*
swing	swung	swung	*keinua*
take	took	taken	*ottaa*
teach	taught	taught	*opettaa*
tear	tore	torn	*repiä*
tell	told	told	*kertoa*
think	thought	thought	*ajatella*
throw	threw	thrown	*heittää*
thrust	thrust	thrust	*työntää*
tread	trod	trodden	*tallata*
wake	woke/waked	woken/waked	*herätä*
wear	wore	worn	*käyttää*
weave	wove	woven	*kutoa kangasta*
weep	wept	wept	*itkeä*
will *	would	—	*tahtoa*
win	won	won	*voittaa*
wind	wound	wound	*kiertää*
wring	wrung	wrung	*vääntää*
write	wrote	written	*kirjoittaa*

---

* indikatiivin preesens

Englanninkielisiä lyhenteitä

AA	*Automobile Association*	Englannin Autoliitto
AAA	*American Automobile Association*	Yhdysvaltain Autoliitto
ABC	*American Broadcasting Company*	amerikkalainen radio- ja televisioyhtiö
A.D.	*anno Domini*	jKr.
Am.	*America; American*	Amerikka; amerikkalainen
a.m.	*ante meridiem (before noon)*	klo 0.00–12.00
Amtrak	*American railroad corporation*	amerikkalainen rautatieyhtiö
AT & T	*American Telephone and Telegraph Company*	amerikkalainen puhelin- ja lennätinyhtiö
Ave.	*avenue*	puistokatu
BBC	*British Broadcasting Corporation*	Englannin yleisradio
B.C.	*before Christ*	eKr.
bldg.	*building*	rakennus
Blvd.	*boulevard*	bulevardi
B.R.	*British Rail*	Englannin Valtion Rautatiet
Brit.	*Britain; British*	Iso-Britannia; brittiläinen
Bros.	*brothers*	Veljekset (liikenimi)
¢	*cent*	sentti, dollarin sadasosa
Can.	*Canada; Canadian*	Kanada; kanadalainen
CBS	*Columbia Broadcasting System*	amerikkalainen radio- ja televisioyhtiö
CID	*Criminal Investigation Department*	rikospoliisi (Iso-Britannia)
CNR	*Canadian National Railway*	Kanadan Valtion Rautatiet
c/o	*(in) care of*	osoitteissa: jonkun luona
Co.	*company*	yhtiö
Corp.	*corporation*	yhtiö
CPR	*Canadian Pacific Railways*	kanadalainen rautatieyhtiö
D.C.	*District of Columbia*	Columbian piirikunta (Washington, D.C.)
DDS	*Doctor of Dental Science*	hammaslääkäri
dept.	*department*	osasto
EEC	*European Economic Community*	Euroopan Talousyhteisö
e.g.	*for instance*	esim.

Eng.	*England; English*	Englanti; englantilainen
excl.	*excluding; exclusive*	lukuun ottamatta
ft.	*foot/feet*	pituusmitta: jalka/jalat (30,5 cm)
GB	*Great Britain*	Iso-Britannia
H.E.	*His/Her Excellency; His Eminence*	Hänen Ylhäisyytensä; Hänen Korkea-arvoisuutensa, kardinaalin puhuttelusana
H.H.	*His Holiness*	Hänen Pyhyytensä, paavin puhuttelusana
H.M.	*His/Her Majesty*	Hänen Majesteettinsa
H.M.S.	*Her Majesty's ship*	Ison-Britannian laivaston sotalaiva
hp	*horsepower*	hevosvoima
Hwy	*highway*	valtatie
i.e.	*that is to say*	toisin sanoen
in.	*inch*	tuuma (2,54 cm)
Inc.	*incorporated*	amerikkalainen osakeyhtiö
incl.	*including, inclusive*	mukaan lukien
£	*pound sterling*	Englannin punta
L.A.	*Los Angeles*	Los Angeles
Ltd.	*limited*	englantilainen osakeyhtiö
M.D.	*Doctor of Medicine*	lääket. tri
M.P.	*Member of Parliament*	Englannin parlamentin jäsen, kansanedustaja
mph	*miles per hour*	mailia tunnissa
Mr.	*Mister*	herra
Mrs.	*Missis*	rouva
Ms.	*Missis/Miss*	rouva/neiti
nat.	*national*	kansallinen
NBC	*National Broadcasting Company*	amerikkalainen radio- ja televisioyhtiö
No.	*number*	numero
N.Y.C.	*New York City*	New York City
O.B.E.	*Officer (of the Order) of the British Empire*	Brittiläisen Imperiumin ritarikunnan kunniamerkki
p.	*page; penny/pence*	sivu; penny/pence, punnan sadasosa
p.a.	*per annum*	vuodessa, vuotta kohti
Ph.D.	*Doctor of Philosophy*	fil. tri
p.m.	*post meridiem (after noon)*	klo 12.00–24.00
PO	*Post Office*	postitoimisto
POO	*post office order*	postisiirto

pop.	*population*	asukasluku
P.T.O.	*please turn over*	käännä
RAC	*Royal Automobile Club*	Englannin Autoklubi
RCMP	*Royal Canadian Mounted Police*	Kanadan ratsupoliisi
Rd.	*road*	tie
ref.	*reference*	viite
Rev.	*reverend*	kirkkoherra
RFD	*rural free delivery*	ilmainen kotiinkuljetus
RR	*railroad*	rautatie
RSVP	*please reply*	vastausta pyydetään
$	*dollar*	dollari
Soc.	*society*	seura
St.	*saint; street*	pyhä; katu
STD	*Subscriber Trunk Dialling*	automaattipuhelin
UN	*United Nations*	Yhdistyneet Kansakunnat
UPS	*United Parcel Service*	amerikkalainen paketinkuljetusyhtiö
US	*United States*	Yhdysvallat
USS	*United States Ship*	amerikkalainen sotalaiva
VAT	*value added tax*	liikevaihtovero
VIP	*very important person*	tärkeä henkilö
Xmas	*Christmas*	joulu
yd.	*yard*	jaardi (91,44 cm)
YMCA	*Young Men's Christian Association*	NMKY
YWCA	*Young Women's Christian Association*	NNKY
ZIP	*ZIP code*	postinumerotunnus

Lukusanat

Perusluvut		Järjestysluvut	
0	zero	1st	first
1	one	2nd	second
2	two	3rd	third
3	three	4th	fourth
4	four	5th	fifth
5	five	6th	sixth
6	six	7th	seventh
7	seven	8th	eighth
8	eight	9th	ninth
9	nine	10th	tenth
10	ten	11th	eleventh
11	eleven	12th	twelfth
12	twelve	13th	thirteenth
13	thirteen	14th	fourteenth
14	fourteen	15th	fifteenth
15	fifteen	16th	sixteenth
16	sixteen	17th	seventeenth
17	seventeen	18th	eighteenth
18	eighteen	19th	nineteenth
19	nineteen	20th	twentieth
20	twenty	21st	twenty-first
21	twenty-one	22nd	twenty-second
22	twenty-two	23rd	twenty-third
23	twenty-three	24th	twenty-fourth
24	twenty-four	25th	twenty-fifth
25	twenty-five	26th	twenty-sixth
30	thirty	27th	twenty-seventh
40	forty	28th	twenty-eighth
50	fifty	29th	twenty-ninth
60	sixty	30th	thirtieth
70	seventy	40th	fortieth
80	eighty	50th	fiftieth
90	ninety	60th	sixtieth
100	a/one hundred	70th	seventieth
230	two hundred and thirty	80th	eightieth
		90th	ninetieth
1,000	a/one thousand	100th	hundredth
10,000	ten thousand	230th	two hundred and thirtieth
100,000	a/one hundred thousand		
1,000,000	a/one million	1,000th	thousandth

Kellonajat

Englannissa ja Amerikassa kellonaika ilmaistaan 12 tuntiin perustuvalla järjestelmällä. Vuorokauden eri ajat ilmaistaan siten, että *a.m. (ante meridiem)* merkitsee kellonaikaa 0.00–12.00 ja *p.m. (post meridiem)* klo 12.00–24.00.

I'll come at seven a.m.	Tulen klo 7 aamulla.
I'll come at two p.m.	Tulen klo 2 iitapäivällä.
I'll come at eight p.m.	Tulen klo 8 illalla.

Viikonpäivät

Sunday	sunnuntai	*Thursday*	torstai
Monday	maanantai	*Friday*	perjantai
Tuesday	tiistai	*Saturday*	lauantai
Wednesday	keskiviikko		

Conversion tables/Muuntotaulukot

C°		F°
100		212
40		105
36,9		98,6
35		
30		90
25		80
20		70
15		60
10		50
5		40
0		32
		30
−5		20
−10		10
−15		0
−20		

Metri ja jalka

Numero taulukon keskimmäisessä sarakkeessa vastaa sekä metrejä että jalkoja, ts. 1 metri = 3,281 jalkaa ja 1 jalka = 0,30 metriä.

Metres and feet

The figure in the middle stands for both metres and feet, e.g. 1 metre = 3.281 feet and 1 foot = 0.30 m.

metrit/metres		jalat/feet
0.30	1	3.281
0.61	2	6.563
0.91	3	9.843
1.22	4	13.124
1.52	5	16.403
1.83	6	19.686
2.13	7	22.967
2.44	8	26.248
2.74	9	29.529
3.05	10	32.810
3.66	12	39.372
4.27	14	45.934
6.10	20	65.620
7.62	25	82.023
15.24	50	164.046
22.86	75	246.069
30.48	100	328.092

Lämpötila

Muunnettaessa Celsius-asteita Fahrenheit-asteiksi ne kerrotaan 1,8:lla ja niihin lisätään 32.
Muunnettaessa vastaavasti Fahrenheit-asteita Celsius-asteiksi vähennetään lämpötilasta 32 ja tulos jaetaan 1,8:lla.

Temperature

To convert Centigrade to Fahrenheit, multiply by 1.8 and add 32.
To convert Fahrenheit to Centigrade, subtract 32 from Fahrenheit and divide by 1.8.

Eräitä avainilmaisuja

Some Basic Phrases

Olkaa hyvä.	Please.
Kiitoksia paljon.	Thank you very much.
Ei kestä.	Don't mention it.
Hyvää huomenta.	Good morning.
Hyvää päivää *(iltapäivällä)*.	Good afternoon.
Hyvää iltaa.	Good evening.
Hyvää yötä.	Good night.
Näkemiin.	Good-bye.
Pikaisiin näkemiin.	See you later.
Missä on/Missä ovat...?	Where is/Where are...?
Miksi tätä kutsutaan?	What do you call this?
Mitä tuo tarkoittaa?	What does that mean?
Puhutteko englantia?	Do you speak English?
Puhutteko saksaa?	Do you speak German?
Puhutteko ranskaa?	Do you speak French?
Puhutteko espanjaa?	Do you speak Spanish?
Puhutteko italiaa?	Do you speak Italian?
Voisitteko puhua hitaammin?	Could you speak more slowly, please?
En ymmärrä.	I don't understand.
Voinko saada...?	Can I have...?
Voitteko näyttää minulle...?	Can you show me...?
Voitteko sanoa minulle...?	Can you tell me...?
Voitteko auttaa minua?	Can you help me, please?
Haluaisin...	I'd like...
Haluaisimme...	We'd like...
Olkaa hyvä ja antakaa minulle...	Please give me...
Tuokaa minulle...	Please bring me...
Minun on nälkä.	I'm hungry.
Minun on jano.	I'm thirsty.
Olen eksyksissä.	I'm lost.
Pitäkää kiirettä!	Hurry up!
Siellä on/Siellä ovat...	There is/There are...
Siellä ei ole...	There isn't/There aren't...

Perilletulo

Passinne, olkaa hyvä.

Onko teillä mitään tullattavaa?

Ei, ei mitään.

Voitteko auttaa minua
kantamaan matkatavarani?

Mistä lähtee bussi
keskikaupungille?

Tätä tietä, olkaa hyvä.

Mistä voin saada taksin?

Paljonko se maksaa …n?

Viekää minut tähän osoitteeseen.

Minulla on kiire.

Arrival

Your passport, please.

Have you anything to declare?

No, nothing at all.

Can you help me with my luggage,
please?

Where's the bus to the centre of
town, please?

This way, please.

Where can I get a taxi?

What's the fare to…?

Take me to this address, please.

I'm in a hurry.

Hotelli

Nimeni on…

Onko teillä varaus?

Haluaisin huoneen jossa on
kylpyhuone.

Paljonko se maksaa yöltä?

Saanko nähdä huoneen?

Mikä on huoneeni numero?

Huoneessa ei ole kuumaa vettä.

Haluaisin tavata johtajan.

Onko kukaan soittanut minulle?

Onko minulle postia?

Saisinko laskun?

Hotel

My name is…

Have you a reservation?

I'd like a room with a bath.

What's the price per night?

May I see the room?

What's my room number, please?

There's no hot water.

May I see the manager, please?

Did anyone telephone me?

Is there any mail for me?

May I have my bill (check),
please?

Ravintolassa

Onko teillä päivän ateriaa?

Saanko à la carte -ruokalistan?

Saisimmeko tuhkakupin?

Eating out

Do you have a fixed-price menu?

May I see the menu?

May we have an ashtray, please?

Missä on WC?	Where's the toilet, please?
Haluaisin alkupalat.	I'd like an hors d'œuvre (starter).
Onko teillä keittoa?	Have you any soup?
Haluaisin kalaa.	I'd like some fish.
Mitä kalaa teillä on?	What kind of fish do you have?
Haluaisin pihvin.	I'd like a steak.
Mitä vihanneksia teillä on?	What vegetables have you got?
Ei muuta, kiitos.	Nothing more, thanks.
Mitä haluaisitte juoda?	What would you like to drink?
Haluaisin oluen.	I'll have a beer, please.
Haluaisin pullon viiniä.	I'd like a bottle of wine.
Saisinko laskun?	May I have the bill (check), please?
Sisältyykö siihen palvelu?	Is service included?
Kiitoksia, se oli erittäin hyvä ateria.	Thank you, that was a very good meal.

Matkalla / Travelling

Missä on rautatieasema?	Where's the railway station, please?
Missä on lipunmyynti?	Where's the ticket office, please?
Haluaisin lipun …n.	I'd like a ticket to…
Ensimmäinen vai toinen luokka?	First or second class?
Ensimmäinen.	First class, please.
Yhdensuuntainen vai edestakainen?	Single or return (one way or roundtrip)?
Täytyykö minun vaihtaa junaa?	Do I have to change trains?
Miltä laiturilta juna lähtee …n?	What platform does the train for… leave from?
Missä on lähin maanalaisen asema?	Where's the nearest underground (subway) station?
Missä on linja-autoasema?	Where's the bus station, please?
Milloin lähtee ensimmäinen bussi …n?	When's the first bus to…?
Päästäisittekö minut pois seuraavalla pysäkillä?	Please let me off at the next stop.

Huvitukset

Mitä elokuvissa esitetään?

Mihin aikaan elokuva alkaa?

Onko täksi illaksi vielä lippuja?

Mihin voimme mennä
tanssimaan?

Relaxing

What's on at the cinema (movies)?

What time does the film begin?

Are there any tickets for tonight?

Where can we go dancing?

Tutustuminen

Hyvää päivää.

Mitä kuuluu?

Kiitos, erittäin hyvää. Entä teille?

Saanko esitellä ...n?

Nimeni on...

Hauska tavata.

Kauanko olette ollut täällä?

Oli hauska tavata.

Häiritseekö teitä jos
tupakoin?

Onko teillä tulta?

Saanko tarjota teille lasillisen?

Saanko pyytää teidät päivälliselle
tänä iltana?

Missä tapaamme?

Meeting people

How do you do.

How are you?

Very well, thank you. And you?

May I introduce...?

My name is...

I'm very pleased to meet you.

How long have you been here?

It was nice meeting you.

Do you mind if I smoke?

Do you have a light, please?

May I get you a drink?

May I invite you for dinner
tonight?

Where shall we meet?

Liikkeet ja palvelut

Missä on lähin pankki?

Missä voin vaihtaa matkašekkejä?

Voitteko antaa minulle
vaihtorahaa?

Missä on lähin apteekki?

Miten sinne pääsee?

Onko se kävelymatkan päässä?

Voitteko auttaa minua?

Shops, stores and services

Where's the nearest bank, please?

Where can I cash some travellers'
cheques?

Can you give me some small
change, please?

Where's the nearest chemist's
(pharmacy)?

How do I get there?

Is it within walking distance?

Can you help me, please?

Paljonko tämä maksaa? Entä tuo?	How much is this? And that?
Se ei ole aivan sitä mitä haluan.	It's not quite what I want.
Pidän siitä.	I like it.
Voitteko suositella jotakin auringonpolttamaan?	Can you recommend something for sunburn?
Haluaisin hiustenleikkuun.	I'd like a haircut, please.
Haluaisin käsienhoidon.	I'd like a manicure, please.

Tien kysyminen

Street directions

Voitteko näyttää minulle kartalta missä olen?	Can you show me on the map where I am?
Olette väärällä tiellä.	You are on the wrong road.
Menkää suoraan eteenpäin.	Go/Walk straight ahead.
Se on vasemmalla/oikealla.	It's on the left/on the right.

Onnettomuudet

Emergencies

Kutsukaa nopeasti lääkäri.	Call a doctor quickly.
Kutsukaa ambulanssi.	Call an ambulance.
Olkaa hyvä ja kutsukaa poliisi.	Please call the police.

finnish-english

suomi-englanti

Introduction

This dictionary has been designed to take account of your practical needs. Unnecessary linguistic information has been avoided. The entries are listed in alphabetical order, regardless of whether the entry is printed in a single word or in two or more separate words. As the only exception to this rule, a few idiomatic expressions are listed alphabetically as main entries, according to the most significant word of the expression. When an entry is followed by sub-entries, such as expressions and locutions, these are also listed in alphabetical order[1].

Each main-entry word is followed by a phonetic transcription (see guide to pronunciation). Following the transcription is the part of speech of the entry word whenever applicable. If an entry word is used as more than one part of speech, the translations are grouped together after the respective part of speech.

Whenever an entry word is repeated in sub-entries, a tilde (~) is used to represent the full word.

Abbreviations

adj	adjective	pl	plural
adv	adverb	plAm	plural (American)
Am	American	postp	postposition
art	article	pp	past participle
conj	conjunction	pr	present tense
n	noun	pref	prefix
nAm	noun (American)	prep	preposition
num	numeral	pron	pronoun
v	past tense	v	verb
		vAm	verb (American)

[1] Note that Finnish alphabetical order differs from our own for two letters: ä and ö. These are considered independent characters and come after z, in that order.

Guide to Pronunciation

Each main entry in this part of the dictionary is followed by a phonetic transcription which shows you how to pronounce the words. This transcription should be read as if it were English. It is based on Standard British pronunciation, though we have tried to take account of General American pronunciation also. Below, only those letters and symbols are explained which we consider likely to be ambiguous or not immediately understood.

The syllables are separated by hyphens, and stressed syllables are printed in *italics*.

Of course, the sounds of any two languages are never exactly the same, but if you follow carefully our indications, you should be able to pronounce the foreign words in such a way that you'll be understood. To make your task easier, our transcriptions occasionally simplify slightly the sound system of the language while still reflecting the essential sound differences.

Consonants

g	always hard, as in **g**o
h	always pronounced, even *after* vowels
ng	as in si**ng**er, not as in fi**ng**er (no **g**-sound!)
r	rolled in the front of the mouth
s	always hard, as in **s**o

Vowels and Diphthongs

aa	long **a**, as in c**a**r, without any **r**-sound
ah	a short version of **aa**; between **a** in c**a**t and **u** in c**u**t
æ	like **a** in c**a**t
ææ	a long **æ**-sound
ew	a "rounded **ee**-sound". Say the vowel sound **ee** (as in s**ee**) and, while saying it, round your lips as for **oo** (in s**oo**n), without moving your tongue; when your lips are in the **oo** position, but your tongue in the **ee** position, you should be pronouncing the correct sound
igh	as in s**igh**
ur	as in f**ur**, but with rounded lips and no **r**-sound

1) A bar over a vowel symbol (e. g. **ēw**) shows that this sound is long.
2) Raised letters (e. g. **oo^{ee}**, **^yay**) should be pronounced only fleetingly.

Stress

In Finnish, the first syllable of a word is always strongly stressed. In longer words, a second, weaker stress can occur. In our transcriptions, we don't distinguish between primary and secondary stress, but print all stressed syllables in italics. Just remember that the strong stress always falls on the *first* syllable of a word.

A

aakkoset (*aak*-koa-sayt) *pl* alphabet

aallonmurtaja (*aal*-loan-*moor*-tah-^Yah) *n* jetty

aallonpituus (*aal*-loan-pi-tōōss) *n* wave-length

aalto (*aal*-toa) *n* wave

aaltoileva (*aal*-toi-lay-vah) *adj* undulating, wavy

aamiainen (*aa*-mi-igh-nayn) *n* lunch

aamu (*aa*-moo) *n* morning; **tänä aamuna** this morning

aamulehti (*aa*-moo-*layh*-ti) *n* morning paper

aamunkoitto (*aa*-moon-*koit*-toa) *n* dawn

aamupainos (*aa*-moo-*pigh*-noass) *n* morning edition

aamupala (*aa*-moo-*pah*-lah) *n* breakfast

aamupäivä (*aa*-moo-*pæ*^{ee}-væ) *n* morning

aamutakki (*aa*-moo-*tahk*-ki) *n* dressing-gown

aarre (*aar*-ray) *n* treasure

aasi (*aa*-si) *n* donkey, ass

Aasia (*aa*-si-ah) Asia

aasialainen (*aa*-si-ah-*ligh*-nayn) *n* Asian; *adj* Asian

aate (*aa*-tay) *n* idea

aatelinen (*aa*-tay-li-nayn) *adj* noble

aatelisto (*aa*-tay-*liss*-toa) *n* nobility

aave (*aa*-vay) *n* ghost, phantom, spirit, *n* spook

aavistaa (*aa*-viss-taa) *v* sense

aavistamaton (*aa*-viss-tah-mah-toan) *adj* unexpected

aavistus (*aa*-viss-tooss) *n* perception, idea

abstraktinen (*ahb*-strahk-ti-nayn) *adj* abstract

adjektiivi (*ahd*-^Yayk-tee-vi) *n* adjective

adoptoida (*ah*-doap-toi-dah) *v* adopt

adverbi (*ahd*-vayr-bi) *n* adverb

Afrikka (*ahf*-rik-kah) Africa

afrikkalainen (*ahf*-rik-kah-*ligh*-nayn) *n* African; *adj* African

agentti (*ah*-gaynt-ti) *n* agent

ahdas (*ahh*-dahss) *adj* narrow

ahdasmielinen (*ahh*-dahss-*myay*-li-nayn) *adj* narrow-minded

ahdistaa (*ahh*-diss-taa) *v* oppress

ahertaa (*ah*-hayr-taa) *v* labour

ahkera (*ahh*-kay-rah) *adj* industrious, diligent, hard-working

ahkeruus (*ahh*-kay-rōōss) *n* diligence

ahne (*ahh*-nay) *adj* greedy

ahneus (*ahh*-nay-ooss) *n* greed

ahven (*ahh*-vayn) *n* bass, perch

aie (*igh*-ay) *n* intention, design

aihe (*igh*-hay) *n* topic, theme, subject; matter, occasion, cause, reason

aiheuttaa (*igh*-hay-oot-taa) *v* cause

aika (*igh*-kah) *n* time; ~ **ajoin** occasionally; **aikaa säästävä** time-saving; **vanha** ~ antiquity

aikaisempi (*igh*-kigh-saym-pi) *adj* previous, earlier

aikaisin (*igh*-kigh-sin) *adv* early

aikakausjulkaisu (*igh*-kah-*kouss*-Yool-kigh-soo) *n* journal, magazine

aikakauskirja (*igh*-kah-*kouss*-keer-Yah) *n* review

aikakauslehti (*igh*-kah-*kouss*-layh-ti) *n* magazine, periodical

aikalainen (*igh*-kah-ligh-nayn) *n* contemporary

aikana (*igh*-kah-nah) *postp* during

aikataulu (*igh*-kah-*tou*-loo) *n* schedule, timetable

aikoa (*igh*-koa-ah) *v* *mean, intend

aikomus (*igh*-koa-mooss) *n* intention

aikuinen (*igh*-koo ee-nayn) *n* adult, grown-up; *adj* adult

aina (*igh*-nah) *adv* always

ainakin (*igh*-nah-kin) *adv* at least

aine (*igh*-nay) *n* theme, matter, substance; material; essay; **antiseptinen** ~ antiseptic; **kiinteä** ~ solid

aineellinen (*igh*-nāyl-li-nayn) *adj* material; substantial

aineosa (*igh*-nay-oa-sah) *n* ingredient

aines (*igh*-nayss) *n* ingredient

ainoa (*igh*-noa-ah) *adj* sole, only; single

ainoastaan (*igh*-noa-ahss-taan) *adv* only

ainutlaatuinen (*igh*-noot-*laa*-too ee-nayn) *adj* unique, exceptional

airo (*igh*-roa) *n* oar

aisti (*ighss*-ti) *n* sense

aistillisuus (*ighss*-til-li-sōōss) *n* lust

aistimus (*ighss*-ti-mooss) *n* sensation

aita (*igh*-tah) *n* fence

aitaus (*igh*-tah-ooss) *n* fence, enclosure

aito (*igh*-toa) *adj* true, genuine; authentic

aivan (*igh*-vahn) *adv* just; quite

aivastaa (*igh*-vahss-taa) *v* sneeze

aivot (*igh*-voat) *pl* brain

aivotärähdys (*igh*-voa-tæ-ræh-dewss) *n* concussion

ajaa (*ah*-Yaa) *v* *drive; *ride; ~ **autolla** motor; ~ **eteenpäin** propel; ~ **nopeasti** *speed; ~ **parta** shave; ~ **takaa** pursue, chase; ~ **talliin** garage

ajaja (*ah*-Yah-Yah) *n* driver

ajaksi (*ah*-Yahk-si) *postp* for

ajanjakso (*ah*-Yahn-Yahk-soa) *n* period

ajankohtainen (*ah*-Yahn-*koah*-tigh-nayn) *adj* topical, current

ajanviete (*ah*-Yahn-*vyay*-tay) *n* diversion, entertainment

ajatella (*ah*-Yah-tayl-lah) *v* *think

ajattelija (*ah*-Yaht-tay-li-Yah) *n* thinker

ajatus (*ah*-Yah-tooss) *n* thought; idea

ajatusviiva (*ah*-Yah-tooss-*vee*-vah) *n* dash

ajelu (*ah*-Yay-loo) *n* drive; ride

ajoissa (*ah*-Yoiss-sah) *adv* in time

ajoittainen (*ah*-Yoit-tigh-nayn) *adj* periodical

ajokaista (*ah*-Yoa-*kighss*-tah) *n* lane

ajokortti (*ah*-Yoa-*koart*-ti) *n* driving licence

ajoneuvo (*ah*-Yoa-*nay* oo-voa) *n* vehicle

ajorata (*ah*-Yoa-*rah*-tah) *n* carriageway; roadway *nAm*

ajos (*ah*-Yoass) *n* abscess

ajotie (*ah*-Yoa-*tyay*) *n* drive

akatemia (*ah*-kah-tay-miah) *n* academy

akku (*ahk*-koo) *n* battery

akseli (*ahk*-say-li) *n* axle

aktiivinen (*ahk*-tee-vi-nayn) *adj* active

ala (*ah*-lah) *n* range; branch, field

alahanka (*ah*-lah-*hahng*-kah) *n* port

alaikäinen (*ah*-lah-*i*-kæ ee-nayn) *adj*

under age; *n* minor
alainen (*ah*-ligh-nayn) *adj* subordinate
alakertaan (*ah*-lah-*kayr*-taan) *adv* downstairs
alakuloinen (*ah*-lah-*koo*-loi-nayn) *adj* low, down; sad, blue
alamaa (*ah*-lah-*maa*) *n* lowlands *pl*
alamainen (*ah*-lah-migh-nayn) *n* subject
alankomaalainen (*ah*-lahng-koa-*maa*-ligh-nayn) *n* Dutchman; *adj* Dutch
Alankomaat (*ah*-lahng-koa-*maat*) *pl* the Netherlands
alanumero (*ah*-lah-*noo*-may-roa) *n* extension
alaosa (*ah*-lah-*oa*-sah) *n* bottom
alaotsikko (*ah*-lah-*oat*-sik-koa) *n* subtitle
alapuolella (*ah*-lah-*pwoa*-layl-lah) *adv* beneath, under
alas (*ah*-lahss) *adv* downwards, down
alaspäin (*ah*-lahss-*pæ*^{ee}n) *adv* down, downwards
alaston (*ah*-lahss-toan) *adj* bare, nude, naked
alastonkuva (*ah*-lahss-toan-*koo*-vah) *n* nude
alempi (*ah*-laym-pi) *adj* inferior; lower
alempiarvoinen (*ah*-laym-pi-*ahr*-voi-nayn) *adj* inferior
alennus (*ah*-layn-nooss) *n* discount, rebate, reduction
alennusmyynti (*ah*-layn-nooss-*mēwn*-ti) *n* clearance sale, sales
alentaa (*ah*-layn-taa) *v* lower, reduce; ~ **arvoa** devalue
algebra (*ahl*-gayb-rah) *n* algebra
Algeria (*ahl*-gay-ri-ah) Algeria
algerialainen (*ahl*-gay-ri-ah-ligh-nayn) *n* Algerian; *adj* Algerian
alhaalla (*ahl*-haal-lah) *adv* below
alhaisempi (*ahl*-high-saym-pi) *adj* inferior
aliarvioida (*ah*-li-*ahr*-vi-oi-dah) *v*

underestimate
alin (*ah*-lin) *adj* bottom
alinomaa (*ah*-lin-oa-maa) *adv* continually
alinomainen (*ah*-lin-*oa*-migh-nayn) *adj* constant
aliravitsemus (*ah*-li-*rah*-vit-say-mooss) *n* malnutrition
alistaa (*ah*-liss-taa) *v* subject
alistua (*ah*-liss-too-ah) *v* accept, submit
alituinen (*ah*-li-too^{ee}-nayn) *adj* continual
alkaa (*ahl*-kaa) *v* commence, *begin
alkaen (*ahl*-kah-ayn) *postp* from, since
alkeis- (*ahl*-kayss) primary
alkio (*ahl*-ki-oa) *n* embryo; germ
alkoholi (*ahl*-koa-hoa-li) *n* alcohol; **alkoholiton juoma** soft drink
alkoholiliike (*ahl*-koa-hoa-li-*lee*-kay) *n* off-licence
alkoholipitoinen (*ahl*-koa-hoa-li-*pi*-toi-nayn) *adj* alcoholic
alku (*ahl*-koo) *n* start, beginning; **alku-** initial
alkuasukas (*ahl*-koo-ah-soo-kahss) *n* native
alkulähde (*ahl*-koo-læh-day) *n* origin
alkuperä (*ahl*-koo-pay-ræ) *n* origin
alkuperäinen (*ahl*-koo-pay-ræ^{ee}-nayn) *adj* original; primary; initial
alkuruoka (*ahl*-koo-rwoa-kah) *n* hors-d'œuvre, starter
alkusoitto (*ahl*-koo-soit-toa) *n* overture
alla (*ahl*-lah) *postp* under, beneath, below; *adv* underneath
allas (*ahl*-lahss) *n* basin; pool
allekirjoittaa (*ahl*-lay-*keer*-Yoit-taa) *v* sign; endorse
allekirjoittanut (*ahl*-lay-*keer*-Yoit-tah-noot) *n* undersigned
alleviivata (*ahl*-lay-*vee*-vah-tah) *v* underline

almanakka (ahl-mah-nahk-kah) n almanac

aloite (ah-loi-tay) n initiative

aloittaa (ah-loit-taa) v *begin, start; ~ **uudestaan** recommence

aloittelija (ah-loit-tay-li-Yah) n learner

alokas (ah-loa-kahss) n recruit

alppimaja (ahlp-pi-mah-Yah) n chalet

altis jllk (ahl-tiss) adj liable to, subject to

alttari (ahlt-tah-ri) n altar

alttiiksipano (ahlt-teek-si-pah-noa) n exposure

altto (ahlt-toa) n alto

alue (ah-loo-ay) n area, zone, region, district; field, territory

alueellinen (ah-loo-āyl-li-nayn) adj regional

alunperin (ah-loon-pay-rin) adv originally

alus (ah-looss) n vessel

alushame (ah-looss-hah-may) n slip

alushousut (ah-looss-hoa-soot) pl drawers, briefs pl; panties pl; shorts plAm; underpants plAm

aluspaita (ah-looss-pigh-tah) n undershirt

alussa (ah-looss-sah) adv at first

alustava (ah-looss-tah-vah) adj preliminary

alusvaatteet (ah-looss-vaat-tāyt) pl underwear; **naisten** ~ lingerie

alusvoide (ah-looss-voi-day) n foundation cream

ambulanssi (ahm-boo-lahns-si) n ambulance

Amerikka (ah-may-rik-kah) America

amerikkalainen (ah-may-rik-kah-lighnayn) n American; adj American

ametisti (ah-may-tiss-ti) n amethyst

amiraali (ah-mi-raa-li) n admiral

ammatti (ahm-maht-ti) n profession, trade

ammattimainen (ahm-maht-ti-mighnayn) adj professional

ammattimies (ahm-maht-ti-myayss) n expert

ammattitaidoton (ahm-maht-ti-tighdoa-toan) adj unskilled

ammattitaitoinen (ahm-maht-ti-tightoi-nayn) adj skilled

ammattiyhdistys (ahm-maht-ti-ewhdiss-tewss) n trade-union

ammoniakki (ahm-moa-ni-ahk-ki) n ammonia

ampiainen (ahm-pi-igh-nayn) n wasp

ampua (ahm-poo-ah) v fire, *shoot

amuletti (ah-moo-layt-ti) n lucky charm, charm

analysoida (ah-nah-lew-soi-dah) v analyse

analyysi (ah-nah-lēw-si) n analysis

analyytikko (ah-nah-lēw-tik-koa) n analyst

ananas (ah-nah-nahss) n pineapple

anarkia (ah-nahr-ki-ah) n anarchy

anatomia (ah-nah-toa-mi-ah) n anatomy

anemia (ah-nay-mi-ah) n anaemia

ankara (ahng-kah-rah) adj strict, severe, harsh

ankerias (ahng-kay-ri-ahss) n eel

ankka (ahngk-kah) n duck

ankkuri (ahngk-koo-ri) n anchor

annos (ahn-noass) n portion; ration; dose

anoa (ah-noa-ah) v beg; apply for

anomus (ah-noa-mooss) n application; petition

anoppi (ah-noap-pi) n mother-in-law

ansa (ahn-sah) n trap

ansaita (ahn-sigh-tah) v *make, earn; merit, deserve

ansaitsematon (ahn-sight-say-mahtoan) adj unearned

ansio (ahn-si-oa) n gain; merit

antaa (ahn-taa) v *give; grant; allow to; ~ **myöten** *give in; indulge; ~

olla *leave; ~ toimeksi assign to; ~ vuokralle *let

antautua (ahn-tah-oo-too-ah) v surrender

antautuminen (ahn-tah-oo-too-mi-nayn) n surrender, capitulation

anteeksi! (ahn-tāyk-si) sorry!, sorry! excuse me!; antaa anteeksi *forgive; excuse

anteeksianto (ahn-tāyk-si-ahn-toa) n pardon

anteeksipyyntö (ahn-tāyk-si-pēwn-tur) n apology, excuse

anteliaisuus (ahn-tay-li-igh-sōōss) n generosity

antelias (ahn-tay-li-ahss) adj generous; liberal

antenni (ahn-tayn-ni) n aerial

anti (ahn-ti) n issue; result

antibiootti (ahn-ti-bi-ōāt-ti) n antibiotic

antiikkiesine (ahn-teek-ki-ay-si-nay) n antique

antiikkikauppias (ahn-teek-ki-koup-pi-ahss) n antique dealer

antiikkinen (ahn-teek-ki-nayn) adj antique

antipatia (ahn-ti-pah-ti-ah) n dislike

antologia (ahn-toa-loa-gi-ah) n anthology

aperitiivi (ah-pay-ri-tee-vi) n aperitif

apeus (ah-pay-ooss) n sadness

apila (ah-pi-lah) n clover

apilanlehti (ah-pi-lahn-layh-ti) n shamrock

apina (ah-pi-nah) n monkey

appelsiini (ahp-payl-see-ni) n orange

appi (ahp-pi) n father-in-law

appivanhemmat (ahp-pi-vahn-haym-maht) pl parents-in-law pl

aprikoosi (ahp-ri-kōā-si) n apricot

apteekkari (ahp-tāyk-kah-ri) n chemist

apteekki (ahp-tāyk-ki) n pharmacy, chemist's; drugstore nAm

apu (ah-poo) n aid, assistance, help

apuraha (ah-poo-rah-hah) n grant, scholarship; subsidy

arabi (ah-rah-bi) n Arab

arabialainen (ah-rah-bi-ah-ligh-nayn) adj Arab

Argentiina (ahr-gayn-tee-nah) Argentina

argentiinalainen (ahr-gayn-tee-nah-ligh-nayn) n Argentinian; adj Argentinian

arina (ah-ri-nah) n grate

arka (ahr-kah) adj shy, timid

arkaluonteinen (ahr-kah-lwoan-tay-nayn) adj delicate

arkeologi (ahr-kay-oa-loa-gi) n archaeologist

arkeologia (ahr-kay-oa-loa-gi-ah) n archaeology

arkihuone (ahr-ki-hwoa-nay) n living-room

arkipäivä (ahr-ki-pæee-væ) n weekday

arkipäiväinen (ahr-ki-pæee-væee-nayn) adj ordinary, everyday

arkisto (ahr-kiss-toa) n archives pl

arkkipiispa (ahrk-ki-peess-pah) n archbishop

arkkitehti (ahrk-ki-tayh-ti) n architect

arkkitehtuuri (ahrk-ki-tayh-tōō-ri) n architecture

armahdus (ahr-mahh-dooss) n pardon; amnesty

armeija (ahr-may-ʸah) n army

armeliaisuus (ahr-may-li-igh-sōōss) n mercy

armelias (ahr-may-li-ahss) adj merciful

armo (ahr-moa) n mercy, grace

aromi (ah-roa-mi) n aroma

aromikeitin (ah-roa-mi-kay-tin) n percolator

arpajaiset (ahr-pah-ʸigh-sayt) pl lottery

arpi (ahr-pi) n scar

artikkeli (*ahr*-tik-kay-li) *n* article
artisokka (*ahr*-ti-soak-kah) *n* artichoke
arvata (*ahr*-vah-tah) *v* guess
arvella (*ahr*-vayl-lah) *v* reckon; suspect
arvelu (*ahr*-vay-loo) *n* guess
arveluttava (*ahr*-vay-loot-tah-vah) *adj* critical
arvio (*ahr*-vi-oa) *n* estimate
arvioida (*ahr*-vi-oi-dah) *v* value, estimate, evaluate
arviointi (*ahr*-vi-oin-ti) *n* evaluation
arvo (*ahr*-voa) *n* worth, value
arvoaste (*ahr*-voa-ahss-tay) *n* rank
arvoesineet (*ahr*-voa-*ay*-si-nāyt) *pl* valuables *pl*
arvoinen (*ahr*-voi-nayn) *adj* worthy of
arvoituksellinen (*ahr*-voi-took-sayl-li-nayn) *adj* mysterious
arvoitus (*ahr*-voi-tooss) *n* enigma, mystery; puzzle, riddle
arvojärjestys (*ahr*-voa-*Yær*-Yayss-tewss) *n* hierarchy
arvokas (*ahr*-voa-kahss) *adj* valuable; dignified
arvonanto (*ahr*-voan-*ahn*-toa) *n* esteem, respect
arvonimi (*ahr*-voa-*ni*-mi) *n* title
arvonta (*ahr*-voan-tah) *n* draw
arvopaperipörssi (*ahr*-voa-*pah*-pay-ri-*purrs*-si) *n* stock exchange, stock market
arvosana (*ahr*-voa-*sah*-nah) *n* mark
arvostaa (*ahr*-voass-taa) *v* appreciate; esteem
arvosteleva (*ahr*-voass-tay-lay-vah) *adj* critical
arvostelija (*ahr*-voass-tay-li-Yah) *n* critic
arvostella (*ahr*-voass-tayl-lah) *v* criticize; judge
arvostelu (*ahr*-voass-tay-loo) *n* criticism, review

arvostus (*ahr*-voass-tooss) *n* appreciation
arvoton (*ahr*-voa-toan) *adj* worthless
asbesti (*ahss*-bayss-ti) *n* asbestos
ase (*ah*-say) *n* arm, weapon
aseistaa (ah-sayss-taa) *v* arm
aseistettu (ah-sayss-tayt-too) *adj* armed
asema (*ah*-say-mah) *n* position, situation; station
asemakaava (*ah*-say-mah-*kaa*-vah) *n* plan
asemalaituri (*ah*-say-mah-*ligh*-too-ri) *n* platform
asemalaiturilippu (*ah*-say-mah-*ligh*-too-ri-*lip*-poo) *n* platform ticket
asemapäällikkö (*ah*-say-mah-*pææl*-lik-kur) *n* station-master
asenne (*ah*-sayn-nay) *n* attitude
asennus (*ah*-sayn-nooss) *n* installation
asentaa (*ah*-sayn-taa) *v* install
asentaja (*ah*-sayn-tah-Yah) *n* mechanic
asento (*ah*-sayn-toa) *n* position
asettaa (*ah*-sayt-taa) *v* *lay, *set, *put; place; ~ näytteille exhibit, *show
asevelvollinen (*ah*-sayv-*vayl*-voal-li-nayn) *n* conscript
asfaltti (*ahss*-fahlt-ti) *n* asphalt
asia (*ah*-si-ah) *n* cause, thing, matter; affair, business, concern
asiakas (*ah*-si-ah-kahss) *n* customer, client
asiakirja (*ah*-si-ah-*keer*-Yah) *n* document; certificate
asiakirjakansio (*ah*-si-ah-*keer*-Yah-*kahn*-si-oa) *n* file
asiakirjasalkku (*ah*-si-ah-*keer*-Yah-*sahlk*-koo) *n* attaché case
asiallinen (*ah*-si-ahl-li-nayn) *adj* matter-of-fact, down-to-earth
asiamies (*ah*-si-ah-*myayss*) *n* agent

asianajaja (*ah*-si-ahn-*ah*-Yah-Yah) *n* solicitor, barrister, attorney, lawyer; advocate

asianhaara (*ah*-si-ahn-*haa*-rah) *n* circumstance

asianmukainen (*ah*-si-ahn-*moo*-kigh-nayn) *adj* proper, due, adequate

asianomainen (*ah*-si-ahn-*oa*-migh-nayn) *adj* (the person) concerned

asiantunteva (*ah*-si-ahn-*toon*-tay-vah) *adj* expert

asiantuntija (*ah*-si-ahn-*toon*-ti-Yah) *n* specialist, expert

asiapaperi (*ah*-si-ah-*pah*-pay-ri) *n* certificate, document

asioida (*ah*-si-oi-dah) *v* *deal with; *do business

askel (*ahss*-kayl) *n* step; move, pace

aspiriini (*ahss*-pi-ree-ni) *n* aspirin

aste (*ahss*-tay) *n* degree, grade; stage

asteikko (*ahss*-tayk-koa) *n* scale

asteittainen (*ahss*-tayt-tigh-nayn) *adj* gradual

asti (*ahss*-ti) *postp* till, until

astia (*ahss*-ti-ah) *n* dish

astiapyyhe (*ahss*-ti-ah-*pēw*-hay) *n* teacloth

astiasto (*ahss*-ti-ahss-toa) *n* dinner-service

astma (*ahst*-mah) *n* asthma

astua (*ahss*-too-ah) *v* step; ~ **laivaan** embark; ~ **sisään** enter

asua (*ah*-soo-ah) *v* live, reside; inhabit; **asettua asumaan** settle down

asuinpaikka (*ah*-soo^eem-*pighk*-kah) *n* residence

asukas (*ah*-soo-kahss) *n* inhabitant; **vakinainen** ~ resident; **vakinaisesti asuva** resident

asumaton (*ah*-soo-mah-toan) *adj* uninhabited, desert

asumiskelpoinen (*ah*-soo-miss-*kayl*-poi-nayn) *adj* inhabitable

asunto (*ah*-soon-toa) *n* home, house; accommodation, lodgings *pl*; **asunnoksi kelpaamaton** uninhabitable

asuntolaiva (*ah*-soon-toa-*ligh*-vah) *n* houseboat

asuntovaunu (*ah*-soon-toa-*vou*-noo) *n* caravan; trailer *nAm*

asusteet (*ah*-sooss-tāyt) *pl* accessories *pl*

asuttava (*ah*-soot-tah-vah) *adj* habitable

ateria (*ah*-tay-ri-ah) *n* meal

Atlantti (*aht*-lahnt-ti) Atlantic

atomi (*ah*-toa-mi) *n* atom; **atomi-** atomic

aukaista (*ou*-kighss-tah) *v* open; unlock; untie

aukio (*ou*-ki-oa) *n* square

aukioloaika (*ou*-ki-*oa*-loa-*igh*-kah) *n* business hours

aukko (*ouk*-koa) *n* gap, opening

auktoriteetti (*ouk*-toa-ri-tāyt-ti) *n* authority

auliisti (*ou*-leess-ti) *adv* willingly

aulis (*ou*-liss) *adj* ready, willing

aura (*ou*-rah) *n* plough

auringonlasku (*ou*-ring-ngoan-*lahss*-koo) *n* sunset

auringonnousu (*ou*-ring-ngoan-*noa*-soo) *n* sunrise

auringonpaiste (*ou*-ring-ngoan-*pighss*-tay) *n* sunshine

auringonpisto (*ou*-ring-ngoan-*piss*-toa) *n* sunstroke

aurinko (*ou*-ring-koa) *n* sun; **ottaa aurinkoa** sunbathe

aurinkoinen (*ou*-ring-koi-nayn) *adj* sunny

aurinkokatos (*ou*-ring-koa-*kah*-toass) *n* awning

aurinkolasit (*ou*-ring-koa-*lah*-sit) *pl* sun-glasses *pl*

aurinkovarjo (*ou*-ring-koa-*vahr*-Yoa) *n* sunshade

aurinkoöljy (*ou*-ring-koa-*url*-Yew) *n* suntan oil

Australia (*oust*-rah-li-ah) Australia

australialainen (*oust*-rah-li-ah-lighnayn) *n* Australian; *adj* Australian

autio (*ou*-ti-oa) *adj* waste, desert

autiomaa (*ou*-ti-oa-*maa*) *n* desert

auto (*ou*-toa) *n* motor-car, car, automobile

autoilija (*ou*-toi-li-Yah) *n* motorist

autoilu (*ou*-toi-loo) *n* motoring

autoklubi (*ou*-toa-*kloo*-bi) *n* automobile club

automaatio (*ou*-toa-maa-ti-oa) *n* automation

automaatti (*ou*-toa-*maat*-ti) *n* slot-machine

automaattinen (*ou*-toa-maat-ti-nayn) *adj* automatic

autonalusta *n* chassis

autonjousitus (*ou*-toan-*Yoa*-si-tooss) *n* suspension

autonkori (*ou*-toang-*koa*-ri) *n* bodywork; body *nAm*

autonkuljettaja (*ou*-toang-*kool*-Yayt-tah-Yah) *n* chauffeur

autonominen (*ou*-toa-noa-mi-nayn) *adj* autonomous

autontorvi (*ou*-toan-*toar*-vi) *n* hooter, horn

autoritäärinen (*ou*-toa-ri-tææ-ri-nayn) *adj* authoritarian

autotalli (*ou*-toa-*tahl*-li) *n* garage

autovuokraamo (*ou*-toa-vvoak-raa-moa) *n* car hire; car rental *Am*

auttaa (*out*-taa) *v* help, aid, assist

auttaja (*out*-tah-Yah) *n* helper

avaimenreikä (*ah*-vigh-mayn-*ray*-kæ) *n* keyhole

avain (*ah*-vighn) *n* key; ulko-oven ~ latchkey

avajaispotku (*ah*-vah-Yighss-*poat*-koo) *n* kick-off

avaruus (*ah*-vah-*rōōss*) *n* space

avata (*ah*-vah-tah) *v* open; *undo; turn on; ~ lukko unlock

avioero (*ah*-vi-oa-*ay*-roa) *n* divorce

avioliitto (*ah*-vi-oa-*leet*-toa) *n* marriage, matrimony

aviollinen (*ah*-vi-oal-li-nayn) *adj* matrimonial

aviomies (*ah*-vi-oa-*myayss*) *n* husband

aviopari (*ah*-vi-oa-*pah*-ri) *n* married couple

aviovaimo (*ah*-vi-oa-*vigh*-moa) *n* wife

avoin (*ah*-voin) *adj* open

avokätinen (*ah*-voa-kæ-ti-nayn) *adj* liberal, generous

avomielinen (*ah*-voa-myay-li-nayn) *adj* open, frank

avulias (*ah*-voo-li-ahss) *adj* helpful; obliging

avulla (*ah*-vool-lah) *postp* by

avustaa (*ah*-vooss-taa) *v* aid, assist; support

avustaja (*ah*-vooss-tah-Yah) *n* assistant

avustus (*ah*-vooss-tooss) *n* assistance; grant; contribution

B

baari (*baa*-ri) *n* bar; saloon

baarimikko (*baa*-ri-*mik*-koa) *n* bartender, barman

bakteeri (*bahk*-tāy-ri) *n* bacterium, germ

baletti (*bah*-layt-ti) *n* ballet

bamburuoko (*bahm*-boo-rwoa-koa) *n* bamboo

banaani (*bah*-naa-ni) *n* banana

baritoni (*bah*-ri-toa-ni) *n* baritone

-barokki (*bah*-roak-ki) baroque

basilika (*bah*-si-li-kah) *n* basilica

basilli (*bah*-sil-li) *n* germ

baskeri (*bahss*-kay-ri) *n* beret

basso (*bahss*-soa) *n* bass
beige (*bāysh*) *adj* beige
Belgia (*bayl*-gi-ah) Belgium
belgialainen (*bayl*-giah-ligh-nayn) *n* Belgian; *adj* Belgian
bensiini (*bayn*-see-ni) *n* fuel, petrol; gasoline *nAm*, gas *nAm*
bensiiniasema (*bayn*-see-ni-ah-say-mah) *n* filling station, petrol station
bensiinipumppu (*bayn*-see-ni-*poomp*-poo) *n* petrol pump; fuel pump *Am*; gas pump *Am*
bensiinisäiliö (*bayn*-see-ni-*sæ*ᵉᵉ-li-ur) *n* petrol tank
betoni (*bay*-toa-ni) *n* concrete
biljardi (*bil*-Yahr-di) *n* billiards *pl*
biologia (*bi*-oa-loa-gi-ah) *n* biology
Bolivia (*boa*-li-vi-ah) Bolivia
bolivialainen (*boa*-li-vi-ah-ligh-nayn) *n* Bolivian; *adj* Bolivian
Brasilia (*brah*-si-li-ah) Brazil
brasilialainen (*brah*-si-li-ah-ligh-nayn) *n* Brazilian; *adj* Brazilian
bridge (*bridsh*) *n* bridge
britti (*brit*-ti) *n* Briton
brittiläinen (*brit*-ti-læ ᵉᵉ-nayn) *adj* British
budjetti (*bood*-Yayt-ti) *n* budget
Bulgaria (*bool*-gah-ri-ah) Bulgaria
bulgarialainen (*bool*-gah-ri-ah-ligh-nayn) *n* Bulgarian; *adj* Bulgarian
bussi (*booss*-si) *n* bus

C

celsius- (*sayl*-si-ooss) centigrade
cembalo (*chaym*-bah-loa) *n* harpsichord
Chile (*chee*-lay) Chile
chileläinen (*chee*-lay-læ ᵉᵉ-nayn) *n* Chilean; *adj* Chilean
cocktailpala (*koak*-tighl-*pah*-lah) *n* ap-

petizer

D

debetpuoli (*day*-bayt-*pwoa*-li) *n* debit
demokraattinen (*day*-moa-kraat-ti-nayn) *adj* democratic
demokratia (*day*-moa-krah-ti-ah) *n* democracy
deodorantti (*day*-oa-doa-rahnt-ti) *n* deodorant
desinfioida (*day*-sin-fi-oi-dah) *v* disinfect
desinfioimisaine (*day*-sin-fi-oi-miss-*igh*-nay) *n* disinfectant
devalvointi (*day*-vahl-voin-ti) *n* devaluation
diagnoosi (*di*-ahg-nōa-si) *n* diagnosis; **tehdä** ~ diagnose
diakuva (*di*-ah-*koo*-vah) *n* slide
dieselmoottori (*dee*-sayl-*mōat*-toa-ri) *n* diesel
diktaattori (*dik*-taat-toa-ri) *n* dictator
diplomaatti (*dip*-loa-maat-ti) *n* diplomat
diplomi (*dip*-loa-mi) *n* certificate, diploma
diskonttokorko (*diss*-koant-toa-*koar*-koa) *n* rate of discount
dramaattinen (*drah*-maat-ti-nayn) *adj* dramatic
dynamo (*dew*-nah-moa) *n* dynamo
dyyni (*dēw*-ni) *n* dune

E

Ecuador (*ayk*-vah-doar) Ecuador
ecuadorilainen (*ayk*-vah-doa-ri-ligh-nayn) *n* Ecuadorian
edellinen (*ay*-dayl-li-nayn) *adj* preced-

ing, previous, former

edellyttäen (ay-dayl-lewt-tæ-ayn) provided that

edellä (ay-dayl-læ) adv ahead, postp ahead of; adv before

edeltäjä (ay-dayl-tæ-Yæ) n predecessor

edeltävä (ay-dayl-tæ-væ) adj previous

edeltää (ay-dayl-tææ) v precede

edessä (ay-dayss-sæ) postp before, in front of

edistyksellinen (ay-diss-tewk-sayl-li-nayn) adj progressive

edistynyt (ay-diss-tew-newt) adj advanced

edistys (ay-diss-tewss) n progress; **edistysmielinen** progressive

edistyä (ay-diss-tew-æ) v *get on, advance

edistää (ay-diss-tææ) v promote

eduksi (ay-dook-si) postp on behalf of

edullinen (aydool-li-nayn) adj advantageous; cheap

edustaa (ay-dooss-taa) v represent

edustava (ay-dooss-tah-vah) adj representative

edustus (ay-dooss-tooss) n representation

eebenpuu (āy-baym-pōō) n ebony

eepos (āy-poass) n epic

eetteri (āy-t-tay-ri) n ether

Egypti (ay-gewp-ti) Egypt

egyptiläinen (ay-gewp-ti-læ ee-nayn) n Egyptian; adj Egyptian

ehdokas (ayh-doa-kahss) n candidate

ehdonalainen (ayh-doan-ah-ligh-nayn) adj conditional

ehdoton (ayh-doa-toan) adj unconditional; absolute

ehdottaa (ayh-doat-taa) v suggest, propose

ehdottomasti (ayh-doat-toa-mahss-ti) adv absolutely

ehdotus (ayh-doa-tooss) n proposi-

tion, suggestion, proposal

eheä (ay-hay-æ) adj whole; unbroken

ehkä (ayh-kæ) adv perhaps

ehkäisevä (ayh-kæ ee-say-væ) adj preventive

ehkäistä (ayh-kæ eess-tæ) v prevent; restrain, check

ehkäisyväline (ayh-kæ ee-sew-væ-li-nay) n contraceptive

ehostus (ay-hoass-tooss) n make-up

ehtiä (ayh-ti-æ) v *catch; *make

ehto (ayh-toa) n term, condition; clause

ei (ay) no; not; **ei ... eikä** neither ... nor ~ **enää** no longer; ~ **koskaan** never; ~ **kukaan** no one, none; ~ **kumpikaan** neither; ~ **mikään** no, nothing; ~ **missään** nowhere; ~ **mitään** nothing; ~ **suinkaan** by no means

eilen (ay-layn) adv yesterday

eksoottinen (ayk-sōat-ti-nayn) adj exotic

eksynyt (ayk-sew-newt) adj lost

eksyä (ayk-sew-æ) v *get lost, *lose one's way

elatusapu (ay-lah-tooss-ah-poo) n alimony

ele (ay-lay) n sign, gesture

elefantti (ay-lay-fahnt-ti) n elephant

elegantti (ay-lay-gahnt-ti) adj elegant

elehtiä (ay-layh-ti-æ) v gesticulate

elektroninen (ay-layk-troa-ni-nayn) adj electronic

elimellinen (ay-li-mayl-li-nayn) adj organic

elin (ay-lin) n organ

elinaika (ay-lin-igh-kah) n lifetime

elinkeino (ay-ling-kay-noa) n trade; livelihood

elinkeinonharjoittaja (ay-ling-kay-noan-hahr-Yoit-tah-Yah) n trader

elintaso (ay-lin-tah-soa) n standard of living

elintoimintaoppi (ay-lin-*toi*-min-tah-*oap*-pi) n physiology

elintärkeä (ay-lin-*tær*-kay-æ) adj vital

elinympäristö (ay-lin-*ewm*-pæ-riss-tur) n milieu

ellei (*ayl*-lay) conj unless

elohopea (ay-loa-*hoa*-pay-ah) n mercury

eloisa (ay-*loi*-sah) adj lively, vivid

elokuu (ay-loa-*kōō*) August

elokuva (ay-loa-*koo*-vah) n movie, film

elokuvat (ay-loa-*koo*-vaht) pl movie theater Am, movies Am

elokuvata (ay-loa-*koo*-vah-tah) v film

elokuvateatteri (ay-loa-*koo*-vah-*tay*-aht-tay-ri) n cinema

eloonjääminen (ay-*lōān-Yæ*æ-mi-nayn) n survival

elossa (ay-*loass*-sah) adv alive

eloton (ay-loa-toan) adj lifeless; dull

elpyminen (*ayl*-pew-mi-nayn) n revival

eltaantunut (*ayl*-taan-too-noot) adj rancid

elukka (ay-*look*-kah) n beast

eläin (ay-*læ*ᵉᵉn) n animal

eläinlääkäri (ay-*læ*ᵉᵉn-*læ*æ-kæ-ri) n veterinary surgeon

eläinrata (ay-*læ*ᵉᵉn-*rah*-tah) n zodiac

eläinsatu (ay-*læ*ᵉᵉn-*sah*-too) n fable

eläintarha (ay-*læ*ᵉᵉn-*tahr*-hah) n zoo, zoological garden

eläintiede (ay-*læ*ᵉᵉn-*tyay*-day) n zoology

eläke (ay-*læ*-kay) n pension; eläkkeellä oleva retired

elämä (ay-*læ*-mæ) n life

elämänura (ay-*læ*-mæn-*oo*-rah) n career

elämänviisaus (ay-*læ*-mæn-*vee*-sah-ooss) n philosophy

elävä (ay-*læ*-væ) adj live

elää (ay-*læ*æ) v live

emali (ay-*mah*-li) n enamel

emaloitu (ay-mah-*loi*-too) adj enamelled

emäntä (ay-*mæn*-tæ) n hostess, mistress

enemmistö (ay-naym-*miss*-tur) n majority

energia (ay-*nayr*-gi-ah) n energy

Englannin kanaali (*ayng*-lahn-nin *kah*-naa-li) English Channel

Englanti (*ayng*-lahn-ti) England; Britain

englantilainen (*ayng*-lahn-ti-*ligh*-nayn) n Englishman; Briton; adj English; British

enimmäkseen (ay-nim-*mæk*-*sāyn*) adv mostly

enintään (ay-nin-*tææn*) adv at most

enkeli (*ayng*-kay-li) n angel

ennakko (*ayn*-nahk-koa) n advance

ennakkoluulo (*ayn*-nahk-koa-*lōō*-loa) n prejudice

ennakoida (*ayn*-nah-*koi*-dah) v anticipate

ennakolta maksettu (*ayn*-nah-koal-tah *mahk*-sayt-too) prepaid

ennen (*ayn*-nayn) prep before; adv formerly, before; ~ kaikkea above all; ~ kuin before

ennenaikainen (*ayn*-nayn-*igh*-kigh-nayn) adj premature

ennustaa (*ayn*-nooss-taa) v forecast, predict

ennuste (*ayn*-nooss-tay) n forecast

ennätys (*ayn*-næ-tewss) n record

eno (ay-noa) n uncle

ensi (*ayn*-si) adj next, following

ensiapu (*ayn*-si-ah-poo) n first-aid

ensiapuasema (*ayn*-si-ah-poo-ah-*say*-mah) n first-aid post

ensiapulaukku (*ayn*-si-ah-poo-*louk*-koo) n first-aid kit

ensiksi (*ayn*-sik-si) adv at first

ensiluokkainen (*ayn*-si-*lwoak*-kigh-nayn) adj first-class, first-rate, prime

ensimmäinen (ayn-sim-mæ ee-nayn) *num* first

ensisijainen (ayn-si-si-Yigh-nayn) *adj* primary

entinen (ayn-ti-nayn) *adj* former

epidemia (ay-pi-day-mi-ah) *n* epidemic

epäaito (ay-pæ-igh-toa) *adj* false

epäilemättä (ay-pæ ee-lay-mæt-tæ) *adv* undoubtedly, without doubt

epäilevä (ay-pæ ee-lay-væ) *adj* suspicious; doubtful

epäillä (ay-pæ eel-læ) *v* doubt; mistrust; suspect

epäilys (ay-pæ ee-lewss) *n* doubt; suspicion

epäilyttävä (ay-pæ ee-lewt-tæ-væ) *adj* suspicious

epäitsekäs (ay-pæ-it-say-kæss) *adj* unselfish

epäjumala (ay-pæ-Yoo-mah-lah) *n* idol

epäjärjestys (ay-pæ-Yær-Yayss-tewss) *n* disorder

epäkohtelias (ay-pæ-koah-tay-li-ahss) *adj* impolite

epäkuntoinen (ay-pæ-koon-toi-nayn) *adj* broken; out of order

epäluotettava (ay-pæ-lwoa-tayt-tah-vah) *adj* untrustworthy, unreliable

epäluulo (ay-pæ-lōō-loa) *n* suspicion

epäluuloinen (ay-pæ-lōō-loi-nayn) *adj* suspicious

epämiellyttävä (ay-pæ-myayl-lewt-tæ-væ) *adj* disagreeable, unpleasant; nasty

epämieluinen (ay-pæ-myay-loo ee-nayn) *adj* undesirable; unpopular

epämukava (ay-pæ-moo-kah-vah) *adj* uncomfortable

epämuodostunut (ay-pæ-mwoa-doass-too-noot) *adj* deformed

epämääräinen (ay-pæ-mææ-ræ ee-nayn) *adj* indefinite; vague

epänormaali (ay-pæ-noar-maa-li) *adj* abnormal

epäoikeudenmukainen (ay-pæ-oi-kay-oo-dayn-moo-kigh-nayn) *adj* unjust, unfair

epäonni (ay-pæ-oan-ni) *n* misfortune

epäonnistua (ay-pæ-oan-niss-too-ah) *v* fail

epäonnistuminen (ay-pæ-oan-niss-too-mi-nayn) *n* failure

epäonnistunut (ay-pæ-oan-niss-too-noot) *adj* unsuccessful

epäpuhdas (ay-pæ-pooh-dahss) *adj* unclean

epäpätevä (ay-pæ-pæ-tay-væ) *adj* unqualified, incompetent

epärehellinen (ay-pæ-ray-hayl-li-nayn) *adj* dishonest

epäröidä (ay-pæ-rur ee-dæ) *v* hesitate

epäselvä (ay-pæ-sayl-væ) *adj* not clear, dim; dim; illegible

epäsiisti (ay-pæ-seess-ti) *adj* untidy, sloppy

epäsuopea (ay-pæ-swoa-pay-ah) *adj* unkind

epäsuora (ay-pæ-swoa-rah) *adj* indirect

epäsuotuisa (ay-pæ-swoa-too ee-sah) *adj* unfavourable

epäsäännöllinen (ay-pæ-sææn-nurl-li-nayn) *adj* irregular

epätarkka (ay-pæ-tahrk-kah) *adj* inaccurate

epätasainen (ay-pæ-tah-sigh-nayn) *adj* rough, uneven

epätavallinen (ay-pæ-tah-vahl-li-nayn) *adj* unusual, uncommon; singular, extraordinary

epäterve (ay-pæ-tayr-vay) *adj* unsound

epäterveellinen (ay-pæ-tayr-vāyl-li-nayn) *adj* unhealthy

epätodellinen (ay-pæ-toa-dayl-li-nayn) *adj* unreal

epätodennäköinen (ay-pæ-toa-dayn-

næ-kur ᵉᵉ-nayn) *adj* improbable, unlikely

epätoivoinen (ay-pæ-*toi*-voi-nayn) *adj* desperate; **olla ~** despair

epätyydyttävä (ay-pæ-*tēw*-dewt-tævæ) *adj* unsatisfactory

epätäydellinen (ay-pæ-*tæᵉʷ*-dayl-li-nayn) *adj* incomplete; imperfect

epävakainen (ay-pæ-*vah*-kigh-nayn) *adj* unstable

epävarma (ay-pæ-*vahr*-mah) *adj* uncertain; doubtful; unsafe, precarious

epäviisas (ay-pæ-*vee*-sahss) *adj* unwise

epävirallinen (ay-pæ-*vi*-rahl-li-nayn) *adj* unofficial; informal

epäystävällinen (ay-pæ-*ewss*-tæ-væl-li-nayn) *adj* unfriendly, unkind

erehdys (ay-*rayh*-dewss) *n* error, mistake; oversight

erehtyä (ay-*rayh*-tew-æ) *v* *be mistaken; err, *mistake

erheellinen (ayr-*hāyl*-li-nayn) *adj* mistaken

eri (ay-ri) *adj* different, various

erikoinen (ay-ri-*koi*-nayn) *adj* peculiar, particular, special

erikoisesti (ay-ri-koi-*sayss*-ti) *adv* especially

erikoistua (ay-ri-*koiss*-too-ah) *v* specialize

erikoisuus (ay-ri-koi-*sōōss*) *n* speciality

erikseen (ay-rik-*sāyn*) *adv* separately

erilainen (ay-ri-*ligh*-nayn) *adj* unlike, different; unequal; **olla ~** differ

erillinen (ay-*ril*-li-nayn) *adj* separate

erillään (ay-*ril*-læn) *adv* apart

erinomainen (ay-rin-*oa*-migh-nayn) *adj* excellent; fine; superb

erioikeus (ay-ri-*oi*-kay-ooss) *n* privilege

eriskummallinen (ay-riss-*koom*-mahl-li-nayn) *adj* eccentric

eriste (ay-*riss*-tay) *n* insulation

eristetty (ay-*riss*-tayt-tew) *adj* isolated

eristin (ay-*riss*-tin) *n* insulator

eristyneisyys (ay-*riss*-tew-nay-sēwss) *n* isolation

eristää (ay-*riss*-tææ) *v* isolate; insulate

eritellä (ay-ri-*tayl*-læ) *v* analyse

erittäin (ay-*rit*-tæ ᵉᵉn) *adv* very extremely

erityinen (ay-ri-tew ᵉᵉ-nayn) *adj* special; particular

ero (ay-roa) *n* distinction, difference; contrast; **eron pyyntö** resignation

erota (ay-*roa*-tah) *v* divorce; resign

erottaa (ay-*roat*-taa) *v* divide, part, separate; distinguish; fire; suspend; **~ virasta** dismiss

erotuomari (ay-roa-*twoa*-mah-ri) *n* umpire, referee

erotus (ay-*roa*-tooss) *n* distinction, difference

erä (ay-ræ) *n* heat, round; item, share

erääntyminen (ay-rææn-tew-mi-nayn) *n* expiry

erääntynyt (ay-rææn-tew-newt) *adv* overdue

erääntyvä (ay-rææn-tew-væ) *adj* due

esiin (ay-seen) *adv* forward

esiintyä (ay-seen-tew-æ) *v* occur, appear

esi-isä (ay-si-*i*-sæ) *n* ancestor

esikaupunki (ay-si-*kou*-poong-ki) *n* suburb

esikaupunkilainen (ay-si-*kou*-poong-ki-ligh-nayn) *adj* suburban

esiliina (ay-si-*lee*-nah) *n* apron

esimerkki (ay-si-*mayrk*-ki) *n* example, instance; **esimerkiksi** for example, for instance

esimies (ay-si-mi-ayss) *n* warden

esine (ay-si-nay) *n* thing; object

esirippu (*ay*-si-*rip*-poo) *n* curtain

esitaistelija (*ay*-si-*tighss*-tay-li-Yah) *n* champion

esite (*ay*-si-tay) *n* prospectus, brochure

esitellä (*ay*-si-tayl-læ) *v* introduce, present

esitelmä (*ay*-si-tayl-mæ) *n* lecture

esittely (*ay*-sit-tay-lew) *n* introduction

esittää (*ay*-sit-tææ) *v* represent; *show, protest; perform, present

esitys (*ay*-si-tewss) *n* show, performance; motion

Espanja (*ayss*-pahn-Yah) Spain

espanjalainen (*ayss*-pahn-Yah-lighnayn) *n* Spaniard; *adj* Spanish

essee (*ayss*-*sāy*) *n* essay

este (*ayss*-tay) *n* barrier, obstacle; impediment

estää (*ayss*-tææ) *v* prevent, hinder; block

etana (*ay*-tah-nah) *n* snail

etappi (*ay*-tahp-pi) *n* stage

eteenpäin (*ay*-tāyn-*pæ*^{ee}n) *adv* forward, onwards

eteishalli (*ay*-tayss-*hahl*-li) *n* lobby, hall

etelä (*ay*-tay-læ) *n* south

Etelä-Afrikka (*ay*-tay-læ-*ahf*-rik-kah) South Africa

eteläinen (*ay*-tay-læ^{ee}-nayn) *adj* southerly, southern

etelänapa (*ay*-tay-læ-*nah*-pah) *n* South Pole

eteneminen (*ay*-tay-nay-mi-nayn) *n* advance

etenkin (*ay*-tayn-kin) *adv* in particular, specially

etevä (*ay*-tay-væ) *adj* skilful

etikka (*ay*-tik-kah) *n* vinegar

Etiopia (*ay*-ti-oa-pi-ah) Ethiopia

etiopialainen (*ay*-ti-oa-pi-ah-ligh-nayn) *n* Ethiopian; *adj* Ethiopian

etsaus (*ayt*-sah-ooss) *n* etching

etsijä (*ayt*-si-Yæ) *n* view-finder

etsivä (*ayt*-si-væ) *n* detective

etsiä (*ayt*-si-æ) *v* search, *seek, hunt for; ~ **tarkoin** search

että (*ayt*-tæ) *conj* that

etu (*ay*-too) *n* profit, benefit, advantage; interest

etuajo-oikeus (*ay*-too-ah-Yoa-*oi*-kay-ooss) *n* right of way

etuala (*ay*-*too*-ah-lah) *n* foreground

etukäteen (*ay*-too-kæ-tāyn) *adv* in advance; beforehand

etuliite (*ay*-too-*lee*-tay) *n* prefix

etumaksu (*ay*-too-mahk-soo) *n* down payment

etumatka (*ay*-too-*maht*-kah) *n* lead

etummainen (*ay*-toom-migh-nayn) *adj* foremost

etunimi (*ay*-too-*ni*-mi) *n* first name

etuoikeus (*ay*-too-*oi*-kay-ooss) *n* priority; privilege, priority

etupuoli (*ay*-too-*pwoa*-li) *n* front

eturuoka (*ay*-too-rwoa-kah) *n* hors-d'œuvre

etusormi (*ay*-too-*soar*-mi) *n* index finger

etuvalo (*ay*-too-*vah*-loa) *n* headlamp, headlight

etäinen (*ay*-tæ^{ee}-nayn) *adj* distant, far-off

etäisempi (*ay*-tæ^{ee}-saym-pi) *adj* further

etäisin (*ay*-tæ^{ee}-sin) *adj* furthest

etäisyys (*ay*-tæ^{ee}-*sēwss*) *n* way, distance

etäisyysmittari (*ay*-tæ^{ee}-*sēwss*-*mit*-tah-ri) *n* range-finder

Eurooppa (*ay*^{oo}-*rōap*-pah) Europe

eurooppalainen (*ay*^{oo}-*rōap*-pah-ligh-nayn) *n* European; *adj* European

evakuoida (*ay*-vah-koo-oi-dah) *v* evacuate

evankeliumi (*ay*-vahng-kay-li-oo-mi) *n* gospel

eversti (*ay*-vayrs-ti) *n* colonel
evätä (*ay*-væ-tæ) *v* deny

F

fajanssi (*fah*-Yahns-si) *n* faience
farmarihousut (*fahr*-mah-ri-*hoa*-soot) *pl* jeans *pl*
farssi (*fahrs*-si) *n* farce
fasaani (*fah*-saa-ni) *n* pheasant
fasismi (*fah*-siss-mi) *n* fascism
fasisti (*fah*-siss-ti) *n* fascist
fasistinen (*fah*-siss-ti-nayn) *adj* fascist
feodaalinen (*fay*-oa-daa-li-nayn) *adj* feudal
festivaali (*fayss*-ti-vaa-li) *n* festival
filippiiniläinen (*fi*-lip-pee-ni-læ ᵉᵉ-nayn) *n* Filipino; *adj* Philippine
Filippiinit (*fi*-lip-pee-nit) *pl* Philippines *pl*
filmi (*fil*-mi) *n* film; **piirretty ~** cartoon
filmikamera (*fil*-mi-*kah*-may-rah) *n* camera
filosofi (*fi*-loa-soa-fi) *n* philosopher
filosofia (*fi*-loa-soa-fi-ah) *n* philosophy
finanssi- (*fi*-nahns-si) financial
finni (*fin*-ni) *n* acne
flamingo (*flah*-ming-ngoa) *n* flamingo
flanelli (*flah*-nayl-li) *n* flannel
flyygeli (*fl̄ew*-gay-li) *n* grand piano
foneettinen (*foa*-nāyt-ti-nayn) *adj* phonetic
froteekangas (*froa*-tāy-*kahng*-ngahss) *n* towelling
fysiikka (*few*-seek-kah) *n* physics
fyysikko (*fēw*-sik-koa) *n* physicist
fyysinen (*fēw*-si-nayn) *adj* physical

G

generaattori (*gay*-nay-raat-toa-ri) *n* generator
geologia (*gay*-oa-loa-gi-ah) *n* geology
geometria (*gay*-oa-mayt-ri-ah) *n* geometry
gobeliini (*goa*-bay-lee-ni) *n* tapestry
golfkenttä (*goalf*-kaynt-tæ) *n* golf-links, golf-course
golfmaila (*goalf*-*migh*-lah) *n* golf-club
gondoli (*goan*-doa-li) *n* gondola
graafinen esitys (*graa*-fi-nayn *aysi*-tewss) diagram, graph
gramma (*grahm*-mah) *n* gram
graniitti (*grah*-neet-ti) *n* granite
greippi (*grayp*-pi) *n* grapefruit
grilli (*gril*-li) *n* grill-room
grossi (*groass*-si) *n* gross
gynekologi (*gew*-nay-koa-loa-gi) *n* gynaecologist

H

haalea (*haa*-lay-ah) *adj* lukewarm, tepid
haalistua (*haa*-liss-too-ah) *v* fade
haarakynttelikkö (*haa*-rah-*kewnt*-tay-lik-kur) *n* candelabrum
haaraosasto (*haa*-rah-*oa*-sahss-toa) *n* branch
haarautua (*haa*-rou-too-ah) *v* fork
haarautuma (*haa*-rou-too-mah) *n* fork
haarniska (*haar*-niss-kah) *n* armour
haarukka (*haa*-rook-kah) *n* fork
haastaa (*haass*-taa) *v* dare, challenge
haastattelu (*haass*-taht-tay-loo) *n* interview
haaste (*haass*-tay) *n* challenge; summons
haava (*haa*-vah) *n* wound; cut

haavoittaa (*haa*-voit-taa) *v* wound, *hurt

haavoittuva (*haa*-voit-too-vah) *adj* vulnerable

hahmo (*hahh*-moa) *n* figure

hahmotella (*hahh*-moa-tayl-lah) *v* sketch, outline

hai (high) *n* shark

haihtua (*highh*-too-ah) *v* evaporate

haikara (*high*-kah-rah) *n* stork; heron

haista (*highss*-tah) *v* *smell

haitta (*hight*-tah) *n* disadvantage; inconvenience

hajallaan (*hah*-Yahl-laan) *adv* apart, scattered

hajottaa (*hah*-Yoat-taa) *v* disperse; dissolve

haju (*hah*-Yoo) *n* odour, smell

hajuvesi (*hah*-Yoo-vay-si) *n* perfume

hakaneula (*hah*-kah-*nay*ᵒᵒ-lah) *n* safety-pin

hakata hienoksi (*hah*-kah-tah *hyay*-noak-si) mince

hakea (*hah*-kay-ah) *v* look for; look up; ~ **paikkaa** apply

hakemisto (*hah*-kay-miss-toa) *n* index

hakemus (*hah*-kay-mooss) *n* application

hakku (*hahk*-koo) *n* pick-axe

haljeta (*hahl*-Yay-tah) *v* *burst

halkaista (*hahl*-kighss-tah) *v* *split

halkeama (*hahl*-kay-ah-mah) *n* crack

halkio (*hahl*-ki-oa) *n* fly

halko (*hahl*-koa) *n* log

hallinnollinen (*hahl*-lin-noal-li-nayn) *adj* administrative

hallinto (*hahl*-lin-toa) *n* administration

hallinto-oikeus (*hahl*-lin-toa-*oi*-kay-ooss) *n* administrative law

hallita (*hahl*-li-tah) *v* govern, reign, rule; master

hallitsija (*hahl*-lit-si-Yah) *n* sovereign, ruler; monarch

hallitus (*hahl*-li-tooss) *n* government, rule

hallitusaika (*hahl*-li-tooss-*igh*-kah) *n* reign

hallitusjärjestelmä (*hahl*-li-tooss-Yær-Yayss-tayl-mæ) *n* régime

halpa (*hahl*-pah) *adj* inexpensive, cheap

halpamainen (*hahl*-pah-migh-nayn) *adj* foul; mean

haltija (*hahl*-ti-Yah) *n* owner; occupant

haltijatar (*hahl*-ti-Yah-tahr) *n* fairy

halu (*hah*-loo) *n* desire; **kiihkeä** ~ urge

halukas (*hah*-loo-kahss) *adj* willing; inclined

haluta (*hah*-loo-tah) *v* want; desire, wish; ~ **mieluummin** prefer

haluttava (*hah*-loot-tah-vah) *adj* desirable

halvaannuttaa (*hahl*-vaan-noot-taa) *v* paralyse

halvaantunut (*hahl*-vaan-too-noot) *adj* paralised

halvaus (*hahl*-vah-ooss) *n* paralysis, stroke

halveksia (*hahl*-vayk-si-ah) *v* scorn, despise

halveksiminen (*hahl*-vayk-si-mi-nayn) *n* contempt

hame (*hah*-may) *n* skirt

hammas (*hahm*-mahss) *n* tooth

hammasharja (*hahm*-mahss-hahr-Yah) *n* toothbrush

hammasjauhe (*hahm*-mahss-Yoo-hay) *n* toothpowder

hammaslääkäri (*hahm*-mahss-*læ*æ-kæ-ri) *n* dentist

hammaspaikka (*hahm*-mahss-*pighk*-kah) *n* filling

hammassärky (*hahm*-mahss-*sær*-kew) *n* toothache

hammastahna (*hahm*-mahss-*tahh*-nah) *n* toothpaste

hammastikku (*hahm*-mahss-*tik*-koo) *n* toothpick

hamppu (*hahmp*-poo) *n* hemp

hana (*hah*-nah) *n* tap; faucet *nAm*

hangata (*hahng*-ngah-tah) *v* scrub

hanhi (*hahn*-hi) *n* goose

hankala (*hahng*-kah-lah) *adj* inconvenient; difficult

hankauma (*hahng*-kah-oo-mah) *n* graze

hanke (*hahng*-kay) *n* project

hankinta (*hahng*-kin-tah) *n* acquisition, purchase

hankkia (*hahngk*-ki-ah) *v* *buy; acquire, obtain; provide, supply; *get

hansikas (*hahn*-si-kahss) *n* glove

hapan (*hah*-pahn) *adj* sour

happi (*hahp*-pi) *n* oxygen

happo (*hahp*-poa) *n* acid

hapsu (*hahp*-soo) *n* fringe

harakka (*hah*-rahk-kah) *n* magpie

harava (*hah*-rah-vah) *n* rake

harhailla (*hahr*-highl-lah) *v* wander

harhakuva (*hahr*-hah-*koo*-vah) *n* illusion

harja (*hahr*-Yah) *n* brush

harjata (*hahr*-Yah-tah) *v* brush

harjoitella (*hahr*-Yoi-tayl-lah) *v* practise, exercise; rehearse

harjoittaa (*hahr*-Yoit-taa) *v* exercise; practise; ~ salametsästystä poach

harjoittelu (*hahr*-Yoit-tay-loo) *n* practice

harjoitus (*hahr*-Yoi-tooss) *n* exercise; rehearsal

harjoituttaa (hahr-Yoi-toot-taa) *v* drill; train

harkinta (*hahr*-kin-tah) *n* deliberation; consideration

harkita (*hahr*-ki-tah) *v* deliberate; consider

harkitsematon (*hahr*-kit-say-mah-toan) *adj* rash

harkittu (*hahr*-kit-too) *adj* deliberate

harmaa (*hahr*-maa) *adj* grey

harmi (*hahr*-mi) *n* harm

harmillinen (*hahr*-mil-li-nayn) *adj* annoying

harmittaa (*hahr*-mit-taa) *v* annoy

harppu (*hahrp*-poo) *n* harp

harrastus (*hahr*-rahss-tooss) *n* hobby

harso (*hahr*-soa) *n* veil

harsokangas (*hahr*-soa-*kahng*-ngahss) *n* gauze

hartia (*hahr*-ti-ah) *n* shoulder

hartiahuivi (*hahr*-ti-ah-*hooᵉᵉ*-vi) *n* shawl

hartiaviitta (*hahr*-ti-ah-*veet*-tah) *n* cape

harva (*hahr*-vah) *adj* few

harventaa (*hahr*-vayn-taa) *v* space

harvinainen (*hahr*-vi-nigh-nayn) *adj* rare, infrequent; uncommon, unusual

harvinaisuus (*hahr*-vi-nigh-sōōss) *n* rarity, curio

harvoin (*hahr*-voin) *adv* seldom, rarely

hassu (*hahss*-soo) *adj* crazy

hattu (*haht*-too) *n* hat

haudata (*hou*-dah-tah) *v* bury

hauki (*hou*-ki) *n* pike

haukka (*houk*-kah) *n* hawk

haukkua (*houk*-koo-ah) *v* bark, bay; call names

haukotella (*hou*-koa-tayl-lah) *v* yawn

hauras (*hou*-rahss) *adj* fragile

hauska (*houss*-kah) *adj* pleasant, amusing

hauskannäköinen (*houss*-kahn-*næ*-kurᵉᵉ-nayn) *adj* good-looking, nice

hauskuttaa (*houss*-koot-taa) *v* amuse

hauta (*hou*-tah) *n* grave, tomb

hautajaiset (*hou*-tah-Yigh-sayt) *pl* burial, funeral

hautakappeli (*hou*-tah-*kahp*-pay-li) *n* mausoleum

hautakivi (*hou*-tah-*ki*-vi) *n* gravestone, tombstone

hautaus (*hou*-tah-ooss) *n* burial

hautausmaa (*hou*-tah-ooss-*maa*) *n* graveyard, cemetery

havainnoida (hah-vahn-noi-dah) *v* observe

havainnollinen (hah-vighn-noal-li-nayn) *adj* graphic; clear

havainto (hah-vighn-toa) *n* observation

havaita (hah-vigh-tah) *v* discover, detect; notice

havaittava (hah-vight-tah-vah) *adj* perceptible, noticeable

havupuu (hah-voo-*pōō*) *n* fir-tree

he (hay) *pron* they

hedelmä (hay-dayl-mæ) *n* fruit

hedelmällinen (hay-dayl-mæl-li-nayn) *adj* fertile

hedelmämehu (hay-dayl-mæ-*may*-hoo) *n* squash

hedelmätarha (hay-dayl-mæ-*tahr*-hah) *n* orchard

hedelmöittyminen (hay-dayl-mur ee-tew-mi-nayn) *n* conception

hehku (hayh-koo) *n* glow

hehkua (hayh-koo-ah) *v* glow

hehkulamppu (hayh-koo-*lahmp*-poo) *n* light bulb

heidän (hay-dæn) *pron* their

heidät (hay-dæt) *pron* them

heijastaa (hay-ʸahss-taa) *v* reflect

heijastin (hay-ʸahss-tin) *n* reflector

heijastus (hay-ʸahss-tooss) *n* reflection

heikko (hayk-koa) *adj* weak; shaky; faint

heikkous (hayk-koa-ooss) *n* weakness

heille (hayl-lay) *pron* them

heiluttaa (hay-loot-taa) *v* wave

heimo (hay-moa) *n* tribe

heinä (hay-næ) *n* hay

heinäkuu (hay-næ-*kōō*) July

heinänkorsi (hay-næng-*koar*-si) *n* blade of grass

heinänuha (hay-næ-*noo*-hah) *n* hay fever

heinäsirkka (hay-næ-*seerk*-kah) *n* grasshopper

heittiö (hayt-ti-ur) *n* bastard

heitto (hayt-toa) *n* throw, cast

heittää (hayt-tææ) *v* toss, *cast, *throw; ~ pois discard

helakanpunainen (hay-lah-kahm-*poo*-nigh-nayn) *adj* scarlet

helluntai (hayl-loon-tigh) Whitsun

hellä (hayl-læ) *adj* affectionate, tender

hellävarainen (hayl-læ-*vah*-righ-nayn) *adj* gentle

helmeilevä (hayl-may-lay-væ) *adj* sparkling

helmi (hayl-mi) *n* bead, pearl

helmikuu (hayl-mi-*kōō*) February

helminauha (hayl-mi-*nou*-hah) *n* beads *pl*

helmiäinen (hayl-mi-æ ee-nayn) *n* mother-of-pearl

helposti sulava (hayl-poass-ti *soo*-lah-vah) *adj* digestible

helpottaa (hayl-poat-taa) *v* relieve

helpotus (hayl-poa-tooss) *n* relief

helppo (haylp-poa) *adj* easy

helppopääsyinen (haylp-poa-*pææ*-sew ee-nayn) *adj* accessible

helppous (haylp-poa-ooss) *n* facility; ease

helvetti (hayl-vayt-ti) *n* hell

hemmotella (haym-moa-tayl-lah) *v* *spoil

hengellinen (hayng-ngayl-li-nayn) *adj* spiritual

hengittää (hayng-ngit-tææ) *v* breathe; ~ sisään inhale; ~ ulos expire, exhale

hengitys (hayng-ngi-tewss) *n* breathing, respiration

hengitysputki (*hayng*-ngi-tewss-*poot*-ki) *n* snorkel

henki (*hayng*-ki) *n* soul, spirit

henkilö (*hayng*-ki-lur) *n* person; **henkeä kohti** per person

henkilöjuna (*hayng*-ki-lur-*Yoo*-nah) *n* passenger train

henkilökohtainen (*hayng*-ki-lur-*koah*-tigh-nayn) *adj* personal; private

henkilökunta (*hayng*-ki-lur-*koon*-tah) *n* staff, personnel

henkilöllisyys (*hayng*-ki-lurl-li-sēwss) *n* identity

henkilöllisyystodistus (*hayng*-ki-lurl-li-sēwss-*toa*-diss-tooss) *n* identity card

henkinen (*hayng*-ki-nayn) *adj* mental; psychic

henkivakuutus (*hayng*-ki-vah-kōō-tooss) *n* life insurance

henkivartija (*hayng*-ki-vahr-ti-Yah) *n* bodyguard

henkäys (*hayng*-kæ-ewss) *n* breath

heprea (*hayp*-ray-ah) *n* Hebrew

hereillä (*hay*-rayl-læ) *adv* awake

herkku (*hayrk*-koo) *n* delicacy; delicatessen

herkkuliike (*hayrk*-koo-*lee*-kay) *n* delicatessen

herkkusieni (*hayrk*-koo-syay-ni) *n* mushroom

herkkusuu (*hayrk*-koo-sōō) *n* gourmet

herkkä (*hayrk*-kæ) *adj* sensitive; tender

herkkäuskoinen (*hayrk*-kæ-*ooss*-koi-nayn) *adj* credulous

herkullinen (*hayr*-kool-li-nayn) *adj* delicious, enjoyable

hermo (*hayr*-moa) *n* nerve

hermostunut (*hayr*-moass-too-noot) *adj* nervous

hermostuttaa (*hayr*-moass-toot-taa) *v* irritate

hermosärky (*hayr*-moa-*sær*-kew) *n* neuralgia

herne (*hayr*-nay) *n* pea

herra (*hayr*-rah) *n* mister; sir

herraskartano (*hayr*-rahss-*kahr*-tah-noa) *n* mansion, manor-house

herrasmies (*hayr*-rahss-*myayss*) *n* gentleman

herruus (*hayr*-rōōss) *n* domination

herttainen (*hayrt*-tigh-nayn) *adj* nice, sweet

herttua (*hayrt*-too-ah) *n* duke

herttuatar (*hayrt*-too-ah-tahr) *n* duchess

herukka (*hay*-rook-kah) *n* currant

herättää (*hay*-ræt-tææ) *v* *awake, *wake

herätyskello (*hay*-ræ-tewss-*kayl*-loa) *n* alarm-clock

herätä (*hay*-ræ-tæ) *v* wake up

heteroseksuaalinen (*hay*-tay-roa-sayk-soo-aa-li-nayn) *adj* heterosexual

heti (*hay*-ti) *adv* immediately, instantly, at once; presently; ~ **paikalla** straight away

hetkellinen (*hayt*-kayl-li-nayn) *adj* momentary

hetki (*hayt*-ki) *n* instant, moment

hevonen (*hay*-voa-nayn) *n* horse

hevosenkenkä (*hay*-voa-sayng-*kayng*-kæ) *n* horseshoe

hevosvoima (*hay*-voass-*voi*-mah) *n* horsepower

hidas (*hi*-dahss) *adj* slow; slack

hidasjärkinen (*hi*-dahss-*Yær*-ki-nayn) *adj* slow

hidastaa (*hi*-dahss-taa) *v* slow down

hiekka (*hyayk*-kah) *n* sand

hiekkainen (*hyayk*-kigh-nayn) *adj* sandy

hiekkapaperi (*hyayk*-kah-*pah*-pay-ri) *n* sandpaper

hieno (*hyay*-noa) *adj* delicate, fine; select

hienontaa (*hyay*-noan-taa) *v* *grind; chop

hienostumaton (*hyay*-noass-too-mah-toan) *adj* coarse

hieroa (*hyay*-roa-ah) *v* massage; rub; ~ kauppaa bargain

hieroja (*hyay*-roa-Yah) *n* masseur

hieronta (*hyay*-roan-tah) *n* massage

hiha (*hi*-hah) *n* sleeve

hihittää (*hi*-hit-tææ) *v* chuckle

hihna (*hih*-nah) *n* strap

hiihto (*heeh*-toa) *n* skiing

hiihtohissi (*heeh*-toa-*hiss*-si) *n* ski-lift

hiihtohousut (*heeh*-toa-*hoa*-soot) *pl* ski pants

hiihtokengät (*heeh*-toa-*kayng*-ngæt) *pl* ski boots

hiihtäjä (*heeh*-tæ-Yæ) *n* skier

hiihtää (*heeh*-tææ) *v* ski

hiilipaperi (*hee*-li-*pah*-pay-ri) *n* carbon paper

hiiri (*hee*-ri) *n* mouse

hiiva (*hee*-vah) *n* yeast

hiki (*hi*-ki) *n* sweat, perspiration

hikka (*hik*-kah) *n* hiccup

hikoilla (*hi*-koil-lah) *v* sweat, perspire

hikoilu (*hi*-koi-loo) *n* perspiration

hiljainen (*hil*-Yigh-nayn) *adj* quiet, still; ~ kausi low season

hiljaisuus (*hil*-Yigh-sōōss) *n* silence, stillness, quiet

hiljattain (*hil*-Yaht-tighn) *adv* recently

hillitä (*hil*-li-tæ) *v* curb, restrain

hillo (*hil*-loa) *n* jam

hilpeys (*hil*-pay-ewss) *n* gaiety

hilse (*hil*-say) *n* dandruff

himmeä (*him*-may-æ) *adj* mat, dull, dim

himo (*hi*-moa) *n* desire, lust

hinaaja (*hi*-naa-Yah) *n* tug

hinata (*hi*-nah-tah) *v* tow, tug

hinnanalennus (*hin*-nahn-*ahlayn*-nooss) *n* reduction

hinnasto (*hin*-nahss-toa) *n* price-list

hinnoittaa (*hin*-noit-taa) *v* price

hinta (*hin*-tah) *n* rate, cost, price

hipiä (*hi*-pi-æ) *n* complexion

hirsi (*heer*-si) *n* beam

hirsipuu (*heer*-si-pōō) *n* gallows *pl*

hirvensarvet (*heer*-vayn-*sahr*-vayt) *pl* antlers *pl*

hirveä (*heer*-vay-æ) *adj* terrible, awful, dreadful; horrible

hirvi (*heer*-vi) *n* moose; elk

hirvittävä (*heer*-vit-tæ-væ) *adj* horrible, frightful

hissi (*hiss*-si) *n* lift; elevator *nAm*

historia (*hiss*-toa-ri-ah) *n* history

historiallinen (*hiss*-toa-ri-ahl-li-nayn) *adj* historic, historical

historioitsija (*hiss*-toa-ri-oit-si-Yah) *n* historian

hitsata (*hit*-sah-tah) *v* weld

hiukan (*hee*ᵒᵒ-kahn) *adv* slightly, somewhat

hiuksenhieno (*hee*ᵒᵒk-sayn-*hyay*-noa) *adj* subtle

hiusharja (*hee*ᵒᵒss-*hahr*-Yah) *n* hairbrush

hiuskiinne (*hee*ᵒᵒss-*keen*-nay) *n* hairspray

hiuslisäke (*hee*ᵒᵒss-li-sæ-kay) *n* hair piece

hiusneula (*hee*ᵒᵒss-*nay*ᵒᵒ-lah) *n* hairpin; bobby pin *Am*

hiussolki (*hee*ᵒᵒss-*soal*-ki) *n* hair-grip

hiustenkuivaaja (*hee*ᵒᵒss-tayn-*koo*ᵉᵉ-vaa-Yah) *n* hair-dryer

hiusverkko (*hee*ᵒᵒss-*vayrk*-koa) *n* hair-net

hiusvesi (*hee*ᵒᵒss-*vay*-si) *n* hair tonic

hiusvoide (*hee*ᵒᵒss-*voi*-day) *n* hair cream

hiusöljy (*hee*ᵒᵒss-*url*Yew) *n* hair-oil

hiven (*hi*-vayn) *n* bit

hohkakivi (*hoah*-kah-*ki*-vi) *n* pumice stone

hohtimet (*hoah*-ti-mayt) *pl* pincers *pl*

hohto (*hoah*-toa) *n* gloss

hoikka (*hoik*-kah) *adj* slender

hoitaa (*hoi*-taa) *v* tend, nurse; look after

hoito (*hoi*-toa) *n* treatment; therapy

hoitokoti (*hoi*-toa-*koa*-ti) *n* asylum; home

holhooja (*hoal*-hōā-ɣah) *n* tutor; guardian

holhous (*hoal*-hoa-ooss) *n* custody

Hollanti (*hoal*-lahn-ti) Holland

hollantilainen (*hoal*-lahn-ti-ligh-nayn) *n* Dutchman; *adj* Dutch

holvattu (*hoal*-vaht-too) *adj* arched

holvi (*hoal*-vi) *n* arch; vault

home (*hoa*-may) *n* mildew

homeinen (*hoa*-may-nayn) *adj* mouldy

homoseksuaalinen (*hoa*-moa-*sayk*-soo-aa-li-nayn) *adj* homosexual

hopea (*hoa*-pay-ah) *n* silver

hopeaseppä (*hoa*-pay-ah-*sayp*-pæ) *n* silversmith

hopeatavara (*hoa*-pay-ah-*tah*-vah-rah) *n* silverware

hopeinen (*hoa*-pay-nayn) *adj* silver

horjahdus (*hoar*-ɣahh-dooss) *n* slip

horjua (*hoar*-Yoo-ah) *v* falter

horjuva (*hoar*-Yoo-vah) *adj* unsteady

hotelli (*hoa*-tayl-li) *n* hotel

hotellipoika (*hoa*-tayl-li-*poi*-kah) *n* page-boy, bellboy

houkutella (*hoa*-koo-tayl-lah) *v* tempt

houkutus (*hoa*-koo-tooss) *n* attraction; temptation

housunkannattimet (*hoa*-soong-*kahn*-naht-ti-mayt) *pl* suspenders *plAm*

housupuku (*hoa*-soo-*poo*-koo) *n* pantsuit

housut (*hoa*-soot) *pl* trousers *pl;* pants *plAm;* **pitkät ~** slacks *pl*

hovi (*hoa*-vi) *n* court

hovimestari (*hoa*-vi-*mayss*-tah-ri) *n* head-waiter

huhtikuu (*hooh*-ti-kōō) April

huhu (*hoo*-hoo) *n* rumour

huijari (*hoo*ᵉᵉ-ɣah-ri) *n* swindler; quack

huijaus (*hoo*ᵉᵉ-ɣah-ooss) *n* swindle

huilu (*hoo*ᵉᵉ-loo) *n* flute

huimaus (*hoo*ᵉᵉ-mah-ooss) *n* dizziness, giddiness, vertigo; **huimausta tunteva** giddy

huippu (*hoo*ᵉᵉp-poo) *n* peak, summit, top; spire

huippukausi (*hoo*ᵉᵉp-poo-*kou*-si) *n* peak season

huippukohta (*hoo*ᵉᵉp-poo-*koah*-tah) *n* height, zenith

huivi (*hoo*ᵉᵉ-vi) *n* scarf

hukata (*hoo*-kah-tah) *v* *mislay, *lose

hukkua (*hook*-koo-ah) *v* drown, *be drowned

hullu (*hool*-loo) *adj* crazy, mad

hullunkurinen (*hool*-loong-*koo*-ri-nayn) *adj* funny; ludicrous

hulluus (*hool*-lōōss) *n* madness

humalainen (*hoo*-mah-*ligh*-nayn) *adj* drunk

humalakasvi (*hoo*-mah-lah-*kahss*-vi) *n* hop

hummeri (*hoom*-may-ri) *n* lobster

humoristinen (*hoo*-moa-riss-ti-nayn) *adj* humorous

hunaja (*hoo*-nah-ɣah) *n* honey

huohottaa (*hwoa*-hoat-taa) *v* pant

huojennus (*hwoa*-ɣayn-nooss) *n* relief

huolehtia jstk (*hwoa*-layh-ti-ah) *v* look after, *take care of, see to, *v* attend to; mind, care about

huolellinen (*hwoa*-layl-li-nayn) *adj* careful

huolenpito (*hwoa*-laym-*pi*-toa) *n* care

huolestua (*hwoa*-layss-too-ah) *v* worry

huolestunut (*hwoa*-layss-too-noot) *adj* concerned, anxious, worried; afraid

huolestuttava (*hwoa*-layss-*toot*-tah-vah) *adj* alarming

huoleton (*hwoa*-lay-toan) *adj* carefree; casual, easy-going

huoli (*hwoa*-li) *n* concern, anxiety,

worry, care; trouble; **olla huolissaan** worry

huolimaton (*hwoa*-li-mah-toan) *adj* neglectful, careless

huolimatta (*hwoa*-li-maht-tah) *prep/postp* despite, in spite of; **siitä ~** nevertheless

huoliteltu (*hwoa*-li-tayl-too) *adj* neat

huoltaa (*hoo*-oal-taa) *v* overhaul

huoltoasema (*hwoal*-toa-*ah*-say-mah) *n* service station; gas station *Am*

huomaamaton (*hwoa*-maa-mah-toan) *adj* inconspicuous

huomaavainen (*hwoa*-maa-vigh-nayn) *adj* thoughtful, considerate

huomaavaisuus (*hwoa*-maa-vigh-sōōss) *n* consideration

huomata (*hwoa*-mah-tah) *v* notice, observe, note

huomattava (*hwoa*-maht-tah-vah) *adj* considerable; noticeable; remarkable, outstanding

huomauttaa (*hwoa*-mah-oot-taa) *v* remark; comment

huomautus (*hwoa*-mah-oo-tooss) *n* remark, comment; note

huomenna (*hwoa*-mayn-nah) *adv* tomorrow

huomio (*hwoa*-mi-oa) *n* attention, notice;; **huomioon ottaen** considering

huomioonottaminen (*hwoa*-mi-ōān-oat-tah-mi-nayn) *n* consideration

huomiota herättävä (*hwoa*-mi-oa-tah *hay*-ræt-tæ-væ) sensational; striking

huone (*hwoa*-nay) *n* room, chamber; **yhden hengen ~** single room

huoneisto (*hwoa*-nayss-toa) *n* flat; suite; apartment *nAm*

huonekalut (*hwoa*-nay-*kah*-loot) *pl* furniture

huonelämpötila (*hwoa*-nay-*læm*-pur-*ti*-lah) *n* room temperature

huonepalvelu (*hwoa*-nay-*pahl*-vay-loo) *n* room service

huono (*hwoa*-noa) *adj* bad, poor; **~ onni** bad luck; misfortune

huonompi (*hwoa*-noam-pi) *adj* inferior

huonovointinen (*hwoa*-noa-*voin*-ti-nayn) *adj* unwell

huopa (*hwoa*-pah) *n* felt; blanket

huora (*hwoa*-rah) *n* whore

huosta (*hwoass*-tah) *n* custody

hupi (*hoo*-pi) *n* fun

huppu (*hoop*-poo) *n* hood

hupsu (*hoop*-soo) *adj* foolish

hurja (*hoor*-ᵞah) *adj* wild; furious

hurmaava (*hoor*-maa-vah) *adj* adorable, enchanting, charming

hurmata (*hoor*-mah-tah) *v* charm, bewitch

hurmio (*hoor*-mi-oa) *n* ecstasy

hurrata (*hoor*-rah-tah) *v* cheer

hurskas (*hoors*-kahss) *adj* pious

huudahdus (*hōō*-dahh-dooss) *n* exclamation; cry

huudahtaa (*hōōdahh*-taa) *v* exclaim

huuhtelu (*hōōh*-tay-loo) *n* rinse

huuhtoa (*hōōh*-toa-ah) *v* rinse

huuli (*hōō*-li) *n* lip

huulipuna (*hōō*-li-*poo*-nah) *n* lipstick

huulivoide (*hōō*-li-*voi*-day) *n* lipsalve

huume (*hōō*-may) *n* narcotic, drug

huumori (*hōō*-moa-ri) *n* humour

huutaa (*hōō*-taa) *v* call, cry, shout; scream

huuto (*hōō*-toa) *n* call, cry, shout

huutokauppa (*hōō*-toa-*koup*-pah) *n* auction

huvi (*hoo*-vi) *n* fun; amusement, pleasure

huvila (*hoo*-vi-lah) *n* villa

huvimatka (*hoo*-vi-*maht*-kah) *n* excursion

huvinäytelmä (*hoo*-vi-næ*ew*-tayl-mæ) *n* comedy

huvipursi (*hoo*-vi-poor-si) *n* yacht

huviretki (*hoo*-vi-rayt-ki) *n* picnic; **tehdä ~** picnic

huvittaa (*hoo*-vit-taa) *v* amuse, entertain

huvittava (*hoo*-vit-tah-vah) *adj* humorous, entertaining, amusing

huvitus (*hoo*-vi-tooss) *n* amusement, entertainment

hygieeninen (*hew*-gi-āȳ-ni-nayn) *adj* hygienic

hygienia (*hew*-gi-ay-ni-ah) *n* hygiene

hyi! (hew^ee) shame!

hylje (*hewl*-Ȳay) *n* seal

hylky (*hewl*-kew) *n* wreck

hylly (*hewl*-lew) *n* shelf

hylätä (*hew*-læ-tæ) *v* reject; turn down; desert

hymni (*hewm*-ni) *n* hymn

hymy (*hew*-mew) *n* smile

hymyillä (*hew*-mew^ee l-læ) *v* smile

hyppiä (*hewp*-pi-æ) *v* hop; skip

hyppy (*hewp*-pew) *n* leap, jump

hyppäys (*hewp*-pæ-ewss) *n* hop

hypätä (*hew*-pæ-tæ) *v* jump; ~ yli skip

hyräillä (*hew*-ræ^ee l-læ) *v* hum

hysteerinen (*hewss*-tāȳ-ri-nayn) *adj* hysterical

hytti (*hewt*-ti) *n* cabin; **hytin ikkuna** porthole

hyttysverkko (*hewt*-tewss-vayrk-koa) *n* mosquito-net

hyve (*hew*-vay) *n* virtue

hyvin (*hew*-vin) *adv* well; very, quite

hyvinvointi (*hew*-vin-*voin*-ti) *n* welfare; comfort

hyvittää (*hew*-vit-tææ) *v* *make good; credit; compensate

hyvitys (*hew*-vi-tewss) *n* compensation

hyvä (*hew*-væ) *adj* good, nice; ~ on! all right!; **olkaa** ~ please; here you are

hyväksyminen (*hew*-væk-sew-mi-nayn) *n* approval; authorization; **antaa** ~ approve of

hyväksyä (*hew*-væk-sew-æ) *v* accept, approve; endorse

hyväntahtoinen (*hew*-væn-*tahh*-toi-nayn) *adj* kind; good-natured

hyväntahtoisuus (*hew*-væn-*tahh*-toi-sōōss) *n* goodwill

hyväntekeväisyys (*hew*-væn-*tay*-kay-væ^ee-sēwss) *n* charity

hyväntuulinen (*hew*-væn-*tōō*-li-nayn) *adj* good-tempered, good-humoured

hyytelö (*hēw*-tay-lur) *n* jelly

hyytyä (*hēw*-tew-æ) *v* coagulate

hyödyllinen (h^ew ur-dewl-li-nayn) *adj* useful

hyödyllisyys (h^ew ur-dewl-li-sēwss) *n* utility

hyödyttää (h^ew ur-dewt-tææ) *v* *be of use

hyödytön (h^ew ur-dew-turn) *adj* useless; idle

hyökkäys (h^ew urk-kæ-ewss) *n* offensive, attack; raid

hyökkäävä (h^ew urk-kææ-væ) *adj* aggressive; offensive

hyökätä (h^ew ur-kæ-tæ) *v* attack

hyönteinen (h^ew urn-tay-nayn) *n* insect; bug *nAm*

hyönteismyrkky (h^ew urn-tayss-mewrk-kew) *n* insecticide

hyönteisvoide (h^ew urn-tayss-*voi*-day) *n* insect repellent

hyöty (h^ew ur-tew) *n* use; profit

hyötyä jstkn (h^ew ur-tew-æ) *v* benefit; profit

häijy (hæ^ee-Ȳew) *adj* nasty

häikäisevä (hæ^ee-kæ^ee-say-væ) *adj* glaring, dazzling

häilyväinen (hæ^ee-lew-væ^ee-nayn) *adj* unsteady

häipyä (hæ^ee-pew-æ) *v* vanish; fade

häiritä (hæ^ee-ri-tæ) *v* disturb; bother

häiriö (hæ^ee-ri-ur) *n* disturbance

häkeltynyt (hæ-kayl-tew-newt) *adj*

embarrassed

häkki (*hæk*-ki) *n* cage

hälinä (*hæ*-li-næ) *n* noise; fuss

hälyttää (*hæ*-lewt-tææ) *v* alarm

hälytys (*hæ*-lew-tewss) *n* alarm

hämillinen (*hæ*-mil-li-nayn) *adj* embarrassed

hämillisyys (*hæ*-mil-li-sēwss) *n* shyness

hämmentynyt (*hæm*-mayn-tew-newt) *adj* confused

hämmentää (*hæm*-mayn-tææ) *v* stir; confuse

hämminki (*hæm*-ming-ki) *n* confusion

hämmästys (*hæm*-mæss-tewss) *n* astonishment, amazement; surprise

hämmästyttävä (*hæm*-mæss-tewt-tæ-væ) *adj* surprising, astonishing; striking

hämmästyttää (*hæm*-mæss-tewt-tææ) *v* amaze, astonish; surprise

hämähäkinverkko (*hæ*-mæ-hæ-kin-vayrk-koa) *n* spider's web, cobweb

hämähäkki (*hæ*-mæ-hæk-ki) *n* spider

hämärä (*hæ*-mæ-ræ) *adj* dim; obscure, faint; *n* dusk

hämäräperäinen (*hæ*-mæ-ræ-*pay*-ræ^{ee}-nayn) *adj* obscure

hän (*hæn*) *pron* he, she

hänelle (*hæ*-nayl-lay) *pron* him, her

hänen (*hæ*-nayn) *pron* his, her

hänet (*hæ*-nayt) *pron* him, her

häntä (*hæn*-tæ) *n* tail

häpeissään (*hæ*-payss-sææn) *adv* ashamed

häpeä (*hæ*-pay-æ) *n* shame, disgrace

härkä (*hær*-kæ) *n* bull; ox

härkäpäinen (*hær*-kæ-*pæ*^{ee}-nayn) *adj* pig-headed

härkätaistelu (*hær*-kæ-*tighss*-tay-loo) *n* bullfight

härkätaisteluareena (*hær*-kæ-*tighss*-tay-loo-*ah*-*rāy*-nah) *n* bullring

hätä (*hæ*-tæ) *n* misery, distress

hätämerkki (*hæ*-tæ-*mayrk*-ki) *n* distress signal

hätätapaus (*hæ*-tæ-*tah*-pah-ooss) *n* emergency

hätätilanne (*hæ*-tæ-*ti*-lahn-nay) *n* emergency

hävetä (*hæ*-vay-tæ) *v* *be ashamed

hävittää (*hæ*-vit-tææ) *v* destroy

hävitys (*hæ*-vi-tewss) *n* ruination, destruction

hävyttömyys (*hæ*-vewt-tur-mēwss) *n* impertinence

hävytön (*hæ*-vew-turn) *adj* impertinent

häväistysjuttu (*hæ*-væ^{ee}ss-tewss-ʏoot-too) *n* scandal

häämatka (*hææ*-maht-kah) *n* honeymoon

häät (*hææt*) *pl* wedding

hölmö (*hurl*-mur) *n* fool

hölynpöly (*hur*-lewn-*pur*-lew) *n* nonsense

höyhen (*hur*^{ew}-hayn) *n* feather

höyry (*hur*^{ew}-rew) *n* steam

höyrylaiva (*hur*^{ew}-rew-ligh-vah) *n* steamer

I

identtinen (*i*-daynt-ti-nayn) *adj* identical

idiomaattinen (*i*-di-oa-maat-ti-nayn) *adj* idiomatic

idiomi (*i*-di-oa-mi) *n* idiom

idiootti (*i*-di-ōat-ti) *n* idiot

ien (yayn) *n* gum

ies (*yayss*) *n* yoke

ihailija (*i*-high-li-ʏah) *n* fan

ihailla (*i*-highl-lah) *v* admire

ihailu (*i*-high-loo) *n* admiration

ihana (*i*-hah-nah) *adj* delightful, wonderful, lovely

ihanne (*i*-hahn-nay) *n* ideal; idol

ihanteellinen (*i*-hahn-tāȳl-li-nayn) *adj* ideal

ihastunut (*i*-hahss-too-noot) *adj* delighted

ihastuttaa (*i*-hahss-toot-taa) *v* delight

ihastuttava (*i*-hahss-toot-tah-vah) *adj* delightful; delicious

ihme (*ih*-may) *n* wonder, miracle; marvel

ihmeellinen (*ih*-māȳl-li-nayn) *adj* wonderful, marvellous; miraculous

ihmetellä (*ih*-may-tayl-læ) *v* marvel, wonder

ihmettely (*ih*-mayt-tay-lew) *n* wonder

ihminen (*ih*-mi-nayn) *n* human being; man

ihmiset (*ih*-mi-sayt) *pl* people *pl*

ihmiskunta (*ih*-miss-*koon*-tah) *n* mankind, humanity

iho (*i*-hoa) *n* skin

ihottuma (*i*-hoat-too-mah) *n* eczema, rash

ihovoide (*i*-hoa-*voi*-day) *n* skin cream

ikimuistettava (*i*-ki-*moo*ᵉᵉˢˢ-tayt-tah-vah) *adj* memorable

ikivanha (*i*-ki-*vahn*-hah) *adj* ancient

ikkuna (*ik*-koo-nah) *n* window

ikkunalauta (*ik*-koo-nah-*lou*-tah) *n* window-sill

ikkunaluukku (*ik*-koo-nah-*lōōk*-koo) *n* shutter

ikoni (*i*-koa-ni) *n* icon

ikuinen (*i*-koo ᵉᵉ-nayn) *adj* eternal

ikuisuus (*i*-koo ᵉᵉ-sōōss) *n* eternity

ikä (*i*-kæ) *n* age

ikäneito (*i*-kæ-*nay*-toa) *n* spinster

ikävystyttävä (*i*-kæ-vewss-tewt-tæ-væ) *adj* boring, dull

ikävystyttää (*i*-kæ-vewss-tewt-tææ) *v* bore

ikävä (*i*-kæ-væ) *adj* dull, unpleasant

ikävöidä (*i*-kæ-vur ᵉᵉ-dæ) *v* long for

ikään kuin (ikæ æn koo ᵉᵉn) as if

ilahduttava (*i*-lahh-doot-tah-vah) *adj* delightful

ilkeä (*il*-kay-æ) *adj* evil, wicked; bad

ilkikuri (*il*-ki-*koo*-ri) *n* mischief

ilkityö (*il*-ki-*tᵉʷur*) *n* outrage

illallinen (*il*-lahl-li-nayn) *n* dinner, supper

ilma (*il*-mah) *n* air; **ilma-** pneumatic

ilmaantua (*il*-maan-too-ah) *v* appear

ilmaantuminen (*il*-maan-too-mi-nayn) *n* appearance

ilmainen (*il*-migh-nayn) *adj* gratis, free of charge, free

ilmaista (*il*-mighss-tah) *v* express; reveal, *give away; indicate

ilmaisu (*il*-migh-soo) *n* expression; term

ilmakehä (*il*-mah-*kay*-hæ) *n* atmosphere

ilman (*il*-mahn) *prep* without

ilmanpaine (*il*-mahm-*pigh*-nay) *n* atmospheric pressure

ilmanpitävä (*il*-mahm-*pi*-tæ-væ) *adj* airtight

ilmanpuhdistin (*il*-mahn-*pooh*-diss-tin) *n* air-filter

ilmanvaihto (*il*-mahm-*vighh*-toa) *n* ventilation

ilmapallo (*il*-mah-*pahl*-loa) *n* balloon

ilmapuntari (*il*-mah-*poon*-tah-ri) *n* barometer

ilmasto (*il*-mahss-toa) *n* climate

ilmastointi (*il*-mahss-toin-ti) *n* air-conditioning

ilmastoitu (*il*-mahss-toi-too) *adj* air-conditioned

ilmaus (*il*-mah-ooss) *n* expression

ilmava (*il*-mah-vah) *adj* airy

ilmeinen (*il*-may-nayn) *adj* obvious, apparent

ilmeisesti (*il*-may-sayss-ti) *adv* apparently

ilmestys (*il*-mayss-tewss) *n* apparition

ilmestyä (*il*-mayss-tew-æ) appear

ilmetä (*il*-may-tæ) *v* appear

ilmoittaa (*il*-moit-taa) *v* inform, declare, announce; notify; report; state

ilmoittautua (*il*-moit-tou-tooah) *v* report; ~ **lähtiessä** check out; ~ **saapuessa** check in

ilmoittautuminen (*il*-moit-tou-too-mi-nayn) *n* registration

ilmoittautumislomake (*il*-moit-tou-too-miss-*loa*-mah-kay) *n* registration form

ilmoitus (*il*-moi-tooss) *n* advertisement; announcement; information; indication

ilo (*i*-loa) *n* joy, gladness; delight

iloinen (*i*-loi-nayn) *adj* merry, glad, gay, cheerful, joyful, jolly; happy

iloisuus (*i*-loi-sōōss) *n* gaiety

iloita (jstk) (*i*-loi-tah) *v* enjoy, delight

ilomielin (*i*-loa-*myay*-lin) *adv* gladly

ilta (*il*-tah) *n* evening; night; **tänä iltana** tonight

iltahämärä (*il*-tah-*hæ*-mæ-ræ) *n* twilight

iltapuku (*il*-tah-*poo*-koo) *n* evening dress; gown

iltapäivä (*il*-tah-pæ*ee*-væ) *n* afternoon; **tänä iltapäivänä** this afternoon

ilveilijä (*il*-vay-li-Yæ) *n* clown

ilveily (*il*-vay-lew) *n* farce

imettää (*i*-mayt-tææ) *v* nurse

imeä (*i*-may-æ) *v* suck

immunisoida (*im*-moo-ni-soi-dah) *v* immunize

immuniteetti (*im*-moo-ni-tāyt-ti) *n* immunity

improvisoida (*im*-proa-vi-soi-dah) *v* improvise

impulsiivinen (*im*-pool-see-vi-nayn) *adj* impulsive

imuke (*i*-moo-kay) *n* cigarette-holder

imupaperi (*i*-moo-*pah*-pay-ri) *n* blotting paper

imuroida (*i*-moo-roi-dah) *v* hoover; vacuum *vAm*

Indonesia (*in*-doa-nay-si-ah) Indonesia

indonesialainen (*in*-doa-nay-si-ah-ligh-nayn) *n* Indonesian; *adj* Indonesian

infinitiivi (*in*-fi-ni-tee-vi) *n* infinitive

inflaatio (*inf*-laa-ti-oa) *n* inflation

influenssa (*inf*-loo-ayns-sah) *n* flu, influenza

infrapunainen (*inf*-rah-*poo*-nigh-nayn) *adj* infra-red

inhimillinen (*in*-hi-mil-li-nayn) *adj* human

inho (*in*-hoa) *n* disgust; dislike

inhottava (*in*-hoat-tah-vah) *adj* disgusting, revolting; horrible, hideous; nasty

inkivääri (*ing*-ki-vææ-ri) *n* ginger

innoittaa (*in*-noit-taa) *v* inspire

innokas (*in*-noa-kahss) *adj* zealous, anxious, eager; keen

innostunut (*in*-noass-too-noot) *adj* enthusiastic

innostus (*in*-noass-tooss) *n* enthusiasm

insinööri (*in*-si-nūr-ri) *n* engineer

instituutio (*ins*-ti-tōō-ti-oa) *n* institution

intensiivinen (*in*-tayn-see-vi-nayn) *adj* intense

Intia (*in*-ti-ah) India

intiaani (*in*-ti-aa-ni) *n* Indian; **intiaani**-Indian

intialainen (*in*-ti-ah-ligh-nayn) *n* Indian; *adj* Indian

into (*in*-toa) *n* zeal

intohimo (*in*-toa-*hi*-moa) *n* passion

intohimoinen (*in*-toa-*hi*-moi-nayn) *adj* passionate

inttää (ay-hoass-tooss) *v* insist

invalidi (*in*-vah-li-di) *n* invalid

inventaario (*in*-vayn-taa-ri-oa) *n* inventory

investoida (*in*-vayss-toi-dah) *v* invest

Irak (*i*-rahk) Iraq

irakilainen (*i*-rah-ki-ligh-nayn) *n* Iraqi; *adj* Iraqi

Iran (*i*-rahn) Iran

iranilainen (*i*-rah-ni-ligh-nayn) *n* Iranian; *adj* Iranian

Irlanti (eer-lahn-ti) Ireland

irlantilainen (eer-lahn-ti-ligh-nayn) *n* Irishman; *adj* Irish

irrottaa (eer-roat-taa) *v* detach, loosen; unfasten

irtonainen (eer-toa-nigh-nayn) *adj* loose

iskelmä (iss-kayl-mæ) *n* hit

iskeä (iss-kay-æ) *v* *hit; ~ **maahan** knock down; ~ **nyrkillä** punch

isku (iss-koo) *n* blow

iskulause (iss-koo-*lou*-say) *n* slogan

iskunvaimentaja (iss-koon-*vigh*-mayntah-Yah) *n* shock absorber

iskusana (iss-koo-*sah*-nah) *n* slogan

Islanti (iss-lahn-ti) Iceland

islantilainen (iss-lahn-ti-ligh-nayn) *n* Icelander; *adj* Icelandic

iso (*i*-soa) *adj* big

Iso-Britannia (*i*-soa-*bri*-tahn-ni-ah) Great Britain

isoisä (*i*-soa-*i*-sæ) *n* granddad, grandfather

isorokko (*i*-soa-*roak*-koa) *n* smallpox

isovanhemmat (*i*-soa-*vahn*-haymmaht) *pl* grandparents *pl*

isoäiti (*i*-soa-æ^{ee}-ti) *n* grandmother

Israel (iss-rah-ayl) Israel

israelilainen (iss-rah-ay-li-ligh-nayn) *n* Israeli; *adj* Israeli

istua (iss-too-ah) *v* *sit

istuin (iss-too^{ee}n) *n* seat

istumapaikka (iss-too-mah-*pighk*-kah) *n* seat

istunto (iss-toon-toa) *n* session

istuttaa (iss-toot-taa) *v* plant

isä (*i*-sæ) *n* father; dad, daddy

isänmaa (*i*-sæn-maa) *n* fatherland, native country

isänmaanystävä (*i*-sæn-*maan-ewss*-tæ-væ) *n* patriot

isäntä (*i*-sæn-tæ) *n* host; master

isäpuoli (*i*-sæ-*pwoa*-li) *n* stepfather

Italia (*i*-tah-li-ah) Italy

italialainen (*i*-tah-li-ah-ligh-nayn) *n* Italian; *adj* Italian

itkeä (*it*-kay-æ) *v* cry, *weep

itse (*it*-say) *pron* myself; yourself; himself; herself; oneself; ourselves; yourselves; themselves; ~ **asiassa** in effect, actually, as a matter of fact, in fact; ~ **siliävä** drip-dry, wash and wear

itsehallinto (*it*-sayh-*hahl*-lin-toa) *n* self-government, autonomy

itsekeskeinen (*it*-sayk-*kayss*-kay-nayn) *adj* self-centred

itsekkyys (*it*-sayk-kēwss) *n* selfishness

itsekäs (*it*-say-kæss) *adj* egoistic, selfish

itsemme (*it*-saym-may) *pron* ourselves

itsemurha (*it*-saym-*moor*-hah) *n* suicide

itseni (*it*-say-ni) *pron* myself

itsenne (*it*-sayn-nay) *pron* yourselves

itsensä (*it*-sayn-sæ) *pron* themselves, herself, himself

itsenäinen (*it*-sayl-li-nayn) *adj* self-employed

itsepalvelu (*it*-sayp-*pahl*-vay-loo) *n* self-service

itsepalvelukahvila (*it*-sayp-*pahl*-vay-loo-*kahh*-vi-lah) *n* cafeteria

itsepalvelupesula (*it*-sayp-*pahl*-vay-loo-*pay*-soo-lah) *n* launderette

itsepalveluravintola (*it*-sayp-*pahl*-vay-loo-*rah*-vin-toa-lah) *n* self-service restaurant

itsepäinen (*it*-sayp-pæ^{ee}-nayn) *adj* stubborn, obstinate, dogged

itserakas (it-sayr-*rah*-kahss) *adj* conceited

itsesi (it-say-si) *pron* yourself

itsestään selvä (it-sayss-tææn *sayl-*væ) self-evident

itä (i-tæ) *n* east

itäinen (i-tæ*ee*-nayn) *adj* eastern, easterly

itämaat (i-tæ-*maat*) *pl* Orient

itämainen (i-tæ-*migh*-nayn) *adj* oriental

Itävalta (i-tæ-*vahl*-tah) *n* Austria

itävaltalainen (i-tæ-*vahl*-tah-ligh-nayn) *n* Austrian; *adj* Austrian

iva (i-vah) *n* scorn, mockery

ivallinen (i-vahl-li-nayn) *adj* scornful

iäkäs (i-æ-kæss) *adj* aged

J

ja (*Y*ah) *conj* and; ~ niin edelleen etcetera

jaaritella (*Y*aari-tayl-lah) *v* chatter, talk rubbish

jaaritus (*Y*aa-ri-tooss) *n* idle talk

jadekivi (*Y*ah-day-*ki*-vi) *n* jade

jakaa (*Y*ah-kaa) *v* divide; distribute; *deal; share

jakaus (*Y*ah-kah-ooss) *n* parting

jakelija (*Y*ah-kay-li-*Y*ah) *n* distributor

jako (*Y*ah-koa) *n* division

jakoavain (*Y*ah-koa-*ah*-vighn) *n* spanner, wrench

jakso (*Y*ahk-soa) *n* period; series; cycle

jalan (*Y*ah-lahn) *adv* on foot, walking

jalankulkija (*Y*ah-lahng-*kool*-ki-*Y*ah) *n* pedestrian; **jalankulku kielletty** no pedestrians

jalava (*Y*ah-lah-vah) *n* elm

jalka (*Y*ahl-kah) *n* foot; leg

jalkajarru (*Y*ahl-kah-*Y*ahr-roo) *n* footbrake

jalkakäytävä (*Y*ahl-kah-*kæ*ew-tæ-væ) *n* pavement; sidewalk *nAm*

jalkapallo (*Y*ahl-kah-*pahl*-loa) *n* football

jalkapollo-ottelu (*Y*ahl-kah-*pahl*-loa-oat-tay-loo) *n* football match

jalkatalkki (*Y*ahl-kah-tahlk-ki) *n* foot powder

jalkaväki (*Y*ahl-kah-væ-ki) *n* infantry

jalkineet (*Y*ahl-ki-*nay*t) *pl* footwear

jalkojenhoitaja (*Y*ahl-koa-*Y*ayn-*hoi*-tah-*Y*ah) *n* chiropodist

jalkojenhoito (*Y*ahl-koa-*Y*ayn-*hoi*-toa) *n* pedicure

jalo (*Y*ah-loa) *adj* noble

jalokivi (*Y*ah-loa-*ki*-vi) *n* gem; stone

jalokivikauppias (*Y*ah-loa-*ki*-vi-*koup*-pi-ahss) *n* jeweller

jalusta (*Y*ah-looss-tah) *n* stand, base

jalustin (*Y*ah-looss-tin) *n* stirrup

jano (*Y*ah-noa) *n* thirst

janoinen (*Y*ah-noi-nayn) *adj* thirsty

jaosto (*Y*ah-oass-toa) *n* section, department

Japani (*Y*ah-pah-ni) Japan

japanilainen (*Y*ah-pah-ni-ligh-nayn) *n* Japanese; *adj* Japanese

jarru (*Y*ahr-roo) *n* brake

jarrurumpu (*Y*ahr-roo-*room*-poo) *n* brake drum

jarruvalot (*Y*ahr-roo-*vah*-loat) *pl* brake lights

jatkaa (*Y*aht-kaa) *v* proceed, carry on, *go on, continue; *go ahead; *keep on

jatko (*Y*aht-koa) *n* continuation

jatkojohto (*Y*aht-koa-*Y*oah-toa) *n* extension cord

jatkokertomus (*Y*aht-koa-*kayr*-toa-mooss) *n* serial

jatkoyhteys (*Y*aht-koa-*ewh*-tay-ewss) *n* connection

jatkua (*Y*aht-koo-ah) *v* continue,

*go on

jatkuva (*Yaht*-koo-vah) *adj* continuous

jauhaa (*You*-haa) *v* *grind

jauhe (*You*-hay) *n* powder

jauho (*You*-hoa) *n* flour

jersey (*Yayr*-say^{ew}) *n* jersey

jo (*Yoa*) *adv* already

jodi (*Yoa*-di) *n* iodine

joenvarsi (*Yoa*-ayn-*vahr*-si) *n* riverside

johdanto (*Yoah*-dahn-toa) *n* introduction

johdinbussi (*Yoah*-dim-*booss*-si) *n* trolley-bus

johdonmukainen (*Yoah*-doan-*moo*-kigh-nayn) *adj* logical; consistent

johdosta (*Yoah*-doass-tah) *postp* on account of, owing to

johtaa (*Yoah*-taa) *v* head, *lead, direct, conduct; manage

johtaja (*Yoah*-tah-*Yah*) *n* director, manager; leader

johtajaopettaja (*Yoah*-tah-*Yah*-*oa*-payt-tah-*Yah*) *n* headmaster, head teacher

johtajuus (*Yoah*-tah-*Yōōss*) *n* leadership

johtava (*Yoah*-tah-vah) *adj* leading

johto (*Yoah*-toa) *n* flex; electric cord; lead, direction, management

johtohenkilö (*Yoah*-toa-*hayn*-ki-lur) *n* executive, leader

johtokunta (*Yoah*-toa-*koon*-tah) *n* board, direction

johtopäätös (*Yoah*-toa-*pææ*-turss) *n* conclusion; **tehdä ~** *draw a conclusion

joka¹ (*Yoa*-kah) *pron* who, that, which

joka² (*Yoa*-kah) *adj* every; **~ tapauksessa** at any rate, anyway

jokainen (*Yoa*-kigh-nayn) *pron* everyone, anyone, everybody; *adj* each

jokapäiväinen (*Yoa*-kah-*pææ*^{ee}-*væ*^{ee}-nayn) *adj* everyday

jokatuntinen (*Yoa*-kah-*toon*-ti-nayn) *adj* hourly

joki (*Yoa*-ki) *n* river

jokipenger (*Yoa*-ki-*payng*-ngayr) *n* river bank

joko ... tai either ... or

joku (*Yoa*-koo) *pron* one; someone, somebody; any

jolla (*Yoal*-lah) *n* dinghy

jolle (*Yoal*-lay) *pron* whom

jolloin (*Yoal*-loin) *conj* when

jompikumpi (*Yoam*-pi-*koom*-pi) *pron* either

jonkinverran (*Yoang*-kin-*vayr*-rahn) *adv* rather

jono (*Yoa*-noa) *n* queue; file

jonottaa (*Yoa*-noat-taa) *v* queue; stand in line *Am*

jopa (*Yoa*-pah) *adv* even

Jordania (*Yoar*-dah-ni-ah) Jordan

jordanialainen (*Yoar*-dah-ni-ah-ligh-nayn) *n* Jordanian; *adj* Jordanian

jos (*Yoass*) *conj* if; in case

joskus (*Yoass*-kooss) *adv* some time, some day

jossain (*Yoass*-sighn) *adv* somewhere

jotakin (*Yoa*-tah-kin) *pron* something

joten (*Yoa*-tayn) *conj* so that

jotensakin (*Yoa*-tayn-sah-kin) *adv* pretty

jotkut (*Yoat*-koot) *pron* some

jotta (*Yoat*-tah) *conj* to, in order to, so that

joukko (*Yoak*-koa) *n* crowd, lot

joukkue (*Yoak*-koo-ay) *n* team

joukossa (*Yoa*-koass-sah) *postp* amid, among

joukot (*Yoa*-koat) *pl* troops *pl*

joulu (*Yoa*-loo) Christmas; Xmas

joulukuu (*Yoa*-loo-*kōō*) December

jousi (*Yoa*-si) *n* bow; spring

jousitus (*Yoa*-si-tooss) *n* suspension

joustava (*Yoass*-tah-vah) *adj* smooth, flexible; elastic joustavuus (*Yoass*-tah-vōōss) *n* elasticity

joutilas (*Yoa*-ti-lahss) *adj* idle

joutoaika (*Yoa*-toa-*igh*-kah) *n* spare time, leisure

joutsen (*Yoat*-sayn) *n* swan

jugoslaavi (*Yoo*-goass-laa-vi) *n* Jugoslav, Yugoslav

Jugoslavia (*Yoo*-goass-lah-vi-ah) Jugoslavia, Yugoslavia

jugoslavialainen (*Yoo*-goass-lah-vi-ah-ligh-nayn) *adj* Jugoslav

juhla (*Yooh*-lah) *n* celebration, party, feast

juhla-ateria (*Yooh*-lah-*ah*-tay-ri-ah) *n* banquet

juhlallinen (*Yooh*-lahl-li-nayn) *adj* solemn

juhlamenot (*Yooh*-lah-*may*-noat) *pl* ceremony

juhlasali (*Yooh*-lah-*sah*-li) *n* hall; banqueting-hall

juhlava (*Yooh*-lah-vah) *adj* festive

juhlia (*Yooh*-li-ah) *v* celebrate

julistaa (*Yoo*-liss-taa) *v* proclaim; declare; ~ menetetyksi confiscate

juliste (*Yoo*-liss-tay) *n* placard, poster

julistus (*Yoo*-liss-tooss) *n* declaration

julkaiseminen (*Yool*-kigh-say-mi-nayn) *n* publication

julkaista (*Yool*-kighss-tah) *v* publish; issue

julkea (*Yool*-kay-ah) *adj* impudent

julkinen (*Yool*-ki-nayn) *adj* public

julkisivu (*Yool*-ki-*si*-voo) *n* façade

julkisuus (*Yool*-ki-sōōss) *n* publicity

julma (*Yool*-mah) *adj* cruel, harsh

jumala (*Yoo*-mah-lah) *n* god

jumalallinen (*Yoo*-mah-lahl-li-nayn) *adj* divine

jumalankieltäjä (*Yoo*-mah-lahng-*kyayl*-tæ-*Yæ*) *n* atheist

jumalanpalvelus (*Yoo*-mah-lahn-*pahl*-vay-looss) *n* worship, divine service

jumalatar (*Yoo*-mah-lah-tahr) *n* goddess

jumaluusoppi (*Yoo*-mah-lōōss-*oap*-pi) *n* theology

juna (*Yoo*-nah) *n* train

junalautta (*Yoo*-nah-*lout*-tah) *n* train ferry

juoda (*Ywoa*-dah) *v* *drink

juoma (*Ywoa*-mah) *n* beverage, drink

juomaraha (*Ywoa*-mah-*rah*-hah) *n* tip, gratuity

juomavesi (*Ywoa*-mah-*vay*-si) *n* drinking-water

juoni (*Ywoa*-ni) *n* plot; artifice, ruse

juontaja (*Ywoan*-tah-*Yah*) *n* speaker, entertainer

juoru (*Ywoa*-roo) *n* gossip

juoruta (*Ywoa*-roo-tah) *v* gossip

juosta (*Ywoass*-tah) *v* *run; flow

juotava (*Ywoa*-tah-vah) *adj* for drinking

juotin (*Ywoa*-tin) *n* soldering-iron

juottaa (*Ywoat*-taa) *v* solder

juristi (Yoo-riss-ti) *n* lawyer

jutella (*Yoo*-tayl-lah) *v* chat

juttelu (*Yoot*-tay-loo) *n* chat

juuri (*Yōō*-ri) *n* root; *adv* just

juurikas (*Yōō*-ri-kahss) *n* beet

juusto (*Yōōss*-toa) *n* cheese

juutalainen (*Yoo*-tah-ligh-nayn) *n* Jew; *adj* Jewish

jykevä (*Yew*-kay-væ) *adj* solid, massive

jyristä (*Yew*-riss-tæ) *v* thunder

jyrkkä (*Yewrk*-kæ) *adj* steep

jyrkänne (*Yewr*-kæn-nay) *n* precipice

jyskyttää (*Yewss*-kewt-tææ) *v* thump

jyvä (*Yew*-væ) *n* grain

jyvänen (*Yew*-væ-nayn) *n* grain

jyvät (*Yew*-væt) *pl* grain

jäljellä oleva (*Yæl*-Yayl-læ *oa*-lay-vah) remaining

jäljennös (*Yæl*-Yayn-nurss) *n* imitation, copy; reproduction jäljentää (*Yæl*-Yayn-tææ) *v* copy; reproduce

jäljessä (*Yæl*-Yayss-sæ) *adv* behind

jäljitellä (*Yæl*-Yi-tayl-læ) *v* copy, imitate

jäljittely (*Yæl*-Yit-tay-lew) *n* imitation

jäljittää (*Yæl*-Yit-tææ) *v* trace

jälkeen (*Yæl*-kāyn) *postp* after

jälkeenpäin (*Yæl*-kāym-*pææⁿn*) *adv* afterwards

jälkeläinen (*Yæl*-kay-læ ᵉᵉ-nayn) *n* descendant

jälki (*Yæl*-ki) *n* trail, trace

jälkiruoka (*Yæl*-ki-*rwoa*-kah) *n* dessert, sweet

jälleen (*Yæl*-lāyn) *adv* again

jälleenmyyjä (*Yæl*-lāyn-*mēw*-Yæ) *n* retailer

jänis (*Yæ*-niss) *n* hare

jänne (*Yæn*-nay) *n* tendon, sinew

jännite (*Yæn*-ni-tay) *n* voltage

jännittynyt (*Yæn*-nit-tew-newt) *adj* tense

jännittävä (*Yæn*-nit-tæ-væ) *adj* exciting

jännitys (*Yæn*-ni-tewss) *n* strain, tension

järjestellä (*Yær*-Yayss-tayl-læ) *v* arrange

järjestelmä (*Yær*-Yayss-tayl-mæ) *n* system

järjestelmällinen (*Yær*-Yayss-tayl-mælli-nayn) *adj* methodical, systematic

järjestely (*Yær*-Yayss-tay-lew) *n* arrangement, settlement

järjestys (*Yær*-Yayss-tewss) *n* order; sequence

järjestää (*Yær*-Yayss-tææ) *v* sort, arrange; settle

järjestö (*Yær*-Yayss-tur) *n* organization

järjetön (*Yær*-Yay-turn) *adj* senseless; absurd

järkeillä (*Yær*-kayl-læ) *v* reason; reason, argue

järkevä (*Yær*-kay-væ) *adj* reasonable, sensible

järki (*Yær*-ki) *n* reason; sense

järkkymätön (*Yærk*-kew-mæ-turn) *adj* steadfast

järkyttynyt (*Yær*-kewt-tew-newt) *adj* upset, shocked

järkyttävä (*Yær*-kewt-tæ-væ) *adj* shocking

järkyttää (*Yær*-kewt-tææ) *v* shock

järkytys (*Yær*-kew-tewss) *n* shock

järvi (*Yær*-vi) *n* lake

jäsen (*Yæ*-sayn) *n* member, associate

jäsenyys (*Yæ*-say-nēwss) *n* membership

jätteet (*Yæt*-tāyt) *pl* garbage; refuse

jättiläinen (*Yæt*-ti-læ ᵉᵉ-nayn) *n* giant

jättiläismäinen (*Yæt*-ti-læ ᵉᵉss-mæ ᵉᵉ-nayn) *adj* gigantic

jättää (*Yahᵃʸt*-tææ) *v* *leave; ~ huomioonottamatta overlook; ~ jklle deliver; ~ pois omit, *leave out

jää (*Yææ*) *n* ice

jäädyttää (*Yææ*-dewt-tææ) *v* *freeze

jäädä (*Yææ*-dæ) *v* stay, remain; ~ eloon survive; ~ jäljelle remain

jäähdytysjärjestelmä (*Yææh*-dew-tewss-*Yær*-Yayss-tayl-mæ) *n* cooling system

jäähyväiset (*Yææ*-hew-væ ᵉᵉ-sayt) *pl* parting

jääkaappi (*Yææ*-*kaap*-pi) *n* refrigerator, fridge

jääkiekkoilu (*Yææ*-*kyayk*-koi-loo) *n* hockey

jäänne (*Yææn*-nay) *n* remnant

jäännös (*Yææn*-nurss) *n* remnant; rest, remainder

jääpussi (*Yææ*-*pooss*-si) *n* ice-bag

jäätelö (*Yææ*-tay-lur) *n* ice-cream

jäätikkö (*Yææ*-tik-kur) *n* glacier

jäätymispiste (*Yææ*-tew-miss-*piss*-tay) *n* freezing-point

jäätynyt (*Yææ*-tew-newt) *adj* frozen

jäätyä (*Yææ*-tew-æ) *v* *freeze

jäätävä (*Yææ*-tæ-væ) *adj* freezing

jäävesi (*Yææ*-vay-si) *n* iced water

K

kaakeli (*kaa*-kay-li) *n* tile

kaakko (*kaak*-koa) *n* south-east

kaali (*kaa*-li) *n* cabbage

kaapata (*kaa*-pah-tah) *v* hijack

kaapeli (*kaa*-pay-li) *n* cable

kaappaaja (*kaap*-paa-Yah) *n* hijacker

kaappi (*kaa*-p-pi) *n* cupboard

kaareva (*kaa*-ray-vah) *adj* curved

kaari (*kaa*-ri) *n* arch

kaarikäytävä (*kaa*-ri-kæ*ew*-tæ-væ) *n* arcade

kaarna (*kaar*-nah) *n* bark

kaarre (*kaar*-ray) *n* turning, bend, curve

kaasu (*kaa*-soo) *n* gas

kaasulaitos (*kaa*-soo-*ligh*-toass) *n* gas-works

kaasuliesi (*kaa*-soo-*lyay*-si) *n* gas cooker

kaasupoljin (*kaa*-soo-*poal*-Yin) *n* accelerator

kaasutin (*kaa*-soo-tin) *n* carburettor

kaasu-uuni (*kaa*-soo-$\overline{oo}$-ni) *n* gas stove

kaataa (*kaa*-taa) *v* pour

kaatosade (*kaa*-toa-*sah*-day) *n* downpour

kaatumatauti (*kaa*-too-mah-*tou*-ti) *n* epilepsy

kaava (*kaa*-vah) *n* scheme; formula

kaavakuva (*kaa*-vah-*koo*-vah) *n* diagram

kaavio (*kaa*-vi-oa) *n* chart, diagram

kabaree (*kah*-bah-$\overline{ray}$) *n* cabaret

kabinetti (*kah*-bi-nayt-ti) *n* cabinet

kadehtia (*kah*-dayh-ti-ah) *v* envy; grudge

kadonnut (*kah*-doan-noot) *adj* lost; ~ henkilö missing person

kadota (*kah*-doa-tah) *v* disappear

kadottaa (*kah*-doat-taa) *v* *lose

kahdeksan (*kahh*-dayk-sahn) *num* eight

kahdeksankymmentä (*kahh*-dayk-sahn-*kewm*-mayn-tæ) *num* eighty

kahdeksantoista (*kahh*-dayk-sahn-*toiss*-tah) *num* eighteen

kahdeksas (*kahh*-dayk-sahss) *num* eighth

kahdeksastoista (*kahh*-dayk-sahss-*toiss*-tah) *num* eighteenth

kahdeskymmenes (*kahh*-dayss-*kewm*-may-nayss) *num* twentieth

kahdesti (*kahh*-dayss-ti) *adv* twice

kahdestoista (*kahh*-dayss-*toiss*-tah) *num* twelfth

kahlata (*kahh*-lah-tah) *v* wade

kahluupaikka (*kahh*-l$\overline{oo}$-pighk-kah) *n* ford

kahva (*kahh*-vah) *n* handle

kahvi (*kahh*-vi) *n* coffee

kahvila (*kahh*-vi-lah) *n* café

kaide (*kigh*-day) *n* railing

kaidepuu (*kigh*-day-p$\overline{oo}$) *n* banisters *pl*

kaikkein (*kighk*-kayn) *adv* by far; ~ eniten most of all

kaikki (*kighk*-ki) *pron* everything, all; kaiken aikaa all the time; kaiken kaikkiaan all in, altogether

kaikkialla (*kighk*-ki-ahl-lah) *adv* everywhere

kaikkivaltias (*kighk*-ki-*vahl*-ti-ahss) *adj* omnipotent

kaiku (*kigh*-koo) *n* echo

kainalosauva (*kigh*-nah-loa-*sou*-vah) *n* crutch

kainostelematon (*kigh*-noass-tay-lay-mah-toan) *adj* immodest

kaipaus (*kigh*-pah-ooss) *n* longing

kaisla (*kighss*-lah) *n* reed, rush

kaistale (*kighss*-tah-lay) *n* strip

kaiutin (*kigh*-oo-tin) *n* loud-speaker

kaivaa (*kigh*-vaa) *v* *dig

kaivanto (*kigh*-vahn-toa) *n* ditch

kaivata (*kigh*-vah-tah) *v* miss

kaivaus (*kigh*-vah-ooss) *n* excavation

kaiverrus (*kigh*-vayr-rooss) *n* engraving; inscription

kaivertaa (*kigh*-vayr-taa) *v* engrave

kaivertaja (*kigh*-vayr-tah-ʸah) *n* engraver

kaivo (*kigh*-voa) *n* well

kaivos (*kigh*-voass) *n* mine, pit

kaivosmies (*kigh*-voass-*myayss*) *n* miner

kaivostyö (*kigh*-voass-t*ew*ur) *n* mining

kakku (*kahk*-koo) *n* cake

kaksi (*kahk*-si) *num* two

kaksikielinen (*kahk*-si-kyay-li-nayn) *adj* bilingual

kaksikymmentä (*kahk*-si-*kewm*-mayntæ) *num* twenty

kaksimielinen (*kahk*-si-myay-li-nayn) *adj* ambiguous, equivocal

kaksinkertainen (*kahk*-sin-kayr-tigh-nayn) *adj* double

kaksiosainen (*kahk*-si-*oa*-sigh-nayn) *adj* two-piece

kaksiselitteinen (*kahk*-si-*say*-lit-tay-nayn) *adj* ambiguous

kaksitoista (*kahk*-si-*toiss*-tah) *num* twelve

kaksoisvuode (*kahk*-soiss-*vwoa*-day) *n* twin beds

kaksoset (*kahk*-soa-sayt) *pl* twins *pl*

kala (*kah*-lah) *n* fish

kalakauppa (*kah*-lah-*koup*-pah) *n* fish shop

kalalokki (*kah*-lah-*loak*-ki) *n* seagull

kalastaa (*kah*-lahss-taa) *v* fish

kalastaja (*kah*-lahss-tah-ʸah) *n* fisherman

kalastus (*kah*-lahss-tooss) *n* fishing industry

kalastuslupa (*kah*-lahss-tooss-*loo*-pah) *n* fishing licence

kalastustarvikkeet (*kah*-lahss-tooss-*tahr*-vik-kāyt) *pl* fishing tackle

kalastusverkko (*kah*-lahss-tooss-*vayrk*-koa) *n* fishing net

kalastusvälineet (*kah*-lahss-tooss-*væ*-li-nāyt) *pl* fishing gear

kalenteri (*kah*-layn-tay-ri) *n* calendar

kalju (*kahl*-ʸoo) *adj* bald

kalkki (*kahlk*-ki) *n* lime

kalkkuna (*kahlk*-koo-nah) *n* turkey

kallio (*kahl*-li-oa) *n* rock

kallioinen (*kahl*-li-oi-nayn) *adj* rocky

kallis (*kahl*-liss) *adj* expensive, dear

kallisarvoinen (*kahl*-liss-*ahr*-voi-nayn) *adj* precious

kallistua (*kahl*-liss-too-ah) *v* slant, lean

kallo (*kahl*-loa) *n* skull

kalori (*kah*-loa-ri) *n* calorie

kalpea (*kahl*-pay-ah) *adj* pale

kalsium (*kahl*-si-oom) *n* calcium

kaltainen (jkn) (*kahl*-tigh-nayn) like

kalteva (*kahl*-tay-vah) *adj* slanting

kaltevuus (*kahl*-tay-vōōss) *n* gradient; incline

kalustaa (*kah*-looss-taa) *v* furnish

kalustamaton (*kah*-looss-tah-mah-toan) *adj* unfurnished

kalusteet (*kah*-looss-tāyt) *pl* furniture, furnishings *pl*; gear

kalvinismi (*kahl*-vi-niss-mi) *n* Calvinism

kalvo (*kahl*-voa) *n* transparency; diaphragm

kalvosin (*kahl*-voa-sin) *n* cuff

kalvosinnapit (*kahl*-voa-sin-*nah*-pit) *pl* cuff-links *pl*

kamaripalvelija (*kah*-mah-ri-*pahl*-vay-li-ʸah) *n* valet

kamee (*kah*-māy) *n* cameo

kameli (*kah*-may-li) *n* camel

kamera (*kah*-may-rah) *n* camera

kammata (*kahm*-mah-tah) *v* comb

kammo (*kahm*-moa) *n* horror

kammottava (*kahm*-moat-tah-vah) *adj* horrible, creepy

kampa (*kahm*-pah) *n* comb

kampaaja (*kahm*-paa-ᵞah) *n* hairdresser

kampalanka (*kahm*-pah-*lahng*-kah) *n* worsted

kampanja (*kahm*-pahng-ᵞah) *n* campaign

kampaus (*kahm*-pah-ooss) *n* hair-do

kampausneste (*kahm*-pah-ooss-*nayss*-tay) *n* setting lotion

kampauspöytä (*kahm*-pah-ooss-*pur*ᵉʷ-tæ) *n* dressing-table

kampiakseli (*kahm*-pi-*ahk*-say-li) *n* crankshaft

kampikammio (*kahm*-pi-*kahm*-mi-oa) *n* crankcase

kamppailla (*kahmp*-pighl-lah) *v* struggle, combat

kamppailu (*kahmp*-pigh-loo) *n* struggle, battle

kana (*kah*-nah) *n* hen

kanaali (*kah*-naa-li) *n* channel

Kanada (*kah*-nah-dah) Canada

kanadalainen (*kah*-nah-dah-ligh-nayn) *n* Canadian; *adj* Canadian

kananliha (*kah*-nahn-*li*-hah) *n* gooseflesh

kananpoika (*kah*-nahn-*poi*-kah) *n* chicken

kanarialintu (*kah*-nah-ri-ah-*lin*-too) *n* canary

kanava (*kah*-nah-vah) *n* canal

kaneli (*kah*-nay-li) *n* cinnamon

kanerva (*kah*-nayr-vah) *n* heather

kanervanummi (*kah*-nayr-vah-*noom*-mi) *n* moor

kangas (*kahng*-ngahss) *n* cloth, material, fabric, tissue

kangaskauppias (*kahng*-ngahss-*koup*-pi-ahss) *n* draper

kangastavarat (*kahng*-ngahss-*tah*-vah-raht) *pl* drapery

kaniini (*kah*-nee-ni) *n* rabbit

kankea (*kahng*-kay-ah) *adj* stiff

kannas (*kahn*-nahss) *n* isthmus

kannattaa (*kahn*-naht-taa) *v* *be worth-while; *pay

kannattaja (*kahn*-naht-tah-ᵞah) *n* supporter

kannattava (*kahn*-naht-tah-vah) *adj* paying, worth while

kannettava (*kahn*-nayt-tah-vah) *adj* portable

kannikka (*kahn*-nik-kah) *n* crust

kannu (*kahn*-noo) *n* pitcher, jug

kannustaa (*kahn*-nooss-taa) *v* incite, stimulate, prompt

kanootti (*kah*-nōāt-ti) *n* canoe

kansa (*kahn*-sah) *n* people, folk, nation; kansan- national, popular

kansainvälinen (*kahn*-sighn-væ-li-nayn) *adj* international

kansakunta (*kahn*-sah-*koon*-tah) *n* nation

kansalais- (*kahn*-sah-lighss) *adj* civil, civic

kansalaisuus (*kahn*-sah-ligh-sōōss) *n* citizenship

kansallinen (*kahn*-sahl-li-nayn) *adj* national

kansallislaulu (*kahn*-sahl-liss-*lou*-loo) *n* national anthem

kansallispuisto (*kahn*-sahl-liss-poo ᵉᵉss-toa) *n* national park

kansallispuku (*kahn*-sahl-liss-*poo*-koo) *n* national dress

kansallistaa (*kahn*-sahl-liss-taa) *v* nationalize

kansallisuus (*kahn*-sahl-li-sōōss) *n* nationality

kansanedustaja (*kahn*-sahn-*ay*-dooss-tah-ᵞah) *n* Member of Parliament

kansanlaulu (*kahn*-sahn-*lou*-loo) *n* folk song

kansannousu (*kahn*-sahn-*noa*-soo) *n* rising

kansanomainen (*kahn*-sahn-*oa*-migh-nayn) *adj* popular

kansanperinne (*kahn*-sahn-*pay*-rin-nay) *n* folklore

kansantanssi (*kahn*-sahn-*tahns*-si) *n* folk-dance

kansi (*kahn*-si) *n* cover, top; deck, lid

kansihytti (*kahn*-si-*hewt*-ti) *n* deck cabin

kanslisti (*kahns*-liss-ti) *n* clerk

kanssa (*kahns*-sah) *postp* with

kanta (*kahn*-tah) *n* counterfoil, stub

kantaa (*kahn*-taa) *v* *bear, carry

kantahenkilökunta (*kahn*-tah-*hayn*-ki-lur-*koon*-tah) *n* cadre

kantaja (*kahn*-tah-Yah) *n* bearer, porter

kantama (*kahn*-tah-mah) *n* reach

kantapää (*kahn*-tah-*pææ*) *n* heel

kanttiini (*kahnt*-tee-ni) *n* canteen

kapakka (*kah*-pahk-kah) *n* public house; pub

kapalo (*kah*-pah-loa) *n* nappy

kapasiteetti (*kah*-pah-si-*tāyt*-ti) *n* capacity

kapea (*kah*-pay-ah) *adj* narrow

kapina (*kah*-pi-nah) *n* rebellion, revolt; mutiny

kapinoida (*kah*-pi-noi-dah) *v* revolt

kapitalismi (*kah*-pi-tah-liss-mi) *n* capitalism

kappalainen (*kahp*-pah-ligh-nayn) *n* chaplain

kappale (*kahp*-pah-lay) *n* copy; paragraph, passage; piece

kappeli (*kahp*-pay-li) *n* chapel

kapseli (*kahp*-say-li) *n* capsule

kapteeni (*kahp*-tāy-ni) *n* captain

karaatti (*kah*-raat-ti) *n* carat

karahvi (*kah*-rahh-vi) *n* carafe

karamelli (*kah*-rah-mayl-li) *n* caramel

karanteeni (*kah*-rahn-tāy-ni) *n* quarantine

karata (*kah*-rah-tah) *v* desert

kardinaali (*kahr*-di-naa-li) *n* cardinal

karhea (*kahr*-hay-ah) *adj* hoarse

karhu (*kahr*-hoo) *n* bear

karhunvatukka (*kahr*-hoon-*vah*-took-kah) *n* blackberry

karitsa (*kah*-rit-sah) *n* lamb; **karitsan liha** lamb

karjua (*kahr*-Yoo-ah) *v* roar

karjunta (*kahr*-Yoon-tah) *n* roar

karkausvuosi (*kahr*-kah-ooss-*vwoa*-si) *n* leap-year

karkea (*kahr*-kay-ah) *adj* harsh; gross; coarse; rude

karkottaa (*kahr*-koat-taa) *v* expel; chase

karkuri (*kahr*-koo-ri) *n* runaway

karmiininpunainen (*kahr*-mee-nin-*poo*-nigh-nayn) *adj* crimson

karnevaali (*kahr*-nay-vaa-li) *n* carnival

karppi (*kahrp*-pi) *n* carp

karski (*kahrs*-ki) *adj* harsh, stern

kartano (*kahr*-tah-noa) *n* mansion

kartonki (*kahr*-toang-ki) *n* carton

kartta (*kahrt*-tah) *n* map; plan

karttapallo (*kahrt*-tah-*pahl*-loa) *n* globe

karttuva (*kahrt*-too-vah) *adj* progressive

karuselli (*kah*-roo-sayl-li) *n* merry-go-round

karvainen (*kahr*-vigh-nayn) *adj* hairy

karviaismarja (*kahr*-vi-ighss-*mahr*-Yah) *n* gooseberry

kasa (*kah*-sah) *n* heap

kasari (*kah*-sah-ri) *n* saucepan

kasarmi (*kah*-sahr-mi) *n* barracks *pl*

kasino (*kah*-si-noa) *n* casino

kašmirvilla (*kahsh*-meer-*vil*-lah) *n* cashmere

kassa (*kahss*-sah) *n* pay-desk, cashdesk

kassaholvi (*kahss*-sah-*hoal*-vi) *n* vault

kassakaappi (*kahss*-sah-*kaap*-pi) *n* safe

kassanhoitaja (*kahss*-sahn-*hoi*-tah-ᵞah) *n* cashier

kassi (*kahss*-si) *n* bag

kastaa (*kahss*-taa) *v* christen, baptize

kastanja (*kahss*-tahn-ᵞah) *n* chestnut

kastanjanruskea (*kahss*-tahn-ᵞahn-*rooss*-kay-ah) *adj* auburn

kaste (*kahss*-tay) *n* dew; christening, baptism

kastike (*kahss*-ti-kay) *n* sauce

kasvaa (*kahss*-vaa) *v* *grow; increase

kasvain (*kahss*-vighn) *n* tumour, growth

kasvattaa (*kahss*-vaht-taa) *v* cultivate, *bring up; raise, *breed; *grow

kasvatus (*kahss*-vah-tooss) *n* education, upbringing

kasvatusvanhemmat (*kahss*-vah-tooss-*vahn*-haym-maht) *pl* foster-parents *pl*

kasvi (*kahss*-vi) *n* plant

kasvihuone (*kahss*-vi-*hwoa*-nay) *n* greenhouse

kasvillisuus (*kahss*-vil-li-s$\overline{oo}$ss) *n* vegetation

kasvissyöjä (*kahss*-viss-s^{ewu}r-ᵞæ) *n* vegetarian

kasvitarha (*kahss*-vi-*tahr*-hah) *n* kitchen garden

kasvitiede (*kahss*-vi-*tyay*-day) *n* botany

kasvojenhieronta (*kahss*-voa-ᵞayn-*hyay*-roan-tah) *n* face massage

kasvonaamio (*kahss*-voa-*naa*-mi-oa) *n* face-pack

kasvonpiirteet (*kahss*-voan-peer-tāyt) *pl* features *pl*

kasvot (*kahss*-voat) *pl* face

kasvovesi (*kahss*-voa-*vay*-si) *n* lotion

kasvovoide (*kahss*-voa-*voi*-day) *n*

face-cream

kasvu (*kahss*-voo) *n* growth

katakombi (*kah*-tah-koam-bi) *n* catacomb

katarri (*kah*-tahr-ri) *n* catarrh

katastrofi (*kah*-tahss-troa-fi) *n* catastrophe

katedraali (*kah*-tayd-raa-li) *n* cathedral

kateellinen (*kah*-tāyl-li-nayn) *adj* envious

kategoria (*kah*-tay-goa-ri-ah) *n* category

kateus (*kah*-tay-ooss) *n* envy

katkaisin (*kaht*-kigh-sin) *n* switch, contact

katkaista (*kaht*-kighss-tah) *v* *cut off; disconnect; ~ **virta** disconnect

katkarapu (*kaht*-kah-*rah*-poo) *n* shrimp, prawn

katkelma (*kaht*-kayl-mah) *n* fragment; extract

katolinen (*kah*-toa-li-nayn) *adj* catholic

katsantokanta (*kaht*-sahn-toa-*kahn*-tah) *n* outlook

katse (*kaht*-say) *n* look

katselija (*kaht*-say-li-ᵞah) *n* spectator

katsella (*kaht*-sayl-lah) *v* look at, view; watch

katsoa (*kaht*-soa-ah) *v* look at, look

katsojaparveke (*kaht*-soa-ᵞah-*pahr*-vay-kay) *n* stand

kattaa (*kaht*-taa) *v* cover

kattamismaksu (*kaht*-tah-miss-*mahk*-soo) *n* cover charge

katto (*kaht*-toa) *n* roof

katu (*kah*-too) *n* road, street

katukiveys (*kah*-too-*ki*-vay-ewss) *n* pavement

katumus (*kah*-too-mooss) *n* repentance

katuoja (*kah*-too-*oiah*) *n* gutter

kauasulottuva (*kou*-ahss-*oo*-loat-too-vah) *adj* extensive

kauhea (*kou*-hay-ah) *adj* terrible, frightful

kauhistava (*kou*-hiss-tah-vah) *adj* terrible, dreadful

kauhistuttaa (*kou*-hiss-toot-taa) *v* terrify

kauhtua (*kouh*-too-ah) *v* discolour

kauhtunut (*kouh*-too-noot) *adj* discoloured, faded

kauhu (*kou*-hoo) *n* terror, horror

kaukainen (*kou*-kigh-nayn) *adj* faraway, remote, distant

kaukokirjoitin (*kou*-koa-*keer*-Yoi-tin) *n* telex

kaukopuhelu (*kou*-ka-*poo*-hay-loo) *n* trunk-call

kaula (*kou*-lah) *n* throat

kaulahihna (*kou*-lah-*hih*-nah) *n* collar

kaulaliina (*kou*-lah-*lee*-nah) *n* scarf

kaulanauha (*kou*-lah-*nou*-hah) *n* necklace

kauluksennappi (*kou*-look-sayn-*nahp*-pi) *n* collar stud

kaulus (*kou*-looss) *n* collar

kauneudenhoito (*kou*-nay°°-dayn-*hoi*-toa) *n* beauty treatment

kauneudenhoitoaineet (*kou*-nay°°-dayn-*hoi*-toa-*igh*-nāȳt) *pl* cosmetics *pl*

kauneus (*kou*-nay-ooss) *n* beauty

kauneussalonki (*kou*-nay-ooss-*sah*-loang-ki) *n* beauty salon, beauty parlour

kaunis (*kou*-niss) *adj* fine, beautiful, pretty

kaupaksi menevä (*kou*-pahk-si *may*-nay-væ) *adj* saleable

kaupallinen (*kou*-pahl-li-nayn) *adj* commercial

kaupankäynti (*kou*-pahn-*kæ*ᵉʷn-ti) *n* trade, business, commerce

kauppa (*koup*-pah) *n* shop, store; business, commerce; **hyvä ~** bargain; **kauppa-** commercial

kauppakoju (*koup*-pah-*koa*-Yoo) *n* stall

kauppaoikeus (*koup*-pah-*oi*-kay-ooss) *n* commercial law

kauppasulku (*koup*-pah-*sool*-koo) *n* embargo, blockade

kauppatavara (*koup*-pah-*tah*-vah-rah) *n* merchandise

kauppias (*koup*-pi-ahss) *n* dealer; merchant; shopkeeper

kaupunginosa (*kou*-poong-ngin-*oa*-sah) *n* district, quarter

kaupungintalo (*kou*-poong-ngin-*tah*-loa) *n* town hall

kaupunki (*kou*-poong-ki) *n* city, town; **kaupunki-** urban

kaupunkilainen (*kou*-poong-ki-ligh-nayn) *n* citizen

kaupunkilaiset (*kou*-poong-ki-ligh-sayt) *pl* townspeople *pl*

kaura (*kou*-rah) *n* oats *pl*

kauriinvasa (*kou*-reen-*vah*-sah) *n* fawn

kausi (*kou*-si) *n* period; season

kausilippu (*kou*-si-*lip*-poo) *n* season-ticket; **kausilipun haltija** commuter

kautta (*kout*-tah) *postp* via

kauttaaltaan (*kout*-taal-taan) *adv* throughout

kauttakulku (*kout*-tah-*kool*-koo) *n* passage

kavallus (*kah*-vahl-looss) *n* treason

kaveri (*kah*-vay-ri) *n* chap, guy

kaviaari (*kah*-vi-aa-ri) *n* caviar

kavio (*kah*-vi-oa) *n* hoof

kavuta (*kah*-voo-tah) *v* climb

kehittää (*kay*-hit-tææ) *v* develop; expand

kehitys (*kay*-hi-tewss) *n* development; evolution

kehityskulku (*kay*-hi-tewss-*kool*-koo) *n* process

keho (*kay*-hoa) *n* body

kehottaa (*kay*-hoat-taa) *v* urge; recommend

kehrätä (*kayh*-ræ-tæ) *v* *spin

kehto (*kayh*-toa) *n* cradle

kehua (*kay*-hoo-ah) *v* compliment, praise

kehys (*kay*-hewss) *n* frame

kehä (*kay*-hæ) *n* ring

keidas (*kay*-dahss) *n* oasis

keihäs (*kay*-hæss) *n* spear

keijukainen (*kay*-Yoo-kigh-nayn) *n* elf

keilailu (*kay*-ligh-loo) *n* bowling

keilarata (*kay*-lah-*rah*-tah) *n* bowling alley

keino (*kay*-noa) *n* means

keinosilkki (*kay*-noa-*silk*-ki) *n* rayon

keinotekoinen (*kay*-noa-*tay*-koi-nayn) *adj* artificial

keinotella (*kay*-noa-tayl-lah) *v* speculate

keinu (*kay*-noo) *n* swing

keinua (*kay*-noo-ah) *v* rock; *swing

keinulauta (*kay*-noo-*lou*-tah) *n* seesaw

keinuttaa (*kay*-noot-taa) *v* *swing

keisari (*kay*-sah-ri) *n* emperor

keisarikunta (*kay*-sah-ri-*koon*-tah) *n* empire

keisarillinen (*kay*-sah-ril-li-nayn) *adj* imperial

keisarinna (*kay*-sah-rin-nah) *n* empress

keittiö (*kayt*-ti-ur) *n* kitchen

keittiömestari (*kayt*-ti-ur-*mayss*-tah-ri) *n* chef

keitto (*kayt*-toa) *n* soup

keittokirja (*kayt*-toa-*keer*-Yah) *n* cookery-book; cookbook *nAm*

keittää (*kayt*-tææ) *v* cook

kekseliäs (*kayk*-say-li-æss) *adj* inventive, clever

keksi (*kayk*-si) *n* biscuit; cookie *nAm*; cracker *nAm*

keksijä (*kayk*-si-Yæ) *n* inventor

keksintö (*kayk*-sin-tur) *n* invention; discovery

keksiä (*kayk*-si-æ) *v* invent; discover; devise; invent

kelkka (*kaylk*-kah) *n* sleigh, sledge

kellanruskea (*kayl*-lahn-*rooss*-kay-ah) *adj* fawn

kellari (*kayl*-lah-ri) *n* cellar

kellarikerros (*kayl*-lah-ri-*kayr*-roass) *n* basement

kello (*kayl*-loa) *n* watch, clock; **kello** ... at ... o'clock

kellonremmi (*kayl*-loan-*raym*-mi) *n* watch-strap

kellonsoitto (*kayl*-loan-*soit*-toa) *n* chimes *pl*

kelloseppä (*kayl*-loa-*sayp*-pæ) *n* watch-maker

kellua (*kayl*-loo-ah) *v* float

kelpo (*kayl*-poa) *adj* brave

keltainen (*kayl*-tigh-nayn) *adj* yellow

keltanarsissi (*kayl*-tah-*nahr*-siss-si) *n* daffodil

keltatauti (*kayl*-tah-*tou*-ti) *n* jaundice

keltuainen (*kayl*-too-igh-nayn) *n* yolk

kemia (*kay*-mi-ah) *n* chemistry

kemiallinen (*kay*-mi-ahl-li-nayn) *adj* chemical; ~ **pesula** dry-cleaning

kenguru (*kayng*-ngoo-roo) *n* kangaroo

kengänkiilloke (*kayng*-ngæng-*keel*-loa-kay) *n* shoe polish

kengännauha (*kayng*-ngæn-*nou*-hah) *n* shoe-lace, lace

kengänpohja (*kayng*-ngæm-*poah*-Yah) *n* sole

Kenia (*kay*-ni-ah) Kenya

kenkä (*kayng*-kæ) *n* shoe

kenkäkauppa (*kayng*-kæ-*koup*-pah) *n* shoe-shop

kenraali (*kayn*-raa-li) *n* general

kenties (*kayn*-tyayss) *adv* maybe, perhaps

kenttäkiikari (*kaynt*-tæ kee-kah-ri) *n* field glasses

keppi (*kayp*-pi) *n* rod; stick

keppihevonen (*kayp*-pi-*hay*-voa-nayn) *n* hobby-horse

kepponen (*kayp*-poa-nayn) *n* trick

kera (*kay*-rah) *postp* with

keramiikka (*kay*-rah-meek-kah) *n* ceramics *pl*

kerho (*kayr*-hoa) *n* club

kerjäläinen (*kayr*-Yæ-læ^{ee}-nayn) *n* beggar

kerjätä (*kayr*-Yæ-tæ) *v* beg

kerma (*kayr*-mah) *n* cream

kermainen (*kayr*-migh-nayn) *adj* creamy

kermanvärinen (*kayr*-mahn-væ-ri-nayn) *adj* cream

kerran (*kayr*-rahn) *adv* once; ~ **vielä** once more

kerros (*kayr*-roass) *n* storey, floor; layer

kerrostalo (*kayr*-roass-*tah*-loa) *n* block of flats

kerrostuma (*kayr*-roass-too-mah) *n* deposit, deposit; layer

kerskata (*kayrs*-kah-tah) *v* boast

kerta (*kayr*-tah) *n* time

kertakäyttöinen (*kayr*-tah-kæ^{ewt}-tur^{ee}-nayn) *adj* disposable

kertoa (*kayr*-toa-ah) *v* relate, *tell; inform; multiply

kertolasku (*kayr*-toa-*lahss*-koo) *n* multiplication

kertomus (*kayr*-toa-mooss) *n* tale, story

kertova (*kayr*-toa-vah) *adj* epic

keräilijä (*kay*-ræ^{ee}-li-Yæ) *n* collector

kerätä (*kay*-ræ-tæ) *v* gather; collect

kerääjä (*kay*-rææ-Yæ) *n* collector

keskellä (*kayss*-kayl-læ) *prep/postp* amid

kesken (*kayss*-kayn) *postp* among

keskenmeno (*kayss*-kayn-*may*-noa) *n* abortion, miscarriage

keskeyttää (*kayss*-kay-ewt-tææ) *v* interrupt

keskeytymätön (*kayss*-kay-ew-tew-mæ-turn) *adj* continuous

keskeytys (*kayss*-kay-ew-tewss) *n* interruption

keski- (*kayss*-ki) medium; central

keskiaika (*kayss*-ki-*igh*-kah) *n* Middle Ages

keskiaikainen (*kayss*-ki-*igh*-kigh-nayn) *adj* mediaeval

keskiarvo (*kayss*-ki-*ahr*-voa) *n* average

keskikesä (*kayss*-ki-kay-sæ) *n* midsummer

keskikohta (*kayss*-ki-*koah*-tah) *n* middle

keskiluokka (*kayss*-ki-*lwoak*-kah) *n* middle class

keskimmäinen (*kayss*-kim-mæ^{ee}-nayn) *adj* middle

keskimäärin (*kayss*-ki-*mææ*-rin) *adv* on the average

keskimääräinen (*kayss*-ki-*mææ*-ræ^{ee}-nayn) *adj* medium, average

keskinkertainen (*kayss*-king-*kayr*-tigh-nayn) *adj* moderate; medium

keskinäinen (*kayss*-ki-næ^{ee}-nayn) *adj* mutual

keskipiste (*kayss*-ki-*piss*-tay) *n* centre, central point

keskipäivä (*kayss*-ki-*pæ^{ee}*-væ) *n* midday, noon

keskittää (*kayss*-kit-tææ) *v* concentrate; centralize

keskitys (*kayss*-ki-tewss) *n* concentration

keskiverto (*kayss*-ki-*vayr*-toa) *n* mean, average

keskiviikko (*kayss*-ki-*veek*-koa) *n* Wednesday

keskiyö (*kayss*-ki-^{ew}ur) *n* midnight

keskusasema (*kayss*-kooss-ah-say-mah) *n* central station

keskuslämmitys (*kayss*-kooss-*læm*-mi-tewss) *n* central heating

keskusta (*kayss*-kooss-tah) *n* centre; **kaupungin** ~ town centre

keskustella (*kayss*-kooss-tayl-lah) *v* discuss, talk, argue

keskustelu (*kayss*-kooss-tay-loo) *n* conversation, debate, discussion, talk

kestitä (*kayss*-ti-tæ) *v* entertain

kestoaika (*kayss*-toa-*igh*-kah) *n* duration

kestokyky (*kayss*-toa-*kew*-kew) *n* endurance; stamina

kestosileä (*kayss*-toa-*si*-lay-æ) *adj* permanent press

kestävä (*kayss*-tæ-væ) *adj* lasting

kestää (*kayss*-tææ) *v* last; endure; *go through

kesy (*kay*-sew) *adj* tame

kesyttää (*kay*-sewt-tææ) *v* tame

kesä (*kay*-sæ) *n* summer

kesäaika (*kay*-sæ-*igh*-kah) *n* summer time

kesäkuu (*kay*-sæ-*kōō*) June

ketju (*kayt*-Yoo) *n* chain

kettu (*kayt*-too) *n* fox

keuhko (*kay^{oo}h*-koa) *n* lung; **keuhkoputken tulehdus** bronchitis

keuhkokuume (*kay^{oo}h*-koa-*kōō*-may) *n* pneumonia

keulapurje (*kay^{oo}*-lah-*poor*-Yay) *n* foresail

kevyt (*kay*-vewt) *adj* light

kevät (*kay*-væt) *n* spring

kevätaika (*kay*-væt-*igh*-kah) *n* spring-time

khakikangas (*kah*-ki-*kahng*-ngahss) *n* khaki

kidus (*ki*-dooss) *n* gill

kiduttaa (*ki*-doot-taa) *v* torture

kidutus (*ki*-doo-tooss) *n* torture

kiehtoa (*kyayh*-toa-ah) *v* fascinate

kiehua (*kyay*-hoo-ah) *v* boil

kielenkääntäjä (*kyay*-layng-*kææn*-tæ-Yæ) *n* translator

kieli (*kyay*-li) *n* tongue; language; string

kieliopillinen (*kyay*-li-*oa*-pil-li-nayn) *adj* grammatical

kielioppi (*kyay*-li-*oap*-pi) *n* grammar

kielistudio (*kyay*-li-*stoo*-di-oa) *n* language laboratory

kielletty (*kyayl*-layt-tew) *adj* prohibited, forbidden

kielteinen (*kyayl*-tay-nayn) *adj* negative

kielto (*kyayl*-toa) *n* prohibition

kieltävä (*kyayl*-tæ-væ) *adj* negative

kieltäytyminen (*kyayl*-tæ^{ew}-tew-mi-nayn) *n* refusal

kieltäytyä (*kyayl*-tæ^{ew}-tew-æ) *v* deny, refuse

kieltää (*kyayl*-tææ) *v* deny; *forbid, prohibit

kiemurteleva (*kyay*-moor-tay-lay-vah) *adj* winding

kierittää (*kyay*-rit-tææ) *v* roll

kiero (*kyay*-roa) *adj* crooked

kierosilmäinen (*kyay*-roa-*sil*-mæ^{ee}-nayn) *adj* cross-eyed

kierrekaihdin (*kyayr*-rayk-*kighh*-din) *n* blind

kierros (*kyayr*-roass) *n* round; turn

kiertokulku (*kyayr*-toa-*kool*-koo) *n* cycle

kiertoliike (*kyayr*-toa-*lee*-kay) *n* revolution

kiertomatka (*kyayr*-toa-*maht*-kah) *n* tour

kiertotie (*kyayr*-toa-*tyay*) *n* detour; diversion

kiertävä (*kyayr*-tæ-væ) *adj* itinerant; winding

kiertää (*kyayr*-tææ) *v* *wind; turn; by-pass; ~ auki unscrew

kihara (*ki*-hah-rah) *n* curl

kiharainen (*ki*-hah-righ-nayn) *adj* curly

kihartaa (*ki*-hahr-taa) *v* curl

kihlasormus (*kih*-lah-*soar*-mooss) *n* engagement ring

kihlattu (*kih*-laht-too) *n* fiancée

kihlaus (*kih*-lah-ooss) *n* engagement

kihloissa (*kih*-loiss-sah) *adv* engaged

kihti (*kih*-ti) *n* gout

kiihdyttää (*keeh*-dewt-tææ) *v* accelerate

kiihkeä (*keeh*-kay-æ) *adj* intense; passionate

kiihkomielinen (*keeh*-koa-*myay*-li-nayn) *adj* fanatical

kiihottaa (*keeh*-hoat-taa) *v* excite

kiihtymys (*keeh*-tew-mewss) *n* excitement

kiikari (*kee*-kah-ri) *n* binoculars *pl*

kiila (*kee*-lah) *n* wedge

kiilloton (*keel*-loa-toan) *adj* mat

kiillottaa (*keel*-loat-taa) *v* polish

kiiltävä (*keel*-tæ-væ) *adj* glossy

kiiltää (*keel*-tææ) *v* *shine

Kiina (*kee*-nah) China

kiinalainen (*kee*-nah-ligh-nayn) *n* Chinese; *adj* Chinese

kiinnelaastari (*keen*-nay-*laass*-tah-ri) *n* adhesive tape

kiinnitin (*keen*-ni-tin) *n* fastener

kiinnittää (*keen*-nit-tææ) *v* attach; fasten; ~ **huomiota** attend to, *pay attention to, notice; ~ **neulalla** pin

kiinnityslaina (*keen*-ni-tewss-*ligh*-nah) *n* mortgage, fastening

kiinnostaa (*keen*-noass-taa) *v* interest

kiinnostunut (*keen*-noass-too-noot) *adj* interested

kiinnostus (*keen*-noass-tooss) *n* interest

kiinteistö (*keen*-tayss-tur) *n* real estate; premises

kiinteistövälittäjä (*keen*-tayss-tur-*væ*-lit-tæ-*Yæ*) *n* house agent

kiinteä (*keen*-tay-æ) *adj* solid; compact

kiintiö (*keen*-ti-ur) *n* quota

kiintymys (*keen*-tew-mewss) *n* affection

kiintynyt (*keen*-tew-newt) *adj* attached to

kiipeäminen (*kee*-pay-æ-mi-nayn) *n* climb

kiire (*kee*-ray) *n* haste, hurry

kiireellinen (*kee*-rāyl-li-nayn) *adj* urgent, pressing

kiireellisyys (*kee*-rāyl-li-sēwss) *n* urgency

kiireesti (*kee*-rāyss-ti) *adj* in a hurry

kiirehtiä (*kee*-rayh-ti-æ) *v* hurry, hasten

kiireinen (*kee*-ray-nayn) *adj* busy; hasty

kiista (*keess*-tah) *n* dispute; quarrel

kiistakysymys (*keess*-tah-*kew*-sew-mewss) *n* issue

kiistanalainen (*keess*-tahn-*ah*-ligh-nayn) *adj* controversial

kiistellä (*keess*-tayl-læ) *v* dispute; argue, quarrel

kiistää (*keess*-tææ) *v* deny

kiitollinen (keetoa-loa-nayn) *adj* thankful, grateful

kiitollisuus (*kee*-toal-li-sōōss) *n* gratitude; **olla kiitollisuuden velassa** owe

kiitorata (*kee*-toa-*rah*-tah) *n* runway

kiitos (*kee*-toass) thank you

kiittämätön (*keet*-tæ-mæ-turn) *adj* ungrateful

kiittää (*keet*-tææ) *v* thank

kiivasluonteinen (*kee*-vahss-*lwoan*-tay-nayn) *adj* hot-tempered

kiivaus (*kee*-vah-ooss) *n* temper

kiivetä (*keevay*-tæ) *v* mount, climb; ascend

kikattaa (*ki*-kaht-taa) *v* giggle

kiljaisu (*kil*-Yigh-soo) *n* yell

kiljua (*kil*-Yoo-ah) *v* yell

kilo (*ki*-loa) *n* kilogram

kilometri (*ki*-loa-*mayt*-ri) *n* kilometre

kilometrimäärä (*ki*-loa-*mayt*-ri-*mææ*-ræ) *n* distance in kilometres

kilometripylväs (*ki*-loa-*mayt*-ri-*pewl*-væss) *n* milestone

433333333333333

kilpa-ajo (*kil*-pah-ah-ᵞoa) *n* race

kilpa-ajorata (*kil*-pah-ah-ᵞoa-*rah*-tah) *n* race-course

kilpahevonen (*kil*-pah-*hay*-voa-nayn) *n* race-horse

kilpailija (*kil*-pigh-li-ᵞah) *n* rival, competitor

kilpailla (*kil*-pighl-lah) *v* compete; rival

kilpailu (*kil*-pigh-loo) *n* competition, contest; rivalry

kilpajuoksu (*kil*-pah-ᵞ*woak*-soo) *n* race

kilparata (*kil*-pah-*rah*-tah) *n* race-track, race-course

kilparatsastaja (*kil*-pah-*raht*-sahss-tah-ᵞah) *n* jockey

kilpikonna (*kil*-pi-*koan*-nah) *n* turtle

kiltti (*kilt*-ti) *adj* good, kind

kimmoisa (*kim*-moi-sah) *adj* elastic

kimpale (*kim*-pah-lay) *n* chunk

kimppu (*kimp*-poo) *n* bouquet, bunch

kiniini (*ki*-nee-ni) *n* quinine

kinkku (*kingk*-koo) *n* ham

kioski (*ki*-oass-ki) *n* kiosk

kipeä (*ki*-pay-æ) *adj* ill, sick, sore; ~ **kohta** sore

kipinä (*ki*-pi-næ) *n* spark

kipinöivä (*ki*-pi-nur^ee-væ) *adj* sparkling

kipsi (*kip*-si) *n* plaster

kipu (*ki*-poo) *n* pain, ache

kiristys (*ki*-riss-tewss) *n* blackmail, extortion

kiristää (ki-riss-tææ) *v* tighten; extort, blackmail

kirja (*keer*-ᵞah) *n* book; **kirja- ja lehti-kioski** bookstand

kirjailija (*keer*-ᵞigh-li-ᵞah) *n* author, writer

kirjailla (*keer*-ᵞighl-lah) *v* embroider

kirjain (*keer*-ᵞighn) *n* letter; **iso** ~ capital letter

kirjakauppa (*keer*-ᵞah-*koup*-pah) *n* bookstore

kirjakauppias (*keer*-ᵞah-*koup*-pi-ahss)

n bookseller

kirjallinen (*keer*-ᵞahl-li-nayn) *adj* written; literary

kirjallisesti (*keer*-ᵞahl-li-sayss-ti) *adv* in writing

kirjallisuus (*keer*-ᵞahl-li-sōōss) *n* literature

kirjasto (*keer*-ᵞahss-toa) *n* library

kirjata (*keer*-ᵞah-tah) *v* list, register; book

kirjava (*keer*-ᵞah-vah) *adj* multi-coloured; mixed

kirje (*keer*-ᵞay) *n* letter; **kirjattu** ~ registered letter

kirjeenvaihtaja (*keer*-ᵞäyn-*vighh*-tah-ᵞah) *n* correspondent

kirjeenvaihto (*keer*-ᵞäyn-*vighh*-toa) *n* correspondence; **olla kirjeenvaihdossa** correspond

kirjekortti (*keer*-ᵞayk-*koart*-ti) *n* postcard

kirjekuori (*keer*-ᵞayk-*kwoa*-ri) *n* envelope

kirjelaatikko (*keer*-ᵞayl-*laa*-tik-koa) *n* letter-box

kirjepaperi (*keer*-ᵞayp-*pah*-pay-ri) *n* notepaper

kirjoittaa (*keer*-ᵞoit-taa) *v* *write; ~ **muistiin** *write down

kirjoittautua (*keer*-ᵞoit-tou-too-ah) *v* register

kirjoituskone (*keer*-ᵞoi-tooss-*koa*-nay) *n* typewriter

kirjoituslehtiö (*keer*-ᵞoi-tooss-*layh*-ti-ur) *n* writing-pad

kirjoituslipasto (*keer*-ᵞoi-tooss-*li*-pahss-toa) *n* bureau

kirjoituspaperi (*keer*-ᵞoi-tooss-*pah*-pay-ri) *n* writing-paper, notepaper

kirjoituspöytä (*keer*-ᵞoi-tooss-*pur^ew*-tæ) *n* desk

kirkaisu (*keer*-kigh-soo) *n* scream

kirkas (*keer*-kahss) *adj* clear; bright

kirkko (*keerk*-koa) *n* chapel, church

kirkkoherra (*keerk*-koa-*hayr*-rah) *n* rector, vicar

kirkkomaa (*keerk*-koa-*maa*) *n* churchyard

kirkonmies (*keer*-koan-*myayss*) *n* clergyman

kirkontorni (*keer*-koan-*toar*-ni) *n* steeple

kirkua (*keer*-koo-ah) *v* shriek, scream; shout

kiroilla (*ki*-roil-lah) *v* *swear, curse

kirota (*ki*-roa-tah) *v* curse

kirous (*ki*-roa-ooss) *n* curse

kirpeä (*keer*-pay-æ) *adj* savoury, pungent

kirsikka (*keer*-sik-kah) *n* cherry

kirurgi (*ki*-roor-gi) *n* surgeon

kirves (*keer*-vayss) *n* axe

kissa (*kiss*-sah) *n* cat

kita (*ki*-tah) *n* mouth, jaws, mouth

kitara (*ki*-tah-rah) *n* guitar

kitka (*kit*-kah) *n* friction

kitkerä (*kit*-kay-ræ) *adj* bitter

kiukku (*kee*ᵒᵒk-koo) *n* anger

kiusa (*kee*ᵒᵒ-sah) *n* bother, annoyance

kiusallinen (*kee*ᵒᵒ-sahl-li-nayn) *adj* embarrassing, awkward

kiusata (*kee*ᵒᵒ-sah-tah) *v* bother; torment

kiusaus (*kee*ᵒᵒ-sah-ooss) *n* temptation

kiusoitella (*kee*ᵒᵒ-soi-tayl-lah) *v* kid, tease

kivennäinen (*ki*-vayn-næᵉᵉ-nayn) *n* mineral

kivennäisvesi (*ki*-vayn-næᵉᵉss-*vay*-si) *n* soda-water, mineral water

kivetä (*ki*-vay-tæ) *v* pave

kivi (*ki*-vi) *n* stone

kivihiili (*ki*-vi-*hee*-li) *n* coal

kivinen (*ki*-vi-nayn) *adj* stone

kivääri (*ki*-væær-ri) *n* rifle, gun

klassinen (*klahss*-si-nayn) *adj* classical

klinikka (*kli*-nik-kah) *n* clinic

kloori (*kloa*-ri) *n* chlorine

klubi (*kloo*-bi) *n* club

-ko (koa) *suf* whether, if; **-ko ... vai** whether ... or

kodikas (*koa*-di-kahss) *adj* cosy

koe (*koa*-ay) *n* experiment, test, trial

koettaa (*koa*-ayt-taa) *v* attempt

kofeiini (*koa*-fay-ee-ni) *n* caffeine

kofeiiniton (*koa*-fay-ee-ni-toan) *adj* decaffeinated

kohdakkoin (*koah*-dahk-koin) *adv* soon

kohdata (*koah*-dah-tah) *v* *meet; encounter; *come across; ~ **sattumalta** run into

kohde (*koah*-day) *n* object, target

kohdella (*koah*-dayl-lah) *v* treat

kohden (*koah*-dayn) *postp* towards

kohista (*koa*-hiss-tah) *v* roar

kohmettunut (*koah*-mayt-too-noot) *adj* numb

kohota (*koa*-hoa-tah) *v* ascend, *rise; amount to

kohottaa (*koa*-hoat-taa) *v* lift

kohta (*koah*-tah) *n* item, point

kohtaaminen (*koah*-taa-mi-nayn) *n* encounter

kohtaamispaikka (*koah*-taa-miss-*pighk*-kah) *n* meeting-place

kohtaan (*koah*-taan) *postp* towards

kohtalaisen (*koah*-tah-ligh-sayn) *adv* fairly

kohtalo (*koah*-tah-loa) *n* fate, destiny, lot, fortune

kohtalokas (*koah*-tah-loa-kahss) *adj* fatal

kohtaus (*koah*-tah-ooss) *n* meeting; fit; date; ~ **näytelmässä** scene

kohteliaisuus (*koah*-tay-li-igh-*sōoss*) *n* compliment

kohtelias (*koah*-tay-li-ahss) *adj* polite, courteous

kohti (*koah*-ti) *postp* to, towards

kohtisuora (*koah*-ti-*swoa*-rah) *adj* perpendicular

kohtu (*koah*-too) *n* womb

kohtuullinen (*koah*-tool-li-nayn) *adj* moderate, reasonable

kohtuuton (*koah*-too-toan) *adj* unreasonable, unfair

koi (*koi*) *n* moth

koillinen (*koil*-li-nayn) *n* north-east

koira (*koi*-rah) *n* dog

koirankoppi (*koi*-rahng-koap-pi) *n* kennel

koirankuje (*koi*-rahng-koo-ᵞay) *n* mischief

koiratarha (*koi*-rah-*tahr*-hah) *n* kennel

koivu (*koi*-voo) *n* birch

koje (*koa*-ᵞay) *n* gadget, apparatus; appliance

kojelauta (*koa*-ᵞayl-*lou*-tah) *n* dashboard

koju (*koa*-ᵞoo) *n* booth

kokaiini (*koa*-kah-ee-ni) *n* cocaine

kokea (*koa*-kay-ah) *v* experience

kokeilla (*koa*-kayl-lah) *v* try; test, experiment

kokeilu (*koa*-kay-loo) *n* experiment, test

kokematon (*koa*-kay-mah-toan) *adj* inexperienced

kokemus (*koa*-kay-mooss) *n* experience

kokenut (*koa*-kay-noot) *adj* experienced

kokkare (*koak*-kah-ray) *n* lump

kokkareinen (*koak*-kah-ray-nayn) *adj* lumpy

kokki (*koak*-ki) *n* cook

koko¹ (*koa*-koa) *n* size; erikoissuuri ~ outsize

koko² (*koa*-koa) *adj* total, whole

kokoelma (*koa*-koa-ayl-mah) *n* collection

kokojyväleipä (*koa*-koa-ᵞew-væ-*lay*-pæ) *n* wholemeal bread

kokonaan (*koa*-koa-naan) *adv* completely, wholly, altogether

kokonainen (*koa*-koa-nigh-nayn) *adj* entire, complete

kokonais- (*koa*-koa-nighss) overall, gross

kokonaissumma (*koa*-koa-nighss-*soom*-mah) *n* lump sum

kokonaisuus (*koa*-koa-nigh-*sooss*) *n* whole

kokoontua (*koa*-koan-too-ah) *v* gather

kokoontuminen (*koa*-koan-too-mi-nayn) *n* reunion; rally

kokous (*koa*-koa-ooss) *n* meeting; assembly

kolaus (*koa*-lah-ooss) *n* bump

kolea (*koa*-lay-ah) *adj* chilly

kolikko (*koa*-lik-koa) *n* coin

kolina (*koa*-li-nah) *n* noise

kolja (*koa*-ᵞah) *n* haddock

kolkuttaa (*koal*-koot-taa) *v* knock

kolkutus (*koal*-koo-tooss) *n* knock

kolmas (*koal*-mahss) *num* third

kolmaskymmenes (*koal*-mahss-*kewm*-may-nayss) *num* thirtieth

kolmastoista (*koal*-mahss-*toiss*-tah) *num* thirteenth

kolme (*koal*-may) *num* three; ~ neljännestä three-quarter

kolmekymmentä (*koal*-may-*kewm*-mayn-tæ) *num* thirty

kolmetoista (*koal*-may-*toiss*-tah) *num* thirteen

kolmikulmainen (*koal*-mi-*kool*-migh-nayn) *adj* triangular

kolmio (*koal*-mi-oa) *n* triangle

Kolumbia (*koa*-loom-bi-ah) Colombia

kolumbialainen (*koa*-loom-bi-ah-ligh-nayn) *n* Colombian; *adj* Colombian

komea (*koa*-may-ah) *adj* handsome

komento (*koa*-mayn-toa) *n* command

komero (*koa*-may-roa) *n* closet

komitea (*koa*-mi-tay-ah) *n* committee

kommunikoida (*koam*-moo-ni-koi-dah)

v communicate

kommunismi (*koam*-moo-niss-mi) *n* communism

kommunisti (*koam*-moo-niss-ti) *n* communist

kompassi (*koam*-pahss-si) *n* compass

kompastua (*koam*-pahss-too-ah) *v* stumble

kone (*koa*-nay) *n* engine, machine

koneisto (*koa*-nayss-toa) *n* machinery; mechanism

konekirjoitettu (*koa*-nayk-*keer*-Yoi-tayt-too) *adj* typewritten

konekirjoittaa (*koa*-nayk-keer-Yoit-taa) *v* type

konekirjoittaja (*koa*-nayk-*keer*-Yoit-tah-Yah) *n* typist

konekirjoituspaperi (*koa*-nayk-*keer*-Yoi-tooss-*pah*-pay-ri) *n* typing paper

konepelti (*koa*-nayp-*payl*-ti) *n* bonnet; hood *nAm*

konerikko (*koa*-nayr-*rik*-koa) *n* breakdown

konevika (*koa*-nayv-*vi*-kah) *n* breakdown

konferenssi (*koan*-fay-rayns-si) *n* conference

kongressi (*koang*-rayss-si) *n* congress

konjakki (*koan*-Yahk-ki) *n* cognac

konkreettinen (*koang*-krāyt-ti-nayn) *adj* concrete

konna (*koan*-nah) *n* villain

konsertti (*koan*-sayrt-ti) *n* concert

konserttisali (*koan*-sayrt-ti-*sah*-li) *n* concert hall

konservatiivinen (*koan*-sayr-vah-tee-vi-nayn) *adj* conservative

konsulaatti (*koan*-soo-laat-ti) *n* consulate

konsuli (*koan*-soo-li) *n* consul

kontti (*koant*-ti) *n* knapsack; container

konttoriaika (*koant*-toa-ri-*igh*-kah) *n* business hours

konttoristi (*koant*-toa-riss-ti) *n* clerk

kookas (kōā-kahss) *adj* tall

kookospähkinä (kōā-koass-*pæh*-ki-næ) *n* coconut

koomikko (kōā-mik-koa) *n* comedian

koominen (kōā-mi-nayn) *adj* comic

koostua (kōāss-too-ah) *v* consist of

koostumus (kōāstoo-mooss) *n* texture

koota (kōā-tah) *v* gather, collect; assemble

kopea (*koa*-pay-ah) *adj* presumptuous, proud

kopio (*koa*-pi-oa) *n* copy

koppava (*koap*-pah-vah) *adj* snooty

koppi (*koap*-pi) *n* booth

koputtaa (*koa*-poot-taa) *v* tap

koputus (*koa*-poo-tooss) *n* tap

koralli (*koa*-rahl-li) *n* coral

kori (*koa*-ri) *n* hamper, basket

korintti (*koa*-rint-ti) *n* currant

koristeellinen (*koa*-riss-tāyl-li-nayn) *adj* ornamental

koristekuvio (*koa*-riss-tay-*koo*-vi-oa) *n* ornament

koristelu (*koa*-riss-tay-loo) *n* decoration

korjata (*koar*-Yah-tah) *v* repair; fix; mend; correct

korjaus (*koar*-Yah-ooss) *n* reparation, repair; correction

korkea (*koar*-kay-ah) *adj* high, tall

korkeakoulu (*koar*-kay-ahk-*koa*-loo) *n* college

korkeintaan (*koar*-kayn-taan) *adv* at most

korkeus (*koar*-kay-ooss) *n* height, altitude

korkki (*koark*-ki) *n* cork; **poistaa** ~ uncork

korkkiruuvi (*koark*-ki-*rōō*-vi) *n* corkscrew

korko (*koar*-koa) *n* heel; interest

korkokuva (*koar*-koa-*koo*-vah) *n* relief

korostaa (*koa*-roass-taa) *v* emphasize

korostus (*koa*-roass-tooss) *n* accent; stress

korottaa (*koa*-roat-taa) *v* raise

korotus (*koa*-roa-tooss) *n* rise

korppi (*koarp*-pi) *n* raven

korppikotka (*koarp*-pi-*koat*-tah) *n* vulture

korsetti (*koar*-sayt-ti) *n* corset

kortteli (*koart*-tay-li) *n* house block *Am*

kortti (*koart*-ti) *n* card

koru (*koa*-roo) *n* jewel

koruompelu (*koa*-roo-*oam*-pay-loo) *n* embroidery

korut (*koa*-root) *pl* jewellery

korva (*koar*-vah) *n* ear

korvakoru (*koar*-vah-*koa*-roo) *n* earring

korvasärky (*koar*-vah-*sær*-kew) *n* earache

korvata (*koar*-vah-tah) *v* substitute, replace; remunerate; compensate

korvaus (*koar*-vah-ooss) *n* remuneration

korvike (*koar*-vi-kay) *n* substitute

koska (*koass*-kah) *conj* since, as, because

ei koskaan (*ay* koass-kaan) never

koskea (*koass*-kay-ah) *v* touch; ~ jtk apply, concern

koskematon (*koass*-kay-mah-toan) *adj* intact, untouched

kosketin (*koass*-kay-tin) *n* plug

koskettaa (*koass*-kayt-taa) *v* touch

kosketus (*koass*-kay-tooss) *n* touch; contact

koski (*koass*-ki) *n* rapids *pl*

koskien jtk (*koass*-ki-ayn) about, regarding

kostea (*koass*-tay-ah) *adj* damp, humid, moist

kosteus (*koass*-tay-ooss) *n* humidity, moisture, damp

kosteusvoide (*koass*-tay-ooss-*voi*-day) *n* moisturizing cream

kosto (*koass*-toa) *n* revenge

kostuttaa (*koass*-toot-taa) *v* moisten, damp

kotelo (*koa*-tay-loa) *n* case; sleeve

koti (*koa*-ti) *n* home; **koti-** domestic

kotiapulainen (*koa*-ti-ah-poo-ligh-nayn) *n* maid

kotiasu (*koa*-ti-ah-soo) *n* negligee

koti-ikävä (*koa*-ti-*i*-kæ-væ) *n* homesickness

kotilo (*koa*-ti-loa) *n* shell

kotimainen (*koa*-ti-migh-nayn) *adj* domestic

kotiopettajatar (*koa*-ti-*oa*-payt-tah-Yah-tahr) *n* governess

kotipaikka (*koa*-ti-*pighk*-kah) *n* domicile; seat

kotirouva (*koa*-ti-*roa*-vah) *n* housewife

kotitekoinen (*koa*-ti-*tay*-koi-nayn) *adj* home-made

kotityöt (*koa*-ti-*t*ᵉʷ*urt*) *pl* housework

kotka (*koat*-kah) *n* eagle

kotona (*koa*-toa-nah) *adv* home, at home

kottarainen (*koat*-tah-righ-nayn) *n* starling

koukku (*koak*-koo) *n* hook

koulu (*koa*-loo) *n* school

koululaukku (*koa*-loo-*louk*-koo) *n* satchel

koulupoika (*koa*-loo-*poi*-kah) *n* schoolboy

kouluttaa (*koa*-loot-taa) *v* educate; train

koulutus (*koa*-loo-tooss) *n* education; background

koulutyttö (*koa*-loo-*tewt*-tur) *n* schoolgirl

kourallinen (*koa*-rahl-li-nayn) *n* handful

kouriintuntuva (*koa*-reen-*toon*-too-vah) *adj* palpable, tangible

kouristus (*koa*-riss-tooss) *n* convulsion

kova (*koa*-vah) *adj* hard; severe

kovakuoriainen (*koa*-vah-*kwoa*-ri-igh-nayn) *n* bug, beetle

kovaonninen (*koa*-vah-*oan*-ni-nayn) *adj* unlucky, unfortunate

kovettuma (*koa*-vayt-too-mah) *n* callus

kraatteri (*kraat*-tay-ri) *n* crater

krapula (*krah*-poo-lah) *n* hangover

krassi (*krahss*-si) *n* watercress

Kreikka (*krayk*-kah) Greece

kreikkalainen (*krayk*-kah-ligh-nayn) *n* Greek; *adj* Greek

kreivi (*kray*-vi) *n* count, earl

kreivikunta (*kray*-vi-*koon*-tah) *n* county

kreivitär (*kray*-vi-tær) *n* countess

krikettipeli (*kri*-kayt-ti-*pay*-li) *n* cricket

kristalli (*kriss*-tahl-li) *n* crystal; **kristalli-** crystal

kristitty (*kriss*-tit-tew) *adj* Christian; *n* Christian

Kristus (*kriss*-tooss) Christ

krokotiili (*kroa*-koa-tee-li) *n* crocodile

kromi (*kroa*-mi) *n* chromium

kronologinen (*kroa*-noa-loa-gi-nayn) *adj* chronological

krooli (*krōā*-li) *n* crawl

krooninen (*krōā*-ni-nayn) *adj* chronic

krouvi (*kroa*-vi) *n* pub

krusifiksi (*kroo*-si-fik-si) *n* crucifix

kruunata (*krōō*-nah-tah) *v* crown

kruunu (*krōō*-noo) *n* crown

kuherruskuukausi (*koo*-hayr-rooss-*kōō*-kou-si) *n* honeymoon

kuhmu (*kooh*-moo) *n* bump, lump

kuilu (*kooᵉᵉ*-loo) *n* gorge; abyss; cleft, chasm

kuin (*kooᵉᵉn*) *conj* than, as; **kuinka monta** how many; **kuinka paljon** how much

kuiskata (*kooᵉᵉss*-kah-tah) *v* whisper

kuiskaus (*kooᵉᵉss*-kah-ooss) *n* whis-per

kuisti (*kooᵉᵉss*-ti) *n* veranda

kuitenkaan (*kooᵉᵉ*-tayng-kaan) *adv* however

kuitenkin (*kooᵉᵉ*-tayng-kin) *conj* yet

kuitti (*kooᵉᵉt*-ti) *n* receipt

kuiva (*kooᵉᵉ*-vah) *adj* dry

kuivata (*kooᵉᵉ*-vah-tah) *v* dry; wipe

kuivattaa (*kooᵉᵉ*-vaht-taa) *v* dry; drain

kuivausrumpu (*kooᵉᵉ*-vah-ooss-*room*-poo) *n* dryer

kuivua (*kooᵉᵉ*-voo-ah) *v* dry

kuivuus (*kooᵉᵉ*-vōōss) *n* drought

kuja (*koo*-ᵞah) *n* alley, lane

kuje (*koo*-ᵞay) *n* trick

kuka (*koo*-kah) *pron* who; ~ **tahansa** whoever; anybody; **ei kukaan** nobody

kukin (*koo*-kin) *pron* each

kukka (*kook*-kah) *n* flower

kukkakaali (*kook*-kah-*kaa*-li) *n* cauliflower

kukkakauppa (*kook*-kah-*koup*-pah) *n* flower-shop

kukkakauppias (*kook*-kah-*koup*-pi-ahss) *n* florist

kukkapenkki (*kook*-kah-*payngk*-ki) *n* flowerbed

kukkaro (*kook*-kah-roa) *n* purse

kukkasipuli (*kook*-kah-*si*-poo-li) *n* bulb

kukko (*kook*-koa) *n* cock

kukkula (*kook*-koo-lah) *n* height, hill

kukoistava (*koo*-koa-i-stah-vah) *adj* prosperous

kulho (*kool*-hoa) *n* bowl, dish

kuljeskella (*kool*-ᵞayss-kayl-lah) *v* roam, stroll

kuljettaa (*kool*-ᵞayt-taa) *v* transport; *drive, carry

kuljetus (*kool*-ᵞay-tooss) *n* transportation

kuljetusmaksu (*kool*-ᵞay-tooss-*mahk*-soo) *n* fare

kulkea läpi (*kool*-kay-ah *læ*-pi) pass through

kulku (*kool*-koo) *n* course

kulkue (*kool*-koo-ay) *n* procession

kulkunopeus (*kool*-koo-*noa*-pay-ooss) *n* cruising speed

kulkuri (*kool*-koo-ri) *n* tramp

kulkurielämä (*kool*-koo-ri-*ay*-læ-mæ) *n* vagrancy

kullankeltainen (*kool*-lahng-*kayl*-tigh-nayn) *adj* golden

kullattu (*kool*-laht-too) *adj* gilt

kulma (*kool*-mah) *n* corner; angle

kulmakarva (*kool*-mah-*kahr*-vah) *n* eyebrow

kulmakynä (*kool*-mah-*kew*-næ) *n* eyepencil

kulta (*kool*-tah) *n* gold

kultakaivos (*kool*-tah-*kigh*-voass) *n* goldmine

kultaseppä (*kool*-tah-*sayp*-pæ) *n* goldsmith

kulttuuri (*koolt*-tōō-ri) *n* culture

kulua (*koo*-loo-ah) *v* pass; ~ **umpeen** expire

kulunut (*koo*-loo-noot) *adj* worn

kulut (*koo*-lit) *pl* expenditure; expense

kuluttaa (*koo*-loot-taa) *v* *spend; ~ **loppuun** use up, wear out

kuluttaja (*koo*-loot-tah-Yah) *n* consumer

kuluttua (*koo*-loot-too-ah) *postp* after

kumartua (*koo*-mahr-too-ah) *v* *bend down

kumi (*koo*-mi) *n* gum, rubber

kuminauha (*koo*-mi-*nou*-hah) *n* elastic band, rubber band

kumitossut (*koo*-mi-*toass*-soot) *pl* plimsolls *pl;* sneakers *plAm*

kummallinen (*koom*-mahl-li-nayn) *adj* strange, odd; queer

kummisetä (*koom*-mi-*say*-tæ) *n* godfather

kummitus (*koom*-mi-tooss) *n* ghost, spook

kumoon (*koo*-mōan) *adv* over

kumpi (koom-pi) *pron* whichever

kumpikin (*koom*-pi-kin) *pron* either

kumppani (*koomp*-pah-ni) *n* partner; associate

kumpu (*koom*-poo) *n* hillock

kun (koon) *conj* when; as

kuningas (*koo*-ning-ngahss) *n* king

kuningaskunta (*koo*-ning-ngahss-*koon*-tah) *n* kingdom

kuningatar (*koo*-ning-ngah-tahr) *n* queen

kuninkaallinen (*koo*-ning-kaal-li-nayn) *adj* royal

kunnallinen (*koon*-nahl-li-nayn) *adj* municipal

kunnallishallitus (*koon*-nahl-liss-*hahl*-li-tooss) *n* municipality

kunnes (*koon*-nayss) *conj* till

kunnia (*koon*-ni-ah) *n* honour, glory

kunniakas (*koon*-ni-ah-kahss) *adj* honourable

kunniallinen (*koon*-ni-ahl-li-nayn) *adj* respectable, honourable

kunnianarvoisa (*koon*-ni-ahn-*ahr*-voi-sah) *adj* venerable

kunnianhimoinen (*koon*-ni-ahn-*hi*-moi-nayn) *adj* ambitious

kunnianosoitus (*koon*-ni-ahn-*oa*-soi-tooss) *n* homage

kunniantunto (*koon*-ni-ahn-*toon*-toa) *n* sense of honour

kunnioitettava (*koon*-ni-oi-tayt-tah-vah) *adj* respectable, honourable

kunnioittaa (*koon*-ni-oit-taa) *v* respect, honour

kunnioittava (*koon*-ni-oit-tah-vah) *adj* respectful

kunnioituksenosoitus (*koon*-ni-oi-took-sayn-*oa*-soi-tooss) *n* tribute

kunnioitus (*koon*-ni-oi-tooss) *n* respect, esteem; regard

kunnossa (*koon*-noass-sah) *adv* in order

kunnossapito (*koon*-noass-sah-*pi*-toa) *n* upkeep

kunnostaa (*koon*-noass-taa) *v* repair

kunnostautua (*koon*-noass-tou-too-ah) *v* excel

kunta (*koon*-tah) *n* commune

kunto (*koon*-toa) *n* condition; order

kuntouttaminen (*koon*-toa-oot-tah-mi-nayn) *n* rehabilitation

kuohuttava (*kwoa*-hoot-tah-vah) *adj* revolting

kuolema (*kwoa*-lay-mah) *n* death

kuolemanrangaistus (*kwoa*-lay-mahn-rahng-ngighss-tooss) *n* death penalty

kuolettava (*kwoa*-layt-tah-vah) *adj* fatal, mortal

kuolevainen (*kwoa*-lay-vigh-nayn) *adj* mortal

kuolla (*kwoal*-lah) *v* die

kuollut (*kwoal*-loot) *adj* dead

kuono (*kwoa*-noa) *n* snout, nose

kuoppa (*kwoap*-pah) *n* hole; pit

kuoppainen (*kwoap*-pigh-nayn) *adj* bumpy

kuori (*kwoa*-ri) *n* skin, peel

kuoria (*kwoa*-ri-ah) *v* peel

kuorma (*kwoar*-mah) *n* burden, load; charge

kuorma-auto (*kwoar*-mah-*ou*-toa) *n* lorry; truck *nAm*

kuormittaa (*kwoar*-mit-taa) *v* charge, load

kuoro (*kwoa*-roa) *n* choir

kuorsata (*kwoar*-sah-tah) *v* snore

kupari (*koo*-pah-ri) *n* copper

kupla (*koop*-lah) *n* bubble

kupoli (*koo*-poa-li) *n* dome

kuponki (*koo*-poang-ki) *n* voucher, coupon

kuppi (*koop*-pi) *n* cup

kurainen (*koo*-righ-nayn) *adj* dirty

kuri (*koo*-ri) *n* discipline

kuristaa (*koo*-riss-taa) *v* strangle, choke

kurja (*koor*-ᴠah) *adj* miserable

kurjuus (*koor*-ᴠōōss) *n* misery

kurkistaa (*koor*-kiss-taa) *v* peep

kurkku (*koork*-koo) *n* throat; cucumber

kurkkukipu (*koork*-koo-*ki*-poo) *n* sore throat

kurkkumätä (*koork*-koo-*mæ*-tæ) *n* diphtheria

kurlata (*koor*-lah-tah) *v* gargle

kurssi (*koors*-si) *n* course

kustannukset (*kooss*-tahn-nook-sayt) *pl* cost; expenses *pl*

kustantaja (*kooss*-tahn-tah-ᴠah) *n* publisher

kuten (*koo*-tayn) *conj* as, like, such as

kutina (*koo*-ti-nah) *n* itch

kutistua (*koo*-tiss-too-ah) *v* *shrink

kutistumaton (*koo*-tiss-too-mah-toan) *adj* shrinkproof

kutittaa (*koo*-tit-taa) *v* tickle

kutoa (*koo*-toa-ah) *v* *weave

kutoja (*koo*-toa-ᴠah) *n* weaver

kutsu (*koot*-soo) *n* invitation

kutsua (*koot*-soo-ah) *v* call; ask, invite; ~ **koolle** assemble; ~ **takaisin** recall

kutsut (*koot*-soot) *pl* party

kuu (*kōō*) *n* moon

Kuuba (*kōō*-bah) Cuba

kuubalainen (*kōō*-bah-ligh-nayn) *n* Cuban; *adj* Cuban

kuudes (*kōō*-dayss) *num* sixth

kuudestoista (*kōō*-dayss-*toiss*-tah) *num* sixteenth

kuukausi (*kōō*-kou-si) *n* month

kuukausijulkaisu (*kōō*-kou-si-*ᴠool*-kigh-soo) *n* monthly magazine

kuukausittainen (*kōō*-kou-sit-tigh-nayn) *adj* monthly

kuukautiset (*kōō*-kou-ti-sayt) *pl* menstruation

kuula (*kōō*-lah) n bullet; ball

kuulakärkikynä (*kōō*-lah-*kær*-ki-*kew*-næ) n Biro, ballpoint-pen

kuulla (*kōōl*-lah) v *hear

kuulo (*kōō*-loa) n hearing

kuuloke (*kōō*-loa-kay) n receiver

kuulostaa (*kōō*-loass-taa) v sound

kuulua (*kōō*-loo-ah) v belong to; concern

kuuluisa (*kōō*-loo ᵉᵉ-sah) adj famous

kuuluisuus (*kōō*-loo ᵉᵉ-sōōss) n celebrity

kuulustella (*kōō*-looss-tayl-lah) v interrogate, question

kuulustelu (*kōō*-looss-tay-loo) n examination, interrogation

kuuluttaa (*kōō*-loot-taa) v announce

kuulutus (*kōō*-loo-tooss) n notice, announcement

kuuluva (*kōō*-loo-vah) adj audible

kuuma (*kōō*-mah) adj hot

kuumavesipullo (*kōō*-mah-*vay*-si-*pool*-loa) n hot-water bottle

kuume (*kōō*-may) n fever

kuumeinen (*kōō*-may-nayn) adj feverish

kuumuus (*kōō*-mōōss) n heat

kuunnella (*kōōn*-nayl-lah) v listen; ~ salaa eavesdrop

kuuntelija (*kōōn*-tay-li-ʸah) n auditor, listener

kuuro (*kōō*-roa) adj deaf

kuusi (*kōō*-si) num six; n fir-tree

kuusikymmentä (*kōō*-si-*kewm*-mayn-tæ) num sixty

kuusitoista (*kōō*-si-*toiss*-tah) num sixteen

kuutamo (*kōō*-tah-moa) n moonlight

kuutio (*kōō*-ti-oa) n cube

kuva (*koo*-vah) n picture, image

kuvailla (*koo*-vighl-lah) v describe

kuvanveistäjä (*koo*-vahn-*vayss*-tæ-ʸæ) n sculptor

kuvapatsas (*koo*-vah-*paht*-sahss) n statue

kuvapostikortti (*koo*-vah-*poass*-ti-*koart*-ti) n picture postcard

kuvaruutu (*koo*-vahr ōō-too) n screen

kuvaus (*koo*-vah-ooss) n description

kuvernööri (*koo*-vayr-nūr-ri) n governor

kuvio (*koo*-vi-oa) n pattern

kuvitella (*koo*-vi-tayl-lah) v imagine, fancy, *think; imagine; ~ mielessään conceive

kuvitelma (*koo*-vi-tayl-mah) n fancy; fiction

kuviteltu (*koo*-vi-tayl-too) adj imaginary

kuvittaa (*koo*-vit-taa) v illustrate

kuvitus (*koo*-vi-tooss) n illustration

kuvottava (*koo*-voat-tah-vah) adj revolting

kyetä (*kew*-ay-tæ) v *be able to

kykenemättömyys (*kew*-kay-nay-mæt-tur-mēwss) n impotence

kykenemätön (*kew*-kay-nay-mæ-turn) adj incapable, unable; impotent

kykenevä (*kew*-kay-nay-væ) adj able; capable

kyky (*kew*-kew) n ability, capacity; faculty; gift

kyljys (*kewl*-ʸewss) n cutlet, chop

kylkiluu (*kewl*-ki-*lōō*) n rib

kylliksi (*kewl*-lik-si) adv enough

kyllin (*kewl*-lin) adv enough; adj sufficient

kyllä (*kewl*-læ) yes

kyllästynyt (*kewl*-læss-tew-newt) adj tired of, fed up with

kylmyys (*kewl*-mēwss) n cold

kylmä (*kewl*-mæ) adj cold

kylmänkyhmy (*kewl*-mæn-*kewh*-mew) n chilblain

kylpeä (*kewl*-pay-æ) v bathe

kylpy (*kewl*-pew) n bath

kylpyhuone (*kewl*-pew-*hwoa*-nay) v bathroom

kylpypyyhe (*kewl*-pew-*pēw*-hay) *n* bath towel

kylpysuola (*kewl*-pew-*swoa*-lah) *n* bath salts

kylpytakki (*kewl*-pew-*tahk*-ki) *n* bathrobe

kylvettää (*kewl*-vayt-tææ) *v* bathe

kylvää (*kewl*-vææ) *v* *sow

kylä (*kew*-læ) *n* village

kymmenen (*kewm*-may-nayn) *num* ten

kymmenes (*kewm*-may-nayss) *num* tenth

kymmenjärjestelmä (*kewm*-mayn-Yær-Yayss-tayl-mæ) *n* decimal system

kynnys (*kewn*-newss) *n* threshold

kynsi (*kewn*-si) *n* nail; claw

kynsiharja (*kewn*-si-hahr-Yah) *n* nailbrush

kynsilakka (*kewn*-si-*lahk*-kah) *n* nailpolish

kynsisakset (*kewn*-si-sahk-sayt) *pl* nail-scissors *pl*

kynsiviila (*kewn*-si-vee-lah) *n* nail-file

kynttilä (*kewnt*-ti-læ) *n* candle

kyntää (*kewn*-tææ) *v* plough

kynä (*kew*-næ) *n* pen

kypsyys (*kewp*-sēwss) *n* maturity

kypsä (*kewp*-sæ) *adj* ripe, mature

kypärä (*kew*-pæ-ræ) *n* helmet

kyseenalainen (*kew*-sāyn-*ah*-ligh-nayn) *adj* doubtful

kysellä (*kew*-sayl-læ) *v* ask, query

kysely (*kew*-say-lew) *n* inquiry

kysymys (*kew*-sew-mewss) *n* question; matter

kysymysmerkki (*kew*-sew-mewss-*mayrk*-ki) *n* question mark

kysyntä (*kew*-sewn-tæ) *n* demand

kysyvä (*kew*-sew-væ) *adj* interrogative

kysyä (*kew*-sew-æ) *v* ask; ~ **neuvoa** consult

kytkeä (*kewt*-kay-æ) *v* connect; plug in; switch on; ~ **vaihde** change gear

kytkin (*kewt*-kin) *n* clutch

kyyhkynen (*kēwh*-kew-nayn) *n* pigeon

kyynel (*kēw*-nayl) *n* tear

kyynärpää (*kēw*-nær-*pææ*) *n* elbow

kädenpuristus (*kæ*-dayn-*poo*-risstooss) *n* handshake

käherryssakset (*kæ*-hayr-rewss-*sahk*-sayt) *pl* curling-tongs *pl*

kähertää (*kæ*-hayr-tææ) *v* curl

käheä (*kæ*-hay-æ) *adj* hoarse

käki (*kæ*-ki) *n* cuckoo

käly (*kæ*-lew) *n* sister-in-law

kämmen (*kæm*-mayn) *n* palm

käpälä (*kæ*-pæ-læ) *n* paw

kärki (*kær*-ki) *n* point, tip

kärkäs (*kær*-kæss) *adj* eager

kärpänen (*kær*-pæ-nayn) *n* fly

kärsimys (*kær*-si-mewss) *n* affliction, suffering

kärsimätön (*kær*-si-mæ-turn) *adj* impatient, eager

kärsivällinen (*kær*-si-væl-li-nayn) *adj* patient

kärsivällisyys (*kær*-si-væl-li-sēwss) *n* patience

kärsiä (*kær*-si-æ) *v* suffer; *bear

käsi (*kæ*-si) *n* hand; **käsi-** manual; **käsin kosketeltava** tangible

käsiala (*kæ*-si-ah-lah) *n* handwriting

käsienhoito (*kæ*-si-ayn-*hoi*-toa) *n* manicure

käsijarru (*kæ*-si-Yahr-roo) *n* handbrake

käsikirja (*kæ*-si-keer-Yah) *n* handbook

käsikirjoitus (*kæ*-si-keer-Yoi-tooss) *n* manuscript

käsikoukku (*kæ*-si-koak-koo-ah) *adv* arm-in-arm

käsilaukku (*kæ*-si-louk-koo) *n* bag, handbag

käsimatkatavara (*kæ*-si-*maht*-kah-tah-

vah-rah) *n* hand luggage; hand baggage *Am*
käsinoja (*kæ-si-noa-*Yah) *n* arm
käsintehty (*kæ-sin-tayh-tew*) *adj* hand-made
käsiraudat (*kæ-si-rou-*daht) *pl* handcuffs *pl*
käsite (*kæ-si-tay*) *n* idea, notion
käsitellä (*kæ-si-tayl-læ*) *v* handle; *deal with
käsittämätön (*kæ-sit-tæ-mæ-*turn) *adj* puzzling, incomprehensible
käsittää (*kæ-sit-tææ*) *v* include, conceive; *see; ~ **väärin** *misunderstand
käsitys (*kæ-si-tewss*) *n* idea, conception; notion
käsityö (*kæ-si-t*ʰᵉʷ*ur*) *n* handwork, handicraft; needlework
käsivarsi (*kæ-si-vahr-*si) *n* arm
käsivoide (*kæ-si-voi-*day) *n* hand cream
käskeä (*kæss-kay-æ*) *v* order, command
käsky (*kæss-kew*) *n* order
kätevä (*kæ-tay-væ*) *adj* manageable, handy
kätilö (*kæ-ti-lur*) *n* midwife
kätkeä (*kæt-kay-æ*) *v* *hide; conceal
kävelijä (*kæ-vay-li-*Yæ) *n* walker
kävellä (*kæ-vayl-læ*) *v* walk
kävely (*kæ-vay-lew*) *n* stroll; walk
kävelykeppi (*kæ-vay-lew-kayp-*pi) *n* cane, walking-stick
kävelyretki (*kæ-vay-lew-rayt-*ki) *n* walk
kävelytapa (*kæ-vay-lew-tah-*pah) *n* pace, walk
kävelytie (*kæ-vay-lew-tyay*) *n* footpath, promenade
käydä (*kæ*ᵉʷ-*dæ*) *v* visit; ferment; ~ **kauppaa** trade; ~ **makuulle** *lie down; ~ **ostoksilla** shop
käymälä (*kæ*ᵉʷ-*mæ-læ*) *n* toilet, bath-

room; washroom *nAm*
käynnistysmoottori (*kæ*ᵉʷ*n-niss-tewss-mōōat-*toa-ri) *n* starter motor
käynti (*kæ*ᵉʷ*n-*ti) *n* gait; pace
käyntikortti (*kæ*ᵉʷ*n-*ti*-koart-*ti) *n* visiting-card
käypä (*kæ*ᵉʷ-*pæ*) *adj* current
käyrä (*kæ*ᵉʷ-*ræ*) *adj* crooked, bent
käytetty (*kæ*ᵉʷ-*tayt-tew*) *adj* second-hand
käyttäjä (*kæ*ᵉʷ*t-tæ-*Yæ) *n* user
käyttäytyä (*kæ*ᵉʷ*t-tæ*ᵉʷ-*tew-æ*) *v* act, behave
käyttää (*kæ*ᵉʷ*t-tææ*) *v* apply, employ, use; *spend; *wear; **käytettävissä oleva** available; ~ **hyväksi** exploit; ~ **hyödykseen** utilize
käyttö (*kæ*ᵉʷ*t-*tur) *n* use
käyttöesine (*kæ-ewt-tur-ay-*si-nay) *n* utensil
käyttökelpoinen (*kæ*ᵉʷ*t-tur-kayl-*poi-nayn) *adj* usable
käyttöohje (*kæ*ᵉʷ*t-*tur*-oah-*Yay) *n* directions for use
käyttövoima (*kæ*ᵉʷ*t-tur-voi-*mah) *n* driving force
käytännöllinen (*kæ*ᵉʷ-*tæn-nurl-*li-nayn) *adj* practical
käytäntö (*kæ*ᵉʷ-*tæn-*tur) *n* usage
käytävä (*kæ*ᵉʷ-*tæ-væ*) *n* corridor; aisle
käytös (*kæ*ᵉʷ-*turss*) *n* behaviour, conduct; manners *pl*
käänne (*kææn-*nay) *n* turn
käännekohta (*kææn-*nayk*-koah-*tah) *n* turning-point; crisis
käännellä (*kææn-nayl-læ*) *v* turn round
käännyttää (*kææn-newt-tææ*) *v* convert
käännös (*kææn-*nurss) *n* turn; translation, version
kääntyä (*kææn-tew-æ*) *v* turn round; ~ **takaisin** turn back

kääntää (*kææn-tææ*) v turn; translate; ~ **ylösalaisin** invert; ~ **ympäri** turn over

kääntöpuoli (*kææn-tur-pwoa-li*) n reverse

kääpiö (*kææ-pi-ur*) n dwarf

käärepaperi (*kææ-rayp-pah-pay-ri*) n wrapping paper

kääriä (*kææ-ri-æ*) v wrap; ~ **auki** unfold; unwrap

käärme (*kæær-may*) n snake

käärö (*kææ-rur*) n bundle

köli (*kur-li*) n keel

kömpelö (*kurm-pay-lur*) adj clumsy, awkward

köyhyys (*kurew-hēwss*) n poverty

köyhä (*kurew-hæ*) adj poor

köysi (*kurew-si*) n rope, cord

L

laahata (*laa-hah-tah*) v drag

laaja (*laa-Yah*) adj wide; extensive, broad

laajakantoinen (*laa-Yah-kahn-toi-nayn*) adj extensive

laajennus (*laa-Yayn-nooss*) n extension

laajentaa (*laa-Yayn-taa*) v widen, enlarge, expand

laajeta (*laa-Yay-tah*) v expand

laajuus (*laa-Yōōss*) n extent; size

laakso (*laak-soa*) n valley

laastari (*laas-ta-ri*) n plaster; **laastarilappu** strip of plaster

laatia (*laa-tiah*) v *draw up; *make up

laatikko (*laa-tik-koa*) n box; chest

laatu (*laa-too*) n quality

laboratorio (*lah-boa-rah-toa-ri-oa*) n laboratory

laguuni (*lah-gōō-ni*) n lagoon

lahdelma (*lahh-dayl-mah*) n bay, inlet

lahja (*lahh-Yah*) n present, gift

lahjakas (*lahh-Yah-kahss*) adj talented, gifted; brilliant

lahjoa (*lahh-Yoa-ah*) v bribe; corrupt

lahjoittaa (*lahh-Yoit-taa*) v donate

lahjoittaja (*lahh-Yoit-tah-Yah*) n donor

lahjoitus (*lahh-Yoi-tooss*) n donation

lahjominen (*lahh-Yoa-mi-nayn*) n bribery; corruption

lahna (*lahh-nah*) n bream

lahti (*lahh-ti*) n bay; inlet

laidun (*ligh-doon*) n pasture

laiduntaa (*ligh-doon-taa*) v graze

laiha (*ligh-hah*) adj thin, lean

laihduttaa (*lighh-doot-taa*) v slim

laillinen (*lighl-li-nayn*) adj legal, lawful, legitimate

laillistaminen (*lighl-liss-tah-mi-nayn*) n legalization

laimentaa (*ligh-mayn-taa*) v dilute

laiminlyödä (*ligh-min-lewur-dæ*) v neglect; fail

laiminlyönti (*ligh-min-lewurn-ti*) n neglect

laina (*ligh-nah*) n loan; **antaa lainaksi** *lend

lainata (*ligh-nah-tah*) v borrow; *lend

lainaus (*ligh-nah-ooss*) n quotation

lainausmerkit (*ligh-nah-ooss-mayr-kit*) pl quotation marks

laine (*ligh-nay*) n wave

lainelauta (*ligh-nayl-lou-tah*) n surfboard

lainmukainen (*lighm-moo-kigh-nayn*) adj legal; valid

lainvastainen (*lighn-vahss-tigh-nayn*) adj unlawful, illegal

laiska (*lighss-kah*) adj lazy

laita (*ligh-tah*) n border, edge

laitaosa (*ligh-tah-oa-sah*) n outskirts pl

laite (*ligh-tay*) n appliance, device

laiton (*ligh-toan*) adj illegal

laitos (*ligh*-toass) *n* institution, institute

laituri (*ligh*-too-ri) *n* pier

laiva (*ligh*-vah) *n* boat, ship; **laivan kansi** deck

laivaan (*ligh*-vaan) *adv* aboard

laivanvarustaja (*ligh*-vahn-*vah*-roosstah-ᵞah) *n* shipowner

laivassa (*ligh*-vahss-sah) *adv* aboard

laivasto (*ligh*-vahss-toa) *n* navy, fleet; **laivasto-** naval

laivata (*ligh*-vah-tah) *v* ship

laivaus (*ligh*-vah-ooss) *n* embarkation

laivaveistämö (*ligh*-vah-vayss-tæ-mur) *n* shipyard

laivaväylä (*ligh*-vah-væᵉʷ-læ) *n* waterway

laivayhtiö (*ligh*-vah-*ewh*-ti-ur) *n* shipping line

laivue (*ligh*-voo-ay) *n* squadron

laji (*lah*-ᵞi) *n* breed, species; kind, sort

lajitella (*lah*-ᵞi-tayl-lah) *v* assort, sort

lajitelma (*lah*-ᵞi-tayl-mah) *n* assortment

lakaista (*lah*-kighss-tah) *v* *sweep

lakana (*lah*-kah-nah) *n* sheet

lakata (*lah*-kah-tah) *v* stop, discontinue; varnish

laki (*lah*-ki) *n* law

lakimääräinen (*lah*-ki-*mææ-ræ*ᵉᵉ-nayn) *adj* legal

lakipiste (*lah*-ki-*piss*-tay) *n* zenith

lakitiede (*lah*-ki-*tyay*-day) *n* law

lakka (*lahk*-kah) *n* varnish, lacquer

lakki (*lahk*-ki) *n* cap

lakko (*lahk*-koa) *n* strike

lakkoilla (*lahk*-koil-lah) *v* *strike, *go on strike

lakritsi (*lahk*-rit-si) *n* liquorice

lamakausi (*lah*-mah-*kou*-si) *n* depression

lammas (*lahm*-mahss) *n* sheep

lampaanliha (*lahm*-paan-*li*-hah) *n* mutton

lampi (*lahm*-pi) *n* pond

lamppu (*lahmp*-poo) *n* lamp

lampunvarjostin (*lahm*-poon-*vahr*-ᵞoass-tin) *n* lampshade

lanka (*lahng*-kah) *n* thread; yarn

lankku (*lahngk*-koo) *n* plank

lanko (*lahng*-koa) *n* brother-in-law

lanne (*lahn*-nay) *n* hip

lanta (*lahn*-tah) *n* dung, manure

lantio (*lahn*-ti-oa) *n* pelvis

lapaset (*lah*-pah-sayt) *pl* mittens *pl*

lapio (*lah*-pi-oa) *n* spade, shovel

lapsenkaitsija (*lahp*-sayng-*kight*-si-ᵞah) *n* babysitter

lapsi (*lahp*-si) *n* child; kid

lapsihalvaus (*lahp*-si-*hahl*-vah-ooss) *n* polio

lapsipuoli (*lahp*-si-*pwoa*-li) *n* stepchild

lasi (*lah*-si) *n* glass

lasikaappi (*lah*-si-*kaap*-pi) *n* show-case

lasimaalaus (*lah*-si-*maa*-lah-ooss) *n* stained glass

lasinen (*lah*-si-nayn) *adj* glass

lasittaa (*lah*-sit-taa) *v* glaze

laskea (*lahss*-kay-ah) *v* count, reckon; lower, *strike; ~ **mukaan** include; ~ **yhteen** add

laskelma (*lahss*-kayl-mah) *n* calculation

laskelmoida (*lahss*-kayl-moi-dah) *v* calculate

laskento (*lahss*-kayn-toa) *n* arithmetic

laskeutua (*lahss*-kayᵒᵒ-too-ah) *v* descend; land

laskeutuminen (*lahss*-kayᵒᵒ-too-minayn) *n* descent

laskimo (*lahss*-ki-moa) *n* vein

laskos (*lahss*-koass) *n* crease

laskostaa (*lahss*-koass-taa) *v* fold

lasku (*lahss*-koo) *n* bill; check *nAm;* invoice

laskukausi (*lahss*-koo-*kou*-si) *n* slump

laskukone (*lahss*-koo-*koa*-nay) *n* adding-machine

laskusilta (*lahss*-koo-*sil*-tah) *n* gang-way

laskuttaa (*lahss*-koot-taa) *v* bill

laskuvesi (*lahss*-koo-*vay*-si) *n* low tide

lasta (*lahss*-tah) *n* splint

lastata (*lahss*-tah-tah) *v* charge, load

lastenhoitaja (*lahss*-tayn-*hoi*-tah-Yah) *n* nurse

lastenhuone (*lahss*-tayn-*hwoa*-nay) *n* nursery

lastenseimi (*lahss*-tayn-say-mi) *n* nursery

lastentarha (*lahss*-tayn-*tahr*-hah) *n* kindergarten

lastenvaunut (*lahss*-tayn-*vou*-noot) *pl* pram, baby carriage *Am*

lasti (*lahss*-ti) *n* cargo; load

lastiruuma (*lahss*-ti-*rōō*-mah) *n* hold

lastu (*lahss*-too) *n* chip

Latinalainen Amerikka (*lah*-ti-nah-ligh-nayn-*ah*-may-rik-kah) Latin America

latinalaisamerikkalainen (*lah*-ti-nah-lighss-*ah*-may-rik-kah-ligh-nayn) *adj* Latin-American

lato (*lah*-toa) *n* barn

lattia (*laht*-ti-ah) *n* floor

lauantai (*lou*-ahn-tigh) *n* Saturday

laudoitus (*lou*-doi-tooss) *n* panelling

lauha (*lou*-hah) *adj* mild

lauhtua (*louh*-too-ah) *v* thaw

laukaus (*lou*-kah-ooss) *n* shot

laukka (*louk*-kah) *n* gallop

laulaa (*lou*-laa) *v* *sing

laulaja (*lou*-lah-Yah) *n* vocalist, singer

laulelma (*lou*-layl-mah) *n* tune, song

laulu (*lou*-loo) *n* song; **laulu-** vocal

lauma (*lou*-mah) *n* flock; herd

lause (*lou*-say) *n* sentence

lausua (*lou*-soo-ah) *v* express; utter

lausunto (*lou*-soon-toa) *n* statement

lauta (*lou*-tah) *n* board

lautanen (*lou*-tah-nayn) *n* plate; **syvä ~** soup-plate

lautasliina (*lou*-tahss-*leenah*) *n* serviette, napkin

lautta (*lout*-tah) *n* raft; ferry-boat

lavantauti (*lah*-vahn-*tou*-ti) *n* typhoid

lavashow (*lah*-vah-*shoa*) *n* floor show

lehdenmyyjä (*layh*-daym-*mēw*-Yæ) *n* newsagent

lehdistötilaisuus (*layh*-diss-tur-*ti*-ligh-sōōss) *n* press conference

lehmus (*layh*-mooss) *n* lime

lehmä (*layh*-mæ) *n* cow

lehmänvuota (*layh*-mæn-*vwoa*-tah) *n* cow-hide

lehti (*layh*-ti) *n* leaf

lehtikulta (*layh*-ti-*kool*-tah) *n* gold leaf

lehtisalaatti (*layh*-ti-*sah*-laat-ti) *n* lettuce

lehtori (*layh*-toa-ri) *n* teacher, master

leijona (*lay*-Yoa-nah) *n* lion

leikata (*lay*-kah-tah) *v* *cut; operate; ~ siistiksi trim

leikekirja (*lay*-kayk-*keer*-Yah) *n* scrapbook

leikillinen (*lay*-kil-li-nayn) *adj* humorous

leikkaus (*layk*-kah-ooss) *n* surgery, operation

leikki (*layk*-ki) *n* play

leikkikalu (*layk*-ki-*kah*-loo) *n* toy

leikkikenttä (*layk*-ki-*kaynt*-tæ) *n* playground, recreation ground

leikkiä (*layk*-ki-æ) *v* play

leima (*lay*-mah) *n* stamp

leimata (*lay*-mah-tah) *v* mark

leipoa (*lay*-poa-ah) *v* bake

leipomo (*lay*-poa-moa) *n* bakery

leipuri (*lay*-poo-ri) *n* baker

leipä (*lay*-pæ) *n* bread

leiri (*lay*-ri) *n* camp

leirintäalue (*lay*-rin-tæ-*ah*-loo-ay) *n* camping site

leiriytyä (*lay*-ri-ew-tew-æ) *v* camp

leivonen (*lay*-voa-nayn) *n* lark

leivonnaiset (*lay*-voan-nigh-sayt) *pl*

pastry

leivos (*lay*-voass) *n* cake

lelukauppa (*lay*-loo-*koup*-pah) *n* toy-shop

lemmikki (*laym*-mik-ki) *n* pet; **lempi-** favourite

lemmikkieläin (*laym*-mik-ki-ay-læ^{ee}n) *n* pet

lempeä (*laym*-pay-æ) *adj* gentle

leninki (*lay*-ning-ki) *n* robe, dress

lento (*layn*-toa) *n* flight

lentoemäntä (*layn*-toa-ay-mæn-tæ) *n* stewardess

lentokapteeni (*layn*-toa-*kahp*-tāy-ni) *n* captain

lentokenttä (*layn*-toa-*kaynt*-tæ) *n* airport, airfield

lentokone (*layn*-toa-*koa*-nay) *n* aeroplane, plane, aircraft; airplane *nAm*

lento-onnettomuus (*layn*-toa-*oan*-nayt-tay-mōōss) *n* plane crash

lentopahoinvointi (*layn*-toa-*pah*-hoin-voin-ti) *n* air-sickness

lentoposti (*layn*-toa-*poass*-ti) *n* air-mail

lentoyhtiö (*layn*-toa-*ewh*-ti-ur) *n* airline

lentäjä (*layn*-tæ-^yæ) *n* pilot

lentää (*layn*-tææ) *v* *fly

lepo (*lay*-poa) *n* rest

lepokoti (*lay*-poa-*koa*-ti) *n* rest-home

leposohva (*lay*-poa-*soah*-vah) *n* couch

lepotuoli (*lay*-poa-*twoa*-li) *n* arm-chair

leskimies (*layss*-ki-myayss) *n* widower

leskirouva (*layss*-ki-*roa*-vah) *n* widow

leuka (*lay*^{oo}-kah) *n* chin

leukapieli (*lay*^{oo}-kah-*pyay*-li) *n* jaw

leveys (*lay*-vay-ewss) *n* width, breadth

leveysaste (*lay*-vay-ewss-*ahss*-tay) *n* latitude

leveä (*lay*-vay-æ) *adj* wide, broad

levittää (*lay*-vit-tææ) *v* *spread; ex-

pand

levoton (*lay*-voa-toan) *adj* restless; uneasy

levottomuus (*lay*-voat-toa-mōōss) *n* unrest; disturbance

levy (*lay*-vew) *n* sheet, plate; record; disc

levysoitin (*lay*-vew-*soi*-tin) *n* record-player; gramophone

levätä (*lay*-væ-tæ) *v* rest

Libanon (*li*-bah-noan) Lebanon

libanonilainen (*li*-bah-noa-ni-ligh-nayn) *n* Lebanese; *adj* Lebanese

Liberia (*li*-bay-ri-ah) Liberia

liberialainen (*li*-bay-ri-ah-ligh-nayn) *n* Liberian; *adj* Liberian

lieju (*lyay*-Yoo) *n* mud

liejuinen (*lyay*-Yoo^{ee}-nayn) *adj* muddy

liekki (*lyayk*-ki) *n* flame

liemilusikka (*lyay*-mi-loo-sik-kah) *n* soup-spoon

liesi (*lyay*-si) *n* stove, cooker

lieve (*lyay*-vay) *n* lapel, hem

lievä (*lyay*-væ) *adj* slight

liftata (*lif*-tah-tah) *v* hitchhike

liha (*li*-hah) *n* flesh; meat

lihaksikas (*li*-hahk-si-kahss) *adj* muscular

lihas (*li*-hahss) *n* muscle

lihava (*li*-hah-vah) *adj* corpulent

lihavuus (*li*-hah-vōōss) *n* fatness

liiallinen (*lee*-ahl-li-nayn) *adj* excessive; superfluous

liiallisuus (*lee*-ahl-li-sōōss) *n* excess

liian (*lee*-ahn) *adv* too

liikarasittunut (*lee*-kah-*rah*-sit-too-noot) *adj* over-tired

liikavarvas (*lee*-kah-*vahr*-vahss) *n* corn

liike (*lee*-kay) *n* movement, motion; circulation

liikeasiat (*lee*-kay-ah-si-aht) *pl* business; **liikeasioissa** on business

liikematka (*lee*-kaym-*maht*-kah) *n* business trip

liikemies (*lee*-kaym-*myayss*) *n* businessman

liikemiesmäinen (*lee*-kaym-*myayss*-mæ^{ee}-nayn) *adj* business-like

liikeneuvottelu (*lee*-kayn-*nay*^{oo}-voat-tay-loo) *n* deal

liikenne (*lee*-kayn-nay) *n* traffic; **yksisuuntainen** ~ one-way traffic

liikenneruuhka (*leekayn*-nay-*rōōh*-kah) *n* traffic jam

liikennevalo (*lee*-kayn-nayv-*vah*-loa) *n* traffic light

liikenneympyrä (*lee*-kayn-nay-*ewm*-pew-ræ) *n* roundabout

liiketoimi (*lee*-kayt-*toi*-mi) *n* transaction; deal

liikevaihto (*lee*-kayv-*vighh*-toa) *n* turnover

liikevaihtovero (*lee*-kayv-*vighh*-toa-*vay*-roa) *n* purchase tax, turnover tax; sales tax

liikeyritys (*lee*-kay-*ew*-ri-tewss) *n* business; concern

liikkeenharjoittaja (*koup*-pi-ahss) *n* tradesman

liikkua (*leek*-koo-ah) *v* move

liikkuva (*leek*-koo-vah) *adj* movable; mobile

liikuttaa (*lee*-koot-taa) *v* stir; move

liikuttava (*lee*-koot-tah-vah) *adj* touching

liima (*lee*-mah) *n* glue, gum

liimaantua (*lee*-maan-too-ah) *v* *stick

liimanauha (*lee*-mah-*nou*-hah) *n* adhesive tape

liimata (*lee*-mah-tah) *v* *stick

liinavaatteet (*lee*-nah-*vaat*-tāyt) *pl* linen

liioitella (*lee*-oi-tayl-lah) *v* exaggerate

liioitteleva (*lee*-oit-tay-lay-vah) *adj* extravagant

liipasin (*lee*-pah-sin) *n* trigger

liisteröidä (*leess*-tay-rur^{ee}-dæ) *v* paste

liite (*lee*-tay) *n* enclosure; supplement, annex

liitos (*lee*-toass) *n* joint

liitto (*leet*-toa) *n* league, union; **liitto-federal**

liittolainen (*leet*-toa-ligh-nayn) *n* associate; ally

liittoutuneet (*leet*-toa-too-nāyt) *pl* Allies *pl*

liittovaltio (*leet*-toa-*vahl*-ti-oa) *n* federation

liittynyt (*leet*-tew-newt) *adj* affiliated

liittyä (*leet*-tew-æ) *v* join

liittää (*leet*-tææ) *v* connect; attach; associate; ~ **yhteen** link, join

liitu (*lee*-too) *n* chalk

liivit (*lee*-vit) *pl* waistcoat; vest *nAm;* **naisten** ~ girdle

lika (*li*-kah) *n* dirt

likainen (*li*-kigh-nayn) *adj* soiled, dirty

likimäärin (*li*-ki-mææ-rin) *adv* approximately

likimääräinen (*li*-ki-mææ-ræ^{ee}-nayn) *adj* approximate

likinäköinen (*li*-ki-næ-kur^{ee}-nayn) *adj* short-sighted

likööri (*li*-kūr-ri) *n* liqueur

lilja (*lil*-Yah) *n* lily

limetti (*li*-mayt-ti) *n* lime

limonaati (*li*-moa-naa-ti) *n* lemonade

limppu (*limp*-poo) *n* loaf

linja (*lin*-Yah) *n* line

linja-auto (*lin*-Yah-*ou*-toa) *n* coach

linna (*lin*-nah) *n* castle

linnake (*lin*-nah-kay) *n* fort

linnoitus (*lin*-noi-tooss) *n* stronghold, fortress

linssi (*lins*-si) *n* lens

lintu (*lin*-too) *n* bird

lintukauppias (*lin*-too-*koup*-pi-ahss) *n* poulterer

liottaa (*li*-oat-taa) *v* soak

lipasto (*li*-pahss-toa) *n* chest of drawers; bureau *nAm*

lippu (*lip*-poo) *n* banner, flag; ticket

lippuautomaatti (*lip*-poo-*ou*-toa-maat-ti) *n* ticket machine

lippuluukku (*lip*-poo-*look*-koo) *n* box-office

lippumyymälä (*lip*-poo-*mēw*-mæ-læ) *n* box-office

lisenssi (*li*-sayns-si) *n* licence

lisä- (*li*-sæ) additional; further

lisäksi (*li*-sæk-si) *adv* moreover, furthermore; *postp* besides

lisämaksu (*li*-sæ-mahk-soo) *n* surcharge

lisänimi (*li*-sæ-*ni*-mi) *n* nickname

lisärakennus (*li*-sæ-*rah*-kayn-nooss) *n* annex

lisätarvikkeet (*li*-sæ-*tahr*-vik-kāyt) *pl* accessories *pl*

lisätä (*li*-sæ-tæ) *v* add; increase

lisäys (*li*-sæ-ewss) *n* addition; increase

lisääntyminen (*li*-sææn-tew-mi-nayn) *n* increase

lisääntyä (*li*-sææn-tew-æ) *v* increase

litra (*lit*-rah) *n* litre

liueta (*lee^{oo}*-ay-tah) *v* dissolve

liukas (*lee^{oo}*-kahss) *adj* slippery

liukastua (*lee^{oo}*-kahss-too-ah) *v* slip

liukeneva (*lee^{oo}*-kay-nay-vah) *adj* soluble

liukua (*lee^{oo}*-koo-ah) *v* *slide, glide

liukuminen (*lee^{oo}*-koo-mi-nayn) *n* slide

liukuobjektiivi (*lee^{oo}*-koo-*oab*-Yayk-tee-vi) *n* zoom lens

liukuovi (*lee^{oo}*-koo-*oa*-vi) *n* sliding door

liukurata (*lee^{oo}*-koo-*rah*-tah) *n* slide

liuos (*lee^{oo}*-oass) *n* solution

liuottaa (*lee^{oo}*-oat-taa) *v* dissolve

liuskakivi (*lee^{oo}*ss-kah-*ki*-vi) *n* slate

livahtaa (*li*-vahh-taa) *v* slip

logiikka (*loa*-geek-kah) *n* logic

lohduttaa (*loah*-doot-taa) *v* comfort

lohdutus (*loah*-doo-tooss) *n* comfort, consolation

lohdutuspalkinto (*loah*-doo-tooss-*pahl*-kin-toa) *n* consolation prize

lohi (*loa*-hi) *n* salmon

lohikäärme (*loa*-hi-*kæær*-may) *n* dragon

lohkaista (*loah*-kighss-tah) *v* chip

lohkare (*loah*-kah-ray) *n* boulder

loikata (*loi*-kah-tah) *v* *leap

loistaa (*loiss*-taa) *v* *shine

loistava (*loiss*-tah-vah) *adj* gorgeous, glorious, brilliant

loiste (*loiss*-tay) *n* glare

loisto (*loiss*-toa) *n* splendour

lokakuu (*loa*-kah-*kōō*) October

lokasuoja (*loa*-kah-*swoa*-Yah) *n* mudguard

lokero (*loa*-kay-roa) *n* locker; compartment

lokki (*loak*-ki) *n* gull; seagull

loma (*loa*-mah) *n* holiday, vacation; leave; **lomalla** on holiday

lomake (*loa*-mah-kay) *n* form

lomaleiri (*loa*-mah-*lay*-ri) *n* holiday camp

lomanviettopaikka (*loa*-mahn-*vyayt*-toa-*pighk*-kah) *n* holiday resort

lommo (*loam*-moa) *n* dent

lompakko (*loam*-pahk-koa) *n* pocketbook, wallet

lopettaa (*loa*-payt-taa) *v* end, finish; cease; stop, discontinue

loppu (*loap*-poo) *n* end, finish; ending

loppua (*loap*-poo-ah) *v* finish, stop

loppupää (*loap*-poo-*pææ*) *n* end

loppusanat (*loap*-poo-*sah*-naht) *pl* epilogue

loppusointu (*loap*-poo-*soin*-too) *n* rhyme

loppusumma (*loap*-poo-*soom*-mah) *n* total

lopputulos (*loap*-poo-*too*-loass) *n* result; conclusion; issue

loppuunmyyty (*loap*-pōōn-*mēw*-tew) *adj* sold out

lopullinen (*loa*-pool-li-nayn) *adj* eventual, final

lopulta (*loa*-pool-tah) *adv* last, finally, at last

loput (*loa*-poot) *pl* remainder, rest

loputon (*loa*-poo-toan) *adj* endless

lordi (*lōar*-di) *n* lord

louhos (*loa*-hoass) *n* quarry

loukata (*loa*-kah-tah) *v* *hurt; injure; insult

loukkaaminen (*loak*-kaa-mi-nayn) *n* violation

loukkaantunut (*loak*-kaan-too-noot) *adj* injured

loukkaava (*loak*-kaa-vah) *adj* offensive

loukkaus (*loak*-kah-ooss) *n* insult, offence

lounas (*loa*-nahss) *n* lunch, luncheon; south-west

lovi (*loa*-vi) *n* slot

LP-levy (ayl-pāy-*lay*-vew) *n* long-playing record

lude (*loo*-day) *n* bug

luento (*loo*-ayn-toa) *n* lecture

luentosali (*loo*-ayn-toa-*sah*-li) *n* auditorium

luettavissa oleva (*loo*-ayt-tah-viss-sah *oa*-lay-vah) legible

luettelo (*loo*-ayt-tay-loa) *n* catalogue; list

luistella (*looᵉᵉss*-tayl-lah) *v* skate

luistelu (*looᵉᵉss*-tay-loo) *n* skating

luistin (*looᵉᵉss*-tin) *n* skate

luistinrata (*looᵉᵉss*-tin-*rah*-tah) *n* skating-rink

luisua (*looᵉᵉ*-soo-ah) *v* skid

luja (*loo*-Yah) *adj* steady, firm

lukea (*loo*-kay-ah) *v* *read

lukeminen (*loo*-kay-mi-nayn) *n* reading

lukita (*loo*-ki-tah) *v* lock; ~ **sisään** lock up

lukko (*look*-koa) *n* lock

luku (*loo*-koo) *n* number; digit

lukuisa (*loo*-kooᵉᵉ-sah) *adj* numerous

lukukausi (*loo*-koo-*kou*-si) *n* term

lukulamppu (*loo*-koo-*lahmp*-poo) *n* reading-lamp

lukumäärä (*loo*-koo-*mææ*-ræ) *n* number

lukusali (*loo*-koo-*sah*-li) *n* reading-room

lukusana (*loo*-koo-*sah*-nah) *n* numeral

lukutaidoton (*loo*-koo-*tigh*-doa-toan) *n* illiterate

lumi (*loo*-mi) *n* snow

lumimyrsky (*loo*-mi-*mewrs*-kew) *n* blizzard, snowstorm

luminen (*loo*-mi-nayn) *adj* snowy

lumisohjo (*loo*-mi-*soah*-Yoa) *n* slush

lumivyöry (*loo*-mi-vᵉʷur-rew) *n* avalanche

lumoava (*loo*-moa-ah-vah) *adj* glamorous

lumota (*loo*-moa-tah) *v* bewitch

lumous (*loo*-moa-ooss) *n* spell, glamour

lunastaa (*loo*-nahss-taa) *v* cash; redeem

lunnaat (*loon*-naat) *pl* ransom

luo (*lwoa*) *postp* to

luoda (*lwoa*-dah) *v* create

luode (*lwoa*-day) *n* north-west

luokitella (*lwoa*-ki-tayl-lah) *v* classify; grade

luokka (*lwoak*-kah) *n* class; form

luokkahuone (*lwoak*-kah-*hwoa*-nay) *n* classroom

luokkatoveri (*lwoak*-kah-*toa*-vay-ri) *n* class-mate

luokse (*lwoak*-say) *postp* to

luoksepääsemätön (*lwoak*-sayp-*pææ*-say-mæ-turn) *adj* inaccessible

luola (*lwoa*-lah) *n* grotto, den, cave

luona (*lwoa*-nah) *postp* at, at, with

luonne (*lwoan*-nay) *n* character

luonnehtia (*lwoan*-nayh-ti-ah) *v* characterize

luonnollinen (*Iwoan-noal-li-nayn*) *adj* natural

luonnollisesti (*Iwoan-noal-li-sayss-ti*) *adv* naturally; of course

luonnonkaunis (*Iwoan-noan-kou-niss*) *adj* scenic

luonnonlahja (*Iwoan-noan-lahh-Yah*) *n* talent, faculty

luonnonsuojelualue (*Iwoan-noan-swoa-Yay-loo-ah-loo-ay*) *n* game reserve

luonnontiede (*Iwoan-noan-tyay-day*) *n* physics

luonnos (*Iwoan-noass*) *n* sketch, design

luonnoskirja (*Iwoan-noass-keer-Yah*) *n* sketch-book

luonnostella (*Iwoan-noass-tayl-lah*) *v* sketch

luontainen (*Iwoan-tigh-nayn*) *adj* natural

luonteenlaatu (*Iwoan-tāyn-laa-too*) *n* nature, character

luonteenomainen (*Iwoan-tāyn-oa-migh-nayn*) *adj* characteristic, typical

luontevuus (*Iwoan-tay-vōoss*) *n* ease

luonto (*Iwoan-toa*) *n* nature

luontokappale (*Iwoan-toa-kahp-pah-lay*) *n* creature

luopua (*Iwoa-poo-ah*) *v* quit, *give up

luostari (*Iwoass-tah-ri*) *n* cloister

luostarikirkko (*Iwoass-tah-ri-keerk-koa*) *n* abbey

luotettava (*Iwoa-tayt-tah-vah*) *adj* trustworthy, reliable

luoti (*Iwoa-*ti) *n* bullet

luotsi (*Iwoat-*si) *n* pilot

luottaa (*Iwoat-taa*) *v* trust, rely on

luottamuksellinen (*Iwoat-tah-mook-sayl-li-nayn*) *adj* confidential

luottamus (*Iwoat-tah-mooss*) *n* faith, trust, confidence

luottavainen (*Iwoat-tah-vigh-nayn*) *adj* confident

luotto (*Iwoat-*toa) *n* credit

luottokirje (*Iwoat-toa-keer-Yay*) *n* letter of credit

luottokortti (*Iwoat-toa-koart-ti*) *n* credit card; charge plate *Am*

luovuttaa (*Iwoa-voot-taa*) *v* *give; extradite

lupa (*Ioo-pah*) *n* permission, licence; permit

lupaus (*Ioo-pah-ooss*) *n* promise; vow

lurjus (*Ioor-Yooss*) *n* rascal

lusikallinen (*Ioo-si-kahl-li-nayn*) *n* spoonful

lusikka (*Ioo-sik-kah*) *n* spoon

luu (*Iōō*) *n* bone; **poistaa luut** bone

luukku (*Iōōk-koo*) *n* hatch; shutter

luulla (*Iōōl-lah*) *v* guess; *think; imagine

luultava (*Iōōl-tah-vah*) *adj* probable

luumu (*Iōō-moo*) *n* plum; **kuivattu ~** prune

luuranko (*Iōō-rahng-koa*) *n* skeleton

luuta (*Iōō-tah*) *n* broom

luvata (*Ioo-vah-tah*) *v* promise

luvaton (*Ioo-vah-toan*) *adj* unauthorized

lyhennys (*Iew-hayn-newss*) *n* abbreviation

lyhentää (*Iew-hayn-tææ*) *v* shorten

lyhty (*Iewh-tew*) *n* lantern

lyhtypylväs (*Iewh-tew-pewl-væss*) *n* lamp-post

lyhyt (*Iew-hewt*) *adj* short, brief

lyhytsanainen (*Iew-hewt-sah-nigh-nayn*) *adj* concise

lyhyttavaraliike (*Iew-hewt-tah-vah-rah-lee-kay*) *n* haberdashery

lyijy (*Iewee-Yew*) *n* lead

lyijykynä (*Iewee-Yew-kew-næ*) *n* pencil

lykkäys (*Iewk-kæ-ewss*) *n* delay; respite

lykätä (*Iew-kæ-tæ*) *v* postpone, *put

off, delay

lystikäs (*lewss*-ti-kæss) *adj* funny

lysähtää (*lew*-sæh-tææ) *v* collapse

lyödä (*lewur*-dæ) *v* *strike, *beat; bump; ~ **vetoa** *bet

lähde (*læh*-day) *n* source, spring, fountain

läheinen (*læ*-hay-nayn) *adj* near, close; intimate

läheisyys (*læ*-hay-sēwss) *n* vicinity

lähellä (*læ*-hayl-læ) *prep/postp* by, near; ~ **oleva** near, nearby

lähes (*læ*-hayss) *adv* almost, nearly

lähestyvä (*læ*-hayss-tew-væ) *adj* oncoming

lähestyä (*læ*-hayss-tewæ) *v* approach

lähetin (*læ*-hay-tin) *n* transmitter

lähettiläs (*læ*-hayt-ti-læss) *n* envoy; ambassador

lähettää (*læ*-hayt-tææ) *v* *send; dispatch; *broadcast, transmit; ~ **edelleen** forward; ~ **noutamaan** *send for; ~ **pois** dismiss; *send off; ~ **(rahaa)** remit

lähetys (*læ*-hay-tewss) *n* expedition; consignment; transmission, broadcast

lähetystö (*læ*-hay-tewss-tur) *n* legation; embassy

lähimmäinen (*læ*-him-mæee-nayn) *n* neighbour

lähiseutu (*læ*-hi-say oo-too) *n* neighbourhood

lähteä (*læh*-tay-æ) *v* *set out, *leave, depart; pull out

lähtien (*læh*-ti-ayn) *postp* as from; **siitä** ~ since

lähtö (*læh*-tur) *n* departure; take-off

lähtöaika (*læh*-tur-*igh*-kah) *n* time of departure

lähtökohta (*læh*-tur-*koah*-tah) *n* starting-point

läikyttää (*læee*-kewt-tææ) *v* *spill

läimäys (*læee*-mæ-ewss) *n* smack, slap

läimäyttää (*læee*-mæ-ewt-tææ) *v* slap, smack

läjä (*læ*-ʸæ) *n* heap

lämmin (*læm*-min) *adj* warm

lämmittää (*læm*-mit-tææ) *v* heat, warm

lämmitys (*læm*-mi-tewss) *n* heating

lämmityslaite (*læm*-mi-tewss-*ligh*-tay) *n* heater

lämpiö (*læm*-pi-ur) *n* lobby, foyer

lämpö (*læm*-pur) *n* heat, warmth

lämpömittari (*læm*-pur-*mit*-tah-ri) *n* thermometer

lämpöpatteri (*læm*-pur-*paht*-tay-ri) *n* radiator

lämpötila (*læm*-pur-*ti*-lah) *n* temperature

lämpötyyny (*læm*-pur-tēw-new) *n* heating pad

länsi (*læn*-si) *n* west

läntinen (*læn*-ti-nayn) *adj* westerly, western

läpi (*læ*-pi) *prep/postp* through

läpikuultava (*læ*-pi-*kool*-tah-vah) *adj* transparent

läpipääsemätön (*læ*-pi-pææ-say-mæturn) *adj* impassable

olla läsnä (*oal*-lah læss-næ) *v* attend

läsnäoleva (*læss*-næ-*oa*-lay-vah) *adj* present

läsnäolo (*læss*-næ-*oa*-loa) *n* presence

lätäkkö (*læ*-tæk-kur) *n* puddle

lävistäjä (*læ*-viss-tæ-ʸæ) *n* diagonal

lävistää (*læ*-viss-tææ) *v* pierce

lääke (*lææ*-kay) *n* medicine; remedy

lääkeaineoppi (*læækay*-*igh*-nay-*oap*-pi) *n* pharmacology

lääkemääräys (*lææ*-kaym-*mææ*-ræewss) *n* prescription

lääketiede (*lææ*-kayt-*tyay*-day) *n* medicine

lääketieteellinen (*lææ*-kayt-*tyay*-tāylli-nayn) *adj* medical lääkäri (*lææ*-kæ-ri) *n* physician, doctor; lääkärin- medical; naistentautien ~ gynaecologist

lääni (*lææ*-ni) *n* province

lörpöttelijä (*lurr*-purt-tay-li-ᵞæ) *n* chatterbox

löyhkätä (*lurᵉʷh*-kæ-tæ) *v* *stink

löytää (*lurᵉʷ*-tææ) *v* *find; discover; *come across

löytö (*lurᵉʷ*-tur) *n* discovery

löytötavarat (*lurᵉʷ*-tur-*tah*-vah-raht) *pl* lost and found

löytötavaratoimisto (*lurᵉʷ*-tur-*tah*-vah-rah-*toi*-miss-toa) *n* lost property office

M

maa (*maa*) *n* land, country; soil

maaginen (*maa*-gi-nayn) *adj* magic

maahanhyökkäys (*maa*-hahn-*hᵉʷ*urk-kæ-ewss) *n* invasion

maahanmuuttaja (*maa*-hahm-*mōōt*-tah-ᵞah) *n* immigrant

maahanmuutto (*maa*-hahm-*mōōt*-toa) *n* immigration

maahantuoja (*maa*-hahn-*twoa*-ᵞah) *n* importer

maailma (*maa*-il-mah) *n* world

maailmankaikkeus (*maa*-il-mahn-kighk-kay-ooss) *n* universe

maailmankuulu (*maa*-il-mahn-*kōō*-loo) *adj* world-famous

maailmanlaajuinen (*maa*-il-mahn-*lighoo*ᵉᵉ-nayn) *adj* world-wide; global

maailmansota (*maa*-il-mahn-*soa*-tah) *n* world war

maailmanvalta (*maa*-il-mahn-*vahl*-tah) *n* empire; maailmanvallan- imperial

maakunta (maa-*koon*-tah) *n* province

maalainen (*maa*-ligh-nayn) *adj* rural; provincial; maalais- rustic

maalaistalo (*maa*-lighss-*tah*-loa) *n* farmhouse

maalari (*maa*-lah-ri) *n* painter

maalata (*maa*-lah-tah) *v* paint

maalauksellinen (*maa*-lah-ook-sayl-li-nayn) *adj* picturesque

maalaus (*maa*-lah-ooss) *n* painting, picture

maali (*maa*-li) *n* paint; goal, finish

maalilaatikko (*maa*-li-*laa*-tik-koa) *n* paint-box

maaliskuu (*maa*-liss-*kōō*) March

maalitaulu (*maa*-li-*tou*-loo) *n* mark; target

maalivahti (*maa*-li-*vahh*-ti) *n* goalkeeper

maaliviiva (*maa*-li-*vee*-vah) *n* finish

maallikko (*maal*-lik-koa) *n* layman

maamerkki (*maa*-mayrk-ki) *n* landmark

maanalainen (*maan*-ah-ligh-nayn) *adj* underground; *n* subway *nAm*

maanantai (*maa*-nahn-tigh) *n* Monday

maanjäristys (*maan*-ᵞæ-riss-tewss) *n* earthquake

maankamara (*maan*-*kah*-mah-rah) *n* soil

maankiertäjä (*maang*-kyayr-tæ-ᵞæ) *n* tramp

maanmies (*maan*-*mi*-ayss) *n* countryman

maanosa (*maan*-*oa*-sah) *n* continent

maanpako (*maam*-*pah*-koa) *n* exile

maanpakolainen (*maam*-*pah*-koa-ligh-nayn) *n* exile

maantie (*maan*-tyay) *n* causeway, road, highway

maantiede (*maan*-tyay-day) *n* geography

maanviljelijä (*maan*-vil-ᵞay-li-ᵞæ) *n* farmer

maanviljelys (*maan*-vil-ᵞay-lewss) *n*

agriculture

maapallo (*maa-pahl*-loa) *n* globe

maaperä (*maa-pay-ræ*) *n* earth; ground, soil

maapähkinä (*maa-pæh-ki-næ*) *n* peanut

maaseutu (*maa-say^oo-too*) *n* countryside, country

maasilta (*maa-sil*-tah) *n* viaduct

maastamuutto (*maass-tah-mōot*-toa) *n* emigration

maasto (*maass*-toa) *n* terrain

maata (*maa*-tah) *v* *lie

maatalo (*maa-tah*-loa) *n* country house

maatalous- (*maa-tah-loa-ooss*) *adj* agrarian

maatila (*maa-ti*-lah) *n* farm; estate

maatilkku (*maa-tilk*-koo) *n* plot

maaöljy (*maa-url*-Yew) *n* petroleum

magneetti (*mahng-nāyt*-ti) *n* magneto

magneettinen (*mahng-nāyt*-ti-nayn) *adj* magnetic

mahdollinen (*mahh-doal-li-nayn*) *adj* eventual, possible; realizable

mahdollisuus (*mahh-doal-li-sōōss*) *n* possibility; chance

mahdoton (*mahh-doa-toan*) *adj* impossible; ~ **hyväksyä** unacceptable; ~ **korjata** irreparable

mahtaa (*mahh*-taa) *v* *may; *must

mahtava (*mahh-tah*-vah) *adj* mighty; powerful; magnificent

maihin (*migh*-hin) *adv* ashore

maila (*migh*-lah) *n* racquet

maili (*migh*-li) *n* mile

mailimäärä (*migh*-li-*mææ-ræ*) *n* mileage

maine (*migh*-nay) *n* reputation, fame

maininta (*migh*-nin-tah) *n* mention

mainio (*migh*-ni-oa) *adj* fine, excellent; swell

mainita (*migh*-ni-tah) *v* mention

mainonta (*migh*-noan-tah) *n* advertis-

ing

mainos (*migh*-noass) *n* commercial, advertisement

mainosvalo (*migh*-noass-*vah*-loa) *n* neon

maisema (*migh-say*-mah) *n* landscape, scenery

maisemakortti (*migh-say-mah-koart*-ti) *n* picture postcard

maissa (*mighss*-sah) *adv* ashore

maissi (*mighss*-si) *n* maize, corn *Am*

maissintähkä (*mighss-sin-tæh*-kæ) *n* corn on the cob

maistaa (*mighss*-taa) *v* taste

maistua (*mighss*-too-ah) *v* taste

maito (*migh*-toa) *n* milk

maitomainen (*migh-toa-migh*-nayn) *adj* milky

maittava (*might-tah*-vah) *adj* tasty

maja (*mah*-Yah) *n* cabin

majakka (*mah*-Yahk-kah) *n* lighthouse

majatalo (*mah*-Yah-*tah*-loa) *n* inn; roadside restaurant; **majatalon isäntä** inn-keeper

majava (*mah*-Yah-vah) *n* beaver

majoittaa (*mah*-Yoit-taa) *v* *put up; accommodate

majoitus (*mah*-Yoi-tooss) *n* accommodation

majuri (*mah*-Yoo-ri) *n* major

makasiini (*mah-kah-see*-ni) *n* warehouse

makea (*mah-kay*-ah) *adj* sweet; ~ **vesi** fresh water

makeinen (*mah-kay*-nayn) *n* sweet; candy *nAm*; **makeiset** sweets; candy *nAm*

makeiskauppa (*mah*-kayss-*koup*-pah) *n* sweetshop; candy store *Am*

makeuttaa (*mah*-kay-oot-taa) *v* sweeten

makkara (*mahk-kah*-rah) *n* sausage

makrilli (*mahk-ril*-li) *n* mackerel

maksa (*mahk*-sah) *n* liver

maksaa (*mahk*-saa) *v* *pay; *cost; ~ **ennakolta** advance; ~ **loppuun** *pay off; ~ **takaisin** reimburse, *repay, refund

maksettava (*mahk*-sayt-tah-vah) *adj* due

maksu (*mahk*-soo) *n* payment; fee; charge

maksukyvytön (*mahk*-soo-*kew*-vew-turn) *adj* bankrupt

maksulippu (*mahk*-soo-*lip*-poo) *n* coupon

maksunsaaja (*mahk*-soon-saa-Yah) *n* payee

maksuosoitus (*mahk*-soo-*oa*-soi-tooss) *n* money order

maksutodiste (*mahk*-soo-*toa*-diss-tay) *n* voucher

maksuton (*mahk*-soo-toan) *adj* free of charge

maku (*mah*-koo) *n* taste, flavour

makuaisti (*mah*-koo-*ighss*-ti) *n* taste

makuuhuone (*mah*-kōō-*hwoa*-nay) *n* bedroom

makuupussi (*mah*-kōō-*pooss*-si) *n* sleeping-bag

makuusali (*mah*-kōō-*sah*-li) *n* dormitory

makuusija (*mah*-kōō-*si*-Yah) *n* berth, bunk

makuuvaunu (*mah*-kōō-*vou*-noo) *n* sleeping-car; Pullman

malaria (*mah*-lah-ri-ah) *n* malaria

Malesia (*mah*-lay-si-ah) Malaysia

malesialainen (*mah*-lay-si-ah-ligh-nayn) *n* Malay; *adj* Malaysian

malja (*mahl*-Yah) *n* bowl; toast

maljakko (*mahl*-Yahk-koa) *n* vase

malli (*mahl*-li) *n* model; pattern

mallinukke (*mahl*-li-*nook*-kay) *n* mannequin

malmi (*mahl*-mi) *n* ore

maltillinen (*mahl*-til-li-nayn) *adj* moderate, sober

malvanvärinen (*mahl*-vahn-*væ*-ri-nayn) *adj* mauve

mammutti (*mahm*-moot-ti) *n* mammoth

mandariini (*mahn*-dah-ree-ni) *n* mandarin, tangerine

maneesi (*mah*-nāy-si) *n* riding ring

mannekiini (*mahn*-nay-kee-ni) *n* model

manner (*mahn*-nayr) *n* continent; mainland

mannermaa (*mahn*-nayr-*maa*) *n* continent

mannermainen (*mahn*-nayr-*migh*-nayn) *adj* continental

mansikka (*mahn*-sik-kah) *n* strawberry

manteli (*mahn*-tay-li) *n* almond

mantteli (*mahnt*-tay-li) *n* cloak

margariini (*mahr*-gah-ree-ni) *n* margarine

marginaali (*mahr*-gi-naa-li) *n* margin

marja (*mahr*-Yah) *n* berry

markkinat (*mahrk*-ki-naht) *pl* fair

marmeladi (*mahr*-may-lah-di) *n* marmalade

marmori (*mahr*-moa-ri) *n* marble

Marokko (*mah*-roak-koa) Morocco

marokkolainen (*mah*-roak-koa-ligh-nayn) *n* Moroccan; *adj* Moroccan

marraskuu (*mahr*-rahss-*kōō*) November

marssi (*mahrs*-si) *n* march

marssia (*mahrs*-siah) *v* march

marsu (*mahr*-soo) *n* guinea-pig

marttyyri (*mahrt*-tēw-ri) *n* martyr

masennus (*mah*-sayn-nooss) *n* depression

masentaa (*mah*-sayn-taa) *v* depress

masentava (*mah*-sayn-tah-vah) *adj* depressing

masentunut (*mah*-sayn-too-noot) *adj* depressed

massa (*mahss*-sah) *n* bulk

massatuotanto (*mahss*-sah-*twoa*-tahn-toa) n mass production

masto (*mahss*-toa) n mast

matala (*mah*-tah-lah) adj low; shallow

matalapaine (*mah*-tah-lah-*pigh*-nay) n depression

matelija (*mah*-tay-li-Yah) n reptile

matemaattinen (*mah*-tay-maat-ti-nayn) adj mathematical

matematiikka (*mah*-tay-mah-teek-kah) n mathematics

matka (*maht*-kah) n trip, journey, voyage; stretch; **edestakainen** ~ round trip *Am;* **matkalla jhkn** bound for

matka-arkku (*maht*-kah-*ahrk*-koo) n trunk

matkailija (*maht*-kigh-li-Yah) n tourist; traveller

matkailu (*maht*-kigh-loo) n tourism

matkailukausi (*maht*-kigh-loo-*kou*-si) n high season

matkailutoimisto (*maht*-kigh-loo-*toi*-miss-toa) n tourist office

matkakulut (*maht*-kah-koo-loot) pl travelling expenses

matkalaukku (*maht*-kah-*louk*-koo) n case, bag, suitcase

matkareitti (*maht*-kah-*rayt*-ti) n itinerary

matkašekki (*maht*-kah-*shayk*-ki) n traveller's cheque

matkasuunnitelma (*maht*-kah-*sōōn*-ni-tayl-mah) n itinerary

matkatavarahylly (*maht*-kah-*tah*-vah-rah-*hewl*-lew) n luggage rack

matkatavarasäilö (*maht*-kah-*tah*-vah-rah-*sæ*ee-lur) n left luggage office; baggage deposit office *Am*

matkatavarat (*maht*-kah-*tah*-vah-raht) pl baggage, luggage

matkatoimisto (*maht*-kah-*toi*-miss-toa) n travel agency, travel agent

matkavakuutus (*maht*-kah-*vah*-kōō-tooss) n travel insurance

matkia (*maht*-ki-ah) v imitate

matkustaa (*maht*-kooss-taa) v travel; ~ **laivalla** sail

matkustaja (*maht*-kooss-tah-Yah) n passenger

matkustajavaunu (*maht*-kooss-tah-Yah-*voo*-noo) n carriage; passenger car *Am*

matkustamo (*maht*-kooss-tah-moa) n cabin

mato (*mah*-toa) n worm

matto (*maht*-toa) n carpet, rug

maukas (*mou*-kahss) adj savoury, tasty; appetizing

maustaa (*mouss*-taa) v flavour

mauste (*mouss*-tay) n spice

mausteet (*mouss*-tāyt) pl spices

maustettu (*mouss*-tayt-too) adj spicy, spiced

mauton (*mou*-toan) adj tasteless

me (*may*) pron we

meduusa (*may*-dōō-sah) n jelly-fish

mehiläinen (*may*-hi-læ^ee-nayn) n bee

mehiläispesä (*may*-hi-læ^eess-*pay*-sæ) n beehive

mehu (*may*-hoo) n juice; syrup

mehukas (*may*-hoo-kahss) adj juicy

meidän (*may*-dæn) pron our

meijeri (*may*-Yay-ri) n dairy

meille (*mayl*-lay) pron us

mekaanikko (*may*-kaa-nik-koa) n mechanic

mekaaninen (*may*-kaa-ni-nayn) adj mechanical

Meksiko (*mayk*-si-koa) Mexico

meksikolainen (*mayk*-si-koa-ligh-nayn) n Mexican; adj Mexican

mela (*may*-lah) n paddle

melkein (*mayl*-kayn) adv nearly, almost; practically

melko (*mayl*-koa) adv quite, rather, fairly, pretty

melkoinen (*mayl*-koi-nayn) adj considerable; substantial

mellakka (*mayl*-lahk-kah) *n* riot; revolt

melodraama (*may*-loa-*draa*-mah) *n* melodrama

meloni (*may*-loa-ni) *n* melon

melu (*may*-loo) *n* noise

meluisa (*may*-loo^{ee}-sah) *adj* noisy; boisterous

menehtyä (*may*-nayh-tew-æ) *v* perish

menestyksellinen (*may*-nayss-tewk-sayl-li-nayn) *adj* successful

menestys (*may*-nayss-tewss) *n* prosperity, success; luck

menetellä (*may*-nay-tayl-læ) *v* proceed

menetelmä (*may*-nay-tayl-mæ) *n* system, method

menettelytapa (*may*-nayt-tay-lew-*tah*-pah) *n* approach, method; procedure, process

menettää (*may*-nayt-tææ) *v* *lose

menetys (*may*-nay-tewss) *n* loss

menneisyys (*mayn*-nay-sēwss) *n* past

mennyt (*mayn*-newt) *adj* past

mennä (*mayn*-næ) *v* *go; ~ **kotiin** *go home; ~ **naimisiin** marry; ~ **ohitse** pass by; ~ **pois** *go away; ~ **rikki** *break down; ~ **sisään** *go in, enter; ~ **ulos** *go out, *go off

menot (*may*-noat) *pl* expenditure, expenses *pl*

merenkulku (*may*-rayng-*kool*-koo) *n* navigation

merenlahti (*may*-rayn-*lahh*-ti) *n* gulf

merenneito (*may*-rayn-*nay*-toa) *n* mermaid

merenrannikko (*may*-rayn-*rahn*-nik-koa) *n* seaside, coast

merenranta (*may*-rayn-*rahn*-tah) *n* sea-coast, seashore

merentakainen (*may*-rayn-*tah*-kigh-nayn) *adj* overseas

meri (*may*-ri) *n* sea; **meri-** maritime

meriantura (*may*-ri-*ahn*-too-rah) *n* sole

merikortti (*may*-ri-*koart*-ti) *n* chart

merikylpylä (*may*-ri-*kewl*-pew-læ) *n* seaside resort

merilintu (*may*-ri-*lin*-too) *n* sea-bird

merimaisema (*may*-ri-*migh*-say-mah) *n* seascape

merimatka (*may*-ri-*maht*-kah) *n* crossing, passage

merimies (*may*-ri-*myayss*) *n* sailor, seaman

meripihka (*may*-ri-*pih*-kah) *n* amber

merirapu (*may*-ri-*rah*-poo) *n* crab

merirosvo (*may*-ri-*roass*-voa) *n* pirate

merisairas (*may*-ri-*sigh*-rahss) *adj* sea-sick

merisairaus (*may*-ri-*sigh*-rah-ooss) *n* seasickness

merisiili (*may*-ri-*see*-li) *n* sea-urchin

merivesi (*may*-ri-*vay*-si) *n* sea-water

merkinanto (*mayr*-kin-*ahn*-toa) *n* signal

merkintä (*mayr*-kin-tæ) *n* entry, item

merkittävä (*mayr*-kit-tæ-væ) *adj* significant, remarkable

merkityksellinen (*mayr*-ki-tewk-sayl-li-nayn) *adj* important

merkityksetön (*mayr*-ki-tewk-say-turn) *adj* insignificant, meaningless

merkitys (*mayr*-ki-tewss) *n* meaning, sense

merkitä (*mayr*-ki-tæ) *v* mark; imply, *mean; enter; ~ **muistiin** note, record

merkki (*mayrk*-ki) *n* sign; mark; token; brand; tick; **antaa** ~ signal; **olla jkn merkkinä** mark

messinki (*mayss*-sing-ki) *n* brass

messinkiesineet (*mayss*-sing-ki-ay-si-nāȳt) *pl* brassware

messu (*mayss*-soo) *n* Mass

messut (*mayss*-soot) *pl* fair

mestari (*mayss*-tah-ri) *n* champion, master

mestariteos (*mayss*-tah-ri-*tay*-oass) *n* masterpiece

metalli (*may*-tahl-li) *n* metal
metallilanka (*may*-tahl-li-*lahng*-kah) *n* wire
metallinen (*may*-tahl-li-nayn) *adj* metal
meteli (*may*-tay-li) *n* noise; racket
metri (*mayt*-ri) *n* metre
metrinen (*mayt*-ri-nayn) *adj* metric
metro (*mayt*-roa) *n* underground
metsikkö (*mayt*-sik-kur) *n* wood; grove
metsä (*mayt*-sæ) *n* forest
metsäaukeama (*mayt*-sæ-*ou*-kay-ah-mah) *n* clearing
metsäinen (*mayt*-sæ ᵉᵉ-nayn) *adj* wooded
metsäkana (*mayt*-sæ-*kah*-nah) *n* grouse
metsämaa (*mayt*-sæ-*maa*) *n* woodland
metsänvartija (*mayt*-sæn-*vahr*-ti-ᵞah) *n* forester
metsästys (*mayt*-sæss-tewss) *n* chase, hunt
metsästysmaja (*mayt*-sæss-tewss-*mah*-ᵞah) *n* lodge
metsästäjä (*mayt*-sæss-tæ-ᵞæ) *n* hunter
metsästää (*mayt*-sæss-tææ) *v* hunt
miedontaa (*myay*-doan-taa) *v* dilute
miehekäs (*myay*-hay-kæss) *adj* masculine
miehistö (*myay*-hiss-tur) *n* crew
miehittää (*myay*-hit-tææ) *v* occupy
miehitys (*myay*-hi-tewss) *n* occupation
miekka (*myayk*-kah) *n* sword
miekkailla (*myayk*-kighl-lah) *v* fence
mielenkiinto (*myay*-layng-*keen*-toa) *n* interest
mielenkiintoinen (*myay*-layng-*keen*-toi-nayn) *adj* interesting
mielenliikutus (*myay*-layn-lee-koo-tooss) *n* excitement, emotion

mielenosoitus (*myay*-layn-*oa*-soi-tooss) *n* demonstration
mielenvikainen (*myay*-layn-*vi*-kigh-nayn) *n* lunatic
mielenvikaisuus (*myay*-layn-*vi*-kigh-sōōss) *n* lunacy
mieletön (*myay*-lay-turn) *adj* mad; crazy
mieli (*myay*-li) *n* mind; **olla eri mieltä** disagree; **olla jtk mieltä** consider; **olla samaa mieltä** agree; **osoittaa mieltään** demonstrate
mieliala (*myay*-li-*ah*-lah) *n* spirit, mood, spirits
mieliharrastus (*myay*-li-*hahr*-rahss-tooss) *n* hobby
mielihyvin (*myay*-li-*hew*-vin) *adv* gladly
mielihyvä (*myay*-li-*hew*-væ) *n* pleasure
mielijohde (*myay*-li-ᵞoah-day) *n* idea; impulse
mielikuvituksellinen (*myay*-li-*koo*-vi-took-sayl-li-nayn) *adj* fantastic
mielikuvitus (*myay*-li-*koo*-vi-tooss) *n* imagination, fancy, fantasy
mielipide (*myay*-li-*pi*-day) *n* view, opinion
mielisairas (*myay*-li-*sigh*-rahss) *adj* insane, lunatic
mielitietty (*myay*-li-*tyayt*-tew) *n* sweetheart
mielivaltainen (*myay*-li-*vahl*-tigh-nayn) *adj* arbitrary
miellyttävä (*myayl*-lewt-tæ-væ) *adj* nice; pleasant, agreeable
miellyttää (*myayl*-lewt-tææ) *v* please
mieltymys (*myayl*-tew-mewss) *n* preference
mieluisampi (*myay*-loo ᵉᵉ-sahm-pi) *adj* preferable
mieluummin (*myay*-lōōm-min) *adv* sooner, rather
mies (*myayss*) *n* man; fellow
miespalvelija (*myayss*-pahl-vay-li-ᵞah)

n valet

miespuolinen (*myayss-pwoa*-li-nayn) *adj* male

miestenhuone (*myayss*-tayn-*hwoa*-nay) *n* men's room

mietiskellä (*myay*-tiss-kayl-læ) *v* meditate

mieto (*myay*-toa) *adj* mild; weak

miettiväinen (*myayt*-ti-væ ᵉᵉ-nayn) *adj* thoughtful

miettiä (*myayt*-ti-æ) *v* *think over; consider

migreeni (*mig*-rāȳ-ni) *n* migraine

miinus (*mee*-nooss) *adv* minus

mikrofoni (*mik*-roa-foa-ni) *n* microphone

miksi (*mik*-si) *adv* why, what for

mikä (*mi*-kæ) *pron* what; which; ~ **tahansa** anything; whichever

mikäli (*mi*-kæ-li) *conj* if

miljonääri (*mil*-ʸoa-næǣ-ri) *n* millionaire

miljoona (*mil*-ʸōā-nah) *n* million

milloin (*mil*-loin) *adv* when; ~ **hyvänsä** whenever

milloinkaan (*mil*-loing-kaan) *adv* ever

minimi (*mi*-ni-mi) *n* minimum

ministeri (*mi*-niss-tay-ri) *n* minister

ministeriö (*mi*-niss-tay-ri-ur) *n* ministry

minkki (*mingk*-ki) *n* mink

minttu (*mint*-too) *n* mint

minulle (*mi*-nool-lay) *pron* me

minun (*mi*-noon) *pron* my

minut (*mi*-noot) *pron* me

minuutti (*mi*-nōōt-ti) *n* minute

minä (*mi*-næ) *pron* I

missä (*miss*-sæ) *adv* where; ~ **hyvänsä** wherever; anywhere; ~ **tahansa** wherever; anywhere

mitali (*mi*-tah-li) *n* medal

mitata (*mi*-tah-tah) *v* measure

miten (*mi*-tayn) *adv* how; ~ **tahansa** anyhow

mitta (*mit*-tah) *n* measure

mittakaava (*mit*-tah-*kaa*-vah) *n* scale

mittanauha (*mit*-tah-*nou*-hah) *n* tape-measure

mittari (*mit*-tah-ri) *n* meter

mitä (*mi*-tæ) *pron* what; ~ **hyvänsä** whatever; ~ **jhkn tulee** as regards, regarding; **mitä ... sitä** the ... the

mitätön (*mi*-tæ-turn) *adj* insignificant, unimportant

mitäänsanomaton (*mi*-tæǣn-*sah*-noa-mah-toan) *adj* insignificant

modisti (*moa*-diss-ti) *n* milliner

mohair (*moa*-haheer) *n* mohair

moite (*moi*-tay) *n* reproach, blame

moitteeton (*moit*-tāȳ-toan) *adj* faultless; correct

moittia (*moit*-ti-ah) *v* blame, reproach

mokkanahka (*moak*-kah-*nahh*-kah) *n* suede

molemmat (*moa*-laym-maht) *pron* both

molemminpuolinen (*moa*-laym-mim-*pwoa*-li-nayn) *adj* mutual

monarkia (*moa*-nahr-ki-ah) *n* monarchy

monenlaisia (*moa*-nayn-*ligh*-siah) *adj* various

monet (*moa*-nayt) *pron* many

monikko (*moa*-nik-koa) *n* plural

monimutkainen (*moa*-ni-*moot*-kigh-nayn) *adj* complex, complicated

moninainen (*moa*-ni-*nigh*-nayn) *adj* varied

monipuolinen (*moa*-ni-*pwoa*-li-nayn) *adj* all-round; many-sided

moottori (*mōāt*-toa-ri) *n* engine, motor

moottorialus (*mōāt*-toa-ri-*ah*-looss) *n* launch

moottoripyörä (*mōāt*-toa-ri-*pᵉʷur*-ræ) *n* motor-cycle

moottoritie (*mōāt*-toa-ri-*tyay*) *n* motorway, highway; **maksullinen ~**

turnpike *nAm*

moottorivene (*mōat*-toa-ri-*vay*-nay) *n* motor-boat

mopedi (*moa*-pay-di) *n* moped; motor-bike *nAm*

moraali (*moa*-raa-li) *n* morals

moraalinen (*moa*-raa-li-nayn) *adj* moral

morfiini (*moar*-fee-ni) *n* morphia, morphine

morsian (*moar*-si-ahn) *n* bride

mosaiikki (*moa*-sah-eek-ki) *n* mosaic

moskeija (*moass*-kay-Yah) *n* mosque

moskiitto (*moass*-keet-toa) *n* mosquito

motelli (*moa*-tayl-li) *n* motel

muhentaa (*moo*-hayn-taa) *v* mash

muinainen (*moo*ᵉᵉ-nigh-nayn) *adj* ancient

muinaisesineet (*moo*ᵉᵉ-nighss-*ay*-si-*nāyt*) *pl* antiquities *pl*

muinaistiede (*moo*ᵉᵉ-nighss-*tyay*-day) *n* archaeology

muinoin (*moo*ᵉᵉ-noin) *adv* formerly

muistaa (*moo*ᵉᵉss-taa) *v* remember; recall

muistamaton (*moo*ᵉᵉss-tah-mah-toan) *adj* forgetful

muistella (*moo*ᵉᵉss-tayl-lah) *v* recollect, remember

muisti (*moo*ᵉᵉss-ti) *n* memory

muistiinpano (*moo*ᵉᵉss-teen-*pah*-noa) *n* note

muistikirja (*moo*ᵉᵉss-ti-*keer*-Yah) *n* notebook; writing-pad

muistikuva (*moo*ᵉᵉss-ti-*koo*-vah) *n* memory

muistilehtiö (*moo*ᵉᵉss-ti-*layh*-ti-ur) *n* pad

muistio (*moo*ᵉᵉss-ti-oa) *n* memo

muisto (*moo*ᵉᵉss-toa) *n* remembrance

muistoesine (*moo*ᵉᵉss-toa-*ay*-si-nay) *n* souvenir

muistojuhla (*moo*ᵉᵉss-toa-*Yooh*-lah) *n* commemoration

muistomerkki (*moo*ᵉᵉss-toa-*mayrk*-ki) *n* monument, memorial

muistuttaa (*moo*ᵉᵉss-toot-taa) *v* remind; resemble

(jnkn) mukaan (*moo*-kaan) according to

mukaisesti (*moo*-kigh-sayss-ti) *postp* in accordance with

mukana (*moo*-kah-nah) *postp* with

mukanaolo (*moo*-kah-nah-*oa*-loa) *n* presence

mukava (*moo*-kah-vah) *adj* convenient, comfortable

mukavuus (*moo*-kah-vōoss) *n* comfort; ease

muki (*moo*-ki) *n* mug

mullokala (*mool*-loa-*kah*-lah) *n* mullet

multa (*mool*-tah) *n* earth

mummo (*moom*-moa) *n* grandmother

muna (*moo*-nah) *n* egg

munakas (*moo*-nah-kahss) *n* omelette

munakoiso (*moo*-nah-*koi*-soa) *n* eggplant

munakuppi (*moo*-nah-*koop*-pi) *n* eggcup

munankeltuainen (*moo*-nahn-*kayl*-too-igh-nayn) *n* egg-yolk

munkki (*moongk*-ki) *n* monk

munkkiluostari (*moonk*-ki-*lwoass*-tah-ri) *n* monastery

munuainen (*moo*-noo-igh-nayn) *n* kidney

muodikas (*mwoa*-di-kahss) *adj* fashionable

muodollinen (*mwoa*-doal-li-nayn) *adj* formal

muodollisuus (*mwoa*-doal-li-sōoss) *n* formality

muodostaa (*mwoa*-doass-taa) *v* form

muoti (*mwoa*-ti) *n* fashion

muotihullutus (*mwoa*-ti-*hool*-loo-tooss) *n* fad

muoto (*mwoa*-toa) *n* shape, form

muotokuva (*mwoa*-toa-*koo*-vah) *n* portrait

muovailla (*mwoa*-vighl-lah) *v* model, shape

muovi (*mwoa*-vi) *n* plastic

muovinen (*mwoa*-vi-nayn) *adj* plastic

muratti (*moo*-raht-ti) *n* ivy

murea (*moo*-ray-ah) *adj* tender

murha (*moor*-hah) *n* murder

murhaaja (*moor*-haa-ʸah) *n* murderer

murhata (*moor*-hah-tah) *v* murder

murhe (*moor*-hay) *n* sorrow, grief

murheellinen (*moor*-hāʸl-li-nayn) *adj* sad

murhenäytelmä (*moor*-hayn-*næᵉʷ*-tayl-mæ) *n* tragedy, drama

murista (*moo*-riss-tah) *v* growl

murre (*moor*-ray) *n* dialect

murtaa (*moor*-taa) *v* *break; force

murtautua (jhk) (*moor*-tah-oo-too-ah) *v* burgle

murto-osa (*moor*-toa-*oa*-sah) *n* fraction

murtovaras (*moor*-toa-*vah*-rahss) *n* burglar

murtuma (*moor*-too-mah) *n* break, fracture

muru (*moo*-roo) *n* crumb

museo (*moo*-say-oa) *n* museum

musiikki (*moo*-seek-ki) *n* music

musiikkikorkeakoulu (*moo*-seek-ki-*koar*-kay-ah-*koa*-loo) *n* music academy

musiikkinäytelmä (*moo*-seek-ki-*næᵉʷ*-tayl-mæ) *n* musical comedy, musical

musikaalinen (*moo*-si-kaa-li-nayn) *adj* musical

muskottipähkinä (*mooss*-koat-ti-*pæh*-ki-næ) *n* nutmeg

musliini (*mooss*-lee-ni) *n* muslin

musta (*mooss*-tah) *adj* black

mustaherukka (*mooss*-tah-*hay*-rook-kah) *n* black-currant

mustalainen (*mooss*-tah-ligh-nayn) *n* gipsy

mustarastas (*mooss*-tah-*rahss*-tahss) *n* blackbird

mustasukkainen (*mooss*-tah-*sook*-kigh-nayn) *adj* jealous, envious

mustasukkaisuus (*mooss*-tah-*sook*-kigh-sōōss) *n* jealousy

muste (*mooss*-tay) *n* ink

mustekala (*mooss*-tayk-*kah*-lah) *n* octopus

mustelma (*mooss*-tayl-mah) *n* bruise; saada ~ bruise

mutka (*moot*-kah) *n* bend; curve

mutkitella (*moot*-ki-tayl-lah) *v* *wind

mutta (*moot*-tah) *conj* but

mutteri (*moot*-tay-ri) *n* nut

muu (*mōō*) *adj* remaining; muun muassa among other things

muualla (*mōō*-ahl-lah) *adv* elsewhere

muukalainen (*mōō*-kah-ligh-nayn) *n* alien, stranger

muuli (*mōō*-li) *n* mule

muunnos (*mōōn*-noass) *n* variation

muuntaa (*mōōn*-taa) *v* convert

muuntaja (*mōōn*-tah-ʸah) *n* transformer

muuntotaulukko (*mōōn*-toa-*tou*-look-koa) *n* conversion chart

muurahainen (*mōō*-rah-high-nayn) *n* ant

muurari (*mōō*-rah-ri) *n* bricklayer

muurata (*mōō*-rah-tah) *v* *lay bricks

muuri (*mōō*-ri) *n* wall

muusikko (*mōō*-sik-koa) *n* musician

muutama (*mōō*-tah-mah) *pron* some

muuten (*mōō*-tayn) *adv* moreover; by the way

muutoin (*mōō*-toin) *conj* otherwise; *adv* else

muutos (*mōō*-toass) *n* alteration, change

muuttaa (*mōōt*-taa) *v* change, alter; transform; modify; move; ~ maa-

han immigrate; ~ **maasta** emigrate

muutto (*mōōt*-toa) *n* move

muuttua (*mōōt*-too-ah) *v* turn into

muuttuva (*mōōt*-too-vah) *adj* variable

mykkä (mewk-kæ) *adj* dumb, mute

mylly (mewl-lew) *n* mill

mylläri (mewl-læ-ri) *n* miller

myrkky (mewrk-kew) *n* poison

myrkyllinen (mewr-kewl-li-nayn) *adj* toxic, poisonous

myrkyttää (mewr-kewt-tææ) *v* poison

myrsky (mewrs-kew) *n* storm, gale

myrskyinen (mewrs-kew^ee-nayn) *adj* stormy

myrskylyhty (mewrs-kew-*lewh*-tew) *n* hurricane lamp

mysteerio (mewss-*tāy*-ri-oa) *n* mystery

myydä (*mēw*-dæ) *v* *sell; ~ **vähittäin** retail

myyjä (*mēw*-ʸæ) *n* salesman

myyjätär (*mēw*-ʸæ-tær) *n* salesgirl

myymälä (*mēw*-mæ-læ) *n* store

myymäläapulainen (*mēw*-mæ-læ-*ah*-poo-ligh-nayn) *n* shop assistant

myynti (*mēwn*-ti) *n* sale

myyntikoju (*mēwn*-ti-koa-ʸoo) *n* stand

myyntipöytä (*mēwn*-ti-pur^ew-tæ) *n* counter

myyntitavarat (*mēwn*-ti-*tah*-vah-raht) *pl* wares *pl*, merchandise

myytti (*mēwt*-ti) *n* myth

myytävänä (*mēw*-tæ-væ-næ) for sale

myöhemmin (m^ewur-haym-min) *adv* later, afterwards

myöhempi (m^ewur-haym-pi) *adj* later, subsequent

myöhäinen (m^ewur-hæ^ee-nayn) *adj* late

myöhässä (m^ewur-hæss-sæ) *adj* late

myöhästynyt (m^ewur-hæss-tew-newt) *adj* overdue

myönnytys (m^ewurn-new-tewss) *n* concession

myönteinen (m^ewurn-tay-nayn) *adj* positive

myöntyä (m^ewurn-tew-æ) *v* consent; agree

myöntävä (m^ewurn-tæ-væ) *adj* affirmative

myöntää (m^ewurn-tææ) *v* admit, acknowledge; confess, recognize; grant; ~ **lupa** license

myös (m^ewurss) *adv* also, too

myötätunto (m^ewur-tæ-*toon*-toa) *n* sympathy

myötätuntoinen (m^ewur-tæ-*toon*-toi-nayn) *adj* sympathetic

myötävirtaan (m^ewur-tæ-*veer*-taan) *adv* downstream

mäenharja (mæ-ayn hoo^eep-poo) *n* hilltop

mäki (mæ-ki) *n* hill; rise

mäkihyppy (mæ-ki-*hewp*-pew) *n* skijump

mäkinen (mæ-ki-nayn) *adj* hilly

männänrengas (mæn-næn-*rayng*-ngahss) *n* piston ring

männänvarsi (mæn-næn-*vahr*-si) *n* piston-rod

mänty (mæn-tew) *n* pine

mäntä (mæn-tæ) *n* piston

märkä (mær-kæ) *adj* moist, wet; *n* pus

märkähaava (mær-kæ-*haa*-vah) *n* sore, ulcer

mäti (mæ-ti) *n* roe

mätä (mæ-tæ) *adj* rotten

määritellä (mææ-ri-tayl-læ) *v* define

määritelmä (mææ-ri-tayl-mæ) *n* definition

määrä (mææ-ræ) *n* quantity, amount

määräaika (mææ-ræ-*igh*-kah) *n* term

määräinen (mææ-ræ^ee-nayn) *adj* definite

määränpää (mææ-ræn-pææ) *n* destination

määräraha (*mææ-ræ-rah*-hah) *n* allowance

määrätty (*mææ-ræt-tew*) *adj* definite

määrätä (*mææ-ræ-tæ*) *v* order; determine; stipulate; prescribe

määräys (*mææ-ræ-ewss*) *n* order, instruction

määräämisvalta (*mææ-rææ-miss-vahl-tah*) *n* disposal; authority

möhkäle (*murh*-kæ-lay) *n* block

mökki (*murk*-ki) *n* cottage, hut

N

naamio (*naa*-mi-oa) *n* mask

naamioitua (*naa*-mi-oi-too-ah) *v* disguise

naapuri (*naa*-poo-ri) *n* neighbour; **naapuri-** neighbouring

naapurissa (*naa*-poo-riss-sah) *adv* next-door

naarmu (*naar*-moo) *n* scratch

naarmuttaa (*naar*-moot-taa) *v* scratch

nahka (*nahh*-kah) *n* leather; skin

nahkainen (*nahh*-kigh-nayn) *adj* leather

naida (*nigh*-dah) *v* marry

naiivi (*nah*-ee-vi) *adj* naïve

nailon (*nigh*-loan) *n* nylon

naimaton (*nigh*-mah-toan) *adj* single

naimattomuus (*nigh*-maht-toa-mōōss) *n* celibacy

nainen (*nigh*-nayn) *n* woman; **hieno ~** lady

naisellinen (*nigh*-sayl-li-nayn) *adj* feminine

naispuolinen (*nighss*-pwoa-li-nayn) *adj* female

naistenhuone (*nighss*-tayn-hwoa-nay) *n* powder-room, ladies' room

napa (*nah*-pah) *n* navel

napinreikä (*nah*-pin-ray-kæ) *n* button-

hole

napittaa (*nah*-pit-taa) *v* button

nappi (*nahp*-pi) *n* button

narista (*nah*-riss-tah) *v* creak

narri (*nahr*-ri) *n* fool

narttu (*nahrt*-too) *n* bitch

naru (*nah*-roo) *n* line

nasta (*nahss*-tah) *n* drawing-pin; thumbtack *nAm*

naudanliha (*nou*-dahn-*li*-hah) *n* beef

nauha (*nou*-hah) *n* ribbon; tape

nauhuri (*nou*-hoo-ri) *n* recorder, tape-recorder

naula (*nou*-lah) *n* nail; pound

naulakko (*nou*-lahk-koa) *n* hat rack

nauraa (*nou*-raa) *v* laugh

naurettava (*nou*-rayt-tah-vah) *adj* ridiculous, ludicrous; **tehdä naurettavaksi** ridicule

nauru (*nou*-roo) *n* laugh, laughter

nautakarja (*nou*-tah-*kahr*-Yah) *n* cattle *pl*

nautinto (*nou*-tin-toa) *n* pleasure; delight

nautittava (*nou*-tit-tah-vah) *adj* enjoyable

nauttia (*nout*-ti-ah) *v* enjoy

neekeri (*nāy*-kay-ri) *n* Negro

negatiivi (*nay*-gah-tee-vi) *n* negative

neiti (*nay*-ti) *n* miss

neitsyt (*nayt*-sewt) *n* virgin

neliö (*nay*-li-ur) *n* square

neliönmuotoinen (*nay*-li-urn-*mwoa*-toi-nayn) *adj* square

neljä (*nayl*-Yæ) *num* four

neljäkymmentä (*nayl*-Yæ-*kewm*-mayn-tæ) *num* forty

neljännes (*nayl*-Yæn-nayss) *n* quarter

neljännestunti (*nayl*-Yæn-nayss-*toon*-ti) *n* quarter of an hour

neljännesvuosi (*nayl*-Yæn-nayss-*vwoa*-si) *n* quarter

neljännesvuosittainen (*nayl*-Yæn-nayss-*vwoa*-sit-tigh-nayn) *adj* quar-

terly
eljäs (*nayl-*Yæss) *num* fourth
eljästoista (*nayl-*Yæss-*toiss*-tah) *num* fourteenth
eljätoista (*nayl-*Yæ-*toiss*-tah) *num* fourteen
nenä (*nay*-næ) *n* nose
nenäkäs (*nay*-næ-kæss) *adj* impertinent
nenäliina (*nay*-næ-*lee*-nah) *n* handkerchief
nero (*nay*-roa) *n* genius
neronleimaus (*nay*-roan-*lay*-mah-ooss) *n* brain-wave
neste (*nayss*-tay) *n* liquid, fluid
nestemäinen (*nayss*-tay-mæ^{ee}-nayn) *adj* liquid, fluid
netto (*nayt*-toa) *adv* net
neula (*nay*^{oo}-lah) *n* needle
neulepusero (*nay*^{oo}-layp-*poo*-say-roa) *n* sweater, jumper
neuloa (*nay*^{oo}-loa-ah) *v* *knit; *sew
neuroosi (*nay*^{oo}-rōa-si) *n* neurosis
neutrisukuinen (*nay*^{oo}t-ri-*soo*-koo^{ee}-nayn) *adj* neuter
neuvo (*nay*^{oo}-voa) *n* advice
neuvoa (*nay*^{oo}-voa-ah) *v* advise; **noudattaa** ~ listen, obey
neuvonantaja (*nay*^{oo}-voan-*ahn*-tah-Yah) *n* counsellor
neuvosmies (*nay*^{oo}-voass-*myayss*) *n* councillor
neuvosto (*nay*^{oo}-voass-toa) *n* council
Neuvostoliitto (*nay*^{oo}-voass-toa-*leet*-toa) Soviet Union
neuvostoliittolainen (*nay*^{oo}-voass-toa-*leet*-toa-ligh-nayn) *adj* Soviet
neuvotella (*nay*^{oo}-voa-tayl-lah) *v* negotiate; consult
neuvottelu (*nay*^{oo}-voat-tay-loo) *n* negotiation; consultation
nide (*ni*-day) *n* volume
nidos (*ni*-doass) *n* binding
niellä (*nyayl*-læ) *v* swallow

nielurisat (*nyay*-loo-*ri*-saht) *pl* tonsils *pl*; **nielurisojen tulehdus** tonsilitis
niemi (*nyay*-mi) *n* cape; headland
niemimaa (*nyay*-mi-*maa*) *n* peninsula
Nigeria (*ni*-gay-ri-ah) Nigeria
nigerialainen (*ni*-gay-ri-ah-ligh-nayn) *n* Nigerian; *adj* Nigerian
niin (*neen*) *adv* so; such, *conj* so; ~ **kuin** as, like; ~ **pian kuin** as soon as; ~ **sanottu** so-called; **no niin!** well!
niinipuu (*nee*-ni-*pōō*) *n* limetree
niitty (*neet*-tew) *n* meadow
nikkeli (*nik*-kay-li) *n* nickel
nikotiini (*ni*-koa-tee-ni) *n* nicotine
nilkka (*nilk*-kah) *n* ankle
nimellinen (*ni*-mayl-li-nayn) *adj* nominal
nimenomainen (*ni*-mayn-*oa*-migh-nayn) *adj* explicit, express
nimetä (*ni*-may-tæ) *v* nominate; name
nimetön (*ni*-may-turn) *adj* anonymous
nimeäminen (*ni*-may-æ-mi-nayn) *n* nomination
nimi (*ni*-mi) *n* name; **olla nimeltään** *be called
nimikirjain (*ni*-mi-*keer*-Yighn) *n* initial; **varustaa nimikirjaimilla** initial
nimikirjoitus (*ni*-mi-*keer*-Yoi-tooss) *n* signature; autograph
nimilippu (*ni*-mi-*lip*-poo) *n* label; **varustaa nimilipulla** label
nimilipuke (*ni*-mi-*li*-poo-kay) *n* tag
nimisana (*ni*-mi-*sah*-nah) *n* noun
nimissä (*ni*-miss-sæ) *postp* in the name of, on behalf of
nimittäin (*ni*-mitt-tæ^{ee}n) *adv* namely
nimittää (*ni*-mitt-tææ) *v* name; appoint; nominate, appoint
nimitys (*ni*-mi-tewss) *n* nomination, appointment; denomination
nipistää (*ni*-piss-tææ) *v* pinch
niputtaa (*ni*-poot-taa) *v* bundle
nirso (*neer*-soa) *adj* particular

niska (*niss*-kah) *n* nape of the neck, neck

nisäkäs (*ni*-sæ-kæss) *n* mammal

niukasti (*nee°°*-kahss-ti) *adv* barely

niukka (*nee°°*k-kah) *adj* scarce

niukkuus (*nee°°*k-kōōss) *n* scarcity

nivustaive (*ni*-vooss-*tigh*-vay) *n* groin

noidannuoli (*noi*-dahn-*nwoa*-li) *n* lumbago

noin (*noin*) *adv* about, approximately

noita (*noi*-tah) *n* witch

noituus (*noi*-tōōss) *n* magic

nojatuoli (*noa*-Yah-*twoa*-li) *n* easy chair, armchair

nojautua (*noa*-You-too-ah) *v* *lean

nokka (*noak*-kah) *n* beak

nokka-akseli (*noak*-kah-*ahk*-say-li) *n* camshaft

nokkaunet (*noak*-kah-oo-nayt) *pl* nap

nokkela (*noak*-kay-lah) *adj* clever

nolla (*noal*-lah) *n* zero

nopea (*noa*-pay-ah) *adj* fast, swift, quick, rapid

nopeus (*noa*-pay-ooss) *n* speed

nopeusmittari (*noa*-pay-ooss-*mit*-tah-ri) *n* speedometer

nopeusrajoitus (*noa*-pay-ooss-*rah*-Yoi-tooss) *n* speed limit

Norja (*noar*-Yah) Norway

norjalainen (*noar*-Yah-ligh-nayn) *n* Norwegian; *adj* Norwegian

normaali (*noar*-maa-li) *adj* normal

normi (*noar*-mi) *n* standard

norsunluu (*noar*-soon-*lōō*) *n* ivory

nostaa (*noass*-taa) *v* lift; hoist; ~ rahaa *draw

nostokurki (*noass*-toa-*koor*-ki) *n* crane

nostolaite (*noass*-toa-*ligh*-tay) *n* jack

nostosilta (*noass*-toa-*sil*-tah) *n* drawbridge

notaari (*noa*-taa-ri) *n* notary

notkea (*noat*-kay-ah) *adj* supple

nousta (*noass*-tah) *v* *get up, *rise; *get on; ascend; ~ ilmaan *take

off; ~ laivaan embark; ~ maihin disembark, land; ~ pystyyn *get up

nousu (*noa*-soo) *n* rise, ascent

nousuvesi (*noa*-soo-vay-si) *n* high tide

noutaa (*noa*-taa) *v* fetch, pick up, collect

nuhdella (*nooh*-dayl-lah) *v* reproach, reprimand

nuija (*noo*ee-Yah) *n* mallet, club; cudgel

nukkavieru (*nook*-kah-vyay-roo) *adj* threadbare

nukke (*nook*-kay) *n* doll

nukketeatteri (*nook*-kay-*tay*-aht-tay-ri) *n* puppet-show

nukkua (*nook*-koo-ah) *v* *sleep; ~ liikaa *oversleep

nukutus (*noo*-koo-tooss) *n* anaesthesia, narcosis

nukutusaine (*noo*-koo-tooss-*igh*-nay) *n* anaesthetic

numero (*noo*-may-roa) *n* number, figure

nummi (*noom*-mi) *n* heath, moor

nunna (*noon*-nah) *n* nun

nunnaluostari (*noon*-nah-*lwoass*-tah-ri) *n* convent, nunnery

nuo (*nwoa*) *pron* those

nuoli (*nwoa*-li) *n* arrow

nuolla (*nwoal*-lah) *v* lick

nuora (*nwoa*-rah) *n* cord, string

nuorekas (*nwoa*-ray-kahss) *adj* juvenile

nuorempi (*nwoa*-raym-pi) *adj* junior

nuori (*nwoa*-ri) *adj* young

nuoriso (*nwoa*-ri-soa) *n* youth

nuorisomaja (*nwoa*-ri-soa-*mah*-Yah) *n* youth hostel

nuorukainen (*nwoa*-roo-kigh-nayn) *n* lad

nuppi (*noop*-pi) *n* knob

nuppineula (*noop*-pi-*nay*°°-lah) *n* pin

nuppu (*noop*-poo) *n* bud

nurin (*noo*-rin) *adv* down

nurinpäin (*noo*-rin-pæ^{ee}n) *adv* inside out

nurista (*noo*-riss-tah) *v* grumble

nurmikenttä (*noor*-mi-*kaynt*-tæ) *n* lawn

nuttu (*noot*-too) *n* jacket

nykyaika (*new*-kew-*igh*-kah) *n* present

nykyaikainen (*new*-kew-*igh*-kigh-nayn) *adj* modern; contemporary

nykyinen (*new*-kew^{ee}-nayn) *adj* current, present

nykyään (*new*-kew-æænn) *adv* now, nowadays

nykäisy (*new*-kæ^{ee}-sew) *n* tug

nylkeä (*newl*-kay-æ) *v* skin

nyrjähdys (*newr*-Yæh-dewss) *n* sprain

nyrjäyttää (*newr*-Yæ-ewt-tææ) *v* sprain

nyrkinisku (*newr*-kin-*iss*-koo) *n* punch

nyrkkeillä (*newrk*-kayl-læ) *v* box

nyrkkeilyottelu (*newrk*-kay-lew-*oat*-tay-loo) *n* boxing match

nyrkki (*newrk*-ki) *n* fist

nyt (*newt*) *adv* now

nyökkäys (*n*^{ew}urk-kæ-ewss) *n* nod

nyökätä (*n*^{ew}ur-kæ-tæ) *v* nod

nyöri (*n*^{ew}ur-ri) *n* string; twine

näennäinen (næ-ayn-næ^{ee}-nayn) *adj* apparent

nähden (*næh*-dayn) *postp* concerning

nähdä (*næh*-dæ) *v* *see; ~ vilahdukselta glimpse

nähtävyys (*næh*-tæ-vēwss) *n* sight

nähtäväksi (*næh*-tæ-væk-si) *adv* on approval

nähtävästi (*næh*-tæ-væss-ti) *adv* apparently

näkemiin! (*næ*-kay-meen) good-bye!

näkemys (*næ*-kay-mewss) *n* view

näkinkenkä (*næ*-king-*kayng*-kæ) *n* seashell

näky (*næ*-kew) *n* sight

näkymä (*næ*-kew-mæ) *n* outlook, view

näkymätön (*næ*-kew-mæ-turn) *adj* invisible

näkyvyys (*næ*-kew-vēwss) *n* visibility

näkyvä (*næ*-kew-væ) *adj* visible

näköala (*næ*-kur-*ah*-lah) *n* view

näkökohta (*næ*-kur-*koah*-tah) *n* point of view; aspect

näköpiiri (*næ*-kur-*pee*-ri) *n* horizon

nälkä (*næl*-kæ) *n* hunger

nälkäinen (*næl*-kæ^{ee}-nayn) *adj* hungry

nämä (*næ*-mæ) *pron* these

näppylä (*næp*-pew-læ) *n* pimple

näppärä (*næp*-pæ-ræ) *adj* skilful, deft

närästys (*næ*-ræss-tewss) *n* heartburn

näyte (*næ*^{ew}-tay) *n* sample, specimen

näyteikkuna (*næ*^{ew}-tay-*ik*-koo-nah) *n* shop-window

näytekappale (*næ*^{ew}-tayk-*kahp*-pah-lay) *n* specimen

näytellä (*næ*^{ew}-tayl-læ) *v* act, play

näytelmä (*næ*^{ew}-tayl-mæ) *n* play; drama; spectacle; yksinäytöksinen ~ one-act play

näytelmäkirjailija (*næ*^{ew}-tayl-mæ-*keer*-Yigh-li-Yah) *n* playwright; dramatist

näytteillepano (*næ*^{ew}t-tayl-lay-*pah*-noa) *n* exhibition

näyttelijä (*næ*^{ew}t-tay-li-Yæ) *n* comedian, actor

näyttelijätär (*næ*^{ew}t-tay-li-Yæ-tær) *n* actress

näyttely (*næ*^{ew}t-tay-lew) *n* exposition, show, exhibition; display; ~ huone showroom

näyttämö (*næ*^{ew}t-tæ-mur) *n* stage

näyttämötaide (*næ*^{ew}t-tæ-mur-*tigh*-day) *n* drama

näyttää (*næ*^{ew}t-tææ) *v* *show; display; look; ~ jltk seem, look; appear; ~ toteen demonstrate

näytös (*næ*^{ew}-turss) *n* act

nöyrä (*nur^ew*-ræ) *adj* humble

O

objektiivinen (*oab-^yayk*-tee-vi-nayn) *adj* objective

obligaatio (*oab*-li-gaa-ti-oa) *n* bond

odotettavissa (*oa*-doa-tayt-tah-viss-sah) *adj* due

odottaa (*oa*-doat-taa) *v* wait; expect

odottamaton (*oa*-doat-tah-mah-toan) *adj* unexpected

odotus (*oa*-doa-tooss) *n* waiting; expectation

odotushuone (*oa*-doa-tooss-*hwoa*-nay) *n* waiting-room

odotuslista (*oa*-doa-tooss-*liss*-tah) *n* waiting-list

ohdake (*oah*-dah-kay) *n* thistle

oheistaa (*oa*-hayss-taa) *v* enclose

ohi (*oa*-hi) *adv* over, *postp* past

ohikulkija (*oa*-hi-*kool*-ki-^yah) *n* passer-by

ohikulkutie (*oa*-hi-*kool*-koo-tyay) *n* by-pass

ohimo (*oa*-hi-moa) *n* temple

ohittaa (*oa*-hit-taa) *v* pass by; *overtake; ohitus kielletty no overtaking; no passing *Am*

ohjaaja (*oah*-^yaa-^yah) *n* director; instructor

ohjata (*oah*-^yah-tah) *v* direct; steer; navigate

ohjaus (*oah*-^yah-ooss) *n* direction; steering

ohjauspyörä (*oah*-^yah-ooss-*p^ew*ur-ræ) *n* steering-wheel

ohjaustanko (*oah*-^yah-ooss-*tahng*-koa) *n* steering-column

ohje (*oah*-^yay) *n* direction, instruction

ohjelma (*oah*-^yayl-mah) *n* programme

ohjelmisto (*oah*-^yayl-miss-toa) *n* repertory

ohjesääntö (*oah*-^yayss-*sææn*-tur) *n* regulation

ohjus (*oah*-^yooss) *n* rocket

ohra (*oah*-rah) *n* barley

ohut (*oa*-hoot) *adj* thin; sheer

oikaista (*oi*-kighss-tah) *v* correct

oikaisu (*oi*-kigh-soo) *n* correction

oikea (*oi*-kay-ah) *adj* appropriate, right, correct, just; **olla oikeassa** * be right

oikealla (*oi*-kay-ahl-lah) *adj* right-hand

oikeamielinen (*oi*-kay-ah-*myay*-li-nayn) *adj* righteous

oikeanpuoleinen (*oi*-kay-ahn-*pwoa*-lay-nayn) *adj* right-hand, right; right

oikeaoppinen (*oi*-kay-ah-*oap*-pi-nayn) *adj* orthodox

oikein (*oi*-kayn) *adv* quite

oikeinkirjoitus (*oi*-kayn-*keer*-^yoi-tooss) *n* spelling

oikeudenkäynti (*oi*-kay-oo-dayng-*kæ^ew*n-ti) *n* trial; lawsuit, process

oikeudenmukainen (*oi*-kay-oo-daym-*moo*-kigh-nayn) *adj* just, fair, right

oikeudenmukaisuus (*oi*-kay-oo-daym-*moo*-kigh-sōōss) *n* justice

oikeudenpalvelija (*oi*-kay-oo-daym-*pahl*-vay-li-^yah) *n* bailiff

oikeudenpäätös (*oi*-kay-oo-daym-*pææ*-turss) *n* verdict

oikeus (*oi*-kay-ooss) *n* right; justice; court

oikeusjuttu (*oi*-kay-ooss-*^yoot*-too) *n* lawsuit; case

oikeutettu (*oi*-kay-oo-tayt-too) *adj* just, justified

oikeutetusti (*oi*-kay-oo-tay-tooss-ti) *adv* rightly

oikku (*oik*-koo) *n* whim

oikosulku (*oi*-koa-*sool*-koo) *n* short

circuit

oire (*oi*-ray) *n* symptom

oivallus (*oi*-vahl-looss) *n* insight

oivaltaa (*oi*-vahl-taa) *v* realize

oja (*oa*-Yah) *n* ditch

ojentaa (*oa*-Yayn-taa) *v* pass; hand

ojittaa (*oa*-Yit-taa) *v* drain

oksa (*oak*-sah) *n* branch, bough

oksentaa (*oak*-sayn-taa) *v* vomit

olemassaolo (*oa*-lay-mahss-sah-*oa*-loa) *n* existence

olennainen (*oa*-layn-nigh-nayn) *adj* essential

olento (*oa*-layn-toa) *n* being; creature

oleskella (*oa*-layss-kayl-lah) *v* stay

oleskelu (*oa*-layss-kay-loo) *n* stay

oleskelulupa (*oa*-layss-kay-loo-*loo*-pah) *n* residence permit

olettaa (*oa*-layt-taa) *v* suppose, assume

oliivi (*oa*-lee-vi) *n* olive

oliiviöljy (*oa*-lee-vi-*url*-Yew) *n* olive oil

olkaimet (*oal*-kigh-mayt) *pl* braces *pl*

olki (*oal*-ki) *n* straw

olkikatto (*oal*-ki-*kaht*-toa) *n* thatched roof

olla (*oal*-lah) *v* *be; ~ jklla *have; ~ jkn veroinen equal; ~ jnkn arvoinen *be worth; ~ jtkn mieltä *think; ~ jtkn vailla lack; ~ läsnä assist at; ~ mieltynyt fancy; ~ olemassa exist; ~ varaa afford; ~ yllä *wear

ollenkaan (*oal*-layng-kaan) *adv* at all

olohuone (*oa*-loa-*hwoa*-nay) *n* sitting-room, living-room

olosuhde (*oa*-loa-*sooh*-day) *n* condition

olut (*oa*-loot) *n* beer, ale

olutpanimo (*oa*-loot-*pah*-ni-moa) *n* brewery

oluttupa (*oa*-loot-*too*-pah) *n* tavern; public house, pub

oma (*oa*-mah) *adj* own

omahyväinen (*oa*-mah-*hew*-væ ee-nayn) *adj* presumptuous; smug

omaisuus (*oa*-migh-sōōss) *n* property; fortune; possessions, belongings *pl*

omaksua (*oa*-mahk-soo-ah) *v* adopt

omalaatuinen (*oa*-mah-laa-too ee-nayn) *adj* peculiar, original, quaint

omalaatuisuus (*oa*-mah-*laa*-too ee-sōōss) *n* peculiarity

omatunto (*oa*-mah-*toon*-toa) *n* conscience

omena (*oa*-may-nah) *n* apple

ominainen (*oa*-mi-nigh-nayn) *adj* characteristic; specific

ominaispiirre (*oa*-mi-nighss-*peer*-ray) *n* characteristic

ominaisuus (*oa*-mi-nigh-sōōss) *n* property, quality

omintakeinen (*oa*-min-*tah*-kay-nayn) *adj* original

omistaa (*oa*-miss-taa) *v* possess, own; devote

omistaja (*oa*-miss-tah-Yah) *n* proprietor, owner

omistus (*oa*-miss-tooss) *n* possession

omituinen (*oa*-mi-too ee-nayn) *adj* curious, strange, odd, peculiar

ommel (*oam*-mayl) *n* stitch

ommella (*oam*-mayl-lah) *v* *sew; ~ haava *sew up

ompelija (*oam*-pay-li-Yah) *n* dressmaker

ompelukone (*oam*-pay-loo-*koa*-nay) *n* sewing-machine

ongelma (*oang*-ngayl-mah) *n* problem

ongenkoukku (*oang*-ngayn-koak-koo) *n* fishing hook

ongensiima (*oang*-ngayn-*see*-mah) *n* fishing line

onkalo (*oan*-kah-loa) *n* cave

onkia (*oang*-ki-ah) *v* angle

onkivapa (*oang*-ki-*vah*-pah) *n* fishing rod

onnekas (*oan*-nay-kahss) *adj* lucky,

fortunate

onnellinen (*oan*-nayl-li-nayn) *adj* happy

onnentoivotus (*oan*-nayn-*toi*-voa-tooss) *n* congratulation

onneton (*oan*-nay-toan) *adj* unhappy, miserable

onnettomuus (*oan*-nayt-toa-mōōss) *n* disaster, accident; calamity

onni (*oan*-ni) *n* fortune, happiness; prosperity

onnistua (*oan*-niss-too-ah) *v* succeed, manage

onnitella (*oan*-ni-tayl-lah) *v* congratulate, compliment

onnittelu (*oan*-nit-tay-loo) *n* congratulation

ontelo (*oan*-tay-loa) *n* cavity

ontto (*oant*-toa) *adj* hollow

ontua (*oan*-too-ah) *v* limp

ontuva (*oan*-too-vah) *adj* lame

onyksi (*oa*-newk-si) *n* onyx

ooppera (*ōāp*-pay-rah) *n* opera

oopperatalo (*ōāp*-pay-rah-*tah*-loa) *n* opera house

opaali (*oa*-paa-li) *n* opal

opas (*oa*-pahss) *n* guide

opaskirja (*oa*-pahss-*keer*-Yah) *n* guidebook

opaskoira (*oa*-pahss-*koi*-rah) *n* guidedog

opastaa (*oa*-pahss-taa) *v* guide

opaste (*oa*-pahss-tay) *n* signal

operetti (*oa*-pay-rayt-ti) *n* operetta

opettaa (*oa*-payt-taa) *v* *teach; instruct

opettaja (*oa*-payt-tah-Yah) *n* teacher, schoolteacher, master, schoolmaster

opettavainen (*oa*-payt-tah-vigh-nayn) *adj* instructive

opetus (*oa*-pay-tooss) *n* tuition, instruction; teachings *pl;* moral

opinnot (*oa*-pin-noat) *pl* study

opiskelija (*oa*-piss-kay-li-Yah) *n* student

opiskella (*oa*-piss-kayl-lah) *v* study

oppia (*oap*-pi-ah) *v* *learn; ~ **ulkoa** memorize

oppiarvo (*oap*-pi-*ahr*-voa) *n* degree

oppikirja (*oap*-pi-*keer*-Yah) *n* textbook

oppikoulu (*oap*-pi-*koa*-loo) *n* secondary school

oppilas (*oap*-pi-lahss) *n* pupil; learner

oppimaton (*oap*-pi-mah-toan) *adj* uneducated

oppinut (*oap*-pi-noot) *n* scholar; *adj* learned

oppitunti (*oap*-pi-*toon*-ti) *n* lesson

optikko (*oap*-tik-koa) *n* optician

optimismi (*oap*-ti-miss-mi) *n* optimism

optimisti (*oap*-ti-miss-ti) *n* optimist

optimistinen (*oap*-ti-miss-ti-nayn) *adj* optimistic

oranssinvärinen (*oa*-rahns-sin *væ*-ri-nayn) *adj* orange

orava (*oa*-rah-vah) *n* squirrel

organisoida (*oar*-gah-ni-soi-dah) *v* organize

orja (*oar*-Yah) *n* slave

orkesteri (*oar*-kayss-tay-ri) *n* orchestra

orkesterinjohtaja (*oar*-kayss-tay-rin-Yoah-tah-Yah) *n* conductor

orpo (*oar*-poa) *n* orphan

orvokki (*oar*-voak-ki) *n* violet

osa (*oa*-sah) *n* part; lot

osaaottavainen (*oa*-saa-*oat*-tah-vigh-nayn) *adj* sympathetic

osakas (*oa*-sah-kahss) *n* partner

osake (*oa*-sah-kay) *n* share

osakkeet (*oa*-sahk-kāyt) *pl* stocks and shares

osaksi (*oa*-sahk-si) *adv* partly

osallinen (*oa*-sahl-li-nayn) *adj* concerned

osallistua (*oa*-sahl-liss-too-ah) *v* participate

osamaksuerä (*oa*-sah-*mahk*-soo-*ay*-ræ) *n* instalment

osanottaja (*oa*-sahn-*oat*-tah-Yah) *n* participant

osanotto (*oa*-sahn-*oat*-toa) *n* participation; sympathy

osasto (*oa*-sahss-toa) *n* division, department; section

osittain (*oa*-sit-tighn) *adv* partly

osittainen (*oa*-sit-tigh-nayn) *adj* partial

osoite (*oa*-soi-tay) *n* address

osoittaa (*oa*-soit-taa) *v* *show; point out; designate; indicate; demonstrate

osoittautua (*oa*-soit-tah-oo-too-ah) *v* prove

osoitus (*oa*-soi-tooss) *n* indication; token

ostaa (*oass*-taa) *v* *buy, purchase

ostaja (*oass*-tah-Yah) *n* buyer, purchaser

osteri (*oass*-tay-ri) *n* oyster

osto (*oass*-toa) *n* purchase

ostohinta (*oass*-toa-*hin*-tah) *n* purchase price

ostoskeskus (*oass*-toass-*kayss*-kooss) *n* shopping centre

ostoslaukku (*oass*-toass-*louk*-koo) *n* shopping bag

osua (*oa*-soo-ah) *v* *hit

osuus (*oa*-sōōss) *n* share, part

osuustoiminnallinen (*oa*-sōōss-*toi*-min-nahl-li-nayn) *adj* co-operative

osuustoiminta (*oa*-sōōss-*toi*-min-tah) *n* co-operative

otaksua (*oa*-tahk-soo-ah) *v* assume

otaksuttava (*oa*-tahk-soot-tah-vah) *adj* presumable

ote (*oa*-tay) *n* grasp, grip; **tiukka ∼** clutch

otsa (*oat*-sah) *n* forehead

otsikko (*oat*-sik-koa) *n* headline, heading

ottaa (*oat*-taa) *v* *take; **∼ haltuunsa** *take up; **∼ huolekseen** *take charge of; **∼ kiinni** *catch; **∼ palvelukseen** employ; **∼ pois** *take out; **∼ puheeksi** *bring up; **∼ tehtäväkseen** *take over; **∼ yhteys** contact

ottelu (*oat*-tay-loo) *n* match

outo (*oa*-toa) *adj* strange, unfamiliar; odd

ovela (*oa*-vay-lah) *adj* cunning, sly

ovenvartija (*oa*-vayn-*vahr*-ti-Yah) *n* door-keeper, porter

ovi (*oa*-vi) *n* door

ovikello (*oa*-vi-*kayl*-loa) *n* doorbell

ovimatto (*oa*-vi-*maht*-toa) *n* mat

ovimikko (*oa*-vi-*mik*-koa) *n* doorman

P

paahtaa (*paah*-taa) *v* roast

paahtoleipä (*paah*-toa-*lay*-pæ) *n* toast

paavi (*paa*-vi) *n* pope

paeta (*pah*-ay-tah) *v* escape, *flee

paha (*pah*-hah) *adj* ill, bad; *n* mischief; evil, *adj* ill

pahaenteinen (*pah*-hah-*ayn*-tay-nayn) *adj* sinister, ominous

pahamaineinen (*pah*-hah-*migh*-nay-nayn) *adj* notorious

pahanhajuinen (*pah*-hahn-*hah*-Yoo ee-nayn) *adj* smelly

pahanlaatuinen (*pah*-hahn-*laa*-too ee-nayn) *adj* malignant

pahansuopa (*pah*-hahn-*swoa*-pah) *adj* spiteful; malicious

pahastuttaa (*pah*-hahss-toot-taa) *v* offend

paheellinen (*pah*-hāyl-li-nayn) *adj* vicious

paheksua (*pah*-hayk-soo-ah) *v* disapprove

pahemmin (*pah*-haym-min) *adv* worse

pahempi (*pah*-haym-pi) *adj* worse

pahimmin (*pah*-him-min) *adv* worst

pahin (*pah*-hin) *adj* worst

pahoillaan (*pah*-hoil-laan) *adv* sorry

pahoinvointi (*pah*-hoin-*voin*-ti) *n* sickness, nausea

pahoinvoipa (*pah*-hoin-*voi*-pah) *adj* sick

pahoitella (*pah*-hoi-tayl-lah) *v* regret

pahoittelu (*pah*-hoit-tay-loo) *n* regret

paholainen (*pah*-hoa-ligh-nayn) *n* devil

pahuus (*pah*-hōōss) *n* evil

pahvi (*pahh*-vi) *n* cardboard

pahvilaatikko (*pahh*-vi-*laa*-tik-koa) *n* carton

pahvinen (*pahh*-vi-nayn) *adj* cardboard

paikallinen (*pigh*-kahl-li-nayn) *adj* local; **paikallis-** local

paikallisjuna (*pigh*-kahl-liss-*Yoo*-nah) *n* local train; stopping train

paikallispuhelu (*pigh*-kahl-liss-*poo*-hay-loo) *n* local call

paikannäyttäjä (*pigh*-kahn-*næᵉʷt*-tæ-Yæ) *n* usher; usherette

paikantaa (*pigh*-kahn-taa) *v* locate

paikata (*pigh*-kah-tah) *v* patch

paikka (*pighk*-kah) *n* place; spot

paikkakunta (*pighk*-kah-*koon*-tah) *n* locality

paimen (*pigh*-mayn) *n* shepherd

painaa (*pigh*-naa) *v* press; print

paine (*pigh*-nay) *n* pressure

painekeitin (*pigh*-nay-*kay*-tin) *n* pressure-cooker

paino (*pigh*-noa) *n* weight

painonappi (*pigh*-noa-nahp-pi) *n* push-button

painos (*pigh*-noass) *n* edition; issue

painostus (*pigh*-noass-tooss) *n* pressure

painottaa (*pigh*-noat-taa) *v* stress

painotuote (*pigh*-noa-*twoa*-tay) *n* printed matter

painovoima (*pigh*-noa-*voi*-mah) *n* gravity

paise (*pigh*-say) *n* boil

paiskata (*pighss*-kah-tah) *v* *throw

paistaa (*pighss*-taa) *v* fry; *shine, roast; fry

paistinkastike (*pighss*-tin-*kahss*-ti-kay) *n* gravy

paistinpannu (*pighss*-tin-*pahn*-noo) *n* frying-pan

paisua (*pigh*-soo-ah) *v* *swell

paita (*pigh*-tah) *n* shirt

paitsi (*pight*-si) *prep* except, but

pakana (*pah*-kah-nah) *n* heathen, pagan

pakanallinen (*pah*-kah-nahl-li-nayn) *adj* heathen, pagan

pakara (*pah*-kah-rah) *n* buttock

pakasteet (*pah*-kahss-tāyt) *pl* frozen food

pakastin (*pah*-kahss-tin) *n* deep-freeze

pakata (*pah*-kah-tah) *v* pack up, pack

paketti (*pah*-kayt-ti) *n* parcel, package

pakettiauto (*pah*-kayt-ti-*ou*-toa) *n* van; pick-up van

pakina (*pah*-ki-nah) *n* chat

Pakistan (*pah*-kiss-tahn) Pakistan

pakistanilainen (*pah*-kiss-tah-ni-ligh-nayn) *n* Pakistani; *adj* Pakistani

pakkasneste (*pahk*-kahss-*nayss*-tay) *n* antifreeze

pakkaus (*pahk*-kah-ooss) *n* packing

pakko (*pahk*-koa) *n* need; **olla ~** *be obliged to

pakkomielle (*pahk*-koa-*myayl*-lay) *n* obsession

pako (*pah*-koa) *n* escape

pakokaasu (*pah*-koa-*kaa*-soo) *n* exhaust, exhaust gases

pakokauhu (*pah*-koa-*kou*-hoo) *n* panic

pakollinen (*pah*-koal-li-nayn) *adj* obligatory, compulsory

pakoputki (*pah*-koa-*poot*-ki) *n* exhaust

pakottaa (*pah*-koat-taa) *v* compel, force

paksu (*pahk*-soo) *adj* fat, thick; bulky

paksuus (*pahk*-sōōss) *n* thickness

pala (*pah*-lah) *n* piece; scrap; lump

palaa (*pah*-laa) *v* *burn; ~ **pohjaan** *burn

palanen (*pah*-lah-nayn) *n* bit, fragment, lump; morsel

palapeli (*pah*-lah-*pay*-li) *n* jigsaw puzzle, puzzle

palata (*pah*-lah-tah) *v* return, *go back, *get back

palatsi (*pah*-laht-si) *n* palace

palauttaa (*pah*-lah-oot-taa) *v* *send back, *bring back

paljas (*pahl*-Yahss) *adj* bare

paljastaa (*pahl*-Yahss-taa) *v* reveal; uncover

paljastus (*pahl*-Yahss-tooss) *n* revelation

paljon (*pahl*-Yoan) *adv* far, much

paljous (*pahl*-Yoa-ooss) *n* mass; volume

palkankorotus (*pahl*-kahn-*koa*-roa-tooss) *n* rise; raise *nAm*

palkata (*pahl*-kah-tah) *v* engage, hire

palkinto (*pahl*-kin-toa) *n* prize, award

palkita (*pahl*-ki-tah) *v* reward; award

palkka (*pahlk*-kah) *n* wages *pl*, salary, pay

palkkio (*pahlk*-ki-oa) *n* reward; fee

pallas (*pahl*-lahss) *n* halibut

pallero (*pahl*-lay-roa) *n* tot

pallo (*pahl*-loa) *n* ball

palmu (*pahl*-moo) *n* palm

palohaava (*pah*-loa-*haa*-vah) *n* burn

palohälytys (*pah*-loa-*hæ*-lew-tewss) *n* fire-alarm

palokunta (*pah*-loa-*koon*-tah) *n* fire-brigade

paloportaat (*pah*-loa-*poar*-taat) *pl* fire-escape

paloöljy (*pah*-loa-*url*-Yew) *n* paraffin; kerosene

palsta (*pahls*-tah) *n* column

paluu (*pah*-lōō) *n* return

paluulento (*pah*-lōō-*layn*-toa) *n* return flight

paluumatka (*pah*-lōō-*maht*-kah) *n* return journey

paluutie (*pah*-lōō-tyay) *n* way back

palvelija (*pahl*-vay-li-Yah) *n* servant, domestic; boy

palvella (*pahl*-vayl-lah) *v* attend on, wait on

palvelu (*pahl*-vay-loo) *n* service

palvelumaksu (*pahl*-vay-loo-*mahk*-soo) *n* service charge

palvelus (*pahl*-vay-looss) *n* favour, service

palvoa (*pahl*-voa-ah) *v* worship

paneeli (*pah*-nāy-li) *n* panel

panettelu (*pah*-nayt-tay-loo) *n* slander

pankki (*pahngk*-ki) *n* bank

pankkitili (*pahngk*-ki-*ti*-li) *n* bank account

panna (*pahn*-nah) *v* *put, *lay; ~ **alulle** launch; ~ **merkille** notice; ~ **olutta** brew; ~ **pahakseen** resent; ~ **paikoilleen** *put away

pannu (*pahn*-noo) *n* pan

pantata (*pahn*-tah-tah) *v* pawn

pantti (*pahnt*-ti) *n* pawn; deposit

panttilainaaja (*pahnt*-ti-*ligh*-naa-Yah) *n* pawnbroker

panttivanki (*pahnt*-ti-*vahng*-ki) *n* hostage

paperi (*pah*-*pay*-ri) *n* paper

paperiarkki (*pah*-pay-ri-*ahrk*-ki) *n* sheet

paperikauppa (*pah*-pay-ri-*koup*-pah) *n* stationer's

paperikori (*pah*-pay-ri-*koa*-ri) *n* waste-paper-basket

paperilautasliina (*pah*-pay-ri-*lou*-tahss-lee-nah) *n* paper napkin

paperinen (*pah*-pay-ri-nayn) *adj* paper

paperinenäliina (*pah*-pay-ri-nay-*næ-lee*-nah) *n* tissue

paperipussi (*pah*-pay-ri-*pooss*-si) *n* paper bag

paperitavarat (*pah*-pay-ri-*tah*-vah-raht) *pl* stationery

paperiveitsi (*pah*-pay-ri-*vayt*-si) *n* paper-knife

papiljotit (*pah*-pil-Yoa-tit) *pl* hair rollers

papiljotti (*pah*-pil-Yoat-ti) *n* curler

pappi (*pahp*-pi) *n* minister, clergyman, priest

pappila (*pahp*-pi-lah) *n* parsonage, rectory, vicarage

papu (*pah*-poo) *n* bean

papukaija (*pah*-poo-kigh-Yah) *n* parrot, parakeet

paraati (*pah*-raa-ti) *n* parade

parannus (*pah*-rahn-nooss) *n* improvement

parannuskeino (*pah*-rahn-nooss-*kay*-noa) *n* remedy

parannuskuuri (*pah*-rahn-nooss-*kōō*-ri) *n* cure

parantaa (*pah*-rahn-taa) *v* improve; cure, heal

parantola (*pah*-rahn-toa-lah) *n* sanatorium

parantumaton (*pah*-rahn-too-mah-toan) *adj* incurable

parantuminen (*pah*-rahn-too-mi-nayn) *n* recovery; cure

paras (*pah*-rahss) *adj* best

parempi (*pah*-raym-pi) *adj* superior, better; preferable

pari (*pah*-ri) *n* couple, pair

parila (*pah*-ri-lah) *n* grill

parillinen (*pah*-ril-li-nayn) *adj* even

pariloida (*pah*-ri-loi-dah) *v* grill

parissa (*pah*-riss-sah) *postp* among

paristo (*pah*-riss-toa) *n* battery

pariton (*pah*-ri-toan) *adj* odd

parlamentaarinen (*pahr*-lah-mayn-taa-ri-nayn) *adj* parliamentary

parlamentti (*pahr*-lah-maynt-ti) *n* parliament

parranajokone (*pahr*-rahn-ah-Yoa-*koa*-nay) *n* safety-razor, razor

parranajosaippua (*pahr*-rahn-ah-Yoa-*sighp*-poo-ah) *n* shaving-soap

parsa (*pahr*-sah) *n* asparagus

parsia (*pahr*-si-ah) *v* darn

parsinlanka (*pahr*-sin-*lahng*-kah) *n* darning wool

partasuti (*pahr*-tah-*soo*-ti) *n* shaving-brush

partaterä (*pahr*-tah-*tay*-ræ) *n* razor-blade

partavaahdoke (*pahr*-tah-*vaah*-doa-kay) *n* shaving-cream

partavesi (*pahr*-tah-*vay*-si) *n* after-shave lotion

partio (*pahr*-ti-oa) *n* patrol

partioida (*pahr*-ti-oi-dah) *v* patrol

partiolainen (*pahr*-ti-oa-*ligh*-nayn) *n* scout

partiopoika (*pahr*-ti-oa-*poi*-kah) *n* boy scout

partiotyttö (*pahr*-ti-oa-*tewt*-tur) *n* girl guide

parturi (*pahr*-too-ri) *n* barber

parveke (*pahr*-vay-kay) *n* balcony

parvi (*pahr*-vi) *n* gallery, circle

pasifisti (*pah*-si-fiss-ti) *n* pacifist

pasifistinen (*pah*-si-fiss-ti-nayn) *adj* pacifist

passi (*pahss*-si) *n* passport

passiivinen (*pahss*-see-vi-nayn) *adj* passive

passikuva (*pahss*-si-koo-vah) *n* passport photograph

passitarkastus (*pahss*-si-*tahr*-kahss-tooss) *n* passport control

pastori (*pahss*-toa-ri) *n* clergyman; parson

pata (*pah*-tah) *n* pot

patentti (*pah*-taynt-ti) *n* patent
patja (*paht*-ʸah) *n* mattress
pato (*pah*-toa) *n* dam; dike
patruuna (*paht*-rōō-nah) *n* cartridge
patukka (*pah*-took-kah) *n* club
pauhu (*pou*-hoo) *n* roar
paviljonki (*pah*-vil-ʸoang-ki) *n* pavilion
pehmennysaine (*payh*-mayn-newss-*igh*-nay) *n* water-softener
pehmeä (*payh*-may-æ) *adj* soft
pehmittää (*payh*-mit-tææ) *v* soften
pehmustaa (*payh*-mooss-taa) *v* upholster
peili (*pay*-li) *n* mirror, looking-glass
peilikuva (*pay*-li-koo-vah) *n* reflection
peippo (*payp*-poa) *n* finch
peittää (*payt*-tææ) *v* cover
pekoni (*pay*-koa-ni) *n* bacon
pelaaja (*pay*-laa-ʸah) *n* player
pelastaa (*pay*-lahss-taa) *v* save, rescue
pelastaja (*pay*-lahss-tah-ʸah) *n* rescuer; saviour
pelastaminen (*pay*-lahss-tah-mi-nayn) *n* rescue
pelastus (*pay*-lahss-tooss) *n* rescue, delivery; salvation
pelastusrengas (*pay*-lahss-tooss-*rayng*-ngahss) *n* life-buoy
peli (*pay*-li) *n* game
pelikaani (*pay*-li-kaa-ni) *n* pelican
pelikortti (*pay*-li-*koart*-ti) *n* playing-card
pelikuula (*pay*-li-kōō-lah) *n* marble
pelimarkka (*pay*-li-*mahrk*-kah) *n* chip
pelkkä (*paylk*-kæ) *adj* sheer
pelko (*payl*-koa) *n* fear, dread; scare, fright
pelkuri (*payl*-koo-ri) *n* coward
pelkästään (*payl*-kæss-tææn) *adv* merely
pellava (*payl*-lah-vah) *n* linen
peloissaan (*pay*-loiss-saan) *adv* afraid
pelottava (*pay*-loat-tah-vah) *adj* terrifying, awful

peltirasia (*payl*-ti-*rah*-si-ah) *n* canister, tin
pelto (*payl*-toa) *n* field
peltopyy (*payl*-toa-*pēw*) *n* partridge
pelästynyt (*pay*-læss-tew-newt) *adj* frightened
pelästys (*pay*-læss-tewss) *n* fright
pelästyttää (*pay*-læss-tewt-tææ) *v* scare, frighten; alarm
pelästyä (*pay*-læss-tew-æ) *v* *be frightened
pelätä (*pay*-læ-tæ) *v* *be afraid; fear, dread
pengerrys (*payng*-ngayr-rewss) *n* embankment
penisilliini (*pay*-ni-sil-lee-ni) *n* penicillin
penkki (*payngk*-ki) *n* bench
pensaikko (*payn*-sighk-koa) *n* scrub, bush
pensas (*payn*-sahss) *n* bush, shrub
pensasaita (*payn*-sahss-*igh*-tah) *n* hedge
perhe (*payr*-hay) *n* family
perhonen (*payr*-hoa-nayn) *n* butterfly
perhosuinti (*payr*-hoass-oo^ee n-ti) *n* butterfly stroke
periaate (*pay*-ri-*aatay*) *n* principle
perilletulo (*pay*-ril-layt-*too*-loa) *n* arrival
perinne (*pay*-rin-nay) *n* tradition
perinnöllinen (*pay*-rin-nurl-li-nayn) *adj* hereditary
perinpohjainen (*pay*-rim-*poah*-ʸigh-nayn) *adj* thorough
perinteinen (*pay*-rin-tay-nayn) *adj* traditional
perintö (*pay*-rin-tur) *n* inheritance
periä (*pay*-ri-æ) *v* inherit
perjantai (*payr*-ʸahn-tigh) *n* Friday
permanentti (*payr*-mah-naynt-ti) *n* permanent wave
permantopaikka (*payr*-mahn-toa-*pighk*-kah) *n* stall; orchestra seat

Am

Persia (*payr*-si-ah) Persia

persialainen (*payr*-si-ah-ligh-nayn) *adj* Persian; *n* Persian

persikka (*payr*-sik-kah) *n* peach

persilja (*payr*-sil-Yah) *n* parsley

persoonallisuus (*payr*-sōā-nahl-li-sōōss) *n* personality

persoonaton (*payr*-sōā-nah-toan) *adj* impersonal

perspektiivi (*payrs*-paylk-tee-vi) *n* perspective

peruna (*pay*-roo-nah) *n* potato; **ranskalaiset perunat** chips

perus- (*pay*-rooss) basic

perusaine (*pay*-rooss-*igh*-nay) *n* element

perusajatus (*pay*-rooss-*ah*-Yah-tooss) *n* principle, basic idea

perusolemus (*pay*-rooss-*oa*-lay-mooss) *n* essence

perusta (*pay*-rooss-tah) *n* base, basis

perustaa (*pay*-rooss-taa) *v* found, institute; establish; base; **perustavaa laatua oleva** fundamental

peruste (*pay*-rooss-tay) *n* cause; argument; basis

perusteellinen (*pay*-rooss-tāyl-li-nayn) *adj* thorough

peruukki (*pay*-rōōk-ki) *n* wig

peruuttaa (*pay*-rōōt-taa) *v* recall, cancel; reverse

peruuttamaton (*pay*-rōōt-tah-mah-toan) *adj* irrevocable

peruutus (*pay*-rōō-tooss) *n* cancellation

peruutusvaihde (*pay*-rōō-tooss-*vighh*-day) *n* reverse

peräkkäisyys (*pay*-ræk-kæ*ee*-sēwss) *n* sequence

perämies (*pay*-ræ-myayss) *n* steersman; (first) mate

peräpuikko (*pay*-ræ-*poo**ee**k*-koa) *n* suppository

peräpukamat (*pay*-ræ-*poo*-kah-maht) *pl* piles *pl*, haemorrhoids *pl*

peräsin (*pay*-ræ-sin) *n* helm, rudder

perästäpäin (*pay*-ræss-tæ-*pæ**ee**n*) *adv* afterwards

peräsuoli (*pay*-ræ-*swoa*-li) *n* rectum

perävaunu (*pay*-ræ-*vou*-noo) *n* trailer

pessimismi (*payss*-si-miss-mi) *n* pessimism

pessimisti (*payss*-si-miss-ti) *n* pessimist

pessimistinen (*payss*-si-miss-ti-nayn) *adj* pessimistic

pestä (*payss*-tæ) *v* wash; ~ **astiat** wash up; ~ **kemiallisesti** dry-clean

pesu (*pay*-soo) *n* washing

pesuaine (*pay*-soo-*igh*-nay) *n* detergent

pesuallas (*pay*-soo-*ahl*-lahss) *n* washstand, sink, wash-basin

pesuhuone (*pay*-soo-*hwoa*-nay) *n* lavatory

pesujauhe (*pay*-soo-*You*-hay) *n* washing-powder

pesukone (*pay*-soo-*koa*-nay) *n* washing-machine

pesula (*pay*-soo-lah) *n* laundry

pesunkestävä (*pay*-soong-*kayss*-tæ-væ) *adj* fast-dyed, washable

pesupulveri (*pay*-soo-*pool*-vay-ri) *n* soap powder, washing-powder

pesusieni (*pay*-soo-syay-ni) *n* sponge

pesä (*pay*-sæ) *n* nest

pesäpallo (*pay*-sæ-*pahl*-loa) *n* baseball

petkuttaa (*payt*-koot-taa) *v* swindle, cheat

petoeläin (*pay*-toa-ay-læ*ee**n*) *n* beast of prey

petos (*pay*-toass) *n* fraud; deceit

petturi (*payt*-too-ri) *n* traitor

pettymys (*payt*-tew-mewss) *n* disappointment

pettää (*payt*-tææ) *v* betray; deceive;

*let down; ~ **toiveet** disappoint

peukalo (*pay*⁰⁰-kah-loa) *n* thumb

peukalokyytiläinen (*pay*⁰⁰-kah-loa-*kēw*-ti-la*ee*-nayn) *n* hitchhiker

pian (*pi*-ahn) *adv* shortly, presently, soon

pianisti (*pi*-ah-niss-ti) *n* pianist

piano (*pi*-ah-noa) *n* piano

pidellä (*pi*-dayl-læ) *v* *hold, *keep

pidennys (*pi*-dayn-newss) *n* extension

pidentää (*pi*-dayn-tææ) *v* lengthen; extend

pidättyä jstk (*pi*-dæt-tew-æ) abstain from; refrain from

pidättää (*pi*-dæt-tææ) *v* arrest; restrain

pidätys (*pi*-dæ-tewss) *n* arrest

pielus (*pyay*-looss) *n* pillow

pienentää (*pyay*-nayn-tææ) *v* reduce, lessen

pieni (*pyay*-ni) *adj* little, small; petty, minor

pienin (*pyay*-nin) *adj* least, smallest

pienoiskuva (*pyay*-noiss-*koo*-vah) *n* miniature

piha (*pi*-hah) *n* yard

pihdit (*pih*-dit) *pl* pliers *pl*, tongs *pl*

pihka (*pih*-kah) *n* resin

pihvi (*pih*-vi) *n* steak

piikivi (*pee*-ki-vi) *n* flint

piikki (*peek*-ki) *n* thorn

piikkisika (*peek*-ki-*si*-kah) *n* porcupine

piilolasit (*pee*-loa-*lah*-sit) *pl* contact lenses

piilottaa (*pee*-loat-taa) *v* *hide

piippu (*peep*-poo) *n* pipe

piipputupakka (*peep*-poo-*too*-pahk-kah) *n* pipe tobacco

piipunpuhdistaja (*pee*-poon-*pooh*-disst-tah-ᵞah) *n* pipe cleaner

piiri (*pee*-ri) *n* circle; sphere; district

piiritys (*pee*-ri-tewss) *n* siege

piirre (*peer*-ray) *n* feature, trait

piirros (peer-roass) *n* picture, draw-

ing

piirtää (*peer*-tææ) *v* *draw, sketch

piirustus (*peerooss*-tooss) *n* sketch, drawing

piispa (*peess*-pah) *n* bishop

pikabaari (*pi*-kah-*baa*-ri) *n* snack-bar

pikainen (*pi*-kigh-nayn) *adj* rapid; prompt; pika- express; quick

pikajuna (*pi*-kah-ᵞoo-nah) *n* express train; through train

pikakirjoittaja (*pi*-kah-*keer*-ᵞoit-tah-ᵞah) *n* stenographer

pikakirjoitus (*pi*-kah-*keer*-ᵞoi-tooss) *n* shorthand

pikakurssi (*pi*-kah-*koors*-si) *n* intensive course

pikakuva (*pi*-kah-*koo*-vah) *n* snapshot

pikaposti (*pi*-kah-*poass*-ti) *n* special delivery

pikaside (*pi*-kah-*si*-day) *n* plaster

pikemminkin (*pi*-kaym-ming-kin) *adv* sooner, rather

pikkelssi (*pik*-kayls-si) *n* pickles *pl*

pikkukala (*pik*-koo-*kah*-lah) *n* whitebait

pikkukatu (*pik*-koo-*kah*-too) *n* lane

pikkukivi (*pik*-koo-*ki*-vi) *n* pebble

pikkukylä (*pik*-koo-*kew*-læ) *n* hamlet

pikkulapsi (*pik*-koo-*lahp*-si) *n* infant

pikkupaketti (*pik*-koo-*pah*-kayt-ti) *n* packet

pikkuraha (*pik*-koo-*rah*-hah) *n* change, coins *pl*

pikkuruinen (*pik*-koo-*roo*ᵉᵉ-nayn) *adj* minute, tiny

pikkusormi (*pik*-koo-*soar*-mi) *n* little finger

pikkutakki (*pik*-koo-*tahk*-ki) *n* jacket

pila (*pi*-lah) *n* joke

pilaantuva (*pi*-laan-too-vah) *adj* perishable

pilari (*pi*-lah-ri) *n* column, pillar

pilkahdus (*pil*-kahh-dooss) *n* glimpse

pilkata (*pil*-kah-tah) *v* mock

pilkka (*pilk*-kah) *n* mockery, scorn

pilkku (*pilk*-koo) *n* comma

pilleri (*pil*-lay-ri) *n* pill

pilvenpiirtäjä (*pil*-vayn-*peer*-tæ-ᵞæ) *n* skyscraper

pilvi (*pil*-vi) *n* cloud

pilvinen (*pil*-vi-nayn) *adj* overcast, cloudy

pimennys (*pi*-mayn-newss) *n* eclipse

pimeys (*pi*-may-ewss) *n* dark

pimeä (*pi*-may-æ) *adj* obscure, dark

pinaatti (*pi*-naat-ti) *n* spinach

pingottua (*ping*-ngoat-too-ah) *v* tighten

pingviini (*ping*-vee-ni) *n* penguin

pinna (*pin*-nah) *n* spoke

pinnallinen (*pin*-nahl-li-nayn) *adj* superficial

pinnata (*pin*-nah-tah) *v* play truant

pino (*pi*-noa) *n* pile, stack

pinota (*pi*-noa-tah) *v* pile

pinsetti (*pin*-sayt-ti) *n* tweezers *pl*

pinta (*pin*-tah) *n* surface

pinta-ala (*pin*-tah-*ah*-lah) *n* area

pintapuolinen (*pin*-tah-*pwoa*-li-nayn) *adj* superficial

piparjuuri (*pi*-pahr-ᵞōō-ri) *n* horseradish

piparminttu (*pi*-pahr-*mint*-too) *n* peppermint

pippuri (*pip*-poo-ri) *n* pepper

piristysaine (*pi*-riss-tewss-*ighnay*) *n* stimulant

piristyslääke (*pi*-riss-tewss-*læ*æ-kay) *n* tonic

piristää (*pi*-riss-tææ) *v* stimulate

pirtelö (*peer*-tay-lur) *n* milk-shake

pisara (*pi*-sah-rah) *n* drop

piste (*piss*-tay) *n* period, full stop; **saada pisteitä** score

pistemäärä (*piss*-taym-*mææ*-ræ) *n* score

pistooli (*piss*-tōā-li) *n* pistol

pistorasia (*piss*-toa-*rah*-si-ah) *n* socket

pistos (*piss*-toass) *n* sting; stitch

pistää (*piss*-tææ) *v* *sting; prick

pitkin (*pit*-kin) *prep/postp* along

pitkittäin (*pit*-kit-tæᵉᵉn) *adv* lengthways

pitkulainen (*pit*-koo-ligh-nayn) *adj* oblong

pitkä (*pit*-kæ) *adj* long

pitkääikainen (*pit*-kæ-*igh*-kigh-nayn) *adj* long

pitsi (*pit*-si) *n* lace

pituus (*pi*-tōōss) *n* length

pituusaste (*pi*-tōōss-*ahss*-tay) *n* longitude

pitää (*pi*-tææ) *v* *hold; *shall, need to; **ei ~** dislike; **~ jnak** count, regard, consider; **~ jstk** like; *be fond of; **~ parempana** prefer; **~ yllä** *keep

planeetta (*plah*-nāyt-tah) *n* planet

planetaario (*plah*-nay-taa-ri-oa) *n* planetarium

platina (*plah*-ti-nah) *n* platinum

pohdinta (*poah*-din-tah) *n* discussion

pohja (*poah*-ᵞah) *n* ground

pohjakerros (*poah*-ᵞah-*kayr*-roass) *n* ground floor

pohjavirta (*poah*-ᵞah-*veer*-tah) *n* undercurrent

pohje (*poah*-ᵞay) *n* (pl pohkeet) calf

pohjoinen (*poah*-ᵞoi-nayn) *adj* northerly, north; *n* north; **pohjois-** northern

pohjoisnapa (*poah*-ᵞoiss-*nah*-pah) *n* North Pole

poiju (*poi*-ᵞoo) *n* buoy

poika (*poi*-kah) *n* boy; lad; son

poikamies (*poi*-kah-*myayss*) *n* bachelor

poiketa (*poi*-kay-tah) *v* vary; deviate

poikkeaminen (*poik*-kay-ah-mi-nayn) *n* aberration

poikkeuksellinen (*poik*-kay-ook-sayl-li-nayn) *adj* exceptional

poikkeus (*poik*-kay-ooss) *n* exception
poikki (*poik*-ki) *postp* across
poikue (*poi*-koo-ay) *n* litter
poimia (*poi*-mi-ah) *v* pick up, pick
poiminto (*poi*-min-toa) *n* excerpt
poimu (*poi*-moo) *n* crease
pois (*poiss*) *adv* off
poissa (*poiss*-sah) *adv* out of, gone, away
poissaoleva (*poiss*-sah-*oa*-lay-vah) *adj* absent
poissaolo (*poiss*-sah-*oa*-loa) *n* absence
poistaa (*poiss*-taa) *v* *take away, remove; abolish, eliminate
poisto (*poiss*-toa) *n* removal
poistua (*poiss*-too-ah) *v* *leave, depart; *get off
pojanpoika (*poa*-ʏahm-*poi*-kah) *n* grandson
pojantytär (*poa*-ʏahn-tew-tær) *n* granddaughter
pokaali (*poa*-kaa-li) *n* cup
poliisi (*poa*-lee-si) *n* policeman, police *pl*
poliisiasema (*poa*-lee-si-*ah*-say-mah) *n* police-station
poliitikko (*poa*-lee-tik-koa) *n* politician
poliittinen (*poa*-leet-ti-nayn) *adj* political
politiikka (*poa*-li-teek-kah) *n* policy, politics
poljin (*poal*-ʏin) *n* pedal
polku (*poal*-koo) *n* path; trail
polkupyörä (*poal*-koo-*pᵉʷ*ur-ræ) *n* bicycle, cycle
polttaa (*poalt*-taa) *v* *burn; ~ ruumis cremate
polttoaine (*poalt*-toa-*igh*-nay) *n* fuel
polttohautaus (*poalt*-toa-*hou*-tah-ooss) *n* cremation
polttomerkki (*poalt*-toa-*mayrk*-ki) *n* brand
polttopiste (*poalt*-toa-*piss*-tay) *n* focus
polttoöljy (*poalt*-toa-*url*-ʏew) *n* fuel oil

polvi (*poal*-vi) *n* knee
polvilumpio (*poal*-vi-*loom*-pi-oa) *n* kneecap
polvistua (*poal*-viss-too-ah) *v* *kneel
pommi (*poam*-mi) *n* bomb
pommittaa (*poam*-mit-taa) *v* bomb
pomo (*poa*-moa) *n* boss
poni (*poa*-ni) *n* pony
ponnistus (*poan*-niss-tooss) *n* effort, struggle
popliini (*poap*-lee-ni) *n* poplin
popmusiikki (*poap*-moo-seek-ki) *n* pop music
pora (*poa*-rah) *n* drill
porata (*poa*-rah-tah) *v* bore, drill
poreilu (*poa*-ray-loo) *n* fizz
porkkana (*poark*-kah-nah) *n* carrot
pormestari (*poar*-mayss-tah-ri) *n* mayor
poro (*poa*-roa) *n* reindeer
poroporvarillinen (*poa*-roa-poar-*vah*-ril-li-nayn) *adj* bourgeois
porras (*poar*-rahss) *n* step
porsas (*poar*-sahss) *n* pig
portaat (*poar*-taat) *pl* stairs *pl*, staircase
portinvartija (*poar*-tin-*vahr*-ti-ʏah) *n* concierge
portti (*poart*-ti) *n* gate
portto (*poart*-toa) *n* prostitute
porttola (*poart*-toa-lah) *n* brothel
Portugali (*poar*-too-gah-li) Portugal
portugalilainen (*poar*-too-gah-li-ligh-nayn) *n* Portuguese; *adj* Portuguese
porukka (*poa*-rook-kah) *n* gang
porvarillinen (*poar*-vah-ril-li-nayn) *adj* middle-class
posetiivi (*poa*-say-tee-vi) *n* street-organ
positiivi (*poa*-si-tee-vi) *n* positive
poski (*poass*-ki) *n* cheek
poskihammas (*poass*-ki-*hahm*-mahss) *n* molar
poskiparta (*poass*-ki-*pahr*-tah) *n* side-

burns *pl*

poskipuna (*poass*-ki-*poo*-nah) *n* rouge

poskipää (*poass*-ki-*pææ*) *n* cheek-bone

posliini (*poass*-lee-ni) *n* porcelain, china

possu (*poass*-soo) *n* piglet

poste restante (*poass*-tay *rayss*-tahn-tay) poste restante

posti (*poass*-ti) *n* mail, post

postikortti (*poass*-ti-*koart*-ti) *n* card, postcard

postilaatikko (*poass*-ti-*laa*-tik-koa) *n* pillar-box; mailbox *nAm*

postilaitos (*poass*-ti-*ligh*-toass) *n* postal service

postimaksu (*poass*-ti-*mahk*-soo) *n* postage

postimaksuton (*poass*-ti-*mahk*-soo-toan) *adj* postage paid, post-paid

postimerkki (*poass*-ti-*mayrk*-ki) *n* stamp, postage stamp; **varustaa postimerkillä** stamp

postimerkkiautomaatti (*poass*-ti-*mayrk*-ki-*ou*-toa-maat-ti) *n* stamp machine

postinkantaja (*poass*-ting-*kahn*-tah-ᵞah) *n* postman

postinumero (*poass*-ti-*noo*-may-roa) *n* zip code *Am*

postiosoitus (*poass*-ti-*oa*-soi-tooss) *n* postal order; mail order *Am*

postitoimisto (*poass*-ti-*toi*-miss-toa) *n* post-office

postittaa (*poass*-tit-taa) *v* mail, post

potilas (*poa*-ti-lahss) *n* patient

potkaista (*poat*-kighss-tah) *v* kick

potkia (*poat*-ki-ah) *v* kick

potku (*poat*-koo) *n* kick

potkulauta (*poat*-koo-*lou*-tah) *n* scooter

potkuri (*poat*-koo-ri) *n* propeller

povi (*poa*-vi) *n* bosom

prepositio (*pray*-poa-si-ti-oa) *n* preposition

presidentti (*pray*-si-daynt-ti) *n* president

prinsessa (*prin*-sayss-sah) *n* princess

prinssi (*prins*-si) *n* prince

profeetta (*proa*-fa͞yt-tah) *n* prophet

professori (*proa*-fayss-soa-ri) *n* professor

pronomini (*proa*-noa-mi-ni) *n* pronoun

pronssi (*proans*-si) *n* bronze

pronssinen (*proans*-si-nayn) *adj* bronze

propaganda (*proa*-pah-gahn-dah) *n* propaganda

prosentti (*proa*-saynt-ti) *n* percent

prosenttimäärä (*proa*-saynt-ti-*mææ*-ræ) *n* percentage

protestanttinen (*proa*-tayss-tahnt-ti-nayn) *adj* Protestant

psykiatri (*psew*-ki-aht-ri) *n* psychiatrist

psykoanalyytikko (*psew*-koa-*ah*-nah-lēw-tik-koa) *n* analyst, psychoanalyst

psykologi (*psew*-koa-loa-gi) *n* psychologist

psykologia (*psew*-koa-loa-gi-ah) *n* psychology

psykologinen (*psew*-koa-loa-gi-nayn) *adj* psychological

pudota (*poo*-doa-tah) *v* *fall

pudottaa (*poo*-doat-taa) *v* drop

puhallettava (*poo*-hahl-layt-tah-vah) *adj* inflatable

puhaltaa (*poo*-hahl-taa) *v* *blow; ~ **täyteen** inflate

puhdas (*pooh*-dahss) *adj* pure, clean

puhdistaa (*pooh*-diss-taa) *v* clean

puhdistamo (*pooh*-diss-tah-moa) *n* refinery

puhdistus (*pooh*-diss-tooss) *n* cleaning

puhdistusaine (*pooh*-diss-tooss-*igh*-nay) *n* cleaning fluid

puhe (*poo*-hay) *n* speech

puheenjohtaja (*poo*-hāyn-*Yoah*-tah-Yah) *n* president, chairman

puhekyky (*poo*-hay-*kew*-kew) *n* speech

puhelias (*poo*-hay-li-ahss) *adj* talkative

puhelin (*poo*-hay-lin) *n* phone, telephone

puhelinkeskus (*poo*-hay-lin-*kayss*-kooss) *n* telephone exchange; benefit

puhelinkoppi (*poo*-hay-lin-*koap*-pi) *n* telephone booth

puhelinluettelo (*poo*-hay-lin-*loo*-ayt-tay-loa) *n* telephone directory; telephone book *Am*

puhelinneiti (*poo*-hay-lin-*nay*-ti) *n* telephonist

puhelinsoitto (*poo*-hay-lin-*soit*-toa) *n* call

puhelu (*poo*-hay-loo) *n* telephone call

puhelunvälittäjä (*poo*-hay-loon-*væ*-lit-tæ-Yæ) *n* operator, telephone operator

puhetapa (*poo*-hay-*tah*-pah) *n* speech

puhjennut (*pooh*-Yayn-noot) *adj* punctured

puhjeta (*pooh*-Yay-tah) *v* *burst

puhkeaminen (*pooh*-kay-ah-mi-nayn) *n* puncture

puhua (*poo*-hoo-ah) *v* *speak, talk; ~ **puolesta** plead

puhujakoroke (*poo*-hoo-*Yah*-koa-roa-kay) *n* desk

puhutella (*poo*-hoo-tayl-lah) *v* address

puijata (*poo*ee-Yah-tah) *v* fool

puinen (*poo*ee-nayn) *adj* wooden

puisto (*poo*eess-toa) *n* park; **yleinen** ~ public garden

puistotie (*poo*eess-toa-tyay) *n* avenue

puitteet (*poo*eet-tāyt) *pl* setting

pujottaa (*poo*-Yoat-taa) *v* thread

pukea (*poo*-kay-ah) *v* *become; ~ yl-

leen *put on

pukeutua (*poo*-kay°°-too-ah) *v* dress

pukeutumishuone (*poo*-kay°°-too-miss-*hwoa*-nay) *n* dressing-room

pukeutumiskoppi (*poo*-kay°°-too-miss-*koap*-pi) *n* cabin

puku (*poo*-koo) *n* suit; **vaihtaa pukua** change

pula (*poo*-lah) *n* shortage

pulisongit (*poo*-li-soang-ngit) *pl* whiskers *pl*

pullea (*pool*-lay-ah) *adj* plump

pullo (*pool*-loa) *n* bottle; flask

pullonavaaja (*pool*-loan-*ah*-vaa-Yah) *n* bottle opener

pullonkaula (*pool*-loang-*kou*-lah) *n* bottleneck

pulma (*pool*-mah) *n* question, problem

pulmakysymys (*pool*-mah-*kew*-sew-mewss) *n* issue

pulmallinen (*pool*-mahl-li-nayn) *adj* complicated

pulpetti (*pool*-payt-ti) *n* desk

pultti (*poolt*-ti) *n* bolt

pumpata (*poom*-pah-tah) *v* pump

pumppu (*poomp*-poo) *n* pump

punainen (*poo*-nigh-nayn) *adj* red

punajuuri (*poo*-nah-*Yōō*-ri) *n* beetroot

punakampela (*poo*-nah-*kahm*-pay-lah) *n* plaice

punarinta (*poo*-nah-*rin*-tah) *n* robin

punastua (*poo*-nahss-too-ah) *v* blush

punatauti (*poo*-nah-*tou*-ti) *n* dysentery

punnita (*poon*-ni-tah) *v* weigh

Puola (*pwoa*-lah) Poland

puola (*pwoa*-lah) *n* spool

puolalainen (*pwoa*-lah-ligh-nayn) *n* Pole; *adj* Polish

puoleensavetävä (*pwoa*-lāyn-sah-*vay*-tæ-væ) *adj* attractive

puoleksi (*pwoa*-layk-si) *adv* half

puolesta (*pwoa*-layss-tah) *postp* on behalf of

puoli (*pwoa*-li) *n* side; **puoli-** half,
semi-
puoliaika (*pwoa*-li-*igh*-kah) *n* half-time
puolikas (*pwoa*-li-kahss) *n* half
puolipiste (*pwoa*-li-*piss*-tay) *n* semi-
colon
puoliso (*pwoa*-li-soa) *n* spouse
puolisukka (*pwoa*-li-sook-kah) *n* sock
puolitiessä (*pwoa*-li-*tyayss*-sæ) *adv*
halfway
puolittaa (*pwoa*-lit-taa) *v* halve
puoliympyrä (*pwoa*-li-*ewm*-pew-ræ) *n*
semicircle
puoltaa (*pwoal*-taa) *v* recommend
puolue (*pwoa*-loo-ay) *n* party
puolueellinen (*pwoa*-loo-*āyl*-li-nayn)
adj partial
puolueeton (*pwoa*-loo-*āy*-toan) *adj*
impartial; neutral
puolustaa (*pwoa*-looss-taa) *v* defend
puolustus (*pwoa*-looss-tooss) *n* de-
fence
puolustuspuhe (*pwoa*-looss-tooss-*poo*-
hay) *n* plea
puomi (*pwoa*-mi) *n* barrier
puoskari (*pwoass*-kah-ri) *n* quack
puoti (*pwoa*-ti) *n* shop
purema (*poo*-ray-mah) *n* bite
pureskella (*poo*-rayss-kayl-lah) *v* chew
pureva (*poo*-ray-vah) *adj* keen
purje (*poor*-Yay) *n* sail
purjeduskelpoinen (*poor*-Yayh-
dooss-*kayl*-poi-nayn) *adj* navigable
purjeduskilpailu (*poor*-Yayh-dooss-
kil-pigh-loo) *n* regatta
purjehdusseura (*poor*-Yayh-dooss-
*say*⁰⁰-rah) *n* yacht-club
purjehtia (*poor*-Yayh-ti-ah) *v* sail
purjehtiminen (*poor*-Yayh-ti-mi-nayn)
n yachting
purjekangas (*poor*-Yay-*kahng*-ngahss)
n canvas
purjelentokone (*poor*-Yayl-*layn*-toa-
koa-nay) *n* glider

purjevene (*poor*-Yayv-*vay*-nay) *n*
sailing-boat
purkaa (*poor*-kaa) *v* discharge; un-
pack; ~ **lasti** unload
purkaantua (*poor*-kaan-too-ah) *v* fray
purkaminen (*poor*-kah-mi-nayn) *n*
demolition
purkinavaaja (*poor*-kin-*ah*-vaa-Yah) *n*
can opener
purnata (*poor*-nah-tah) *v* grumble
puro (*poo*-roa) *n* brook; stream
purolohi (*poo*-roa-*loa*-hi) *n* trout
purppuranpunainen (*poorp*-poo-rahm-
poo-nigh-nayn) *adj* purple
purra (*poor*-rah) *v* *bite
purukumi (*poo*-roo-koo-mi) *n* chew-
ing-gum
pusero (*poo*-say-roa) *n* blouse
pusertaa (*poo*-sayr-taa) *v* press
puskuri (*pooss*-koo-ri) *n* fender
pussi (*pooss*-si) *n* bag, pouch
putiikki (*poo*-teek-ki) *n* boutique
putki (*poot*-ki) *n* pipe, tube
putkilo (*poot*-ki-loa) *n* tube
putkimies (*poot*-ki-*myayss*) *n* plumber
putoaminen (*poo*-toa-ah-mi-nayn) *n*
fall
puu (*pōō*) *n* tree; wood
puuhiili (*pōō*-*hee*-li) *n* charcoal
puukenkä (*pōō*-*kayng*-kæ) *n* wooden
shoe
puuleikkaus (*pōō*-*layk*-kah-ooss) *n*
wood-carving
puunrunko (*pōōn*-*roong*-koa) *n* trunk
puuseppä (*pōō*-sayp-pæ) *n* carpenter
puutarha (*pōō*-*tahr*-hah) *n* garden
puutarhanhoito (*pōō*-*tahr*-hahn-*hoi*-
toa) *n* horticulture
puutarhuri (*pōō*-*tahr*-hoo-ri) *n* garden-
er
puute (*pōō*-tay) *n* lack, want
puuteri (*pōō*-tay-ri) *n* face-powder
puuterihuisku (*pōō*-tay-ri-*hoo*ᵉᵉss-koo)
n powder-puff

puuterirasia (pōō-tay-ri-rah-si-ah) n powder compact

puutteellinen (pōōt-tāyl-li-nayn) adj faulty, defective

puuttua (pōōt-too-ah) v fail; ~ asiaan interfere

puuttuva (pōōt-too-vah) adj missing

puuvilla (pōō-vil-lah) n cotton

puuvillainen (pōō-vil-ligh-nayn) adj cotton

puuvillasametti (pōō-vil-lah-sah-mayt-ti) n velveteen

pyhiinvaellusmatka (pew-heen-vah-ayl-looss-maht-kah) n pilgrimage

pyhiinvaeltaja (pew-heen-vah-ayl-tah-vah) n pilgrim

pyhimys (pew-hi-mewss) n saint

pyhittää (pew-hit-tææ) v dedicate

pyhä (pew-hæ) adj sacred, holy

pyhäinhäväistys (pew-hæeen-hæ-væeess-tewss) n sacrilege

pyhäinjäännös (pew-hæeen-Yææn-nurss) n relic

pyhäinjäännöslipas (pew-hæeen-Yææn-nurss-li-pahss) n shrine

pyhäkkö (pew-hæk-kur) n shrine

pyhäpäivä (pew-hæ-pæeee-væ) n holiday

pykälä (pew-kæ-læ) n paragraph

pylväs (pewl-væss) n column, pillar

pyrkiä (pewr-ki-æ) v aspire; tend; ~ jhk aim at

pysty (pewss-tew) adj upright; erect

pystyssä (pewss-tewss-sæ) adv upright

pystysuora (pewss-tew-swoa-rah) adj vertical

pystyttää (pewss-tewt-tææ) v erect

pystyvä (pewss-tew-væ) adj able, capable

pysyvä (pew-sew-væ) adj permanent, fixed

pysyä poissa *keep away from; ~ tasalla *keep up with

pysähdyttää (pew-sæh-dewt-tææ) v stop

pysähtyä (pew-sæh-tew-æ) v pull up, halt

pysäkki (pew-sæk-ki) n stop

pysäköidä (pew-sæ-kuree-dæ) v park

pysäköimisalue (pew-sæ-kuree-miss-ah-loo-ay) n car park, parking zone; parking lot Am

pysäköinti (pew-sæ-kureen-ti) n parking; ~ kielletty no parking

pysäköintimaksu (pew-sæ-kureen-ti-mahk-soo) n parking fee

pysäköintimittari (pew-sæ-kureen-ti-mit-tah-ri) n parking meter

pyyhekumi (pēw-hayk-koo-mi) n eraser, rubber

pyyheliina (pēw-hayl-lee-nah) n towel

pyyhkiä (pēwh-ki-æ) v wipe

pyykki (pēwk-ki) n laundry, washing

pyylevä (pēw-lay-væ) adj corpulent

pyyntö (pēwn-tur) n request; wish

pyytää (pēw-tææ) v ask, beg; request; ~ anteeksi apologize

pyökki (pewurk-ki) n beech

pyöreä (pewur-ray-æ) adj round

pyöristetty (pewur-riss-tayt-tew) adj rounded

pyörittää (pewur-rit-tææ) v *spin

pyörremyrsky (pewurr-raym-mewrs-kew) n hurricane

pyörtyä (pewurr-tew-æ) v faint

pyörä (pewur-ræ) n wheel

pyöräilijä (pewur-ræee-li-Yæ) n cyclist

pyöröovi (pewur-rur-oa-vi) n revolving door

pyöveli (pewur-vay-li) n executioner

pähkinä (pæh-ki-næ) n nut; hazelnut

pähkinämakeinen (pæh-ki-næ-mah-kay-nayn) n nougat

pähkinänkuori (pæh-ki-næng-kwoa-ri) n nutshell

pähkinänsärkijä (pæh-ki-næn-sær-ki-Yæ) n nutcrackers pl

päihtynyt (pæ*ee*h-tew-newt) adj intoxicated, drunk

päinvastainen (pæ*ee*n-vahss-tigh-nayn) adj reverse, opposite, contrary

päinvastoin (pæ*ee*n-vahss-toin) adv the other way round, on the contrary

päivetys (pæ*ee*-vay-tewss) n sunburn

päivittäin (pæ*ee*-vit-tæ*ee*n) adv per day

päivittäinen (pæ*ee*-vit-tæ*ee*-nayn) adj daily

päivä (pæ*ee*-væ) n day

päiväjärjestys (pæ*ee*-væ-*Y*ær-*Y*ayss-tewss) n agenda

päiväkirja (pæ*ee*-væ-keer-*Y*ah) n diary

päivälehti (pæ*ee*-væ-layh-ti) n daily

päivällinen (pæ*ee*-væl-li-nayn) n dinner

päivällä (pæ*ee*-væl-læ) adv by day

päivämatka (pæ*ee*-væ-maht-kah) n day trip

päivämäärä (pæ*ee*-væ-mææ-ræ) n date

päivänkoitto (pæ*ee*-væng-koit-toa) n daybreak

päiväntasaaja (pæ*ee*-væn-tah-sighah) n equator

päivänvalo (pæ*ee*-væn-vah-loa) n daylight; sunlight

päiväpeite (pæ*ee*-væ-pay-tay) n counterpane

päivää! (pæ*ee*-vææ) hello!

pätemätön (pæ-tay-mæ-turn) adj void, invalid

pätevyys (pæ-tay-vēwss) n qualification

pätevä (pæ-tay-væ) adj qualified; olla ~ qualify

pää (pææ) n head; pää- chief, main

pääasiallinen (pææ-ah-si-ahl-li-nayn) adj principal, capital, main; cardinal

pääasiallisesti (pææ-ah-si-ahl-li-sayss-ti) adv mainly

päähine (pææ-hi-nay) n cap

päähänpisto (pææ-hæn-piss-toa) n whim; fancy

pääkaapeli (pææ-kaa-pay-li) n mains pl

pääkansi (pææ-kahn-si) n main deck

pääkatu (pææ-kah-too) n main street

pääkaupunki (pææ-kou-poong-ki) n capital

päällikkö (pææl-lik-kur) n boss, chief; commander; chieftain

päällinen (pææl-li-nayn) n cover

päällys (pææl-lewss) n jacket

päällystakki (pææl-lewss-tahk-ki) n coat, overcoat; topcoat

päällystää (pææl-lewss-tææ) v pave

päällä (pææl-læ) postp on top of, upon, over

päämaja (pææ-mah-*Y*ah) n headquarters pl

pääministeri (pææ-mi-niss-tay-ri) n Prime Minister, premier

päämäärä (pææ-mææ-ræ) n goal

päänsärky (pææn-sær-kew) n headache

pääoma (pææ-oa-mah) n capital

pääosa (pææ-oa-sah) n bulk

päärata (pææ-rah-tah) n main line

päärme (pæær-may) n hem

päärynä (pææ-rew-næ) n pear

pääsiäinen (pææ-si-æ*ee*-nayn) Easter

pääskynen (pææss-kew-nayn) n swallow

päästä (pææss-tæ) v *get; ~ jäljille trace; ~ pakoon escape

päästää (pææss-tææ) v *let *go, release; deliver; ~ sisään admit

pääsy (pææ-sew) n access, approach, admittance, entrance; ~ kielletty no entry, no admittance

pääsymaksu (pææ-sew-mahk-soo) n entrance-fee

pääteasema (*pææ-tay-ah-say-mah*) *n* terminal

päätie (*pææ-tyay*) *n* main road

päättyminen (*pææt-tew-mi-nayn*) *n* expiry

päättyä (*pææt-tew-æ*) *v* end, expire

päättäväinen (*pææt-tæ-væee-nayn*) *adj* resolute, determined

päättää (*pææt-tææ*) *v* decide; determine

päätykolmio (*pææ-tew-koal-mi-oa*) *n* gable

päätös (*pææ-turss*) *n* decision

pöllö (*purl-lur*) *n* owl

pöly (*pur-lew*) *n* dust

pölyinen (*pur-lew*ee-*nayn*) *adj* dusty

pölynimuri (*pur-lewn-i-moo-ri*) *n* vacuum cleaner

pörssi (*purrs-si*) *n* exchange; **musta ∼** black market

pöty (*pur-tew*) *n* rubbish

pöyristyttävä (*pur*ew-*riss-tewt-tæ-væ*) *adj* horrible

pöytä (*pur*ew-*tæ*) *n* table; **seisova ∼** buffet

pöytäkirja (*pur*ew-*tæ-keer-*Yah) *n* record; minutes

pöytälaatikko (*pur*ew-*tæ-laa-*tik-koa) *n* drawer

pöytäliina (*pur*ew-*tæ-lee-nah*) *n* tablecloth

pöytätennis (*pur*ew-*tæ-tayn-niss*) *n* ping-pong, table tennis

R

raahata (*raa-hah-tah*) *v* haul

raaja (*righah*) *n* limb

raajarikkoinen (*raa-*Yah-*rik-koi-nayn*) *adj* crippled

raaka (*raa-kah*) *adj* raw

raaka-aine (*raa-kah-igh-nay*) *n* raw material

raakamainen (*raa-kah-migh-nayn*) *adj* brutal

raamattu (*raa-maht-too*) *n* bible

raapia (*raapi-ah*) *v* scratch, scrape; grate

raataa (*raa-taa*) *v* labour

radikaali (*rah-di-kaa-li*) *adj* radical

radio (*rah-di-oa*) *n* radio; wireless

rae (*rah-ay*) *n* (pl rakeet) hail; corn

raha (*rah-hah*) *n* money; **käteinen ∼** cash; **raha-** monetary; **vaihtaa rahaksi** cash

rahake (*rah-hah-kay*) *n* token

rahalähetys (*rah-hah-læ-hay-tewss*) *n* remittance

rahansijoitus (*rah-hahn-si-*Yoi-*tooss*) *n* investment

rahanvaihto (*rah-hahn-vighh-toa*) *n* exchange office, money exchange

rahastaja (*rah-hahss-tah-*Yah) *n* ticket collector, conductor

rahasto (*rah-hahss-toa*) *n* fund

rahastonhoitaja (*rah-hahss-toan-hoi-*tah-Yah) *n* treasurer

rahaton (*rah-hah-toan*) *adj* broke

rahavarat (*rah-hah-vah-raht*) *pl* finances *pl*

rahayksikkö (*rah-hah-ewk-sik-kur*) *n* monetary unit

rahoittaa (*rah-hoit-taa*) *v* finance

rahti (*rahh-ti*) *n* freight

rahvaanomainen (*rahh-vaan-oa-migh-nayn*) *adj* vulgar; common

raidallinen (*righ-dahl-li-nayn*) *adj* striped

raide (*righ-day*) *n* track

raikas (*righ-kahss*) *adj* fresh

raiskata (*righss-kah-tah*) *v* rape

raita (*righ-tah*) *n* stripe

raitiovaunu (*righ-ti-oa-vou-noo*) *n* tram; streetcar *nAm*

raitis (*righ-tiss*) *adj* sober; **täysin ∼** teetotaller

raivo (*righ*-voa) *n* rage
raivoisa (*righ*-voi-sah) *adj* furious
raivostunut (*righ*-voass-too-noot) *adj* mad
raivota (*righ*-voa-tah) *v* rage
raja (*rah*-Yah) *n* limit, boundary, frontier, bound, border
rajaton (*rah*-Yah-toan) *adj* unlimited
rajoitettu (*rah*-Yoi-tayt-too) *adj* limited
rajoittaa (*rah*-Yoit-taa) *v* limit
rajoittamaton (*rah*-Yoit-tah-mah-toan) *adj* unlimited
rajoitus (*rah*-Yoi-tooss) *n* restriction; qualification
raju (*rah*-Yoo) *adj* fierce, violent
rajuilma (*rah*-Yoo-il-mah) *n* tempest
rakas (*rah*-kahss) *adj* dear; *n* darling
rakastaa (*rah*-kahss-taa) *v* love
rakastaja (*rah*-kahss-tah-Yah) *n* lover
rakastajatar (*rah*-kahss-tah-Yah-tahr) *n* mistress
rakastava (*rah*-kahss-tah-vah) *adj* affectionate
rakastettu (*rah*-kahss-tayt-too) *adj* beloved
rakastunut (*rah*-kahss-too-noot) *adj* in love
rakenne (*rah*-kayn-nay) *n* structure, construction, fabric
rakennus (*rah*-kayn-nooss) *n* house, construction, building
rakennuskompleksi (*rah*-kayn-nooss-*koamp*-layk-si) *n* complex
rakennuspuut (*rah*-kayn-nooss-pōot) *pl* timber
rakennustaide (rah-kayn-nooss-*tigh*-day) *n* architecture
rakennustelineet (*rah*-kayn-nooss-*tay*-li-nāyt) *pl* scaffolding
rakentaa (*rah*-kayn-taa) *v* *build, construct
rakentaminen (*rah*-kayn-tah-mi-nayn) *n* construction

rakkaus (*rahk*-kah-ooss) *n* love
rakkausjuttu (*rahk*-kah-ooss-Yoot-too) *n* affair, love-story
rakko (*rahk*-koa) *n* bladder
rakkotulehdus (*rahk*-koa-*too*-layh-dooss) *n* cystitis
rakkula (*rahk*-koo-lah) *n* blister
rako (*rah*-koa) *n* chink
rampa (*rahm*-pah) *adj* lame
ramppi (*rahmp*-pi) *n* ramp
rangaista (*rahng*-ngighss-tah) *v* punish
rangaistus (*rahng*-ngighss-tooss) *n* punishment; penalty
rangaistuspotku (*rahng*-ngighss-tooss-*poat*-koo) *n* penalty kick
ranne (*rahn*-nay) *n* wrist
rannekello (*rahn*-nayk-*kayl*-loa) *n* wrist-watch
rannerengas (*rahn*-nayr-*rayng*-ngahss) *n* bracelet; bangle
rannikko (*rahn*-nik-koa) *n* coast
Ranska (*rahns*-kah) France
ranskalainen (*rahns*-kah-ligh-nayn) *n* Frenchman; *adj* French
ranta (*rahn*-tah) *n* shore
rantakallio (*rahn*-tah-*kahl*-li-oa) *n* cliff
rantakotilo (*rahn*-tah-*koa*-ti-loa) *n* winkle
rantatörmä (*rahn*-tah-*turr*-mæ) *n* cliff
raparperi (*rah*-pahr-pay-ri) *n* rhubarb
rapea (*rah*-pay-ah) *adj* crisp
rappaus (*rahp*-pah-ooss) *n* plaster
rappeutunut (*rahp*-pay-oo-too-noot) *adj* dilapidated
rasite (*rah*-si-tay) *n* charge
rasittaa (*rah*-sit-taa) *v* strain
rasitus (*rah*-si-tooss) *n* strain; stress
raskas (*rahss*-kahss) *adj* heavy; **raskaana oleva** pregnant, *adj* pregnant
rastas (*rahss*-tahss) *n* thrush
rastia (*rahss*-ti-ah) *v* tick off
rasva (*rahss*-vah) *n* fat; grease
rasvainen (*rahss*-vigh-nayn) *adj* fat,

greasy, fatty

rasvata (*rahss-vah-tah*) *v* grease

rata (*rah-tah*) *n* track

ratkaista (*raht-kighss-tah*) *v* solve; decide

ratkaisu (*raht-kigh-soo*) *n* solution

ratsastaa (*raht-sahss-taa*) *v* *ride

ratsastaja (*raht-sahss-tah-Yah*) *n* horseman, rider

ratsastus (*raht-sahss-tooss*) *n* riding

ratsastuskilpailu (*raht-sahss-tooss-kil-pigh-loo*) *n* horserace

ratsastuskoulu (*raht-sahss-tooss-koa-loo*) *n* riding-school

rattaat (*raht-taat*) *pl* cart; carriage

rauha (*rou-hah*) *n* peace; quiet

rauhallinen (*rou-hahl-li-nayn*) *adj* calm, peaceful; quiet

rauhanaate (*rou-hahn-aa-tay*) *n* pacifism

rauhanen (*rou-hah-nayn*) *n* gland

rauhaton (*rou-hah-toan*) *adj* restless

rauhoittava (*rou-hoit-tah-vah*) *adj* restful; ~ **lääke** tranquillizer; sedative

rauhoittua (*rou-hoit-too-ah*) *v* calm down

raukkamainen (*rouk-kah-migh-nayn*) *adj* cowardly

raunio (*rou-ni-oa*) *n* ruins

rauta (*rou-tah*) *n* iron

rautainen (*rou-tigh-nayn*) *adj* iron

rautakauppa (*rou-tah-koup-pah*) *n* hardware store

rautalanka (*rou-tah-lahng-kah*) *n* wire

rautaromu (*rou-tah-roa-moo*) *n* scrap-iron

rautatavarat (*rou-tah-tah-vah-raht*) *pl* hardware

rautatehdas (*rou-tah-tayh-dahss*) *n* ironworks

rautatie (*rou-tah-tyay*) *n* railway; railroad *nAm*

rautatieasema (*rou-tah-tyay-ah-say-mah*) *n* station

ravinto (*rah-vin-toa*) *n* food

ravintoaineet (*rah-vin-toa-igh-nāyt*) *pl* foodstuffs *pl*

ravintola (*rah-vin-toa-lah*) *n* restaurant

ravintolavaunu (*rah-vin-toa-lah-vou-noo*) *n* dining-car

ravistaa (*rah-viss-taa*) *v* *shake

ravistus (*rah-viss-tooss*) *n* wrench

ravitseva (*rah-vit-say-vah*) *adj* nutritious, nourishing

rehellinen (*ray-hayl-li-nayn*) *adj* honest, straight; fair

rehellisyys (*ray-hayl-li-sēwss*) *n* honesty

rehtori (*rayh-toa-ri*) *n* headmaster, principal

reikä (*ray-kæ*) *n* hole

reipas (*ray-pahss*) *adj* brisk

reipastuttaa (*ray-pahss-toot-taa*) *v* cheer up

reisi (*ray-si*) *n* thigh

reitti (*rayt-ti*) *n* route

reki (*ray-ki*) *n* sleigh, sledge

rekisterikilpi (*ray-kiss-tay-ri-kil-pi*) *n* registration plate; licence plate *Am*

rekisterinumero (*ray-kiss-tay-ri-noo-may-roa*) *n* registration number; licence number *Am*

rengas (*rayng-ngahss*) *n* tyre, tire

rengaspaine (*rayng-ngahss-pigh-nay*) *n* tyre pressure

rengasrikko (*rayng-ngahss-rik-koa*) *n* puncture, blow-out, flat tyre

rentoutua (*rayn-toa-too-ah*) *v* relax

rentoutuminen (*rayn-toa-oo-too-mi-nayn*) *n* relaxation

repeämä (*ray-pay-æ-mæ*) *n* tear

repiä (*ray-pi-æ*) *v* *tear; rip

reppu (*rayp-poo*) *n* haversack

reputtaa (*ray*-poot-taa) *v* fail

retiisi (*ray*-tee-si) *n* radish

retkeilijä (*rayt*-kay-li-Yæ) *n* camper

retkeillä (*rayt*-kayl-læ) *v* hike

retkeilymaja (*rayt*-kay-lew-*mah*-Yah) *n* hostel

retki (*rayt*-ki) *n* excursion, trip

reumatismi (*ray*ºº-mah-tiss-mi) *n* rheumatism

reuna (*ray*ºº-nah) *n* edge, verge, side, rim; brim; **kadun** ~ curb

reunus (*ray*ºº-nooss) *n* margin

revolveri (*ray*-voal-vay-ri) *n* revolver, gun

revy (*ray*-vēw) *n* revue

revyyteatteri (*ray*-vēw-*tay*-aht-tay-ri) *n* music-hall

riemujuhla (*ryay*-moo-Yooh-lah) *n* jubilee

riemukas (*ryay*-moo-kahss) *adj* joyful

riemuvoitto (*ryay*-moo-*voit*-toa) *n* triumph

rientää (*ryayn*-tææ) *v* hurry

riepu (*ryay*-poo) *n* cloth, rag

rihma (*rih*-mah) *n* thread

riidellä (*ree*-dayl-læ) *v* quarrel

riikinkukko (*ree*-king-*kook*-koa) *n* peacock

riippua (*reep*-poo-ah) *v* *hang

riippulukko (*reep*-poo-*look*-koa) *n* padlock

riippumaton (*reep*-poo-mah-toan) *adj* independent

riippumatto (*reep*-poo-maht-toa) *n* hammock

riippumattomuus (*ree*-p-poo-maht-toa-mōōss) *n* independence

riippusilta (*reep*-poo-*sil*-tah) *n* suspension bridge

riippuvainen (*reep*-poo-vigh-nayn) *adj* dependant; **olla** ~ **jstk** depend on

riipus (*ree*-pooss) *n* pendant

riisi (*ree*-si) *n* rice

riista (*reess*-tah) *n* game

riistää (*reess*-tææ) *v* exploit; ~ **jltk** deprive of

riisuutua (*ree*-sōō-too-ah) *v* undress

riita (*ree*-tah) *n* quarrel, row; dispute

riittämätön (*reet*-tæ-mæ-turn) *adj* insufficient, inadequate

riittävä (*reet*-tæ-væ) *adj* sufficient, enough, adequate

riittää (*reet*-tææ) *v* suffice; *do

riivattu (*reevaht*-too) *adj* possessed

riivinrauta (*ree*-vin-*rou*-tah) *n* grater

rikas (*ri*-kahss) *adj* rich

rikastin (ri-kahss-tin) *n* choke

rikkalaatikko (rik-kah-*laa*-tik-koa) *n* dustbin; trash can *Am*

rikkaruoho (rik-kah-*rwoa*-hoa) *n* weed

rikkaus (*rik*-kah-ooss) *n* riches *pl*

rikki (*rik*-ki) *adv* broken

rikkinäinen (rik-ki-næⁿⁿ-nayn) *adj* broken

rikkoa (rik-koa-ah) *v* *break; ~ **jtkn vastaan** offend

rikkomus (*rik*-koa-mooss) *n* offence

rikoksentekijä (ri-koak-sayn-*tay*-ki-Yæ) *n* criminal

rikollinen (ri-koal-li-nayn) *n* criminal; *adj* criminal

rikollisuus (ri-koal-li-sōōss) *n* criminality

rikos (*ri*-koass) *n* crime; **rikos-** criminal

rikoslaki (ri-koass-*lah*-ki) *n* criminal law

rikostoveri (ri-koass-toa-vay-ri) *n* accessary

rinnakkainen (rin-nahk-kigh-nayn) *adj* parallel

rinnastaa (rin-nahss-taa) *v* co-ordinate

rinnastus (rin-nahss-tooss) *n* co-ordination

rinne (*rin*-nay) *n* hillside, slope

rinta (*rin*-tah) *n* breast, chest, bosom

rintakehä (rin-tah-kay-hæ) *n* chest

rintakuva (*rin*-tah-*koo*-vah) *n* bust

rintaliivit (*rin*-tah-*lee*-vit) *pl* brassiere, bra

rintaneula (*rin*-tah-*nay*oo-lah) *n* brooch

rintauinti (*rin*-tah-*oo*een-ti) *n* breast-stroke

ripeä (*ri*-pay-æ) *adj* prompt

ripittäytyä (*ri*-pit-tæew-tew-æ) *v* confess

rippi (*rip*-pi) *n* confession

ripuli (*ri*-poo-li) *n* diarrhoea

ripustaa (*ri*-pooss-taa) *v* *hang

ripustin (*ri*-pooss-tin) *n* hanger

riski (*riss*-ki) *n* chance

risteily (*riss*-tay-lew) *n* cruise

risteys (*riss*-tay-ewss) *n* intersection, crossing; junction, crossroads

risti (*riss*-ti) *n* cross

ristiinnaulita (*riss*-teen-*nou*-li-tah) *v* crucify

ristiinnaulitseminen (*riss*-teen-*nou*-lit-say-mi-nayn) *n* crucifixion

ristimänimi (*riss*-ti-mæ-*ni*-mi) *n* Christian name

ristiretki (*riss*-ti-*rayt*-ki) *n* crusade

ristiriita (*riss*-ti-*ree*-tah) *n* conflict

ristiriitainen (*riss*-ti-*ree*-tigh-nayn) *adj* contradictory

ritari (*ri*-tah-ri) *n* knight

riutta (ree*oo*t-tah) *n* reef

rivi (*ri*-vi) *n* rank, row; line

rivistö (*ri*-viss-tur) *n* column

rohdoskauppa (*roah*-doass-*koup*-pah) *n* chemist's; drugstore *nAm*

rohjeta (*roah*-Yay-tah) *v* dare

rohkaista (*roah*-kighss-tah) *v* encourage

rohkea (*roah*-kay-ah) *adj* brave, courageous; bold

rohkeus (*roah*-kay-ooss) *n* courage

roju (*roa*-Yoo) *n* trash

rokottaa (*roa*-koat-taa) *v* vaccinate; inoculate

rokotus (*roa*-koa-tooss) *n* vaccination; inoculation

romaani (*roa*-maa-ni) *n* novel

romaanikirjailija (*roa*-maa-ni-*keer*-Yigh-li-Yah) *n* novelist

romahtaa (*roa*-mahh-taa) *v* collapse

Romania (*roa*-mah-ni-ah) Rumania

romanialainen (*roa*-mah-ni-ah-ligh-nayn) *n* Rumanian; *adj* Rumanian

romanssi (*roa*-mahns-si) *n* romance

romanttinen (*roa*-mahnt-ti-nayn) *adj* romantic

romu (*roa*-moo) *n* junk

roomalaiskatolinen (*roa*-mah-lighss-*kah*-toa-li-nayn) *adj* Roman Catholic

roska (*roass*-kah) *n* rubbish

roskasanko (*roass*-kah-*sahng*-koa) *n* rubbish-bin

rosvo (*roass*-voa) *n* bandit, robber

rotko (*roat*-koa) *n* glen

rotta (*roat*-tah) *n* rat

rottinki (*roat*-ting-ki) *n* rattan

rotu (*roa*-too) *n* breed, race; rotu-racial

routa (*roa*-tah) *n* frost

rouva (*roa*-vah) *n* madam

rubiini (*roo*-bee-ni) *n* ruby

ruiske (*roo*eess-kay) *n* injection, shot

ruisku (*roo*eess-koo) *n* syringe, spout

ruiskuttaa (*roo*eess-koot-taa) *v* inject

rukoilla (*roo*-koil-lah) *v* pray

rukous (*roo*-koa-ooss) *n* prayer

rukousnauha (*roo*-koa-ooss-*nou*-hah) *n* rosary, beads *pl*

rulettipeli (*roo*-layt-ti-*pay*-li) *n* roulette

rulla (*rool*-lah) *n* roll

rullaluistelu (*rool*-lah-*loo*eess-tay-loo) *n* roller-skating

rullaportaat (*rool*-lah-*poar*-taat) *pl* escalator

rullatuoli (*rool*-lah-*twoa*-li) *n* wheel-chair

ruma (*roo*-mah) *adj* ugly

rumpu (*room*-poo) *n* drum

runo (*roo*-noa) *n* poem

runoilija (*roo*-noi-li-Yah) *n* poet

runous (*roo*-noa-ooss) *n* poetry

runsas (*roon*-sahss) *adj* abundant, plentiful

runsaus (*roon*-sah-ooss) *n* abundance, plenty

ruoansulatus (*rwoa*-ahn-*soo*-lah-tooss) *n* digestion

ruoansulatushäiriö (*rwoa*-ahn-*soo*-lah-tooss-*hæee*-ri-ur) *n* indigestion

ruoho (*rwoa*-hoa) *n* grass

ruohokenttä (*rwoa*-hoa-*kaynt*-tæ) *n* lawn

ruoholaukka (*rwoa*-hoa-*louk*-kah) *n* chives *pl*

ruoka (*rwoa*-kah) *n* food; fare; **laittaa ruokaa** cook

ruoka-annos (*rwoa*-kah-*ahn*-noass) *n* helping

ruokahalu (*rwoa*-kah-*hah*-loo) *n* appetite

ruokailuvälineet (*rwoa*-kigh-loo-*væ*-li-nāyt) *pl* cutlery

ruokakaappi (*rwoa*-kah-*kaap*-pi) *n* larder

ruokakauppa (*rwoa*-kah-*koup*-pah) *n* grocer's

ruokalaji (*rwoa*-kah-*lah*-Yi) *n* course, dish

ruokalista (*rwoa*-kah-*liss*-tah) *n* menu; **kiinteä ~** set menu

ruokalusikka (*rwoa*-kah-*loo*-sik-kah) *n* tablespoon

ruokamyrkytys (*rwoa*-kah-*mewr*-kew-tewss) *n* food poisoning

ruokasali (*rwoa*-kah-*sah*-li) *n* dining-room

ruokatarvikkeet (*ay*-lin-*tahr*-vik-kāyt) *pl* provisions *pl*, food-stuffs *pl*

ruokavalio (*rwoa*-kah-*vah*-li-oa) *n* diet

ruokaöljy (*rwoa*-kah-*url*-Yew) *n* salad-oil

ruokkia (*rwoak*-ki-ah) *v* *feed

ruoko (*rwoa*-koa) *n* cane

ruokoton (*rwoa*-koa-toan) *adj* obscene

ruorimies (*rwoa*-ri-*myayss*) *n* helmsman

ruoska (*rwoass*-kah) *n* whip

ruoskia (*rwoass*-ki-ah) *v* flog; whip

ruoste (*rwoass*-tay) *n* rust

ruosteinen (*rwoass*-tay-nayn) *adj* rusty

ruoto (*rwoa*-toa) *n* fishbone, bone

ruotsalainen (*rwoat*-sah-ligh-nayn) *n* Swede; *adj* Swedish

Ruotsi (*rwoat*-si) Sweden

rupatella (*roo*-pah-tayl-lah) *v* chat

rupattelu (*roo*-paht-tay-loo) *n* chat

rupisammakko (*roo*-pi-*sahm*-mahk-koa) *n* toad

rusetti (*roo*-sayt-ti) *n* bow tie

rusina (*roo*-si-nah) *n* raisin

ruskea (*rooss*-kay-ah) *adj* brown

ruskeaverikkö (*rooss*-kay-ah-*vay*-rik-kur) *n* brunette

ruskettunut (*rooss*-kayt-too-noot) *adj* tanned

rusto (*rooss*-toa) *n* cartilage

rutiini (*roo*-tee-ni) *n* routine

rutikuiva (*roo*-ti-*kooee*-vah) *adj* arid

ruudullinen (*rōō*-dool-li-nayn) *adj* chequered

ruuhka (*rōōh*-kah) *n* jam

ruuhka-aika (*rōōh*-kah-*igh*-kah) *n* rush-hour, peak hour

ruukku (*rōōk*-koo) *n* jar

ruumiinavaus (*rōō*-meen-*ah*-vah-ooss) *n* autopsy

ruumis (*rōō*-miss) *n* corpse

ruusu (*rōō*-soo) *n* rose

ruusukaali (*rōō*-soo-*kaa*-li) *n* sprouts *pl*

ruuti (*rōō*-ti) *n* gunpowder

ruutu (*rōō*-too) *n* pane; check

ruuvata (*rōō*-vah-tah) *v* screw

ruuvi (*rōō*-vi) *n* screw

ruuvipuristin (*rōō*-vi-*poo*-riss-tin) *n* clamp

ruuvitaltta (*rōō*-vi-*tahlt*-tah) *n* screwdriver

ryhmä (*rewh*-mæ) *n* group; bunch

ryhtyä jhk (*rewh*-tew-æ) **undertake; **ryhtyä uudelleen** resume

rynnätä (*rewn*-næ-tæ) *v* rush

rypistää (*rew*-piss-tææ) *v* crease

ryppy (*rewp*-pew) *n* wrinkle

rystynen (*rewss*-tew-nayn) *n* knuckle

rytmi (*rewt*-mi) *n* rhythm

ryömiä (*rew*ur-mi-æ) *v *creep*, crawl

ryöstää (*rew*urss-tææ) *v* rob

ryöstö (*rew*urss-tur) *n* robbery; **aseellinen ~** hold-up

räiskyttää (*ræ*ee*ss*-kewt-tææ) *v* splash

räjähdys (*ræ*-Yæh-dewss) *n* explosion, blast

räjähdysaine (*ræ*-Yæh-dewss-*igh*-nay) *n* explosive

räjähtävä (*ræ*-Yæh-tæ-væ) *adj* explosive

räjähtää (*ræ*-Yæh-tææ) *v* explode

räme (*ræ*-may) *n* marsh

ränsistynyt (*ræn*-siss-tew-newt) *adj* ramshackle

räsähdys (*ræ*-sæh-dewss) *n* crack

räsähtää (*ræ*-sæh-tææ) *v* crack

räyhäävä (*ræ*ew-hææ-væ) *adj* rowdy

rääkäisy (*rææ*-kæ*ee*-sew) *n* shriek

räätäli (*rææ*-tæ-li) *n* tailor

räätälintekemä (*rææ*-tæ-lin-*tay*-kay-mæ) *adj* tailor-made

röntgenkuva (*rurnt*-gayn-*koo*-vah) *n* X-ray; **ottaa ~** X-ray

röyhkeys (*rur*ew*h*-kay-ewss) *n* insolence; nerve

röyhkeä (*rur*ew*h*-kay-æ) *adj* insolent, bold

S

saada (*saa*-dah) *v *get*; **have*, con-

tract; **may, *be allowed to; ~ **aikaan** achieve; effect; ~ **alkunsa** **arise; ~ **luopumaan** dissuade from; ~ **oppiarvo** graduate; ~ **osakseen** receive; ~ **takaisin** recover; ~ **tekemään jtn** cause to; ~ **vakuuttuneeksi** convince

saakka (*saak*-kah) *postp* until, till

saapas (*saapahss*) *n* boot

saapua (*saa*-poo-ah) *v* arrive

saapuminen (*saa*-poo-mi-nayn) *n* arrival

saapumisaika (*saa*-poo-miss-*igh*-kah) *n* time of arrival

saari (*saa*-ri) *n* island

saarna (*saar*-nah) *n* sermon

saarnata (*saar*-nah-tah) *v* preach

saarnatuoli (*saar*-nah-*twoa*-li) *n* pulpit

saartaa (*saar*-taa) *v* circle; encircle

saastainen (*saass*-tigh-nayn) *adj* filthy

saaste (*saass*-tay) *n* pollution

saastuttaminen (*saass*-toot-tah-mi-nayn) *n* pollution

saatavat (*saa*-tah-vaht) *pl* dues *pl*

saattaa (*saat*-taa) *v* conduct, accompany, escort; **take; ~ **hämilleen** embarrass; ~ **päätökseen** accomplish; ~ **ymmälle** confuse

saattaisi (*saat*-tigh-si) *v* (p saattaa) **might*

saattue (*saat*-too-ay) *n* escort

saavuttaa (*saa*-voot-taa) *v* attain, achieve; reach; obtain

saavutus (*saa*-voo-tooss) *n* achievement

sade (*sah*-day) *n* rain; precipitation

sadekuuro (*sah*-dayk-*kōō*-roa) *n* shower

sademetsä (*sah*-daym-*mayt*-sæ) *n* jungle

sadetakki (*sah*-dayt-*tahk*-ki) *n* raincoat, mackintosh

safiiri (*sah*-fee-ri) *n* sapphire

saha (*sah*-hah) *n* saw

sahajauho (*sah*-hah-*You*-hoa) *n* saw-dust

sahalaitos (*sah*-hah-*ligh*-toass) *n* saw-mill

saippua (*sighp*-poo-ah) *n* soap

sairaala (*sigh*-raa-lah) *n* hospital

sairaanhoitaja (*sigh*-raan-*hoi*-tah-ʸah) *n* nurse

sairas (*sigh*-rahss) *adj* ill, sick

sairasauto (*sigh*-rahss-*ou*-toa) *n* ambulance

sairastupa (*sigh*-rahss-*too*-pah) *n* infirmary

sairaus (*sigh*-rah-ooss) *n* ailment, sickness, illness; affection

saita (*sigh*-tah) *adj* avaricious, stingy

sakariini (*sah*-kah-ree-ni) *n* saccharin

sakea (*sah*-kay-ah) *adj* thick

sakki (*sahk*-ki) *n* gang

šakki! (*shahk*-ki) check!

šakkilauta (shahk-ki-*lou*-tah) *n* checkerboard *nAm*

šakkipeli (*shahk*-ki-*pay*-li) *n* chess

sakko (*sahk*-koa) *n* penalty, fine

sakkolappu (*sahk*-koa-*lahp*-poo) *n* ticket

Saksa (*sahk*-sah) Germany

saksalainen (sahk-sah-ligh-nayn) *n* German; *adj* German

saksanpähkinä (*sahk*-sahn-*pæh*-ki-næ) *n* walnut

sakset (*sahk*-sayt) *pl* scissors *pl*

sala-ampuja (*sah*-lah-*ahm*-poo-ʸah) *n* sniper

salaatti (*sah*-laat-ti) *n* salad

salahanke (*sah*-lah-*hahng*-kay) *n* plot

salainen (*sah*-ligh-nayn) *adj* secret

salaisuus (*sah*-ligh-sōōss) *n* secret

salakieli (*sah*-lah-*kyay*-li) *n* code

salakuljettaa (*sah*-lah-*kool*-ʸayt-taa) *v* smuggle

salaliitto (*sah*-lah-*leet*-toa) *n* plot

salama (*sah*-lah-mah) *n* lightning

salamavalolamppu (*sah*-lah-mah-*vah*-loa-*lahmp*-poo) *n* flash-bulb

salaperäinen (*sah*-lah-*pay*-ræee-nayn) *adj* mysterious

salapoliisiromaani (*sah*-lah-*poa*-lee-si-*roa*-maa-ni) *n* detective story

saldo (*sahl*-doa) *n* balance

sali (*sah*-li) *n* drawing-room

salkku (*sahlk*-koo) *n* briefcase

sallia (*sahl*-li-ah) *v* permit, allow; *let; **olla sallittua** *be allowed

sallimus (*sahl*-li-mooss) *n* destiny, fate

salonki (*sah*-loang-ki) *n* salon, lounge

salpa (*sahl*-pah) *n* bolt

salva (*sahl*-vah) *n* salve

sama (*sah*-mah) *adj* same

samalla (*sah*-mahl-lah) *adv* at once; ~ **kun** whilst; ~ **tavalla** alike

samanaikainen (*sah*-mahn-*igh*-kigh-nayn) *adj* simultaneous, contemporary

samanaikaisesti (*sah*-mahn-*igh*-kigh-sayss-ti) *adv* simultaneously

samanarvoinen (*sah*-mahn-*ahr*-voi-nayn) *adj* equivalent

samankaltainen (*sah*-mahn-kahl-tigh-nayn) *adj* alike

samanlainen (*sah*-mahn-ligh-nayn) *adj* similar; even

samanlaisuus (*sah*-mahn-ligh-sōōss) *n* similarity

samanmielinen (*sah*-mahn-*myay*-li-nayn) *adj* like-minded

sametinpehmeä (*sah*-may-tin-*payh*-may-æ) *adj* mellow

sametti (*sah*-mayt-ti) *n* velvet

sammakko (*sahm*-mahk-koa) *n* frog

sammal (*sahm*-mahl) *n* moss

sammutin (*sahm*-moo-tin) *n* fire-extinguisher

sammuttaa (*sahm*-moot-taa) *v* extinguish, *put out; switch off

samoin (*sah*-moin) *adv* as well, likewise

samppanja (*sahmp*-pahn-Yah) *n* champagne

sana (*sah*-nah) *n* word

sanakirja (*sah*-nah-*keer*-Yah) *n* dictionary

sananlasku (*sah*-nahn-*lahss*-koo) *n* proverb

sanansaattaja (*sah*-nahn-*saat*-tah-Yah) *n* messenger

sanasto (*sah*-nahss-toa) *n* vocabulary

sanaton (*sah*-nah-toan) *adj* speechless

sanavarasto (*sah*-nah-*vah*-rahss-toa) *n* vocabulary

sandaali (*sahn*-daa-li) *n* sandal

sanella (*sah*-nayl-lah) *v* dictate

sanelu (*sah*-nay-loo) *n* dictation

sanelukone (*sah*-nay-loo-*koa*-nay) *n* dictaphone

sangat (*sahng*-ngaht) *pl* frame

sankari (*sahng*-kah-ri) *n* hero

sanko (*sahng*-koa) *n* pail, bucket

sanoa (*sah*-noa-ah) *v* *say

sanoma (*sah*-noa-mah) *n* message, tidings *pl*

sanomalehdistö (*sah*-noa-mah-*layh*-diss-tur) *n* press

sanomalehti (*sah*-noa-mah-*layh*-ti) *n* paper, newspaper

sanomalehtiala (*sah*-noa-mah-*layh*-ti-ah-lah) *n* journalism

sanomalehtikoju (*sah*-noa-mah-*layh*-ti-koa-Yoo) *n* newsstand

sanomalehtimies (*sah*-noa-mah-*layh*-ti-myayss) *n* journalist

sanonta (*sah*-noan-tah) *n* phrase

saostaa (*sah*-oass-taa) *v* thicken

sappi (*sahp*-pi) *n* gall, bile

sappikivi (*sahp*-pi-*ki*-vi) *n* gallstone

sappirakko (*sahp*-pi-*rahk*-koa) *n* gall bladder

sarana (*sah*-rah-nah) *n* hinge

sarastus (*sah*-rahss-tooss) *n* dawn

sardiini (*sahr*-dee-ni) *n* sardine

sarja (*sahr*-Yah) *n* series; set

sarjakuva (*sahr*-Yah-*koo*-vah) *n* comics *pl*

sarvi (*sahr*-vi) *n* horn

sarvikuono (*sahr*-vi-*kwoa*-noa) *n* rhinoceros

sata (*sah*-tah) *num* hundred

sataa (*sah*-taa) *v* rain; ~ **lunta** snow

satakieli (*sah*-tah-*kyay*-li) *n* nightingale

satama (*sah*-tah-mah) *n* seaport, port, harbour

satamalaituri (*sah*-tah-mah-*ligh*-too-ri) *n* quay, dock, wharf

satamatyöläinen (*sah*-tah-mah-*t*ᵉʷur-læᵉᵉ-nayn) *n* docker

sateenkaari (*sah*-tāyng-*kaa*-ri) *n* rainbow

sateenpitävä (*sah*-tāym-*pi*-tæ-væ) *adj* rainproof

sateensuoja (*sah*-tāyn-*swoa*-Yah) *n* umbrella

sateinen (*sah*-tay-nayn) *adj* rainy

satelliitti (*sah*-tayl-leet-ti) *n* satellite

satiini (*sah*-teeni) *n* satin

sato (*sah*-toa) *n* crop, harvest

sattua (*saht*-too-ah) *v* occur, happen; ~ **samaan aikaan** coincide

sattuma (*saht*-too-mah) *n* luck; chance

sattumalta (*saht*-too-mahl-tah) *adv* by chance

satu (*sah*-too) *n* fairytale

satula (*sah*-too-lah) *n* saddle

satunnainen (*sah*-toon-nigh-nayn) *adj* accidental, incidental, casual

satuttaa (*sah*-toot-taa) *v* *hit

Saudi-Arabia (*sou*-di-*ah*-rah-bi-ah) Saudi Arabia

saudiarabialainen (*sou*-di-*ah*-rah-bi-ah-ligh-nayn) *adj* Saudi Arabian

sauma (*sou*-mah) *n* seam

saumaton (*sou*-mah-toan) *adj* seamless

sauna (*sou*-nah) *n* sauna; **turkkilainen** ~ Turkish bath

savi (*sah*-vi) *n* clay

saviastiat (*sah*-vi-*ahss*-ti-aht) *pl* earthenware, pottery, crockery

savitavara (*sah*-vi-*tah*-vah-rah) *n* pottery, crockery

savu (*sah*-voo) *n* smoke

savuke (*sah*-voo-kay) *n* cigarette

savukekotelo (*sah*-voo-kayk-*koa*-tay-loa) *n* cigarette-case

savuketupakka (*sah*-voo-kay-*too*-pahk-kah) *n* cigarette tobacco

savukkeensytytin (*sah*-vook-*kāȳn*-sew-tew-tin) *n* cigarette-lighter

savupiippu (*sah*-voo-*peep*-poo) *n* chimney

se (*say*) *pron* it

seepra (*sāȳp*-rah) *n* zebra

seerumi (*sāȳ*-roo-mi) *n* serum

seesteinen (*sāȳss*-tay-nayn) *adj* serene

seikkailu (*sayk*-kigh-loo) *n* adventure

seikkaperäinen (*sayk*-kah-*pay*-ræᵉᵉ-nayn) *adj* detailed

seimi (*say*-mi) *n* manger

seinä (*say*-næ) *n* wall

seinäpaperi (*say*-næ-*pah*-pay-ri) *n* wallpaper

seinävaate (*say*-næ-*vaa*-tay) *n* tapestry

seis! (*sayss*) stop!

seisoa (*say*-soa-ah) *v* *stand

seisontavalo (*say*-soan-tah-*vah*-loa) *n* parking light

seitsemän (*sayt*-say-mæn) *num* seven

seitsemänkymmentä (*sayt*-say-mæn-*kewm*-mayn-tæ) *num* seventy

seitsemäntoista (*sayt*-say-mæn-*toiss*-tah) *num* seventeen

seitsemäs (*sayt*-say-mæss) *num* seventh

seitsemästoista (*sayt*-say-mæss-*toiss*-tah) *num* seventeenth

seiväs (*say*-væss) *n* pole

sekaantua (*say*-kaan-too-ah) *v* interfere with; involve

sekaantunut (*say*-kaan-too-noot) *adj* involved

sekalainen (*say*-kah-ligh-nayn) *adj* miscellaneous

sekamelska (*say*-kah-*mayls*-kah) *n* muddle

sekasorto (*say*-kah-*soar*-toa) *n* chaos

sekasortoinen (*say*-kah-*soar*-toi-nayn) *adj* chaotic

sekasotku (*say*-kah-*soat*-koo) *n* mess

sekatavarakauppias (*say*-kah-*tah*-vah-rah-*koup*-pi-ahss) *n* grocer

sekava (*say*-kah-vah) *adj* complex

šekki (*shayk*-ki) *n* cheque; check *nAm*

šekkivihko (*shayk*-ki-*vih*-koa) *n* cheque-book; check-book *nAm*

sekoitettu (*say*-koi-tayt-too) *adj* mixed

sekoittaa (*say*-koit-taa) *v* mix; muddle; ~ **kortit** shuffle

sekunti (*say*-koon-ti) *n* second

sekä ... että (*say*-kæ *ayt*-tæ) both ... and; as well as

selittämätön (*say*-lit-tæ-mæ-turn) *adj* unaccountable

selittää (*say*-lit-tææ) *v* explain

selitys (*say*-li-tewss) *n* explanation

selkä (*sayl*-kæ) *n* back

selkäranka (*sayl*-kæ-*rahng*-kah) *n* spine, backbone

selkäreppu (*sayl*-kæ-*rayp*-poo) *n* rucksack; knapsack

selkäsauna (*sayl*-kæ-*sou*-nah) *n* spanking

selkäsärky (*sayl*-kæ-*sær*-kew) *n* backache

sellainen (*sayl*-ligh-nayn) *adj* such

selleri (*sayl*-lay-ri) *n* celery

selli (*sayl*-li) *n* cell

sellofaani (*sayl*-loa-faani) *n* cellophane

selonteko (*say*-loan-*tay*-koa) *n* report, account

selostus (*say*-loass-tooss) *n* report

selventää (*sayl*-vayn-tææ) *v* clarify

selvittää (*sayl*-vit-tææ) *v* clarify; settle

selvitys (*sayl*-vi-tewss) *n* explanation

selvä (*sayl*-væ) *adj* clear, distinct, plain, evident

sementti (*say*-maynt-ti) *n* cement

senaatti (*say*-naat-ti) *n* senate

senaattori (*say*-naat-toa-ri) *n* senator

sen jälkeen (sayn ˠæl-kāyn) then; **sen jälkeen kun** since, after

sensaatio (*sayn*-saa-ti-oa) *n* sensation

sensuuri (*sayn*-sōō-ri) *n* censorship

senttimetri (*saynt*-ti-*mayt*-ri) *n* centimetre

seos (*say*-oass) *n* mixture

seppä (*sayp*-pæ) *n* smith, blacksmith

septinen (*sayp*-ti-nayn) *adj* septic

serkku (*sayrk*-koo) *n* cousin

seteli (*say*-tay-li) *n* banknote

setä (*say*-tæ) *n* uncle

seula (*say*-lah) *n* sieve

seuloa (*say*ᵒᵒ-loa-ah) *v* sift, sieve

seura (*say*ᵒᵒ-rah) *n* society, company

seuraava (*say*ᵒᵒ-raa-vah) *adj* next, following

seurakunta (*say*ᵒᵒ-rah-*koon*-tah) *n* congregation; parish

seuralainen (*say*ᵒᵒ-rah-ligh-nayn) *n* companion

seurata (*say*ᵒᵒ-rah-tah) *v* follow; succeed

seuraus (*soo*-rah-ooss) *n* consequence, result; **olla seurauksena** result

seurue (*say*ᵒᵒ-roo-ay) *n* party

seurustella (*say*ᵒᵒ-rooss-*tayl*-lah) *v* mix with, associate with

seurustelu (*say*ᵒᵒ-rooss-tay-loo) *n* intercourse

seutu (*say*ᵒᵒ-too) *n* region

shortsit (*shoart*-sit) *pl* shorts *pl*

Siam (*si*-ahm) Siam

siamilainen (*si*-ah-mi-ligh-nayn) *n* Siamese; *adj* Siamese

sianliha (*si*-ahn-*li*-hah) *n* pork

siannahka (*si*-ahn-*nahh*-kah) *n* pigskin

side (*si*-day) *n* bandage

siedettävä (syay-dayt-tæ-væ) *adj* tolerable

siellä (syayl-læ) *adv* there

sielu (syay-loo) *n* soul; spirit

siemaus (syay-mah-ooss) *n* sip

siemen (syay-mayn) *n* pip; seed

siemenkota (syay-mayng-*koa*-tah) *n* core

sieni (syay-ni) *n* mushroom, toadstool

sierain (syay-righn) *n* nostril

sietämätön (syay-tæ-mæ-turn) *adj* unbearable; intolerable

sietää (syay-tææ) *v* *bear, endure

sievä (syay-væ) *adj* pretty

sifoni (*si*-foa-ni) *n* syphon

sihteeri (*sih*-tāy-ri) *n* secretary, clerk

siili (*see*-li) *n* hedgehog

siipi (*see*-pi) *n* wing

siipikarja (*see*-pi-*kahr*-ˠah) *n* fowl, poultry

siirappi (*see*-rahp-pi) *n* syrup

siirrettävä (*seer*-rayt-tæ-væ) *adj* mobile

siirto (*seer*-toa) *n* transport; move

siirtokunta (*seer*-toa-*koon*-tah) *n* colony

siirtolainen (*seer*-toa-ligh-nayn) *n* emigrant

siirtyminen (*seer*-tew-mi-nayn) *n* transition

siirtää (*seer*-tææ) *v* transfer; move

siis (seess) *adv* consequently

siisti (seess-ti) *adj* clean, tidy

siivilä (*see*-vi-læ) *n* strainer

siivilöidä (*see*-vi-lurᵉᵉ-dæ) *v* strain

siivooja (*see*-vōā-ˠah) *n* chambermaid

siivota (*see*-voa-tah) *v* clean; tidy up

siivoton (*see*-voa-toan) *adj* filthy, foul

siivottomuus (*see*-voat-toa-mōōss) *n* mess

siivous (*seevoa*-ooss) *n* cleaning

sija (*si*-Yah) *n* room

sijainen (*si*-Yigh-nayn) *n* substitute, deputy

sijainti (*si*-Yighn-ti) *n* situation, location, site

sijaitseva (*si*-Yight-say-vah) *adj* situated

sijasta (*si*-Yahss-tah) *postp* instead of

sijoittaa (*si*-Yoit-taa) *v* *lay, *put; place

sijoittaja (*si*-Yoit-tah-Yah) *n* investor

sijoitus (*si*-Yoi-tooss) *n* investment

sikari (*si*-kah-ri) *n* cigar

sikotauti (*si*-koa-*tou*-ti) *n* mumps

siksi (*sik*-si) *adv* therefore

sileä (*si*-lay-æ) *adj* smooth, even; level

silittää (*si*-lit-tææ) *v* press, iron

silitysrauta (*si*-li-tewss-*rou*-tah) *n* iron

silkka (*silk*-kah) *adj* sheer

silkki (*silk*-ki) *n* silk

silkkinen (*silk*-ki-nayn) *adj* silken

silkkiäismarja (*silk*-ki-æ ᵉᵉss-*mahr*-Yah) *n* mulberry

silli (*sil*-li) *n* herring

silloin (*sil*-loin) *adv* then; ~ **kun** when; ~ **tällöin** occasionally, now and then

sillä (*sil*-læ) *conj* for; ~ **aikaa kun** while; ~ **välin** in the meantime, meanwhile

silminnäkijä (*sil*-min-*næ*-ki-Yæ) *n* eyewitness

silmukka (*sil*-mook-kah) *n* loop, link

silmä (*sil*-mæ) *n* eye

silmäehostus (*sil*-mæ-*ay*-hoass-tooss) *n* eye-shadow

silmäillä (*sil*-mæ ᵉᵉl-læ) *v* glance

silmälasit (*sil*-mæ-*lah*-sit) *pl* spectacles, glasses

silmäluomi (*sil*-mæ-*lwoa*-mi) *n* eyelid

silmälääkäri (*sil*-mæ-*lææ*-kæ-ri) *n* oculist

silmänräpäys (*sil*-mæn-ræ-pæ-ewss) *n* second

silmäripsi (*sil*-mæ-*rip*-si) *n* eyelash

silmäripsiväri (*sil*-mæ-*rip*-si-væ-ri) *n* mascara

silmäys (*sil*-mæ-ewss) *n* look, glance

silmäänpistävä (*sil*-mææm-*piss*-tæ-væ) *adj* striking

silokampela (*si*-loa-*kahm*-pay-lah) *n* brill

silta (*sil*-tah) *n* bridge

silti (*sil*-ti) *adv* yet

simpukka (*sim*-pook-kah) *n* mussel

sinappi (*si*-nahp-pi) *n* mustard

sinetti (*si*-nayt-ti) *n* seal

sinfonia (*sin*-foa-ni-ah) *n* symphony

singahduttaa (*sing*-gahh-doot-taa) *v* launch

sininen (*si*-ni-nayn) *adj* blue

sinipunainen (*si*-ni-*poo*-nigh-nayn) *adj* violet

sinkilä (*sin*-ki-læ) *n* clamp, staple

sinkki (*singk*-ki) *n* zinc

sinne (*sin*-nay) *adv* there

sinulle (*si*-nool-lay) *pron* you

sinun (*si*-noon) *pron* your

sinä (*si*-næ) *pron* you

sipuli (*si*-poo-li) *n* onion; bulb

sireeni (*si*-rāȳ-ni) *n* siren

sirkka (*seerk*-kah) *n* cricket

sirkus (*seer*-kooss) *n* circus

sirotella (*si*-roa-tayl-lah) *v* scatter

sirpale (*seer*-pah-lay) *n* splinter

sisar (*si*-sahr) *n* sister

sisarenpoika (*si*-sah-raym-*poi*-kah) *n* nephew

sisarentytär (*si*-sah-rayn-*tew*-tær) *n* niece

sisu (*si*-soo) *n* guts

sisukas (*si*-soo-kahss) *adj* plucky

sisus (*si*-sooss) *n* core

sisusta (*si*-sooss-tah) *n* interior

sisustaa (*si*-sooss-taa) *v* furnish

sisä- (*si*-sæ) indoor

sisäinen (*si*-sæ^{ee}-nayn) *adj* inner, internal; **sisä-** inside

sisäkatto (*si*-sæ-*kaht*-toa) *n* ceiling

sisäkkö (*si*-sæk-kur) *n* housemaid

sisällys (*si*-sæl-lewss) *n* contents *pl*

sisällysluettelo (*si*-sæl-lewss-*loo*-ayt-tay-loa) *n* table of contents

sisällytetty (*si*-sæl-lew-tayt-tew) *adj* included

sisällyttää (*si*-sæl-lewt-tææ) *v* insert

sisällä (*si*-sæl-læ) *postp* inside; *adv* within, indoors

sisälmykset (*si*-sæl-mewk-sayt) *pl* bowels *pl*, insides

sisältä (*si*-sæl-tæ) *adv* inside

sisältää (*si*-sæl-tææ) *v* contain, comprise, include

sisäoppilaitos (*si*-sæ-*oap*-pi-*ligh*-toass) *n* boarding-school

sisäpuolella (*si*-sæ-*pwoa*-layl-lah) *postp* within

sisäpuoli (*si*-sæ-*pwoa*-li) *n* inside

sisärengas (*si*-sæ-*rayng*-ngahss) *n* inner tube

sisässä (*si*-sæss-sæ) *adv* inside

sisään (*si*-sææn) *adv* in; *postp* inside, into

sisäänkäynti (*si*-sææng-kæ^{ew}n-ti) *n* entry, way in

sisäänkäytävä (*si*-sææng-kæ^{ew}-tæ-væ) *n* entrance, entry

sisäänpäin (*si*-sææm-*pæ^{ee}n*) *adv* inwards

sisäänpääsy (*si*-sææn-*pææ*-sew) *n* admission, entry

sisääntulo (*si*-sææn-*too*-loa) *n* entrance

siteerata (*si*-tāy-rah-tah) *v* quote

siten (*si*-tayn) *adv* so

sitkeä (*sit*-kay-æ) *adj* tough

sitoa (*si*-toa-ah) *v* *bind, tie; ~ haava** dress; ~ **yhteen** bundle

sitoumus (*si*-toa-oo-mooss) *n* engagement

sitoutua (*si*-toa-oo-too-ah) *v* engage

sitruuna (*sit*-rōō-nah) *n* lemon

sitten (*sit*-tayn) *adv* then; *postp* ago

sittenkin (*sit*-tayng-kin) *adv* still

sitäpaitsi (*si*-tæ-*pight*-si) *adv* besides, also

siunata (*see*^{oo}-nah-tah) *v* bless

siunaus (*see*^{oo}-nah-ooss) *n* blessing

siveellinen (*si*-vāyl-li-nayn) *adj* moral

sivellin (*si*-vayl-lin) *n* paint-brush, brush

siveysoppi (*si*-vay-ewss-*oap*-pi) *n* morality

siveä (*si*-vay-æ) *adj* chaste

siviili- (*si*-vee-li) civilian

siviilioikeus (*si*-vee-li-*oi*-kay-ooss) *n* civil law, civilian

sivistymätön (*si*-viss-tew-mæ-turn) *adj* vulgar

sivistynyt (*si*-viss-tew-newt) *adj* cultured, civilized

sivistys (*si*-viss-tewss) *n* civilization; culture

sivu (*si*-voo) *n* page; side; **sivu-** additional

sivujoki (*si*-voo-*Yoa*-ki) *n* tributary

sivukatu (*si*-voo-*kah*-too) *n* side-street

sivulaiva (*si*-voo-*ligh*-vah) *n* aisle

sivulle (*si*-vool-lay) *adv* sideways

sivumennen sanoen (*si*-voo-mayn-nayn *sah*-noa-ayn) by the way

sivumerkitys (*si*-voo-*mayr*-ki-tewss) *n* connotation

sivuun (*si*-vōōn) *adv* aside

sivuuttaa (*si*-vōōt-taa) *v* pass

sivuvalo (*si*-voo-*vah*-loa) *n* sidelight

skandinaavi (*skahn*-di-naa-vi) *n* Scandinavian

skandinaavinen (*skahn*-di-naa-vi-nayn) *adj* Scandinavian

Skandinavia (*skahn*-di-nah-vi-ah) Scandinavia
skooteri (*skōat*-tay-ri) *n* scooter
Skotlanti (*skoat*-lahn-ti) Scotland
skotlantilainen (*skoat*-lahn-ti-ligh-nayn) *n* Scot; *adj* Scottish, Scotch
slummi (*sloom*-mi) *n* slum
smaragdi (*smah*-rahg-di) *n* emerald
smokki (*smoak*-ki) *n* dinner-jacket; tuxedo *nAm*
sohva (*soah*-vah) *n* sofa
soihtu (*soih*-too) *n* torch
soikea (*soi*-kay-ah) *adj* oval
soinen (*soi*-nayn) *adj* marshy
sointi (*soin*-ti) *n* tone
sointu (*soin*-too) *n* sound
sointuva (*soin*-too-vah) *adj* tuneful
soitin (*soi*-tin) *n* musical instrument
soittaa (*soit*-taa) *v* *ring, play; ~ puhelimella* phone, call, ring up; call up *Am*
soittokello (*soit*-toa-*kayl*-loa) *n* bell
sokaista (*soa*-kighss-tah) *v* blind
sokea (*soa*-kay-ah) *adj* blind
sokeri (*soa*-kay-ri) *n* sugar
sokerileipomo (*soa*-kay-ri-lay-poa-moa) *n* pastry shop
sokerileipuri (*soa*-kay-ri-*lay*-poo-ri) *n* confectioner
sokeripala (*soa*-kay-ri-*pah*-lah) *n* lump of sugar
sokeritauti (*soa*-kay-ri-*tou*-ti) *n* diabetes
sokeritautinen (*soa*-kay-ri-*tou*-ti-nayn) *n* diabetic
sokkelo (*soak*-kay-loa) *n* maze, labyrinth
sola (*soa*-lah) *n* mountain pass
solakka (*soa*-lahk-kah) *adj* slim
solisluu (*soa*-liss-*lōō*) *n* collarbone
solki (*soal*-ki) *n* buckle
solmia (*soal*-mi-ah) *v* knot, tie
solmio (*soal*-mi-oa) *n* necktie, tie
solmu (*soal*-moo) *n* knot

solmuke (*soal*-moo-kay) *n* bow tie
soma (*soa*-mah) *adj* neat
sommitella (*soam*-mi-tayl-lah) *v* compile
sommittelu (*soam*-mit-tay-loo) *n* composition
sonta (*soan*-tah) *n* muck
sooloesitys (*sōa*-loa-ay-si-tewss) *n* recital
sopia (*soa*-pi-ah) *v* suit, fit; ~ jklle suit; ~ yhteen agree, match
sopimaton (*soa*-pi-mah-toan) *adj* improper, unsuitable, unfit; misplaced, inconvenient
sopimus (*soa*-pi-mooss) *n* agreement; treaty, settlement; contract
sopiva (*soa*-pi-vah) *adj* proper, suitable, appropriate, convenient
sopusointu (*soa*-poo-soin-too) *n* harmony
sora (*soa*-rah) *n* grit, gravel
sorkkarauta (*soark*-kah-*rou*-tah) *n* crowbar
sormenjälki (*soar*-mayn-*yæl*-ki) *n* fingerprint
sormi (*soar*-mi) *n* finger
sormus (*soar*-mooss) *n* ring
sormustin (*soar*-mooss-tin) *n* thimble
sortaa (*soar*-taa) *v* oppress
sosialismi (*soa*-si-ah-liss-mi) *n* socialism
sosialisti (*soa*-si-ah-liss-ti) *n* socialist
sosialistinen (*soa*-siah-liss-ti-nayn) *adj* socialist
sota (*soa*-tah) *n* war; **sotaa edeltävä** pre-war
sotalaiva (*soa*-tah-ligh-vah) *n* man-of-war
sotamies (*soa*-tah-*myayss*) *n* knave
sotavanki (*soa*-tah-*vahng*-ki) *n* prisoner of war
sotavoimat (*soa*-tah-*voi*-maht) *pl* military force; armed forces
sotilas (*soa*-ti-lahss) *adj* military; *n*

pawn, soldier

sotkea (*soat*-kay-ah) *v* mess up

sotku (*soat*-koo) *n* muddle

soutaa (*soa*-taa) *v* row

soutuvene (*soa*-too-vay-nay) *n* rowing-boat

sovelias (*soa*-vay-li-ahss) *adj* proper, fit

soveltaa (*soa*-vayl-taa) *v* adjust, apply

soveltaminen (*soa*-vayl-tah-mi-nayn) *n* application

sovinto (*soa*-vin-toa) *n* reconciliation; settlement

sovittaa (*soa*-vit-taa) *v* adapt, suit; try on

sovitteluratkaisu (*soa*-vit-tay-loo-*raht*-kigh-soo) *n* compromise

sovittu! (*soa*-vit-too) okay!

sovitushuone (*soa*-vi-tooss-*hwoa*-nay) *n* fitting room

spitaalitauti (*spi*-taa-li-*tou*-ti) *n* leprosy

spriikeitin (*spree*-kay-tin) *n* spirit stove

stadion (stah-di-oan) *n* stadium

steriili (stay-ree-li) *adj* sterile

sterilisoida (stay-ri-li-soi-dah) *v* sterilize

strutsi (*stroot*-si) *n* ostrich

stuertti (stoo-ayrt-ti) *n* steward

suahili (*soo*-ah-hi-li) *n* Swahili

substantiivi (*soob*-stahn-tee-vi) *n* noun

suhde (*soohday*) *n* relation, proportion; connection; affair

suhteellinen (*sooh*-tāȳ-l-li-nayn) *adj* proportional, relative, comparative

suhteen (*sooh*-tāȳn) *postp* concerning

suihku (*soo*ᵉᵉʰ-koo) *n* shower; jet, squirt

suihkukaivo (*soo*ᵉᵉʰ-koo-*kigh*-voa) *n* fountain

suihkukone (*soo*ᵉᵉʰ-koo-*koa*-nay) *n* jet

suihkuturbiini (*soo*ᵉᵉʰ-koo-*toor*-bee-ni) *n* turbojet

suippo (*soo*ᵉᵉp-poa) *adj* pointed

suisto (*soo*ᵉᵉss-toa) *n* estuary

suitsutus (*soo*ᵉᵉt-soo-tooss) *n* incense

sujuva (*soo*-Yoo-vah) *adj* fluent

sukeltaa (*soo*-kayl-taa) *v* dive

sukka (*sook*-kah) *n* stocking

sukkahousut (*sook*-kah-*hoa*-soot) *pl* panty-hose, tights *pl*

sukkanauhaliivit (*sook*-kah-*nou*-hah-*lee*-vit) *pl* suspender belt; garter belt *Am*

sukkela (*sook*-kay-lah) *adj* witty

suklaa (*sook*-laa) *n* chocolate

suklaajuoma (*sook*-laa-Ywoa-mah) *n* chocolate

suksi (*sook*-si) *n* ski

suksisauvat (*sook*-si-*sou*-vaht) *pl* ski sticks; ski poles *Am*

suku (*soo*-koo) *n* family; gender

sukulainen (*soo*-koo-ligh-nayn) *n* relative, relation

sukunimi (*soo*-koo-*ni*-mi) *n* family name, surname

sukupolvi (*soo*-koo-*poal*-vi) *n* generation

sukupuoli (*soo*-koo-*pwoa*-li) *n* sex; **sukupuoli-** genital; sexual

sukupuolielämä (*soo*-koo-*pwoa*-li-ay-læ-mæ) *n* sex

sukupuolisuus (*soo*-koo-*pwoa*-li-sōōss) *n* sexuality

sukupuolitauti (*soo*-koo-*pwoa*-li-*tou*-ti) *n* venereal disease

sulaa (*soo*-laa) *v* melt; thaw

sulake (*soo*-lah-kay) *n* fuse

sulattaa (*soo*-laht-taa) *v* digest

sulatusuuni (*soo*-lah-tooss-ōō-ni) *n* furnace

sulhanen (*sool*-hah-nayn) *n* fiancé, bridegroom

suljettu (*sool*-Yayt-too) *adj* shut, closed

sulkea (*sool*-kay-ah) *v* *shut, close;

fasten, turn off; ~ **pois** exclude;
~ **syliin** hug
sulku (*sool*-koo) n lock
sulkuportti (*sool*-koo-*poart*-ti) n sluice
sulo (*soo*-loa) n grace
suloinen (*soo*-loi-nayn) adj lovely,
graceful
summa (*soom*-mah) n sum, amount
sumu (*soo*-moo) n fog, mist
sumuinen (*soo*-mooᵉᵉ-nayn) adj foggy
sumutin (*soo*-moo-tin) n atomizer
sumuvalo (*soo*-moo-*vah*-loa) n fog-
lamp
sunnuntai (*soon*-noon-tigh) n Sunday
suntio (*soon*-ti-oa) n sexton
suo (*swoa*) n bog, swamp
suoda (*swoa*-dah) v allow, permit;
grant
suodatin (*swoa*-dah-tin) n filter
suoja (*swoa*-ʸah) n shelter, cover
suojakaide (*swoa*-ʸah-*kigh*-day) n
crash barrier
suojakangas (*swoa*-ʸah-*kahng*-ngahss)
n tarpaulin
suojalasit (*swoa*-ʸah-*lah*-sit) pl
goggles pl
suojapuku (*swoa*-ʸah-*poo*-koo) n over-
alls pl
suojasää (*swoa*-ʸah-*sææ*) n thaw
suojata (*swoa*-ʸah-tah) v shelter
suojatie (*swoa*-ʸah-*tyay*) n pedestrian
crossing; crosswalk nAm
suojella (*swoa*-ʸayl-lah) v protect
suojelus (*swoa*-ʸay-looss) n protec-
tion
suojus (*swoa*-ʸooss) n screen
suola (*swoa*-lah) n salt
suola-astia (*swoa*-lah-*ahss*-ti-ah) n
salt-cellar
suolainen (*swoa*-ligh-nayn) adj salty
suoli (*swoa*-li) n gut, intestine
suolisto (*swoa*-liss-toa) n intestines,
bowels pl
suomalainen (*swoa*-mah-ligh-nayn) n

Finn; adj Finnish
Suomi (*swoa*-mi) Finland
suomus (*swoa*-mooss) n scale
suonenveto (*swoa*-nayn-*vay*-toa) n
cramp
suonikohju (*swoa*-ni-*koah*-ʸoo) n vari-
cose vein
suora (*swoa*-rah) adj straight; direct;
right; **suoraa päätä** straight away
suoraan (*swoa*-raan) adv straight; ~
eteenpäin straight ahead; straight
on
suorakaide (*swoa*-rah-*kigh*-day) n ob-
long
suorakulmainen (*swoa*-rah-*kool*-migh-
nayn) adj rectangular
suorakulmio (*swoa*-rah-*kool*-mi-oa) n
rectangle
suorittaa (*swoa*-rit-taa) v perform,
execute; ~ **loppuun** complete
suosia (*swoa*-si-ah) v favour
suosikki (*swoa*-sik-ki) n favourite;
suosikki- pet
suosio (*swoa*-si-oa) n grace; **osoittaa
suosiota** clap
suosionosoitus (*swoa*-si-oan-*oa*-soi-
tooss) n applause
suositella (*swoa*-si-tayl-lah) v recom-
mend
suosittelija (*swoa*-sit-tay-li-ʸah) n ref-
erence
suosittu (*swoa*-sit-too) adj popular
suositus (*swoa*-si-tooss) n recommen-
dation
suosituskirje (*swoa*-si-tooss-*keer*-ʸay)
n letter of recommendation
suostua (*swoass*-too-ah) v consent,
agree
suostumus (*swoass*-too-mooss) n con-
sent
suostutella (*swoass*-too-tayl-lah) v
persuade
suotuisa (*swoa*-tooᵉᵉ-sah) adj favour-
able

superlatiivi (*soo*-payr-lah-tee-vi) *n* superlative

superoksidi (*soo*-payr-*oak*-si-di) *n* peroxide

supistaa (*soo*-piss-taa) *v* *cut

suppea (*soop*-pay-ah) *adj* narrow

suppilo (*soop*-pi-loa) *n* funnel

surkea (*soor*-kay-ah) *adj* sad

surkeus (*soor*-kay-ooss) *n* misery

surkutella (*soor*-koo-tayl-lah) *v* pity

surmata (*soor*-mah-tah) *v* kill

surra (*soor*-rah) *v* grieve

suru (*soo*-roo) *n* sorrow, grief

suruaika (*soo*-roo-*igh*-kah) *n* mourning

surullinen (*soo*-rool-li-nayn) *adj* sad

surumielisyys (*soo*-roo-*myay*-li-sewss) *n* melancholy

susi (*soo*-si) *n* wolf

suu (*soo*) *n* mouth

suudella (*soo*-dayl-lah) *v* kiss

suudelma (*soo*-dayl-mah) *n* kiss

suukappale (*soo*-*kahp*-pah-lay) *n* nozzle

suukko (*sook*-koa) *n* kiss

suullinen (*sool*-li-nayn) *adj* oral, verbal

suunnata (*soon*-nah-tah) *v* direct

suunnaton (*soon*-nah-toan) *adj* enormous, huge; immense

suunnilleen (*soon*-nil-*layn*) *adv* about

suunnistautua (*soon*-niss-tou-too-ah) *v* orientate

suunnitella (*soon*-ni-tayl-lah) *v* plan

suunnitelma (*soon*-ni-tayl-mah) *n* plan; project

suunta (*soon*-tah) *n* direction, way; course

suuntanumero (*soon*-tah-*noo*-may-roa) *n* area code

suuntavalo (*soon*-tah-*vah*-loa) *n* trafficator; directional signal *Am*

suupala (*soo*-*pah*-lah) *n* bite

suurempi (*soo*-raym-pi) *adj* superior, major

suurenmoinen (*soo*-raym-moi-nayn) *adj* grand, splendid, magnificent, superb

suurennus (*soo*-rayn-nooss) *n* enlargement

suurennuslasi (*soo*-rayn-nooss-*lah*-si) *n* magnifying glass

suurentaa (*soo*-rayn-taa) *v* enlarge

suuri (*soo*-ri) *adj* big, large, great; major

suurin (*soo*-rin) *adj* main

suurlähettiläs (*soor*-læ-hayt-ti-læss) *n* ambassador

suurlähetystö (*soor*-læ-hay-tewss-tur) *n* embassy

suurpiirteinen (*soor*-peer-tay-nayn) *adj* liberal

suuruus (*soo*-rōōss) *n* size

suutari (*soo*-tah-ri) *n* shoemaker

suuttumus (*soot*-too-mooss) *n* anger; indignation

suuttunut (*soot*-too-noot) *adj* angry

suuvesi (*soo*-vay-si) *n* mouthwash

Sveitsi (*svayt*-si) Switzerland

sveitsiläinen (*svayt*-si-læ ee-nayn) *n* Swiss; *adj* Swiss

sydämellinen (*sew*-dæm-mayl-li-nayn) *adj* cordial, hearty

sydämentykytys (*sew*-dæm-mayn-tew-kew-tewss) *n* palpitation

sydämetön (*sew*-dæm-may-turn) *adj* heartless

sydän (*sew*-dæn) *n* heart

sydänkohtaus (*sew*-dæng-*koah*-tah-ooss) *n* heart attack

sydänkäpy (*sew*-dæn-kæ-pew) *n* sweetheart

syksy (*sewk*-sew) *n* autumn; fall *nAm*

syleillä (*sew*-lyayl-læ) *v* hug, embrace; cuddle

syleily (*sew*-lay-lew) *n* hug, embrace

sylinteri (*sew*-lin-tay-ri) *n* cylinder

sylinterinkansi (*sew*-lin-tay-ring-*kahn*-si) *n* cylinder head

sylkeä (*sewl*-kay-æ) *v* *spit

sylki (*sewl*-ki) *n* spit

synagoga (*sew*-nah-gōā-gah) *n* synagogue

synkkyys (*sewngk*-kēwss) *n* gloom

synkkä (*sewnk*-kæ) *adj* obscure, sombre, gloomy; dark

synnyinmaa (*sewn*-new-im-*maa*) *n* native country

synnynnäinen (*sewn*-newn-næ ēē-nayn) *adj* born

synnytys (*sewn*-new-tewss) *n* childbirth, delivery

synnytyspoltot (*sewn*-new-tewss-*poal*-toat) *pl* labour

synonyymi (*sew*-noa-nēw-mi) *n* synonym

synteettinen (*sewn*-tāyt-ti-nayn) *adj* synthetic

synti (*sewn*-ti) *n* sin

syntipukki (*sewn*-ti-*pook*-ki) *n* scapegoat

synty (*sewn*-tew) *n* birth; rise

syntymä (*sewn*-tew-mæ) *n* birth

syntymäpaikka (*sewn*-tew-mæ-*pighk*-kah) *n* place of birth

syntymäpäivä (*sewn*-tew-mæ-*pæēē*-væ) *n* birthday

syntyperä (*sewn*-tew-*pay*-ræ) *n* origin

syntyperäinen (*sewn*-tew-*pay*-ræ ēē-nayn) *adj* native

syrjäinen (*sewr*-ʸæ ēē-nayn) *adj* remote; out of the way

syrjään (*sewr*-ʸæ æn) *adv* aside

sysätä (*sew*-sæ-tæ) *v* push

sysäys (*sew*-sæ-ewss) *n* push; impulse

syttyminen (*sewt*-tew-mi-nayn) *n* outbreak

sytytin (*sew*-tew-tin) *n* lighter

sytyttää (*sew*-tewt-tæ̈æ) *v* *light; turn on

sytytys (*sew*-tew-tewss) *n* ignition

sytytyslaite (*sew*-tew-tewss-*ligh*-tay) *n* ignition coil

sytytyslanka (*sew*-tew-tewss-*lahng*-kah) *n* fuse

sytytystulppa (*sew*-tew-tewss-*toolp*-pah) *n* sparking-plug

syvyys (*sew*-vēwss) *n* depth

syvä (*sew*-væ) *adj* deep

syvämielinen (*sew*-væ-*myay*-li-nayn) *adj* profound

syy (*sēw*) *n* cause, reason; blame

syyhy (*sēw*-hew) *n* itch

syyhytä (*sēw*-hew-tæ) *v* itch

syyllinen (*sēwl*-li-nayn) *adj* guilty

syyllisyys (*sēwl*-li-sēwss) *n* guilt

Syyria (*sēw*-ri-ah) Syria

syyrialainen (*sēw*-ri-ah-ligh-nayn) *n* Syrian; *adj* Syrian

syyskuu (*sēwss*-kōō) September

syytetty (*sēw*-tayt-tew) *n* accused

syyttää (*sēwt*-tæ̈æ) *v* accuse; charge

syytös (*sēw*-turss) *n* charge

syödä (s*ᵉʷur*-dæ) *v* *eat; ~ illallista dine

syöksyä (s*ᵉʷurk*-sew-æ) *v* dash; ~ maahan crash

syöpä (s*ᵉʷur*-pæ) *n* cancer

syötti (s*ᵉʷurt*-ti) *n* bait

syötävä (s*ᵉʷur*-tæ-væ) *adj* edible; syötäväksi kelpaamaton inedible

säde (*sæ*-day) *n* ray, beam; radius

säe (*sæ*-ay) *n* verse

säestää (*sæ*-ayss-tæ̈æ) *v* accompany

sähke (*sæh*-kay) *n* telegram

sähkö (*sæh*-kur) *n* electricity

sähköasentaja (*sæh*-kur-*ah*-sayn-tah-ʸah) *n* electrician

sähköinen (*sæh*-kur ēē-nayn) *adj* electric

sähköparranajokone (*sæh*-kur-*pahr*-rahn-ah-ʸoa-*koa*-nay) *n* electric razor, shaver

sähkösanoma (*sæh*-kur-*sah*-noa-mah)

n cable

sähköttää (*sæh*-kurt-*tææ*) *v* telegraph, cable

säie (*sæ ee*-ay) *n* fibre

säihke (*sæ eeh*-kay) *n* glare

säiliö (*sæ ee*-li-ur) *n* container, reservoir; tank

säiliöalus (*sæ ee*-li-ur-ah-looss) *n* tanker

säilykepurkki (*sæ ee*-lew-kay-*poork*-ki) *n* tin

säilykerasia (*sæ ee*-lew-kayr-*rah*-si-ah) *n* tin; **säilykerasian avaaja** tinopener

säilykeruoka (*sæ ee*-lew-kayr-*rwoa*-kah) *n* tinned food

säilyttäminen (*sæ ee*-lewt-tæ-mi-nayn) *n* preservation

säilyttää (*sæ ee*-lewt-*tææ*) *v* *keep, preserve

säilytyspaikka (*sæ ee*-lew-tewss-*pighk*-kah) *n* depository

säilöä (*sæ ee*-lur-æ) *v* preserve

säkeistö (*sæ*-kayss-tur) *n* stanza

säkki (*sæk*-ki) *n* sack

sälekaihdin (*sæ*-layk-*kighh*-din) *n* blind

sälelaatikko (*sæ*-layl-*laa*-tik-koa) *n* crate

sämpylä (*sæm*-pew-læ) *n* bun, roll

särkeä (*sær*-kay-æ) *v* crack; ache

särki (*sær*-ki) *n* roach

särky (*sær*-kew) *n* ache

särkymätön (*sær*-kew-mæ-turn) *adj* unbreakable

särkyä (*sær*-kew-æ) *v* crack; **helposti särkyvä** fragile

sättiä (*sæt*-ti-æ) *v* scold

sävel (*sæ*-vayl) *n* melody, note

sävellys (*sæ*-vayl-lewss) *n* composition

sävelmä (*sæ*-vayl-mæ) *n* tune

säveltäjä (*sæ*-vayl-tæ-ᵞæ) *n* composer

sävy (*sæ*-vew) *n* nuance

säyseä (*sæ ew*-say-æ) *adj* tame

sää (*sææ*) *n* weather

säädyllinen (*sææ*dewl-li-nayn) *adj* decent; proper

säädyllisyys (*sææ*-dewl-li-sewss) *n* decency

säädytön (*sææ*-dew-turn) *adj* indecent

sääli (*sææ*-li) *n* pity

sääliä (*sææ*-li-æ) *v* pity

säännöllinen (*sææn*-nurl-li-nayn) *adj* regular

säännönmukainen (*sææn*-nurm-*moo*-kigh-nayn) *adj* regular

säännös (*sææn*-nurss) *n* regulation

säännöstellä (*sææn*-nurss-tayl-læ) *v* control

sääntö (*sææn*-tur) *n* rule

sääri (*sææ*-ri) *n* leg

sääski (*sææss*-ki) *n* mosquito

säästäväinen (*sææss*-tæ-væ ee-nayn) *adj* economical, thrifty

säästää (*sææss*-*tææ*) *v* spare; economize, save

säästöpankki (*sææss*-tur-*pahngk*-ki) *n* savings bank

säästörahat (*sææss*-tur-*rah*-haht) *pl* savings *pl*

säätiedotus (*sææ*-tyay-doa-tooss) *n* weather forecast

säätiö (*sææ*-ti-ur) *n* foundation

säätää (*sææ*-tææ) *v* regulate

säätö (*sææ*-tur) *n* regulation

T

taajuus (*taa*-ᵞōōss) *n* frequency

taaksepäin (*taak*-sayp-*pæ ee*n) *adv* backwards

taantuminen (*taan*-too-mi-nayn) *n* recession

taapertaja (*taa*-payr-tah-ᵞah) *n* toddler

taas (*taass*) *adv* again

taata (*taa*-tah) *v* guarantee

taateli (*taa*-tay-li) *n* date

tabletti (*tahb*-layt-ti) *n* tablet

tabu (*tah*-boo) *n* taboo

tahallaan (*tah*-hahl-laan) *adv* on purpose

tahallinen (*tah*-hahl-li-nayn) *adj* intentional

tahaton (*tah*-hah-toan) *adj* unintentional

tahdonvoima (tahh-doan-*voi*-mah) *n* will-power

tahmea (*tahh*-may-ah) *adj* sticky

tahna (*tahh*-nah) *n* paste

taho (*tah*-hoa) *n* way

tahra (*tahh*-rah) *n* spot, stain; blot

tahrainen (*tahh*-righ-nayn) *adj* spotted

tahranpoistoaine (*tahh*-rahn-*poiss*-toa-igh-nay) *n* stain remover

tahrata (*tahh*-rah-tah) *v* stain

tahraton (*tahh*-rah-toan) *adj* stainless, spotless

tahti (*tahh*-ti) *n* pace

tahto (*tahh*-toa) *n* will

tahtoa (*tahh*-toa-ah) *v* *will

tai (*tigh*) *conj* or

taide (*tigh*-day) *n* art; fine arts

taidegalleria (*tigh*-dayg-*gahl*-lay-ri-ah) *n* gallery, art gallery

taidehistoria (*tigh*-dayh-*hiss*-toa-ri-ah) *n* art history

taidekokoelma (*tigh*-dayk-*koa*-koa-ayl-mah) *n* art collection

taidekorkeakoulu (*tigh*-dayk-*koar*-kay-ah-*koa*-loo) *n* art school

taidenäyttely (*tigh*-dayn-*n@*ᵉʷ*t*-tay-lew) *n* art exhibition

taideteollisuus (*tigh*-dayt-*tay*-oal-li-sōōss) *n* arts and crafts

taideteos (*tigh*-dayt-*tay*-oass) *n* work of art

taika (*tigh*-kah) *n* magic

taikausko (*tigh*-kah-*ooss*-koa) *n* superstition

taikina (*tigh*-ki-nah) *n* dough, batter

taikuri (*tigh*-koo-ri) *n* magician

taimisto (*tigh*-miss-toa) *n* nursery

taipuisa (*tigh*-pooᵉᵉ-sah) *adj* flexible, supple

taipumus (*tigh*-poo-mooss) *n* tendency, inclination

taipuvainen (*tigh*-poo-vigh-nayn) *adj* inclined; **olla ~** *be inclined to

taistella (*tighss*-tayl-lah) *v* *fight, battle; **~ jtkn vastaan** combat

taistelu (*tighss*-tay-loo) *n* fight, battle; combat; strife, contest

taitava (*tigh*-tah-vah) *adj* skilled, smart, skilful

taite (*tigh*-tay) *n* fold

taiteellinen (*tigh*-tāyl-li-nayn) *adj* artistic

taiteilija (*tigh*-tay-li-ᵞah) *n* artist

taito (*tigh*-toa) *n* art; ability, skill

taittaa (*tigh*-taa) *v* fold; fracture

taivaanranta (*tigh*-vaan-*rahn*-tah) *n* horizon

taivas (*tigh*-vahss) *n* heaven, sky

taivuttaa (*tigh*-voot-taa) *v* *bend; bow

tajuta (*tah*-ᵞoo-tah) *v* perceive, *see; *take

tajuton (*tah*-ᵞoo-toan) *adj* unconscious

tajuttomuus (*tah*-ᵞoot-toa-mōōss) *n* coma

takaaja (*tah*-kaa-ᵞah) *n* guarantor

takaisin (*tah*-kigh-sin) *adv* back

takaisinmaksu (*tah*-kigh-sin-*mahk*-soo) *n* refund, repayment

takamus (*tah*-kah-mooss) *n* bottom

takana (*tah*-kah-nah) *postp* behind

takaosa (*tah*-kah-*oa*-sah) *n* rear

takaus (*tah*-kah-ooss) *n* bail

takavalo (*tah*-kah-*vah*-loa) *n* tail-light, rear-light

takavarikoida (*tah*-kah-*vah*-ri-koi-dah) *v* confiscate, impound takia (*tah*-ki-ah) *postp* because of

takka (*tahk*-kah) *n* fireplace

takki (*tahk*-ki) *n* coat

taksamittari (*tahk*-sah-*mit*-tah-ri) *n* taxi-meter

taksi (*tahk*-si) *n* cab, taxi

taksiasema (*tahk*-si-*ah*-say-mah) *n* taxi rank; taxi stand *Am*

taksinkuljettaja (*tahk*-sin-*kool*-Yayt-tah-Yah) *n* cab-driver

taktiikka (*tahk*-teek-kah) *n* tactics *pl*

takuu (*tah*-kōō) *n* guarantee; security

talja (*tahl*-Yah) *n* hide

talkki (*tahlk*-ki) *n* talc powder

tallata (*tahl*-lah-tah) *v* stamp

tallelokero (*tahl*-layl-*loa*-kay-roa) *n* safe

tallettaa (*tahl*-layt-taa) *v* deposit; ~ pankkiin bank

talletus (*tahl*-lay-tooss) *n* deposit

talli (*tahl*-li) *n* stable

talo (*tah*-loa) *n* house

talonmies (*tah*-loam-*myayss*) *n* janitor

talonomistaja (*tah*-loan-*oa*-miss-tah-Yah) *n* landlord

talonpoika (*tah*-loam-*poi*-kah) *n* peasant

talonpoikaisvaimo (*tah*-loam-*poi*-kighss-*vigh*-moa) *n* farmer's wife

taloudellinen (*tah*-loa-oo-dayl-li-nayn) *adj* economical

taloudenhoitaja (*tah*-loa-oo-dayn-*hoi*-tah-Yah) *n* housekeeper

taloudenhoito (*tah*-loa-oo-dayn-*hoi*-toa) *n* housekeeping

talous (*tah*-loa-ooss) *n* economy; household

talousarvio (*tah*-loa-ooss-*ahr*-vi-oa) *n* budget

taloussprii (*tah*-loa-ooss-*spree*) *n* methylated spirits

taloustieteellinen (*tah*-loa-ooss-*tyay*-tāyl-li-nayn) *adj* economic

taloustieteilijä (*tah*-loa-ooss-*tyay*-tay-

li-Yæ) *n* economist

taltta (*tahlt*-tah) *n* chisel

talutushihna (*tah*-loo-tooss-*hih*-nah) *n* lead

talutusnuora (*tah*-loo-tooss-*nwoa*-rah) *n* leash

talvi (*tahl*-vi) *n* winter

talviurheilu (*tahl*-vi-*oor*-hay-loo) *n* winter sports

tamma (*tahm*-mah) *n* mare

tammenterho (*tahm*-mayn-*tayr*-hoa) *n* acorn

tammi (*tahm*-mi) *n* oak

tammikuu (*tahm*-mi-kōō) January

tammilauta (*tahm*-mi-*lou*-tah) *n* draught-board

tammipeli (*tahm*-mi-*pay*-li) *n* draughts; checkers *plAm*

tamponi (*tahm*-poa-ni) *n* tampon

tanko (*tahng*-koa) *n* bar

Tanska (*tahns*-kah) Denmark

tanskalainen (*tahns*-kah-ligh-nayn) *n* Dane; *adj* Danish

tanssi (*tahns*-si) *n* dance

tanssia (*tahns*-si-ah) *v* dance

tanssiaiset (*tahns*-si-igh-sayt) *pl* ball

tanssisali (*tahns*-si-*sah*-li) *n* ballroom

tapa (*tah*-pah) *n* manner, fashion; custom, way; olla tapana *be used to, would

tapaaminen (*tah*-paa-mi-nayn) *n* meeting; appointment

tapahtua (*tah*-pahh-too-ah) *v* happen, occur; *take place

tapahtuma (*tah*-pahh-too-mah) *n* incident, happening, occurrence, event

tapaturma (*tah*-pah-*toor*-mah) *n* accident

tapaus (*tah*-pah-ooss) *n* case, instance; joka tapauksessa though, however; siinä tapauksessa että in case of

tapella (*tah*-payl-lah) *v* *fight; struggle

tappaa (*tahp*-paa) *v* kill

tappelu (*tahp*-pay-loo) *n* fight

tappio (*tahp*-pi-oa) *n* defeat

taputtaa (tah-*poot*-taa) *v* clap

tariffi (tah-rif-fi) *n* rate, tariff

tarina (tah-ri-nah) *n* tale; fiction

tarjoilija (tahr-Yoi-li-Yah) *n* waiter

tarjoilijatar (tahr-Yoi-li-Yah-tahr) *n* waitress; barmaid

tarjoilla (tahr-Yoil-lah) *v* serve

tarjonta (tahr-Yoan-tah) *n* supply

tarjota (tahr-Yoa-tah) *v* offer

tarjotin (tahr-Yoa-tin) *n* tray

tarjous (tahr-Yoa-ooss) *n* offer

tarkastaa (tahr-kahss-taa) *v* inspect; search, check

tarkastaja (tahr-kahss-tah-Yah) *n* inspector

tarkastus (tahr-kahss-tooss) *n* inspection; revision, search, check-up

tarkata (tahr-kah-tah) *v* attend to

tarkistaa (tahr-kiss-taa) *v* check; adjust; revise

tarkka (tahrk-kah) *adj* very, precise, accurate

tarkkaavainen (tahrk-kaa-vigh-nayn) *adj* attentive

tarkkaavaisuus (tahrk-kaa-vigh-sōōss) *n* attention; notice

tarkkanäköisyys (tahrk-kah-næ-kur^{ee}-sēwss) *n* vision

tarkoittaa (tahr-koit-taa) *v* *mean; aim at; destine

tarkoituksenmukainen (tahr-koi-took-sayn-*moo*-kigh-nayn) *adj* appropriate

tarkoitus (tahr-koi-tooss) *n* purpose

tarmokas (tahr-moa-kahss) *adj* energetic

tarpeellinen (tahr-pāyl-li-nayn) *adj* requisite

tarpeeton (tahr-pāy-toan) *adj* unnecessary

tarrautua (tahr-rou-tooah) *v* *hold on

tarttua (tahrt-too-ah) *v* grasp, *take, grip, seize

tarttuva (tahrt-too-vah) *adj* contagious, infectious

tartunta (tahr-toon-tah) *n* infection

tartuttaa (tahr-toot-taa) *v* infect

tarve (tahr-vay) *n* need, want; **olla tarpeen** need

tarvita (tahr-vi-tah) *v* need; demand

tasa-arvoisuus (tah-sah-*ahr*-voi-sōōss) *n* equality

tasainen (tah-sigh-nayn) *adj* level, even; flat, plane

tasanko (tah-sahng-koa) *n* plain

tasapaino (tah-sah-*pigh*-noa) *n* balance

tasavalta (tah-sah-*vahl*-tah) *n* republic

tasavaltalainen (tah-sah-*vahl*-tah-ligh-nayn) *adj* republican

tasavirta (tah-sah-*veer*-tah) *n* direct current

tase (tah-say) *n* balance

tasku (tahss-koo) *n* pocket

taskukampa (tahss-koo-*kahm*-pah) *n* pocket-comb

taskukello (tahss-koo-*kayl*-loa) *n* pocket-watch

taskukirja (tahss-koo-*keer*-Yah) *n* paperback

taskulamppu (tahss-koo-*lahmp*-poo) *n* torch, flash-light

taskuveitsi (tahss-koo-*vayt*-si) *n* pen-knife, pocket-knife

taso (tah-soa) *n* level

tasoittaa (tah-soit-taa) *v* equalize; level

tasoristeys (tah-soa-*riss*-tay-ewss) *n* crossing

tasoylikäytävä (tah-soa-ew-li-*kæ^{ew}*-tæ-væ) *n* level crossing

tauko (tou-koa) *n* pause; **pitää ~** pause

taulu (tou-loo) *n* board; picture; **luokan ~** blackboard

taulukko (tou-look-koa) *n* chart, table

tausta (*touss*-tah) *n* background

tauti (*tou*-ti) *n* disease

tavallinen (*tah*-vahl-li-nayn) *adj* common, ordinary, plain; usual, regular, simple; frequent

tavallisesti (*tah*-vahl-li-sayss-ti) *adv* as a rule, usually

tavanmukainen (*tah*-vahm-*moo*-kigh-nayn) *adj* normal

tavanomainen (*tah*-vahn-*oa*-migh-nayn) *adj* customary; habitual

tavara (*tah*-vah-rah) *n* article

tavara-auto (*tah*-vah-rah-*ou*-toa) *n* delivery van

tavarajuna (*tah*-vah-rah-*Yoo*-nah) *n* goods train; freight-train *nAm*

tavaramerkki (*tah*-vah-rah-*mayrk*-ki) *n* trademark

tavarat (*tah*-vah-raht) *pl* goods *pl*

tavaratalo (*tah*-vah-rah-*tah*-loa) *n* department store; drugstore *nAm*

tavaratila (*tah*-vah-rah-*ti*-lah) *n* boot; trunk *nAm*

tavaravaunu (*tah*-vah-rah-*vou*-noo) *n* luggage van

tavata (*tah*-vah-tah) *v* *meet; *spell

tavaton (*tah*-vah-toan) *adj* enormous

tavoite (*tah*-voi-tay) *n* aim, objective

tavoiteltava (*tah*-voi-tayl-tah-vah) *adj* desirable

tavoittaa (*tah*-voit-taa) *v* *catch

tavu (*tah*-voo) *n* syllable

Te (*tay*) *pron* you

te (*tay*) *pron* you

teatteri (*tay*-aht-tay-ri) *n* theatre

tee (*tāy*) *n* tea

teeastiasto (*tāy*-ahss-ti-ahss-toa) *n* tea-set

teehuone (*tāy*-hwoa-nay) *n* tea-shop

teekannu (*tāy*-kahn-noo) *n* teapot

teekuppi (*tāy*-koop-pi) *n* teacup

teelusikallinen (*tāy*-loo-si-kahl-li-nayn) *n* teaspoonful

teelusikka (*tāy*-loo-sik-kah) *n* teaspoon

teennäinen (*tāy*n-næee-nayn) *adj* affected

teeskennellä (*tāyss*-kayn-nayl-læ) *v* pretend

teeskentelevä (*tāyss*-kayn-tay-lay-væ) *adj* hypocritical

teeskentelijä (*tāyss*-kayn-tay-li-Yæ) *n* hypocrite

teevati (*tāy*-vah-ti) *n* saucer

tehdas (*tayh*-dahss) *n* works *pl*, plant, factory, mill

tehdä (*tayh*-dæ) *v* *do; *make; commit; ~ **mahdolliseksi** enable; ~ **mieli** *v* *feel like, fancy; ~ **vaihtokauppa** swap

teho (*tay*-hoa) *n* capacity

tehokas (*tay*-hoa-kahss) *adj* efficient, effective

tehota (*tay*-hoa-tah) *v* operate

tehoton (*tay*-hoa-toan) *adj* inefficient

tehtävä (*tayh*-tæ-væ) *n* assignment, errand, task

teidän (*tay*-dæn) *pron* your

teidät (*tay*-dæt) *pron* you

teille (*tayl*-lay) *pron* you

teini-ikäinen (*tay*-ni-*i*-kæee-nayn) *n* teenager

teippi (*tayp*-pi) *n* adhesive tape

tekeytyä jksk (*tay*-kay-ew-tew-æ) simulate

tekijä (*tay*-ki-Yæ) *n* author; factor

tekniikka (*tayk*-neek-kah) *n* technique

teknikko (*tayk*-nik-koa) *n* technician

tekninen (*tayk*-ni-nayn) *adj* technical

teknologia (*tayk*-noa-loa-gi-ah) *n* technology

teko (*tay*-koa) *n* action, deed, act

tekohampaat (*tay*-koa-*hahm*-paat) *pl* denture, false teeth

tekopyhyys (*tay*-koa-*pew*-hēēwss) *n* hypocrisy

tekopyhä (*tay*-koa-*pew*-hæ) *adj* hypocritical

tekosyy (*tay*-koa-*sew*) *n* pretext

teksti (*tayks*-ti) *n* text

tekstiili (*tayks*-tee-li) *n* textile

telakka (*tay*-lahk-kah) *n* dock

telakoida (*tay*-lah-koi-dah) *v* dock

teleobjektiivi (*tay*-lay-*oab*-ᵞayk-tee-vi) *n* telephoto lens

telepatia (*tay*-lay-pah-ti-ah) *n* telepathy

televisio (*tay*-lay-vi-si-oa) *n* television

televisiovastaanotin (*tay*-lay-vi-si-oa-*vahss*-taan-*oa*-tin) *n* television set

teljetä (*tayl*-ᵞay-tæ) *v* *shut in

teloitus (*tay*-loi-tooss) *n* execution

teltta (*taylt*-tah) *n* tent

telttailu (*taylt*-tigh-loo) *n* camping

telttasänky (*taylt*-tah-*sæng*-kew) *n* camp-bed; cot *nAm*

temppeli (*taymp*-pay-li) *n* temple

temppu (*taymp*-poo) *n* trick

tenhoava (*tayn*-hoa-ah-vah) *adj* glamorous

tennis (*tayn*-niss) *n* tennis

tenniskengät (*tayn*-niss-*kayng*-ngæt) *pl* tennis shoes

tenniskenttä (*tayn*-niss-*kaynt*-tæ) *n* tennis-court

teollisuus (*tay*-oal-li-sōōss) *n* industry

teollisuusalue (*tay*-oal-li-sōōss-*ah*-loo-ay) *n* industrial area

teoreettinen (*tay*-oa-*rayt*-ti-nayn) *adj* theoretical

teoria (*tay*-oa-ri-ah) *n* theory

terassi (*tay*-rahss-si) *n* terrace

termospullo (*tayr*-moass-*pool*-loa) *n* vacuum flask, thermos flask

termostaatti (*tayr*-moass-taat-ti) *n* thermostat

teroitin (*tay*-roi-tin) *n* pencil-sharpener

teroittaa (*tay*-roit-taa) *v* sharpen

terrorismi (*tayr*-roa-riss-mi) *n* terrorism

terroristi (*tayr*-roa-riss-ti) *n* terrorist

terva (*tayr*-vah) *n* tar

terve (*tayr*-vay) *adj* healthy, well; **terve!** hello!

terveellinen (*tayr*-vāyl-li-nayn) *adj* wholesome

tervehdys (*tayr*-vayh-dewss) *n* greeting

tervehtiä (*tayr*-vayh-ti-æ) *v* salute, greet

tervetullut (*tayr*-vayt-*tool*-loot) *adj* welcome

tervetulotoivotus (*tayr*-vayt-*too*-loa-*toi*-voa-tooss) *n* welcome

terveydenhoidollinen (*tayr*-vayᵉʷ-dayn-*hoi*-doal-li-nayn) *adj* sanitary

terveys (*tayr*-vay-ewss) *n* health

terveyskeskus (*tayr*-vay-ewss-*kayss*-kooss) *n* health centre

terveyskylpylä (*tayr*-vay-ewss-*kewl*-pew-læ) *n* spa

terveysside (*tayr*-vay-ewss-*si*-day) *n* sanitary towel

terä (*tay*-ræ) *n* blade; edge

terälehti (*tay*-ræ-*layh*-ti) *n* petal

teräs (*tay*-ræss) *n* steel; **ruostumaton** ~ stainless steel

terävä (*tay*-ræ-væ) *adj* sharp

testamentti (*tayss*-tah-maynt-ti) *n* will

testamenttilahjoitus (*tayss*-tah-maynt-ti-*lahh*-ᵞoi-tooss) *n* legacy

teurastaja (*tay*ᵒᵒ-rahss-tah-ᵞah) *n* butcher

Thaimaa (*tigh*-maa) Thailand

thaimaalainen (*tigh*-maa-ligh-nayn) *n* Thai; *adj* Thai

tie (*tyay*) *n* road, way

tiede (*tyay*-day) *n* science

tiedekunta (*tyay*-dayk-*koon*-tah) *n* faculty

tiedemies (*tyay*-daym-*myayss*) *n* scientist

tiedonanto (*tyay*-doan-*ahn*-toa) *n* announcement, notice; **virallinen** ~ communiqué tiedonantotoimisto (*tyay*-doan-*ahn*-toa-*toi*-miss-toa) *n* information bureau, inquiry office

tiedonhaluinen (*tyay*-doan-*hah*-loo^ee-nayn) *adj* curious

tiedottaa (*tyay*-doat-taa) *v* inform; notify, report

tiedotus (*tyay*-doa-tooss) *n* communication, information

tiedustella (*tyay*-dooss-tayl-lah) *v* enquire, inquire

tiedustelu (*tyay*-dooss-tay-loo) *n* query, inquiry, enquiry

tiekartta (*tyay*-kahrt-tah) *n* road map

tiemaksu (*tyay*-mahk-soo) *n* toll

tienristeys (*tyayn*-riss-tay-ewss) *n* road fork

tienvieri (*tyayn*-vyay-ri) *n* roadside, wayside

tienviitta (*tyayn*-veet-tah) *n* signpost, milepost

tieteellinen (*tyay*-tāyl-li-nayn) *adj* scientific

tietenkin (*tyay*-tayng-kin) *adv* of course, naturally

tieto (*tyay*-toa) *n* knowledge; information

tietoinen (*tyay*-toi-nayn) *adj* aware; conscious

tietoisuus (*tyay*-toi-sōōss) *n* consciousness

tietokilpailu (*tyay*-toa-*kil*-pigh-loo) *n* quiz

tietosanakirja (*tyay*-toa-*sah*-nah-*keer*-Yah) *n* encyclopaedia

tietty (*tyayt*-tew) *adj* certain

tietyö (*tyay*-t^ew*ur) *n* road up

tietämätön (*tyay*-tæ-mæ-turn) *adj* ignorant, unaware

tietää (*tyay*-tææ) *v* *know

tieverkko (*tyay*-vayrk-koa) *n* road system

tiheä (*ti*-hay-æ) *adj* dense

tihkusade (*tih*-koo-*sah*-day) *n* drizzle

tiikeri (*tee*-kay-ri) *n* tiger

tiili (*tee*-li) *n* brick; tile

tiistai (*teess*-tigh) *n* Tuesday

tiivis (*tee*-viss) *adj* tight

tiivistelmä (*tee*-viss-tayl-mæ) *n* résumé, summary

tiivistää (*tee*-viss-tææ) *v* tighten

tikapuut (*ti*-kah-*pōōt*) *pl* ladder

tikki (*tik*-ki) *n* stitch

tila (*ti*-lah) *n* space, room; condition, state

tilaaja (*ti*-laa-Yah) *n* subscriber

tilaavievä (*ti*-laa-*vyay*-væ) *adj* bulky

tilaisuus (*ti*-ligh-sōōss) *n* chance, occasion, opportunity

tilanne (*ti*-lahn-nay) *n* situation, position

tilapäinen (*ti*-lah-*pæe*-nayn) *adj* temporary

tilasto (*ti*-lahss-toa) *n* statistics *pl*

tilata (*ti*-lah-tah) *v* order; book; tilauksesta valmistettu made to order

tilaus (*ti*-lah-ooss) *n* order; booking; subscription

tilauslento (*ti*-lah-ooss-*layn*-toa) *n* charter flight

tilauslomake (*ti*-lah-ooss-*loa*-mah-kay) *n* order-form

tilava (*ti*-lah-vah) *adj* spacious, large, roomy

tilavuus (*ti*-lah-vōōss) *n* bulk

tili (*ti*-li) *n* account; pay; tehdä ~ account for

timantti (*ti*-mahnt-ti) *n* diamond

timjami (*tim*-Yah-mi) *n* thyme

tina (*ti*-nah) *n* pewter, tin

tinapaperi (*ti*-nah-*pah*-pay-ri) *n* tinfoil

tiski (*tiss*-ki) *n* counter

tiukasti (*tee*^oo-kahss-ti) *adv* tight

tiukka (*tee*^ook-kah) *adj* tight

toalettilaukku (*toaah*-layt-ti-*louk*-koo) *n* toilet case

toalettipaperi (*toaah*-layt-ti-*pah*-pay-ri)

n toilet-paper

toalettitarvikkeet (*toaah*-layt-ti-*tahr*-vik-kāyt) *pl* toiletry

todella (*toa*-dayl-lah) *adv* really; indeed

todellinen (*toa*-dayl-li-nayn) *adj* actual, very, true, substantial, real

todellisuudessa (*toa*-dayl-li-sōō-daysssah) *adv* as a matter of fact

todellisuus (*toa*-dayl-li-sōōss) *n* reality

todennäköinen (*toa*-dayn-*næ*-kur^{ee}-nayn) *adj* probable, likely

todennäköisesti (*toa*-dayn-*næ*-kur^{ee}-sayss-ti) *adv* probably

todentaa (*toa*-dayn-taa) *v* verify

todeta (*toa*-day-tah) *v* ascertain, diagnose, note

todistaa (*toa*-diss-taa) *v* prove; testify; *show

todistaja (*toa*-diss-tah-ʏah) *n* witness

todiste (*toa*-diss-tay) *n* evidence

todistus (*toa*-diss-tooss) *n* certificate; proof; **kirjallinen** ~ certificate; **lääkärin** ~ health certificate

toffeekaramelli (*toaf*-fāy-*kah*-rah-mayl-li) *n* toffee

tohtori (*toah*-toa-ri) *n* doctor

tohveli (*toah*-vay-li) *n* slipper

toimeenpaneva (*toi*-māym-*pah*-nay-vah) *adj* executive

toimeenpanovalta (*toi*-māyn-*pah*-noa-*vahl*-tah) *n* executive

toimeentulo (*toi*-māyn-*too*-loa) *n* livelihood

toimenpide (*toi*-maym-*pi*-day) *n* measure

toimeton (*toi*-may-toan) *adj* idle

toimi (*toi*-mi) *n* occupation, employment; job, business

toimia (*toi*-mi-ah) *v* operate, work; act

toimikunta (*toi*-mi-*koon*-tah) *n* commission

toimilupa (*toi*-mi-*loo*-pah) *n* concession

toiminimi (*toi*-mi-*ni*-mi) *n* firm, company

toiminta (*toi*-min-tah) *n* action, activity; working, operation; function

toimintaohje (*toi*-min-tah-*oah*-ʏay) *n* directive

toimisto (*toi*-miss-toa) *n* office, agency

toimistoaika (*toi*-miss-toa-*igh*-kah) *n* office hours

toimittaa (*toi*-mit-taa) *v* furnish, deliver

toimittaja (*toi*-mit-tah-ʏah) *n* editor

toimitus (*toi*-mi-tooss) *n* delivery

toinen[1] (*toi*-nayn) *num* second

toinen[2] (*toi*-nayn) *adj* other; ~ **toistaan** each other

tointua (*toin*-too-ah) *v* recover

toipua (*toi*-poo-ah) *v* recover

toipuminen (*toi*-poo-mi-nayn) *n* recovery

toisarvoinen (*toiss*-*ahr*-voi-nayn) *adj* secondary, subordinate

toisella puolella (*toi*-sayl-lah *pwoa*-layl-lah) across

toisin (*toi*-sin) *adv* otherwise

toisinaan (*toi*-si-naan) *adv* sometimes

toissapäivänä (*toiss*-sah-*pæ*^{ee}-væ-næ) *adv* the day before yesterday

toistaa (*toiss*-taa) *v* repeat

toistaiseksi (*toiss*-tigh-sayk-si) *adv* so far

toistaminen (*toiss*-tah-mi-nayn) *n* repetition

toistuminen (*toiss*-too-mi-nayn) *n* frequency

toistuva (*toiss*-too-vah) *adj* frequent

toiveikas (*toi*-vay-kahss) *adj* hopeful

toiveunelma (*toi*-vay-oo-nayl-mah) *n* illusion

toivo (*toi*-voa) *n* hope

toivoa (*toi*-voa-ah) *v* hope; desire, wish, want

toivomus (*toi*-voa-mooss) *n* desire, wish

toivoton (*toi*-voa-toan) *adj* hopeless

toivottomuus (*toi*-voat-toa-mooss) *n* despair

tolppa (*toalp*-pah) *n* post

tomaatti (*toa*-maat-ti) *n* tomato

tonni (*toan*-ni) *n* ton

tonnikala (*toan*-ni-*kah*-lah) *n* tuna

tontti (*toant*-ti) *n* grounds

tori (*toa*-ri) *n* market-place; market

torjua (*toar*-Yoo-ah) *v* prevent, avert; reject

torni (*toar*-ni) *n* tower

tornikello (*toar*-ni-*kayl*-loa) *n* bell

torstai (*toars*-tigh) *n* Thursday

torua (*toa*-roo-ah) *v* scold

torvi (*toar*-vi) *n* horn; trumpet

torvisoittokunta (*toar*-vi-*soit*-toa-*koon*-tah) *n* brass band

tosi (*toa*-si) *adj* very, true

tosiasia (*toa*-si-*ah*-si-ah) *n* fact

tosiasiallinen (*toa*-si-*ah*-si-ahl-li-nayn) *adj* factual

tosiasiallisesti (*toa*-si-*ah*-si-ahl-li-sayss-ti) *adv* really

tosiseikka (*toa*-si-*sayk*-kah) *n* data *pl*

totalisaattori (*toa*-tah-li-saat-toa-ri) *n* totalizator

totalitaarinen (*toa*-tah-li-taa-ri-nayn) *adj* totalitarian

totella (*toa*-tayl-lah) *v* obey

toteuttaa (*toa*-tay-oot-taa) *v* realize; implement; carry out

tottelevainen (*toat*-tay-lay-vigh-nayn) *adj* obedient

tottelevaisuus (*toat*-tay-lay-vigh-sōōss) *n* obedience

tottumaton (*toat*-too-mah-toan) *adj* unaccustomed

tottumus (*toat*-too-mooss) *n* custom, habit

tottunut (*toat*-too-noot) *adj* accustomed

totunnainen (*toa*-toon-nigh-nayn) *adj* accustomed, customary

totuttaa (*toa*-toot-taa) *v* accustom

totuudenmukainen (*toa*-tōō-daym-moo-kigh-nayn) *adj* truthful

totuus (*toa*-tōōss) *n* truth

touhu (*toa*-hoo) *n* bustle; fuss

toukokuu (*toa*-koa-*kōō*) May

toveri (*toa*-vay-ri) *n* comrade

traaginen (*traa*-gi-nayn) *adj* tragic

traktori (*trahk*-toa-ri) *n* tractor

trikootavarat (*tri*-kōa-*tah*-vah-raht) *pl* hosiery

trooppinen (*trōap*-pi-nayn) *adj* tropical

tropiikki (*troa*-peek-ki) *n* tropics *pl*

tšekki (*chayk*-ki) *n* Czech

Tšekkoslovakia (*chayk*-koa-sloa-vah-ki-ah) Czechoslovakia

tšekkoslovakialainen (*chayk*-koa-sloa-vah-ki-ah-ligh-nayn) *adj* Czech

tuberkuloosi (*too*-bayr-koo-lōa-si) *n* tuberculosis

tuhat (*too*-haht) *num* thousand

tuhka (*tooh*-kah) *n* ash

tuhkakuppi (*tooh*-kah-*koop*-pi) *n* ashtray

tuhkarokko (*tooh*-kah-*roak*-koa) *n* measles

tuhlaavainen (*tooh*-laa-vigh-nayn) *adj* lavish, wasteful

tuhlata (*tooh*-lah-tah) *v* waste

tuhlaus (*tooh*-lah-ooss) *n* waste

tuhma (*tooh*-mah) *adj* naughty

tuho (*too*-hoa) *n* destruction; disaster

tuhoisa (*too*-hoi-sah) *adj* disastrous

tuhota (*too*-hoa-tah) *v* destroy, ruin, wreck

tuijottaa (*too*ee-Yoat-taa) *v* stare, gaze

tukahduttaa (*too*-kahh-doot-taa) *v* suppress

tukanleikkuu (*too*-kahn-*layk*-kōō) *n* haircut

tukanpesuaine (*too*-kahn-*pay*-soo-*igh*-nay) *n* shampoo

tukea (*too*-kay-ah) *v* support; *hold up

tukehtua (*too*-kayh-too-ah) *v* choke

tukeva (*too*-kay-vah) *adj* corpulent, stout

tuki (*too*-ki) *n* support

tukikohta (*too*-ki-*koah*-tah) *n* base

tukisukka (*too*-ki-sook-kah) *n* support hose

tukka (*took*-kah) *n* hair

tukkia (*took*-ki-ah) *v* block

tukkukauppa (*took*-koo-*koup*-pah) *n* wholesale

tukkukauppias (*took*-koo-*koup*-pi-ahss) *n* wholesale dealer

tulehdus (*too*-layh-dooss) *n* inflammation; **kurkunpään** ~ laryngitis

tulehtua (*too*-layh-too-ah) *v* infect, *become septic

tulenarka (*too*-layn-*ahr*-kah) *adj* inflammable

tulenkestävä (*too*-layn-*kayss*-tæ-væ) *adj* fireproof

tuleva (*too*-lay-vah) *adj* future

tulevaisuudennäkymä (*too*-lay-vigh-sōō-*dayn*-næ-kew-mæ) *n* prospect

tulevaisuus (*too*-lay-vigh-sōōss) *n* future

tuli (*too*-li) *n* fire

tulipalo (*too*-li-*pah*-loa) *n* fire

tulisija (*too*-li-*si*-Yah) *n* hearth

tulitikku (*too*-li-*tik*-koo) *n* match

tulitikkulaatikko (*too*-li-*tik*-koo-*laa*-tik-koa) *n* match-box

tulivuori (*too*-li-*vwoa*-ri) *n* volcano

tulkinta (*tool*-kin-tah) *n* version

tulkita (*tool*-ki-tah) *v* interpret

tulkki (*toolk*-ki) *n* interpreter

tulkkisanakirja (*toolk*-ki-*sah*-nah-*keer*-Yah) *n* phrase-book

tulla (*tool*-lah) *v* *come; ~ jksk *go, *become, *grow, *get; ~ toimeen

*make do with; ~ väliin intervene

tulli (*tool*-li) *n* Customs duty, Customs *pl*; **ilmoittaa tullattavaksi** declare

tulli-ilmoitus (*tool*-li-*il*-moi-tooss) *n* declaration

tullimaksu (*tool*-li-*mahk*-soo) *n* Customs duty

tullinalainen (*tool*-lin-*ah*-ligh-nayn) *adj* dutiable

tulliton (*tool*-li-toan) *adj* duty-free

tullivirkailija (*tool*-li-*veer*-kigh-li-Yah) *n* Customs officer

tulo (*too*-loa) *n* coming

tulos (*too*-loass) *n* issue, outcome, result

tulot (*too*-loat) *pl* earnings *pl*, revenue, income

tulovero (*too*-loa-*vay*-roa) *n* income-tax

tulppa (*toolp*-pah) *n* stopper

tulppaani (*toolp*-paa-ni) *n* tulip

tulva (*tool*-vah) *n* flood

tungettelija (*toong*-ngayt-tay-li-Yah) *n* trespasser

tungos (*toong*-ngoass) *n* crowd

tunika (*too*-ni-kah) *n* tunic

Tunisia (*too*-ni-si-ah) Tunisia

tunisialainen (*too*-ni-si-ah-ligh-nayn) *n* Tunisian; *adj* Tunisian

tunkea (*toong*-kay-ah) *v* push

tunkeutua (*toong*-kay°°-tooah) *v* trespass; ~ läpi penetrate

tunkio (*toong*-ki-oa) *n* dunghill

tunne (*toon*-nay) *n* feeling, sensation, emotion

tunneli (*toon*-nay-li) *n* tunnel

tunnelma (*toon*-nayl-mah) *n* atmosphere

tunnettu (*toon*-nayt-too) *adj* noted, well-known

tunnistaa (*toon*-niss-taa) *v* identify; recognize

tunnistaminen (*toon*-niss-tah-mi-nayn)

n identification

tunnus (*toon*-nooss) *n* sign

tunnuskuva (*toon*-nooss-*koo*-vah) *n* symbol

tunnuslause (*toon*-nooss-*lou*-say) *n* motto

tunnusmerkki (*toon*-nooss-*mayrk*-ki) *n* characteristic; emblem

tunnussana (*toon*-nooss-*sah*-nah) *n* password

tunnustaa (*toon*-nooss-taa) *v* acknowledge, admit, confess; ~ **syylliseksi** convict

tunnustella (*toon*-nooss-tayl-lah) *v* *feel

tunnustus (*toon*-nooss-tooss) *n* confession; recognition

tuntea (*toon*-tay-ah) *v* *feel; *know

tunteellinen (*toon*-tāyl-li-nayn) *adj* sentimental

tunteeton (*toon*-tāy-toan) *adj* insensitive

tunteileva (*toon*-tay-lay-vah) *adj* tearjerker

tuntematon (*toon*-tay-mah-toan) *adj* unknown, *n* stranger

tunti (*toon*-ti) *n* hour

tuntija (*toon*-ti-Yah) *n* connoisseur

tunto (*toon*-toa) *n* touch

tuntomerkit (*toon*-toa-*mayr*-kit) *pl* description

tuntua (*toon*-too-ah) *v* seem; ~ **oudolta** *strike

tuo (twoa) *pron* (nuo) that

tuoda (*twoa*-dah) *v* *bring; ~ **maahan** import

tuokio (*twoa*-ki-oa) *n* while, moment

tuoksu (*twoak*-soo) *n* scent

tuoli (*twoa*-li) *n* chair

tuolla (*twoal*-lah) *adv* over there; ~ **puolen** beyond

tuomari (*twoa*-mah-ri) *n* judge

tuomaristo (*twoa*-mah-riss-toa) *n* jury

tuomio (*twoa*-mi-oa) *n* judgment, sentence

tuomioistuin (*twoa*-mi-oa-*iss*-too^{ee}n) *n* court, law court

tuomiokirkko (*twoa*-mi-oa-*keerk*-koa) *n* cathedral

tuomita (*twoa*-mi-tah) *v* judge; sentence

tuomitseminen (*twoa*-mit-say-mi-nayn) *n* conviction

tuomittu (*twoa*-mit-too) *n* convict

tuonti (*twoan*-ti) *n* import

tuontitavarat (*twoan*-ti-*tah*-vah-raht) *pl* import

tuontitulli (*twoan*-ti-*tool*-li) *n* duty, import duty

tuoppi (*twoap*-pi) *n* tumbler

tuore (*twoa*-ray) *adj* fresh

tuotanto (*twoa*-tahn-toa) *n* output, production

tuotapikaa (*twoa*-tah-*pi*-kaa) *adv* soon

tuote (*twoa*-tay) *n* product, produce

tuottaa (*twoat*-taa) *v* produce; generate

tuottaja (*twoat*-tah-Yah) *n* producer

tuottoisa (*twoat*-toi-sah) *adj* profitable

tupakka (*too*-pahk-kah) *n* tobacco

tupakkahuone (*too*-pahk-kah-*hwoa*-nay) *n* smoking-room

tupakkakauppa (*too*-pahk-kah-*koup*-pah) *n* cigar shop, tobacconist's

tupakkakauppias (*too*-pahk-kah-*koup*-pi-ahss) *n* tobacconist

tupakkakukkaro (*too*-pahk-kah-*kook*-kah-roa) *n* tobacco pouch

tupakkaosasto (*too*-pahk-kah-*oa*-sahss-toa) *n* smoking-compartment, smoker

tupakoida (*too*-pah-koi-dah) *v* smoke; **tupakointi kielletty** no smoking

tupakoitsija (*too*-pah-koit-si-Yah) *n* smoker

turbiini (*toor*-bee-ni) *n* turbine

turha (*toor*-hah) *adj* vain

turhaan (*toor*-haan) *adv* in vain
turhamainen (*toor*-hah-migh-nayn) *adj* vain
turistiluokka (*too*-riss-ti-*lwoak*-kah) *n* tourist class
turkikset (*toor*-kik-sayt) *pl* furs
turkis (*toor*-kiss) *n* fur
Turkki (*toork*-ki) Turkey
turkki (*toork*-ki) *n* fur coat
turkkilainen (*toork*-ki-ligh-nayn) *n* Turk; *adj* Turkish
turkkuri (*toork*-koo-ri) *n* furrier
turmella (*toor*-mayl-lah) *v* *spoil
turmeltunut (*toor*-mayl-too-noot) *adj* corrupt
turmio (*toor*-mi-oa) *n* ruin
turnaus (*toor*-nah-ooss) *n* tournament
turska (*toors*-kah) *n* cod
turta (*toor*-tah) *adj* numb
turvakoti (*toor*-vah-*koa*-ti) *n* asylum
turvallinen (*toor*-vahl-li-nayn) *adj* safe
turvallisuus (*toor*-vahl-li-sōōss) *n* security, safety
turvapaikka (*toor*-vah-*pighk*-kah) *n* asylum
turvaton (*toor*-vah-toan) *adj* unprotected
turvavyö (*toor*-vah-*v*ᵉʷ*ur*) *n* seat-belt, safety-belt
turvotus (*toor*-voa-tooss) *n* swelling
tusina (*too*-si-nah) *n* dozen
tuska (*tooss*-kah) *n* pain, anguish
tuskallinen (*tooss*-kahl-li-nayn) *adj* painful
tuskaton (*tooss*-kah-toan) *adj* painless
tuskin (*tooss*-kin) *adv* hardly, scarcely
tutkia (*toot*-ki-ah) *v* enquire, examine; explore; investigate
tutkielma (*toot*-ki-ayl-mah) *n* essay
tutkimus (*toot*-ki-mooss) *n* inquiry, enquiry, investigation; research
tutkimusretki (*toot*-ki-mooss-*rayt*-ki) *n* expedition

tutkinto (*toot*-kin-toa) *n* examination
tuttava (*toot*-tah-vah) *n* acquaintance
tuttavallinen (*toot*-tah-vahl-li-nayn) *adj* familiar
tuttavuus (*toot*-tah-vōōss) *n* acquaintance
tuttu (*toot*-too) *adj* familiar
tuulahdus (*tōō*-lahh-dooss) *n* blow
tuulenhenkäys (*tōō*-layn-hayng-kæ-ewss) *n* breeze
tuulenpuuska (*tōō*-layn-*pōōss*-kah) *n* gust
tuuletin (*tōō*-lay-tin) *n* ventilator; fan
tuuletinhihna (*tōō*-lay-tin-hih-nah) *n* fan belt
tuulettaa (*tōō*-layt-taa) *v* ventilate; air
tuuletus (*tōō*-lay-tooss) *n* ventilation
tuuli (*tōō*-li) *n* wind; mood
tuulilasi (*tōō*-li-*lah*-si) *n* windscreen; windshield *nAm*
tuulilasinpyyhkijä (*tōō*-li-*lah*-sim-*pēwh*-ki-ᵞæ) *n* windscreen wiper; windshield wiper *Am*
tuulimylly (*tōō*-li-*mewl*-lew) *n* windmill
tuulinen (*tōō*-li-nayn) *adj* gusty, windy
tuulla (*tōōl*-lah) *v* *blow
tweedkangas (*tvāyd*-kahng-ngahss) *n* tweed
tyhjentäminen (*tewh*-ᵞayn-tæ-mi-nayn) *n* collection
tyhjentää (*tewh*-ᵞayn-tææ) *v* empty; vacate
tyhjiö (*tewh*-ᵞi-ur) *n* vacuum
tyhjä (*tewh*-ᵞæ) *adj* empty; blank; **tehdä tyhjäksi** *upset
tyhmä (*tewh*-mæ) *adj* dumb, stupid
tykki (*tewk*-ki) *n* gun
tylppä (*tewlp*-pæ) *adj* blunt
tylsä (*tewl*-sæ) *adj* dull, blunt
tylsämielinen (*tewl*-sæ-*myay*-li-nayn) *adj* idiotic
tynnyri (*tewn*-new-ri) *n* cask, barrel;

pieni ~ keg

typerä (*tew*-pay-tæ) *adj* silly, dumb, foolish

typpi (*tewp*-pi) *n* nitrogen

tyranni (*tew*-rahn-ni) *n* tyrant

tyrä (*tew*-ræ) *n* hernia; slipped disc

tyttärenpoika (*tewt*-tæ-raym-*poi*-kah) *n* grandson

tyttärentytär (*tewt*-tæ-rayn-*tew*-tær) *n* granddaughter

tyttö (*tewt*-tur) *n* girl

tyttönimi (*tewt*-tur-ni-mi) *n* maiden name

tytär (*tew*-tær) *n* daughter

tyven (*tew*-vayn) *adj* smooth

tyydyttää (*tēw*-dewt-tææ) *v* satisfy

tyydytys (*tēw*-dew-tewss) *n* satisfaction

tyyli (*tēw*-li) *n* style

tyylikkyys (*tēw*-lik-kēwss) *n* elegance

tyylikäs (*tēw*-li-kæss) *adj* smart

tyyni (*tēw*-ni) *adj* quiet, calm, tranquil; sedate, serene

Tyynimeri (*tēw*-ni-*may*-ri) Pacific Ocean

tyynnyttää (*tēwn*-newt-tææ) *v* reassure, calm down

tyyny (*tēw*-new) *n* pillow; cushion, pad

tyynyliina (*tēw*-new-*leenah*) *n* pillowcase

tyypillinen (*tēw*-pil-li-nayn) *adj* typical

tyyppi (*tēwp*-pi) *n* type

tyyris (*tēw*-riss) *adj* prohibitive

tyyrpuuri (*tēwr*-pōō-ri) *n* starboard

tyytymätön (*tēw*-tew-mæ-turn) *adj* discontented, dissatisfied

tyytyväinen (*tēw*-tew-væ^{ee}-nayn) *adj* pleased, content, satisfied

tyytyväisyys (*tēw*-tew-væ^{ee}-sēwss) *n* satisfaction

työ (t^{ew}ur) *n* work; labour; employment

työhuone (t^{ew}ur-*hwoa*-nay) *n* study

työkalu (t^{ew}ur-*kah*-loo) *n* tool, utensil; implement

työkalulaatikko (t^{ew}ur-*kah*-loo-*laatik*-koa) *n* tool kit

työlupa (t^{ew}ur-*loo*-pah) *n* work permit; labor permit *Am*

työläinen (t^{ew}ur-læ^{ee}-nayn) *n* worker, labourer

työmies (t^{ew}ur-*myayss*) *n* workman

työnantaja (t^{ew}urn-*ahn*-tah-^Yah) *n* employer

työnjohtaja (t^{ew}urn-^Y*oah*-tah-^Yah) *n* foreman

työntekijä (t^{ew}urn-*tay*-ki-^Yæ) *n* employee

työntää (t^{ew}urn-tææ) *v* push

työntökärryt (t^{ew}urn-tur-*kær*-rewt) *pl* wheelbarrow

työnvälitystoimisto (t^{ew}urn-væ-li-tewss-*toi*-miss-toa) *n* employment exchange

työpaikka (t^{ew}ur-*pighk*-kah) *n* job; post

työpaja (t^{ew}ur-*pah*-^Yah) *n* workshop

työpäivä (t^{ew}ur-*pæ^{ee}*-væ) *n* working day

työryhmä (t^{ew}ur-*rewh*-mæ) *n* team

työskennellä (t^{ew}urss-*kayn*-nayl-læ) *v* work

työtoveri (t^{ew}ur-*toa*-vay-ri) *n* associate

työttömyys (t^{ew}urt-tur-*mēwss*) *n* unemployment

työtön (t^{ew}ur-turn) *adj* unemployed

työvuoro (t^{ew}ur-*voo*-oa-roa) *n* shift

työväline (t^{ew}ur-væ-li-nay) *n* implement; instrument

tähdätä (tæh-dæ-tæ) *v* aim at

tähti (tæh-ti) *n* star

tähtitiede (tæh-ti-*tyay*-day) *n* astronomy

tähtitorni (tæh-ti-*toar*-ni) *n* observatory

tähän asti (*tæ*-hæn *ahss*-ti) so far

täi (tæ^{ee}) *n* louse

täkki (*tæk*-ki) *n* quilt

tämä (*tæ*-mæ) *pron* (pl nämä) this

tänään (*tæ*-næænn) *adv* today

täplä (*tæp*-læ) *n* speck

täpötäysi (*tæ*-pur-tæ^{ew}-si) *adj* crowded, full up; chock-full

tärkeys (*tær*-kay-ewss) *n* importance

tärkeä (*tær*-kay-æ) *adj* big, important; capital; **olla tärkeää** matter

tärkki (*tærk*-ki) *n* starch

tärkätä (*tær*-kæ-tæ) *v* starch

tärpätti (*tær*-pæt-ti) *n* turpentine

tärykalvo (*tæ*-rew-*kahl*-voa) *n* eardrum

täsmälleen (*tæss*-mæl-lāȳn) *adv* exactly

täsmällinen (*tæss*-mæl-li-nayn) *adj* precise, exact; punctual

täsmällisyys (*tæss*-mæl-li-sēw̄ss) *n* correctness

tästä lähtien (*tæss*-tæ *læh*-ti-ayn) henceforth

täten (*tæ*-tayn) *adv* thus

täti (*tæ*-ti) *n* aunt

täydellinen (*tæ*^{ew}-dayl-li-nayn) *adj* perfect; total, utter, complete

täydellisesti (*tæ*^{ew}-dayl-li-sayss-ti) *adv* completely

täydellisyys (*tæ*-dayl-li-sēw̄ss) *n* perfection

täysi (*tæ*^{ew}-si) *adj* whole

täysiaikainen (*tæ*^{ew}-si-igh-kigh-nayn) *adj* mature

täysihoito (*tæ*^{ew}-si-hoi-toa) *n* board and lodging

täysihoitola (*tæ*^{ew}-si-*hoi*-toa-lah) *n* pension, guest-house, boarding-house

täysihoitolainen (*tæ*^{ew}-si-*hoi*-toa-ligh-nayn) *n* boarder

täysi-ikäinen (*tæ*^{ew}-si-*i*-kæ^{ee}-nayn)

adj of age

täysikasvuinen (*tæ*^{ew}-si-*kahss*-voo^{ee}-nayn) *adj* grown-up

täysin (*tæ*^{ew}-sin) *adv* completely, entirely, quite

täysinäinen (*tæ*^{ew}-si-næ^{ee}-nayn) *adj* full

täysiverinen (*tæ*^{ew}-si-*vay*-ri-nayn) *adj* thoroughbred

täyskäännös (*tæ*^{ew}ss-kææn-nurss) *n* reverse

täyte (*tæ*^{ew}-tay) *n* stuffing, filling

täytekynä (*tæ*^{ew}-tayk-*kew*-næ) *n* fountain-pen

täytetty (*tæ*^{ew}-tayt-tew) *adj* stuffed

täyttää (*tæ*^{ew}t-tææ) *v* fill up, fill in; fill out *Am*

täytyä (*tæ*^{ew}-tew-æ) *v* *ought to, *must, *be obliged to, *be bound to; *have to, *should

täällä (*tææl*-læ) *adv* here

tölkki (*turlk*-ki) *n* can

törky (*turr*-kew) *n* rubbish

törmätä (*turr*-m-æ-tæ) *v* bump; knock against; ~ **yhteen** crash, collide

törmäys (*turr*-mæ-ewss) *n* bump

töyhtöhyyppä (*tur*^{ew}h-tur-*hēw̄p*-pæ) *n* pewit

töyräs (*tur*^{ew}-ræss) *n* bank

töytäys (tur^{ew}-tæ-ewss) *n* push

U

uhata (*oo*-hah-tah) *v* threaten

uhka (*ooh*-kah) *n* threat; risk

uhkaava (*ooh*-kaa-vah) *adj* threatening

uhkaus (*ooh*-kah-ooss) *n* threat

uhmata (*ooh*-mah-tah) *v* face

uhrata (*ooh*-rah-tah) *v* sacrifice

uhraus (*ooh*-rah-ooss) *n* sacrifice

uhri (*ooh*-ri) *n* victim, casualty

uida (*oo^ee*-dah) v *swim

uima-allas (*oo^ee*-mah-*ahl*-lahss) n swimming pool

uimahousut (*oo^ee*-mah-*hoa*-soot) pl swimming-trunks pl

uimalakki (*oo^ee*-mah-*lahk*-ki) n bathing-cap

uimapuku (*oo^ee*-mah-*poo*-koo) n swim-suit, bathing-suit

uimaranta (*oo^ee*-mah-rahn-tah) n beach; nudistien ~ nudist beach

uimari (*oo^ee*-mah-ri) n swimmer

uimuri (*oo^ee*-moo-ri) n float

uinti (*oo^ee*n-ti) n swimming

ujo (*oo-^Yoa*) adj timid, shy

ujostuttaa (*oo-^Yoass*-toot-taa) v embarrass

ujous (*oo-^Yoa*-ooss) n timidity

ukkonen (*ook*-koa-nayn) n thunder; ukkosta ennustava thundery

ukonilma (*oo*-koan-*il*-mah) n thunderstorm

ulkoa (*ool*-koa-ah) adv by heart

ulkoinen (*ool*-koi-nayn) adj outward, exterior

ulkokultainen (*ool*-koa-*kool*-tigh-nayn) adj hypocritical

ulkomaalainen (*ool*-koa-*maa*-ligh-nayn) n foreigner; adj foreign

ulkomaanvaluutta (*ool*-koa-*maan*-vah-lōōt-tah) n foreign currency

ulkomailla (*ool*-koa-*mighl*-lah) abroad

ulkomaille (*ool*-koa-*mighl*-lay) abroad

ulkomainen (*ool*-koa-*migh*-nayn) adj alien

ulkomuoto (*ool*-koa-mwoa-toa) n semblance

ulkona (*ool*-koa-nah) adv outdoors, outside, out

ulkonäkö (*ool*-koa-*næ*-kur) n look, appearance

ulkopuolella (*ool*-koa-*pwoa*-layl-lah) postp outside

ulkopuoli (*ool*-koa-*pwoa*-li) n exterior, outside

ulkopuolinen (*ool*-koa-*pwoa*-li-nayn) adj external

ullakko (*ool*-lahk-koa) n attic

ulos (*oo*-loass) adv out; ~ jstk out of

uloskäynti (*oo*-loass-kæ^ew^n-ti) exit, n way out

uloskäytävä (*oo*-loass-kæ^ew^-tæ-væ) n exit; issue

ulospäin (*oo*-loass-*pæ^ee^n*) adv outwards

ulospääsy (*oo*-loass-*pææ*-sew) n issue

ulostusaine (*oo*-loass-tooss-*igh*-nay) n laxative

ultravioletti (*oolt*-rah-*vioa*-layt-ti) adj ultraviolet

ummehtunut (*oom*-mayh-too-noot) adj stuffy

ummettunut (*oom*-mayt-too-noot) adj constipated

ummetus (*oom*-may-tooss) n constipation

umpeenkasvanut (*oom*-pāyn-*kahss*-vah-noot) adj overgrown

umpikuja (*oom*-pi-*koo*-^Yah) n cul-de-sac

umpilisäke (*oom*-pi-*li*-sæ-kay) n appendix; umpilisäkkeen tulehdus appendicitis

umpinainen (*oom*-pi-nigh-nayn) adj closed

umpitauti (*oom*-pi-*tou*-ti) n constipation

uneksia (*oonayk*-si-ah) v *dream

unessa (*oo*-nayss-sah) adv asleep

uneton (*oo*-nay-toan) adj sleepless

unettomuus (*oo*-nayt-toa-mōōss) n insomnia

uni (*oo*-ni) n sleep; dream; nähdä unta *dream

unikko (*oo*-nik-koa) n poppy

uninen (*oo*-ni-nayn) adj sleepy

unipilleri (*oo*-ni-*pil*-lay-ri) n sleeping-pill

Unkari (*oong*-kah-ri) Hungary

unkarilainen (*oong*-kah-ri-ligh-nayn) *n* Hungarian; *adj* Hungarian

unohtaa (*oo*-noah-taa) *v* *forget; unlearn

untuva (*oon*-too-vah) *n* down

untuvapeite (*oon*-too-vah-*pay*-tay) *n* eiderdown

upea (*oo*-pay-ah) *adj* magnificent

upouusi (*oo*-poa-ōō-si) *adj* brand-new

uppiniskainen (*oop*-pi-*niss*-kigh-nayn) *adj* obstinate, head-strong

uppokuumennin (*oop*-poa-kōō-maynnin) *n* immersion heater

upseeri (*oop*-sāy-ri) *n* officer

urakoitsija (*oo*-rah-koit-si-ʏah) *n* contractor

urheilija (*oor*-hay-li-ʏah) *n* athlete, sportsman

urheilu (*oor*-hay-loo) *n* sport

urheiluasusteet (*oor*-hay-loo-*ah*-soossstāyt) *pl* sportswear

urheiluauto (*oor*-hay-loo-*ou*-toa) *n* sports-car

urheiluhousut (*oor*-hay-loo-*hoa*-soot) *n* trunks *pl*

urheilutakki (*oor*-hay-loo-*tahk*-ki) *n* blazer, sports-jacket

urheus (*oor*-hay-ooss) *n* courage

urhoollinen (*oor*-hōāl-li-nayn) *adj* brave, courageous

urotyö (*oo*-roa-t*ewur*) *n* feat

Uruguay (*oo*-roo-gooigh) Uruguay

uruguaylainen (*oo*-roo-goo-igh-lighnayn) *n* Uruguayan; *adj* Uruguayan

urut (*oo*-root) *pl* organ

useampi (*oo*-say-ahm-pi) *adj* more

useat (*oo*-say-aht) *adj* several

useimmat (*oo*-saym-maht) *adj* most

usein (*oo*-sayn) *adv* frequently, often

uskalias (*ooss*-kah-li-ahss) *adj* daring, bold

uskallettu (*ooss*-kahl-layt-too) *adj* risky

uskaltaa (*ooss*-kahl-taa) *v* venture, dare

usko (*ooss*-koa) *n* belief, faith

uskoa (*ooss*-koa-ah) *v* believe; **uskoa (jllk)** commit

uskollinen (*ooss*-koal-li-nayn) *adj* true, faithful; loyal

uskomaton (*ooss*-koa-mah-toan) *adj* incredible, inconceivable

uskonnollinen (*ooss*-koan-noal-li-nayn) *adj* religious

uskonpuhdistus (*ooss*-koan-*pooh*-disstooss) *n* reformation

uskonto (*ooss*-koan-toa) *n* religion

uskoton (*ooss*-koa-toan) *adj* unfaithful

uskottava (*ooss*-koat-tah-vah) *adj* credible

usva (*ooss*-vah) *n* mist

usvainen (*ooss*-vigh-nayn) *adj* hazy, misty

uteliaisuus (*oo*-tay-li-igh-sōōss) *n* curiosity

utelias (*oo*-tay-li-ahss) *adj* inquisitive, curious

utu (*oo*-too) *n* vapour; haze

utuinen (*oo*-too^ee^-nayn) *adj* hazy

uudisraivaaja (ōō-diss-*righ*-vaa-ʏah) *n* pioneer

uudistaa (ōō-diss-taa) *v* renew

uuni (ōō-ni) *n* oven, stove

uupunut (ōō-poo-noot) *adj* tired, weary

uurre (ōōr-ray) *n* groove

uusi (ōō-si) *adj* new

Uusi Seelanti (ōō-si say-lahn-ti) New Zealand

uutiset (ōō-ti-sayt) *pl* news

uutisfilmi (ōō-tiss-*fil*-mi) *n* newsreel

uutislähetys (ōō-tiss-*læ*-hay-tewss) *n* news

uutistoimittaja (ōō-tiss-*toi*-mit-tahʏah) *n* reporter

uuttera (ōōt-tay-rah) *adj* diligent
uutteruus (ōōt-tay-rōōss) *n* diligence
uuvuttaa (ōō-voot-taa) *v* exhaust

V

vaahdota (vaah-doa-tah) *v* foam
vaahtera (vaah-tay-rah) *n* maple
vaahto (vaah-toa) *n* froth, lather, foam
vaahtokumi (vaah-toa-koo-mi) *n* foam-rubber
vaaka (vaa-kah) *n* scales *pl*, weighing-machine
vaakasuora (vaa-kah-swoa-rah) *adj* horizontal
vaalea (vaa-lay-ah) *adj* pale, fair, light
vaaleanpunainen (vaa-lay-ahn-poo-nigh-nayn) *adj* pink
vaaleatukkainen (vaa-lay-ah-took-kigh-nayn) *adj* fair
vaaleaverikkö (vaa-lay-ah-vay-rik-kur) *n* blonde
vaalipiiri (vaa-li-pee-ri) *n* constituency
vaalit (vaa-lit) *pl* election
vaan (vaan) *conj* but
vaania (vaa-niah) *v* watch for
vaara (vaa-rah) *n* peril, danger; risk, hazard
vaarallinen (vaa-rahl-li-nayn) *adj* perilous, dangerous; risky
vaaranalainen (vaa-rahn-ah-ligh-nayn) *adj* critical
vaarantaa (vaa-rahn-taa) *v* risk
vaaraton (vaa-rah-toan) *adj* harmless
vaari (vaa-ri) *n* grandfather
vaateharja (vaa-tayh-hahr-Yah) *n* clothes-brush
vaatekaappi (vaa-tayk-kaap-pi) *n* wardrobe; closet *nAm*
vaatenaulakko (vaa-tay-nou-lahk-koa)

n peg
vaateripustin (vaa-tayr-ri-pooss-tin) *n* coat-hanger
vaatesäilö (vaa-tayss-sæ*ee*-lur) *n* cloakroom; checkroom *nAm*
vaatevarasto (vaa-tayv-vah-rahss-toa) *n* wardrobe
vaatia (vaa-ti-ah) *v* require, claim, charge, demand; vaatimalla ~ insist
vaatimaton (vaa-ti-mah-toan) *adj* modest, simple
vaatimattomasti (vaa-ti-maht-toa-mahss-ti) *adv* simply
vaatimattomuus (vaa-ti-maht-toa-mōōss) *n* modesty
vaatimus (vaa-ti-mooss) *n* requirement, demand, claim
vaatteet (vaat-tāyt) *pl* clothes *pl*
vadelma (vah-dayl-mah) *n* raspberry
vaeltaa (vah-ayl-taa) *v* tramp, wander; walk
vaha (vah-hah) *n* wax
vahakabinetti (vah-hah-kah-bi-nayt-ti) *n* waxworks *pl*
vahingoittaa (vah-hing-ngoit-taa) *v* harm
vahingoittumaton (vah-hing-ngoit-too-mah-toan) *adj* unhurt
vahingollinen (vah-hing-ngoal-li-nayn) *adj* hurtful, harmful
vahingonkorvaus (vah-hing-ngoang-koar-vah-ooss) *n* indemnity, compensation
vahinko (vah-hing-koa) *n* harm, mischief; mikä vahinko! what a pity!
vahva (vahh-vah) *adj* strong
vahvistaa (vahh-viss-taa) *v* acknowledge, confirm; establish
vahvistus (vahh-viss-tooss) *n* confirmation
vahvuus (vahh-vōōss) *n* strength
vaientaa (vigh-ayn-taa) *v* silence
vaieta (vigh-ay-tah) *v* *keep quiet,

*be silent

vaihde (*vighh*-day) *n* gear

vaihdelaatikko (*vighh*-dayl-*laa*-tik-koa) *n* gear-box

vaihdella (*vighh*-dayl-lah) *v* vary

vaihdepöytä (*vighh*-day-*pur*ᵉʷ-tæ) *n* switchboard

vaihdetanko (*vighh*-dayt-tahng-koa) *n* gear lever

vaihdos (*vighh*-doass) *n* change

vaihe (*vigh*-hay) *n* phase, stage

vaihtaa (*vighh*-taa) *v* change; switch, exchange; ~ **kulkuneuvoa** change

vaihtelu (*vighh*-tay-loo) *n* variation

vaihto (*vighh*-toa) *n* exchange

vaihtoehto (*vighh*-toa-*ayh*-toa) *n* alternative

vaihtokurssi (*vighh*-toa-*koors*-si) *n* rate of exchange, exchange rate

vaihtoraha (*vighh*-toa-*rah*-hah) *n* change

vaihtovirta (*vighh*-toa-*veer*-tah) *n* alternating current

vaikea (*vigh*-kay-ah) *adj* hard, difficult

vaikeroida (*vigh*-kay-roi-dah) *v* moan

vaikeus (*vigh*-kay-ooss) *n* difficulty

vaikka (*vighk*-kah) *conj* though, although

vaikkakin (*vighk*-kah-kin) *conj* though

vaikutelma (*vigh*-koo-tayl-mah) *n* impression

vaikutin (*vigh*-koo-tin) *n* motive

vaikuttaa (*vigh*-koot-taa) *v* affect, influence

vaikuttava (*vigh*-koot-tah-vah) *adj* imposing, impressive

vaikutus (*vigh*-koo-tooss) *n* effect; influence; **tehdä** ~ impress; **tehdä valtava** ~ overwhelm

vaikutusvalta (*vigh*-koo-tooss-*vahl*-tah) *n* prestige

vaikutusvaltainen (*vigh*-koo-tooss-*vahl*-tigh-nayn) *adj* influential

vailla (*vighl*-lah) *postp* to

vaillinainen (*vighl*-li-nigh-nayn) *adj* incomplete

vaimo (*vigh*-moa) *n* wife

vain (*vighn*) *adv* only

vaisto (*vighss*-toa) *n* instinct

vaitelias (*vigh*-tay-li-ahss) *adj* quiet, silent

vaiva (*vigh*-vah) *n* trouble; inconvenience, nuisance

vaivalloinen (*vigh*-vahl-loi-nayn) *adj* troublesome

vaivannäkö (*vigh*-vahn-*næ*-kur) *n* pains

vaivata (*vigh*-vah-tah) *v* trouble; annoy

vaivautua (*vigh*-vou-too-ah) *v* bother

vaja (*vah*-Yah) *n* shed

vajaus (*vah*-Yah-ooss) *n* deficit

vajavaisuus (*vah*-Yah-vigh-sōōss) *n* shortcoming

vajavuus (*vah*-Yah-vōōss) *n* fault

vajota (*vah*-Yoa-tah) *v* *sink

vakaa (*vah*-kaa) *adj* stable, even

vakanssi (*vah*-kahns-si) *n* vacancy

vakaumus (*vah*-kah-oo-mooss) *n* conviction; persuasion

vakava (*vah*-kah-vah) *adj* serious, grave; bad

vakavuus (*vah*-kah-vōōss) *n* gravity, seriousness

vakio (*vah*-ki-oa) *n* standard; vakio-standard

vakiomitta (*vah*-ki-oa-*mit*-tah) *n* gauge

vakituinen (*vah*-ki-tooᵉᵉ-nayn) *adj* permanent

vakoilija (*vah*-koi-li-Yah) *n* spy

vakosametti (*vah*-koa-*sah*-mayt-ti) *n* corduroy

vakuus (*vah*-kōōss) *n* guarantee

vakuuttaa (*vah*-kōōt-taa) *v* insure, assure; persuade

vakuutus (*vah*-kōō-tooss) *n* insurance

vakuutuskirja (*vah*-kōō-tooss-*keer*-Yah) *n* policy, insurance policy; **au-**

ton vakuutuskortti green card

vakuutusmaksu (*vah*-kōō-tooss-*mahk*-soo) *n* premium

vala (*vah*-lah) *n* oath, vow; **väärä ∼** perjury

valaista (*vah*-lighss-tah) *v* illuminate; elucidate

valaistus (*vah*-lighss-tooss) *n* lighting; illumination

valas (*vah*-lahss) *n* whale

valehdella (*vah*-layh-dayl-lah) *v* lie

valepuku (*vah*-layp-*poo*-koo) *n* disguise

valhe (*vahl*-hay) *n* lie

valheellinen (*vah*-hāyl-li-nayn) *adj* untrue, false

valikoida (*vah*-li-koi-dah) *v* pick; select

valikoima (*vah*-li-koi-mah) *n* choice, assortment, selection; variety

valikoitu (*vah*-li-koi-too) *adj* select

valinnainen (*vah*-lin-nigh-nayn) *adj* optional

valinta (*vah*-lin-tah) *n* pick, choice

valintamyymälä (*vah*-lin-tah-*mēw*-mæ-læ) *n* supermarket

valiokunta (*vah*-li-oa-*koon*-tah) *n* committee

valita (*vah*-li-tah) *v* select, *choose; elect

valitettava (*vah*-li-tayt-tah-vah) *adj* lamentable

valitettavasti (*vah*-li-tayt-tah-vahss-ti) *adv* unfortunately

valittaa (*vah*-lit-taa) *v* complain

valitus (*vah*-li-tooss) *n* complaint

valituskirja (*vah*-li-tooss-*keer*-Yah) *n* complaints book

valkaista (*vahl*-kighss-tah) *v* bleach

valkoinen (*vahl*-koi-nayn) *adj* white

valkokangas (*vahl*-koa-*kahng*-ngahss) *n* screen

valkosipuli (*vahl*-koa-*si*-poo-li) *n* garlic

valkoturska (*vahl*-koa-*toors*-kah) *n* whiting

valkuaisaine (*vahl*-koo-ighss-*igh*-nay) *n* protein

vallankumouksellinen (*vahl*-lahn-*koo*-moa-ook-sayl-li-nayn) *adj* revolutionary

vallankumous (*vahl*-lahng-*koo*-moa-ooss) *n* revolution

vallata (*vahl*-lah-tah) *v* capture; **∼ kokonaan** overwhelm

vallaton (*vahl*-lah-toan) *adj* mischievous

valli (*vahl*-li) *n* dike, mound

vallihauta (*vahl*-li-*hou*-tah) *n* moat

vallita (*vahl*-li-tah) *v* rule

valloittaa (*vahl*-loit-taa) *v* conquer; invade

valloittaja (*vahl*-loit-tah-Yah) *n* conqueror

valloitus (*vahl*-loi-tooss) *n* conquest

valmennus (*vahl*-mayn-nooss) *n* training

valmentaa (*vahl*-mayn-taa) *v* train

valmentaja (*vahl*-mayn-tah-Yah) *n* coach

valmis (*vahl*-miss) *adj* finished, ready; prepared; **valmis-** ready-made; **∼ yhteistyöhön** co-operative

valmistaa (*vahl*-miss-taa) *v* prepare; manufacture; **∼ huolellisesti** elaborate; **∼ ruokaa** *v* cook

valmistaja (*vahl*-miss-tah-Yah) *n* manufacturer

valmistaminen (*vahl*-miss-tah-mi-nayn) *n* preparation

valmistava (*vahl*-miss-tah-vah) *adj* preliminary

valmistella (*vahl*-miss-tayl-lah) *v* arrange

valmistusohje (*vahl*-miss-tooss-*oah*-Yay) *n* recipe

valo (*vah*-loa) *n* light

valoisa (*vah*-loi-sah) *adj* bright; luminous

valokopio (*vah*-loa-*koa*-pi-oa) *n* photostat

valokuva (*vah*-loa-*koo*-vah) *n* photograph, photo; snapshot

valokuvaaja (*vah*-loa-*koo*-vaa-Yah) *n* photographer

valokuvata (*vah*-loa-*koo*-vah-tah) *v* photograph

valokuvaus (*vah*-loa-*koo*-vah-ooss) *n* photography

valokuvausliike (*vah*-loa-*koo*-vah-ooss-*lee*-kay) *n* camera shop

valonheitin (*vah*-loan-*hay*-tin) *n* searchlight, spotlight

valotus (*vah*-loa-tooss) *n* exposure

valotusmittari (*vah*-loa-tooss-*mit*-tah-ri) *n* exposure meter

valpas (*vahl*-pahss) *adj* vigilant; bright

valssi (*vahls*-si) *n* waltz

valta (*vahl*-tah) *n* might, power; rule

valtaistuin (*vahl*-tah-*iss*-too^ee^n) *n* throne

valtakunta (*vahl*-tah-*koon*-tah) *n* state, kingdom

valtameri (*vahl*-tah-*may*-ri) *n* ocean

valtatie (*vahl*-tahtyay) *n* thoroughfare

valtaus (*vahl*-tah-ooss) *n* capture

valtava (*vahl*-tah-vah) *adj* vast, immense, tremendous, huge

valtias (*vahl*-ti-ahss) *n* ruler

valtimo (*vahl*-ti-moa) *n* artery; pulse

valtio (*vahl*-ti-oa) *n* state

valtiollinen (*vahl*-ti-oal-li-nayn) *adj* national

valtiomies (*vahl*-ti-oa-*myayss*) *n* statesman

valtionpäämies (*vahl*-ti-oan-*pææ*-mi-ayss) *n* head of state

valtionvirkamies (*vahl*-ti-oan veer-kah-*myayss*) *n* civil servant

valtiopäivämies (*vahl*-ti-oa-*pæ^ee^*-væ-myayss) *n* deputy

valtiosääntö (*vahl*-ti-oa-*sææn*-tur) *n* constitution

valtiovarainministeriö (*vahl*-ti-oa-*vah*-righn-*mi*-niss-tay-ri-ur) *n* Treasury

valtuus (*vahl*-tōōss) *n* authority; mandate

valtuuskunta (*vahl*-tōōss-*koon*-tah) *n* delegation

valtuutettu (*vahl*-tōō-tayt-too) *n* delegate

valtuutus (*vahl*-tōō-tooss) *n* authorization

valurauta (*vah*-loo-*rou*-tah) *n* cast iron

valuutta (*vah*-lōōt-tah) *n* currency

valvoa (*vahl*-voa-ah) *v* watch; look after; supervise; control

valvoja (*vahl*-voa-Yah) *n* supervisor; attendant

valvonta (*vahl*-voan-tah) *n* control, supervision

vamma (*vahm*-mah) *n* injury

vammainen (*vahm*-migh-nayn) *adj* disabled, invalid

vanginvartija (*vahng*-ngin-*vahr*-ti-Yah) *n* jailer

vangita (*vahng*-ngi-tah) *v* imprison, capture

vangitseminen (*vahng*-ngit-say-mi-nayn) *n* capture

vanha (*vahn*-hah) *adj* aged, old; ancient

vanhahko (*vahn*-hahh-koa) *adj* elderly

vanhanaikainen (*vahn*-hahn-*igh*-kigh-nayn) *adj* old-fashioned, ancient; quaint

vanhemmat (*vahn*-haym-maht) *pl* parents *pl*

vanhempi (*vahn*-haym-pi) *adj* elder

vanhentunut (*vahn*-hayn-too-noot) *adj* ancient; out of date, expired

vanhin (*vahn*-hin) *adj* eldest

vanhoillinen (*vahn*-hoil-li-nayn) *adj* conservative

vanhuudenheikko (*vahn*-hōō-dayn-hayk-koa) *adj* senile

vanhuus (*vahn*-hōōss) *n* age, old age

vanilja (*vah*-nil-Yah) *n* vanilla

vankeus (*vahng*-kay-ooss) *n* imprisonment; custody

vanki (*vahng*-ki) *n* prisoner

vankila (*vahng*-ki-lah) *n* jail, gaol, prison

vankka (*vahngk*-kah) *adj* robust, firm

vanne (*vahn*-nay) *n* rim

vannoa (*vahn*-noa-ah) *v* *swear, vow

vanu (*vah*-noo) *n* cotton-wool

vapa (*vah*-pah) *n* rod

vapaa (*vah*-paa) *adj* free; unoccupied, vacant; **vapautettu jstk** exempt

vapaa-aika (*vah*-paa-*igh*-kah) *n* leisure

vapaaehtoinen (*vah*-paa-ayh-toi-nayn) *n* volunteer; *adj* voluntary

vapaalippu (*vah*-paa-*lip*-poo) *n* free ticket

vapaamielinen (*vah*-paa-*myay*-li-nayn) *adj* liberal

vapaus (*vah*-pah-ooss) *n* freedom, liberty

vapauttaa (*vah*-pah-oot-taa) *v* exempt; discharge of, relieve

vapauttaminen (*vah*-pah-oot-tah-minayn) *n* emancipation; ~ **syytteestä** acquittal

vapautus (*vah*-pah-oo-tooss) *n* liberation; exemption

vapista (*vah*-piss-tah) *v* shiver, tremble

varakas (*vah*-rah-kahss) *adj* wealthy, well-to-do

varallisuus (*vah*-rahll-li-sōōss) *n* wealth

varaosa (*vah*-rah-*oa*-sah) *n* spare part

varapresidentti (*vah*-rah-*pray*-si-dayntti) *n* vice-president

varapyörä (*vah*-rah-*pᵉʷ*ur-ræ) *n* spare wheel

vararengas (*vah*-rah-*rayng*-ngahss) *n* spare tyre

vararikkoinen (*vah*-rah-*rik*-koi-nayn) *adj* bankrupt

varas (*vah*-rahss) *n* thief

varastaa (*vah*-rahss-taa) *v* *steal

varasto (*vah*-rahss-toa) *n* store, supply, stock; depot, warehouse, storehouse

varastoida (*vah*-rahss-toi-dah) *v* stock, store

varastointi (*vah*-rahss-toin-ti) *n* storage

varasäiliö (*vah*-rah-*sæᵉᵉ*-li-ur) *n* refill

varata (*vah*-rah-tah) *v* reserve, book; engage

varattu (*vah*-raht-too) *adj* reserved, occupied, engaged

varauloskäytävä (*vah*-rah-*oo*-loass-kæᵉʷ-tæ-væ) *n* emergency exit

varaus (*vah*-rah-ooss) *n* booking, reservation; qualification

varhainen (*vahr*-high-nayn) *adj* early

varhaisempi (*vahr*-high-saym-pi) *adj* prior

varietee-esitys (*vah*-ri-ay-tāy-ay-si-tewss) *n* variety show

varieteeteatteri (*vah*-ri-ay-tāy-*tay*-ahttay-ri) *n* variety theatre

varis (*vah*-riss) *n* crow

varjo (*vahr*-Yoa) *n* shadow, shade

varjoisa (*vahr*-Yoi-sah) *adj* shady

varkaus (*vahr*-kah-ooss) *n* theft, robbery

varma (*vahr*-mah) *adj* secure, certain, sure; solid

varmasti (*vahr*-mahss-ti) *adv* surely; **ihan** ~ without fail

varmistua (*vahr*-miss-too-ah) *v* secure; ~ **jstk** ascertain

varoa (*vah*-roa-ah) *v* beware, mind; **olla varuillaan** watch out, look out, beware

varoittaa (*vah*-roi-taa) *v* caution, warn

varoitus (*vah*-roi-tooss) *n* warning

varovainen (*vah*-roa-vigh-nayn) *adj* careful, cautious; wary

varovaisuus (*vah*-roa-vigh-sōōss) *n*

caution; precaution

varpu (*vahr*-poo) *n* twig

varpunen (*vahr*-poo-nayn) *n* sparrow

varras (*vahr*-rahss) *n* spit

varrella (*vahr*-rayl-lah) *postp* on

varsi (*vahr*-si) *n* handle; stem

varsinainen (*vahr*-si-nigh-nayn) *adj* actual

varsinkin (*vahr*-sing-kin) *adv* especially

vartalo (*vahr*-tah-loa) *n* figure

varten (*vahr*-tayn) *postp* for

vartija (*vahr*-ti-ᴎah) *n* custodian, guard

vartio (*vahr*-ti-oa) *n* guard; **olla vartiossa** patrol

vartioida (*vahr*-ti-oi-dah) *v* guard; watch

varustaa (*vah*-rooss-taa) *v* equip; furnish; ~ **jllk** furnish with

varusteet (*vah*-rooss-tāyt) *pl* outfit, kit, equipment

varvas (*vahr*-vahss) *n* toe

vasara (*vah*-sah-rah) *n* hammer

vasemmanpuolinen (*vah*-saym-mahm-pwoa-li-nayn) *adj* left-hand

vasen (*vah*-sayn) *adj* left-hand, left

vasenkätinen (*vah*-sayng-kæ-ti-nayn) *adj* left-handed

vasikanliha (*vah*-si-kahn-*li*-hah) *n* veal

vasikannahka (*vah*-si-kahn-*nahh*-kah) *n* calf skin

vasikka (*vah*-sik-kah) *n* calf

vasta-alkaja (*vahss*-tah-*ahl*-kah-ᴎah) *n* beginner

vastaan (*vahss*-taan) *postp* against; versus; **olla jtk** ~ mind; ~ **tuleva** oncoming

vastaanottaa (*vahss*-taan-*oat*-taa) *v* receive

vastaanottaja (*vahss*-taan-*oat*-tah-ᴎah) *n* addressee

vastaanotto (*vahss*-taan-*oat*-toa) *n* reception, receipt

vastaanottoaika (*vahss*-taan-*oat*-toa-*igh*-kah) *n* consultation hours

vastaanottoapulainen (*vahss*-taan-*oat*-toa-ah-poo-ligh-nayn) *n* receptionist

vastaanottohuone (*vahss*-taan-*oat*-toa-*hwoa*-nay) *n* surgery, reception office

vastaava (*vahss*-taa-vah) *adj* equivalent

vastahakoinen (*vahss*-tah-*hah*-koi-nayn) *adj* unwilling, averse

vastakohta (*vahss*-tah-*koah*-tah) *n* reverse, contrast, contrary

vastalause (*vahss*-tah-*lou*-say) *n* protest, objection; **esittää** ~ protest

vastapäinen (*vahss*-tah-*pæ*ᵉᵉ-nayn) *adj* opposite

vastapäätä (*vahss*-tah-*pææ*-tæ) *postp* facing, opposite

vastata (*vahss*-tah-tah) *v* answer, reply; correspond

vastaus (*vahss*-tah-ooss) *n* reply, answer; **vastaukseksi** *adv* in reply

vastavaikutus (*vahss*-tah-*vigh*-koo-tooss) *n* reaction

vastavirtaan (*vahss*-tah-*veer*-taan) *adv* upstream

vastaväite (*vahss*-tah-væᵉᵉ-tay) *n* objection

vastenmielinen (*vahss*-taym-*myay*-li-nayn) *adj* unpleasant, repulsive, disgusting, repellent

vastenmielisyys (*vahss*-taym-*myay*-li-sēw̄ss) *n* aversion, dislike, antipathy; **tuntea vastenmielisyyttä** dislike

vastoinkäyminen (*vahss*-toin-kæᵉʷ-mi-nayn) *n* reverse

vastustaa (*vahss*-tooss-taa) *v* object, oppose

vastustaja (*vahss*-tooss-tah-ᴎah) *n* opponent

vastustus (*vahss*-tooss-tooss) *n* resistance

vastuu (*vahss-tōō*) *n* responsibility; **vastuussa jstk** in charge of

vastuullinen (*vahss-tōōl-li-nayn*) *adj* responsible; liable

vastuuvelvollisuus (*vahss-tōō-vayl-voal-li-sōōss*) *n* liability

vati (*vah-ti*) *n* dish, basin

vatkain (*vaht-kighn*) *n* mixer

vatkata (*vaht-kah-tah*) *v* whip; mix

vatsa (*vaht-sah*) *n* belly, stomach

vatsahaava (*vaht-sah-haa-vah*) *n* gastric ulcer

vatsakipu (*vaht-sah-ki-poo*) *n* stomach-ache

vauhti (*vouh-ti*) *n* rate, speed; **hiljentää vauhtia** slow down

vaunu (*vou-noo*) *n* coach, waggon

vaununosasto (*vou-noon-oa-sahss-toa*) *n* compartment

vaunut (*vou-noot*) *pl* carriage, coach

vauraus (*vou-rah-ooss*) *n* prosperity

vaurio (*vou-ri-oa*) *n* damage

vaurioittaa (*vou-ri-oit-taa*) *v* damage

vauva (*vou-vah*) *n* baby; **vauvan kantokassi** carry-cot

vauvanvaippa (*vou-vahn-vighp-pah*) *n* diaper *nAm*

vedenalainen (*vay-dayn-ah-ligh-nayn*) *adj* underwater

vedenpitävä (*vay-daym-pi-tæ-væ*) *adj* waterproof

vedonlyönti (*vay-doan-lᵉʷurn-ti*) *n* bet; **vedonlyönnin välittäjä** bookmaker

vedos (*vay-doass*) *n* print

vehkeillä (*vayh-kayl-læ*) *v* conspire

vehkeily (*vayh-kay-lew*) *n* intrigue

vehnä (*vayh-næ*) *n* wheat

vehnäjauho (*vayh-næ-You-hoa*) *n* flour

veistos (*vayss-toass*) *n* sculpture; carving

veistää (*vayss-tææ*) *v* carve

veitsi (*vayt-si*) *n* knife

vekotin (*vay-koa-tin*) *n* gadget

vekseli (*vayk-say-li*) *n* draft

veli (*vay-li*) *n* brother

veljenpoika (*vayl-Yaym-poi-kah*) *n* nephew

veljentytär (*vayl-Yayn-tew-tær*) *n* niece

veljeys (*vayl-Yay-ewss*) *n* fraternity

velka (*vayl-kah*) *n* debt; **olla velkaa** owe

velkoja (*vayl-koa-Yah*) *n* creditor

veltto (*vaylt-toa*) *adj* limp

velvoittaa (*vayl-voit-taa*) *v* oblige

velvollisuus (*vayl-voal-li-sōōss*) *n* duty

vene (*vay-nay*) *n* boat

Venezuela (*vay-nayt-soo-āy-lah*) Venezuela

venezuelalainen (*vay-nayt-soo-āy-lah-ligh-nayn*) *n* Venezuelan; *adj* Venezuelan

venttiili (*vaynt-teeli*) *n* valve

venyttää (*vaynewt-tææ*) *v* stretch

Venäjä (*vay-næ-Yæ*) Russia

venäläinen (*vay-næ-læᵉᵉ-nayn*) *n* Russian; *adj* Russian

verbi (*vayr-bi*) *n* verb

verenkierto (*vay-rayng-kyayr-toa*) *n* circulation

verenmyrkytys (*vay-raym-mewr-kew-tewss*) *n* blood-poisoning

verenpaine (*vay-raym-pigh-nay*) *n* blood pressure

verenvuoto (*vay-rayn-vwoa-toa*) *n* haemorrhage; ~ **nenästä** nosebleed

verho (*vayr-hoa*) *n* curtain

verhoilla (*vayr-hoil-lah*) *v* upholster

veri (*vay-ri*) *n* blood

verisuoni (*vay-ri-swoa-ni*) *n* blood-vessel

verkko (*vayrk-koa*) *n* net

verkkokalvo (*vayrk-koa-kahl-voa*) *n* retina

verkkoryhmä (*vayrk-koa-rewh-mæ*) *n* network

verkonsilmä (*vayr*-koan-*sil*-mæ) *n* mesh

vernissa (*vayr*-niss-sah) *n* varnish

vero (*vay*-roa) *n* tax

veroton (*vay*-roa-toan) *adj* tax-free

verottaa (*vay*-roat-taa) *v* tax

verotus (*vay*-roa-tooss) *n* taxation

verrata (*vayr*-rah-tah) *v* compare

verraton (*vayr*-rah-toan) *adj* priceless, exquisite, terrific; superlative

vertailukohta (*vayr*-tah-*i*-loo-koah-tah) *n* parallel

vertaus (*vayr*-tah-ooss) *n* comparison

veruke (*vay*-roo-kay) *n* pretence

veräjä (*vay*-ræ-Yæ) *n* gate

vesi (*vay*-si) *n* water; **juokseva ~** running water

vesikauhu (*vay*-si-*kou*-hoo) *n* rabies

vesillelasku (*vay*-sil-layl-*lahss*-koo) *n* launching

vesimeloni (*vay*-si-*may*-loa-ni) *n* watermelon

vesipannu (*vay*-si-*pahn*-noo) *n* kettle

vesipumppu (*vay*-si-*poomp*-poo) *n* water pump

vesiputous (*vay*-si-*poo*-toa-ooss) *n* waterfall

vesirokko (*vay*-si-*roak*-koa) *n* chicken-pox

vesisuksi (*vay*-si-*sook*-si) *n* water ski

vesivaaka (*vay*-si-*vaa*-kah) *n* level

vesiväri (*vay*-si-*væ*-ri) *n* water-colour

vesivärimaalaus (*vay*-si-*væ*-ri-*maa*-lah-ooss) *n* water-colour

veto (*vay*-toa) *n* draught

vetoketju (*vay*-toa-*kayt*-Yoo) *n* zip, zipper

vetoomus (*vay*-tōā-mooss) *n* appeal

vetovoima (*vay*-toa-*voi*-mah) *n* attraction

veturi (*vay*-too-ri) *n* locomotive, engine

vety (*vay*-tew) *n* hydrogen

vetäytyä (*vay*-tæ^{ew}-tew-æ) *v* *with-draw

vetää (*vay*-tææ) *v* pull, *draw; *wind; **~ puoleensa** attract; **~ ulos** extract

viallinen (*vi*-ahl-li-nayn) *adj* defective

viaton (*vi*-ah-toan) *adj* innocent

viattomuus (*vi*-aht-toa-mōōss) *n* innocence

viedä (*vi*-ay-dæ) *v* *take away; **~ kirjoihin** book; **~ maasta** export

viehkeä (*vyay*-hkay-æ) *adj* graceful

viehättävä (*vyay*-hæt-tæ-væ) *adj* charming, lovely

viehätys (*vyay*-hæ-tewss) *n* charm, attraction

vielä (*vyay*-læ) *adv* yet, still

viemäri (*vyay*-mæ-ri) *n* drain, sewer

vienti (*vyayn*-ti) *n* export, exportation

vientitavarat (*vyayn*-ti-*tah*-vah-raht) *pl* exports *pl*

vieraanvarainen (*vyay*-raan-*vah*-righ-nayn) *adj* hospitable

vieraanvaraisuus (*vyay*-raan-*vah*-righ-sōōss) *n* hospitality

vierailija (*vyay*-righ-li-Yah) *n* visitor

vierailla (*vyay*-righl-lah) *v* call on, visit

vierailu (*vyay*-righ-loo) *n* visit

vierailuaika (*vyay*-righ-loo-*igh*-kah) *n* visiting hours

vieras (*vyay*-rahss) *n* alien, guest; *adj* foreign

vierashuone (*vyay*-rahss-*hwoa*-nay) *n* spare room, guest-room

vieraskäynti (*vyay*-rahss-*kæ*^{ew}*n*-ti) *n* call

vieressä (*vyay*-rayss-sæ) *postp* beside, next to

viesti (*vyayss*-ti) *n* message

viestintä (*vyayss*-tin-tæ) *n* communication

vietellä (*vyay*-tayl-læ) *v* seduce

viettävä (*vyayt*-tæ-væ) *adj* sloping

viettää[1] (*vyayt*-tææ) *v* *spend; **~ riemuvoittoa** triumph

viettää² *(vyayt-tææ)* v slope
viha *(vi-hah)* n hate, hatred
vihainen *(vi-high-nayn)* adj cross, angry
vihamielinen *(vi-hah-myay-li-nayn)* adj hostile
vihannekset *(vi-hahn-nayk-sayt)* pl greens pl
vihanneskauppias *(vi-hahn-nayss-koup-pi-ahss)* n greengrocer; vegetable merchant
vihata *(vi-hah-tah)* v hate
vihdoin *(vih-doin)* adv at last
vihellyspilli *(vi-hayl-lewss-pil-li)* whistle
viheltää *(vi-hayl-tææ)* v whistle
vihjata *(vih-Yah-tah)* v imply
vihkisormus *(vih-ki-soar-mooss)* n wedding-ring
vihollinen *(vi-hoal-li-nayn)* n enemy
vihreä *(vih-ray-æ)* adj green
viidakko *(vee-dahk-koa)* n jungle
viides *(vee-dayss)* num fifth
viidestoista *(vee-dayss-toiss-tah)* num fifteenth
viihde *(veeh-day)* n entertainment
viihdyttävä *(veeh-dewt-tæ-væ)* adj entertaining
viihdyttää *(veeh-dewt-tææ)* v entertain
viikko *(veek-koa)* n week; **kaksi viikkoa** fortnight
viikonloppu *(vee-koan-loap-poo)* n weekend
viikottainen *(vee-koat-tigh-nayn)* adj weekly
viikset *(veek-sayt)* pl moustache
viikuna *(vee-koo-nah)* n fig
viila *(vee-lah)* n file
vileä *(vee-lay-æ)* adj cool
viilto *(veel-toa)* n cut
viime *(vee-may)* adj past, last; **~ aikoina** lately
viimeinen *(vee-may-nayn)* adj ulti-

mate, last
viimeistellä *(vee-mayss-tayl-læ)* v finish
viina *(vee-nah)* n liquor
viini *(vee-ni)* n wine
viinikauppias *(vee-ni-koup-pi-ahss)* n wine-merchant
viinikellari *(vee-ni-kayl-lah-ri)* n wine-cellar
viiniköynnös *(vee-ni-kurewn-nurss)* n vine
viinilista *(vee-ni-liss-tah)* n wine-list
viininkorjuu *(vee-nin-koar-Yōō)* n vintage
viinirypäleet *(vee-ni-rew-pæ-lāyt)* pl grapes pl
viinitarha *(vee-ni-tahr-hah)* n vineyard
viinuri *(vee-noo-ri)* n wine-waiter
viipale *(vee-pah-lay)* n slice
viipymättä *(vee-pew-mæt-tæ)* adv immediately
viiriäinen *(vee-ri-æee-nayn)* n quail
viisas *(vee-sahss)* adj wise
viisaus *(vee-sah-ooss)* n wisdom
viisi *(vee-si)* num five
viisikymmentä *(vee-si-kewm-mayn-tæ)* num fifty
viisitoista *(vee-si-toiss-tah)* num fifteen
viisto *(veess-toa)* adj slanting
viisumi *(vee-soo-mi)* n visa
viitata *(vee-tah-tah)* v point; **~ jhk** refer to
viitaten *(vee-tah-tayn)* adv with reference to
viite *(vee-tay)* n reference
viitta *(veet-tah)* n robe
viittaus *(veet-tah-ooss)* n sign
viiva *(vee-vah)* n line
viivoitin *(vee-voi-tin)* n ruler
viivyttää *(vee-vewt-tææ)* v delay
viivytys *(vee-vew-tewss)* n delay
vika *(vi-kah)* n fault; deficiency
vilahdus *(vi-lahh-dooss)* n glimpse

vilja (*vil*-Yah) *n* corn
viljapelto (*vil*-Yah-*payl*-toa) *n* cornfield
viljelemätön (*vil*-Yay-lay-mæ-turn) *adj* uncultivated
viljellä (*vil*-Yay-llæ) *v* cultivate; raise
viljelys (*vil*-Yay-lewss) *n* plantation
vilkas (*vil*-kahss) *adj* active
vilkasliikenteinen (*vil*-kahss-*lee*-kayn-tay-nayn) *adj* busy
vilkkuvalo (*vilk*-koo-*vah*-loa) *n* indicator
villa (*vil*-lah) *n* wool
villainen (*vil*-ligh-nayn) *adj* woollen
villapaita (*vil*-lah-*pigh*-tah) *n* pullover, jersey
villatakki (*vil*-lah-*tahk*-ki) *n* cardigan
villi (*vil*-li) *adj* savage, wild; fierce
villitys (*vil*-lew-tewss) *n* craze
vilpillinen (*vil*-pil-li-nayn) *adj* false
vilpitön (*ooss*-koal-li-nayn) *adj* sincere, honest
vilustua (*vi*-looss-too-ah) *v* *catch a cold
vilustuminen (*vi*-looss-too-mi-nayn) *n* cold
vimma (*vim*-mah) *n* passion
vino (*vi*-noa) *adj* slanting
vinokirjaimet (*vi*-noa-*keer*-Yigh-mayt) *pl* italics *pl*
vinottainen (*vi*-noat-tigh-nayn) *adj* diagonal
vintiö (*vin*-ti-ur) *n* rascal
vinttikoira (*vint*-ti-*koi*-rah) *n* greyhound
vipu (*vi*-poo) *n* lever
vipuvarsi (*vi*-poo-vahr-si) *n* lever
virallinen (*vi*-rahl-li-nayn) *adj* official
viranomaiset (*vi*-rahn-*oa*-migh-sayt) *pl* authorities *pl*
virasto (*vi*-rahss-toa) *n* office
virhe (*veer*-hay) *n* mistake, fault, error
virheellinen (veer-*hāy*l-li-nayn) *adj* wrong, incorrect, faulty

virheetön (veer-*hāy*-turn) *adj* faultless
virittää (*vi*-rit-tææ) *v* tune in
virka (*veer*-kah) *n* office
virkapuku (*veer*-kah-*poo*-koo) *n* uniform
virkata (*veer*-kah-tah) *v* crochet
virkaura (*veer*-kah-*oo*-rah) *n* career
virkavaltaisuus (*veer*-kah-*vahl*-tigh-sōōss) *n* bureaucracy
virkaveli (*veer*-kah-*vay*-li) *n* colleague
virkistys (*veer*-kiss-tewss) *n* recreation
virkistyskeskus (*veer*-kiss-tewss-*kayss*-kooss) *n* recreation centre
virkistää (*veer*-kiss-tææ) *v* refresh
virnistys (*veer*-niss-tewss) *n* grin
virnistää (*veer*-niss-tææ) *v* grin
virranjakaja (*veer*-rahn-*Yah*-kah-Yah) *n* distributor
virrata (*veer*-rah-tah) *v* flow, stream
virsi (*veer*-si) *n* hymn
virta (*veer*-tah) *n* stream; current
virtsa (*veert*-sah) *n* urine
virvoke (*veer*-voa-kay) *n* refreshment
vitamiini (*vi*-tah-mee-ni) *n* vitamin
vitsaus (*vit*-sah-ooss) *n* plague
vitsi (*vit*-si) *n* joke
viuhka (vee^{oo}h-kah) *n* fan
viulu (vee^{oo}-loo) *n* violin
vivahdus (*vi*-vahh-dooss) *n* shade
vohveli (*voah*-vay-li) *n* wafer, waffle
voi (voi) *n* butter
voida (*voi*-dah) *v* *can, *be able to
voide (*voi*-day) *n* cream; ointment
voidella (*voi*-dayl-lah) *v* lubricate
voihkia (*voih*-ki-ah) *n* groan
voikukka (*voi*-kook-kah) *n* dandelion
voileipä (*voi*-lay-pæ) *n* sandwich
voima (*voi*-mah) *n* strength, energy, force, power
voimakas (*voi*-mah-kahss) *adj* strong; powerful
voimakkuus (*voi*-mahk-kōōss) *n* power
voimalaitos (*voi*-mah-*ligh*-toass) *n* po-

wer-station

voimaton (*voi*-mah-toan) *adj* powerless; faint

voimistelija (*voi*-miss-tay-li-Yah) *n* gymnast

voimistelu (*voi*-miss-tay-loo) *n* gymnastics *pl*

voimistelusali (*voi*-miss-tay-loo-*sah*-li) *n* gymnasium

voimistelutossut (*voi*-miss-tay-loo-*toass*-soot) *pl* gym shoes

voitelu (*voi*-tay-loo) *n* lubrication

voitelujärjestelmä (*voi*-tay-loo-Yær-Yayss-tayl-mæ) *n* lubrication system

voiteluöljy (*voi*-tay-loo-*url*-Yew) *n* lubrication oil

voitollinen (*voi*-toal-li-nayn) *adj* winning

voittaa (*voit*-taa) *v* gain, *win; defeat, *beat; *overcome

voittaja (*voit*-tah-Yah) *n* winner

voittamaton (*voit*-tah-mah-toan) *adj* unsurpassed

voitto (*voit*-toa) *n* victory; profit, benefit

voittoisa (*voit*-toi-sah) *adj* triumphant

voittosumma (*voit*-toa-*soom*-mah) *n* winnings *pl*

vokaali (*voa*-kaa-li) *n* vowel

voltti (*voalt*-ti) *n* volt

vuodattaa (*vwoa*-daht-taa) *v* *shed

vuode (*vwoa*-day) *n* bed

vuodenaika (*vwoa*-dayn-*igh*-kah) *n* season

vuodevaatteet (*vwoa*-dayv-*vaat*-tāyt) *pl* bedding

vuohennahka (*vwoa*-hayn-*nahh*-kah) *n* kid

vuohi (*vwoa*-hi) *n* goat

vuohipukki (*vwoa*-hi-*pook*-ki) *n* goat

vuokra (*vwoak*-rah) *n* rent; **antaa vuokralle** lease

vuokra-autoilija (*vwoak*-rah-*ou*-toi-li-Yah) *n* taxi-driver

vuokraemäntä (*vwoak*-rah-ay-mæn-tæ) *n* landlady

vuokraisäntä (*vwoak*-rah-*i*-sæn-tæ) *n* landlord

vuokralainen (*vwoak*-rah-ligh-nayn) *n* lodger, tenant

vuokrasopimus (*vwoak*-rah-*soa*-pi-mooss) *n* lease

vuokrata (*vwoak*-rah-tah) *v* *let, hire, rent, lease

vuokratalo (*vwoak*-rah-*tah*-loa) *n* apartment house *Am*

vuokrattavana (*vwoak*-raht-tah-vah-nah) for hire

vuoksi (*vwoak*-si) *postp* owing to, because of, for; *n* flood

vuolla (*lay*-kah-tah) *v* carve

vuono (*vwoa*-noa) *n* fjord

vuorenharjanne (*vwoa*-rayn-*hahr*-Yahn-nay) *n* ridge

vuori (*vwoa*-ri) *n* mount, mountain; lining

vuorijono (*vwoa*-ri-Yoa-noa) *n* mountain range

vuorinen (*vwoa*-ri-nayn) *adj* mountainous

vuoristokiipeily (*vwoa*-riss-toa-*kee*-pay-lew) *n* mountaineering

vuoro (*vwoa*-roa) *n* turn

vuorokausi (*vwoa*-roa-*kou*-si) *n* twenty-four hours

vuorolaiva (*vwoa*-roa-*ligh*-vah) *n* liner

vuorottainen (*vwoa*-roat-tigh-nayn) *adj* alternate

vuorovesi (*vwoa*-roa-vay-si) *n* tide

vuosi (*vwoa*-si) *n* year; **uusi ~** New Year

vuosikirja (*vwoa*-si-*keer*-Yah) *n* annual

vuosipäivä (*vwoa*-si-pæ^{ee}-væ) *n* anniversary

vuosisata (*vwoa*-si-*sah*-tah) *n* century

vuosittain (*vwoa*-sit-tighn) *adv* per annum

vuotaa (*vwoa*-taa) *v* leak; ~ **verta**
  *bleed

vuotava (*vwoa*-tah-vah) *adj* leaky

vuoto (*vwoa*-toa) *n* leak

vuotuinen (*vwoa*-tigh-nayn) *adj* year-
  ly, annual

vyö (*vewur*) *n* belt

vyöhyke (*vewur*-hew-kay) *n* zone

vyötärö (*vewur*-tæ-rur) *n* waist

väestö (*væ*-ayss-tur) *n* population

vähemmistö (*væ*-haym-miss-tur) *n* mi-
  nority

vähemmän (*væ*-haym-mæn) *adv* less

vähennys (*væ*-hayn-newss) *n* de-
  crease; rebate, discount

vähentää (*væ*-hayn-tææ) *v* reduce,
  lessen, decrease; subtract, deduct

vähetä (*væ*-hay-tææ) *v* decrease

vähin (*væ*-hin) *adj* least

vähintään (*væ*-hin-tææn) *adv* at least

vähitellen (*væ*-hi-tayl-layn) *adv* grad-
  ually

vähittäiskauppa (*væ*-hit-tæ*ee*ss-*koup*-
  pah) *n* retail trade

vähittäiskauppias (*væ*-hit-tæ*ee*ss-
  koup-pi-ahss) *n* retailer

vähittäismaksukauppa (*væ*-hit-
  tæ*ee*ss-mahk-soo-*koup*-pah) *n* hire-
  purchase

vähäinen (*væ*-hæ*ee*-nayn) *adj* minor,
  small; slight

vähäisin (*væ*-hæ*ee*-sin) *adj* least

vähän (*væ*-hæn) *adv* some; ~ **lisää**
  some more

vähäpätöinen (*væ*-hæ-*pæ*-tur*ee*-nayn)
  adj petty; minor

väijytys (*væ*ee*-*Yew-tewss) *n* ambush

väistämätön (*væ*ee*ss-tæ-mæ-turn) *adj*
  unavoidable, inevitable

väite (*væ*ee*-tay) *n* thesis

väitellä (*væ*ee*-tayl-læ) *v* argue; dis-
  cuss

väittely (*væ*ee*t-tay-lew) *n* argument;
  discussion

väittää (*væ*ee*t-tææ) *v* insist, claim;
  ~ **vastaan** contradict; object to

väkevä (*væ*-kay-væ) *adj* powerful

väkijuomat (*væ*-ki-*Ywoa*-maht) *pl* spir-
  its

väkipyörä (*væ*-ki-*pewur*-ræ) *n* pulley

väkirikas (*væ*-ki-*ri*-kahss) *adj* popu-
  lous

väkisin (*væ*-ki-sin) *adv* by force

väkivalta (*væ*-ki-*vahl*-tah) *n* violence;
  force; **tehdä väkivaltaa** assault

väkivaltainen (*væ*-ki-*vahl*-tigh-nayn)
  adj violent

väli (*væ*-li) *n* space; interval

väliaika (*væ*-li-*igh*-kah) *n* interval, in-
  termission; interim

väliaikainen (*væ*-li-*igh*-kigh-nayn) *adj*
  temporary; provisional

väliintulo (*væ*-leen-*too*-loa) *n* interfer-
  ence

välikerros (*væ*-li-*kayr*-roass) *n* mezza-
  nine

välikohtaus (*væ*-li-*koah*-tah-ooss) *n*
  episode, interlude

välimatka (*væ*-li-*maht*-kah) *n* space

Välimeri (*væ*-li-*may*-ri) Mediterra-
  nean

väline (*væ*-li-nay) *n* tool

välinpitämätön (*væ*-lim-*pi*-tæ-mæ-
  turn) *adj* indifferent; careless

välipala (*væ*-li-*pah*-lah) *n* snack

väliseinä (*væ*-li-*say*-næ) *n* partition

välissä (*væ*-liss-sæ) *postp* between

välittäjä (*væ*-lit-tæ-*Yæ*) *n* intermedi-
  ary, mediator; broker

välittää (*væ*-lit-tææ) *v* mediate; **olla**
  välittämättä ignore; ~ **jstk** care
  for

välittömästi (*væ*-lit-tur-mæss-ti) *adv*
  instantly, immediately

välitunti (*væ*-li-*toon*-ti) *n* break

välitysliike (*væ*-li-tewss-*lee*-kay) *n*
  agency

välitön (*væ*-li-turn) *adj* direct, im-

mediate
väljähtynyt (*væl-Yæh-tew-newt*) *adj*
stale
välttämättömyys (*vælt-tæ-mæt-tur-mēwss*) *n* necessity
välttämätön (*vælt-tæ-mæ-turn*) *adj*
necessary; essential
välttää (*vælt-tææ*) *v* avoid; escape
välähdys (*væ-læh-dewss*) *n* flash
väri (*væ-ri*) *n* colour
väriaine (*væ-ri-igh-nay*) *n* colourant
värifilmi (*væ-ri-fil-mi*) *n* colour film
värikäs (*væ-ri-kæss*) *adj* colourful
värillinen (*væ-ril-li-nayn*) *adj* coloured
värinpitävä (*væ-rim-pi-tæ-væ*) *adj*
fast-dyed
värisevä (*væ-ri-say-væ*) *adj* shivery
värisokea (*væ-ri-soa-kay-ah*) *adj* col-
our-blind
väristys (*væ-riss-tewss*) *n* chill; shiv-
er, shudder
väristä (*væ-riss-tæ*) *v* tremble, shiver
värjätä (*vær-Yæ-tæ*) *v* dye
värjäys (*vær-Yæ-ewss*) *n* dye
värähdellä (*væ-ræh-dayl-læ*) *v* vibrate
värähtely (*væ-ræh-tay-lew*) *n* vibra-
tion
väsynyt (*væ-sew-newt*) *adj* tired
väsyttävä (*væ-sewt-tæ-væ*) *adj*
weary, tiring
väsyttää (*væ-sewt-tææ*) *v* tire
vävy (*væ-vew*) *n* son-in-law
väylä (*væ^ew-læ*) *n* passage
vääntynyt (*vææn-tew-newt*) *adj*
crooked
vääntää (*vææn-tææ*) *v* wrench, twist
vääntö (*vææn-tur*) *n* twist
väärennys (*vææ-rayn-newss*) *n* fake
väärentää (*vææ-rayn-tææ*) *v* forge,
counterfeit
väärinkäsitys (*vææ-ring-kæ-si-tewss*)
n misunderstanding; mistake
väärinkäyttö (*vææ-ring-kæ^ewt-tur*) *n*
abuse, misuse

vääryys (*vææ-rēwss*) *n* injustice,
wrong; **tehdä vääryyttä** wrong
väärä (*vææ-ræ*) *adj* incorrect, wrong,
false; **olla väärässä** *be wrong

W

watti (*vaht-*ti) *n* watt

Y

ydin (*ew-*din) *n* heart, essence, nu-
cleus; marrow; **ydin-** nuclear,
atomic
ydinvoima (*ew-din-voi-*mah) *n* nuclear
energy
yhdeksän (*ewh-*dayk-sæn) *num* nine
yhdeksänkymmentä (*ewh-*dayk-sæng-
kewm-mayn-tæ) *num* ninety
yhdeksäntoista (*ewh-*dayk-sæn-*toiss*-
tah) *num* nineteen
yhdeksäs (*ewh-*dayk-sæss) *num* ninth
yhdeksästoista (*ewh-*dayk-sæss-*toiss*-
tah) *num* nineteenth
yhdenmukainen (*ewh-*daym-*moo*-kigh-
nayn) *adj* uniform
yhdenmukaistaa (*ewh-*daym-*moo*-
kighss-taa) *v* level
yhdennäköisyys (*ewh-*dayn-*næ*-kur^ee-
sēwss) *n* resemblance
yhdensuuntainen (*ewh-*dayn-*sōōn*-
tigh-nayn) *adj* parallel
yhdessä (*ewh-*dayss-sæ) *adv* togeth-
er; jointly
yhdestoista (*ewh-*dayss-*toiss*-tah)
num eleventh
yhdistelmä (*ewh-*diss-tayl-mæ) *n* com-
bination
yhdistetty (*ewh-*diss-tayt-tew) *adj*
joint

yhdistys (*ewh*-diss-tewss) *n* society, association; union

yhdistää (*ewh*-diss-*tææ*) *v* unite; join; connect; combine; ~ **jälleen** re-unite

yhdyskunta (*ewh*-dewss-*koon*-tah) *n* community

yhdysside (*ewh*-dewss-*si*-day) *n* band, link

Yhdysvallat (*ewh*-dewss-*vahl*-laht) the States, United States

yhdysviiva (*ewh*-dewss-*vee*-vah) *n* hyphen

yhteenlasku (*ewh*-tāȳn-*lahss*-koo) *n* addition

yhteensattuma (*ewh*-tāȳn-*saht*-too-mah) *n* concurrence

yhteentörmäys (*ewh*-tāȳn-*turr*-mæ-ewss) *n* collision, crash

yhteenveto (*ewh*-tāȳn-*vay*-toa) *n* summary

yhteinen (*ewh*-tay-nayn) *adj* common, joint; **yhteis-** collective

yhteiskunnallinen (*ewh*-tayss-*koon*-nahl-li-nayn) *adj* social

yhteiskunta (*ewh*-tayss-*koon*-tah) *n* society

yhteistoiminnallinen (*ewh*-tayss-*toi*-min-nahl-li-nayn) *adj* co-operative

yhteistoiminta (*ewh*-tayss-*toi*-min-tah) *n* co-operation

yhteistyö (*ewh*-tayss-*t^ewur*) *n* co-operation

yhteissymmärrys (*ewh*-tayss-*ewm*-mær-rewss) *n* agreement

yhteisö (*ewh*-tay-sur) *n* community

yhtenäisyys (*ewh*-tay-næ^ee-sēwss) *n* coherence

yhteys (*ewh*-tay-ewss) *n* connection; touch, contact; relation

yhtiö (*ewh*-ti-ur) *n* company

yhtye (*ewh*-tew-ay) *n* band

yhtymä (*ewh*-tew-mæ) *n* concern; merger

yhtyä (*ewh*-tew-æ) *v* join

yhtä (*ewh*-tæ) *adv* equally; ~ **paljon** as much; as

yhtäläinen (*ewh*-tæ-læ^ee-nayn) *adj* equal

yhä (*ew*-hæ) *adv* ever; ~ **uudelleen** again and again

ykseys (*ewk*-say-ewss) *n* unity

yksi (*ewk*-si) *num* one

yksikkö (*ewk*-sik-kur) *n* singular; unit

yksilö (*ewk*-si-lur) *n* individual

yksilöllinen (*ewk*-si-lurl-li-nayn) *adj* individual

yksimielinen (*ewk*-si-*myay*-li-nayn) *adj* unanimous

yksin (*ewk*-sin) *adv* alone

yksinkertainen (*ewk*-sing-*kayr*-tigh-nayn) *adj* simple, plain

yksinkertaisesti (*ewk*-sing-*kayr*-tigh-sayss-ti) *adv* simply

yksinoikeus (*ewk*-sin-*oi*-kay-ooss) *n* monopoly

yksinomaan (*ewk*-sin-ͅoa-maan) *adv* exclusively, solely

yksinomainen (*ewk*-sin-oa-migh-nayn) *adj* exclusive

yksinpuhelu (*ewk*-sim-*poo*-hay-loo) *n* monologue

yksinäinen (*ewk*-si-næ^ee-nayn) *adj* lonely

yksipuolinen (*ewk*-si-*pwoa*-li-nayn) *adj* one-sided

yksitoikkoinen (*ewk*-si-*toik*-koi-nayn) *adj* monotonous

yksitoista (*ewk*-si-*toiss*-tah) *num* eleven

yksityinen (*ewk*-si-tew^ee-nayn) *adj* private; individual

yksityiselämä (*ewk*-si-tew^ee*ss*-ay-læ-mæ) *n* privacy

yksityiskohta (*ewk*-si-tew^ee*ss*-*koah*-tah) *n* detail

yksityiskohtainen (*ewk*-si-tew^ee*ss*-*koah*-tigh-nayn) *adj* detailed

yksityisopettaja (*ewk*-si-tew^{ee}ss-*oa*-payt-tah-^yah) *n* tutor

yleensä (*ew*-lāyn-sæ) *adv* as a rule, in general

yleinen (*ew*-lay-nayn) *adj* public, general; total, universal

yleiskatsaus (*ew*-layss-*kaht*-sah-ooss) *n* survey

yleislääkäri (*ew*-layss-*læ*æ-kæ-ri) *n* general practitioner

yleismaailmallinen (*ew*-layss-*maa*-il-mahl-li-nayn) *adj* universal

yleisurheilu (*ew*-layss-*oor*-hay-loo) *n* athletics *pl*

yleisö (*ew*-lay-sur) *n* audience, public

ylellinen (*ew*-layl-li-nayn) *adj* luxurious

ylellisyys (*ew*-layl-li-sēwss) *n* luxury

ylempi (*ew*-laym-pi) *adj* upper, superior

ylenkatse (*ew*-layng-*kaht*-say) *n* scorn, contempt

ylennys (*ew*-layn-newss) *n* promotion

ylenpalttinen (*ew*-layn-*pahlt*-ti-nayn) *adj* exuberant

ylentää (*ew*-layn-tæ) *v* promote

yli (*ew*-li) *prep/postp* over, above; beyond; ~ **yön** overnight

yliherkkyys (*ew*-li-*hayrk*-kēwss) *n* allergy

yliherruus (*ew*-li-*hayr*-rōōss) *n* dominion

ylijäämä (*ew*-li-*y*ææ-mæ) *n* remainder, surplus

ylimielinen (*ew*-li-*myay*-li-nayn) *adj* haughty

ylimääräinen (*ew*-li-*mææ*æ-ræ^{ee}-nayn) *adj* extra, spare

ylin (*ew*-lin) *adj* top; chief

ylinopeus (*ew*-li-*noa*-pay-ooss) *n* speeding

yliopisto (*ew*-li-*oa*-piss-toa) *n* university

ylioppilas (*ewli*-oap-pi-lahss) *n* student

ylipaino (*ew*-li-*pigh*-noa) *n* overweight

ylirasittua (*ew*-li-*rah*-sit-too-ah) *v* overwork

ylirasittunut (*ew*-li-*rah*-sit-too-noot) *adj* overstrung

ylistys (*ew*-liss-tewss) *n* praise, glory

ylistää (*ew*-liss-tææ) *v* praise

ylittää (*ew*-lit-tææ) *v* cross; exceed, *outdo; ~ **sallittu ajonopeus** *speed

ylityspaikka (*ewli*-tewss-*pighk*-kah) *n* crossing

ylivoimainen (*ew*-li-*voi*-migh-nayn) *adj* superior

ylläpito (*ewl*-læ-*pi*-toa) *n* maintenance

ylläpitää (*ewl*-læ-*pi*-tææ) *v* maintain; *keep up

yllättää (*ewl*-læt-tææ) *v* surprise; *catch

yllätys (*ewl*-læ-tewss) *n* surprise

ylpeys (*ewl*-pay-ewss) *n* pride

ylpeä (*ewl*-pay-æ) *adj* proud

yltäkylläisyys (*ewl*-tæ-*kewl*-læ^{ee}-sēwss) *n* plenty

ylä- (*ew*-læ) upper

yläkerta (*ew*-læ-*kayr*-tah) *n* upstairs

yläkertaan (*ew*-læ-*kayr*-taan) *adv* upstairs

ylänkö (*ew*-læn-kur) *n* uplands *pl*

yläosa (*ew*-læ-*oa*-sah) *n* top

yläpuolella (*ew*-læ-*pwoa*-layl-lah) *postp* over; *adv* above, overhead

yläpuoli (*ew*-læ-*pwoa*-li) *n* top side

ylätasanko (*ew*-læ-*tah*-sahng-koa) *n* plateau

ylös (*ew*-lurss) *adv* up

ylösalaisin (*ew*-lurss-*ah*-ligh-sin) *adv* upside-down

ylöspäin (*ew*-lurss-*pæ*^{ee}n) *adv* upwards; up

ymmärrys (*ewm*-mær-rewss) *n* understanding; reason

ymmärtää (*ewm*-mær-tææ) *v* *understand; *take

ympyrä (*ewm*-pew-ræ) *n* circle
ympäri (*ewm*-pæ-ri) *prep/postp* around; *adv* about, around
ympärillä (*ewm*-pæ-ril-læ) *postp* round; about, around; *adv* round
ympäristö (*ewm*-pæ-riss-tur) *n* environment, surroundings *pl;* neighbourhood
ympäröidä (*ewm*-pæ-rur^ee-dæ) *v* circle, surround; encircle
ympäröivä (*ewm*-pæ-rur^ee-væ) *adj* surrounding
ynnä (*ewn*-næ) *conj* plus
yrittää (*ew*-rit-tææ) *v* try, attempt
yritys (*ew*-ri-tewss) *n* attempt, try; enterprise, undertaking
yrtti (*ewrt*-ti) *n* herb
yskiä (*ewss*-ki-æ) *v* cough
yskä (*ewss*-kæ) *n* cough
ystävyys (*ewss*-tæ-vēwss) *n* friendship
ystävä (*ewss*-tæ-væ) *n* friend
ystävällinen (*ewss*-tæ-væl-li-nayn) *adj* friendly; kind
ystävätär (*ewss*-tæ-væ-tær) *n* friend
yö (^ew*ur*) *n* night; **tänä yönä** tonight
yöjuna (^ew*ur*-Yoo-nah) *n* night train
yökerho (^ew*ur*-kayr-hoa) *n* nightclub
yölento (^ew*ur*-layn-toa) *n* night flight
yöllä (^ew*url*-læ) *adv* by night
yöpaita (^ew*ur*-pigh-tah) *n* nightdress
yöpuku (^ew*ur*-poo-koo) *n* pyjamas *pl*
yötaksa (^ew*ur*-tahk-sah) *n* night rate
yövoide (^ew*ur*-voi-day) *n* night-cream

Ä

äidinkieli (æ^ee-ding-*kyay*-li) *n* native language, mother tongue
äiti (æ^ee-ti) *n* mother
äitipuoli (æ^ee-ti-*pwoa*-li) *n* stepmother
äkillinen (æ-kil-li-nayn) *adj* sudden;

acute
äkkijyrkkä (æk-ki-Yewrk-kæ) *adj* steep
äkkipikainen (æk-ki-*pi*-kigh-nayn) *adj* irascible, quick-tempered
äkkiä (æk-ki-æ) *adv* suddenly
äkäinen (æ-kæ^ee-nayn) *adj* cross
ällistyttää (æl-liss-tewt-tææ) *v* amaze
äly (æ-lew) *n* intellect, brain; wits *pl*
älykkyys (æ-lewk-kēwss) *n* intelligence
älykäs (æ-lew-kæss) *adj* clever, intelligent; smart, bright
älyllinen (æ-lewl-li-nayn) *adj* intellectual
änkyttää (æng-kewt-tææ) *v* falter
äpärä (æ-pæ-ræ) *n* bastard
äristä (æ-riss-tæ) *v* tremble
ärsyttävä (ær-sewt-tæ-væ) *adj* annoying
ärsyttää (ær-sewt-tææ) *v* irritate, annoy
ärtyisä (ær-tew^ee-sæ) *adj* irritable
äskeinen (æss-kay-nayn) *adj* recent
äskettäin (æss-kayt-tæ^een) *adv* recently
äyriäinen (æ^ew-ri-æ^ee-nayn) *n* shellfish
ääneen (ææ-nāyn) *adv* aloud
äänekäs (ææ-nay-kæss) *adj* loud
äänensävy (ææ-nayn-sæ-vew) *n* tone
äänenvaimennin (ææ-nayn-*vigh*-maynnin) *n* silencer; muffler *nAm*
äänestys (ææ-nayss-tewss) *n* vote
äänestää (ææ-nayss-tææ) *v* vote
äänetön (ææ-nay-turn) *adj* silent
ääni (ææ-ni) *n* voice; sound; vote; **antaa äänimerkki** hoot; honk *vAm*, toot *vAm*
äänieristetty (ææ-ni-ay-riss-tayt-tew) *adj* soundproof
äänilevy (ææ-ni-*lay*-vew) *n* record, disc
äänioikeus (ææ-ni-*oi*-kay-ooss) *n* suffrage, franchise

äänitorvi (ææ-ni-*toar*-vi) *n* horn

äänitys (ææ-ni-tewss) *n* recording

ääntäminen (ææn-tæ-mi-nayn) *n* pronunciation

ääntää (ææn-tææ) *v* pronounce

ääretön (ææ-ray-turn) *adj* infinite; immense

äärimmäinen (ææ-rim-mæ^{ee}-nayn) *adj* utmost, extreme

äärimmäisyys (ææ-rim-mæ^{ee}-sēwss) *n* extreme

ääriviiva (ææ-ri-*vee*-vah) *n* outline, contour

Ö

öinen (ur^{ee}-nayn) *adj* nightly

öljy (url-ᵞew) *n* oil

öljyinen (url-ᵞew^{ee}-nayn) *adj* oily

öljylähde (url-ᵞew-*læh*-day) *n* oil-well

öljymaalaus (url-ᵞew-*maa*-lah-ooss) *n* oil-painting

öljynpuhdistamo (url-ᵞewn-*pooh*-disstah-moa) *n* oil-refinery

öljynsuodatin (url-ᵞewn-*swoa*-dah-tin) *n* oil filter

Food

aamiainen breakfast
ahven perch
alkupala appetizer, starter
ananas pineapple
anjovis marinated sprats
ankerias eel
ankka duck
annos portion
appelsiini orange
aprikoosi apricot
aromivoi herb butter
ateria meal
Aura blue cheese
avokado avocado (pear)
banaani banana
blini buckwheat pancake
borssikeitto borscht; beetroot
   soup consisting of chopped
   meat, cabbage and carrot,
   served with sour cream
broileri broiler, chicken
dieettiruoka diet food
dippikastike dip sauce
donitsi doughnut
etana snail
etikka white vinegar
   ~kurkku gherkin
   ~sienet pickled mushrooms
eturuoka warm first course
fasaani pheasant
fenkoli fennel
filee fillet
forelli trout

friteerattu deep-fried
graavi/lohi salmon cured with
   salt, sugar, pepper and dill
   ~siika salt- and sugar-cured
   whitefish
   ~silakat cured and marinated
   Baltic herrings
grahamleipä graham bread
gratiini gratin
gratinoitu gratinéed
greippi grapefruit
grillattu grilled
grilli/makkara grilled sausage
   ~pihvi grilled steak
halstrattu barbecued (fish)
hampurilainen hamburger
hanhenmaksa goose liver
   ~pasteija goose-liver pâté
hanhi goose
hapan/imelä sweet-and-sour
   ~kaali sauerkraut
   ~kerma sour cream
   ~korppu very thin rye crisp
   bread (US hardtack)
   ~leipä rye bread
hasselpähkinä hazelnut
haudutettu braised
hauki pike
hedelmä fruit
   ~hilloke stewed fruit
   ~salaatti fruit salad
herkkusieni button mushroom
herne (pl herneet) pea

~ **keitto** thick pea soup with pork

hienonnettu mashed, minced

hiillostettu barbecued

hiivaleipä yeast bread

hillo jam

~ **munkki** jam (US jelly) doughnut

~ **sipuli** pickled pearl onion

hirven/käristys roast elk served in cream sauce

~ **liha** elk meat

~ **seläke** saddle of elk

hirvipaisti roast elk

hummeri lobster

hunaja honey

~ **meloni** cantaloupe

hyvin paistettu well-done

hyytelö jelly

hyytelöity jellied

härän/filee fillet of beef

~ **häntäkeitto** oxtail soup

~ **kyljys** rib steak

~ **leike** porterhouse steak

~ **liha** beef

~ **paisti** roast joint of beef

illallinen supper

inkivääri ginger

italiansalaatti boiled vegetables in mayonnaise

Janssonin kiusaus baked casserole of sliced potatoes, onions and marinated sprats in cream sauce

jauheliha minced meat

~ **pihvi** hamburger steak

~ **sämpylä** hamburger

jauhettu minced

joulu/kinkku baked ham covered with mustard and breadcrumbs

~ **pöytä** buffet of Christmas specialities

jugurtti yoghurt

Juhla kind of Cheddar cheese

juomaraha tip

juottoporsas suck(l)ing pig

juurekset root vegetables

juusto cheese

~ **kohokas** cheese soufflé

~ **tanko** cheese straw

~ **tarjotin** cheese board

jälkiruoka dessert

jälkiuunileipä rye bread baked in a slow oven

jänispaisti roast hare

jäädyke water ice (US sherbet)

jäätelö ice-cream

kaali cabbage

~ **keitto** cabbage soup with mutton or pork

~ **kääryleet** cabbage leaves stuffed with minced meat and rice

~ **laatikko** layers of cabbage and minced meat

kahvi/aamiainen continental breakfast

~ **leipä** coffee cake; generic term for cakes, sweet rolls and pastries

kakku cake

kala fish

~ **keitto** fish soup

~ **kukko** pie made of small whitefish and pork, baked in rye dough

~ **mureke** fish mousse

~ **pulla**, ~ **pyörykkä** fish ball

~ **ruoka** fish course

~ **vuoka** fish gratin

kalkkuna turkey

kampela flounder

kana hen

kanan/koipi chicken thigh

~ **maksa** chicken liver

~ **muna** egg

~ **poika** spring chicken

~ **rinta** chicken breast

kaneli cinnamon
kantarelli chanterelle mushroom
kapris caper
karhun/liha bear meat
   ~ paisti roast bear
   ~ vatukka blackberry
karitsanliha lamb
karjalan/paisti stew of beef, mutton, pork, kidneys, liver and onions
   ~ piirakka a thin and crisp rye-pastry shell filled with rice or mashed potatoes, served with finely chopped hard-boiled eggs mixed with butter
karpalo cranberry
karviaismarja gooseberry
kastanja chestnut
kastike sauce, gravy
kasvis (pl **kasvikset**) vegetable
   ~ ruoka vegetable course
katajanmarja juniper berry
kateenkorva sweetbread
katemaksu cover charge
katkarapu shrimp
kaura/keksi oatmeal biscuit
   ~ puuro oatmeal
kauris deer
kaviaari caviar
keitetty boiled, cooked
keitetyt perunat boiled potatoes
keitto soup, cream
keksi biscuit (US cookie)
keltasieni chanterelle mushroom
kerma cream
   ~ juusto cream cheese
   ~ kakku sponge layer cake with cream and jam filling
   ~ kastike cream sauce
   ~ leivos cream pastry
   ~ vaahto whipped cream
   ~ viili kind of sour cream
Kesti hard cheese flavoured with caraway seeds

kesäkeitto spring vegetable soup
ketsuppi catsup
kevyt/kerma coffee cream
   ~ viili low-calorie yoghurt
kieli tongue
kiisseli dessert of berry or fruit juice thickened with potato flour
kinkku ham
kirjolohi salmon trout
kirsikka cherry
kohokas soufflé
kokojyväleipä whole-meal bread
kolja haddock
korppu rusk (US zwieback)
   ~ jauhotettu breaded
korva/puusti cinnamon roll
   ~ sieni morel mushroom
kotiruoka home cooking, plain food
kotitekoinen home-made
kovaksi keitetty muna hard-boiled egg
Kreivi semi-hard cheese, mildly pungent
kuha pike-perch
kuivattu luumu prune
kukkakaali cauliflower
kukkoa viinissä chicken stewed in red wine
kulibjaka pie stuffed with salmon, rice, hard-boiled eggs and dill, served in slices with melted butter
kumina caraway
kuoriperunat potatoes in their jacket
kuorrutettu oven-browned
kuorukka croquette
kurkku cucumber
kurpitsa gourd, pumpkin, squash
kutunjuusto goat's cheese, brown in colour
kyljys chop

kylkipaisti spare-rib
kylmä cold
kypsä well-done
kyyhkynen pigeon
kääre/syltty kind of brawn
(US head cheese)
~ **torttu** Swiss roll
kääryle thin slice of meat, stuffed
and rolled
köyhät ritarit French toast; slices
of bread dipped in egg batter,
fried and served with jam
laatikko casserole, gratin
lahna bream
lakka Arctic cloudberry
lammas mutton
~ **kaali** Irish stew; lamb and
cabbage stew
~ **muhennos** lamb stew
lampaan/kyljys lamb chop
~ **liha** lamb
~ **paisti** leg of lamb
lankkupihvi steak served on a
board (US plank steak)
lanttu swede
~ **laatikko** oven-browned
swede purée
lapa shoulder
lasimestarinsilli pieces of herring
fillets marinated in sweetened
vinegar with onion, carrot,
black and white peppercorns
and bay leaves
laskiaispulla bun filled with
almond paste and whipped
cream
lasku bill, check
lasten ruokalista children's menu
lautanen plate
lehti/pihvi very thin slice of beef
~ **salaatti** lettuce
leike cutlet
leikkeleet cold meat (US cold
cuts)

leikkelelautanen plate of cold
meat
leipä (pl **leivät**) bread
leivitetty breaded
leivos (pl **leivokset**) cake, pastry
lenkkimakkara ring-shaped saus-
age, eaten grilled, fried, baked
or as an ingredient in stews and
soups
liekitetty flamed
liemi broth
liha meat
~ **keitto** beef and vegetable
soup
~ **liemi** meat broth, consommé
~ **mureke** meat-loaf
~ **piirakka** pie stuffed with rice
and minced meat
~ **pulla**, ~ **pyörykkä** meat ball
~ **ruoka** meat course
limppu sweetened rye bread
Lindströmin pihvi hamburger
steak flavoured with pickled
beetroot and capers
linnapaisti pot roast flavoured
with brandy, molasses and
marinated sprats
linturuoka fowl course
lipeäkala specially treated stock-
fish poached and served with
potatoes and white sauce
lohi salmon
~ **piirakka** pie stuffed with sal-
mon, rice, hard-boiled eggs and
dill, served in slices with
melted butter
loimu/lohi salmon grilled on an
open fire
~ **siika** whitefish grilled very
slowly on an open fire
lounas lunch
luu bone
luumu plum
luuydin bone marrow

lämmin warm
  ~ ruoka (pl **lämpimät ruoat**)
  main course, hot dish
länsirannikon salaatti seafood
  salad
maa-artisokka Jerusalem arti-
  choke
maapähkinä peanut
made burbot
maissi maize (US corn)
maissintähkä corn on the cob
majoneesi mayonnaise
makaroni macaroni
  ~ laatikko baked macaroni
makea sweet
makkara sausage
  ~ kastike diced sausages
  stewed in a sauce
makrilli mackerel
maksa liver
  ~ laatikko liver and meat-loaf
  flavoured with molasses, oni-
  ons and raisins
  ~ makkara liver sausage
  ~ pasteija liver paste
mandariini mandarin (US tanger-
  ine)
mansikka strawberry
  ~ kakku sponge layer cake
  with strawberries and whipped
  cream
  ~ leivos strawberry pastry
  ~ torttu strawberry flan
manteli almond
marenki meringue
marinoitu marinated
marja berry
marmelaati, marmeladi marma-
  lade
mateenmäti burbot roe
mauste (pl **mausteet**) spice, con-
  diment
  ~ silli spiced, marinated her-
  ring

meetvursti kind of salami
mehukeitto dessert of berry or
  fruit juice slightly thickened
  with potato flour
meloni melon
meriantura sole
merimiespihvi sliced beef, onions
  and potatoes braised in beer
mesimarja Arctic raspberry
metso capercaillie, wood-grouse
metsämansikka wild strawberry
metsästäjänleike veal scallop with
  mushroom sauce
muhennettu stewed, mashed
muhennos stew, purée
muikku vendace (small whitefish)
  ~ pata vendace casserole
muikunmäti vendace roe
multasieni truffle
muna egg
munakas omelet
munakoiso aubergine (US egg-
  plant)
munakokkeli scrambled eggs
munariisipasteija egg and rice
  pasty
munavoi finely chopped hard-
  boiled eggs mixed with butter
munkki (jam) doughnut
munuainen (pl **munuaiset**) kidney
munuaishöystö kidney stew
mureke 1) fish or meat mousse
  2) forcemeat, stuffing
murot breakfast cereals
musta viinimarja blackcurrant
mustikka blueberry
  ~ keitto dessert of blueberry
  juice thickened with potato
  flour
  ~ piirakka blueberry pie
muurain (pl **muuraimet**) Arctic
  cloudberry
mämmi dessert pudding of malted
  rye and rye flour flavoured

with orange rind, served cold with cream and sugar

mäti fish roe

nahkiäinen lamprey

nakki (pl **nakit**) frankfurter

naudanliha beef

näkkileipä crisp bread (US hard-tack)

ohrasämpylä barley roll

ohukaiset small thin pancakes

oliivi olive

~**öljy** olive oil

omeletti omelet

omena apple

~**hilloke** stewed apples

~**paistos** baked apple

~**sose** apple sauce

oopperavoileipä toast topped with a hamburger steak and a fried egg

osteri oyster

paahdettu toasted, roasted

paahto/leipä toast

~**paisti** roast beef

~**vanukas** caramel custard

painosyltty brawn (US head cheese)

paistettu fried, roasted

~**muna** fried egg

paistetut perunat fried potatoes

paisti roast

paistinliemi gravy

paistos generic term for fried or baked dishes

pala piece

~**paisti** beef stew

palvattu cured, smoked

palvikinkku cured ham

pannu generic term for sautéed dishes

~**kakku** kind of pancake

~**pihvi** hamburger steak served with fried onions

paprika sweet pepper

papu (pl **pavut**) bean

pariloitu grilled, barbecued

parsa asparagus

~**kaali** broccoli

pasteija 1) paste 2) pastry, pie

pata (baked) casserole

~**kukko** rye-flour pie with vendace and bacon

~**paisti** pot roast

patonki French bread

pehmeäksi keitetty muna soft-boiled egg

pekoni bacon

~**pannu** fried bacon, sausages, potatoes and eggs

peltopyy partridge

persikka peach

persilja parsley

~**voi** parsley butter

peruna potato

~**lastut** crisps (US potato chips)

~**pannukakku** potato pancake

~**muhennos** mashed potatoes

pihlajanmarja rowanberry

~**jäädyke** rowanberry water-ice

pihvi beefsteak

piimä sour milk

~**juusto** fresh curd cheese

~**piirakka** kind of cheese cake

piirakka pie

piiras (pl **piiraat**) small·pie, pasty

pikkuleipä biscuit (US cookie)

pinaatti spinach

piparjuuri horse-radish

~**liha** boiled beef with horse-radish sauce

piparkakku gingerbread

pippuri pepper

~**juusto** pepper cheese

~**pihvi** pepper steak

porkkana carrot

~**raaste** grated carrots

poron/kieli reindeer tongue
~ käristys roast reindeer served
in cream sauce
~ liha reindeer meat
~ paisti roast reindeer
~ seläke saddle of reindeer
porsaan/kyljys pork chop
~ paisti roast joint of pork
~ selkäpaisti roast loin of pork
potka leg, shank
pulla bun
punainen viinimarja redcurrant
puna/juuri beetroot
~ kaali red cabbage
puolikypsä medium (done)
puolukka lingonberry, kind of
cranberry
~ puuro lingonberry and
semolina pudding
purjo leek
puuro porridge
pyttipannu kind of bubble and
squeak; diced meat, potatoes
and onions fried and served
with a raw egg-yolk or a fried
egg
pyy hazelhen
pähkinä nut
päivällinen dinner
päivän annos speciality of the day
pääruoka main course
päärynä pear
raaka raw
~ pihvi steak tartare; raw,
spiced minced beef
~ suolattu cured in brine
raastettu grated
raavaanliha heifer meat
raejuusto cottage cheese
rahkapiirakka kind of cheese cake
ranskalaiset pavut French beans
(US green beans)
ranskalaiset perunat chips
(US French fries)

ranskanleipä white bread
raparperi rhubarb
rapu (pl ravut) freshwater crayfish
~ silakat poached Baltic her-
rings, flavoured with tomato
sauce and dill, served cold
reikäleipä ring-shaped rye bread
retiisi radish
riekko ptarmigan
rieska unleavened barley bread
riisi rice
~ puuro rice pudding
riista game
rinta breast, brisket
rosolli herring salad with pickled
beetroot, onions, hard-boiled
eggs, capers and sour cream
rouhesämpylä whole-meal roll
ruijanpallas halibut
ruisleipä rye bread
ruohosipuli chive
ruoka (pl ruoat) food
~ laji dish, course
~ lista menu
rusina raisin
ruskea kastike gravy
ruskistettu sautéed
ruusukaali brussels sprout
saksanpähkinä walnut
salaatti salad
sammakonreidet frogs' legs
savu/kala smoked fish
~ kinkku smoked ham
~ poro smoked reindeer meat
~ silakat smoked Baltic her-
rings
~ silli smoked herring
savustettu smoked
sei, seiti black cod
seisova pöytä buffet with a large
variety of hot and cold dishes,
salads, cheeses and desserts
sekasalaatti mixed salad
seljanka salmon soup

selleri celery
setsuuri sweetened rye bread
sianliha pork
~ kastike sliced pork in gravy
siansorkka (pl siansorkat) pigs'
trotters (US pigs' feet)
sieni (pl sienet) mushroom
~ kastike mushroom sauce
~ muhennos creamed mush-
rooms
~ salaatti salad of chopped
mushrooms and onions with a
cream sauce
siianmäti whitefish roe
siika whitefish
silakka Baltic herring
~ laatikko baked casserole of
sliced potatoes and Baltic her-
ring
~ pihvi breaded Baltic herring
fillets stuffed with dill and
parsley
~ rulla salted and pickled Bal-
tic herring
silavapannukakku pancake with
diced bacon
silli herring
~ lautanen plate of assorted
herring
~ pöytä buffet of a large
variety of herring specialities
~ salaatti herring salad with
pickled beetroot, hard-boiled
eggs, onions, apples, capers
and topped with sour cream
~ tarjotin assorted herring
served on a tray
~ voileipä open-faced sand-
wich with hard-boiled eggs and
herring
simpukka mussel
sinappi mustard
~ silakat Baltic herrings in
mustard sauce

sipuli onion
~ pihvi steak and fried onions
siskonmakkarakeitto vegetable
soup with diced veal sausage
sitruuna lemon
smetana sour cream
sokeri sugar
~ herneet sugar peas
~ kakku sponge cake
sokeriton sugarless
sokeroitu sweetened
sorsa wild duck
sose mash, purée
stroganoff beef Stroganoff: thin
sliced beef and mushrooms in a
sour-cream sauce
suklaa chocolate
sulatejuusto processed cheese
suola salt
~ kurkku pickled and salted
gherkin
~ liha cured beef, sliced and
served cold
~ sienet mushrooms preserved
in brine
~ silli salted herring
suolattu salted; preserved in
brine
suomuurain (pl suomuuraimet)
Arctic cloudberry
suutarinlohi sugar-salted, mari-
nated Baltic herring
sveitsinleike cordon bleu;
breaded veal scallop stuffed
with ham and Swiss cheese
sämpylä roll
T-luupihvi T-bone steak
tahkojuusto kind of Swiss cheese
taimen trout
tarjoilupalkkio service charge
~ ei sisälly hintaan not in-
cluded
~ sisältyy hintaan included
tartarpihvi steak tartare; raw,

spiced minced beef
taskurapu crab
tatti boletus mushroom
teeri black grouse
terveysruoka health food
tilli dill
~ **liha** boiled lamb or veal in dill sauce, flavoured with lemon juice or vinegar
~ **silli** poached herring seasoned with dill, white pepper and lemon juice
tomaatti tomato
tonnikala tunny (US tuna)
torttu tart, flan, cake
tumma leipä dark bread
tuore fresh
~ **suolattu lohi** fresh and slightly salted salmon
turska cod
täyte stuffing, filling
~ **kakku** layer cake
täytetty stuffed, filled
upotettu muna, uppomuna poached egg
uudet perunat spring potatoes
uuniperuna baked potato
uunissa paistettu baked
vadelma raspberry
valikoima assorted, mixed
valkoinen leipä white bread
valkokaali white cabbage
valkokastike white sauce
valkosipuli garlic
~ **perunat** baked sliced potatoes flavoured with butter and garlic
~ **voi** garlic butter
valkoturska whiting
vanilja vanilla
~ **kastike** vanilla sauce
vanukas pudding, custard
varhaisaamiainen breakfast
varras (pl **vartaat**) spit, skewer

vasikan/kateenkorva calf's sweetbread
~ **leike** veal cutlet
~ **liha** veal
~ **paisti** roast veal
vatkuli beef stew flavoured with bay leaves
velli gruel
venäläinen silli herring fillets with diced, pickled beetroot and cucumber, hard-boiled eggs and lettuce, served with sour cream
veri/ohukaiset blood pancakes
~ **makkara** blood sausage
~ **palttu** blood (black) pudding
vesimeloni watermelon
vihannes (pl **vihannekset**) vegetable
vihreä salaatti green salad
vihreät pavut French beans (US green beans)
viili processed sour milk
viilokki fricassée
viinietikka wine vinegar
~ **kastike** oil and vinegar dressing
viini/kukko chicken stewed in red wine
~ **lista** wine list
~ **marja** currant
~ **rypäle** grape
viipale slice
viipaloitu sliced
viiriäinen quail
vohveli wafer, waffle
voi butter
voileipä sandwich, usually open-faced
~ **keksi** soda cracker
~ **pöytä** large buffet of cold and warm dishes; "smörgåsbord"
voipavut butter beans (US wax beans)

voissa paistettu fried in butter
voisula melted butter
vorschmak minced lamb, herring fillets and fried onions cooked in broth, flavoured with catsup, mustard and marinated sprats, served with sour cream and baked potatoes
vuohenjuusto goat's milk cheese

vähän paistettu rare (US underdone)
välikyljys entrecôte, rib-eye steak
wienerleipä Danish pastry
wieninleike Wiener schnitzel; breaded veal scallop
yrttivoi herb butter
äyriäinen (pl **äyriäiset**) shellfish
öljy oil

Drinks

A-olut beer with highest alcoholic content
akvaviitti spirits distilled from potatoes or grain, often flavoured with aromatic seeds and spices
aperitiivi aperitif
appelsiinilimonaati orangeade
Finlandia a Finnish vodka
gini gin
glögi mulled wine (Christmas speciality)
hedelmämehu fruit juice
Jaloviina blend of spirits and brandy
jäävesi iced water
kaakao cocoa
kahvi coffee
    ~ **kerman (ja sokerin) kera** with cream (and sugar)
kalja a type of very light (1% alcohol) beer, often home-made
kerma cream
keskiolut medium-strong beer
kivennäisvesi mineral water

konjakki cognac
Koskenkorva very strong *akvaviitti* made of grain
kuiva dry
    ~ **viini** dry wine
kuohuviini sparkling wine
Lakka Arctic cloudberry liqueur
Lapponia lingonberry (kind of cranberry) liqueur
likööri liqueur
limonaati lemonade
maito milk
    ~ **kahvi** coffee with milk
makea sweet
mehu squash (US fruit drink)
Mesimarja Arctic bramble liqueur
mineraalivesi mineral water
musta kahvi black coffee
olut beer
piimä junket
pilsneri lager; a mild, light beer
Polar cranberry liqueur
portviini port wine

punaviini red wine
rommi rum
roséviini rosé wine
samppanja champagne
siideri cider
sima beverage produced from cane and beet sugar, lemon, yeast, hops and water (May 1 speciality)
Suomuurain Arctic cloudberry liqueur
tee tea
~ **maidon kera** with milk
~ **sitruunan kera** with lemon
tonic-vesi tonic water

tumma olut porter
tuoremehu fresh fruit or vegetable juice
tynnyriolut draught (US draft) beer
vaalea olut lager
valkoviini white wine
vermutti vermouth
vesi water
viina brandy, spirits
viini wine
virvoitusjuoma lemonade, soft drink
viski whisky
väkijuomat spirits

Finnish Abbreviations

AL	*Autoliitto*	Finnish Automobile Association
ao.	*asianomainen*	person or thing in question
ap.	*aamupäivä(llä)*	(in the) morning
as.	*asukas(ta)*	inhabitants
ed.	*edellinen*	former, above-mentioned
eKr.	*ennen Kristuksen syntymää*	B.C.
em.	*edellä mainittu*	afore-mentioned
ent.	*entinen*	former, ex-
esim.	*esimerkiksi*	e.g.
fil. tri	*filosofian tohtori*	Ph.D.
ha	*hehtaari*	hectare
Hki	*Helsinki*	Helsinki
HKL	*Helsingin Kaupungin Liikennelaitos*	Helsinki Municipal Transport Authority
HO	*Hovioikeus*	Court of Appeals
hra	*herra*	Mr.
huom.	*huomaa, huomautus*	note, remark
hv	*hevosvoima(a)*	horsepower
ip.	*iltapäivä(llä)*	(in the) afternoon
JK	*jälkikirjoitus*	P.S.
jKr.	*jälkeen Kristuksen syntymän*	A.D.
jne.	*ja niin edelleen*	and so on
joht.	*johtaja*	director
kk	*kuukausi, kuukautta*	month(s)
kk.	*kansakoulu; kirkonkylä*	elementary school; small municipality
klo	*kello*	o'clock
ko.	*kyseessä oleva*	in question, under consideration
kpl	*kappale(tta)*	piece(s)
ks.	*katso*	see
l.	*eli; lääni*	or; county
lvv.	*liikevaihtovero*	VAT, value added tax
lääket. tri	*lääketieteen tohtori*	medical doctor
maist.	*maisteri*	master's degree, used as a title
min	*minuutti(a)*	minute(s)
mk	*markka(a)*	Finnish mark(s)
mm.	*muun muassa*	among other things
muist.	*muistutus*	reminder

n.	*noin*	approximately
nim.	*nimittäin*	namely
nk.	*niin kutsuttu*	so-called
n:o	*numero*	number
ns.	*niin sanottu*	so-called
nti	*neiti*	Miss
nyk.	*nykyisin*	at present
oik.	*oikeastaan*	really
os.	*osoite*	address
OY	*osakeyhtiö*	Ltd., Inc.
p	*penni(ä)*	penny, $1/100$ of the Finnish mark
puh.	*puhelin*	telephone
puh.joht.	*puheenjohtaja*	chairman
pv	*päivä*	day
pvm.	*päivämäärä*	date
rva	*rouva*	Mrs.
s	*sekunti(a)*	second(s)
s.	*sivu(t)*	page(s)
seur.	*seuraava*	following
synt.	*syntynyt*	born
t	*tunti(a)*	hour(s)
t.	*tai*	or
tav.	*tavallisesti*	usually
tk.	*tämän kuun*	inst., of this month
tl.	*teelusikallinen*	teaspoonful
toim.joht.	*toimitusjohtaja*	managing director
tuom.	*tuomari*	judge
tus	*tusina(a)*	dozen(s)
v.	*vuonna, vuosina*	in the year(s)
vk.	*viime kuun*	of last month
v.p.	*vastausta pyydetään*	please reply
VR	*Valtion Rautatiet*	Finnish State Railways
vrk	*vuorokausi, vuorokautta*	day and night (24 hours)
vrt.	*vertaa*	cf., reference
YK	*Yhdistyneet Kansakunnat*	United Nations
yl.	*yleensä*	generally
ym.	*ynnä muuta*	etc.
yo.	*ylioppilas*	undergraduate

Numerals

Cardinal numbers		Ordinal numbers	
0	nolla	1.	ensimmäinen
1	yksi	2.	toinen
2	kaksi	3.	kolmas
3	kolme	4.	neljäs
4	neljä	5.	viides
5	viisi	6.	kuudes
6	kuusi	7.	seitsemäs
7	seitsemän	8.	kahdeksas
8	kahdeksan	9.	yhdeksäs
9	yhdeksän	10.	kymmenes
10	kymmenen	11.	yhdestoista
11	yksitoista	12.	kahdestoista
12	kaksitoista	13.	kolmastoista
13	kolmetoista	14.	neljästoista
14	neljätoista	15.	viidestoista
15	viisitoista	16.	kuudestoista
16	kuusitoista	17.	seitsemästoista
17	seitsemäntoista	18.	kahdeksastoista
18	kahdeksantoista	19.	yhdeksästoista
19	yhdeksäntoista	20.	kahdeskymmenes
20	kaksikymmentä	21.	kahdeskymmenes-ensimmäinen
21	kaksikymmentäyksi		
30	kolmekymmentä	30.	kolmaskymmenes
40	neljäkymmentä	40.	neljäskymmenes
50	viisikymmentä	50.	viideskymmenes
60	kuusikymmentä	60.	kuudeskymmenes
70	seitsemänkymmentä	70.	seitsemäskymmenes
80	kahdeksankymmentä	80.	kahdeksaskymmenes
90	yhdeksänkymmentä	90.	yhdeksäskymmenes
100	sata	100.	sadas
125	satakaksikymmentäviisi	125.	sadaskahdeskymmenesviides
200	kaksisataa		
1 000	tuhat	1 000.	tuhannes
2 000	kaksituhatta	3 540.	kolmastuhannes-viidessadas-neljäskymmenes
3 548	kolmetuhatta viisisataa-neljäkymmentä-kahdeksan		
156 000	sataviisikymmentäkuusi-tuhatta	156 000.	sadasviideskymmeneskuudes-tuhannes
1 000 000	miljoona	1 000 000.	miljoonas

Time

Although official time in Finland is based on the 24-hour clock, the 12-hour system is used in conversation.

If it is necessary to indicate whether it is a.m. or p.m., add *aamulla* (morning), *aamupäivällä* (before noon), *iltapäivällä* (afternoon) or *illalla* (evening):

kello kahdeksan aamulla	8 a.m.
kello yksitoista aamupäivällä	11 a.m.
kello kaksi iltapäivällä	2 p.m.
kello puoli kymmenen illalla	9.30 p.m.

Days of the Week

sunnuntai	Sunday	*torstai*	Thursday
maanantai	Monday	*perjantai*	Friday
tiistai	Tuesday	*lauantai*	Saturday
keskiviikko	Wednesday		

Muistiinpanoja

Muistiinpanoja

Muistiinpanoja

Muistiinpanoja

Notes

Notes

Notes

BERLITZ TRAVEL GUIDES

Africa
○ Algeria
Kenya
Morocco
South Africa
Tunisia

Asia, Middle East
○ China
Hong Kong
○ India
○ Indonesia*
○ Japan
Nepal
Singapore
Sri Lanka
Thailand
Egypt
Jerusalem/Holy Land
Saudi Arabia

Australasia
○ Australia
New Zealand

Austria/Switzerland
Tyrol
Vienna
○ Switzerland

British Isles
Channel Islands
Ireland
London
Oxford and Stratford
Scotland

Belgium/Netherlands
Brussels
Amsterdam

France
Brittany
○ France
French Riviera
Loire Valley
Normandy
Paris

Germany
Berlin
Munich
The Rhine Valley

Greece, Cyprus and Turkey
Athens
Corfu
Crete
Greek Islands Aegean
Peloponnese
Rhodes
Salonica/N. Greece
Cyprus
Istanbul/Aegean Coast
○ Turkey

Italy and Malta
Florence
Italian Adriatic
Italian Riviera
○ Italy
Naples/Amalfi Coast*
Rome
Sicily
Venice
Malta

Scandinavia
Copenhagen
Helsinki
Oslo/Bergen
Stockholm

Spain
Barcelona
Canary Islands
Costa Blanca
Costa Brava
Costa del Sol/Andalusia
Costa Dorada/Barcelona
Ibiza and Formentera
Madrid
Majorca and Minorca
Seville

Portugal
Algarve
Lisbon
Madeira

Eastern Europe
Budapest
Dubrovnik/S. Dalmatia
○ Hungary
Istria and Croatian Coast
Moscow and Leningrad

The Hermitage,
  Leningrad*
Prague
Split and Dalmatia
○ Yugoslavia

North America
○ U.S.A.
California
Florida
Hawaii
Miami
New York
Washington
○ Canada
Montreal
Toronto

Caribbean, Lat. Am.
Bahamas
Bermuda
French West Indies
Jamaica
Puerto Rico
Southern Caribbean
Virgin Islands
Brazil (Highlights of)
○ Mexico*
Mexico City
Rio de Janeiro

Address Books
London/New York
Paris/Rome

Blueprint Guides
Europe A-Z/France
Germany/Britain
Greece/Hungary
Italy/Spain/USSR*

More for the $
France/Italy

Cruise Guides
Alaska
Caribbean
Handbook to Cruising

Ski Guides
Austria/France
Italy/Switzerland
Skiing the Alps

Europe
Business Travel Guide
Train Travel
Pocket Guide-Europe
Cities of Europe

* in preparation / ○ country guides 192 or 256 p.